Hintergründe & Infos

① Der Oslofjord

② Südküste

③ Südliches Fjordland

④ Binnenland

Kleiner Wanderführer

UNTERWEGS MIT ARMIN TIMA

Meine erste Reise nach Norwegen war nichts weiter als ein kurzer Städtetrip nach Oslo. Bei strahlendem Sonnenschein habe ich den Norwegern zugeschaut, wie sie am Nationalfeiertag in ihren Festtagstrachten am Königsschloss vorbeimarschierten, und anschließend an der Flaniermeile Aker Brygge das teuerste Bier meines Lebens getrunken. Am Tag drauf ging's zum Fotowandern in die Wälder der Nordmarka, der ersehnte Elch ist mir dabei leider nicht vor die Linse gelaufen. Dann war der Urlaub vorbei, aber schon im Flieger zurück war klar: Ich würde wiederkommen.

Mittlerweile habe ich viele Monate in Norwegen verbracht und dabei auch die entlegensten Winkel des Landes erkundet. Kennen gelernt habe ich ein Land, das mit seinen Wäldern, Bergen, Küsten und Fjorden ganz nah ans Klischee vom Naturparadies heranreicht. Schätzen gelernt habe ich seine Menschen, die sich mit ihrer freundlichen und unaufdringlichen Art als Gastgeber präsentieren, wie man sie sich angenehmer kaum wünschen kann. Und begegnet bin ich Urlaubern, die von Norwegen gar nicht genug bekommen können. Genau wie ich. Dass mich am Ende auch die Elche nicht im Stich gelassen haben, versteh sich da fast schon von selbst …

Text und Recherche: Armin Tima **Lektorat:** Carmen Wurm, Ute Fuchs, Dagmar Tränkle (Überarbeitung) **Redaktion und Layout:** Jana Dillner, Christiane Schütz **Karten:** Carlos Borrell, Hana Gundel, Judit Ladik, Michaela Nitzsche, Gábor Sztrecska **Fotos:** Armin Tima, außer S. 28, 38, 45, 57, 58, 125, 129, 179, 184, 220, 222, 271 (Hans-Peter Koch/ Margit Zepf), S. 31 (Daniele Zanoni) und S. 48 (Thomas Zuda) **Grafik S. 12/13:** Johannes Blendinger **Covergestaltung:** Karl Serwotka **Covermotive:** oben: Preikestolen, unten: Norwegerhaus am See Kilefjorden, gegenüberliegende Seite: Steinbrücke am Låtefossen (alle Armin Tima)

2. KOMPLETT ÜBERARBEITETE UND AKTUALISIERTE AUFLAGE 2013

SÜDNORWEGEN

ARMIN TIMA

Südnorwegen – Die Vorschau 14

Südnorwegen – Hintergründe & Infos 18

Land und Leute 20

Südnorwegen erleben 20

Geologie und Geografie	22	Boreale Nadelwälder	28
Entstehungsgeschichte	22	Tundra	28
Landschaftsformen	23	Fauna	29
Bodenschätze	25	Im Wasser	29
Klima und Reisezeit	26	Landsäuger	30
Flora	27	Vögel	31
Sommergrüne (nemorale) Laubwälder	27	Nationalparks	32
Nordeuropäische Mischwälder	27	Umweltschutz und Umweltprobleme	33

Geschichte 36

Die Germanen	36	Nationale Erneuerung	41
Die Samen	37	Erster und Zweiter Weltkrieg	43
Die Expeditionen der Wikinger	38	Wohlstand und Wohlfahrt	44
Königreich Norwegen	39	Norwegen im 21. Jahrhundert	45
Hanseatischer Handel	40	Zeittafel	46
Dänische Domäne	41		

Staat und Gesellschaft 48

Politisches System	48	Bildung und Arbeit	51
Parteien	49	Gesundheits- und Sozialwesen	51
Gewerkschaften	50	Chancengleichheit	52

Wirtschaft 53

Erdöl und Erdgas	53	Weiterverarbeitende Industrie	56
Fischfang und Aquakultur	54	Tourismus	56
Landwirtschaft	54		

Kunst und Kultur 57

Literatur	57	Film	63
Malerei und Bildhauerei	60	Landestypische Architektur	64
Musik	61		

Bevölkerung _____ 67

Bevölkerungsstruktur	68	Sprache	69
Die samische Bevölkerung	68	Folklore und Tradition	70
Religion	69		

Reisepraktisches _____ 72

Anreise _____ 72

Einreiseformalitäten und Zoll	73	Via Ostdeutschland	78
Mit dem eigenen Fahrzeug und der Fähre	75	Mit dem Bus	79
		Mit der Bahn	80
Direktverbindung ab Kiel	76	Mit dem Flugzeug	81
Ab Jütland/Dänemark	76		
Via Seeland (DK)	78		

Unterwegs in Südnorwegen _____ 82

Mit Auto, Wohnmobil oder Motorrad	83	Autofähren	88
		Passagierdienst	88
Verkehrsvorschriften	83	Hurtigruten	89
Tanken und Parken	84	Sightseeing	89
Entfernungen	84	Mit dem Bus	90
Maut	85	Mit der Bahn	90
Straßensperrungen	85	Ticketoptionen	91
Wohnwagengespanne	86	Südnorwegens schönste Bahnstrecken	92
Mietwagen	86		
Mit dem Fahrrad	86	Mit dem Flugzeug	92
Zu Wasser	87		

Übernachten _____ 93

Hotels	93	Wanderhütten	96
Hytter (Hütten/Ferienhäuser)	94	Camping	96
Rorbuer	95	Pensionen und Gästehäuser	97
Vandrerhjem, Jugendherberge, Hostel	95		

Essen und Trinken _____ 98

Typisch norwegisch	98	Wo isst man?	102
Wann isst man?	101		

Sport, Freizeit, Abenteuer _____ 103

Angeln	103	Kanu und Kajak	107
Bergsteigen und Klettern	104	Orientierungssport	108
Bergwandern	104	Outdoor-Abenteuer	108
Fliegen	105	Rafting	109
Gletscherwandern	106	Reiten	109
Mineraliensuche	106	Segeln	109
Golf	106	Skilaufen	110
Hundeschlittenfahren	106	Surfen und Kiteboarden	111
Jagen	107	Tauchen	111

Wissenswertes von A bis Z _____ 112

Ärztliche Versorgung	112	Kartenmaterial, Navi, GPS	123
Alkohol	113	Kinder	124
Apotheken und Medikamente	113	Kriminalität	124
Arbeiten und Auswandern	113	Maßeinheiten und Gewichte	124
Ausrüstung und Kleidung	114	Medien (deutschsprachig)	124
Baden und Schwimmen	115	Mückenschutz	125
Behinderung	115	Museen	125
Diplomatische Vertretungen	116	Nachtleben	126
Drogen	116	Nationalflagge	126
Einkaufen	117	Nationalhymne	126
Ermäßigungen	117	Notruf	127
Feiertage und Ferien	118	Öffnungszeiten	127
Festivals und Veranstaltungen	118	Pannenhilfe	127
FKK	119	Post und Paket	127
Foto und Film	119	Rauchen	128
Gasflaschen	120	Sommerzeit	128
Geld und Finanzen	120	Strom und Steckdosen	128
Haustiere	121	Taxis	128
Homosexuelle Szene	121	Telefonieren	129
Internet	121	Touristeninformationen	130
Jedermannsrecht	122	Trampen	130
		Trinkgeld	131
		Trolle	131

Südnorwegen – Reiseziele 132

Der Oslofjord 134

Oslo 135

Stadtstruktur	138	Sehenswertes in der	
Stadtgeschichte	139	Umgebung von Oslo	172
Sehenswertes	161		

Die Ostseite des Oslofjords 174

Fredrikstad	174	Drøbak	182
Sarpsborg	177	Verwaltungsbezirk Akershus	183
Moss und Insel Jeløy	180		

Die Westseite des Oslofjords 184

Drammen	184	Åsgårdstrand	188
Horten	186	Tønsberg	189

Die Südküste 194

Von Sandefjord nach Kristiansand 195

Sandefjord	196	Kragerø	207
Ula	200	Risør	209
Larvik	201	Tvedestrand	212
Stavern	204	Arendal	213
Abstecher Skien/		Fevik	216
Telemarkkanal	206	Grimstad	217
Brevik	206	Lillesand	219
Langesund	206		

Kristiansand 222

Stadtstruktur	222	Sehenswertes in Kristiansand	
Stadtgeschichte	223	und Umgebung	228
		Ausflüge in die Umgebung	229

Von Kristiansand nach Stavanger 231

Mandal	232	Flekkefjord	240
Halbinsel Lista	235	Egersund	241
Kvinesdal	237	Jæren-Ebene	243
Knaben	239		

Stavanger 244

Stadtstruktur	245	Sehenswertes im Zentrum	255
Stadtgeschichte	245	Gamle Stavanger/Alt-Stavanger	256

Sehenswertes südwestlich und südlich des Zentrums	257	Umgebung von Stavanger	259

Südliches Fjordland — 260

Um den Boknafjord — 260

Lysefjord	261	Ryfylke-Inseln	266
Sehenswertes um den Lysefjord	263	Hjelmelandsvågen	266
		Sand	268
Preikestolen	263	Umgebung von Sand	271
Die Ryfylke-Region	265	Sauda	271

Um den Hardangerfjord — 273

Sørfjord	274	Eidfjord und Øvre-Eidfjord	283
Odda	275	Ulvikfjord/Ulvik	286
Die Westseite des Sørfjords	278	Osafjord/Osa	287
Utne	278	Granvinfjord/Granvin	288
Die Ostseite des Sørfjords	279	Weitere Stationen am Hardangerfjord	288
Lofthus	279		
Kinsarvik	280	Norheimsund	288
Um den Eidfjord	282	Rosendal	289

Entlang der Küste von Stavanger nach Bergen — 291

Insel Karmøy	291	Kopervik	294
Skudeneshavn	293	Avaldsnes	294
Åkrehamn	294	Haugesund	296

Bergen — 299

Stadtstruktur	300	Sehenswertes außerhalb des Zentrums	319
Stadtgeschichte	300		
Sehenswertes	314	Ausflüge in die Umgebung	320

Binnenland — 322

Hallingdal — 323

Hønefoss	324	Gol	329
Nesbyen	328		

Numedal — 331

Kongsberg	333	Durch das Numedal von Süd nach Nord	336

Telemark — 337

Notodden	338	Rauland	344
Rjukan	340	Seljord	345

Bø (i Telemark)	346	Drangedal	354
Morgedal	348	Reise durch das Drangedal	355
Dalen	349	Skien	356
Telemarkkanal	350	Porsgrunn	357
Vrådal	353		

Hardangervidda und Hardangervidda-Nationalpark _____ 359

Wandern in der Hardangervidda	360	Biketour auf dem Rallarvegen	364
Südliche Hardangervidda	361	Myrdal	365
Haukeli und Haukelifjell	362	Voss	365
Nördliche Hardangervidda	363	Flåm und Flåmsbana	368
Finse	364	Geilo	371

Setesdal _____ 375

Evje-Hornnes	376	Valle und Rysstad	383
Byglandsfjord und Bygland	379	Bykle	385
Abstecher ins Sirdal	381	Hovden	385

Um den Mjøsasee _____ 387

Lillehammer	389	Stange	403
Gjøvik	397	Eidsvoll	404
Hamar	399		

Kleiner Wanderführer für Südnorwegen   406

Wanderung 1	Kyststi Stavern	410
Wanderung 2	Zum Preikestolen	412
Wanderung 3	Über die Mönchstreppe auf die Hardangervidda	413
Wanderung 4	Bergens Hausberge – vom Fløyen zum Ulriken	415
Wanderung 5	Zur Knutehytta	418
Wanderung 6	Auf den Årdalsknapen	420

Alle Wanderungen sind mittels GPS kartiert. Waypoint-Dateien zum Downloaden unter: www.michael-mueller-verlag.de/gps

Etwas Norwegisch _____ 422

Register _____ 429

Kartenverzeichnis

Übersicht Südnorwegen	vordere Umschlagklappe
Großkarte	hintere Umschlagklappe
Bergen	306/307
Binnenland Übersicht	324/325
Fährverbindungen nach Norwegen	77
Fjordland	262
Hardangervidda	359
Kristiansand	224/225
Lillehammer	392/393
Numedal/Hallingdal	326
Mjøsasee	387
Oslofjord	137
Oslo Grünerløkka	153
Oslo Innenstadt	146/147
Oslo Übersicht	140/141
Ryfylke	265
Sandefjord	199
Setesdal	376
Stavanger	248/249
Südküste – östlicher Teil	202/203
Südküste Übersicht	196/197
Südküste – westlicher Teil	231
Telemark	337

Zeichenerklärung für die Karten und Pläne

Alles im Kasten

In Norwegen lebt es sich am besten …	21
Salmo Salar	30
Der Lachstöter heißt „Gyro"	35
Handwerker, Demokraten und Krieger	37
Quisling – Synonym für Kollaborateure	43
Statens pensjonsfonds	54
Walfang	55
Wohin mit den wertvollen Munch-Bildern?	61
Die Trachten Norwegens	70
„Syklist velkommen" – Radfahrer willkommen …	87
Rømmegrøt – eine Grütze macht Geschichte	100
Stadt des Friedens	136
„Fram" und „Kon-Tiki"	169
Die neue Svinesundbrücke	179
Das Ende der „Blücher"	183
Die Geburt des Linie-Aquavits	185
Lindesnes-Leuchtturm	232
Adolph Tidemand (1814–1876) – Weltbürger aus Mandal	235
Bergab mit dem Bergbau	239
Friedhof der Bohrinseln	245
Alexander Kielland – Dichter und Politiker	258
Vøringfossen	285
Pfeffersäcke und Hanse	301
Krossobanen	341
Norge i et nøtteskall	368
Spektakel im Sirdal	381
Lysefjordveien – in 27 Kehren 800 m tief hinab	383
Die Birkebeiner	390
Gleise aus Holz	402
Die Geburt der norwegischen Verfassung	405

Was haben Sie entdeckt?

Haben Sie eine besonders schöne Unterkunft auf Ihrer Reise durch Südnorwegen gefunden, einen aufregenden Wanderweg durch die unverfälschte Natur oder ein Lokal mit landestypischen Spezialitäten?

Wenn Sie Tipps und Informationen, aber auch Kritikpunkte haben, lassen Sie es uns wissen!

Schreiben Sie an: Armin Tima, Stichwort „Südnorwegen" | c/o Michael Müller Verlag GmbH | Gerberei 19, D – 91054 Erlangen | armin.tima@michael-mueller-verlag.de

Wohin in Südnorwegen?

① Der Oslofjord → S. 134

An der Nordspitze des knapp 120 km langen Fjords liegt die norwegische Landes- und Kulturhauptstadt Oslo. Eine recht betriebsame Stadt, die mit hochkarätigen Museen, aber auch entspanntem Flair besticht. Die Ufer des Oslofjords gehören zu den am dichtesten besiedelten Regionen des Landes, und an den beiden Fjordufern finden sich beschauliche kleine Ortschaften, die schon zu Beginn des 20. Jahrhunderts von den Großstädtern zur Sommerfrische angesteuert wurden.

② Südküste → S. 194

Norwegens Südküste ist eine der beliebtesten Urlaubsdestinationen des ganzen Landes. Zwischen Oslofjord und Stavanger reihen sich idyllische Badestrände und malerische Dörfer, besonders sehenswert sind die Ortschaften Risør und Flekkefjord mit ihren weißen Holzhäusern. Die Stadt Kristiansand kann zusätzlich mit den meisten Sonnenstunden der gesamten Region auftrumpfen. Das Kap Lindesnes markiert den südlichsten Punkt des norwegischen Festlandes.

③ Südliches Fjordland → S. 260

Die Region um Bokna- und Hardangerfjord präsentiert sich äußerst abwechslungsreich: An der Küste die Insel Karmøy – einst Häuptlingssitz der Wikinger – und die Stadt Bergen mit den von der UNESCO als Welterbe gelisteten Hansekontoren, weiter im Landesinneren die verzweigten Fjordarme mit ihrer atemberaubenden Naturkulisse. Besonders sehenswert sind der Preikestolen, jene Felskanzel, von deren Kante es 600 m senkrecht zum Lysefjord hinabgeht, und die eher sanften Hänge um den Sørfjord, die vor allem im Frühjahr, wenn die Obstbäume in Blüte stehen, ihren Reiz haben.

④ Binnenland → S. 322

Hier ist Norwegen so wie man es sich vorstellt: Es gibt tiefgrüne Wälder, kahle Fjells und fischreiche Bäche. Und rot getünchte Ferienhütten, die nicht nur zum Übernachten einladen, sondern noch einen wunderbaren farblichen Kontrast bilden. Im Sommer kann man hier ausgezeichnet wandern, im Winter finden Skifahrer Tausende Kilometer Loipen und einige der besten Abfahrten des Landes. Mit 1883 m ist der Gaustatoppen der höchste Gipfel Südnorwegens, die Hardangervidda mit rund 8000 km² das größte Hochplateau Europas. Kulturell Interessierte können sich einige der bedeutendsten Stabkirchen des Landes anschauen, z. B. die prunkvolle Heddal stavkirke.

Südnorwegen: Die Vorschau

Hytter

Man sieht sie im ganzen Land, egal ob hoch oben in den Bergen, direkt an der Küste oder am Fjord. Statistisch gesehen besitzt jede zweite norwegische Familie eine jener meist rot getünchten Holzhütten und verbringt auch regelmäßig Wochenenden und Ferien dort. Ursprünglich ganz einfache Behausungen ohne Strom und fließend Wasser, werden die Hütten immer häufiger zu kleinen Ferienpalästen mit jeglichem Komfort umgebaut – es gibt sogar Hochglanzmagazine, in denen sich der stolze Besitzer Inspiration für Einrichtung und Umbau holen kann. Touristen können Hütten in allen erdenklichen Kategorien mieten.

Wikinger

Furchtlose Kämpfer mit Schwert und behörntem Helm, die auf ihren Raubzügen brandschatzten und plünderten – so ist das allgegenwärtige Bild der Wikinger. Dabei wird oft vergessen, dass die Wikinger weit mehr waren als grausame Barbaren: Sie waren geschickte Handwerker, die filigrane Schmuckstücke ebenso fertigen konnten wie massive Langhäuser und stabile Schiffe. Ihre Fähigkeiten als Seefahrer sind legendär, auf ihren Fahrten erreichten sie Island, Grönland und sogar Nordamerika. Und nicht immer waren dabei Plünderungen das Ziel: Fanden die Nordmänner ein gutes Stück Erde, so wurden sie zu Siedlern, Bauern und Händlern. Man weiß heute sehr viel über die Zeit der Wikinger, und dieses Wissen ist in zahlreichen Museen anschaulich präsentiert. Aber wundern Sie sich nicht, wenn sie keine Helme mit Hörnern sehen – die hatten die Wikinger nämlich nie!

Fjorde

Fjorde gibt es auch anderswo, aber in Norwegen sind sie am schönsten. Sagen die Norweger. Und auf einer Reise

„Land der Wikinger"

durch das südliche Fjordland dauert es dann auch gar nicht lange, bis man selber davon überzeugt ist. Dabei hat jeder Fjord seine ganz eigenen Besonderheiten, beeindruckt mit schroffen Felswänden wie der Lysefjord oder mit blühenden Hängen wie der Sørfjord. Eine einzigartige Stellung nimmt übrigens der Oslofjord ein: Der ist nämlich geologisch gesehen gar kein Fjord, sondern eine Förde und insofern ein nomenklatorischer Hochstapler. Schön ist er trotzdem, sogar sehr.

Lachs

Ganze Heerscharen von Petrijüngern strömen jedes Jahr nach Norwegen, um ihre Köder auszuwerfen. Ihr gemeinsamer Traum: einen der richtig großen Brocken zu fangen. Und die beißen hier auch regelmäßig an, immer wieder auch Schwergewichte von über 15 kg. Auch auf den Tellern erfreut sich der Lachs mittlerweile größter Beliebtheit, dabei ist es noch gar nicht so lange her, da galt der Lachs in Norwegen als Essen für arme Leute. Der enorme Bedarf im In- und Ausland – knapp eine Million Tonnen Lachs geht jedes Jahr allein in den Export - ist schon lange nicht mehr durch Wildfang alleine zu befriedigen, und so haben die Norweger die Zucht perfektioniert. Die Angeltouristen interessiert das freilich wenig, sie stehen auch in der nächsten Saison wieder geduldig am Fluss und hoffen auf ihren Rekordfisch.

Telemarkschwung

Das Knie im Ausfallschritt gebeugt, die Ferse des hinteren Fußes vom Boden gehoben, den Talski nach vorne geschoben: Der Telemarkstil ist zweifellos die eleganteste Art, einen tief verschneiten Hang hinunterzukurven. Sondre Norheim (1825-1897) gilt als Pionier und Mitbegründer jener Technik, die den Namen seiner Heimatprovinz trägt. Zum Siegeszug auf den Pisten dieser Welt reichte es leider nicht, es wurden

Südnorwegen: Die Vorschau

andere Schwungtechniken entwickelt, die sich im Lauf der Jahre durchsetzten und den Skistil bis heute prägen. Aber vergessen ist Norheims Vermächtnis trotzdem nicht. Seit einigen Jahren ist das „Telemarken" bei den Könnern der Szene sogar wieder absolut angesagt und nicht nur auf den norwegischen Pisten wieder häufiger zu bewundern. Für Anfänger werden entsprechende Kurse angeboten.

Trolle

Man entdeckt sie auf einer Norwegenreise in allen nur erdenklichen Formen und Dimensionen – vom schnapsglasgroßen Exemplar, das in jedem Souvenirshop erhältlich ist, bis zum 18-Meter-Koloss im Hunderfossen Park bei Lillehammer. Mindestens ebenso variabel wie die Größe ist auch die Garderobe der Fabelwesen. Neben dem klassischen Trolloutfit gibt es sie mittlerweile verkleidet als Ölscheichs, Wikinger, Skifahrer oder auch als Fußballfans mit verschiedenen Nationaltrikots. Aber egal, wie kitschig man die Figuren findet – sich abschätzig über Trolle zu äußern, ist ein schwerwiegender Fauxpas, denn als grundlegender Bestandteil der nordischen Mythologie haben sie einen festen Platz im Herzen aller Norweger.

Wildcampen

Norwegen ist ein absoluter Campertraum – nicht nur wegen der atemberaubenden Naturkulisse. Denn wo in anderen Ländern Gesetzeshüter nach Wildcampern Ausschau halten (und nicht selten saftige Bußgelder verhängen), kann man in Norwegen bei Einhaltung bestimmter Regeln unbehelligt in freier Wildbahn nächtigen. Dies garantiert das *allemannsretten*, das grundsätzlich jedermann das Recht einräumt, die Natur als Aufenthaltsraum frei zu nutzen. In Norwegen ist dieses „Jedermannsrecht" – anders als in den anderen skandinavischen Staaten –

„Naturverbundenes Leben"

Ende der 50er-Jahre sogar schriftlich fixiert worden. Der oberste Grundsatz ist dabei der schonende Umgang mit der Natur, und daran sollte man sich auch tunlichst halten, denn auf die zunehmende Nachlässigkeit der Urlauber reagieren selbst die sonst so gelassenen Norweger gereizt.

Strände

Norwegen ist vielleicht nicht als Ziel für einen klassischen Badeurlaub bekannt, aber es gibt doch jede Menge wunderbarer Möglichkeiten, sich in die Fluten zu stürzen. Neben schier unzähligen Flüssen und Seen natürlich auch am Meer – unter Einbeziehung aller Buchten und Fjorde verfügt Norwegen immerhin über eine Küstenlinie von rund 25.000km. Da findet sich meist auch ein lauschiges Plätzchen, an dem man die Ruhe genießen kann. Nicht einmal auf weiße Sandstrände muss man verzichten. Empfindlich sollte man beim Sprung ins Nass aber nicht sein, denn die klassische Badesaison ist kurz, und selbst im Hochsommer ist das Wasser erfrischend kalt.

Friluftsliv

Die Norweger genießen den Ruf, äußerst naturverbundene Menschen zu sein: Sie gehen mit Begeisterung wandern, Ski fahren, Kajak fahren, campen, jagen oder angeln. Der oft verwendete Begriff „Friluftsliv" bezeichnet aber nicht nur die Aktivitäten unter freiem Himmel, sondern auch das damit einhergehende Lebensgefühl: sich von der modernen, so schnell und hektisch gewordenen Welt entkoppeln und an den einfachen Dingen des Lebens erfreuen. Diese Philosophie scheint den Norwegern gut zu tun, denn bisweilen kann man es kaum glauben, wie entspannt und freundlich die Einheimischen mit den Touristen umgehen.

Schiff an Land am Suldalsvatnet

Hintergründe & Infos

Land und Leute	→ S. 20	Anreise	→ S. 72
Geschichte	→ S. 36	Unterwegs in Südnorwegen	→ S. 82
Staat und Gesellschaft	→ S. 48	Übernachten	→ S. 93
Wirtschaft	→ S. 53	Essen und Trinken	→ S. 98
Kunst und Kultur	→ S. 57	Sport, Freizeit, Abenteuer	→ S. 103
Bevölkerung	→ S. 67	Wissenswertes von A bis Z	→ S. 112

Yachthafen von Stavern

Land und Leute

Südnorwegen erleben

„Ja, vi elsker dette landet ..." („Ja, wir lieben dieses Land ...") – so beginnt Norwegens Nationalhymne. Diesem Liebesschwur stimmen offensichtlich auch die Deutschen zu – sie stellen mittlerweile mehr als ein Fünftel aller Norwegenurlauber. Was unsere Landsleute im hohen Norden suchen? Die Antwort ist fast immer die Gleiche: Ruhe und grandiose Natur.

Von beidem gibt es in Südnorwegen mehr als genug, keine andere Region des Landes kann mit einer derart abwechslungsreichen Naturkulisse aufwarten. Eine sonnige Schärenküste ganz im Süden, die zerklüftete Fjordlandschaft im Westen und tiefgrüne Wälder im Osten. Dazwischen immer wieder karge Hochebenen, rauschende Wasserfälle, tiefe Täler und fast liebliche Obstanbauregionen.

Dabei leben in Norwegen im Schnitt nur etwa 13 Menschen pro Quadratkilometer – in Deutschland sind es 230 pro Quadratkilometer –, und so kann man sich selbst im etwas dichter besiedelten Südnorwegen durchaus in einsame Gebiete zurückziehen und dort einige Tage verbringen, ohne eine Menschenseele zu treffen. Sofern man das will – man muss es nämlich nicht, denn „Wildnis" und „Zivilisation" liegen oft ganz nahe beieinander. Eine gute Infrastruktur zieht sich z. T. bis in entlegene Regionen, und so kann man das Natur-Abenteuer auch ohne große Gefahren und Schwierigkeiten erleben. Irgendwo in der Nähe gibt es fast immer einen ordentlichen Campingplatz, rustikale und doch komfortable Holzhütten, ein Lebensmittelgeschäft oder ein Rasthaus. Und genau das schätzen viele Norwegenreisende.

Land und Leute

Natürlich kann man in dieser grandiosen Kulisse auch einfach alle viere von sich strecken, aber Norwegen ist zweifellos ein Land für Aktivurlauber. Wandern und Angeln sind dabei seit jeher die beliebtesten Beschäftigungen und für beides bietet das Land ausgezeichnete Reviere. Im Winter pilgern dann Urlauber und Einheimische gleichermaßen über tausende Kilometer Loipen, die durch tief verschneite Landschaft führen. Aber die Norweger haben auch schnell erkannt, dass ihre Heimat geradezu ideale Bedingungen für zahlreiche der modernen Abenteuersportarten bietet. Wildwasser-Rafting, Gleitschirmfliegen, Eisfallklettern oder Mountainbiking stehen hoch im Kurs und werden vielerorts angeboten. Wer will, kann die Natur auch per Kajak, auf Schneeschuhen oder – für viele Winterurlauber der absolute Höhepunkt – mit dem Hundeschlittengespann erkunden. Wem in Norwegen langweilig wird, dem ist nicht mehr zu helfen.

Auch ein Besuch der südnorwegischen Städte ist wirklich lohnend – obwohl es nicht wirklich viele Ansiedlungen gibt, die diesen Namen verdienen. Aber vielleicht lohnt es sich gerade deshalb, denn in Bergen, Stavanger und selbst in der Hauptstadt Oslo geht es eher beschaulich zu. Besuchern wird ein ausgezeichnetes Kulturprogramm geboten, gute Einkaufsmöglichkeiten, tolle Unterkünfte und fantastische Gastronomie – und das alles ohne dieses erdrückende Gefühl der Enge, wie man es aus vielen Großstädten kennt.

Der Tourismus spielt in Südnorwegen eine große Rolle und so ist man bestens auf Gäste vorbereitet. Fast jeder noch so kleine Ort betreibt – zumindest in der Hauptreisezeit – ein kleines Informationsbüro. Ein umfassendes Straßennetz sowie ein gut organisierter Bus-, Bahn- und Fährverkehr ermöglichen ein leichtes Vorankommen, und wenn es besonders schnell gehen soll, kann man mit dem Inlandsflieger alle Regionen und größeren Ortschaften erreichen. Und für alle, die der norwegischen Sprache nicht mächtig sind, besonders wichtig: fast alle Norweger sprechen hervorragend Englisch, nicht wenige sogar ein bisschen Deutsch.

Und dass es den Norwegern überhaupt nichts ausmacht, sich mit den Touristen in Englisch, Deutsch oder einer anderen Sprache außer Norwegisch zu unterhalten, sagt schon viel über ihre Mentalität aus – denn selbstverständlich ist das nicht. Aber die Norweger sind aufgeschlossen und freuen sich über Urlauber, denen es in ihrem Land gefällt. Gerne geben sie Tipps und fast noch lieber hören sie, wenn man mit Begeisterung von bereits Erlebtem spricht. Von dieser äußerst umgänglichen Art profitieren dann auch wir Touristen, denn ohne ein entspanntes Miteinander mit den Einheimischen ist der Urlaub nur halb so schön.

In Norwegen lebt es sich am besten …

… behauptet zumindest eine UN-Studie vom Herbst 2009. Danach liegt Norwegen, wie schon in vergangenen Jahren, weltweit und unangefochten auf Platz eins in puncto Lebensqualität. Ein Ergebnis, das Norwegenkenner kaum, und die Norweger selbst noch viel weniger überraschen dürfte. Ermittelt wird alljährlich ein Durchschnittswert aus z. B. Pro-Kopf-Einkommen, Bildungsstand und Gesundheitsvorsorge. Unter den 182 untersuchten Staaten nimmt Deutschland übrigens nur den 22. Rang ein – hinter allen skandinavischen und den meisten westeuropäischen Staaten.

Geologie und Geografie

Die Gesamtfläche des Königreichs Norwegen erstreckt sich über 385.199 km², wovon 61.000 km² auf die weit nördlich des Festlands gelegene Inselgruppe Svalbard entfallen. Außerdem beansprucht Norwegen ein rund 2,7 Mio. km² großes Gebiet auf der Antarktis, das *Queen Maud Land,* das im Folgenden aber keine Beachtung findet, da die Ansprüche nicht international anerkannt sind.

Südlichster Punkt des norwegischen Festlandes ist in der Nähe von Mandal bei 57°57'31"N, der nördlichste Punkt ist nicht etwa – wie oft fälschlicherweise gedacht – das *Nordkap*, sondern *Kinnarodden* mit einer nördlichen Breite von 71°08'02"N. Der Ort liegt auf einer schwer zugänglichen Halbinsel und so pilgern die Touristen weiterhin zum leicht erreichbaren und – zumindest bei gutem Wetter – so fotogenen Nordkap. Bezieht man die Svalbard-Inseln noch mit ein, so liegt der nördlichste Punkt gar bei 80°49'44"N. Westlichster Punkt des norwegischen Festlandes ist *Vardetangen/Lindåshalvøya* mit 04°56'43"O, östlichster Punkt *Kibergneset* im Bezirk Vardø mit 31°03'52"O.

Norwegen ist ein schmales, langgezogenes Land, das sich vom Südwesten Richtung Nordosten erstreckt. Die größte Entfernung in Längsrichtung beträgt etwas weniger als 1790 km, die breiteste Stelle misst rund 430 km. An einigen Stellen im hohen Norden ist das Festland tatsächlich so schmal, dass zwischen Meer und Landesgrenze kaum mehr als 2 km liegen. Im Osten gibt es drei Nachbarländer, die Grenze zu Schweden beträgt 1619 km, die zu Finnland 736 km und die zu Russland 196 km. Ansonsten wird das Land nur noch durch Wasser begrenzt, die vereinfachte Küstenlinie beträgt 2532 km, unter Berücksichtigung der zahlreichen Buchten und Fjorde ergibt sich eine Küstenlinie von 25.148 km.

Entstehungsgeschichte

Kernmasse ganz Skandinaviens ist der *Baltische Schild*. Im äußersten Nordosten – hauptsächlich auf der russischen Kola-Halbinsel – liegt diese uralte Landmasse noch frei, einzelne Gesteinsschichten können bis auf das *Mesoarchaikum* zurückdatiert werden und sind somit rund 3 Milliarden Jahre alt. In den meisten Regionen Skandinaviens, so auch in Norwegen, ist der Schild aber durch wesentlich jüngere Sedimentschichten überlagert.

Durch Kollisionen mit anderen Landmassen türmten sich im Bereich des heutigen Norwegen vor etwa 400 Mio. Jahren die Bergformationen der *Kaledoniden* auf. Über die folgenden Jahrmillionen wurde der Gebirgszug stark erodiert, übrig blieben die *Skanden* – von ihnen hat Skandinavien seinen Namen –, die sich über 1700 km wie ein Rückgrat von Südnorwegen bis zur Eismeerküste ziehen. Das skandinavische Gebirge bildet fast deckungsgleich mit der norwegisch-schwedischen Grenze die Wasserscheide Nordeuropas. Die Skanden erreichen ihre größte Höhe mit dem **Galdhøpiggen** (2469 m), gleichzeitig höchste Erhebung Norwegens.

Für die norwegischen Landschaftsformen, wie wir sie heute kennen, ist in erster Linie das Eis verantwortlich. Während dreier Eiszeiten war das Land zeitweise von einem bis zu 3000 m mächtigen Eispanzer bedeckt, unter dessen Gewicht tiefe Täler entstanden. Die Massen des riesigen Gletschers waren ständig in Bewegung, sie gruben tiefe Furchen in das Land, sie schliffen spitze Berge zu weiten Hochebenen –

den **Fjells** – und sie transportierten enorme Mengen Gesteinstrümmer von den Gebirgen hinab an die Küste. Die vielen Felsinseln – die **Schären** – sind Überbleibsel aus dieser Zeit.

Der Boden vieler Täler lag mit Verschwinden des Eises vor etwa 8000 bis 10.000 Jahren weit unter dem Meeresspiegel, sodass Salzwasser einfließen konnte und die für Norwegen so typischen **Fjorde** entstanden. Bis zu 200 km weit konnte das Meerwasser so ins Landesinnere fluten. Tiefste Stelle eines Fjordes ist dabei immer am Talschluss, wo das Gewicht des Eises die Schneisen tiefer formte als an den Ausläufern an der Küste. Der *Sognefjord* z. B. ist mit maximal 1308 m tiefer als die tiefste Nordseestelle.

Eine Besonderheit ist allerdings der *Oslofjord,* der entstehungsgeschichtlich gar kein echter Fjord ist. Es handelt sich dabei vielmehr um einen tiefen unterirdischen Grabenbruch, der sich vom *Mjøsasee* im Norden bis ins *Rhônetal* im Süden zieht.

Landschaftsformen

Es sind v. a. die atemberaubend schönen und äußerst abwechslungsreichen Landschaftsformen, die den Norwegenreisenden in den Bann ziehen. Norwegens Binnenland ist stellenweise sehr gebirgig, Folge starker tektonischer Aktivität im Silur. Die höchsten **Berge** liegen im Jotunheimen-Massiv, der Spitzenreiter ist der *Galdhøpiggen* mit 2469 m, gefolgt vom *Glittertinden* mit 2464 m (inkl. Gletscherkuppe). Insgesamt liegen über zwei Dutzend Gipfel jenseits der 2300-Meter-Marke. Höchster Berg in Südnorwegen ist der *Gaustatoppen* in der nördlichen Telemark, der es immerhin noch auf 1883 m bringt. Charakteristisch für Norwegen sind auch die weiten, baumlosen **Fjells**, allen voran die im Mittel 1200 m hoch gelegene Hardangervidda, mit einer Gesamtfläche von rund 8000 km² außerdem die größte Hochebene Europas.

Norwegens **Küste** gehört sicherlich zu den aufregendsten Landschaftsformen, die man als Tourist bestaunen kann. Nimmt man die stark vereinfachte Grundlinie als Referenz, so wäre sie nur rund 2500 km lang, in Wahrheit ist das norwegische Festland aber von so vielen Buchten und Fjorden eingeschnitten, dass sich die exakte Kilometerzahl mehr als verzehnfacht. Zählt man die Küsten der zahlreichen Inseln dazu, so kommt man auf 83.218 km! In Südnorwegen finden Urlauber einsame Buchten und feine Sandstrände, aber auch von Wellen umtoste Felsküsten oder Besonderheiten wie den Steinstrand der Insel *Jomfruland,* eine Moräne eines eiszeitlichen Gletschers.

Neben schier unendlichen Schären und dutzenden Fjorden prägen v. a. auch **Inseln** die südnorwegische Küstenlandschaft. Viele dieser Inseln sind auf den ersten Blick oft gar nicht als solche erkennbar. Zwischen ihnen und dem Festland befinden sich oft nur schmale Gräben, die man meist bequem auf Brücken, durch Tunnels oder zumindest auf kurzen Fahrten mit der Fähre überqueren kann – ganz so, wie man die vielen Fjorde überquert.

Zahlreiche **Flüsse** durchziehen das Land, längster Vertreter ist mit 600 km die *Glomma,* die in der Gemeinde Røros entspringt, gen Süden fließt und bei Fredrikstad in den Oslofjord mündet. Der *Tanaelva* – allerdings nicht in Südnorwegen, sondern ganz hoch oben in der Finnmark – ist mit 348 km immerhin noch viertlängster Fluss des Landes, gilt als der lachsreichste Fluss ganz Norwegens und ist für kapitale Exemplare bekannt: hier wurde auch der Weltrekordlachs mit über 36 kg gefangen. Norwegens Flüsse sind aber längst nicht nur zum Fische fangen

gut, auch Wassersportler – v. a. Wildwasser-Rafter – gehören mittlerweile vielerorts zum Erscheinungsbild. Besonders beliebt und geeignet ist dafür die 245 km lange *Otra* im Setesdal.

Südnorwegens **Wasserfälle** haben nicht unerheblich zur Industrialisierung des Landes beigetragen, liefern sie doch die nötige Wasserkraft zur Stromerzeugung. Was den längsten freien Fall betrifft, liegen der *Tyssenstrengene* (Odda), der *Ringedalsfossen* (Odda) und der *Skykkjedalsfossen* (Eidfjord) etwa gleich auf bei rund 300 m. Leider hat man den Wasserfällen durch die Nutzbarmachung viel von ihrer ursprünglichen Gewalt und Schönheit genommen. Vielerorts wird mittlerweile per Gesetz eine Mindestmenge an Wasser festgeschrieben, die die Betreiber der Kraftwerke den Fällen lassen müssen, weil man befürchtet, die Touristen würden sonst ausbleiben.

Die **Gletscher** des Landes sind nicht etwa Überbleibsel der letzten Eiszeit, sie sind wesentlich jünger und entstanden erst vor 2500 Jahren. Zwei besonders bekannte und durchaus sehenswerte Vertreter sind der *Svartisen* im Nordland und der *Folgefonn* in Hordaland. Letzterer befindet sich als einziger der hier genannten Gletscher in Südnorwegen. Flächenmäßig größter Vertreter auf dem Festland ist der *Jostedalsbreen,* der es auf kapp 490 km² bringt. Aber auch hier liegen die Rekordhalter auf Svalbard, die Eiskappe des *Austfonna* auf dem Nordaustlandet ist rund 17-mal so groß.

Fjorde

Auch in Grönland, auf Feuerland und an der Küste von British Columbia gibt es Fjorde, doch nirgendwo sind die lang gestreckten Meeresbuchten derart charakteristisch und bestimmend wie in Norwegen. Wie viele es gibt? 100, 200, 1000 oder noch mehr? Schwer zu sagen, denn Fjord ist nicht gleich Fjord. Der **Boknafjord** vor Stavanger z. B. mündet in einem riesigen Delta und ähnelt eher einer italienischen Flusslandschaft. **Hardangerfjord** und **Sognefjord** verästeln sich in unzählige Seitenarme und ähneln kanadischen Flusssystemen. Andere Fjorde heißen nur so und sind genau genommen Seen – so z. B. der **Byglandsfjord** im Setesdal –, wieder andere sind Sunde (Meerengen) wie der **Oslofjord**.

Nennenswerte Vertreter in Südnorwegen sind sicherlich der **Oslofjord**, der eine Besonderheit darstellt: als einziger der großen Fjorde des Landes friert er in strengen Wintern zu – der wärmende Golfstrom, der das Küstenklima Norwegens bestimmt, zieht einfach vorbei. Im Westen Südnorwegens liegen außerdem der **Boknafjord** und einer der bekanntesten Fjorde – der **Hardangerfjord**. Zwei norwegische Fjorde stehen seit 2005 auf der Liste des UNESCO-Welterbes, nämlich der **Geirangerfjord** und der **Nærøyfjord**. Beide befinden sich allerdings nicht mehr in Südnorwegen, sondern ein paar hundert Kilometer weiter nördlich.

Fast alle spektakulären Fjorde liegen übrigens im Gebirge, weil dort die Erosionskräfte stärker waren und dramatischere Formationen schaffen konnten. Es gilt die Faustregel: Je höher die Berge, desto länger und tiefer sind die Fjorde. Deshalb finden sich die aufregenden Fjorde im gebirgigen Westnorwegen, deshalb überwiegen sanftere Fjorde im flacheren Süd- und Nordnorwegen.

Bodenschätze

Norwegen verfügt über immense Vorkommen an **Erdöl** und **Erdgas**, die sich in der Nordsee und der Barentssee befinden. Das Land gehört zu den größten Förderern und auch Exporteuren weltweit, etwa 2,6 Mio. Barrel Rohöl – gut 410 Mio. Liter – werden jeden Tag (!) gewonnen. Exakte Zahlen bezüglich der gesamten bzw. verbleibenden Ressourcen zu nennen ist schwierig, das *Norwegische Ministerium für Petroleum und Energie* spricht von insgesamt 10 bis 16 Milliarden Kubikmetern an Öläquivalenten (Öl, Erdgas und Flüssiggas). Etwa ein Drittel davon ist heute bereits ausgebeutet, etwa ein Viertel davon sind vermutete, aber bisher unentdeckte Vorkommen. Und mit modernsten Methoden werden regelmäßig neue Felder entdeckt.

1996 wurde der *Norwegische Ölfond* gegründet, der später in *Statens pensjonsfonds* umbenannt wurde. Auch zukünftige Generationen sollten etwas von den Ölmilliarden abbekommen, und so werden seitdem die Einkünfte aus dem Ölgeschäft angelegt (→ Kasten unter „Wirtschaft", S. 54).

Wenn auch die Öl- und Erdgasvorkommen wirtschaftlich die wichtigeren Faktoren sind, so gibt es doch auch eine ganze Reihe anderer Bodenschätze in Norwegen. Deren Exportwert entspricht mit rund 5 Milliarden Norwegischen Kronen gerade einmal einem Prozent der Petroleumindustrie, trotzdem sind sie für Norwegen auch für den Eigenbedarf von Bedeutung.

Lager und Förderungsstätten gibt es dabei im ganzen Land, sodass viele Regionen profitieren. In Norwegen sind fünf verschiedene Arten an Bodenschätzen zu finden. Zu den **Industriemineralen** gehören z. B. Quarz, Olivin, Nephelin oder Kalkstein, zu den aus lokalen **Erzen** gewinnbaren Metallen zählen Eisen, Nickel und Titan. Sowohl mengenmäßig als auch in finanzieller Hinsicht größter Sektor ist die Gewinnung von **Baumaterial** wie Sand, Kies oder Schotter – über 50 Mio. Tonnen werden jährlich abgebaut. In Norwegen gibt es außerdem große Vorkommen an Natursteinen, im Wesentlichen Granit, Marmor und Larvikit.

Lokal genau eingrenzbar sind Norwegens **Kohlevorkommen**, die gibt es nämlich nur auf Svalbard. Die jährliche Produktion liegt bei knapp 3 Mio. Tonnen.

Klima und Reisezeit

Der *Nordatlantikstrom* als Teil des Golfstroms führt zu einem vergleichsweise milden Klima, sodass an der Westküste die Häfen im Winter eisfrei bleiben, die Tagesmitteltemperatur selbst im Januar noch über dem Gefrierpunkt liegt, die Sommer allerdings relativ kühl sind. Des Weiteren sorgt der meridional verlaufende Gebirgszug der Skanden für deutlich ausgeprägte Niederschlagsunterschiede zwischen West und Ost (vgl. in der Tabelle Bergen mit Oslo), wobei die meisten Niederschläge nördlich des Hardangerfjords fallen und Bergen als regenreichste Großstadt Europas gilt.

Tageslicht gibt es im Winter nur spärlich, im Süden etwa sechs Stunden pro Tag, nördlich des Polarkreises herrscht dann die Finsternis der Polarnacht. Im Sommer kehrt sich das Phänomen um.

Winterurlauber finden zwischen Dezember und April vielerorts hervorragende Bedingungen. Der kälteste Monat ist der Januar. Für Skifahrer ist der April als Reisezeit zu empfehlen: die Tage sind schon länger, die ganz große Kälte ist vorbei und die Schneedecke ist immer noch ausreichend hoch, wie das Beispiel von Møsstrand (977 m hoch gelegen) am Møsvatnet in der Telemark zeigt.

Die beste **sommerliche Reisezeit** und auch die beliebteste Reisezeit deutscher Norwegenurlauber ist zwischen Juni und August. Der September ist nur im Süden zu empfehlen, und im Mai sollten Autofahrer sich darauf einstellen, dass längst noch nicht alle Gebirgsstraßen schneefrei sind; in den Gebirgsregionen kommt Schneefall selbst im Sommer vor. Der wärmste Monat ist im Sommer der Juli, wobei die höchsten Tagesmitteltemperaturen an der Südküste und im Bereich des Oslofjords zu verzeichnen sind. Kristiansand im Süden gilt als sonnenreichste Stadt Norwegens. Baden kann man auch, die Wassertemperaturen an der Südküste betragen allerdings im Juli/August nur 16 bzw. 17 °C. Für Wanderer auf der Hardangervidda ist jetzt Hochsaison; Pullover, Schal und Mütze sowie Regenkleidung sollten aber im Gepäck nie fehlen.

	Bergen		Oslo		Møsstrand (977 m)		
	TM in °C	N in mm	TM in °C	N in mm	TM in °C	N in mm	SH in cm
Jan.	1,3	190	-4,0	43	-8,0	73	83
Feb.	1,5	152	-3,8	32	-7,9	47	104
März	3,3	170	0,0	42	-5,6	52	116
April	5,9	114	5,0	38	-1,9	37	101
Mai	10,5	106	11,5	51	3,8	61	38
Juni	13,3	132	16,0	62	9,4	73	1
Juli	14,3	148	17,3	75	10,5	88	0
Aug.	14,1	190	16,0	82	9,6	94	0
Sept.	11,2	283	11,5	83	5,6	91	0
Okt.	8,6	271	7,0	78	1,8	95	2
Nov.	4,6	259	1,0	67	-3,2	82	21
Dez.	2,4	235	-3,0	47	-6,4	67	48
Jahr	7,6	2250	6,2	700	0,6	860	

TM: Tagesmitteltemperatur, N: mittlerer Niederschlag, SH: mittlere Schneehöhe

Mehr oder weniger modisches Schuhwerk für jedes Wetter

Mit Regen müssen Sie im „Paradies der Gummistiefel" immer rechnen. Denn jeder Fjord, so ein nordisches Sprichwort, hat seinen eigenen Petrus. Auf meteorologische Überraschungen sollten Sie allzeit gefasst sein. Das gilt nicht für den Wind – der weht, wichtig für Radfahrer, überwiegend aus westlicher Richtung, d. h. vom Meer kommend, und folgt dann der Richtung der Täler und Fjorde.

Beliebt bei Leuten mit entsprechend viel Zeit ist die „Reise mit dem Frühling", der in südlichen Gefilden Ende April beginnt und dem man gen Norden folgen kann, wo das Land selten vor Ende Mai erblüht.

Flora

Südnorwegen vereint unterschiedlichste Vegetationszonen, von dichten Laubwäldern bis hin zur kargen Tundra. Bei der genauen Einteilung spielen zahlreiche Faktoren eine Rolle, wie etwa der Golfstrom, der in einigen Küstenregionen Landschaftsbilder entstehen ließ, die man so hoch im Norden nicht erwarten würde. Außerdem ist Südnorwegen auch eine äußerst gebirgige Region, entsprechend unterscheidet sich die Vegetation auch nach der jeweiligen Höhenlage.

Sommergrüne (nemorale) Laubwälder

Nordeuropäische Laubwälder, wie sie im südlichen Schweden noch häufiger vertreten sind, gibt es in Norwegen kaum. Ein nicht unerheblicher Teil der ursprünglich schon knappen Bestände fiel der Rodung für die Landwirtschaft zum Opfer. Einige wenige Areale finden sich noch ganz im Süden des Landes, in der Region um Mandal und Kristiansand. Zu den dort vertretenen Baumarten gehören neben der *Eiche* auch *Buchen, Eschen* und *Linden*.

Nordeuropäische Mischwälder

Trotz des Namens dominieren in dieser Übergangszone die Nadelhölzer, in den östlichen Regionen Norwegens hauptsächlich *Fichten,* in den westlichen Regionen *Kiefern*. Die Laubbäume – vornehmlich *Eschen, Linden, Erlen, Buchen* und *Eichen* – verlieren sich fast, haben sich aber vereinzelt bis zur Grenze des borealen Nadelwaldes vorgeschoben.

28　Land und Leute

Diese Mischwälder erstrecken sich um den Oslofjord bis zu den südlichen Ausläufern des Mjøsasees, entlang der Südküste bis nach Stavanger und schließen einen schmalen Küstenstreifen Fjordnorwegens mit ein. Höhenlagen von mehr als 400 m werden nicht erreicht, mit ein Grund, warum man diesen Typus lediglich an einigen langen Fjorden und in den Tälern Südnorwegens auch etwas weiter im Landesinneren findet.

Boreale Nadelwälder

Die „vom Nordwind geprägte" (= boreale) Zone – in Asien auch Taiga genannt – erstreckt sich über große Teile des Landes, von südlichen Gefilden bis in den hohen Norden hinauf. Neben *Kiefern* und *Fichten* finden sich in dieser größten zusammenhängenden Waldfläche der Erde (die größten Teile davon liegen in Kanada und Russland) auch *Espen, Birken* und *Weiden*. Unterwuchs mit Sträuchern ist selten, allerdings gedeihen Moose, Flechten, Preiselbeeren sowie die berühmten, seltenen und schmackhaften *Moltebeeren*.

Die borealen Wälder schließen praktisch fließend an die Laub- und Mischwälder an und erstrecken sich dann bis zur Baumgrenze, die von kleinen Fjellbirken *(betula tortulosa)* gebildet wird. In Südnorwegens östlichen Gebieten gedeiht dieser Typus Wald in Höhenlagen von etwa 400 bis 900 m, in den Bergregionen des Binnenlandes kann die Baumgrenze aber bis zu 1200 m hoch liegen.

Tundra

Jenseits der Baumgrenzen finden sich verschiedene Ausprägungen der Tundra, was übersetzt so viel wie „unbewaldeter Hügel" bedeutet. Man unterscheidet dabei die **alpine Tundra** – hier ist die große Höhe über dem Meeresspiegel für das Fehlen der

Die Moltebeere gilt in Norwegen als urtypisches Gewächs

Bäume verantwortlich – und die **arktische Tundra** – hier sind die extremen nördlichen Breiten dafür verantwortlich. Die Vegetation ist aber in beiden Fällen sehr ähnlich, in diesen kalten und unwirtlichen Gegenden können nur noch widerstandsfähige Gras- und Zwergsträucher gedeihen, am nördlichsten bzw. höchsten hinaus schaffen es Flechten und Moose. Weil das Wasser nicht versickern oder ablaufen kann, bilden sich in den Senken Seen und wenn in den Sommermonaten der Boden auftaut, entstehen weitläufige Moore. Oberhalb der Tundra gibt es nur noch kahle Blockhalden und Gletscher.

In Südnorwegen findet man Tundren nur in den Gebirgsregionen, z. B. in der *Hardangervidda*, hier gedeiht diese typische Fjell-Vegetation in Höhen von 900 bis 1500 m.

Fauna

Wer nach Norwegen reist, denkt unweigerlich an Ren und Elch. Und natürlich auch an den Atlantischen Lachs, für den das Land regelrecht berühmt ist. Aber das Land der Fjorde ist außerdem Heimat zahlreicher mitteleuropäischer Tierarten, die in unseren Breiten ganz oder nahezu ausgerottet sind – darunter auch Bär, Luchs oder Wolf. Ob Tierfreunde bei ihren Beobachtungen auch auf ihre Kosten kommen, hängt dabei etwas von Geduld und Glück ab, denn einige Vertreter sind durchaus scheu und lassen sich nicht so gerne blicken. Wer also unbedingt einen Elch oder einen Moschusochsen zu Gesicht bekommen will, der sollte sich einer geführten Tier-Safari anschließen.

Im Wasser

In norwegischen Gewässern herrscht großer Fischreichtum – immer noch bzw. langsam wieder, denn die heimischen Fangflotten hatten die Bestände einiger Arten stark dezimiert. Neben **Dorsch**, **Kabeljau** und **Hering**, dem auch heute noch bevorzugten Beutegut norwegischer Fischer, tummeln sich v. a. **Schellfische**, **Makrelen** und **Seelachse** im Nordseewasser.

Hinzu kommen zahlreiche Süßwasserspezies, die Norwegens Flüsse, Bäche und Seen bevölkern. Da gibt es **Forellen, Barsche, Hechte** und **Karpfen** in großer Zahl und natürlich den bekanntesten unter allen: **Atlantischen Lachs** *(salmo salar)*. Wahre Prachtexemplare des beliebten Speisefisches lassen sich in den Flüssen des Landes fangen, weshalb Sportangler aus aller Welt nach Norwegen reisen.

Neben den Fischen gibt es vor Norwegens Küste auch noch eine ganze Reihe Meeressäuger. Die imposantesten sind sicherlich die Wale. Auf speziell organisierten Bootstouren stehen die Chancen nicht schlecht, einen **Pottwal**, einen **Schwertwal** oder einen **Buckelwal** zu sehen. Die einzige Walart, die im traditionellen Walfangland Norwegen noch immer – und unter weltweitem Protest – bejagt wird, sind die bis zu 10 m langen und bis zu 10 t schweren **Zwergwale** *(Balaenoptera acutorostrata)*, deren Population allerdings als nicht gefährdet gilt. Außerdem schwimmen in norwegischen Gewässern auch noch verschiedene Robbenarten, am häufigsten vertreten sind **Sattelrobben** und **Mützenrobben**.

> **Salmo Salar**
>
> Der Atlantische Lachs *(salmo salar)* wird bis zu 1,5 m lang und kapitale Exemplare können schwerer als 20 kg werden. Der aktuelle Weltrekordfisch wurde im Tanaelva (Finnmark) gefangen und brachte mehr als 36 kg auf die Waage.
>
> Nach dem Schlüpfen verbringen die Jungtiere etwa ein Jahr – je nach Gewässer kann diese Zeit variieren – in ihrem Fluss, dann wandern sie ins Meer, wo sie mehrere Jahre bleiben, bevor sie zum Laichen an ihren Geburtsort zurückkehren. Die beschwerliche Reise stromaufwärts zu den Laichplätzen zehrt so sehr an den Fischen, dass viele nach der Eiablage und der Befruchtung zugrunde gehen.
>
> Die Lachse sind als Speisefische so gefragt, dass der Bedarf schon lange nicht mehr mit Wildlachsen alleine gedeckt werden kann. Norwegen hat sich zum weltweit größten Produzenten von Zuchtlachsen entwickelt, was nicht ganz ohne unangenehme Folgen blieb. Immer wieder entwischen Zuchtlachse aus den Fischfarmen und machen dann den Wildlachsen den Lebensraum streitig.

Landsäuger

Südnorwegen ist mit seinen einsamen Wald- und Bergregionen ein wahres Refugium für Wildtiere. Auch der „König" der skandinavischen Wälder, der **Elch**, ist hier heimisch. Die eindrucksvollen Tiere erreichen eine Schulterhöhe von über 2 m und ein Gewicht von 700 bis 800 kg. Der Körperbau mit langen Beinen und einem muskulösen Rumpf macht die Tiere zu schnellen Läufern, außerdem sind sie gute und ausdauernde Schwimmer. Ausgewachsene Elchhirsche verfügen über ein prächtiges Geweih, das eine Spannweite von bis zu 1,5 m erreichen kann. Elche sind in den Wäldern Südnorwegens heimisch und die Population ist durchaus beachtlich. Trotzdem ist es bisweilen schwierig, die scheuen Einzelgänger in freier Wildbahn zu Gesicht zu bekommen.

Wesentlich leichter ist das beim weit verbreiteten **Ren**. Eigentlich charakteristisch für die Finnmark ganz im Norden des Landes – dort handelt es sich allerdings um domestizierte Tiere –, gibt es in Südnorwegen eine der letzten wild lebenden Populationen, nämlich auf der *Hardangervidda*. Rentiere erreichen eine Schulterhöhe von 120 cm und ein Gewicht von bis zu 250 kg, das Fell ist im Sommer graubraun und im Winter fast weiß. Das Ren ist außerdem die einzige Hirschart, bei der auch die Weibchen ein Geweih tragen. Eine etwas kleinere Unterart des Rens lebt auf Svalbard.

In Norwegen leben auch Wildtiere, die in Deutschland bereits ausgestorben sind bzw. als ausgestorben galten und sich erst langsam wieder ansiedeln. Dazu zählt u. a. der Luchs, rund 600 Exemplare sollen auf norwegischem Territorium umherstreifen. In den Grenzgebieten zu Schweden, Finnland und Russland gibt es außerdem einige kleine **Wolfsrudel** und auch ein paar Dutzend **Braunbären** wandern regelmäßig von den Nachbarstaaten nach Norwegen. Die norwegische Regierung gerät regelmäßig ins Visier von Tierschützern, wenn sie den bedingten Abschuss von Wölfen oder Luchsen erlaubt.

Mit Mythen und Unwahrheiten geradezu beladen sind die **Lemminge**, die in fast allen norwegischen Hochregionen vorkommen. Das Bild von ganzen Scharen dieser Tiere, die sich in einer Art Massenselbstmord irgendwelche „Klippen hinabstürzen" ist zwar in vielen Köpfen verankert, aber trotzdem falsch. Es stimmt aber, dass die kleinen Nager in großen Scharen auf Wanderung gehen und dabei auch viele Tiere – z. B. beim Durchschwimmen von Flüssen – ums Leben kommen.

Neben all diesen „Exoten" gibt es natürlich auch eine ganze Reihe an Wildtieren, die man auch aus heimischen Gefilden kennt. Dazu zählen **Rehe**, **Hirsche** und **Hasen**, aber auch **Biber**, **Dachse** oder **Otter**.

Vögel

Die steilen Felswände der norwegischen Küste sind ideale Brutplätze zahlreicher Seevögel, die zu Millionen hier nisten. Zu den in Norwegen zu beobachtenden Spezies gehören **Tölpel, Austernfischer, Tordalken** und **Möwen**. Zu den außergewöhnlichsten und gleichzeitig schönsten Vögeln Norwegens gehört der **Papageientaucher** *(Fratercula arctica)*, der zu den Alkenvögeln zählt. Markanteste Merkmale der gerade einmal 30 cm großen Tiere sind der massive, dreifarbige Schnabel mit der roten Spitze und die leuchtend roten Füße. Zahlreiche Inseln vor der Küste, z. B. *Røst* bei den Lofoten, sind wahre Vogelparadiese.

Der majestätischste aller in Norwegen beheimateten Vögel ist der **Seeadler**, der eine Flügelspannweite von über 2,2 m erreichen kann. Anzutreffen und auch durchaus häufig zu beobachten sind die Tiere entlang der gesamten norwegischen Atlantikküste. Auch den kleineren **Fischadler** gibt es hier.

Einige Nationalparks sind Refugien für wild lebende Rentiere

Nationalparks

Derzeit gibt es 32 Nationalparks auf dem norwegischen Festland, außerdem 7 auf Spitzbergen, die allerdings für die meisten Norwegenurlauber nur bedingt von Interesse sind. In den meisten dieser Naturschutzgebiete sind markierte Wege, Rastplätze und Übernachtungsmöglichkeiten angelegt worden – zur Unterstützung für Wanderer, aber mehr noch zum Schutz der tatsächlich einzigartigen Natur dieser Parks. In Norwegen ist man sich der Wichtigkeit des Naturschutzes durchaus bewusst, und so werden ständig neue Areale zu Nationalparks erklärt bzw. bestehende Parks flächenmäßig erweitert. Für Südnorwegenurlauber relevant sind folgende drei Nationalparks:

Hardangervidda (3422 km^2): Der größte und bekannteste Nationalpark im gleichnamigen und mit fast 8000 km^2 größten Hochplateau Europas. Diese von Seen, Sümpfen sowie unzähligen Wasserläufen und Wasserfällen durchzogene Urlandschaft (norweg. *vidda* = Weite, Hochebene) ist vielleicht das beliebteste Wandergebiet Norwegens. 35 Hütten mit über 1000 Betten warten auf Touristen und Wintersportler, denen etliche Routen vorgezeichnet sind. Es gibt 28 verschiedene Säugetierarten, darunter auch eine der seltenen Populationen an wilden Rentieren. Außerdem kann man über 100 Vogelarten bestaunen. Aus der Hochebene mit einem Durchschnittsniveau von 1200 m ragen der Gletscher **Hardangerjøkulen** (1876 m) und die Erhebungen **Hårteigen** (1690 m) und **Storfjell** (1484 m) heraus.

Folgefonna (545 km^2): Der Nationalpark wurde 2005 eröffnet und schließt den drittgrößten Gletscher des norwegischen Festlandes ein. Der Park liegt am Hardangerfjord und ist aus allen Richtungen gut zu erreichen. Unter dem Berg hindurch führt der 11,5 km lange Folgefonntunnel.

Hallingskarvet (450 km²): Erst 2006 wurde das Gebiet nördlich der Hardangervidda zum Nationalpark erklärt. Die verschiedenen Eiszeiten haben hier eine besonders prägnante Landschaft hinterlassen, die von wild lebenden Rentieren durchstreift wird.

> **Tipps für Parks**
> Wer in Nationalparks wandern, angeln oder zelten, wer Ski oder Kanu fahren möchte, sollte sich vorab über aktuell herrschende Bedingungen und Regulierungen im ausgewählten Park informieren. Wer die Hütten des DNT nutzen will, muss sich außerdem vorher einen Mitgliedsausweis besorgen (siehe auch „Übernachten", S. 96). Gute Informationsseiten finden Sie unter www.dirnat.no, www.dnt.no oder www.huettenwandern.de.

Umweltschutz und Umweltprobleme

In dem so dünn besiedelten Land mit so atemberaubender Natur war Umweltschutz lange kein Thema. Ein Grund dafür war die Tatsache, dass Norwegen vor Einsatz des Ölbooms in den 1960er-Jahren verhältnismäßig arm war und man bei der Industrialisierung eher auf mögliche Profite als auf mögliche Umweltverschmutzungen schaute.

Und mit dem Ölboom wurde es nicht besser, denn mit dem damit verbundenen Aufstieg zur Industrienation wurden Fabriken und Produktionsstätten gebaut, die ihrerseits die Umwelt belasten. Der Energieverbrauch des Landes ist enorm und übersteigt pro Kopf gemessen den von Deutschland um das Dreifache. Aber man darf den Norwegern auch nicht zu viel Unrecht tun, ein Umdenken findet mittlerweile

Das eindrucksvolle Wasserkraftwerk in Rjukan

statt und man hat erkannt, wie empfindlich die Natur auf bestimme Einflüsse reagiert. Nicht zuletzt, weil es ab Mitte der 1980er-Jahre zu einigen katastrophalen Zwischenfällen kam.

Erstes Schockmoment, das ganz Norwegen erfasste, war der **Reaktorunfall in Tschernobyl**. Die radioaktiven Wolken, die 1986 nach dem Unglück aus der Ukraine zogen, trafen Norwegen verheerender als jedes andere europäische Land. Abertausende Rentiere mussten notgeschlachtet werden und die Schafzucht hat sich in weiten Teilen des Landes von dem aufgezwungenen Aderlass bis auf den heutigen Tag nicht erholt. Viele Norweger misstrauen noch heute der offiziellen Entwarnung der Osloer Regierung in Bezug auf Pilze und Beeren.

Auch wenn es für den Urlauber alles andere als offensichtlich ist, so ist das **Waldsterben** ein ernst zu nehmendes Problem. Vor allem das Grenzland zu Russland leidet unter den Schwefeldioxidwolken der Nickelverarbeitung aus dem Nachbarland. Die Schwermetallemissionen aus dem russischen Städtchen *Nikel* – und nur als Information nebenbei, die durchschnittliche Lebenserwartung beträgt dort rund 50 Jahre – sind hundertmal höher als inländische Normalwerte und führen nicht nur längs der 196 km langen Grenze zu massenhaftem Baumsterben. Schon in den 90er-Jahren initiierten die Bewohner des Grenzstädtchens *Kirkenes* die Umweltschutzgruppe „Stoppt die Todeswolken". Zu ihren Erfolgen zählt, dass die norwegische Regierung über 500 Mio. norwegische Kronen zur Luft-Säuberung im Grenzgebiet ausgegeben hat – längst nicht genug, wie Umweltschützer kritisieren, denn immer noch wehen zigtausend Tonnen Schwefeldioxid über die Grenze.

Als eine tickende Zeitbombe sieht man die im Nachbarland vorhandenen **Atomlasten**. Vier riesige Atomreaktoren befinden sich unweit von Murmansk und damit kaum 200 km von der norwegischen Grenze entfernt. Zwei davon gehören zu den Druckwasserreaktoren des Greifswald-Typs, die nach Angaben der Internationalen Atomenergiebehörde zu den gefährlichsten der Welt zählen. Zum anderen befinden sich etwa 3500 Atomsprengköpfe und rund 200 Minireaktoren an Bord und in Arsenalen der ehemaligen sowjetischen Nordmeerflotte. Das „Kursk"-Unglück, bei dem 118 russische Seeleute umkamen, zeigte, dass die Sorge nicht ganz unbegründet ist. Die im Oktober 2001 geglückte Bergung des Atom-U-Bootes erfolgte dann auch mit aufwendiger personeller und finanzieller Unterstützung der Norweger, die durch diese Katastrophe alarmiert waren, denn 1700 m unter dem Meeresspiegel, bei der norwegischen **Bäreninsel**, liegt seit 1989 das Atom-U-Boot „Komsomolet" (42 Tote beim Untergang) samt Reaktoren und zwei Atomsprengköpfen. Da eine Bergung des U-Boots zu gefährlich erschien, entschied man sich dafür, das Wrack zu versiegeln und auf diese Weise ein Austreten radioaktiven Materials zu verhindern. Ob und wie lange der Schutz gewährt ist, darüber kann man nur spekulieren. In den letzten 10 Jahren wurde mit internationaler und auch deutscher Finanzhilfe ein Langzeitzwischenlager in der Saida-Bucht – etwa 60 km nördlich von Murmansk – angelegt, wo die radioaktiv belasteten Teile der Boote auf ihre endgültige Entsorgung warten sollen.

Aber es wäre zu einfach, alle Probleme und Umweltsünden den Russen anzulasten. Schon Anfang des 20. Jh. machte man sich in Norwegen die Gewalt der zahlreichen Wasserfälle zu Nutze und speiste damit zahlreiche Kraftwerke. Dies hatte eine **Verbauung und Stauung der Flüsse** zur Folge. Heute wird den

Kraftwerkbetreibern eine Mindestmenge an Wasser gesetzlich vorgeschrieben, die sie den Fällen lassen müssen.

Regelrechte Hiobsbotschaften in Sachen **Wasserverschmutzung** gab es ab Mitte der 1980er-Jahre: Giftiger Schlamm aus einem Titanwerk verschmutzte den *Jossingfjord,* zehn weitere Fjorde waren verseucht. Eine Chlorfabrik des größten Konzerns Norwegens, *Norsk Hydro,* leitete Abfälle in die See, die erste Geldbuße wegen Umweltvergehens wurde fällig. Die schlimmsten Verschmutzungen des Nordseewassers gingen auf das Konto von Bohrinseln, deren Bohrschlämme und Chemikalien das Seewasser weiträumig verseuchten – von der ungelösten Frage der Entsorgung solcher Bohrinseln ganz zu schweigen. 220 Anlagen wurden bis zur Jahrtausendwende stillgelegt, und die im Sommer 1995 zu traurigem Ruhm gelangte *Brent Spar,* die aufgrund einer Greenpeace-Aktion nicht in der Nordsee versenkt wurde, gammelte im Erfjord bei Stavanger vor sich hin, bis sie 1999 – zerschnitten als Kaifundament – im neuen Hafen von Mekjarvik bei Stavanger verwendet wurde.

Ende der 1980er-Jahre sorgte ein winziges Lebewesen namens *Chrysochromulina polylepis* für Aufsehen. Die Algenart bildete kilometerweite Teppiche vor Norwegens Küste, und die Bezeichnung **„Killeralgen"** kam nicht von ungefähr: Es folgte ein massenhaftes Fischsterben, das auch die zahlreichen Zuchtbetriebe massiv betraf. Verantwortlich waren auch die 40.000 Tonnen Stickstoff, die allein Skandinaviens Wirtschaft zu der Zeit alljährlich in die Nordsee leitete und die zur Eutrophierung, also der übermäßigen Mineralstoffanreicherung, und somit zu dem übermäßigen Algenwachstum führten.

Der Lachstöter heißt „Gyro"

... und ist nur einen halben Millimeter groß. Tausendfach befällt der Saugwurm *(Gyrodactylus salaris)* Junglachse und tötet sie binnen weniger Tage. Der aus russischen Flüssen eingeschleppte Parasit hat bereits dutzende Lachsreviere in ganz Norwegen verseucht. Befallene Flüsse wurden anfangs mit der chemischen Keule behandelt, mittlerweile gibt es Methoden, die zwar den Parasiten töten, für die Wirtstiere und das Gewässer aber unschädlich sein sollen. Angler und Fischer sind darum angehalten, besonders umsichtig zu sein und alles zu unternehmen, um die Verbreitung zu vermeiden. Dazu gehört v. a., das Angelgerät, Boote, Stiefel und Luftmatratzen regelmäßig zu desinfizieren – vorzugsweise immer dann, wenn man zwischen verschiedenen Angelrevieren wechselt. Und natürlich darf man keine lebenden Fische aussetzen und kein Wasser aus fremden Gewässern einleiten.

Aber auch globale Umweltprobleme wie das **Ozonloch** sind in den Focus der Norweger gerückt. *Gro Harlem Brundtland* – Ärztin, Umweltschützerin und Norwegens damalige Ministerpräsidentin – hatte den Vorsitz in der UN-Kommission, die das „Ozon-Desaster" an den Tag brachte. Und so warnte die Osloer Regierung schon 1987 vor üppigem Sonnenbaden und beschloss gleichzeitig Europas konsequenteste FCKW-Reduzierung. Bis 2004 ist der FCKW-Ausstoß in Norwegen tatsächlich auf 7 % der Werte aus den 1980er-Jahren geschrumpft.

Historische Holzbauten im Setesdal

Geschichte

Norwegens Geschichte als Nation ist genau genommen knappe 200 Jahre alt, sie beginnt erst 1814. Vorher war Norwegen dänische Provinz, davor Handelsposten der Hanse und noch früher Wiege der Wikinger. Und die waren übrigens keineswegs nur norwegisch, denn als Wikinger gelten auch Ur-Dänen und Ur-Schweden. Zuallererst aber war Norwegen ein lohnendes Jagdgebiet für Germanen aus dem norddeutschen Flachland.

Die Germanen

Vor 10.000 Jahren gab es kaum Wasser im Norden: Zwischen Dänemark und England lag trockenes Land, Norwegen wurde vom südlichen Festland nur durch eine schmale Meerenge getrennt, die in strengen Wintern zufror. Als um etwa 8000 v. Chr. die Eisdecke über Skandinavien gerade abgetaut war, zogen wohl erstmals Tierherden auf der Suche nach neuen Futtergründen über das Wintereis nach Norden.

Die Jäger, die ihnen folgten, waren Germanen der Ahrensburg-Kultur, nach einem Ort nordöstlich von Hamburg benannt. Sie siedelten später entlang des Oslofjords und an der Westküste, begannen um 4000 v. Chr. mit dem Ackerbau und organisierten sich in Sippen, die schon bald ihren Einfluss bis ins heutige Schweden ausdehnten. Ab etwa 1800 v. Chr. war die Landwirtschaft so fortschrittlich und ausgereift, dass Überschüsse produziert wurden, mit denen Handel betrieben werden konnte. Um 500 v. Chr. lernten sie von den Kelten Westeuropas den Umgang mit Eisen und aus dem Moor-Erz der nordischen Fjells schmolzen sie das Metall, das zu Werkzeugen und Waffen geschmiedet wurde.

Zu Beginn unserer Zeitrechnung entwickelten sich so aus Germanensippen wehrhafte Wikingerstämme, die mithilfe einer Bauernmiliz ihre Häuptlingsreiche ausdehnten. Denn mittlerweile war die Überbevölkerung zum ernsten Problem geworden – der Boden verzehrende Ackerbau konnte die nachfolgenden Generationen nicht mehr ernähren. Entweder Landgewinnung im Norden oder Beutezüge im Süden waren angesagt: Man brauchte neues Ackerland oder Tauschware, um die hungrigen Mäuler zu füttern.

Die Samen

Im Norden Norwegens stießen die Wikinger auf ein Nomadenvolk, das zwar schon Bronzewaffen und -geräte besaß, aber ansonsten eher friedfertig war, das in Familienverbänden umherzog und Rentierherden hielt: die Samen.

Schon der römische Geschichtsschreiber *Tacitus* beschreibt im Jahre 110 dieses nordische Jägervolk, dessen Herkunft bis heute nicht geklärt ist. Letzte Forschungen lassen vermuten, dass die Samen aus Sibirien einwanderten und finnisch-ugrische Sprachelemente erst in ihrem neuen Siedlungsraum annahmen.

Die Wikinger hatten kaum Mühe, das zahlenmäßig und organisatorisch unterlegene Samenvolk tributpflichtig zu machen. Wikingerhäuptling *Ottar* berichtet in einem Brief an den englischen König im 9. Jh., er habe Samen zur Abgabe von Fellen, Walknochen und Rentieren gezwungen. Andere Wikinger hätten sich in Troms niedergelassen und die dort ansässigen Küsten-Samen nach Osten vertrieben.

Bis auf den heutigen Tag erstrecken sich die Weidegründe der Samen, die den finnischen Namen *Lappen* als Schimpfwort empfinden, über die aktuellen Grenzen hinweg nach Schweden und Finnland: Neben 30.000 Samen in Norwegen leben 20.000 in Schweden und 10.000 in Finnland.

Handwerker, Demokraten und Krieger

Die Wikinger werden oft als brutale Kämpfer und Schlächter dargestellt und das waren sie sicherlich auch – aber bei Weitem nicht nur. Die Nordmänner waren hervorragende Handwerker, Schiffsbauer und auch kunstvolle Goldschmiede. Ihre Fähigkeiten als Seefahrer waren außergewöhnlich, sie beherrschten die Astronavigation und hatten bereits einfache Gerätschaften entwickelt um sich z. B. auch bei bedecktem Himmel besser orientieren zu können.

In ihren Langhäusern, in denen eine Großfamilie unter einem Dach lebte, herrschte ein erstaunlich demokratisches Miteinander, das z. B. auch Frauen weit mehr Rechte einräumte, als das in damaliger Zeit in anderen Gesellschaften üblich war. Ihre Gesellschaftsordnung war die freier Grundbesitzer. Die Regeln des Zusammenlebens wurden im *Thing*, der regelmäßigen Zusammenkunft aller Sippenmitglieder zur Volks- und Gerichtsversammlung, festgelegt. Verstöße wurden im *Lagting* geahndet – Strafen konnten z. B. Geldbußen sein –, Heerführer wurden im *Øreting* gewählt.

Und wenn an dieser Stelle schon mit so vielen Vorurteilen aufgeräumt wird, dann gleich auch noch mit einem der meist verbreiteten: Wikinger haben niemals Hörner an ihren Helmen getragen. Vermutlich ist das eine Erfindung furchtsamer Westeuropäer, die mit dieser Ausrede ihre Angst vor den Wikingern erklären wollten.

Die Expeditionen der Wikinger

Die im Jahr 793 bei einem Wikinger-Raubzug gemeuchelten Mönche von Lindisfarne vor der Nordostküste Englands wurden zum Symbol der Wikingerzüge. Es sei hier allerdings auch gesagt, dass die Norweger viel Wert auf die Feststellung legen, jene mörderischen Wikinger auf Lindisfarne seien Dänen gewesen. Über zwei Jahrhunderte dauerten diese Beutezüge an, die sich bis nach Sizilien und an die Wolga erstreckten. Ursachen und Auslöser gab es viele. Man vermutet, dass jene Exkursionen ursprünglich nur dem Handel dienten und erst dann gewaltsame Übergriffe beinhalteten, als Überbevölkerung und Mangel an kultivierbarem Land die Versorgung in der Heimat erschwerten.

Dabei waren die Wikinger ihren Kontrahenten überlegen, sowohl was ihre Ausrüstung, als auch was ihre Einstellung zum Kampf und v. a. zum Tod betraf. Mit ihren schnellen und hochseetauglichen Langbooten konnten sie Überraschungsangriffe starten und sich ebenso schnell wieder zurückziehen. Wenn es sein musste, konnte man damit sogar Flüsse hinauf rudern. Schon kleinen Jungen wurde der Umgang mit Waffen beigebracht und so waren sie als junge Männer geübte Kämpfer. Und v. a. furchtlose Kämpfer, denn es galt den Wikingern als eine Ehre im Kampf zu sterben. Ihrem Glauben zufolge würden die auf dem Schlachtfeld Gebliebenen von Gott Odin nach Walhalla geführt, wo sie den ganzen Tag kämpfen und sich jeden Abend mit Met und schönen Frauen vergnügen dürften. Ein nicht zu unterschätzender psychologischer Vorteil gegenüber ihren Opponenten, die, wie die meisten Kulturen, den Tod fürchteten.

Wikingerleben in Avaldsnes

Aus den rein auf Profit ausgelegten Raubzügen wurden bald Erkundungsfahrten, Eroberungszüge und Einwanderertrecks. Expansionsdrang, Stammesfehden und die Weigerung, sich der erstarkenden zentralen Königsmacht in der Heimat zu unterwerfen, veranlassten immer mehr Nordmänner zu weiten Fahrten. Ganze Flotten zogen aus und neben der Normandie besiedelten die Nordmänner auch die Shetland- und Orkneyinseln, ebenso wie Teile Schottlands, Englands und Irlands, dessen Hauptstadt Dublin vom Wikingerhäuptling *Turgeis* gegründet wurde. In einigen Fällen waren diese Siedlungen zunächst nur Winterlager – man scheute den langen Rückweg nach Norwegen und setzte im nächsten Frühjahr die Raubzüge und Entdeckungsfahrten fort.

Auf ihren Erkundungsfahrten machten die Wikinger zahlreiche Entdeckungen. So stießen sie in der 2. Hälfte des

9. Jh. auf Island und *Erik der Rote* siedelte in Grönland. Man vermutet, dass die Wikinger auf der Rückfahrt von England nach Norwegen vom rechten Weg abgekommen waren und mehr zufällig als geplant auf die Polarinseln stießen. Auch die Entdeckung Neufundlands ist norwegischer Seemannskunst zu verdanken. Bereits im Jahr 1000 – und damit rund 500 Jahre vor Kolumbus – soll *Leif Eriksson,* der Sohn von Erik dem Roten, den amerikanischen Kontinent erreicht haben. Ausgrabungen in Neufundland belegen das, legen aber auch den Verdacht nahe, dass die Wikingersiedler von Indianern wieder vertrieben wurden.

Königreich Norwegen

Einen ersten Versuch, die konkurrierenden Wikingerstämme unter einer Sippe zu vereinen, unternahm ein Mann mit dem wunderbaren Namen *Harald Schönhaar.* Ein Feldzug gegen nordnorwegische Stämme sollte der ständigen Seeräuberei ein Ende setzen und sein Sieg im Jahr 872 bei Hafrsfjord in Rogaland bescherte ihm die Kontrolle über große Gebiete und damit eine ungeahnte Vormachtstellung im ganzen Land. Norwegen wurde unter seiner Herrschaft erstmals Königreich.

Ein mehr oder weniger theoretisches Königreich, denn immer neue Scharmützel und immer neue Zugeständnisse an einzelne Häuptlinge untergruben die zentrale Autorität. Nach Haralds Tod im Jahr 933 gelang es weder seinem Sohn *Håkon „dem Guten"* noch seinem Enkel *Olav Tryggvason,* das Reich zu bewahren. Nord- und mittelnorwegische Sippen paktierten eher mit Dänenkönigen, als sich der Schönhaar-Sippe zu unterwerfen und erst König *Olav II.* (der Heilige) gelang es vorübergehend, die Alleinherrschaft zu gewinnen und sich von Dänemark zu lösen.

Im zehnten Jahrhundert begann aber noch eine weitere Kraft zu wirken, die das Nordland spalten sollte: das Christentum. Mit *Olav I. Tryggvason* hatte es langsam Einzug gehalten, *Olav II.* versuchte schließlich, sein Reich mit Gewalt zu christianisieren. Da die zahlreichen Stammeshäuptlinge durch die neue Religion ihre Vormachtstellung innerhalb ihrer Sippen gefährdet sahen, lehnten sie sich immer wieder in Aufständen gegen die Missionierung auf. In der *Schlacht von Stiklestad* 1030 konnten sich die Häuptlinge ein letztes Mal gegen die Christianisierung durchsetzen. König *Olav II.* fiel in der Schlacht, die Missionierung des Wikingerlandes war vorläufig gewaltsam beendet.

Doch es gab weiterhin keine stabilen politischen Verhältnisse. Nach wie vor bekriegten sich die verschiedenen Stämme, die dadurch so geschwächt waren, dass die nunmehr beginnende Expansionspolitik der Nachbarn Schweden und Dänemark leichtes Spiel hatte. Und auch das Christentum breitete sich wieder weiter aus, mit der Heiligsprechung von König *Olav II.* wurde diesem Prozess zusätzlich Vorschub geleistet und es dauerte nicht lange, bis zahlreiche einflussreiche und mächtige Mönchsorden im einstigen Land der Wikinger die Vormachtstellung übernahmen.

Das Wikingertum, die Gemeinschaft freier Bauern mit einem nur für den Kriegsfall gewählten Häuptling, ging spätestens mit der Niederlage von *Harald Hardråde* 1066 in England zu Ende. Die Zeit der Eroberer, deren Beutezüge für damalige Zeiten ungeheuren Reichtum sicherten, war nach weniger als 300 Jahren abgelaufen. Der wohl organisierte Zentralismus des Dänenkönigs, der christlichen Kurie und nicht zuletzt der hanseatischen Kaufleute trat seinen Siegeszug an.

Hanseatischer Handel

Im 13. Jh. hatten die „Pfeffersäcke", wie Nordsee-Anrainer seit alters her die hanseatischen Kaufleute nennen, das Sagen. Sie kamen im Gefolge der Mönche, die im Zuge der Christianisierung vom Erzbischof von Hamburg-Bremen für die Missionierung der Wikinger entsendet wurden. Die Missionare erreichten das Land auf dem „Weg nach Norden" (= *„Nor-wegen"*), wie das Reich nun genannt wurde.

Das 1070 gegründete Bergen wurde zum Handelsposten der Hanse. 1236 siedelten sich die ersten Lübecker Kaufleute in der Residenzstadt an. Bis 1250 erkauften sie Privilegien, die sie bis Mitte des 16. Jh. den Außenhandel Norwegens kontrollieren ließen: Roggen aus Rostock, Salz aus Lüneburg, Bier aus Hamburg und Linnen aus Bremen gegen Stockfisch und Tran von den Lofoten sowie Holz aus den noch heute überreichen Wäldern.

Der hanseatische Einfluss blieb nicht auf Bergen beschränkt: Niederländische Hansekaufleute beherrschten lange Zeit den Holzexport nicht nur an der Südküste, deutsche Kaufleute verschlug es bis nach Nordnorwegen und Grubenexperten aus dem Harz wurden später von den Hansekaufleuten ins Land geholt, um den Bergbau der Røros-Region voranzutreiben. Um 1285 lebten 20.000 Deutsche in Bergen, mehr als die Hälfte der damaligen Bevölkerung. Bis auf den heutigen Tag erinnert *Tyske Bryggen,* die Deutsche Brücke, die seit Kriegsende 1945 nur noch *Bryggen* heißt, an die Speicherstadt der Hanse.

Hansemuseum in Bergen

Doch mit den Handelsschiffen kamen auch Ratten, deren Flöhe die Pest nach Bergen und von dort ins ganze Land brachten. Nachdem im Sommer 1349 auf einem englischen Schiff die Pest eingeschleppt worden war, fiel innerhalb weniger Jahre mehr als die Hälfte der in Norwegen lebenden Menschen dem „schwarzen Tod" zum Opfer. Ganze Siedlungen verödeten, Bauernhöfe wurden verlassen und die Überlebenden zogen sich in unzugängliche Fjordtäler zurück. Norwegens Zentralgewalt verlor an Einfluss und um die Königskrone wurde heftig gestritten. Einzig die Kirche als größter Grundbesitzer des Landes profitierte, indem sie verlassene Ländereien aufkaufte. Der Erzbischof von Nidaros, dem heutigen Trondheim, wurde dadurch zum reichsten, zum mächtigsten Mann des Landes, während die Regierung durch ständige Erbstreitigkeiten um die Krone immer mehr an Einfluss verlor.

Dänische Domäne

Unter dem Machtgeplänkel im Mittelalter litt v. a. das norwegische Volk. Es gab keinen Thronfolger, die adelige Führungsschicht war durch die Pest fast gänzlich ausgelöscht und der Handel – und somit das Geld – wurde von der Hanse kontrolliert. In dieser misslichen Lage blieben die Norweger ohne Chance gegen die wohl organisierten Nachbarn. So kam es Ende des 14. Jh. zu einer Union mit dem innenpolitisch ebenfalls zerrissenen Schweden und dem militärisch, politisch und wirtschaftlich übermächtigen Dänemark. Vertreten wurden die drei Länder von sog. *königlichen Reichsräten*.

In der *Kalmarer Union* von 1397 ließ die dänische Königin Margarete die Eckpunkte dieser Union in einem Vertrag – der jedoch nie richtig eingehalten wurde – schriftlich festhalten: Die einzelnen Länder behielten ihre jeweiligen Rechte und Gesetze, die königlichen Reichsräte blieben weitgehend unabhängig, doch im Falle eines Krieges wollte man sich gegenseitig unterstützen. Und von da an änderte sich über mehrere Jahrhunderte nichts an Norwegens Situation: bis 1814 blieb es unter der Vorherrschaft dänischer oder schwedischer Könige. Als „dunkle Jahrhunderte" bezeichnet die norwegische Geschichtsschreibung deshalb noch heute diese Zeit, als das Land erbfolgebedingt in Personalunion erst mit Schweden und Dänemark, später nur noch mit Dänemark vereint war.

Norwegen blutete wirtschaftlich, politisch und kulturell aus. Die Errungenschaften der Aufklärung gingen an Norwegen vorüber, die Reformation wurde vom König in Kopenhagen verordnet, im *Zweiten Nordischen Krieg* (1700–1721) stellten Norweger nur die Hilfstruppen, mussten aber der Verwüstung Südnorwegens nahezu tatenlos zusehen. Musik, Literatur, Wissenschaft – Fehlanzeige in dieser Zeit als dänische Domäne. Wer es zu etwas bringen wollte, zog nach Kopenhagen, wer etwas lernen wollte, studierte in Berlin oder Paris und wer in Norwegen etwas zu sagen hatte, sprach Dänisch.

Nationale Erneuerung

Nach den *Napoleonischen Kriegen* wurde im Kieler Vertrag von 1814 die norwegische Provinz an Schweden abgetreten, das sich gegen Napoleon und Dänemark gestellt hatte. Dort saß der ehemalige französische Marschall *Bernadotte* als *Carl Johan* auf dem Thron und der war nicht wenig überrascht, dass die Norweger in dieser Situation ganz andere Pläne hatten.

Denn schon im April 1814 trafen sich 112 norwegische Delegierte aus allen Ständen auf einem Gutshof bei Eidsvoll, etwas nördlich von Oslo, zur *Riksforsamling*. In einer nur fünfwöchigen Diskussion einigte sich die Reichsversammlung auf eine neue, zu der Zeit überaus fortschrittliche Verfassung: erbliche Monarchie, demokratisch gewähltes Parlament *(Storting)*, freies Wahlrecht für – allerdings nur privilegierte – Männer über 25 Jahren, allgemeine Wehrpflicht, Meinungs- und Religionsfreiheit. In Grundzügen war die Verfassung von 1814 schon die Verfassung von heute. Zum Abschluss der Eidsvoller Versammlung wählten die anwesenden Herren den dänischen Kronprinzen *Christian Frederik* zum norwegischen König und missachteten damit den Kieler Vertrag, auf dessen Einhaltung Schwedens König *Carl Johan* jedoch bestand.

In einem 20-Tage-Krieg zwang Schweden das Nachbarland noch einmal in staatliche Abhängigkeit, aber *Carl Johan* akzeptierte mit Abstrichen die Verfassung von Eidsvoll, die Norweger lebten fortan in einer vergleichsweise fortschrittlichen Monarchie. Mit dem neuen nationalen Selbstbewusstsein wuchs auch die wirtschaftliche Leistungsfähigkeit – Norwegen erwachte ganz allmählich.

Wie ganz Europa erlebte Norwegen ab 1840 eine industrielle Revolution: 1854 wurde die erste Bahnstrecke zwischen Oslo und Eidsvoll eröffnet, 1855 die erste Telegrafenlinie zwischen Oslo und Drammen eingeweiht, 1863 nahm die erste Papierfabrik die Produktion auf, 1870 folgten Konservenfabriken in Stavanger. Die weitere Industrialisierung Norwegens wurde dabei von zwei Sonderfaktoren bestimmt: von 1850 bis 1880 wuchs die Handelsflotte zur drittgrößten der damaligen Welt an und ab 1900 wurde die enorme Kraft der Wasserfälle generalstabsmäßig zur Stromgewinnung genutzt – bis auf den heutigen Tag sind geringe Energiekosten ein wichtiger Standortvorteil.

Statue von König Haakon VII in Bergen

Zwischen 1800 und 1850 verdoppelte sich Norwegens Bevölkerung auf 1,5 Mio. Trotz enormer wirtschaftlicher Expansion – Erschließung des Nordens und seiner Rohstoffvorkommen, Ansiedlung küstennaher Produktion im Zuge der industriellen Revolution, Ausbau der Küsten- und Walfischerei, Aufbau der Handelsflotte – verkraftete das Land den Bevölkerungszuwachs nicht. Zudem setzte um 1900 die Landflucht ein und ein Drittel der Bevölkerung zog in die Städte. Während des „Amerikafiebers", der Auswanderung ins gelobte Land zwischen 1866 und 1915, emigrierten 750.000 Norweger nach USA. Heute leben mehr als 4 Mio. Menschen norwegischer Abstammung in Amerika – fast so viele wie in der Heimat.

Das 19. Jh. stellte aber nicht nur in wirtschaftlicher Hinsicht Weichen, es gab dem Land seine Identität, die unter der Jahrhunderte andauernden Fremdbestimmung so gelitten hatte. Musiker, Literaten und Maler meldeten sich zu Wort, Intellektuelle und die Arbeiterbewegung machten von sich reden, selbst der Entdeckermut der Wikinger wurde wieder wach. *Fridtjof Nansen* und *Roald Amundsen* fanden durch ihre Expeditionen weltweite Beachtung, *Henrik Ibsen* und *Jonas Lie* begründeten in nur einem halben Jahrhundert Norwegens Ruf als Literaturnation. Der in der Provinz Hedmark geborene *Edvard Munch* zählte zu den führenden expressionistischen Malern und das Musikgenie *Edvard Grieg* brachte norwegische Musik in Europas Konzertsäle. Sogar die heute vorherrschende Landessprache entstand erst im 19. Jh.

Die Abneigung gegen die schwedische Monarchie wurde im Lauf des Jahrhunderts immer deutlicher, Spannungen wurden stärker und Norwegen begann aufzurüsten. Als Norwegen sich 1905 endgültig von Schweden lossagte, befürworteten über 99 % der Bevölkerung das Ende der Union. In einem Plebiszit entschied das Volk für die Monarchie und gegen die Republik. Das Storting wählte den dänischen Prinzen Carl zum König von Norwegen, der sich von da an *Håkon VII.* nannte.

Erster und Zweiter Weltkrieg

Norwegen verhielt sich im Ersten Weltkrieg zwar neutral, trotzdem litten Land und Leute. Große Teile der Handelsflotte, die britische Waren transportierte, fielen dem deutschen U-Boot-Krieg zum Opfer und Lebensmittel wurden aufgrund der britischen Handelsblockade knapp. Die weltweite Depression der 1920er-Jahre traf auch Norwegen hart und erst Anfang der 1930er-Jahre ging es wirtschaftlich wieder bergauf.

Bei Ausbruch des Zweiten Weltkriegs erklärte Norwegen erneut seine Neutralität. Weil die Deutschen jedoch das Land als für den Seekrieg strategisch wichtig erachteten, überfielen am 9. April 1940 deutsche Truppen die wichtigsten Häfen Norwegens. Ziel war es, von hier aus die alliierten Hilfskonvois in die Sowjetunion zu stören und gleichzeitig die Küste mit starken Verteidigungsanlagen zu bestücken, um eine nicht zu Unrecht befürchtete Invasion im Norden zu verhindern. Außerdem kamen die Aluminium- und Magnesiumvorkommen Norwegens sowie die über Narvik verschifften Eisenerzladungen aus Schweden der deutschen Kriegsindustrie gerade recht. Von enormer Bedeutung waren auch die Vorräte an „schwerem Wasser" in Rjukan, das für bestimmte Herstellungsprozesse von Atombomben unentbehrlich war.

Norwegen konnte dem Einmarsch trotz alliierter Unterstützung nichts entgegensetzen. Allerdings wurde der deutsche Kreuzer „Blücher" im Oslofjord gesenkt, was Regierungsvertretern und Königsfamilie immerhin genügend Zeit zur Flucht nach England verschaffte. *Josef Terboven* wurde als Reichskommissar eingesetzt und leitete fortan die Geschicke in Norwegen. 1942 wurde der norwegische Faschist und Anhänger Hitlers *Vidkun Quisling* zum Ministerpräsidenten gemacht. Dessen Partei konnte in der Zeit der deutschen Besatzung keinen geringen Zulauf verbuchen – anfangs nur einige tausend Mitglieder stark, traten bis Kriegsende über 50.000 Sympathisanten neu ein.

Quisling – Synonym für Kollaborateure

Der am 18. Juli 1887 in Fyresdal (Telemark) geborene *Vidkun Quisling* war überzeugter Faschist und Abenteurer. Vormals Mitarbeiter des Polarforschers und Friedensnobelpreisträgers *Fritjof Nansen,* war Quisling in den 1920er-Jahren als Diplomat in Moskau tätig, wo er bis 1929 die britischen Interessen vertrat, weil Großbritannien selbst zu dieser Zeit keine diplomatische Vertretung in der UdSSR unterhielt. Von 1931 bis 1933 war er Verteidigungsminister im Kabinett der Bauernpartei. Nach seinem Rücktritt gründete er die rechtsextreme *Nasjonal Samling,* die bei den Wahlen allerdings kein einziges Mandat gewinnen konnte.

Nach der Besetzung Norwegens durch die deutsche Wehrmacht wurde er 1940 Vorsitzender eines *Nationalen Verwaltungsrates* und am 1. Februar 1942 von „Reichskommissar" *Josef Terboven* als Ministerpräsident eingesetzt.

Nach dem Krieg wurde Quisling wegen Mordes – er war verantwortlich für die Judenverfolgung in Norwegen – und Hochverrats angeklagt und am 24. Oktober 1945 hingerichtet. Insgesamt wurden 53.000 Norweger wegen Landesverrats verurteilt und 25 hingerichtet. Der Name Quisling gilt seither als Synonym für Kollaborateure.

Quislings Bemühungen, seine Landsleute für seine Überzeugungen zu begeistern, scheiterte allerdings bei der breiten Masse der Bevölkerung. Die Norweger sahen die grundlegenden Manifeste ihrer Gesellschaft in Gefahr und es bildete sich starker ziviler Widerstand. Richter und Lehrer verweigerten sich den NS-Berufsverbänden, Sportler boykottierten NS-Sportbünde. *Hjemmefronten* mit ihrer bis zu 45.000 Mann starken Militärorganisation *Milorg* gehörte zu den aktivsten Widerstandsbewegungen des Zweiten Weltkrieges.

Als Deutschland am 8. Mai 1945 kapitulierte, hinterließ die Wehrmacht verbrannte Erde. Die nördlichste Landesprovinz, die Finnmark, in der Tausende deutscher KZ-Häftlinge und sowjetischer Kriegsgefangener beim Straßenbau ums Leben kamen, lag in Schutt und Asche. Städte wie Bodø oder Narvik waren schon beim Einmarsch zerstört worden. Als Hinterlassenschaft blieben außerdem 35.000 Inhaftierte und 10.000 Tote, unter ihnen 336 Hingerichtete und 1600 in Lagern ermordete Norwegerinnen und Norweger.

Bereits im Oktober 1945 wurde der neue Storting gewählt, der *Einar Gerhardsen* von der Arbeiterpartei zum Ministerpräsidenten wählte. Er regierte bis 1965 fast ununterbrochen das Land. Schon 1945 trat Norwegen als Gründungsmitglied der UNO bei und der damalige Außenminister Norwegens, *Trygve Lie,* wurde erster Generalsekretär der Vereinten Nationen.

Wohlstand und Wohlfahrt

Rund 2,5 Milliarden Kronen – damals rund 400 Mio. US Dollar – aus dem Marshall-Plan päppelten Norwegen wieder auf und mit dem Geld aus dem Westen wuchs auch die Bindung an den Westen. Im Jahr 1949 trat Norwegen der NATO bei, ließ aber schon damals festschreiben, dass nie Atomwaffen oder fremde Truppen im Land stationiert werden dürften. 1952 schlossen sich die skandinavischen Staaten im Nordischen Rat zu einer Konsultationsrunde ohne besonderes politisches Gewicht zusammen, in den Jahren darauf folgten Beitritte zum Europarat, zur OECD und zur EFTA.

Prägend für die Nachkriegspolitik blieb das Streben nach Wohlstand und Wohlfahrt. Wahren Wohlstand sollte das Land der Fjorde erst mit der Erdölausbeutung in den 1970er-Jahren erfahren, Wohlfahrt dagegen hatten die Sozialdemokraten, die das Land seit 1945 regieren, seit je auf ihre Fahnen geschrieben. Und die übrigen Parteien schlossen sich in einer gemeinsamen Erklärung dieser Politik an. Wesentliche Punkte waren Vollbeschäftigung und das Recht auf Arbeit, das später Eingang in die Verfassung fand. Außerdem eine soziale und von der staatlichen *husbank* kräftig subventionierte Wohnungsbaupolitik sowie umfassende Bildungsreformen.

Die 1960er-Jahre bescherten Norwegen erneut einen Industrieboom und das Land stieg zum zweitgrößten Aluminiumexporteur und dem weltweit größten Exporteur von Ferrolegierungen auf. Aber der Tag, der alles verändern sollte, kam 1969: Nach Jahren erfolgloser Suche traf die Firma Phillips Petroleum mit einer Probebohrung etwa 300 km südwestlich von Stavanger auf das Ekofisk-Ölfeld. Schnell stellte sich heraus, dass es sich dabei um eines der zehn größten Ölfelder der Welt handelte und Norwegen avancierte bis Mitte der 1990er-Jahre zum zweitgrößten Ölexporteur hinter Saudi-Arabien. Zwischen 1975 und 2000 machten die Öleinnahmen rund 35 % des Bruttoinlandsprodukts aus und Norwegen wurde, gemessen am Pro-Kopf-Einkommen, die drittreichste Nation der Welt.

In Zeiten des Wohlstands wuchs in Norwegen wieder der Hang zur Eigenbrötlerei. Die Auseinandersetzungen um die Frage „EG – ja oder nein" wurde zur hitzigsten Debatte der Nachkriegszeit. Gegen den Willen der großen Parteien – auch gegen den der regierenden Sozialdemokraten – sprachen sich 53,5 % der Norweger in einer Volksabstimmung 1972 gegen einen Antrag auf EG-Mitgliedschaft aus.

1991 machte die sozialdemokratische Regierung es anders: Sie stellte den Aufnahmeantrag in Brüssel, ohne vorab das Volk zu befragen. Das kam erst nach zähen, allerdings erfolgreichen Beitrittsverhandlungen 1994 wieder zu Wort und erteilte den Regierenden in Oslo und Brüssel erneut eine Abfuhr: Mit 52,3 % der Stimmen, also mit etwa dem gleichen Votum wie 20 Jahre zuvor, wurde der EU-Beitritt Norwegens abgelehnt.

Bislang scheint Norwegen mit seiner Ablehnung nicht schlecht zu fahren und im neuen Jahrtausend geht es den Norwegern besser denn je. Die Arbeitslosigkeit sank in den letzten Jahren beständig bis auf unter 2,5 % und bei einem durchschnittlichen Pro-Kopf-Einkommen von rund 45.000 € ist die hohe Kaufkraft auch trotz der im Vergleich zu Deutschland hohen Preise garantiert. Mit den Ölmilliarden im Rücken widmet sich die norwegische Regierung nun verstärkt dem Umweltschutz.

Norwegen im 21. Jahrhundert

Geringe Arbeitslosigkeit, ein gut funktionierendes Gesundheits- und Sozialsystem und ordentlich Geld in den Kassen – der Start ins neue Millennium sah rosig aus für das Land und seine Bewohner. In Oslo wurde das Mega-Bauprojekt vorangetrieben, bei dem der gesamte Uferbereich der Innenstadt komplett erneuert werden sollte, 2008 wurde das extravagante Opernhaus eröffnet, und im Jahr 2009 wurde Norwegen von der UN zum Land mit der höchsten Lebensqualität weltweit gekürt.

Am 22.7.2011 um 15.25 Uhr Ortszeit erschütterte eine Bomben-Explosion das Regierungsviertel Oslos. Acht Menschen fanden dabei den Tod. Nur zwei Stunden später eröffnete derselbe Attentäter auf der Ferieninsel Utøya das Feuer und richtete unter den dort anwesenden Jugendlichen – Mitgliedern eines Jugendcamps der sozialdemokratischen *Arbeiderpartiet* – ein regelrechtes Blutbad an, bei dem weitere 69 Personen ihr Leben verloren. Der Täter, Anders Behring Breivik, wurde noch auf der Insel verhaftet, war voll geständig und äußerte in Vernehmungen islamfeindliche Motive für die Morde. Im August 2012 wurde Breivik zu 21 Jahren Haft mit anschließender Sicherheitsverwahrung verurteilt.

Zeittafel

8000 v. Chr.	Erste Besiedlung Norwegens durch Samen, die aus Sibirien kommen, sowie durch Germanen, die von Norddeutschland nach Südnorwegen einwandern.
4000 v. Chr.	Aus Nomaden werden Bauern: Funde am Oslofjord zeugen vom Gersteanbau sowie von Rinder- und Schafzucht.
500 v. Chr.	Die Nordländer, die sich nach den *viken* (Buchten) ihrer neuen Heimat Wikinger nennen, werden zu Schiffsbauern und Kriegern, Seefahrern und Fischern, aber auch zu kunstfertigen Handwerkern und Händlern.
793 n. Chr.	Dänische Wikinger überfallen die englische Abtei Lindisfarne. Die nächsten 200 Jahre versetzen nordische Seeräuber das Abendland in Furcht und Schrecken.
872	Nach der Schlacht von Hafrsfjord unweit Stavangers vereint *Harald „Schönhaar"* die Wikingersippen erstmals zu einem Königreich.
ab 874	Norweger entdecken und besiedeln die Shetland- und Orkney-Inseln sowie Island.
1000	*Leif Eriksson,* der Sohn Eriks des Roten, landet in Neufundland und betritt als erster Europäer den amerikanischen Kontinent; die Siedler aber werden wenige Jahre später von Indianern vertrieben.
1030	König *Olav „der Heilige"* fällt in der Schlacht von Stiklestad durch abtrünnige Wikinger. Später wird er heilig gesprochen.
1050	Gründung Oslos
1066	In der Schlacht bei Stanford Bridge in England fällt mit König *Harald Hardrade* der „letzte Wikinger".
1070	Stadtgründung Bergens, das ab 1250 zum Zentrum des Hanse-Handels und damit wichtigste Stadt Norwegens wird.
1313	Union mit Schweden, das sich den Niedergang des Wikingertums zunutze macht und das führungslose Norwegen niederzwingt.
1349–50	Die Pest – per Schiff aus England eingeschleppt – rafft fast die Hälfte der 350.000 Norweger hin.

Zeittafel

1380	Zur norwegisch-schwedischen Union stößt Dänemark, das für fast 500 Jahre die führende Rolle im Staatenbund spielt (später ohne Schweden). Die Norweger nennen das halbe Jahrtausend ohne staatliche Souveränität „die dunklen Jahrhunderte".
17.5.1814	Die *Riksforsamling* beschließt die erste demokratische Verfassung Europas.
1905	Der Staatenbund mit Schweden zerbricht. Der dänische (!) *Prinz Carl* besteigt als *Håkon VII.* den norwegischen Thron.
1914–18	Während des Ersten Weltkrieges bleibt Norwegen neutral, leidet aber empfindlich unter den Kriegsfolgen.
1940	Überfall der deutschen Wehrmacht – es folgen fünf Jahre brutaler Besatzung und dauernden Widerstandes.
13.5.1945	Fünf Tage nach der Kapitulation der Wehrmacht kehren Regierung und Königsfamilie aus dem britischen Exil zurück. Im Oktober wählt der neue Storting den Sozialdemokraten *E. Gerhardsen* zum Kabinettschef, der die Regierung nahezu ununterbrochen bis 1965 führt.
24.6.1945	*Trygve Lie*, bis dahin norwegischer Außenminister, wird erster Generalsekretär der UNO.
1953	Beitritt zum Nordischen Rat. Weitere Mitgliedschaften später in OECD, Europarat, EFTA und NATO.
1972	In einer Volksabstimmung sprechen sich 53,5 % der Norweger gegen einen Antrag auf EG-Mitgliedschaft aus.
1994	Mit 52,3 % aller Stimmen lehnen die Norweger die Mitgliedschaft in der EU erneut ab.
1996	*Gro Harlem Brundtland,* sieben Jahre populäre Regierungschefin, tritt aus Enttäuschung über die EU-Ablehnung ihrer Landsleute zurück. Ihr Nachfolger als Ministerpräsident wird der Sozialdemokrat *Thorbjörn Jagland*.
1997	Bei den Wahlen zum Storting erleidet die sozialdemokratische Arbeiterpartei eine herbe Niederlage. Sie bleibt zwar stärkste Fraktion, die neue Regierung aber wird von einem Mitte-Rechts-Bündnis unter dem Christdemokraten *Kjell Magne Bondevik* gebildet.
2005	Im reichlich gefeierten 100. Jahr der Reichsgründung gewinnt die Arbeiterpartei unter *Jens Stoltenberg* nach zwei Wahlschlappen erstmals wieder eine Storting-Wahl und bildet eine rot-rot-grüne Koalitionsregierung.
2011	Bei einem Bombenanschlag im Osloer Regierungsviertel und einem anschließenden Amoklauf auf der Ferieninsel Utøya verlieren am 22. Juli 2011 77 Menschen ihr Leben. Der rechtsextreme Täter wird ein Jahr später zu 21 Jahren Haft mit anschließender Sicherheitsverwahrung verurteilt.

Königsschloss in Oslo

Staat und Gesellschaft

Politisches System

Das *Kongeriket Norge* (Königreich Norwegen) ist eine konstitutionelle Monarchie mit dem König als Staatsoberhaupt und einem Einkammerparlament, dem *Storting*. Der König selbst hat dabei kaum reelle Macht, er erfüllt in erster Linie repräsentative Aufgaben und ist Symbolfigur für Land und Bevölkerung.

Das *Storting* besteht aus 169 Mitgliedern, die alle vier Jahre gewählt werden. Dabei erhält jeder der 19 norwegischen Verwaltungsbezirke *(fylker)* entsprechend seines Bevölkerungsanteils eine Anzahl von Abgeordnetensitzen. Innerhalb des *Storting* wird dann auf formellen Antrag des Königs eine *Regierung* gebildet, entweder durch die Mehrheitspartei oder eine Koalition. Chef dieser Regierung ist der Ministerpräsident.

Die Staatsgewalt ist dreigeteilt in Legislative (Storting), Exekutive (Regierung) und Judikative (Gerichte). Es gilt das Prinzip gegenseitiger Kontrolle, so muss die Regierung etwa Gesetzes- und Haushaltsentwürfe beim *Storting* einreichen, welches sämtliche Entwürfe absegnen muss. Die Judikative hat unter gewissen Voraussetzungen dann die Option, im Nachhinein sämtliche Entscheidungen zu kippen. Das *Storting* kann außerdem mit einem Misstrauensvotum – die nötige Stimmenmehrheit immer vorausgesetzt – einzelne Minister oder gar die ganze Regierung zum Rücktritt zwingen.

Norwegen ist außerdem in 19 Regierungsbezirke *(fylker)* und 430 Kommunen unterteilt, die ein gesetzlich vorgesehenes Recht zur Selbstverwaltung haben. Jeder Regierungsbezirk wählt eine Versammlung *(fylkesting),* der Regierungspräsident allerdings wird ernannt. Jede der 430 Gemeinden wählt ihren Gemeinderat mit dem Bürgermeister *(ordfører)*. In den kommunalen Zuständigkeitsbereich fallen z. B. das Grundschulwesen, die Wasserversorgung oder der lokale Straßenbau.

Ein Stimmrecht bei den Wahlen haben Personen, die das 18. Lebensjahr vollendet haben. Und die Norweger nehmen ihr Mitspracherecht durchaus ernst – die Wahlbeteiligungen liegt i. d. R. bei rund 80 %.

> ### Das Norwegische Königshaus
>
> Seine **Majestät König Harald V.** kam am 21. Februar 1937 nahe Oslo zur Welt – erstmals nach fast 570 Jahren wurde in Norwegen wieder ein Prinz geboren. Der verliebte sich 22 Jahre später ausgerechnet in eine Bürgerliche, durfte seine **Sonja** aber erst nach 9 Jahren langen Wartens heiraten. Nach dem Tod seines Vaters bestieg König Harald 1991 den Thron.
>
> Das Paar hat zwei Kinder, die erstgeborene Prinzessin **Märtha Louise** und den **Kronprinzen Håkon** – erst für folgende Generationen hat man das Gesetz so geändert, dass auch weibliche Nachkommen den Thron besteigen können. Vielleicht ein Segen für die Tochter, die zwar Aufgaben für das Königshaus wahrnimmt, deren Leben aber nicht so im Zentrum öffentlichen Interesses steht, wie das ihres Bruders. Und **Håkon** tat es prompt seinem Vater gleich und suchte sich eine bürgerliche Braut. Sehr zum Entsetzen der Familie, denn die Auserwählte war nicht nur eine Bürgerliche, sondern hatte auch mit Party- und Drogeneskapaden von sich Reden gemacht und brachte zudem einen unehelichen Sohn mit in die Beziehung. Aber der Prinz ließ sich nicht beirren und heiratete **Mette-Marit** im August 2001.
>
> **Prinzessin Ingrid-Alexandra** erblickte im Januar 2004 das Licht der Welt und ist – gemäß der neuen Gesetzgebung – nach ihrem Vater Håkon die Nummer zwei in der Thronfolge. Ihr jüngerer Bruder **Sverre Magnus** wurde knappe zwei Jahre später geboren.

Parteien

Bei den Parlamentswahlen 2009 konnte die rot-rot-grüne Koalition aus Arbeiterpartei, bäuerlicher Zentrumspartei und sozialistischer Linkspartei ihre Mehrheit behaupten und bildet wie auch schon 2005 die Regierung. Stärkste Kraft ist mit 35,4 % die Arbeiterpartei, zu der auch Premierminister **Jens Stoltenberg** gehört. Insgesamt sind derzeit sieben Parteien im Parlament vertreten. Im Jahr 2013 stehen neue Wahlen an.

Det Norske Arbeiderparti (Norwegische Arbeiterpartei): Programmatisch in vielerlei Hinsicht der deutschen SPD vergleichbar und die stärkste Kraft im Lande. Die DNA, 1887 gegründet, hat nach dem Zweiten Weltkrieg fast jede Wahl gewonnen, nahezu ausschließlich Norwegens Politik bestimmt und zahlreiche, auch namhafte Ministerpräsidenten gestellt (Gerhardsen, Bratteli, Nordli, Brundtland). Auch der gegenwärtige Regierungschef, Jens Stoltenberg, ist Mitglied der Arbeiterpartei. Die Partei hat 64 Mandate (Wahl 2009: 35,4 %, +2,8 %).

Høyre („Rechte"): Die konservative Partei war immer schon die stärkste Kraft im bürgerlichen Lager. Im Kern hat sich ihre Hauptforderung nach weniger Staat und mehr Privatinitiative seit ihrer Gründung im letzten Jahrzehnt des 19. Jh. nicht geändert. Nach einem desaströsen Einbruch bei den Wahlen 2005 konnte die Høyre 2009 den größten Zuwachs von allen Parteien verbuchen und ist mit 30 Sitzen im Storting vertreten (Wahl 2009: 17,2 %, +3,2 %).

Fremskrittspartiet (Fortschrittspartei): Die erst 1973 angetretene Partei ist im rechten Spektrum anzusiedeln, im Programm stehen v. a. eine strengere Einwanderungs- und Asylpolitik. Bei den Wahlen 2005 wurde die Partei mit einem Zuwachs von 7,4 % zur zweitstärksten Kraft im Lande, 2009 konnte sie nochmals leicht zulegen und hält mittlerweile 41 Mandate (Wahl 2009: 22,9 %, +0,8 %).

Sosialistik Venstreparti (Sozialistische Linke): Die Partei fordert seit 40 Jahren den Austritt aus der NATO, Arbeitszeitverkürzung, mehr Entwicklungshilfe und soziale Gerechtigkeit. Außerdem ist sie gegen den EU-Beitritt. Derzeit Mitglied der Koalitionsregierung mit 11 Sitzen im Storting, hat sie aber bei der letzten Wahl die stärksten Einbußen hinnehmen müssen (Wahl 2009: 6,2 %, -2,6 %).

Kristelig Folkeparti (Christliche Volkspartei): Die gemäßigte Rechtspartei saß schon in mehreren Koalitionsregierungen, hat aber bei den letzten beiden Parlamentswahlen empfindliche Einbußen hinnehmen müssen und hat nur noch 10 Mandate im Storting (Wahl 2009: 5,5 %, -1,1 %).

Senterpartiet (Zentrumspartei): Die Partei hieß ursprünglich Bauernpartei und findet ihre Wähler immer noch vornehmlich unter der ländlichen Bevölkerung. Sie ist Mitglied der derzeitigen Koalitionsregierung und stellt 11 Sitze im Storting (Wahl 2009: 6,2 %, -0,3 %).

Außer den großen sechs im *Storting* (Parlament) regelmäßig vertretenen Parteien verdient eine Partei besondere Erwähnung: die **Venstre** (Linke), 1884 gegründet und damit Norwegens älteste Partei. Sie bildete zwischen den Weltkriegen häufiger die Regierung, war nach 1945 aber nur noch an Koalitionen beteiligt. Die einstmals sozialistische Partei hat sich ökologisch gewandelt und vertritt heute umweltpolitisch orientierte Ziele, wie die Abkehr vom Individualverkehr oder den Einsatz von Gas als Autotreibstoff.

Die auch in Norwegen fast bedeutungslosen beiden kommunistischen Parteien schließen sich bei Wahlen mit anderen linken Gruppen und Einzelpersonen zur „Roten Wahlallianz" zusammen. Sie können jedoch nur selten parlamentarische Erfolge verbuchen.

Gewerkschaften

Die beinahe 30 Einzelgewerkschaften, von denen die ältesten vor über 130 Jahren gegründet wurden, sind nach Berufsgruppen organisiert und im Gewerkschafts-Dachverband (LO) zusammengeschlossen. Die knapp 600.000 Mitglieder – fast 25 % der Beschäftigten sind organisiert – gehören zu den streikfreudigsten der Welt: Norwegens Volkswirtschaft steht mit den Streiktagen weltweit an vierter Stelle. Tarifkonflikte werden dennoch zumeist auf dem Verhandlungswege zwischen Gewerkschaften und der Arbeitgebervereinigung NAF gelöst. Das Recht auf Streik und Aussperrung ist gesetzlich fixiert, der Staat hat jedoch die Möglichkeit, längere Arbeitskämpfe per Gerichtsbeschluss abzukürzen – so das letzte Mal 2004, als per Regierungsdekret ein Streik der Arbeiter auf den Bohrinseln ausgesetzt wurde.

Bildung und Arbeit

In Norwegen gilt der Grundsatz, dass jeder das gleiche Recht auf **Bildung** hat, egal aus welcher sozialen Schicht oder welcher Region des Landes er kommt. Die Schulpflicht dauert 10 Jahre, dabei gehen Kinder erst in die Grundschule und dann in die untere Sekundarstufe, nach der sie mit einem Abschluss ähnlich der Mittleren Reife abgehen können. Zusätzlich kann man noch die obere Sekundarstufe *(vidergående skole)* besuchen und nach weiteren drei Jahren das norwegische Pendant zum Abitur erwerben. Dieser Abschluss ist dann auch ausschlaggebend für die Aufnahme eines Hochschulstudiums. Unterschiede im Land gibt es bezüglich des Unterrichtsniveaus nicht, man orientiert sich überall an einem staatlichen Lehrplan.

Bis auf wenige Ausnahmen sind Norwegens Hochschulen in staatlicher Hand. Universitäten gibt es in Oslo, Bergen, Trondheim und Tromsø. Das *UNIS*-Universitätszentrum auf Spitzbergen ist die weltweit am nördlichsten gelegene höhere Bildungseinrichtung, dort kann man entsprechend Studienabschlüsse in Arktischer Biologie oder Arktischer Geophysik erwerben. Zusätzlich gibt es z. B. noch eine Fischereihochschule in Tromsø, eine Handelshochschule in Bergen oder eine Musikhochschule in Oslo.

Die Schulausbildung in Norwegen ist kostenlos und die Gebühren für den Besuch staatlicher Hochschulen und Universitäten sind meist sehr gering. Außerdem gibt es einen staatlichen Ausbildungsfond, der Studentenkredite vergibt und z. T. auch Kosten übernimmt.

Wer es dann einmal ins Berufsleben geschafft hat, kann sich freuen, denn die Bedingungen in Norwegen sind ausgezeichnet. Die **Arbeitslosenquote** ist derzeit wieder niedrig, im Jahr 2011 betrug sie gerade mal 2,7 %, 18 Jahre zuvor waren es noch 6 %. Das durchschnittliche Jahreseinkommen liegt bei 453.000 NOK, also rund 61.000 €. Im Schnitt hat der norwegische Arbeitnehmer vier Wochen Urlaub, muss 37 Wochenstunden arbeiten und erhält ab einem Alter von 67 Jahren seine Rente. Arbeitszeit, Kündigungsschutz und Sicherheit am Arbeitsplatz sind gesetzlich geregelt.

Gesundheits- und Sozialwesen

Norwegen gilt als einer der vorbildlichsten Sozialstaaten der Welt, und ein erster Blick auf die Zahlen bestätigt dieses Urteil. So entfallen mehr als ein Drittel der Staatsausgaben auf das staatliche Gesundheits- und Sozialwesen. Krankengeld wird ein Jahr lang in voller Höhe des Lohnes, Arbeitslosengeld abhängig vom letzten Einkommen insgesamt 80 Wochen lang bezahlt. Danach tritt die kommunale Sozialhilfe ein. Ärztliche Versorgung, ambulant wie stationär, wird von der staatlichen Krankenversicherung abgedeckt und ist für den Patienten weitgehend kostenlos, ebenso das Alters- oder Pflegeheim. Die Kostenbeteiligung an all diesen Aufwendungen beträgt pro Kopf und Jahr maximal 1585 NOK, also weniger als 200 €. Was aber in Anbetracht dieser Regelungen dann doch etwas verwunderlich ist: Zahnarztbehandlungen müssen immer und in vollem Umfang selbst bezahlt werden.

In Zeiten, in denen immer mehr junge Mütter arbeiten gehen, sind natürlich auch Kindergartenplätze ein Thema. Im Jahr 2008 besuchten rund 87 % aller Kinder im entsprechenden Alter einen Kindergarten, und man ist mittlerweile nicht mehr weit davon entfernt, jedem Kind einen Platz anbieten zu können. Wer das Angebot nicht annimmt und sein Kind lieber zu Hause lässt, erhält vom Staat Erziehungsgeld. Außerdem können sowohl Männer als auch Frauen eine bezahlte Elternzeit beantragen, bis zu 43 Wochen bei voller Lohnfortzahlung. Wer bis zu 53 Wochen daheim bleiben will, erhält immerhin noch 80 % seines Einkommens.

Aber ganz frei von Problemen ist auch Norwegen nicht, v. a. im Gesundheitswesen fehlt es an qualifiziertem Personal. Die Wartezeiten in Krankenhäusern können sich enorm in die Länge ziehen, und oft vergehen Monate und Jahre, bis man Operationstermine bekommt – natürlich nur für den Fall, dass ein Eingriff nicht akut notwendig ist. Qualifiziertes Fachpersonal aus dem Ausland ist gerne gesehen, und wer vor Ort einen Arzt konsultiert, sitzt nicht selten einem deutschen Auswanderer gegenüber. Schließlich schaffen Drogenkonsum und Alkoholmissbrauch mittlerweile ein bisher nicht gekanntes Invaliditätsproblem, das mit enormen Kosten verbunden ist.

Chancengleichheit

Norwegens Frauen waren in Sachen Emanzipation sehr früh aktiv. Schon Mitte des 19. Jh. gab es eigene Frauenorganisationen *(Norwegischer Frauenrechtsverein)* und politische Frauenzeitschriften (z. B. „Neuland"), 1889 organisierten Arbeiterinnen einer Osloer Zündholzfabrik den weltweit ersten Frauenstreik und bereits 1913 erstritten sie ihr Wahlrecht – nur Neuseeländerinnen und Finninnen waren diesbezüglich schneller. Nicht zuletzt war es die norwegische „Nora" von Henrik Ibsen (vgl. „Kultur", S. 58, die als eine der ersten Streiterinnen für Gleichberechtigung in der neuzeitlichen Literatur während des letzten Jahrhunderts für Aufruhr in den Theatersälen überall in Europa sorgte.

Schon mit Beginn der Industrialisierung standen Frauen neben Männern an der Werkbank – was u. a. mit der Auswanderungswelle junger (männlicher) Arbeiter zu tun hatte – und wurden Mitglieder in der sozialdemokratischen Arbeiterpartei bzw. in der Gewerkschaft. Beide Organisationen mussten sich viel früher als in anderen europäischen Ländern um ihre weiblichen Mitglieder kümmern und für Gleichbehandlung am Arbeitsplatz sorgen. Heute sind rund 75 % aller norwegischen Frauen zwischen 25 und 65 Jahren berufstätig und haben damit fast zu den Männern aufgeschlossen, von denen rund 82 % arbeiten. Allerdings verdienen Frauen im Schnitt noch immer 15 % weniger als Männer, was aber auch dadurch bedingt ist, dass sie in Berufsbereichen arbeiten, in denen das Lohnniveau insgesamt niedriger ist.

Norwegen war das erste Land der Welt, das der Idee der Gleichberechtigung auch eine gesetzliche Grundlage gab, bereits 1978 wurden entsprechende Gesetze verabschiedet. Gleichzeitig wurde die *Ombudsstelle* für Gleichstellungsfragen geschaffen. Die gesetzliche Quotenregelung, nach der seit 2008 in den Vorstandsebenen börsennotierter Unternehmen mindestens 40 % Frauen sitzen müssen, stößt allerdings nur bedingt auf Begeisterung. Auch bei vielen Frauen, denn die befürchten jetzt, sich anhören zu müssen, sie würden es nur aufgrund der Quote ganz nach oben schaffen.

Fischzuchstation im Fjord

Wirtschaft

Erdöl und **Erdgas** sind hauptsächlich für Norwegens Reichtum verantwortlich, es spielen aber auch noch zahlreiche andere – und z. T. uralte – Einkommenszweige ein Rolle. Vor dem Öl war es der **Fisch**, der die Kassen füllte und auch heute noch vereinzelt füllt. Natürliche Ressourcen wurden und werden ausgebeutet, dazu gehören die nicht gerade üppigen **Bodenschätze**, aber auch die weitläufigen **Waldgebiete**. Geld verdient wird auch schon lange mit der großen **Handelsflotte** und der **Stromgewinnung** aus Wasserkraft.

Norwegen ist eine Exportnation und der Außenhandel entsprechend wichtig. Rund drei Viertel davon findet innerhalb der EU statt und Norwegens Zugehörigkeit zum EWR (Europäischer Wirtschaftsraum) garantiert einfachen Zugang zum europäischen Markt. Vor allem Öl und Fisch werden aber weltweit vermarktet. Zudem hat sich Norwegen in einigen Sektoren einen enormen Wissensvorsprung angeeignet und ist z. B. der in der Welt führende **Bohrplattformen-Hersteller**.

Erdöl und Erdgas

Am 24. Oktober 1969 begann für Norwegen ein neues, goldenes Zeitalter: Bohrloch 32 war fündig. Zwei Jahre später wurde die erste Ölladung vom 300 km südwestlich vor Stavanger gelegenen *Ekofiskfeld* an Land gebracht. Heute fördern Norwegens Plattformen jeden Tag rund 2,6 Mio. Barrel Rohöl – gut 410 Mio. Liter –, die zu 90 % in den Export gehen. Kein Wunder, denn mit der Fördermenge eines Jahres könnten rund 100 Mio. Haushalte für eben diesen Zeitraum ihren Energiebedarf decken – und das in einem Land mit weniger als 5 Mio. Einwohnern. Norwegen ist mittlerweile sechstgrößter Exporteur von Erdöl und zweitgrößter Exporteur von Erdgas weltweit und gemessen am Pro-Kopf-Einkommen eines der reichsten Länder der Welt.

Statens pensjonsfonds

Auch wenn Norwegen auch zukünftig noch große Vorkommen an Erdöl und Erdgas fördern kann, ist man sich schon lange bewusst, dass die Quellen irgendwann versiegen werden. Nachdem das Öl in den 1970er-Jahren dem bis dato verhältnismäßig armen Norwegen enorme Einkünfte bescherte, wurden erst sämtliche Staatsschulden abbezahlt, und nachdem das erledigt war, wurde 1996 der *Norwegische Ölfond* gegründet, der später in *Statens pensjonsfonds* umbenannt wurde. Auch zukünftige Generationen sollten etwas von den Ölmilliarden abbekommen, und so werden seitdem die Einkünfte aus dem Ölgeschäft angelegt. Die Investitionen unterliegen dabei einem strengen Reglement, es darf ausschließlich im Ausland investiert werden – auf diese Weise soll die norwegische Wirtschaft vor „Überhitzung" geschützt werden. Außerdem bemüht man sich, ethischen und ökologischen Grundsätzen zu folgen.

Der Wert des Fonds betrug Ende 2011 ganze 3312 Milliarden norwegische Kronen, also rund 448 Milliarden Euro. Das ergibt bei einer Bevölkerung von rund 5 Mio. Menschen ein Guthaben von gut 660.000 norwegischen Kronen bzw. knapp 90.000 Euro pro Person. Doch nicht alle Norweger sind mit dieser Spar-Politik einverstanden, und der Ruf, das Sparschwein zu schlachten, wird immer lauter. Dann doch lieber die Öl-Milliarden ausgeben und die Steuern senken.

Fischfang und Aquakultur

Fischfang und Fischindustrie waren über Jahrhunderte der größte Devisenbringer des Landes, schon im Mittelalter wurde ein reger Handel betrieben. Diesen Status hält der Sektor zwar nicht mehr, ist aber trotzdem ein wesentlicher Wirtschaftsfaktor. Rund 30.000 Menschen sind in der Fischindustrie beschäftigt – davon über 10.000 hauptberufliche Fischer –, und Norwegen ist Europas größter Exporteur für Fisch und Fischprodukte. Gefangen werden hauptsächlich Lachs, Heilbutt, Heringe, Makrelen, Krabben und Garnelen. Insgesamt werden in norwegischen Fabriken rund 2000 Fischprodukte hergestellt.

Die Nachfrage ist in den letzten Jahren so extrem angestiegen, dass es langsam schwierig wird, sie auch zu befriedigen. Vor allem, weil die von den Fangflotten eingebrachten Mengen beständig rückläufig sind, von etwa 2,3 Mio. Tonnen jährlich kann man derzeit ausgehen. In den letzten 10 Jahren war ein Rückgang um rund 15 % zu beklagen, bei einigen Fischsorten kam es zu regelrechten Einbrüchen. Und so gewinnen die Fischfarmen immer mehr an Bedeutung, allein die Lachs- und Forellenzüchter bringen mittlerweile über 1 Mio. Tonnen Zuchtfisch pro Jahr auf den Markt – eine Menge, die sich in den letzten 10 Jahren verdreifacht und in den letzten 20 Jahren versechzehnfacht hat.

Landwirtschaft

Die Landwirtschaft im nördlichsten Land Europas hat mit zwei großen Problemen zu kämpfen: Nur etwa 3 % der Landesoberfläche sind landwirtschaftlich nutzbar (EU-Durchschnitt: 57 %) und die Vegetationsperiode beträgt nur 190 Tage, in

Nordnorwegen gar nur 100 Tage. So wundert es nicht, dass Norwegens Selbstversorgung mit landwirtschaftlichen Produkten gerade einmal um 50 % liegt und damit Europas niedrigstes Niveau erreicht.

Einzige Chance liegt darin, die Effizienz zu steigern und auf Sektoren der Landwirtschaft zu setzen, in denen man ohne große Fläche große Profite erzielen kann, etwa die Fleischproduktion in modernen Betrieben. In den letzten 25 Jahren ist die Anzahl der Betriebe drastisch zurückgegangen, dafür hat sich die durchschnittliche Größe der übrigen Betriebe mehr als verdoppelt. Die Fleischproduktion ist insgesamt um 50 % angestiegen, stark bei der Schweinezucht und fast explosionsartig bei Geflügel. Die Milchproduktion geht langsam, aber stetig zurück und beim Getreideanbau gibt es minimale Steigerungsraten. Zusammenfassend kann man sagen, dass die Landwirtschaft einen immer geringer werdenden Anteil zum Bruttoinlandsprodukt beiträgt und leider auch immer weniger Personen in Brot und Arbeit stellt.

Walfang

Immer ein sehr heikles Thema, international längst verdammt und selbst unter den Norwegern nicht immer unumstritten. Auf die lange Tradition im Walfang verweisen Befürworter gerne, und auf die mit rund 100.000 Tieren gesicherten Bestände der von Norwegen gejagten Zwergwale. Walfanggegner zweifeln diese Zahlen an und verweisen außerdem auf die Tatsache, dass der Walfang für Norwegen absolut keine wirtschaftliche Bedeutung mehr habe. Zusätzlich befürchtet man, dass sich die Jagd zukünftig auch auf andere Walarten ausweiten könnte, sobald sich deren Bestände nur minimal erholt haben.

Die Fangquoten liegen derzeit bei rund 1000 Zwergwalen pro Jahr, und man kann sicherlich davon ausgehen, dass Norwegen die Bestände nicht wider besseres Wissen gefährden würde. Das Fleisch ist dabei für den Verzehr bestimmt – in norwegischen Restaurants ist Wal auf der Speisekarte durchaus nicht selten.

Ehemaliges Walfangschiff
Southern Actor

Weiterverarbeitende Industrie

Norwegens größte Trumpfkarte ist die Wasserkraft. Die zahlreichen und imposanten Wasserfälle wurden schon Anfang des 20. Jh. genutzt um Elektrizität zu erzeugen und auch heute noch ist die Verfügbarkeit von billigem Strom ein erheblicher Standortvorteil. Nicht zuletzt deshalb gehört Norwegen in den extrem energieaufwendigen Bereichen der **Aluminiumproduktion** oder der Herstellung von **Eisenlegierungen** zu den größten Erzeugern und Exporteuren weltweit.

Mit der **Chemie-Industrie** nahm alles seinen Anfang, die Firma *Norsk Hydro* baute 1907 bei Rjukan das damals größte Wasserkraftwerk Europas, um genügend Strom für ihre Düngemittelfabrik zu erzeugen. Mittlerweile gehört das Unternehmen zu den führenden in ganz Europa. Weitere Erzeugnisse von Norwegens chemischer Industrie sind Klebstoffe, Reinigungsmittel und Farben. Bei der Herstellung von **Papier** und **Zellstoff** kann Norwegen nicht nur die günstige Energie nutzen, sondern außerdem auf enorme Mengen des Rohstoffes Holz zurückgreifen.

Tourismus

Norwegen ist bei Touristen aus aller Welt äußerst beliebt, rund 8 Mio. Übernachtungen ausländischer Urlauber kann das Land pro Jahr verbuchen. Mehr als 20 % davon entfallen alleine auf die Deutschen, die entsprechende Statistiken vor den Schweden, Dänen und Holländern anführen. Insgesamt gesehen erwirtschaftet der Tourismus zwar nur 3,3 % des Bruttoinlandsproduktes und stellt 6,3 % der Arbeitsplätze, in einigen Regionen löst er aber bereits traditionelle Wirtschaftzweige – etwa den Fischfang oder die Forstwirtschaft – als Haupteinnahmequelle ab.

Bohrplattformen: Norwegen verdient bei der Förderung von Öl und am Know How

Die Hardangerfiedel hat bis zu 9 Saiten

Kunst und Kultur

Kaum zu glauben, dass ein Volk – mit gerade mal anderthalb Mal so vielen Menschen wie die Einwohnerschaft Berlins – auf allen Feldern der Kunst wahre Weltbestleistungen vollbringt.

Ohne Maler wie Munch oder Musiker wie Grieg, ohne Autoren wie Ibsen und Hamsun wäre die europäische Kunst der letzten 150 Jahre um einiges ärmer. Aber auch die zeitgenössische Kulturszene kann sich sehen lassen. Man denke etwa an die Schriftsteller Jostein Gaarder und Eric Fosnes Hansen, die vor Jahren die Bestsellerlisten in aller Welt stürmten. Oder an Jan Garbarek, der Europas Jazzszene wie kein anderer prägt, und an Liv Ullmann, die zu den erfolgreichsten Schauspielerinnen und Regisseurinnen weltweit zählt.

Literatur

Schon vor über 1000 Jahren gab es die **Edda** – die Götter- und Heldensagen – und die **Skaldendichtung** im norwegischen Raum. Aber in den schier endlosen Jahrhunderten der Union mit dem politisch übermächtigen und entsprechend kulturell bestimmenden Dänemark gab es wenige Lichtblicke für die norwegische Literaturlandschaft. Einzig **Ludvig Holberg** (1684–1754), dänisch-norwegischer Essayist, konnte so viel Beachtung erlangen, dass er auch norwegische Autoren des 19. und 20. Jh. beeinflusste. Allerdings arbeitete er so viel in Kopenhagen, dass ihn die Dänen gerne als einen der ihren ausgaben.

Als erster Wegbereiter einer norwegischen Nationalliteratur gilt **Henrik Wergeland** (1808–1845), dessen Schaffen in die Aufbruchstimmung nach Beendigung der Union mit Dänemark fällt. Seine Schwester **Camilla Collett** (1813–1895) veröffentlichte

1854 den ersten norwegischen Roman „Die Töchter des Amtmanns", mit dem sie zu einer Vorreiterin in Literaturkreisen und aufgrund der brisanten Thematik auch der Frauenbewegung wurde.

Den endgültigen Durchbruch und weltweite Anerkennung norwegischer Literatur schafften in der zweiten Hälfte des 19. Jh. aber erst die „großen Vier": Ibsen, Kielland, Bjørnson und Lie; allen voran **Henrik Ibsen** (1828–1906). Als Dramatiker war er zu Lebzeiten in Deutschland, wo er viele Jahre lebte, angesehener als in seiner Heimat. Mit seinen Werken „Peer Gynt" (1867), „Die Stützen der Gesellschaft" (1877) und „Hedda Gabler" (1890) gelang ihm ein Plädoyer für den Befreiungskampf des Individuums gegen die bürgerliche Gesellschaft. Der noch heute häufig gespielte und in seinem hundertsten Todesjahr 2006 nicht nur in Norwegen ausgiebig gefeierte Ibsen gilt zudem als Vorkämpfer der Frauenemanzipation. Mit „Et Dukkehjem" („Nora oder Ein Puppenheim", 1879) trat er als einer der ersten Autoren der neueren Weltliteratur für die Selbstbestimmung der Frau ein.

Bjørnstjerne Bjørnson (1832–1910) war in Norwegen anerkannter als Ibsen. Der Verfasser der norwegischen Nationalhymne und der Bauerngeschichten, der lange Zeit als gesellschaftskritischer Journalist und Theaterleiter arbeitete, war Vorkämpfer für die Loslösung von Schweden und erhielt 1903 als erster norwegischer Dichter den Literaturnobelpreis. Als politischer Autor muss auch **Jonas Lie** (1833–1908) gelten, der hierzulande eher Unbekannten unter den „großen Vier". Vor allem in seinen späten Romanen („Lebenslänglich", „Eine Ehe") beschreibt er realistisch das Proletarierschicksal des 19. Jh. **Alexander Kielland** (1849–1906) hingegen hatte

Sechsmal Ibsen: Der Dichter im Museum seines Heimatortes Skien

immer ein großes Publikum im deutschsprachigen Raum. In seinen bissigen Romanen (die bekanntesten sind „Arbeiter" und „Schiffer Worse") geißelt er das Großbürgertum, aus dem er selber stammte.

In der zweiten Hälfte des 19. Jh. gelangten erstmals Frauen zu literarischen Ehren. Vorreiterin war die bereits erwähnte Camilla Collett, es folgten Veröffentlichungen von **Amalie Skram** (1846–1905) und **Magdalene Thoresen** (1819–1903), der Schwiegermutter Ibsens. Die Frauen sorgten für Aufsehen, ja regelrechte Skandale, weil ihre Werke durchaus kritisch und politisch waren und sie sich für die Gleichberechtigung der Frau einsetzten. In gewisser Weise bereiteten sie den Weg für

Norwegens erfolgreichste Autorin. **Sigrid Undset** (1882–1949) erhielt 1928 den Nobelpreis für ihren historischen Roman „Kristin Lavransdatter", feierte aber auch Erfolge mit ihren Gegenwartsromanen wie z. B. „Jenny" (1911).

Zweifellos umstrittenster Autor ist **Knut Hamsun** (1859–1952). Der als Knud Pedersen geborene Nobelpreisträger (1920) gilt als prägender Vertreter der Neuromantik – für ihn zählte nicht mehr Gesellschaftskritik, sondern Individualismus. In „Sult" („Hunger", 1890) klingen noch soziale Themen an, aber die psychologische Ebene gewinnt in „Segen der Erde" (1917) bereits die Oberhand. Radikaler Individualismus und Demokratiefeindlichkeit brachten Hamsun in die Nähe zum Nationalsozialismus. Mit Jubelartikeln und offener Kollaboration zugunsten der deutschen Besatzer machte sich Hamsun im Zweiten Weltkrieg unbeliebt – noch am Tag nach Hitlers Selbstmord veröffentlichte er eine Huldigung an den „Führer". 1947 rechneten seine Landsleute mit Hamsun ab. Der Richter verzichtete zwar auf eine Anklage gegen den 88-Jährigen, stellte ihn aber unter Hausarrest und zog sein beträchtliches Vermögen ein. Erst 1950 durfte Hamsun in sein Haus Nørholm bei Grimstad zurückkehren, wo er zwei Jahre später verbittert starb.

Wenn auch nicht gerade zur hohen Literatur gehörend, sollte man doch Norwegens äußerst spannende Reiseliteratur nicht vergessen, die ab Anfang des 20. Jh. entstand. In erster Linie handelt es sich dabei um Reiseberichte der großen Entdecker und Forscher. Sowohl **Fridtjof Nansen** (1861–1930) als auch **Roald Amundsen** (1872–1928) waren emsige Schreiber. Nansens „Auf Schneeschuhen durch Grönland" (1890) oder „In Nacht und Eis" (1897) sind ebenso lesenswert wie „Wettlauf zum Südpol" (1912) von Amundsen.

Nach dem Zweiten Weltkrieg waren Norwegens Autoren zwar fleißig, mit wenigen Ausnahmen aber kaum international erfolgreich. Eine dieser Ausnahmen ist **Johan Borgen** (1902–1979), der v. a. aufgrund seiner „Lillelord"-Trilogie bekannt ist. Zumindest in ganz Skandinavien sehr erfolgreich war auch der Dramatiker und Essayist **Jens Bjørneboe** (1920–1976). Die zunehmende Politisierung der späten 1960er-Jahre verhalf der Literaturszene zu neuen Impulsen. Um die Zeitschrift „Profil" scharten sich junge Autoren, die bis auf den heutigen Tag auch über Norwegens Grenzen beachtet werden: **Dag Solstad, Edvard Hoem** und **Jan Erik Vold**. Auch die Frauenliteratur begann sich in diesen turbulenten Zeiten wieder zu regen, wichtigste Vertreterinnen sind **Herbjørg Wassmo, Cecilie Løveid** und **Liv Køltzow**.

Gegen Ende des 20. Jh. erfreuten sich Romane aus norwegischer Feder einer bis dato unbekannten Beliebtheit und norwegische Schriftsteller kletterten bis an die Spitzen der Bestsellerlisten. **Jostein Gaarders** „Das Kartengeheimnis" (1990) heimste Preise in Norwegen ein, mit „Sofies Welt" (1991) gelang ihm der internationale Durchbruch und mittlerweile wurde das Buch in gut vier Dutzend Sprachen übersetzt und auch verfilmt. **Eric Fosnes Hansen** schuf mit „Choral am Ende der Reise" (1990) den Typus des postmodernen Kultbuches, der punktgenau den Zeitgeschmack zu treffen schien. Das darf auch der Dramatiker **Jon Fosse** von sich behaupten, den manche für den bedeutendsten europäischen Stückeschreiber – z. B. „Die Nacht singt ihre Lieder" (1997) – der Gegenwart halten.

Seit über 40 Jahren äußerst produktiv ist der Krimiautor **Gunnar Staalesen**, der v. a. mit seinen Werken über den schrulligen Privatdetektiv Varg Veum Erfolge feiert. **Jon Michelet** schreibt Kinderbücher, Kriminalromane, Dramen und Sachbücher – etliche davon wurden auch in die deutsche Sprache übersetzt. Der Thriller „Homo falsus oder der perfekte Mord" (1984) von **Jan Kjærstad** wird von Kritikern hoch gelobt und gilt als Meilenstein der postmodernen Literatur in Norwegen.

Ein in Deutschland verhältnismäßig bekannter Autor ist der 1956 in Tønsberg geborene, aber mittlerweile in Hamburg lebende **Ingvar Ambjørnsen**. Seine teils autobiografisch geprägten Romane wie „Weiße Nigger" enthalten z. T. verstörende Darstellungen aus dem Drogen- und Rotlichtmilieu und fanden bei der breiten Leserschaft nicht auf Anhieb Gefallen. Großen Anklang fand er dagegen mit der „Elling-Reihe". Zu seinen nennenswertesten Werken gehört außerdem die Jugendbuchreihe „Peter und der Prof". **Frode Grytten** (1960) veröffentlichte erst Gedichte und Kurzgeschichten, erhielt dann für seinen zweiten Roman „Die Raubmöwen besorgen den Rest" (2006) den norwegischen *Riverton-Preis,* der für herausragende kriminalistische Werke vergeben wird. Im selben Metier bewegt sich auch **Anne Holt** (1958) – sehr passend für eine studierte Juristin und ehemalige Justizministerin. Absolut empfehlenswert ist ihr Kriminalroman „Der Norwegische Gast" von 2008. Zu den erfolgreichsten norwegischen Autoren zählt derzeit **Per Petterson** (1952), der im Jahr 2007 für seinen Roman „Pferde stehlen" den mit 100.000 Euro dotierten *IMPAC-Literaturpreis* erhielt. 2009 wurde er für „Ich verfluche den Fluss der Zeit" mit dem *Literaturpreis des Nordischen Rates* ausgezeichnet.

Malerei und Bildhauerei

Der Melancholiker **Edvard Munch** (1863–1944) gilt als Pionier des Expressionismus. Der Ausnahmekünstler sagte über sich, er zerlege Seelen in seinen Bildern. Er galt selbst als zerrissener Mensch, der ständig in psychiatrischer Behandlung war und mit enormen Alkoholproblemen zu kämpfen hatte. Der Maler „mit dem tief schürfenden Blick für panische Weltangst" (Oskar Kokoschka) malte fast manisch wohl v. a. eigene Ängste. In seinem Nachlass vermachte der unermüdliche Arbeiter der Stadt Oslo 1100 Bilder, 18.000 Grafiken sowie 4400 Aquarelle und Zeichnungen. Zu seinen wichtigsten Arbeiten zählen „Der Schrei", „Der Vampir" und „4 Mädchen auf der Brücke", alle an der Südküste Norwegens entstanden und in Oslo ausgestellt.

„Der Schrei" (1893) gilt als das wegbereitende Werk für den gesamten Expressionismus und gleichzeitig als sein berühmtestes. Insgesamt malte Munch vier Versionen des Bildes – alle von enormem finanziellen Wert. Das wussten auch die Diebe, die 1994 eines der Bilder aus der Nationalgalerie in Oslo klauten. Allerdings konnte das Werk nach drei Monaten weitgehend unbeschädigt von der Polizei sichergestellt werden. Lähmendes Entsetzen erneut in Norwegen, als im August 2004 Diebe am helllichten Tag das Munch-Museum in Oslo heimsuchten und außer dem Gemälde „Madonna" auch die bedeutendste und wertvollste der „Schrei"-Versionen – geschätzter Wert damals 54 Mio. Dollar – mitnahmen. Die Bilder konnten ebenfalls wieder sichergestellt werden, allerdings sind sie so stark in Mitleidenschaft gezogen, dass auch nach umfangreichen Restaurierungsarbeiten noch Beschädigungen zu sehen sind.

Edvard Munch erfreute sich nicht immer solcher Wertschätzung. Seine erste Ausstellung 1892 in Berlin endete mit einem Skandal: Die Kunstakademie erwirkte die Schließung einer Schau von 52 Munch-Bildern und erklärte den Maler kurzerhand für geistesgestört. Was diesen jedoch nicht daran hinderte, noch viele Monate in Berlin zu arbeiten. 1906 beispielsweise malte er die Bühnendekorationen für Max Reinhardts Inszenierung der „Gespenster" von Henrik Ibsen.

Neben Munch verblassen die Namen anderer norwegischer Maler, die ohne dieses Ausnahmetalent womöglich zur europäischen Spitzenklasse gehört hätten. **Johan**

Wohin mit den wertvollen Munch-Bildern?

Die 1100 Gemälde und 18.000 Grafiken, die Edvard Munch und seine Schwester der Stadt Oslo vermachten und die nun im Munch-Museum im Osloer Stadtteil *Tøyen* lagern, sind gegenwärtig zwanzig Milliarden Kronen wert – etwa drei Milliarden Euro. Sie zu versichern macht keinen Sinn, meint Museumsdirektor Sørensen: „Die jährlichen Prämien würden Hunderte Millionen Kronen kosten." Und wofür? Das Museum bekäme im Ernstfall zwar viel Geld, „aber dafür kann ich keinen neuen ‚Schrei' malen lassen", sagt Sørensen. So wurde das Munch-Museum nach dem letzten Einbruch 2004 zu einer kleinen Festung ausgebaut, man installierte moderne Eingangsschleusen, Metalldetektoren und Überwachungssysteme. Die wertvollsten Bilder sind mittlerweile in Glasvitrinen untergebracht, weniger wertvolle an den Wänden festgeschraubt. Langfristig aber ist geplant, das Munch-Museum nach *Vestbanen* an den Osloer Hafen zu verlegen, wo ein neues „Friedenszentrum" entstanden ist und wo auch Platz für ein zeitgemäßeres Museum wäre.

Dahl (1788–1857) z. B., dessen Landschaftsbilder von Caspar David Friedrich beeinflusst sind, oder **Adolph Tidemand** (1814–1876), der mit **Hans Gude** (1825–1903) in Düsseldorf studierte – deren Gemeinschaftswerk „Brautfahrt in Hardanger" ist in der Osloer Nationalgalerie ausgestellt.

Dort kann auch „Albertine im Warteraum der Polizeiwache", das wichtigste Bild **Christian Kroghs** (1852–1925), bewundert werden. Der Naturalist unter Norwegens Malern studierte einige Jahre in Karlsruhe. Der in Deutschland nach Munch wohl bekannteste norwegische Maler aber ist **Olav Gulbransson** (1873–1958), der sich als Karikaturist in der Satirezeitschrift „Simplicissimus" einen Namen machte und einen Großteil seines Lebens am Tegernsee wohnte.

In Europa weniger, in Norwegen aber ungemein populär ist unstreitig der bedeutendste Bildhauer des Landes, **Gustav Vigeland** (1869–1943). Die Osloer Vigeland-Anlage ist sein in Stein und Bronze gehauenes Vermächtnis. Über 40 Jahre arbeitete Vigeland, dem der Magistrat für das Recht auf seine Skulpturen den Lebensunterhalt bezahlte, am nordischen Pantheon im Frognerpark zu Oslo: Von der „Mutter Norge", zu deren prallen Brüsten eine vielköpfige Kinderschar drängt, bis zum überkräftigen Vater, der seine Sprösslinge wie Postpakete unter den Arm klemmt, wird der Lebensbogen dieser Skulpturenlandschaft gespannt.

Musik

Klassik

Am bekanntesten ist sicherlich „Solveigs Lied" aus der Peer-Gynt-Suite – **Edvard Griegs** (1843–1907) populärstes Werk tönt als Soundtrack, wann immer skandinavische Landschaft über die Leinwand flimmert. Seinen Erfolg verdankte er seiner ausgezeichneten Ausbildung in Leipzig, v. a. aber seiner Frau *Nina Grieg,* die als gefeierte Sängerin und Pianistin modische Klänge aus Europas Konzertsälen heim nach Bergen brachte. Das erfolgreiche Musikerehepaar baute sich mit „Troldhaugen" einen Musentempel, der heute in einem südlichen Stadtteil Bergens als Museum und Konzertsaal zu bestaunen ist. Edvard Grieg war neben dem Komponisten der Nationalhymne, dem jung verstorbenen **Rikard Nordraak** (1842–1866), der erste nordische Komponist, der sich von den herkömmlichen Regeln der Harmonielehre löste und Einflüsse deutsch-romantischer Musik mit norwegischer Volksmusik verband.

Edvard Grieg – bis heute Norwegens bekanntester Komponist

Außer Grieg gibt es bis auf den heutigen Tag wenige klassische Musiker, die europaweit bekannt sind. **Ole Bull** (1810–1880) vielleicht, der sich als Violinenvirtuose einen Namen machte, oder **Johan Svendsen** (1840–1911), dessen Sinfonien noch heute aufgeführt werden. **Fartein Valen** (1887–1952) war Norwegens erster atonaler Komponist, der zwar mit einem Briefmarkenkonterfei geehrt wurde, in der Heimat aber ebenso umstritten blieb wie **Arne Nordheim** (geb. 1931), dessen Klangexperimente zumindest eine kleine internationale Fangemeinde schätzt.

Jazz

Norwegen ist Heimat einer beachtlichen Jazz-Szene, der Saxophonist **Jan Garbarek** und der Schlagzeuger **Jon Christensen** zählen zu Europas renommiertesten Jazzern. Bekannte Größen sind außerdem die Sängerin **Karin Krog**, der Trompeter **Nils Petter Molvaer** oder der Gitarrist **Terje Rypdal**. Interessant auch hier, dass die Musiker sich erst auf internationalen Bühnen einen Namen machten, bevor sie im eigenen Land berühmt wurden. Doch mittlerweile gibt es in Norwegen zahlreiche Jazz-Festivals und in den Großstädten zahlreiche Jazz-Clubs, sodass es Nachwuchstalente wesentlich einfacher haben, auf dem immer größer werdenden heimischen Markt Fuß zu fassen.

Pop und Rock

Oft kennt man die Musik, aber ist sich nicht immer bewusst, dass der oder die Interpreten aus Norwegen stammen – gesungen wird nämlich meist auf Englisch. So etwas wie die Veteranen im Pop-Business sind **a-ha**, die in den 1980er-Jahren riesige Erfolge feierten und im Jahr 2009 das – zugegeben unerwartete – Comeback schafften und zumindest noch für eine Woche Platz eins der deutschen Album-Charts erobern konnten. Die Truppe ist wohl die international bekannteste Formation aus Norwegen. Absoluter Überflieger der letzten Jahre ist **Marit Larsen** – die 1983 geborene Sängerin stürmte mit ihrem Hit „If a song could get me you" auf Platz eins der Charts in Norwegen (2008), Deutschland (2009) und Österreich (2009).

Das Elektroduo **Röyksopp** gehört zu den international und auch kommerziell erfolgreichsten Musikgruppen des Landes und begeistert auch in Deutschland mit grandiosen Live-Auftritten. Im Bereich der Rock- oder Indiebands sind v. a. **Madrugada** mit ihrem etwas düsteren Sound oder das **Kaizers Orchestra** bekannt. Etwas härtere Töne kennt man von der 1989 gegründeten Formation **Turbonegro**. Heavy Metal ist in ganz Skandinavien traditionsgemäß stark vertreten und da macht auch Norwegen keine Ausnahme. Zugegeben nicht gerade auf breiter Linie, aber doch in der Szene geläufige Namen sind **Darkthrone, Enslaved, Satyricon** oder **Dimmu Borgir**.

Folk

Sozusagen das „Nationalinstrument" der urtypischen norwegischen Volksmusik ist die Hardangerfiedel, eine Art Geige, die neben den vier Spielsaiten noch bis zu fünf Resonanzsaiten aufweist. Wahre Meister dieses Instruments sind **Knut Buen** und die 1971 geborene **Annbjørg Lien**, die in ihrer Musik aber auch Stilelemente aus Pop und Rock aufgreift. Zu den bekannten Vokalisten zählen **Agnes Buen Garnås** – die Schwester von Knut Buen – oder der junge **Odd Nordstoga**, der ebenfalls eine moderne Mischung aus Folk und Popmusik produziert und damit auch kommerziell bemerkenswerte Erfolge feiert.

Ein ganz besonderer Stilmix zeichnet die aus Karasjok stammende Sängerin **Mari Boine** aus, die in ihrer Musik auch ihren samischen Wurzeln gerecht wird. Sie singt sowohl in ihrer samischen Muttersprache, als auch in Norwegisch, wobei der für die Ureinwohner charakteristische *Joik-Gesang* für das mitteleuropäische Harmonieverständnis anfangs etwas gewöhnungsbedürftig klingen mag.

Film

Norwegen war ein echter Nachzügler, was die Filmindustrie betrifft. 1906 soll der erste norwegische Film entstanden sein, diesbezüglich gibt es aber keinerlei verlässliche Angaben und so gilt der Stummfilm „Der Fluch der Armut" (1911) von **Halfdan Nobel Roedes** als erste norwegische Spielfilmproduktion. Der erste Tonfilm des Landes wurde 1931 von **Tancred Ibsen** gedreht und trug den Titel „Die Kindstaufe".

In der Nachkriegszeit bestimmten die Filmemacher **Edith Carlmar** und **Arne Skouen** das Geschäft. Skouen schuf den für den Oskar nominierten Streifen „Ni Liv" („So weit die Kräfte reichen", 1957), der vom norwegischen Widerstand im Zweiten Weltkrieg handelt und noch heute als einer der besten norwegischen Filme überhaupt gilt. In einem ganz anderen Metier bewegte sich **Ivo Caprino**, der durch seine Puppen-Animationsfilme und besonders „Flåklypa Grand Prix" (1975) bekannt wurde.

Trotz einiger weniger Erfolge stand es lange nicht besonders gut um die norwegische Filmindustrie und das sollte sich auch bis in die 1980er-Jahre nicht ändern. Dann allerdings begeisterten gleich mehrere Filmemacher das Publikum im In- und Ausland. 1988 wurde „Veiviseren" („Die Rache des Fährtensuchers") von **Nils Gaup** für den Oskar als bester ausländischer Film nominiert, die gleiche Ehre wurde 1996 **Berit Neshaim** mit „Sonntagsengel" und 2001 **Petter Næss** für „Elling" zu teil. Bemerkenswerte Filme des norwegischen Kinos vor der Jahrtausendwende sind außerdem „Eine Handvoll Zeit" (1989) von **Martin Asphaug** oder „Zero Kelvin" (1996) von **Hans Petter Moland**.

In den vergangenen Jahren besonders gut im Geschäft ist **Pål Sletaune**, der sich mit dem in Cannes prämierten Film „Junk Mail – Wenn der Postmann gar nicht klingelt!" (1997) einen Namen machte und mit dem Psychothriller „Naboer" (2005) einen Film produzierte, der die Kritiker begeisterte und es als 5. norwegischer Film überhaupt schaffte, eine Freigabe erst ab 18 Jahre zu bekommen.

Die *coming of age*-Story „Turn me on, damnit!" (2012) der in Bærum geborenen Filmemacherin **Jannicke Systad Jacobsen** wurde international mit Lob überhäuft und u. a. beim Tribeca-Filmfestival in der Kategorie „Best Screenplay" ausgezeichnet.

Übrigens: Oskarnominierungen für norwegische Filme gab es im Laufe der Zeit etliche, aber nur einer konnte die Auszeichnung je gewinnen: Im Jahr 1951 ging der Academy Award für den besten Dokumentarfilm an „Kon Tiki" von **Thor Heyerdahl**.

Landestypische Architektur

Stabkirchen

An die 1000 Stabkirchen soll es um 1250, knapp 200 Jahre nach Beginn der christlichen Missionierung, gegeben haben, nur noch 750 waren es zur Zeit der Reformation. Heute finden sich gerade noch 25 an ihrem Originalstandort, andere wurden in Freilichtmuseen verpflanzt, zumeist in Südnorwegen. Die für Norwegen so charakteristischen, allesamt denkmalgeschützten Stabkirchen symbolisieren vielfältig den Übergang vom germanischen Heidentum zum Christentum. Aus Opferfesten unter freiem Himmel wurden Gottesdienste im dunklen Raum, christliche Heilige übernahmen die Funktion heidnischer Götter, ein Klerus mit weltlicher Macht und weltlichem Reichtum entstand, die bäuerliche Gemeinschaft freier Grundbesitzer geriet nach und nach in Abhängigkeit von Kirche und Krone. Die Stabkirchen des frühen Mittelalters stehen auch für das Ende der stolzen Wikingerzeit.

Man kann schöne Exemplare ganz bequem im **Norsk Folkemuseum** in **Bygdøy** (in Oslo) oder auch im Freilichtmuseum **Maihaugen** bei Lillehammer anschauen, aber es lohnt sich auf jeden Fall, auch eine der folgenden drei Stabkirchen anzusteuern: Die Kirche in **Borgund** gilt als schönste und besterhaltene, die in **Urnes** ist die älteste von allen und die Stabkirche in **Heddal** ist wohl die imposanteste.

Die Stabkirchenkonstrukteure hatten von den Schiffsbauern der Wikinger-Drachenschiffe gelernt und sowohl Techniken der Holzverarbeitung als auch der Haltbarmachung übernommen. Sie wussten bereits von natürlichen Imprägnierungsmöglichkeiten und dieser Tatsache ist es zu verdanken, dass man heute Jahrhunderte alte Stabkirchen noch in ihrer ursprünglichen Bausubstanz bestaunen kann. Die fast tausend Jahre alten Stäbe der Kirche von Urnes z. B. sind heute noch so solide wie damals.

UNESCO-Welterbe

Die UNESCO führt derzeit sieben norwegische Stätten in ihrer Welterbeliste. Als erste erhielten 1979 die Stabkirche von **Urnes** und Bergens historische Hafenstadt **Bryggen** einen Eintrag, gefolgt von der Bergwerkstadt **Røros** (1980) und den bis zu 6200 Jahre alten Felsreliefs von **Alta** (1985). Zu den neueren Einträgen zählen der über 1000 km^2 große **Vega-Archipel** mit seinen Inseln und Schären sowie die als Naturerbe gelisteten **westnorwegischen Fjorde Geirangerfjord** und **Nærøyfjord** (Einträge 2004 bzw. 2005). Länderübergreifendes Welterbe ist der **Struve-Bogen** (2005), ein Netz aus Vermessungspunkten, der aus 34 Punkten in 10 Ländern besteht – darunter auch Norwegen – und zwischen 1816 und 1852 unter Anleitung von *Friedrich Georg Wilhelm Struve* angelegt wurde, um Europa genau zu vermessen.

Landestypische Architektur

Die bauliche Besonderheit ist – wie der Name schon sagt – die Stabkonstruktion. Dabei bilden senkrecht stehende Stäbe die tragende Struktur, auf der auch das Dach ruht. Im deutschen Sprachgebrauch sorgt die Verwendung des Wortes „Stab" vielleicht für Verwirrung, in Realität handelt es sich dabei um massive Baumstämme mit bis zu 40 cm Durchmesser. Es gibt Versionen mit bis zu 20 dieser Stäbe, die mittels Stützhölzern und Rahmen, Knaggen und Zargen mit Eckpfeilern verbunden sind. Die Wände um dieses tragende Gerüst wurden dann senkrecht mit Brettern und Holznägeln verplankt.

Regen und Sturm setzen im feuchten, windigen Norwegen den hölzernen Kathedralen zu, aber die bäuerlichen Baumeister wussten sich zu helfen: Der Vielsäulenbau ruht i. d. R. auf einem Rahmen aus Steinen und bleibt so vor Bodenfeuchte gefeit. Zudem zimmerte man Pagodendächer, mit Schindeln aus

Die äußerst imposante Stabkirche von Heddal

harzreicher Lärche gedeckt und mit Teer konserviert. Alle fünf Jahre muss auch heute noch der Teeranstrich erneuert werden. Und um sich gegen Sturm zu schützen, wurde vielerorts auf Fenster ganz verzichtet und lediglich ein schmaler Eingang gebaut.

Nur gegen Odin und andere Wikingergötter kannten die neuen Christen kein Allheilmittel – Drachenköpfe an der Außenwand, als Schrecksymbol von den Wikingerschiffen bekannt, oder heidnische Ornamente fanden ihren Platz an den Kirchenbauten und sollten böse Geister abschrecken. Christliche Kreuze wurden erst viel später und meist erst auf Initiative des Pfarrers installiert.

Die ursprünglichen Stabkirchen hatten einen fast quadratischen Grundriss, erst als Folge der Reformation verlängerte man das Kirchenschiff, weil man Platz für das Kirchengestühl brauchte. Manches Mal wurden – wie in **Heddal**, der größten Stabkirche des Landes – auch Seitenschiffe angefügt, durch Säulenreihen vom Hauptschiff abgetrennt. Erst im 17. Jh. erhielten viele Kirchen, wie z. B. die sich malerisch über Fluss und Tal erhebende Stabkirche von **Ringebu** im Gudbrandsdal, einen Glockenturm und wurden so erst zum wahren Mittelpunkt der Gemeinde. Die vormals unbemalten Wände behängte man anfangs mit Decken, seit dem 18. Jh. verschönern Malereien oder Schnitzereien die rohen Holzwände. Fröstelnde Kirchgänger konnte das kaum trösten, denn Heizungen fehlen in den meisten Kirchen bis auf den heutigen Tag. Alle nicht für regelmäßige Gottesdienste genutzten Stabkirchen sind allein während der Sommermonate zugänglich.

Mancherorts, wie z. B. in **Hopperstad**, erinnert der *svalgang*, eine Art Wehrgang, an kriegerische Zeiten: Dort mussten Wikingerkrieger vor dem Gottesdienstbesuch ihre Waffen ablegen. Überdies schützt diese Pufferzone die empfindliche Holzkonstruktion vor Wind und feuchtem Wetter.

Holzkirchen in anderen Teilen Skandinaviens blieben nicht erhalten, aber ähnliche Konstruktionen finden sich heute noch in Russland, England und sogar im Riesengebirge.

Rorbuer und Stabbure

Das Stelzenhaus, **Rorbuer** genannt, das mit mindestens zwei Beinen im Wasser steht, ist eine Besonderheit der **Lofoten-** und **Vesterålen-Inselgruppe**. Saisonfischer vom Festland wurden früher während der Jagd auf den Kabeljau in den Hütten mehr schlecht als recht für bloß zwei Monate untergebracht. Heutzutage nutzen nur noch Touristen die Rorbuer, und das längst nicht mehr nur auf den Inseln nördlich des Polarkreises. Unverfälscht finden sich Pfahlbauten nur noch im restaurierten **Nyksund** auf der Vesterålen-Insel **Langøya**. Die heute von Angelfreunden angemieteten Hütten sind allesamt nach- oder wenigstens umgebaut – dafür allerdings auch mit allem Komfort ausgestattet.

Stabbure sind die traditionellen Speicherhäuser, die man v. a. in der Region Telemark und speziell im Setesdal noch sehr häufig sehen kann. Die mitunter stattlichen Bauten wurden auf Holzpfähle oder kleine Steinhaufen gesetzt um Mäuse und Ratten von den eingelagerten Winterreserven fernzuhalten.

Steinbauten

Historische Steinbauten gibt es nicht besonders viele in Norwegen, meist handelt es sich dabei um Teile von Festungsanlagen oder Sakralbauten. Allen voran ist sicherlich der **Nidarosdom** in Trondheim zu erwähnen. Die Kathedrale war ab Mitte des 12. Jh. Sitz der norwegischen Erzdiözese und gilt als eine der bedeutendsten Kirchen in ganz Skandinavien. Zu den sehenswertesten Festungsanlagen gehören die **Akershus Festning** in Oslo, die Festung **Fredriksten** in Halden und die Festung in **Fredrikstad**.

Moderne Architektur

Wohl mehr aus Notwendigkeit als aus Freude hat sich Norwegen zu einer der führenden Nationen im Tunnelbau entwickelt – der im Jahr 2000 eröffnete **Lærdalstunnel** ist mit 24,5 km der längste Straßentunnel der Welt. Ebenfalls in den Fels hineingebaut sind die 1993 fertiggestellten **Fjellhallen** in Gjovik, eine öffentlich genutzte Sport-Arena mit Platz für 6000 Zuschauer und damit weltweit die größte ihrer Art. Die Norweger treiben den Tunnel- und auch den Brückenbau massiv voran um so im Vergleich zum Fährtransport einen besseren Verkehrsfluss und v. a. auch eine auf lange Sicht bessere Wirtschaftlichkeit zu erreichen.

Bei oberirdischen Gebäuden kommt es heute ganz auf den Standort und den Verwendungszweck an. So unterscheiden sich moderne Bauten in Oslo – etwa der gläserne SAS Hotelturm – kaum von ihren Pendants in anderen Metropolen, während bei Gebäuden in ländlichen Regionen mittlerweile wieder penibel darauf geachtet wird, die Harmonie mit der Naturkulisse nicht zu zerstören. Dies zeigt sich besonders bei den Besucherzentren in Natur- oder Nationalparks und gute Beispiele dafür sind das **Hardangervidda Natursenter** in Eidfjord oder das **Breheimsenteret** im Jostedal. In beiden Fällen hatte man die Funktionalität im Auge, bezüglich Formgebung und bei der Materialwahl wurden aber auch traditionelle Aspekte und Bautechniken berücksichtigt. Das wohl bekannteste und herausragendste Beispiel für moderne Architektur ist das 2008 eröffnete Opernhaus im Hafen von Oslo.

Mjøsasee: Fahne über dem Heck des historischen Dampfers „Skibladner"

Bevölkerung

Norwegen wäre sicherlich nicht ein so beliebtes Urlaubsland, wären da nicht die Norweger. Ein lebensfrohes Volk von gerade mal 5 Mio. Menschen, das einem den Aufenthalt in Norwegen angenehm gestaltet, wo immer es nur geht. Urlaubern stehen die Einheimischen grundsätzlich offen gegenüber, sind oft für ein Schwätzchen zu haben und geben dem Reisenden auch gerne Tipps. Es ist überhaupt kein Problem Leute anzusprechen und nach etwas zu fragen, sei es nun nach der Kneipe mit dem besten Flirtfaktor oder der lauschigsten Berghütte zum Übernachten. Man kümmert sich gut um die Fremden und als Urlauber fühlt man sich gut aufgehoben.

Die Norweger verfügen über einen ausgeprägten Nationalstolz und bei entsprechenden Anlässen weht die Nationalflagge selbst vor den Wohnwagen auf dem Campingplatz. Die enge Bindung zur Heimat wird v. a. in der Brauchtumspflege deutlich, die auch heute noch Teil des norwegischen Lebens ausmacht. Dazu gehört natürlich das Tragen von Trachten an Fest- und Feiertagen, aber auch die Bewahrung des kulturellen Erbes in zahlreichen Museen.

Die Nähe zur Natur ist ebenfalls ein wesentlicher Bestandteil dieser Heimatliebe. Auch wenn der Großteil der Bevölkerung heute in Städten oder Ballungszentren wohnt, zieht es die Norweger regelmäßig in die Natur, wo sie wandern, Ski fahren oder angeln. Und so schlecht kann das Wetter gar nicht sein, dass man drinnen bleibt. Inbegriff dieser Lebenseinstellung sind die *Hytter* – jene meist rot getünchten Holzhütten, die irgendwo im Wald oder am Fjord stehen. Statistisch gesehen besitzt jede zweite norwegische Familie eine solche Behausung und verbringt dort auch ihre Ferien oder Wochenenden. Die spartanische Einrichtung hat dabei nicht immer finanzielle, sondern oft auch ideelle Gründe – wobei man auch sagen muss, dass so manche *Hytte* eher einem luxuriösen Ferienhaus gleicht als einer einfachen „Wildnisbehausung".

Den Norwegern wird aber auch eine gewisse Eigenbrötelei nachgesagt und manchmal schlagen sie Wege ein, die im Rest Europas nicht immer auf Verständnis stoßen. Ohne mit der Wimper zu zucken, lehnten sie in einer Volksabstimmung die Mitgliedschaft in der EU ab. Die extrem strenge Asylpolitik – in den letzten Jahren hat diesbezüglich allerdings eine Annäherung an den EU-Standard stattgefunden – wird oft kritisiert, und die Position den Walfang und die Robbenjagd betreffend, erst recht. Die Mehrheit der Norweger interessiert das wenig, und falls doch, dann reagieren sie spätestens dann allergisch, wenn man versucht, ihnen Vorschriften zu machen. Denn dreinreden lassen wollen sie sich auf gar keinen Fall – und nicht zuletzt dank ihrer zahlreichen Ölmilliarden müssen sie das auch nicht unbedingt.

Bevölkerungsstruktur

Norwegen gehört zu den am dünnsten besiedelten Ländern in ganz Europa, gerade mal 16 Einwohner leben hier pro Quadratkilometer. Natürlich im Durchschnitt, und wenn man bedenkt, dass rund 12 % der etwa 5 Mio. Einwohner allein in Oslo leben, kann man sich vorstellen, wie einsam es in anderen Regionen wird. Hoch oben in der Finnmark kommen dann nur noch 1,5 Menschen auf den Quadratkilometer. Im Jahr 2011 wurde erstmals seit Erhebung entsprechender Daten festgestellt, dass mehr Männer als Frauen in Norwegen leben.

Der Bevölkerungszuwachs liegt jährlich bei 1,3 %, und obwohl norwegische Frauen mit durchschnittlich 1,88 Kindern europaweit einen der oberen Ränge belegen, überwiegt bei diesem Wert die Zuwanderungsrate den Geburtenüberschuss.

In Norwegen leben mittlerweile Menschen mit Wurzeln in über 200 verschiedenen Nationen, wobei der Anteil an Immigranten bzw. in Norwegen geborenen Kindern von Immigranten bei knapp 13 % liegt. Hier gibt es allerdings starke Schwankungen, mit rund 23 % ist der Anteil in Oslo am höchsten.

Schon seit 1975 hat Norwegen ein strenges Zuwanderungsgesetz mit einer Quotenregelung, doch in den vergangenen 10 Jahren wurde der Ruf nach einer weiteren Verschärfung der Gesetze laut.

Die samische Bevölkerung

Das Siedlungsgebiet der Samen ist von den Staatsgrenzen unabhängig und erstreckt sich über Norwegen, Schweden, Finnland und Russland. Der größte Anteil der geschätzten 60.000 Menschen lebt heute in Norwegen, genaue Angaben und Zahlen diesbezüglich gibt es allerdings nicht. Die Haupteinnahmequellen sind die Rentierzucht und der Fischfang, zunehmend finden aber auch kunsthandwerkliche Produkte bei Touristen ihren Absatz.

Die Ureinwohner des Nordens waren bereits da, als die ersten Wikingerstämme in diese unwirtlichen Breiten vordrangen. Und wie so viele indigene Völker wurden sie mit dem ersten Kontakt aus ihren angestammten Gebieten vertrieben oder sollten sich anpassen. Für die Ureinwohner begannen Jahrhunderte der Unterdrückung und Geringschätzung. Erst knöpften ihnen die Wikinger Steuern ab, später meldeten gleich mehrere Nationen Besitzansprüche auf das Land an, auf dem sie seit Jahrtausenden umherzogen. Und noch im 20. Jh. versuchte man sie „zwangsanzupassen" – sie sollten sesshaft werden, Sprache und Kultur der jeweiligen Nation annehmen, zu denen ihre Gebiete jetzt gehörten.

Die zweite Hälfte des 20. Jh. brachte erste Fortschritte, so gründete die norwegische Regierung 1964 den Samischen Rat, der ihr bei allen die Samen betreffenden Angelegenheiten zur Seite stehen sollte. Im Jahr 1989 wurde sogar das *sametinget*, das Samische Parlament ins Leben gerufen, und noch im gleichen Jahr verabschiedete das Storting einen neuen Paragrafen in der Verfassung, nach dem Kultur und Sprache der Samen fortan zu bewahren und zu schützen seien. Die Samen wurden somit ganz offiziell als Ureinwohner Norwegens anerkannt, wobei sie auf dieser Basis auch spezielle Rechte erhielten, z. B. Landnutzung und Rentierzucht betreffend.

Religion

Eine echte Trennung von Staat und Religion gibt es in Norwegen nicht, wohl aber eine verfassungsmäßig garantierte Religionsfreiheit. Trotzdem bekennen sich über 80 % der Bevölkerung zur evangelisch-lutherischen Staatskirche, die in zehn Bistümern verwaltet wird. Allerdings ist eine aktive Teilnahme z. B. an Gottesdiensten nur für einen geringen Prozentsatz der Gläubigen von Bedeutung. Die nächstgrößere Glaubensrichtung ist mit rund 85.000 Mitgliedern der Islam, gefolgt von der römisch-katholischen Kirche mit etwa 50.000 Gläubigen.

Sprache

Auf Briefmarken wie Banknoten prangen beide Namen: Norge = Norwegen in *bokmål* (Buchsprache) und Noreg = Norwegen in *nynorsk* (Neunorwegisch). Es gibt einen *språkråd*, der sich um Angleichung beider Sprachen bemüht, und es gibt eine staatliche Vorgabe, nach der jeder TV- und Rundfunksender mindestens ein Fünftel seiner Sendungen in Neunorwegisch ausstrahlen muss – ganz einfach, weil jeder fünfte Norweger Neunorwegisch spricht. Das Nynorsk – ganz entgegen des Namens die ältere der beiden Sprachen – ist v. a. im Fjordland verbreitet und wird insgesamt von weniger Norwegern bevorzugt als das *bokmål*. Trotzdem sind beide Sprachen offiziell anerkannt und in den verschiedenen Provinzen dient mal die eine, mal die andere als Amtssprache.

Entstanden ist das Sprachenwirrwarr im 14. Jh., als sich die Wikingersprache *norrøn* auf dem Land in Dialekte aufsplitterte, während in den Zentren die Sprache der neuen Herrscher, nämlich Dänisch, gesprochen wurde. Im Zuge der nationalen Selbstbesinnung entstand der Wunsch nach der Rückkehr zu einer gemeinsamen Sprache – Ivar Aasen veröffentlichte 1848 sein Lehrbuch für *landsmål*, dem heutigen *nynorsk*. Die Städter fanden erst später zur eigenen Sprache, indem sie norwegische Elemente in ihr aufgeweichtes Hochdänisch aufnahmen. Aus dem „norwegischen Dänisch" entstand zunächst das *riksmål* (Reichssprache), später das moderne *bokmål*. Insgesamt sechs Rechtschreibreformen haben bislang keine Annäherung beider Sprachen gebracht. Und nicht zu vergessen: Die Samen sprechen ihre eigene Sprache – genau genommen gibt es also drei offizielle Sprachen in Norwegen.

Folklore und Tradition

Die Norweger sind sehr national- und traditionsbewusst. Bei jeder Gelegenheit wird selbst im eigenen Vorgarten die Nationalflagge gehisst, viele Norweger sind Mitglied im Heimatverein, wo Trachten selbstverständlich sind und Volkstänze noch Teil der Traditionspflege und nicht nur Belustigung für Touristen.

Einen wunderbaren Einblick in die norwegische Volkskunst hat derjenige bekommen, der 1994 die volkstümliche Eröffnungsfeier der Olympischen Winterspiele in Lillehammer – wenn auch nur am Fernsehschirm – miterlebt hat: Die *Munnharpe* (Maultrommel) tauchte ebenso auf wie die *Hardingfele*, die Hardangerfiedel mit vier Spiel- und vier oder fünf Resonanzsaiten, auf der erstaunlich flotte Rhythmen gespielt werden. Typisch ist auch die *Seljefloit*, eine kleine Weidenflöte ohne Grifflöcher, die viel zur Volksmusik benutzt wird.

Berühmt ist der *Halllingtanz* mit seinen wilden Sprüngen und geradezu schrillen, dissonanzreichen Melodien: Ein männlicher Solotänzer hüpft derwischgleich umher und muss auf dem Höhepunkt seines Tanzes mit dem Fuß einen Hut vom Stock schlagen, den ein Mädchen in die Höhe hält. Der *Springar*, der wahrscheinlich älteste Volks- und populärste Paartanz, hingegen kommt, wie auch der geschrittene *Gangar*, eher getragen daher und wird auch im ruhigen, gleichmäßigen Rhythmus getanzt.

Die Trachten Norwegens

Die Tracht (*bunad* = Kleidung) besteht aus Tuch oder Haube auf dem Kopf, Leibchen, Weste, Hemd oder Bluse, langen Röcken mit und ohne Schürzen für die Frauen und Kniebundhosen für die Männer. Dazu kommen aufwendiger Silberschmuck, gestickte Gürteltaschen und Trachtenschuhe.

Unendlich viele Trachten kennt man in Norwegen. Nicht nur jede Provinz, fast jedes Tal hat eine eigene *bunad*. Die auch bei uns bekannteste stammt aus Telemark: Frauen tragen einen schwarzen Rock mit bestickter Schürze, eine weiße, hochgeschlossene Leinenbluse, darüber ein jackenähnliches Oberteil mit Rosenstickerei und einen mehrfarbig gewebten Gürtel.

Nur verheiratete Frauen tragen eine Haube (die Redeweise „unter die Haube kommen" gilt auch im hohen Norden). Der silberne Schmuck steht seit alters her für den Reichtum der Telemarker Bauern.

Männer gehen schlichter einher: Tuchquaste, weißes Leinenhemd mit eben solcher Fliege, zweireihige Weste mit Silberknöpfen, schwarze Kniebundhose und weiße Kniestrümpfe.

Nicht nur am Nationalfeiertag, dem 17. Mai, tragen Norweger ihre Tracht. Bei Familienfeiern und Vereinstreffen sind Jung und Alt stolz auf ihre *bunad*, die für die Kinder das selbstverständliche Geschenk zur Konfirmation ist.

Bilderbuchfrühling in Flekkefjord

Wartezeiten an der Autofähre sind immer einzuplanen

Reisepraktisches

Anreise

Fast alle Wege nach Norwegen führen über das Wasser. Am bequemsten und schnellsten natürlich mit dem Flugzeug, wer mit dem eigenen Fahrzeug anreist, kommt um die Fahrt mit der Autofähre kaum herum.

Es sei denn, Sie queren vom dänischen Jütland aus auf mautpflichtigen Brücken erst den kleinen Belt, später den großen Belt, um über die **Øresundbrücke** schließlich Schweden zu erreichen. Diese Route bedeutet im Vergleich zu den klassischen Fähr-Routen allerdings einen gewaltigen Umweg und ist, betrachtet man die zusätzlichen Spritkosten und die Maut für die relativ teure Øresundbrücke zwischen Kopenhagen und Malmö, auch nicht unbedingt kostengünstiger. Und dann gibt es natürlich noch die Route via Warschau und Sankt Petersburg – etwas für wahre Abenteurer mit einer gehörigen Menge Zeit.

Wer vor Ort auf sein eigenes Fahrzeug verzichten kann, für den bieten sich als Anreisemöglichkeiten neben dem Flug auch Bus oder Bahn an. Ob dies günstig ist, hängt allerdings auch davon ab, wo in Deutschland/Österreich/Schweiz die Reise beginnen soll, denn im Zug muss man unter Umständen doch häufiger umsteigen. Außerdem ist es sicherlich nicht jedermanns Sache, die lange Fahrt in einem engen Reisebus anzutreten. In finanzieller Hinsicht sind alle drei Optionen – Flugzeug, Bahn und Bus – durchaus reizvoll, v. a. wenn man im Voraus bucht und sich Sonderangebote sichern kann.

Einreiseformalitäten und Zoll

Reisedokumente: Um nach Norwegen einzureisen benötigt man lediglich einen gültigen Reisepass oder Personalausweis. Beachten Sie unbedingt die seit 26.06.2012 neu geltenden Bestimmungen im Passwesen: Kindereinträge im Reisepass der Eltern werden ungültig, für Kinder ist jetzt von Geburt an ein eigenes Reisedokument nötig. Nach Einreise kann man sich dann bis zu drei Monate am Stück im Land aufhalten. Wer länger bleiben will, muss entweder nach Ablauf der Frist kurz das Land verlassen oder vor Ort eine Genehmigung beantragen (siehe auch „Wissenswertes von A bis Z/Arbeiten und Auswandern", S. 113).

Um in Norwegen ein Fahrzeug zu führen, benötigen EU-Bürger keinen Internationalen Führerschein, sondern können ganz unabhängig von der Dauer des Aufenthalts ihren regulären Führerschein nutzen. Ist der Führerschein von einer Behörde in einem Nicht-EU Land ausgestellt, sollte man sich einen Internationalen Führerschein besorgen.

Zoll: Norwegen ist kein Mitglied der Europäischen Union, entsprechend greifen die Zollbestimmungen für den Import bzw. Export von Waren. Aufgrund des *Schengener Abkommens* sind Kontrollen zwar selten, aber nicht ausgeschlossen. Prinzipiell liegen die Wertgrenzen für die Einfuhr bei 6000 NOK pro Person, bzw. 3000 NOK pro Person, wenn man weniger als 24 Stunden außer Landes war.

Norwegen ist sehr teuer und so bringen viele Urlauber große Mengen an Vorräten bei der **Einreise nach Norwegen** mit. Erlaubt sind insgesamt 10 kg Fleisch, Fleischwaren, Fisch und Käse – das Fleisch muss allerdings im Erzeugerland gestempelt sein. Hunde- oder Katzenfutter wird nicht in die 10 kg eingerechnet. Hinzu kommen noch insgesamt 10 kg Obst und Gemüse. Absolutes Einfuhrverbot herrscht für Kartoffeln und Pflanzen. Das Einfuhrverbot gilt ebenso für Giftstoffe, Drogen, Feuerwerkskörper und Säugetiere (für Reisen mit Haustieren → „Wissenswertes von A bis Z/Haustiere", S. 121). Medikamente dürfen nur zum Eigengebrauch mitgeführt werden, zum Beweis der Notwendigkeit ist ein Schreiben des Arztes nötig. Die Einfuhr von Waffen und Munition ist ebenfalls untersagt, außer sie werden als Jagdwaffen deklariert. Hierfür ist es sinnvoll, einen *Europäischen Waffenpass* zu beantragen. Zusatz- oder Reservetanks dürfen bei Überquerung der Grenze nicht gefüllt sein.

Beschränkungen gibt es bezüglich der Mitnahme von Alkohol und Tabakwaren. Für volljährige Personen erlaubt sind z. B.: entweder 2 l Getränke mit bis 4,7 % Alkoholgehalt (z.B. Bier), plus 1,5 l Getränke mit bis zu 22 % Alkohol (z.B. Wein), plus 1 l Getränke mit bis zu 60 % Alkohol (Schnaps) ODER 2 l Getränke bis 4,7 % Alkoholgehalt plus 3 l Getränke mit bis zu 22 % Alkohol ODER 5 l Getränke mit 4,7 % Alkoholgehalt. Über die Freigrenze hinaus darf man 27 l Bier und Wein plus 4 l Schnaps mitnehmen – je nach Alkoholgehalt sind die Getränke dann mit 20–300 NOK je Liter zu verzollen. Getränke bis einschließlich 2,5 % Alkohol (z.B. Leichtbier) fallen nicht unter diese Regelung. Man beachte auch, dass man für die Einfuhr von Alkohol mit mehr als 22 Volumenprozent über 20 Jahre alt sein muss. An Rauchwaren darf man entweder 200 Zigaretten oder 250 g Tabak zollfrei mitnehmen, zusätzlich maximal weitere 400 Stück bzw. 500 gr, für die dann je 100 g 210 NOK zu entrichten sind.

Man darf maximal 600 Liter Treibstoff in *serienmäßig* in die Fahrzeuge eingebauten Tanks mitnehmen. Außerdem einen Ersatzkanister mit maximal 10 Litern.

Insgesamt darf man Devisen im Wert von maximal 25.000 NOK (bei Recherche ca. 3.300 €) mitnehmen.

Selbstverständlich ist es strengstens verboten Tier- oder Pflanzenarten, die dem *Washingtoner Artenschutzabkommen* unterliegen, nach Norwegen einzuführen. Dies gilt auch für alle Erzeugnisse dieser Arten.

Es gibt einige von Norwegen verhängte **Ausfuhrbeschränkungen**. Die beziehen sich zum einen auf Fisch und Fischprodukte, maximal 15 kg pro Person sind erlaubt. Die Beschränkung bezieht sich nur auf Fisch, der beim Sportangeln in norwegischen Küstengewässern erbeutet wurde. Süßwasserfische, Lachs und Saibling betrifft dies nicht. Außerdem ist es strengstens verboten, Tiere oder Pflanzen bedrohter Arten oder deren Produkte auszuführen. Betroffen sind z. B. Polarfuchs, norwegischer Wolf und verschiedene Vogelarten.

Blumenkasten anstatt eines Ortsschildes

Bei der Rückreise nach Deutschland darf man pro Person im Ausland gekaufte Waren im Wert von 300 € einführen, sofern man die Grenze in die EU auf dem Landweg überquert, für See- oder Flugreisende erhöht sich der Betrag auf 430 € pro Person. Kinder unter 15 Jahre haben einen Freibetrag von 175 €. Beträge sind pro Person und können nicht aufgerechnet werden, ein Ehepaar darf demnach also nicht EIN Objekt für 860 € mitbringen.

Waren, für die mengenmäßig Begrenzungen bestehen, werden separat betrachtet und in dieser Berechnung nicht berücksichtigt. Das trifft hauptsächlich auf Alkohol und Zigaretten zu, da die aber in Norwegen teurer sind als in Deutschland, wird wohl kaum jemand derartige Produkte mit nach Hause bringen. Die erlaubten Mengen sind auf der Webseite des Deutschen Zolls nachzulesen.

Und natürlich greifen auch bei der Einreise nach Deutschland die Bedingungen des *Washingtoner Artenschutzabkommens*.

Allgemeine Reiseinfos Deutschland: Aktuelle Informationen gibt es beim *Auswärtigen Amt*. ✆ 03018-17-0, www.auswaertiges-amt.de.

Österreich: Reisespezifisches erfährt man beim *Bürgerservice* des Außenministeriums. ✆ 0501150-3775, www.bmeia.gv.at.

Schweiz: Hier ist das *Eidgenössische Department für auswärtige Angelegenheiten* Ansprechpartner. ✆ 0800247365, www.eda.admin.ch.

Zollbestimmungen Sämtliche Zollbestimmungen sind im Internet detailliert nachzulesen, bei Sonderfällen kann man telefonisch Auskunft erhalten.

Deutschland: ✆ 0351/44834-510, www.zoll.de.

Österreich: ✆ 0151433/564053, www.bmf.gv.at.

Schweiz: ✆ 0313226511, www.ezv.admin.ch.

Norwegen: ✆ 22860300, www.toll.no.

Sonstiges Norwegische Botschaft, nützliche Infos zu allen Reisebereichen und Zollbestimmungen gibt es auch unter www.norwegen.no.

Mit dem eigenen Fahrzeug und der Fähre

Weit mehr als die Hälfte aller deutschen Touristen reist mit dem eigenen Gefährt nach Norwegen. Sicherlich die beste Option, wenn man das Land intensiv erkunden will. Dabei kommt man auch um die Fährfahrt nicht herum, außer man ist bereit, hunderte Kilometer Umwege zu fahren.

Welche der zahlreichen Fährverbindungen man wählt, ist von verschiedenen Faktoren abhängig und es macht sicherlich auch Unterschiede, ob man eher mit knappem Budget oder mit knapper Zeit unterwegs ist. Hier die Anreisemöglichkeiten mit dem eigenen Fahrzeug und Fähralternativen auf einen Blick, im Folgenden sind alle Strecken ausführlich beschrieben.

> **Optionen für die Anreise mit dem eigenen Fahrzeug**
> Fähre ab **Kiel** direkt nach Oslo oder Gøteborg (SE)
> Via **Jütland** (DK) und Fährverbindung direkt nach Norwegen
> Vogelfluglinie über **Seeland** (DK) und Schweden
> Via **Ostdeutschland** nach Dänemark und/oder Schweden
> Via **Ostdeutschland** nach Finnland

Die Fähren nach Norwegen sind meist mehrstöckige Riesen, die Platz haben für bis zu 1000 Passagiere und 500 Pkws. An Bord gibt es Duty-free-Shops und Kinos, stets mehrere Restaurants, Kinderspielecken und Sportangebote. Die Autostellplätze werden nach der Größe des Wagens berechnet. Als Passagier kann man bei Übernachtfahrten zwischen der teuersten Außenkabine oben und der preiswertesten Innenkabine unten wählen, gelegentlich kann man auch ohne Kabinenbuchung über Nacht an Bord.

Angegebene Fährpreise sind, soweit nicht anders erwähnt, die kostengünstigsten Optionen für die jeweilige Route, gelten also meist für die Nebensaison, zu der aber auch Frühjahr oder Spätsommer gehören. In der Hauptreisezeit zwischen Mitte Juni und Mitte August kann es massive Erhöhungen geben, v. a. für Kurzentschlossene. Folgende Angaben dienen nur der Orientierung, da die Preise großen Schwankungen unterliegen können. Buchen Sie auf jeden Fall, soweit es geht, im Voraus, dann können Sie sich die kostengünstigsten Optionen sichern. Wer kurzfristig – und das ist auch schon zwei Monate vor geplantem Reisebeginn – bucht, läuft Gefahr, dass die Fähren zu den gewünschten Terminen bereits voll sind, oder dass es nur noch teure Tickets gibt. Die in diesem Kapitel angegeben Preise für Kabinen beziehen sich, soweit nicht anders erwähnt, auf die einfachsten 2-Bett-Kabinen. Einzelbetten in 4er-Kabinen (teilt man dann mit anderen Leuten) sind billiger, die Unterbringung in höheren Kategorien (z. B. mit Meerblick) ist entsprechend teurer. Da viele Leute die An- und Abreise auf unterschiedlichen Routen buchen, verstehen sich alle Preisbeispiele für einfache Fahrten.

Die Fährgesellschaften unterscheiden sich bei der Ermittlung der Transportpreise für verschieden dimensionierte Fahrzeuge. Im Folgenden können nicht alle Angaben für die einzelnen Kategorien gemacht werden, auf den Internetseiten der Unternehmen kann man aber nachschauen, in welche Preisklasse das eigene Gefährt fällt. Außerdem verfügen alle Fähranbieter über freundliche Damen und Herren an der Telefonhotline, die bei der Buchung gerne behilflich sind und die günstigsten Tarife heraussuchen.

Fährgesellschaften Color Line, ✆ 04317300100, www.colorline.de.

DFDS Seaways, ✆ 01805/8901051, www.dfds.de.

Fjord Line, ✆ 038217097210, www.fjordline.de.

Scandlines, ✆ 01805/116699, www.scandlines.de.

Stena Line, ✆ 01805/916666, www.stenaline.de.

Tallink Silja, ✆ 04515899222, www.tallinksilja.com.

Direktverbindung ab Kiel

Die meistgenutzte, weil bequemste Route – allerdings auch die teuerste – ist die Direktverbindung von **Kiel** nach **Oslo**. Die Fähre verkehrt täglich zu angenehmen Zeiten, sodass man nach einer geruhsamen Nachtfahrt am frühen Vormittag am Ziel ankommt. Alternativ kann man von **Kiel** nach **Gøteborg** fahren, von dort sind es bis Oslo noch rund 300 km auf der gut ausgebauten Europastraße.

Kiel – Oslo Die Fähren von **Color Line** verkehren zwischen Kiel (Abfahrt 14 Uhr) und Oslo (Ankunft 10 Uhr). Abfahrtszeiten in umgekehrter Richtung gleich. Es gibt verschiedenste Angebote, im *Auto-Sparpaket* zahlt man bei einfacher Fahrt für 2 Erwachsene, ein Fahrzeug mit maximal 2 m Höhe und 5 m Länge inkl. Unterbringung in einer 2-Bett-Innenkabine 200–450 €, im Wohnmobil (WoMo) mit einer Höhe von mehr als 2,60 m und einer maximalen Länge von 6 m 280–530 €.

Kiel – Gøteborg Die Fähren von **Stena Line** verkehren zwischen Kiel (Abfahrt 19 Uhr) und Gøteborg (Ankunft 9 Uhr). Abfahrtszeiten in umgekehrter Richtung gleich. Der Transport kostet für 2 Erwachsene, ein Fahrzeug bis 6 m Länge und 2 m Höhe ab 150 €. Für diese Übernachtfahrt MUSS man auch eine Kabine buchen, eine Innenkabine für 2 Personen kostet noch mal ab 80 €. Macht insgesamt 230 € für die einfache Strecke. Wer etwa 5 Monate im Voraus bucht, bekommt die Fahrt u. U. etwas günstiger.

Ab Jütland/Dänemark

Hier bieten sich zahlreiche Möglichkeiten, die v. a. für Norwegenreisende interessant sind, die nicht nach Oslo, sondern gleich an die **Südküste** (Kristiansand oder Larvik) oder ins **Fjordland** (Stavanger oder Bergen) wollen. Aber auch auf dieser Route lässt sich die Hauptstadt ansteuern, zwar nicht so bequem wie mit der Direktverbindung von Kiel, dafür lohnt sich der Kompromiss aus etwas längerer Anfahrdistanz mit dem Auto und dem damit kürzeren Fährfahrten meist in finanzieller Hinsicht.

Frederikshavn – Oslo Die Fähren von **Stena Line** fahren von Frederikshavn (Abfahrt 10 Uhr) nach Oslo (Ankunft 18.30 Uhr). 2 Personen im Pkw mit maximal 2 m Höhe und 6 m Länge zahlen ab 50 €, im großen WoMo mit max. 4 m Höhe und 6 m Länge ab 109 €. Weil es sich um eine Tagfahrt handelt, müssen keine Kabinen zusätzlich gebucht werden. In umgekehrter Richtung fährt man über Nacht (Abfahrt 19.30 Uhr, Ankunft 7.30 Uhr), eine Kabine muss gebucht werden und kostet ab 77 € (Doppelkabine innen).

Frederikshavn – Gøteborg Die Fähren von **Stena Line** fahren die kurze Strecke in ca. 3:30 Std., die Expressfähren benötigen sogar nur 2 Std. 2 Personen inkl. eines Pkw zahlen einfach ab 67 €, im WoMo mit max. 4 m Höhe und bis zu 6 m Länge bezahlt man im günstigsten Fall um die 100 €. Kabinen müssen nicht gebucht werden. Die Fähren verkehren bis zu 5-mal tägl. in beide Richtungen.

Hirtshals – Larvik Die Fähren von **Color Line** schaffen die Strecke in weniger als 4 Std. und verkehren 1- bis 2-mal tägl. in beide Richtungen. Abfahrtszeiten variieren, i. d. R. ist es Richtung Larvik eine Fähre mittags und/oder eine nachts. Zurück nach

Mit dem eigenen Fahrzeug und der Fähre

Fährverbindungen nach Norwegen

------- Fähren

Hirtshals fährt eine Fähre morgens und/oder am späten Nachmittag. Im Auto-Sparangebot werden 2 Personen und ein Fahrzeug mit maximaler Höhe von 2 m und maximaler Länge von 5 m ab etwa 70 € transportiert, im WoMo mit über 2,60 m Höhe und maximal 6 m Länge bezahlt man ab etwa 140 €.

Hirtshals – Kristiansand Die Überfahrt mit **Color Line** dauert nicht einmal 3:30 Std. Abfahrt Richtung Norwegen täglich mittags und/oder am späten Abend, Abfahrt Richtung Dänemark am frühen Morgen und/oder am späten Nachmittag. 2 Personen können mit einem Pkw unter 2 m Höhe schon ab 75 € (einfache Fahrt) übersetzen. Im großen WoMo mit einer Höhe über 2,60 m bezahlt man ab 120 €.

Fjord Line schafft die Strecke in gerade mal 2 Std. und 15 Min. 2 Personen im Pkw (max. 1,95 m hoch und max. 4,5 m lang) zahlen für die einfache Fahrt ab 59 €. Die selbe Konstellation im WoMo mit einer Höhe von max. 2,95 m und einer maximalen Länge von 6 m kostet ab 120 €. An Wochenenden bisweilen mehr als doppelt so teuer.

Hirtshals – Stavanger – Bergen Die Fähre von **Fjord Line** verkehrt von Hirtshals nach Stavanger und Bergen nur Di, Do, Sa und So. Die Überfahrt nach Stavanger dauert 11:30 Std. Die Preise sind etwas unüberschaubar und variieren stark. Die billigsten Angebote fangen bei etwa 69 € einfach für einen Pkw (max. 1,95 m hoch und max. 5 m lang) und 2 Personen an, können in der Hochsaison aber auch das 5-fache kosten. Eine Kabine ist hier nicht inbegriffen.

Nach Bergen fährt man 16:30 Std., die Preise verhalten sich ähnlich. Die Preise für 2 Personen und Pkw fangen bei ca. 130 € einfach an (ohne Kabine), in der Hochsaison können sie aber auch 3-mal so teuer sein, mit 2er-Kabine gar bis 500 €.

Via Seeland (DK)

Für die Anreise auf die dänische Insel Seeland gibt es verschiedene Optionen: entweder über eine Brücke vom dänischen Festland oder von Deutschland aus mit den Fähren zwischen Puttgarden und Rødby bzw. Rostock und Gedser. Für die Weiterfahrt ab Kopenhagen ist die direkte Fährverbindung nach Oslo (mit DFDS Seaways) die bequemste und schnellste Option. Alternativ kann man auch nach Südschweden übersetzen (Fähre oder mautpflichtige Brücke) und weiter nach Norwegen fahren. Dabei sollte man aber auch bedenken, dass man bis Oslo noch einmal rund 600 km auf der Straße unterwegs ist und evtl. noch eine zusätzliche Übernachtung einplanen muss.

Kopenhagen – Oslo DFDS Seaways bietet eine günstige Direktverbindung: Zwei Pers. inkl. PKW reisen ab 189 €. Zeiten sind für beide Richtungen gleich, Abfahrt ist jeweils 16.45 Uhr, Ankunft am Folgetag um 9.45 Uhr. Auch als Kombiticket mit der Route Puttgarden – Rødby zu buchen. Bei einer Vorausbuchung von mind. einem Monat und Buchung einer Pkw-Mitnahme ist ein mitgeführter Wohnwagen montags und dienstags kostenfrei.

Puttgarden – Rødby Scandlines fährt die Strecke rund um die Uhr, gut 35-mal/Tag in jede Richtung. Die Überfahrt dauert 45 Min. und kostet im Economy-Tarif 67 € für einen Pkw und bis zu 9 (!) Personen. Das „Schwedenticket" ab rund 80 € beinhaltet diese Fahrt sowie die spätere Fährfahrt zwischen Helsingør (DK) und Helsingborg (SE).

Rostock – Gedser Die Fähren von **Scandlines** fahren bis zu 8-mal/Tag zwischen 9 und 23 Uhr. Die Überfahrt dauert 1 Std. 45 Min. und kostet im Economy-Tarif ab 45 € für einen Pkw und bis zu 9 (!) Personen. Das „Schwedenticket" für rund 95 € beinhaltet diese Fahrt sowie die spätere Fährfahrt zwischen Helsingør (DK) und Helsingborg (SE).

Helsingør (DK) – Helsingborg (SE) Die Fähren von **Scandlines** fahren etwa alle 20 Min. und benötigen ebenso lange für die Überfahrt. Im Preis der „Schwedentickets" inbegriffen.

Øresundbrücke Alternativ zur Fährverbindung Helsingør (DK) – Helsingborg (SE) kann man auch die Øresundbrücke zwischen Kopenhagen und Malmö nutzen. Die Maut für Pkw und WoMo bis 6 m Länge beträgt 40 €. www.oeresund-bruecke.de.

Via Ostdeutschland

Dieser Anreiseweg ist v. a. für Reisende aus der Hauptstadt und den östlichen Bundesländern interessant. Die Fähren ab **Sassnitz** oder **Rostock** fahren mehrmals täglich, allerdings ist der Weg nach Norwegen danach noch relativ weit. Bei dieser Option kann man via Dänemark und Schweden, bzw. nur über Schweden oder Finnland anreisen.

Rostock – Gedser (DK) Mit Scandlines, s. o. „Verbindungen via Seeland".

Rostock – Trelleborg (SE) Mittlerweile operiert hier StenaLine, zum Zeitpunkt der Recherche aber immer noch über den alten

Auf der Fähre haben auch die Fahrer Zeit zum Schauen und Staunen

Betreiber **Scandlines** zu buchen. Je eine Fähre frühmorgens, mittags und spätabends, die Überfahrten dauern zwischen 6 und 7:30 Std. Abfahrtszeiten in umgekehrter Richtung gleich. Für einen Pkw und bis zu 9 (!) Personen ab 100 €.

Sassnitz – Trelleborg (SE) Mittlerweile operiert hier **StenaLine**, zum Zeitpunkt der Recherche aber immer noch über den alten Betreiber **Scandlines** zu buchen. Fähren 4-mal tägl., die Überfahrt dauert 4 Std. Abfahrtszeiten in umgekehrter Richtung gleich. Für einen Pkw und bis zu 9 (!) Personen ab 90 €.

Nach Helsinki (FI) Die Direktverbindung von Rostock nach Helsinki mit **Tallink Silja** ist mittlerweile eingestellt, wer dennoch über Finnland reisen möchte, für den gibt es eine Verbindung Stockholm – Helsinki. Auch als Kombiticket mit der Verbindung Kiel – Göteborg buchbar.

Mit dem Bus

Linienbusse fahren mehrmals pro Woche von deutschen Großstädten aus via Kopenhagen und Gøteborg nach Oslo. Für Leute, die lange genug still sitzen können, bieten die Linienbusse eine durchaus preiswerte Möglichkeit nach Norwegen zu kommen. Einfache Fahrten kosten z. B. von Berlin aus ab 80 € (20:30 Std.), von Hamburg aus ab 90 € (15:30 Std.), von Düsseldorf aus ab 130 € (22 Std.). Wer gleich die Rückfahrt mitbucht, zahlt insgesamt etwas weniger als das Doppelte. Eine Fahrradmitnahme ist meist nicht möglich. Die Busse sind über drei Anbieter zu buchen.
Buchung Linienbusse: **Deutsche Touring GmbH**, ✆ 069/7903-501, www.touring.de. **Berlin Linienbus**, ✆ 030/86096211 www.berlinlinienbus.de. **Eurolines Scandinavia** (in Norwegen), ✆ 0047/81556420, www.eurolines-travel.com.

Zahlreiche Busunternehmen veranstalten außerdem **Pauschalreisen**. Erkundigen Sie sich diesbezüglich einfach in Ihrem Reisebüro. Angeboten werden z. B. Städtetrips nach Oslo, Bergen und Stavanger, außerdem Busrundreisen mit Fjordfahrten, Touren zum Nordkap, aber auch Pauschalarrangements für den Wintersport in Norwegens weiten Skigebieten.

Flåm – wo die historische Flåmsbana und supermoderne Kreuzfahrtschiffe aufeinander treffen

Mit der Bahn

Bei der Anreise mit der Bahn genießt man zwar Bewegungsfreiheit und kann sich entspannt die tolle Landschaft anschauen, allerdings muss man mitunter oft umsteigen.

Alle Züge nach Norwegen fahren via Kopenhagen. Dorthin gibt es aus ganz Deutschland mehrere Verbindungen täglich. Wer tagsüber dorthin reist, muss allerdings bei der Weiterfahrt nach Norwegen 2- bis 3-mal nachts umsteigen. Am günstigsten ist also die Anreise nach Kopenhagen mit den Direktzügen der *City Night Line:* Ab 60 € kann man ganz bequem ohne Umsteigen und über Nacht anreisen, gegen entsprechende Aufpreise auch im Liege- oder Schlafwagen. Um 10.06 Uhr kommt man ausgeruht an, kann noch am Vormittag die Weiterfahrt nach Norwegen antreten und erreicht Oslo je nach Verbindung zwischen 20.30 und 22.30 Uhr. Eine Fahrt von München nach Oslo ist bei rechtzeitiger Buchung ab etwa 220 € zu haben.

Wer aus Süddeutschland, Österreich oder der Schweiz anreist, kann sich rund 800 km Autofahrt sparen, indem er ab Lörrach, Innsbruck oder München mit dem Autozug nach Hamburg fährt. Im Schnäppchenangebot werden zwei Personen und ein regulärer Pkw schon ab 320 € gen Norden und wieder zurück transportiert, im Schlafwagen zahlt man dafür je nach Kategorie bis zu 1300 €. Ab Hamburg stehen dann zur Weiterreise sämtliche Auto-/Fähroptionen offen, die auf S. 75 aufgeführt sind.

Deutsche Bahn Man kann sich über die Fahrpläne auf der Webseite der Deutschen Bahn informieren. Die Preise sind allerdings nicht online abrufbar, weil es sich z. T. um Auslandstarife handelt, man kann sie aber telefonisch erfragen. ✆ 01805/996633, www.bahn.de.

Autozug Fahrzeuge dürfen max. 205 cm breit und 530 cm lang sein. Abhängig von der maximalen Breite des Fahrzeugs im Dachbereich darf die maximale Höhe 196–205 cm betragen. Informationen über mögliche Routen, Fahrpläne und weitere Details zu den maximalen Fahrzeugabmessungen finden Sie unter ✆ 01805/996633, www.autozug.de.

Mit dem Flugzeug

Schnell, problemlos und mittlerweile auch recht günstig – das Flugzeug ist eine echte Alternative für Leute, die wenig Zeit haben und sich deshalb die langwierige Anreise sparen wollen.

Denn die kann bei Urlaubern aus Süddeutschland, Österreich oder der Schweiz je nach Fahrt- und Fährroute schon einmal mehr als zwei Tage dauern – ein Direktflug von München nach Oslo nur etwas mehr als zwei Stunden. Und weil Sprit- und Fährkosten bei der Anfahrt mit dem eigenen Fahrzeug auch nicht ganz billig sind, kann man bei gleichem Budget neben dem Flug auch noch Zugrundreisen oder Mietwagen buchen.

Die Flugverbindungen nach Norwegen sind gut, nach Oslo gibt es Direktflüge von Frankfurt, Hamburg, München, Zürich oder Wien, nach Bergen Direktflüge von Berlin oder Frankfurt. Auch die Preise können sich sehen lassen, mit dem Billigflieger *Ryanair* kommt man schon ab 75 € von Frankfurt nach Oslo (Sandefjord) und zurück und selbst bei *Lufthansa* kann man Schnäppchen machen, die kaum mehr als 100 € für Hin- und Rückflug kosten – rechtzeitige Buchungen immer vorausgesetzt, reguläre Linienflüge kosten in der Hauptsaison schnell mehr als 500 €.

Reisetipp mit Flug und Zug

Bei Leuten mit wenig Zeit ist folgende Kurzreise sehr beliebt: Mit dem Flugzeug geht es nach Oslo, von dort weiter mit dem Zug quer durch das Land bis an die Westküste Norwegens. Man fährt dabei durch idyllische Täler, vorbei an einigen der schönsten Sehenswürdigkeiten der *Hardangervidda*, bis ins malerische Fjordland. Endstation der Tour ist Bergen, von wo man mit dem Flieger wieder nach Hause reisen kann. Insgesamt 5 bis 7 Tage sollte man für die Reise einplanen, je nachdem, wie lange man in Oslo und/oder Bergen Station machen will. Preislich liegt die Zugreise bei rund 195 € pro Person (Übernachtungen nicht inklusive), der Gabelflug ist ab etwa 200 € zu haben.

Buchung: Die Flüge sind separat zu buchen, die Bahnreise bucht man bei „Norge i et nøtteskal" (Norwegen in der Nussschale), Details → S. 368.

Fluglinien SAS, Direktflüge ab Frankfurt nach Oslo, Stavanger und Bergen. Via Kopenhagen auch von Berlin, München, Zürich und Wien. ✆ 01805/117002, www.flysas.com.

Lufthansa, Direktflüge ab Frankfurt nach Oslo, Bergen und Stavanger. Via Kopenhagen auch aus anderen deutschen Großstädten. ✆ 01805/805805, www.lufthansa.com.

Norwegian, Direktverbindungen von Berlin, München, Hamburg und Düsseldorf nach Oslo, von Berlin aus auch nach Bergen. ✆ 0047/21490015, www.norwegian.com.

Ryanair, von Bremen nach Haugesund und Oslo Torp (Sandefjord); von Frankfurt Hahn und Berlin Schönefeld nach Oslo Rygge. www.ryanair.com.

Buchungen Travel Overland, Büros in München, Berlin, Bremen, Hamburg und Augsburg. ✆ 089/27276314, www.travel-overland.de.

Billigfluege.de, gute Such- und Vergleichsmöglichkeiten. www.billigfluege.de.

Schwer bepackte Radreisende trifft man oft in Norwegen

Unterwegs in Südnorwegen

Norwegen verfügt über eine gute Infrastruktur, die das Reisen in vielerlei Hinsicht angenehm macht. Allerdings ist ein schnelles Vorankommen aufgrund der landschaftlichen und klimatischen Gegebenheiten nicht immer möglich.

Das Land ist durchzogen von einem hervorragend ausgebauten **Straßennetz**, Asphaltstraßen führen selbst in die entlegensten Winkel. Allerdings sind nicht alle Straßen zu jeder Zeit befahrbar. Wenn Schnee liegt – und das kann durchaus bis in den Mai hinein sein – sind diverse Passstraßen gesperrt (→ S. 85). Zeitraubend sind v. a. die zahlreichen Fährfahrten im Bereich des zerfurchten Fjordlandes, um die man trotz kühner neuer Brücken- und Tunnelbauten nicht herumkommt. Viele Straßenabschnitte sind mautpflichtig.

Wer nicht im eigenen Fahrzeug unterwegs ist, profitiert von einem dichten Flugnetz und einem gut funktionierenden Bahnsystem. Ergänzt werden beide von einem ausgezeichneten Überland- und Lokalbusverkehr, der den Urlauber praktisch überall hin transportiert.

Dem Urlauber steht in Norwegen ein flächendeckend umfangreiches **Übernachtungsangebot** zur Verfügung. Bei über 400 Hotels, hunderten Campingplätzen, über 70 Hostels und tausenden von Miet-Hütten muss man nie lange ein Quartier suchen. Außerdem gibt es in den meisten Ortschaften Tankstellen, Lebensmittelgeschäfte und Supermärkte. In Südnorwegen ist man in jedem Fall gut versorgt, lediglich im hohen Norden oder im Gebirge werden die Distanzen zwischen den Ansiedlungen größer und man sollte seine Etappen etwas genauer planen.

Mit Auto, Wohnmobil oder Motorrad

Egal, wie man es dreht und wendet, dieses riesige Land mit seinen zahlreichen, häufig aber versteckten Naturschönheiten lässt sich mit eigenem Gefährt einfach am besten erkunden. Aber das ist längst kein Geheimnis, und so sind jedes Jahr rund 60.000 deutsche Wohnmobile auf norwegischen Straßen unterwegs.

Verkehrsvorschriften

Dabei gilt es, einige Unterschiede zu den in der Heimat bekannten Regulierungen zu beachten. Allen voran die **Geschwindigkeitsbegrenzung**, die zwar in Ortschaften auch bei 50 km/h liegt, außerorts jedoch nur eine Höchstgeschwindigkeit von 80 km/h – auf einigen Schnellstraßen 90 km/h – zulässt. Für Gespanne und Fahrzeuge mit einem Gewicht von mehr als 3,5 t gilt auch auf Schnellstraßen 80 km/h. Das macht vielerorts Sinn, denn viele Straßen sind eng und kurvig, außerorts muss man so gut wie überall darauf gefasst sein, dass plötzlich Schafe, Rentiere oder gar Elche auf der Fahrbahn stehen. Und einige Gebirgspässe sind so verwunden, dass man selbst mit Rennfahrerambitionen die erlaubten 80 km/h nicht erreicht. Andernorts ist man etwas verwundert, warum man auf der schnurgeraden und vierspurig ausgebauten Piste nicht schneller als 90 km/h fahren darf. In jedem Fall sollte man sich tunlichst an die Vorschriften halten, denn es wird eifrig kontrolliert. Neben den Blitzkästen am Fahrbahnrand patrouillieren auch zivile Polizeistreifen und die Strafen bei Verstößen sind drastisch.

Ein größerer **Sicherheitsabstand** empfiehlt sich aus vielerlei Gründen, u. a. um Lackschäden durch die aufgewirbelten Schottersteinchen zu vermeiden, die von den Schneestreuungen bis weit ins Frühjahr auf den Fahrbahnen liegen bleiben. Generelles **Anschnallen** auf Vorder- und Rücksitzen ist ebenso vorgeschrieben wie der Gebrauch von Kindersitzen für Kinder unter vier Jahren. Für Motorradfahrer besteht **Helmpflicht**. Das Telefonieren mit **Mobiltelefonen** im Auto ist untersagt. Ungewohnt für Fahrer aus Mitteleuropa: Rund um die Uhr muss das **Abblendlicht** eingeschaltet sein und dem Fahrzeugführer ist während der Fahrt das **Rauchen verboten**.

Die Strafgrenze für **Alkohol** liegt bei 0,2 Promille und spätesten hier versteht die norwegische Polizei keinen Spaß mehr. Schon geringste Verstöße kosten mindestens 600 € Strafe, ab 0,6 Promille droht Führerscheinentzug bis zu einem Jahr und ab einem Promille Blutalkohol Gefängnis.

Generell ahndet man in Norwegen Verstöße im Straßenverkehr wesentlich strenger als in Deutschland. Schon minimale Geschwindigkeitsüberschreitungen von 1 km/h können umgerechnet 80 € Strafe kosten, wer 20 km/h zu schnell ist zahlt schon knapp 500 €. Für das Überfahren einer roten Ampel (auch in Mautstationen) oder für Überholen im Überholverbot sind 700 € fällig. Auch auf das Telefonieren während der Fahrt verzichtet man in Anbetracht eines möglichen Bußgeldes von 180 € gerne.

Vorgeschrieben ist außerdem eine **adäquate Bereifung** des Fahrzeugs, im Sommer darf eine Profiltiefe von 1,6 mm, im Winter von 3 mm nicht unterschritten werden. Außerdem darf im Winter nicht mit Sommerreifen gefahren werden. Zwischen 1. November und 15. April ist die Nutzung von Spikereifen gestattet, in den Stadtbereichen von Oslo und Trondheim muss man dafür aber eine Gebühr von 30 NOK pro Tag entrichten. Für die nördlichen Regionen *Nordland*, *Troms* und

Camping ist angesagt in Norwegen, da trifft man
auch auf kuriose Konstruktionen

Finnmark gelten erweiterte Zeitspannen. Winterurlaubern ist auf jeden Fall angeraten Schneeketten mitzunehmen.

Tanken und Parken

Man glaubt es kaum, aber obwohl Norwegen am Ölhahn sitzt, ist **Sprit** deutlich teurer als in Deutschland. Norwegen verlangt mit die höchsten Benzinpreise in ganz Europa, und im Zuge einer ehrgeizigen Klimapolitik sollen die Abgaben auf Benzin und Diesel weiter steigen. Zur Orientierung: Der Liter Benzin bleifrei kostete bei Recherche um 2 €, der Liter Diesel um 1,85 €. Die Preise werden aber nicht einheitlich festgelegt und können v. a. in den entlegenen Regionen des Nordens höher sein. Wenn in diesem Kapitel geschrieben steht, dass man Norwegen am besten per Auto erkundet, so gilt das sicherlich nicht für die Städte. **Parkplätze** gibt es wenige und sie sind zudem teuer. Und das ist ganz bewusst so gehalten um die Innenstädte vom Individualverkehr zu befreien. Tatsächlich kann man aber auch überall gut auf das Fahrzeug verzichten, die meisten Sehenswürdigkeiten sind gut zu Fuß oder mit Stadtbussen erreichbar.

Entfernungen

Man sollte nie mehr als 300 km pro Tag einplanen. Strenge Geschwindigkeitsbegrenzungen, schmalkurvige Gebirgsstraßen und häufige Unterbrechungen durch Mautstationen oder für Fährfahrten (oder Wartezeiten auf die Fähre) lassen einen bisweilen nur langsam vorankommen. Hinzu kommen noch kurze Fotostopps oder Picknickpausen. Als grobe Faustregel gilt: **für 100 km braucht man im Schnitt zwei Stunden**. Das mag sich erst etwas unglaubwürdig anhören, aber wer so plant, kann stressfrei durch Norwegen fahren.

Mit Auto, Wohnmobil oder Motorrad 85

Maut

Wer durch Norwegen reist, muss häufig Maut bezahlen. Insgesamt gibt es derzeit 43 Stationen, die sich hauptsächlich im südlichen Teil des Landes konzentrieren. Zahlen muss man dabei für einzelne Straßenabschnitte, für Tunnel oder Brücken. In Städten wie Oslo, Stavanger, Bergen oder Trondheim muss man außerdem Gebühren entrichten, sobald man mit dem Auto auch nur in die Nähe des Stadtbereichs fährt.

In der Regel handelt es sich für Pkw um kleinere Beträge von 10 bis 30 NOK, aber in der Summe können so bei einem mehrwöchigen Urlaub schnell mehrere hundert Kronen zusammen kommen. Umso mehr, wenn man noch Strecken befährt, die bei den Preisen aus dem Rahmen fallen. Aber geeignete Optionen, die Mautstationen zu umfahren, gibt es meist nicht und so sollte man je nach Aufenthalt umgerechnet 50 bis 150 € an Mautgebühren mit einplanen. Fahrzeuge über 3,5 t Gesamtgewicht zahlen meist das Doppelte, in einer Hand voll Ausnahmefällen das Drei- bis Fünf(!)fache des Pkw-Preises.

Prinzipiell gibt es mehrere Arten der Bezahlung. Die klassischen Kassenhäuschen gibt es kaum mehr, die Durchfahrt erfolgt durch ein automatisches Erfassungssystem. Dabei werden die Kennzeichen der Fahrzeuge gescannt bzw. elektronische Zahlgeräte (AutoPASS Chip) erfasst, sofern die installiert sind (für Ausländer nur bei einem Aufenthalt von mehr als 3 Monaten). Es gibt entsprechend mehrere Möglichkeiten der Bezahlung:

Prinzipiell kann man, sofern es keine Kassenhäuschen gibt, einfach durchfahren. Die Rechnungen werden dann zu der anhand des Kennzeichens ermittelten Adresse des Fahrzeughalters geschickt. Zusätzliche Gebühren fallen hierfür nicht an, allerdings kann es dann passieren, dass nach dem Urlaub mehr als ein Dutzend Einzelrechnungen ins Haus flattern, die man dann auch einzeln überweisen muss. Alternativ kann man bis zu drei Tage nach Durchfahrt an entsprechend mit dem Schild „Kr" gekennzeichneten Tankstellen nachbezahlen. ACHTUNG: Gibt es eine manuelle Zahlmöglichkeit und man fährt durch die AutoPASS-Linie, ohne registriert (s. u.) zu sein, ist eine Strafe von 300 NOK fällig.

Wer es ganz stressfrei will, der kann sich mit Pkw-Kennzeichen und Kreditkarte im Internet (www.autopass.no) registrieren und einen individuell gewählten Betrag auf ein Guthabenkonto transferieren. Hat man dies getan, kann man auf entsprechenden AutoPASS-Spuren ohne anzuhalten durch die Mautstationen fahren, das Kennzeichen wird gescannt und die jeweilige Gebühr automatisch abgebucht. ACHTUNG: Wenn das Guthaben 0 NOK erreicht, wird die Kreditkarte automatisch noch mal mit dem ursprünglichen Betrag belastet. Allerdings wird nach Ende der selbst festgelegten Vertragsdauer das restliche Guthaben auch wieder dem Kreditkartenkonto gutgeschrieben.

AutoPASS, Webseite zur Registrierung für die Mautstationen. Außerdem Informationen in deutscher Sprache sowie eine detaillierte Liste der Mautstationen mit genauen Preisangaben (als PDF zum Download) gibt es auf www.autopass.no.

Straßensperrungen

Zwischen November und Juni sind einige Hochgebirgsstraßen ständig, manche nur nachts gesperrt. Das betrifft in Südnorwegen die RV 502 Sauda – Røldal.

In besonders strengen Wintern werden andere sporadisch, manchmal nur für Stunden, geschlossen. Über die aktuelle Lage kann man sich in den Touristeninformationen oder telefonisch informieren.

Infotelefon: In Norwegen ✆ 175, außerhalb Norwegens ✆ 0047/81548991.

Wohnwagengespanne

Die zulässige Höchstbreite für Campingwagen beträgt 2,55 m, die Gesamtlänge der Gespanne darf 18,50 m nicht überschreiten. Einige Nebenstraßen können damit nicht befahren werden. Es folgt eine Auflistung der wichtigsten Abschnitte, es schadet aber auch nicht, gelegentlich an Tankstellen oder in Touristeninformationen nachzufragen. Ist der Wohnwagen breiter als 2,30 m und mehr als 50 cm breiter als das Fahrzeug, so müssen an den Vorderseiten der Autospiegel Reflektoren angebracht werden.

Str. 461: Førland/Moi – Kvas/Konsmo

Str. 465: Hanesund – Liknes

Str. 501: Rekeland – Heskestad

Str. 504: Kartavoll – Bue

Str. 511: Skudeneshavn – Kopervik

Str. 513: Solheim – Skjoldastraumen

Str. 520: Sauda – Røldal

Str. 550: Jondal – Utne

Mietwagen

An den Flughäfen, in den größeren Städten, in Touristenzentren und selbst in etlichen kleineren Ortschaften kann man fahrbare Untersätze mieten. Dabei kann man auf die bekannten internationalen Ketten (Europcar, Avis, Budget, Hertz ...) zurückgreifen, durchaus aber auch kleinere regionale Firmen wählen. Neben einer Anfrage in der Touristeninformation hilft auch ein Blick ins örtliche Telefonbuch unter dem Stichwort *Bilutleie*.

Das Mindestalter beträgt 19 Jahre, individuell kann die Grenze bei den einzelnen Anbietern bei bis zu 25 Jahren liegen. In jedem Fall ist bei Fahrern unter 25 oft ein Risikozuschlag fällig. Der Europäische Führerschein reicht aus um ein Fahrzeug zu mieten, allerdings muss man die Fahrerlaubnis seit mindestens einem Jahr haben. Die meisten Firmen akzeptieren nur Kreditkartenzahlung. Die Wochenmiete für einen Pkw liegt bei etwa 3000–4000 NOK (350–500 €).

Anders als in so manchem Teil dieser Erde läuft man in Norwegen zwar nicht unbedingt Gefahr eine verkehrsuntüchtige Schrottlaube angedreht zu bekommen, trotzdem versteht sich von selbst die genaue Inspektion des Fahrzeugs, BEVOR man die Mietstation verlässt. Etwaige Mängel (auch Kratzer, Beulen oder Steinschläge) sollte man sofort melden, damit man später nicht haftbar gemacht werden kann. Besonders wichtig ist es auch, sich immer genau nach dem im Mietpreis enthaltenen Versicherungsschutz zu erkundigen und zur Not noch eine Zusatzversicherung abzuschließen.

Mit dem Fahrrad

Radfahren kann wunderschön sein in Norwegen. In aller Ruhe kann man durch die atemberaubende Kulisse radeln und die Natur ganz nah genießen. Besonders gut eignen sich dafür z. B. die kleinen Küstenstraßen der Südküste. Eine gerne gefahrene, aber etwas fordernde Strecke ist der *Rallarvegen* (→ S. 364) im nördlichen

Bereich des Hardangervidda-Plateaus. Das Terrain in Norwegen ist abwechslungsreich und meist auch nicht sehr schwierig zu befahren – lediglich einige Gebirgspässe im Inland sollte man nur bei entsprechender Kondition in Angriff nehmen.

Wer ausschließlich mit dem Fahrrad unterwegs ist, muss sich aber auch einigen Herausforderungen stellen. Im Land der Tunnels ist es für Radler nicht unbedingt angenehm, durch die stinkigen und teils mehrere Kilometer langen Röhren zu fahren. Ganz ungefährlich ist es außerdem auch nicht. Einige Tunnels sind deshalb für Radfahrer ganz gesperrt und man muss sie entweder auf alten Trassen umfahren oder per Linienbus durchfahren – oder gleich seine Routenplanung entsprechend anpassen. Die Fahrradmitnahme in den öffentlichen Verkehrsmitteln ist nicht immer leicht. Auf Fähren meist überhaupt kein Problem und in den Zügen der Statsbanen i. d. R. gut machbar, gibt es bei Fahrten in Überlandbussen die meisten Schwierigkeiten. In jedem Fall ist es ratsam, sich vorab zu erkundigen, sodass man sich zur Not nach Alternativen umschauen kann.

Eine weitere Herausforderung kann das Wetter sein. Kälteeinbrüche, Wind und strömenden Regen kann es auch in den Sommermonaten geben. Gute Ausrüstung hilft bedingt, an einigen Strecken – z. B. auf Gebirgspässen oder dem letzten Stück Straße zum Nordkap – fegen mitunter so starke Windböen, dass Fahrradfahren gänzlich unmöglich wird.

Der Fahrradreisende muss sich außerdem schon bei der Anreise nach Norwegen genau bei den Transportunternehmen erkundigen, ob und zu welchen Konditionen er seinen Drahtesel mitnehmen kann. In den Bussen, die von Deutschland aus verkehren, ist das meist nicht möglich, in Zügen oder Flugzeugen kostet der Transport je nach Gesellschaft zwischen 50 € und 120 €.

Syklistenes Landsforening, die norwegische Radlervereinigung bietet ausführliche Infos zum Radfahren in Norwegen. Postfach 8883, Youngstorget, Storgate 3, 0028 Oslo, ✆ 22473030, ℻ 22473031, post@slf.no, www.slf.no.

Sykkelferie i Norge, hier gibt es gute Tourentipps und eine informative Webseite in deutscher Sprache. C. Sundtsgate 10, 5004 Bergen, post@bikenorway.com, www.bike-norway.com.

„Syklist velkommen" – Radfahrer willkommen ...

Mit diesem Slogan werben seit Sommer 2004 Herbergen in Norwegen, die sich etwas besser auf den Fahrradreisenden eingestellt haben. Dort kann der Radtourist sicher sein, nicht nur einen ordentlichen Abstellplatz für sein Zweirad zu finden, sondern z. B. auch Flickzeug und einen Werkzeugkasten für den Pannenfall. Und vielleicht trifft man sogar auf Gleichgesinnte, die einen auf der nächsten Etappe begleiten.

Zu Wasser

Wer die Küsten und Fjordregionen des Landes bereist, wird irgendwann unweigerlich per Schiff oder Fähre unterwegs sein. Zwar sorgen immer mehr Brücken und Tunnels für stetigen Verkehrsfluss, aber zahlreiche Wasserarme sind bis heute nur per Autofähre zu überqueren. Außerdem sind viele Sehenswürdigkeiten, z. B. auf Inseln oder Schären vor der Küste, nur per Ausflugsboot zu erreichen. Zu guter

Kreuzfahrtschiffe fahren weit in die Fjorde hinein - hier nach Flåm

Letzt sind Passagierboote oft die schnellste Verbindung von A nach B und lohnen sich fast immer für Leute, die ohne eigenes Gefährt reisen.

Die hier genannten Fährunternehmen und Routen werden im Informationsteil bei den jeweiligen Regionen und Ortschaften unter „Verbindungen" detailliert gelistet.

Autofähren

Nirgendwo spielen Fährverbindungen eine so große Rolle wie in Norwegen. Die „freie Fahrt" wird 200-mal von Autofähren, die auch Lastwagen, Motorräder, Drahtesel und Passagiere befördern, unterbrochen. Der Pendelverkehr klappt üblicherweise reibungslos, zu Stoßzeiten kann es gelegentlich passieren, dass einige Fähren so voll sind, dass man auf die nächste warten muss – v. a. die Verbindung durch den berühmten Geirangerfjord ist dafür bekannt.

Ein vollständiges **Verzeichnis** sämtlicher Fähren inklusive der Abfahrtszeiten und der manchmal recht hohen Fährpreise findet sich im *Rutebok for Norge*, das an allen Kiosken in Norwegen erhältlich ist. Außerdem kann man die Verbindungen auf den Webseiten der Fährunternehmen nachschlagen.

Fahrpläne und ausführliche Informationen wichtiger Fährrouten der Fjordregion erhalten Sie unter ✆ 05505, www.tide.no und ✆ 57757000, www.fjord1.no.

Passagierdienst

Erlebenswert sind auch die Törns mit den *Hurtigbatters* oder *Hydrofoilen*, wie die schnellen Tragflächenboote genannt werden. Die Boote fahren weit in die Fjordsysteme hinein, aber auch entlang der Küste. So gelangt man beispielsweise mit den **Flaggruten** in wenig mehr als vier Stunden von Stavanger nach Bergen. Allerdings starten die Schiffe bei hohem Wellengang nicht und es kommt deshalb – nicht erst seit dem Untergang eines Katamarans 1999 vor Bergen – gelegentlich zu Stornierungen.

Die rasanten Katamarane bieten zudem einen sehr guten Service: Bordrestaurant, Kinderspielecke, mehrsprachige Durchsagen, Liegesitze und Aussichtsdeck stehen Ihnen zur Verfügung. Insgesamt eine sehr angenehme und schnelle Art des Reisens, bei der man auch noch viel zu sehen bekommt. Wer leicht seekrank wird, sollte unter Umständen von den Küstenfahrten absehen.

Fahrpläne und ausführliche Informationen über die Schnell- und Expressboote der Fjordregion erhalten Sie unter ✆ 51868700, www.norled.no; ✆ 05505, www.tide.no; ✆ 57757000, www.fjord1.no.

Hurtigruten

Die Reisen mit den riesigen Schiffen der Hurtigruten sind an Komfort nicht zu übertreffen. An Bord gibt es gemütliche Kabinen und Suiten, mehrere Restaurants, Bars, Casinos und eine komplette Rundum-Versorgung. Besonders beliebt sind die Reisen deshalb gerade auch bei Senioren.

Ursprünglich als Versorgungs- und Postschiffe für die entlegenen Gegenden im hohen Norden konzipiert, liegt der Fokus mittlerweile längst auf dem Tourismus. Die gesamte Reisestrecke führt von **Bergen** aus entlang der traumhaft schönen Küste bis zum **Nordkap** und weiter nach **Kirkenes** nahe der russischen Grenze. Die 7-tägige Tour ist im günstigsten Fall für knapp 500 € pro Person (1000 € Vollpension) zu haben, wer in der Hauptsaison unterwegs ist und vielleicht sogar noch eine Außenkabine mit Blick auf die Küste haben will, der zahlt schnell 2000 € und mehr. Im Internet gibt es Frühbucherrabatte. Unterwegs werden verschiedene Häfen angesteuert und bisweilen auch Ausflüge organisiert. In Kirkenes angekommen, kann man sich entweder per Flieger auf die Heimreise machen, oder die gleiche Strecke wieder mit zurückfahren.

In jedem Fall lohnt es sich, vorab nach Pauschalangeboten inklusive der Flugtransfers ab Deutschland zu fragen, gute Informationen erhalten Sie direkt auf der Webseite, aber auch in deutschen Reisebüros. Man muss nicht die gesamte Strecke mitfahren, sondern kann auch nur für Etappen an Bord gehen. Auf einigen Schiffen ist sogar die Mitnahme des Autos (Maximalhöhen beachten!) möglich.

Per Wasserflugzeug in die Wildnis

Informationen/Buchungen: Hurtigruten GmbH, Kleine Johannisstr. 10, 20457 Hamburg, ✆ 040/376930, ✉ 364177, ce.info@hurtigruten.com, www.hurtigruten.de.

Sightseeing

So gut wie in jedem Küstenort gibt es Ausflugsfahrten in einen nahen Fjord, zu einer menschenleeren Insel in der Nähe, einem Leuchtturm oder einem Vogelfelsen gleich um die Ecke. Billig sind diese Fahrten meist nicht, viele davon sind aber ihr Geld wert.

Entweder weil das Sehenswerte wirklich so sehenswert ist, oft aber auch, weil man auf historischen Segel- oder Dampfschiffen unterwegs ist, die alleine schon eine Attraktion sind. Tipps diesbezüglich finden Sie im Reiseteil dieses Buches.

Mit dem Bus

Norwegens Busse steuern fast jeden Ort an – und sei er noch so abgelegen. Ein gutes System an Überlandrouten bringt Fahrgäste zu zentralen Knotenpunkten, von denen dann lokale Anbieter in die umliegenden Dörfer weiterfahren.

Die Touren entlang der Hauptrouten werden dabei mehrmals täglich in beide Richtungen abgefahren, wirklich abgelegene Ortschaften unter Umständen nur einmal pro Tag angesteuert. Die meisten Busgesellschaften gewähren **Rabatte** für Studenten, Kinder, Senioren und Familien. Kombitickets oder Buspässe für Vielfahrer gab es noch vor einigen Jahren, mittlerweile sind sie komplett abgeschafft.

Tickets kann man ganz einfach beim Einsteigen kaufen, für Expressrouten kann man sie auch am Busbahnhof oder in Touristeninformationen erwerben. Fahrräder oder Sportgerät kann man mitnehmen, soweit im Stauraum genügend Platz ist. In diesen Fällen ist es ratsam, sich vorher über die genauen Konditionen – es ist eine Abgabe fällig – bei den jeweiligen Busunternehmen zu erkundigen.

Busunternehmen Nor-Way, Überlandverbindungen im gesamten Land auf über 40 Routen. ✆ 81544444, www.nor-way.no.

TIMEkspressen, Expressbusse im Raum um den Oslofjord. ✆ 05070, www.timekspressen.no.

Lavprisekspressen, Busreisen zu Billigpreisen innerhalb Südnorwegens. ✆ 67980480, www.lavprisekspressen.no.

Konkurrenten, günstige Verbindungen im Sørlandet. ✆ 37931515, www.konkurrenten.no.

Mit der Bahn

„Es geht immer ein Zug ...", so der Werbeslogan der Norges Statsbaner (NSB) – der staatlichen Eisenbahngesellschaft. Und das stimmt meist auch, nur eben nicht überall hin ...

Norwegens gutes Eisenbahnnetz ist eigentlich eine kleine Meisterleistung, bedenkt man das extrem schwierige Terrain. Über dreitausend Brücken mussten gebaut und 775 Tunnel gesprengt werden, um die gerade einmal 4241 km Schienen zwischen den wichtigsten Städten zu verlegen. Doch was beim Bau der Ingenieure Leid, ist auf Reisen der Touristen Freud: Sitzend und staunend erlebt der Urlauber Norwegens abwechslungsreichste Landschaften, ganz bequem aus dem Panoramasitz. Da stört es auch gar nicht, dass man nicht jeden Winkel des Landes per Zug erreichen kann, zumal es für diese Fälle meist Zubringerbusse gibt. Einige von Norwegens Strecken werden regelmäßig zu den schönsten Bahnfahrten der Welt gewählt.

Und auch sonst gestaltet sich das Zugfahren angenehm. Die Waggons sind ungewohnt geräumig und haben komfortable Einzelsitze. Der Service ist gut und sogar preislich kann man das eine oder andere Schnäppchen machen. Fast alle Züge sind außerdem behindertengerecht ausgestattet, Expresszüge führen Waggons mit entsprechenden Toiletten und Liften, die den Einstieg erleichtern. Rollstuhlfahrer sollten sich bei Buchung der Tickets erkundigen, welche Vorrichtungen es genau gibt und in welchem Bereich des Zuges sie sich befinden.

Es ist zu empfehlen, beim Ticketkauf auch gleich eine Platzreservierung vorzunehmen. Fahrräder kann man in vielen Zügen transportieren (im Fahrplan sind die jeweiligen Züge mit einem Fahrrad-Symbol gekennzeichnet), wobei man für die Hauptsaison frühzeitig reservieren sollte – die Stellplätze können dann knapp sein. Die Preise für den Fahrradtransport betragen die Hälfte des Ticketpreises bis maximal 179 NOK, auf der „Bergen Linie" gilt von 18.5. bis 27.9. ein Fixpreis von 179 NOK.

Ticketoptionen

Neben dem ganz normalen Standardticket gibt es zahlreiche Vergünstigungen sowie einige Optionen für Frühbucher und Vielfahrer. Kinder unter 4 Jahren reisen grundsätzlich kostenlos; Kinder von 4 bis einschließlich 15 Jahren, Senioren ab einschließlich 67 Jahren und Personen mit Handicap (z. B. eingeschränkte Sehfähigkeit) zahlen die Hälfte des regulären Preises; Studenten erhalten 25 % Preisnachlass.

One-Country-Pass Norway

Mit dem *One-Country-Pass Norway* kann man an 3, 4, 6 oder 8 frei wählbaren Tagen innerhalb eines Monats so viele Bahnkilometer zurücklegen, wie man will. Für Norwegen gibt es diesen Pass nur für die 2. Klasse und er ist nur für Leuten zu erwerben, die nicht ihren Wohnsitz in Norwegen haben. Kleinkinder bis 4 Jahre fahren kostenlos, Kinder bis einschließlich 11 Jahre zahlen die Hälfte des Erwachsenenpreises.

Buchung: Erhältlich sind die Tickets an größeren Bahnhöfen oder vorab im Internet unter www.interrailnet.com.

	3 Tage	4 Tage	6 Tage	8 Tage
Erwachsene	181 €	205 €	267 €	311 €
Jugendl. (12–25)	123 €	144 €	175 €	205 €

Mit einer **Kundekort** – ähnlich der Bahn-Card in Deutschland – spart man 20 %, außerdem kann man damit ein Kind unter 16 Jahren gratis mitnehmen. Die Karte kostet einmalig 750 NOK und ist für ein Jahr gültig.

Sogenannte **Minipris-Angebote** sind streckenunabhängige Spartickets, die es allerdings immer nur in geringer Stückzahl gibt und die spätestens einen Tag vor Reiseantritt gekauft werden müssen. Die Fahrkarten sind schon ab 199 NOK zu haben und im Internet, an Fahrkartenautomaten oder am Bahnschalter zu kaufen. Ist das Kontingent der ganz billigen Tickets erschöpft, gibt es meist noch welche für 299, 399 und 499 NOK.

In den Zügen der Statsbaner kann man außerdem den *Inter-Rail-Europapass* (www.interrailnet.com) nutzen.

Information/Buchungen Norges Statsbaner, ein Servicecenter befindet sich im Osloer Hauptbahnhof, Jernbanetorget 1. Tägl. 4.30–1 Uhr. Man kann aber auch telefonisch oder über das Internet buchen. ✆ 0047/81500888 oder ✆ 0047/23620000, www.nsb.no.

Südnorwegens schönste Bahnstrecken

Bergensbanen: Ein echter Eisenbahnklassiker in Norwegen und eine wunderschöne Strecke, die *Oslo* und *Bergen* verbindet. Von den sattgrünen Tälern des Südostens geht es auf die blühende – oder im Winter tief verschneite – Hardangervidda-Ebene und von dort hinab in die zerklüftete Fjordwelt. 300 Brücken und sieben Stunden Natur pur. Diese Strecke ist als Teil einer Rundreise zu buchen unter www.norwaynutshell.no.

Flåmsbana: Für manche die schönste Bahnfahrt Europas. 50 Minuten braucht der Zug für 20 km und 865 Höhenmeter voller Brücken, Tunnels und Sehenswürdigkeiten zwischen Flåm und Myrdal in der nördlichen Hardangervidda. Diese Strecke ist zusammen mit der *Bergensbanen* als Teil einer Rundreise zu buchen unter www.norwaynutshell.no.

Sørlandsbanen: Die Strecke führt entlang der Südküste von *Oslo* nach *Stavanger*. Weil die Trasse aber immer etwas abseits der Küste verläuft und die wunderbaren Fischerdörfer oder die Strände nur mit Zubringerbussen erreichbar sind, gilt die Fahrt selbst als nicht übermäßig spektakulär.

Mit dem Flugzeug

Norwegen hat eines der dichtesten Flugnetze der Welt und so bieten sich für Reisende zahlreiche Möglichkeiten. Von den großen internationalen Flughäfen in *Oslo-Gardermoen* – der Drehscheibe des norwegischen Flugverkehrs –, *Bergen*, *Stavanger*, *Kristiansand*, *Trondheim* und *Tromsø* starten Maschinen zu rund 50 weiteren zivilen Flughäfen im ganzen Land. Lohnend ist der Lufttransport v. a. dann, wenn große Distanzen in den hohen Norden des Landes zu überbrücken sind.

Wenn man rechtzeitig bucht und auch noch flexibel ist, kann man sehr günstig fliegen. Die Fluggesellschaft *Norwegian* verkauft Tickets von München nach Oslo ab etwa 80 €, national von Oslo nach Bergen, Trondheim, Stavanger oder Haugesund bisweilen schon für unter 40 €. Wer schon mit SAS von Deutschland aus anreist, kann unter Umständen innernorwegische Flüge gleich günstig mitbuchen – dann muss man allerdings die Flugdaten von vornherein festlegen.

Die Fluggesellschaft *Widerøe* hat das Ticket „Explore Norway" im Angebot. Damit kann man zu einem einheitlichen Preis 14 Tage lang unbegrenzt fliegen. Norwegen ist dabei in drei Sektionen unterteilt: Südnorwegen (bis Trondheim), Mittelnorwegen (bis Tromsø) und Nordnorwegen. Das Ticket für eine Zone kostet 2775 NOK, für zwei Zonen 3375 NOK und das für Gesamtnorwegen 3975 NOK. Wem 14 Tage zu kurz sind, der kann für 1750 NOK um eine Woche verlängern.

Buchungen Inlandsflüge kann man direkt an den Flughäfen oder ganz klassisch in Reisebüros buchen. In den Touristeninformationen der größeren Städte ist man gerne bei der Buchung behilflich und natürlich geht es auch direkt bei den Fluglinien per Telefon oder über das Internet.

Fluggesellschaften **Norwegian**, ✆ 81521815 (in Norwegen), oder ✆ 0047/21490015 (außerhalb Norwegens). www.norwegian.com.

SAS Norge, ✆ 01805/117002 oder 069/24241280 (in Deutschland), www.flysas.com.

Widerøe, ✆ 0047/75111111, www.wideroe.no.

Zelten an der südnorwegischen Schürenküste

Übernachten

Von einfachen Waldstellplätzen für Camper bis zum 5-Sterne-Ferienpark, von der Jugendherberge bis zum Edelhotel, von der simplen Berghütte bis zum luxuriös umfunktionierten Stelzenbau am Fjord – in Norwegen finden Urlauber alle nur erdenklichen Möglichkeiten der Unterkunft.

Nun, zumindest fast alle, denn eines gibt es nicht: billige Absteigen. Die kostengünstigsten Alternativen mit einem festen Dach über dem Kopf sind die kleinen Hütten, die es auf vielen Campingplätzen zu mieten gibt. Denn selbst für ein Bett im Schlafsaal eines *Vandrerhjem,* einer Jugendherberge, muss man deutlich mehr investieren, als man es aus anderen Ländern gewohnt ist. In der Hauptsaison – je nach Region kann das Sommer und/oder Winter sein – steigen die eh schon hohen Preise nochmals kräftig an. Dann sind die Touristenregionen außerdem mit Urlaubern überflutet und Unterkünfte schnell ausgebucht. Sie sollten dann rechtzeitig vorbestellen, entsprechende Empfehlungen und Kontaktinformationen finden Sie im Reiseteil jeweils unter der Rubrik „Übernachten".

Hinweis: In kleineren Ortschaften oder auf kleineren Inseln verfügen Unterkünfte oder auch andere Einrichtungen oftmals nicht über eine Adresse mit Straßennamen. Vor Ort sind diese jedoch immer leicht zu finden.

Hotels

Der Begriff *Hotell* – mit zwei „l" geschrieben – ist in Norwegen gesetzlich geschützt. Die Behörden achten auf Standard und Preis und beides ist i. d. R. entsprechend hoch. In den Großstädten gibt es meist eine beachtliche Anzahl an Hotels und speziell in Oslo und Bergen stehen einige der modernsten, aber auch einige der traditionsreichsten Vertreter. Zur Ausstattung gehören nicht selten Restaurants, Bars, Pools, Fitnessräume oder hauseigene Wellnessanlagen. Auf dem Land heißen Häuser mit besonders hohem Standard oft **Turisthotell**, im Gebirge **Høfjellshotell**. Eine Besonderheit sind die **Historischen Hotels** (www.dehistoriske.com), ein Zusammenschluss von individuell betriebenen Häusern, die sich aufgrund ihrer langen Tradition oder ihrer historischen Bausubstanz von den üblichen Vertretern der Zunft abheben.

Die Kehrseite der Medaille: Hotelzimmer sind in Norwegen nicht gerade billig – eher teuer, um genau zu sein. Mindestens 800 NOK (ca. 110 €) muss man für ein einfaches Doppelzimmer investieren, man kann aber auch eine Suite für das Zehnfache beziehen. Aber da in den Hotels oft auch Geschäftsreisende verkehren, sind die Preise meist unter der Woche am höchsten und man kann an den Wochenenden bisweilen richtig günstig einchecken. Feilschen lohnt sich v. a. dann, wenn Sie länger als fünf Tage bleiben wollen.

Die im Reiseteil genannten Übernachtungspreise beziehen sich bei Hotels i. d. R. auf Übernachtung mit Frühstück (bei Sondertarifen wird das Frühstück bisweilen extra berechnet). Bei Herbergen und Pensionen ist dies nicht der Fall, Ausnahmen sind im Text vermerkt.

Tipps für Reisende mit niedrigerem Budget

Alle norwegischen Hotels, ob Familienpension oder Stadthotel, sind für ihre reichhaltigen **Büfetts** bekannt, an denen man sich für knapp 20–25 € satt essen kann, auch ohne Hotelgast zu sein.

Während der Semesterferien werden vielerorts Studentenwohnheime zu **Sommerhotels** umgerüstet, in denen sich ohne großen Komfort etwas abseits, aber preiswert übernachten lässt (Auskunft in der Touristeninformation vor Ort, siehe aber auch Ortsbeschreibungen).

Mit einem **Hotelpass** gibt es Vergünstigungen bei der Übernachtung. Zum Beispiel mit dem Fjordpass (www.fjordpass.no), der in über 150 Unterkünften in ganz Norwegen anerkannt wird. Man kann die Karte online erwerben, sie kostet 140 NOK und ist ab Kaufdatum bis 31.12. des selben Jahres für bis zu zwei Erwachsene sowie mitreisende Kinder unter 15 Jahren gültig. Eine Liste mit allen Unterkünften gibt es auf der Webseite.

Mit einem **Mitgliedsausweis von Hostelling International** kann man in fast allen Vandrerhjemen/Hostels vergünstigt übernachten, Altersbeschränkungen gibt es hierfür keine. Den für norwegische Herbergen benötigten internationalen Ausweis kann man in Deutschland bestellen (21 €) oder direkt in den Herbergen vor Ort erwerben.

Hostelausweis: Alle Informationen unter www.hihostels.com.

Hytter (Hütten/Ferienhäuser)

Der Urlaub *på hytta* ist eine norwegische Spezialität. Rund 400.000 solcher Hütten gibt es an Seen, in den Nationalparks und längs der Fjorde. Überwiegend sind sie in Privatbesitz und so nennt statistisch gesehen jede zweite norwegische Familie eine

Hütte ihr eigen. Die wird dann hauptsächlich zum eigenen Urlaub oder für verlängerte Wochenenden genutzt, aber zwischendurch auch vermietet – auch an ausländische Urlauber. Zahlreiche Touristeninformationen vermitteln derartige Unterkünfte. Wer auf der Durchreise ist und nur ein paar Tage bleibt, wird aber eher Hütten auf Campingplätzen mieten, die es dort meist in größerer Anzahl und in verschiedenen Kategorien gibt.

Dabei ist der Name etwas verwirrend, denn mit den primitiven Behausungen, die man in Deutschland mit dem Begriff „Hütte" assoziiert, haben die meisten norwegischen *Hytter* i. d. R. nicht mehr viel zu tun. In Wahrheit gibt es sie in allen nur erdenklichen Größen, Ausstattungen und dementsprechend auch Preisklassen. Natürlich gibt es die ganz einfachen Varianten ohne Bad oder Toilette, aber ein Großteil kann mit beachtlichem Komfort aufwarten. Die Luxusvarianten sind eher schmucke Ferienhäuser mit mehreren Zimmern, Kamin, voll ausgestatteter Küche und einem Bad, in dem es bisweilen auch Fußbodenheizung und 2-Personen Spa-Badewannen gibt. Dazu noch einen Bootssteg mit dazugehörigem Boot, eine Sauna, einen Grillplatz, und, und, und.

Man könnte die Liste ins Endlose weiterführen und für den Kaufpreis so mancher *Hytte* könnte man sich auch ein nettes Apartment in der Stadt gönnen. Entsprechend gestalten sich natürlich auch die Mietpreise. Den kleinen Holzverschlag mit zwei Betten kann man schon ab 400 NOK (ca. 55 €) pro Nacht beziehen, für die Edelversionen sind schnell 1500 NOK (ca. 200 €) und mehr fällig – dafür finden hier auch sechs Personen Platz. In der Hauptsaison und speziell während der Schulferien werden Hütten oft nur wochenweise vermietet. Wer kürzer bleiben will, sollte sich aber nicht abschrecken lassen und einfach nachfragen.

Rorbuer

Die Stelzenhäuser sind eigentlich typisch für die Lofoten. Weil sie aber bei Urlaubern so beliebt sind, werden sie mittlerweile andernorts in ähnlicher Form nachgebaut. Die originalen Rorbuer der Lofoten sind einfache Fischerhütten, in denen früher bis zu 10 Fischer wohnten und arbeiteten. Mit zurückgehender Bedeutung des Fischfangs hat man die ins Wasser hinein gebauten Stelzenkonstruktionen fast überall zu Touristenbehausungen umfunktioniert. Und die bieten heute einen Komfort, von dem die Fischer nicht einmal träumen konnten. Heizung, Flachbildfernseher, Badezimmer und moderne Küche gehören vielerorts zum Standard. Da Rorbuer, egal ob alt oder neu, immer direkt am oder sogar im Wasser stehen, bezahlt man schon alleine für die traumhafte Lage, und die Preise sind bei gleicher Ausstattung meist etwas höher als für reguläre Hütten.

Vandrerhjem, Jugendherberge, Hostel

Alle drei Begriffe stehen in Norwegen synonym für Unterkünfte, in denen man zwar einzelne Betten in Mehrbettzimmern buchen kann, die aber auch Einzel- oder Doppelzimmer vermieten. Eine altersmäßige Begrenzung, wie der Name vielleicht vermuten lässt, gibt es nicht, hier wohnen junge Backpacker ebenso wie Familien oder Paare. Über 70 dieser Herbergen gibt es in Norwegen, fast immer verfügen die Häuser über gemütliche Aufenthaltsräume, eine voll ausgestattete Gemeinschaftsküche und einen Raum mit Waschmaschinen und Trocknern. Die Bewohner der Mehrbettzimmer nutzen meist Gemeinschaftsbäder auf dem Flur, in den regulär vermieteten Zimmern gibt es meist Versionen mit oder ohne eigenem Bad. In den Betten dürfen Schlafsäcke nicht benutzt werden, entweder bringt man seine eigene Bettwäsche mit, oder man leiht sie gegen eine geringe Gebühr.

Die meisten Häuser sind nur über die Sommermonate geöffnet und schließen, sobald es den klassischen Rucksacktouristen zu kalt wird. Im internationalen Vergleich sind die norwegischen Hostels ziemlich teuer. Bis zu 40 € muss man vereinzelt für eine Koje im Mehrbettzimmer berappen, meist liegen die Kosten bei 25–30 € pro Nase und Bett. Als Mitglied von *Hostelling International* bekommt man einen Preisnachlass von 10 %. Bei großem Andrang erhalten Wanderer und Radfahrer den Vorzug vor motorisierten Touristen – es sei denn, man hat reserviert.

Norske vandrerhjem, Informationen über alle Hostels, auch alle Übernachtungspreise, sind auf der Homepage in deutscher Sprache abrufbar. ✆ 0047/23124510, info@hihostels.no, www.hihostels.no.

Wanderhütten

Nicht zu verwechseln mit den bereits genannten *hytter* sind die mehr als 450 vom norwegischen Touristenverein *den norske turistforening (DNT)* betriebenen Unterkünfte für Wanderer. Meist findet man sie in den Nationalparks und meist liegen sie eine bequeme Tageswanderung auseinander, sodass man auf mehrtägigen Touren immer ein Dach über dem Kopf hat. Es gibt unterschiedliche Varianten, einige sind ausgewachsene und voll bewirtschaftete Berghotels, andere verfügen zumindest über ein Lebensmittellager, an dem man sich bedienen kann – die Abrechnung geschieht auf Vertrauensbasis –, in wieder anderen Hütten gibt es außer Unterkunft gar nichts. Um diese Wanderhütten nutzen zu können, muss man Mitglied des **DNT** werden. Um in die unbewirtschafteten Hütten hinein zu kommen, kann man dann einen Schlüssel (gegen Pfand) leihen. Eine Hauptmitgliedschaft kostet einen Jahresbeitrag von 570 NOK, Studenten und Jugendliche bis 26 Jahre zahlen 300 NOK, Schüler bis 18 Jahre 185 NOK, Senioren ab 67 Jahre 440 NOK. Es reicht, wenn in einer Familie ein Erwachsener Vollmitglied wird, die anderen Familienmitglieder zahlen dann nur reduzierte Beiträge.

DNT, hier gibt es alles, was mit Hüttenwandern in Norwegen zu tun hat, angefangen von Tourenvorschlägen über Wanderkarten bis hin zu Informationen bezüglich der Unterkünfte. Hier muss man auch die Mitgliedschaft beantragen, ohne die man keine Schlüssel für die unbewirtschafteten Hütten bekommt. ✆ 0047/40001868, info@turistforeningen.no, www.turistforeningen.no.

Camping

Norwegen ist ein wahres Camper-Paradies. Kaum irgendwo in Europa findet man so tolle Plätze um in Zelt oder Wohnmobil zu nächtigen. Dabei gibt es Optionen für jeden Geschmack und jeden Geldbeutel, angefangen vom urigen Wald-Stellplatz bis hin zum 5-Sterne-Luxus-Ferienpark mit allen erdenklichen Einrichtungen. Mit einer Camping-Karte gibt es bisweilen Rabatte, nicht nur beim Campen. Beachten Sie: Ab 2012 werden die *Camping Card Scandinavia (CCS)* und die *Camping Card International (CCI)* durch die neue *Camping Key Europe*-Karte abgelöst. Beantragen Sie rechtzeitig eine neue Karte, die Bearbeitungszeit kann u. U. mehr als zwei Wochen dauern. Für Leute, die es ganz ursprünglich wollen, gibt es außerdem immer noch die Möglichkeit des „Wildcampens" (→ „Wissenswertes von A bis Z/Jedermannsrecht", S. 122).

Viele Campingplätze sind nicht das ganze Jahr über geöffnet, meistens nur während der Sommersaison von Anfang Mai bis Mitte September. Wer außerhalb dieser Zeit unterwegs ist, kann unter www.camping.no nachschlagen und den Campingguide als .PDF herunterladen. Der Campingguide liegt aber auch in vielen Touristeninformationen aus.

Im Reiseteil dieses Buches finden Sie die wichtigsten und schönsten Plätze genau beschrieben.

Klassifizierung

Campingplatz	Hütten
1 Stern: angelegte Wege, Toiletten, Waschräume, Duschen, Kochgelegenheit.	Ein Raum plus Basiseinrichtung mit Bett, Stühlen und Tisch …
2 Sterne: zusätzlich Aufsicht, überdachte Camp-Küche und Entleerungsstation für Chemietoiletten.	zusätzlich elektrisches Licht, Stromanschluss, Kühlschrank, Heizung, Kochplatte …
3 Sterne: zusätzlich durchgehend (tagsüber) besetzte Rezeption und Bewirtung in der Umgebung.	zusätzlich fließendes Wasser zumindest in unmittelbarer Nähe der Hütte, separates Schlafzimmer …
4 Sterne: zusätzlich behindertengerechte Einrichtungen, Bewirtung auf dem Platz oder in unmittelbarer Nähe, Spielplatz und Aufenthaltsraum.	zusätzlich ein Bad mit WC/Du, mindestens ein separates Schlafzimmer, Kochutensilien …
5 Sterne: zusätzlich Wintercamping, Restaurant, Kreditkarten anerkannt.	Hotelstandard mit allen Einrichtungen, die eine Rundum-Selbstversorgung ermöglichen.

Hinweis: Hier sind Mindestanforderungen der NAF-Plätze (www.nafcamp.com) gelistet, die nur zur groben Orientierung dienen. Die genaue Ausstattung kann variieren und oft bieten Plätze mehr als die Mindestanforderungen. Der Standard von Campingplatz und Hütten ist nicht immer identisch: Es kann vorkommen, dass z. B. ein 4-Sterne-Campingplatz nur über 2-Sterne-Hütten verfügt.

Pensionen und Gästehäuser

Neben den bisher vorgestellten Übernachtungsmöglichkeiten werden Sie in Norwegen auch Hinweisschilder auf Pensionen *(Pensjon)*, Gasthöfe *(Gjestgiveri)* oder einfache Almhütten *(Seter)* finden. Mitunter sind das sehr charmante Alternativen zu den herkömmlichen Unterkünften, meist mit einfachen und dafür auch preiswerteren Zimmern. Wer es etwas familiärer mag und den Kontakt zu den Einheimischen nicht scheut, kann sich auch private Unterkünfte suchen, die oft am Straßenrand ausgeschildert sind und unter *rom, overnatting* oder *värelser* angeboten werden. Preislich liegt ein Doppelzimmer je nach Ausstattung zwischen 400 und etwa 800 NOK.

Köstlichen Lachs gibt es in allen erdenklichen Varianten

Essen und Trinken

In Norwegen kann man ausgezeichnet essen. Das Geheimnis? Frische und qualitativ hochwertige Zutaten, zubereitet nach traditionellen Rezepten – oder eben auch nicht.

Viele traditionelle Gerichte haben ihre Ursprünge in der deftigen und schweren Küche der hart arbeitenden Bauern und Fischer. Eintöpfe mit Kartoffeln, Braten und fetthaltiger Fisch sorgten einst für die nötigen Energiereserven. Noch heute werden viele Gerichte in unveränderter Form zubereitet und man sollte sich von der vielleicht ungewohnten Optik nicht abschrecken lassen und munter probieren.

Aber natürlich ist Norwegen in puncto Kochkunst nicht im Mittelalter stehen geblieben und so findet man sehr interessante Abwandlungen der traditionellen Küche auf den Speisekarten. Die Einflüsse stammen dabei hauptsächlich aus dem mediterranen, aber auch aus dem asiatischen Raum – beide Regionen sind für ihre raffinierten Fischzubereitungen bekannt und Norwegen hat den entsprechenden Rohstoff direkt vor der Haustür.

Dafür muss man auch nicht in die teuren Restaurants gehen – obwohl es sicherlich schlechtere Möglichkeiten gibt sein Geld auszugeben –, denn auch in den modernen Café-Bars werden mit etwas Kreativität schmackhafte Gerichte gezaubert. Ein Beispiel gefällig? Da wird z. B. die Elchfrikadelle nicht wie üblich mit Kartoffelbrei und Soße serviert, sondern als Burger im knusprigen Ciabatta, mit Rucolasalat und gehobeltem Parmigiano. So einfach kann es sein.

Typisch norwegisch

Es gibt wenige Ecken in der Welt, wo Sie Fisch und Meeresfrüchte frischer als in Norwegen genießen können, und das nicht nur an der Küste. Die Bedeutung, die der Fisch einst für Norwegen hatte, macht ein altes Sprichwort deutlich: *Ingen fisk, ingen folk – kein Fisch, kein Volk.*

Ein absoluter Klassiker ist und bleibt der **Lachs** *(laks)* in sämtlichen nur erdenklichen Varianten – geräuchert, gekocht (dann traditionell mit Fladenbrot, Sauerrahm und Gurkensalat), als Steak oder als *graved laks* (in Dill mariniert). Die Tiere werden zwar nicht mehr ausschließlich wild gefangen, aber ohne die Fischfarmen wäre die enorme Nachfrage auch nicht mehr zu befriedigen.

Nicht minder lecker sind **Seeforelle** *(sjøørret),* **Heilbutt** *(hellefisk)* oder gekochter **Dorsch**, der häufig auch in Verbindung mit Leber zubereitet wird. Nicht unbedingt der traditionellen Küche entstammende Fische sind **Seeteufel** *(breiflabb)* und **Grönlandhai** *(håkjerring),* beide sind mittlerweile häufig auf Speisekarten zu finden.

Urtypisch für die Lofoten und in ganz Norwegen gerne gegessen ist **Stockfisch** – keine Fischart, sondern eine Art der Konservierung. Meist sind es Dorsch oder Kabeljau, die auf großen Holzgestellen unter freiem Himmel getrocknet und so haltbar gemacht werden. Es gibt verschiedenste Zubereitungsarten, der Stockfisch wird z. B. gegrillt oder als *bacalao* auf mediterrane Art mit Tomatensugo und schwarzen Oliven serviert. Nicht jedermanns Geschmack ist sicher der *lutefisk,* in einer Lauge aus Wasser und Birkenasche tagelang geweichter Stockfisch, der in Norwegen als typisches Weihnachtsessen gilt.

Die Region um Bergen ist für die dort traditionelle **Fischsuppe** bekannt, die wirklich ein Hochgenuss ist. In den Bergregionen werden außerdem ausgezeichnete **Bachforellen** angeboten und um die Seen des Landes **Barsche** *(abbor)* und **Hechte** *(gjedd).*

Lachs – wild oder gemästet

Zwei Lachsarten, den pazifischen *Onchorhychus* und den atlantischen *Salmo salar,* gibt es in Mittel- und Nordeuropa zu essen, wobei 80 % auf Salmo und da wiederum 80 % auf gemästeten Fisch aus Fischfarmen in Norwegen und Schottand entfallen. Das Fleisch des wild gefangenen Lachses, den man nur im Spätsommer bekommt, ist fettärmer, eiweißreicher und stärker rot gefärbt als das des Zuchtlachses, der nicht mehr wandert und deshalb weniger durchblutetes Muskelgewebe aufweist. Auf Fischfarmen werden der Nahrung darum Medikamente und Vitamine, aber auch Farbstoffe beigemengt, die jedoch ungefährlich und flott abbaubar sein sollen. Die häufig als Lachs angebotene Lachsforelle heißt korrekt Meerforelle und hat mit Salmo ebenso wenig zu tun wie der Seelachs – der heißt eigentlich Köhler und ist dem Dorsch verwandt.

In jeder Cafeteria und in jedem Imbiss zu haben sind *fiskeboller,* also **Fischfrikadellen**, die allerdings in Geschmack und Qualität stark variieren können und auch so eine Art norwegisches Fast-Food sind. Beliebt ist auch *sild,* **Hering**, der als süßsaure Vorspeise selbst zum Frühstück üblich ist, wie der auch bei uns bekannte **Krabbencocktail**. Beide Spezialitäten gibt es in Supermärkten in Gläsern abgepackt zu kaufen.

Natürlich gibt es in Norwegen alle auch in Mitteleuropa bekannten Arten von Fleisch – auf fast jeder Karte findet man gegrilltes Huhn *(kylling)* und *biffsnadder,* eine Art Rindergeschnetzeltes, aber die Besonderheit Norwegens ist das ausgezeichnete Wild. **Elch** *(elg)* und **Ren** *(reinsdyr)* kommen in allen nur erdenklichen Formen auf den Teller, als Braten, als Steaks, als Frikadellen oder als Grillwürste.

Außerdem werden daraus köstlichste Schinken und Salamis hergestellt. In der Jagdsaison steht oft auch **Schneehuhn** *(rype)* auf den Speisekarten.

Lammfleisch ist in Norwegen ebenfalls sehr beliebt. Ein traditionelles Gericht ist *får-i-kål*, **Lamm in Kohl**. Dazu gibt es Kartoffeln, beherrschende „Sättigungsbeilage" in Norwegen. So auch zu **Hammelfleisch**, *pinnekjøt* – eigentlich eine gedämpfte Hammelrippe, zu der Kohlrabi gegessen wird. Und natürlich zu *kjøttkaker*, das sind **Hackbällchen** mit dunkler Soße und Rotkohl, eines der häufigsten Gerichte in der traditionellen Küche.

Allen Protesten zum Trotz kommt in Norwegen nach wie vor auch **Walfleisch** auf den Teller, meist als Carpaccio oder als Steak. Was in den meisten Teilen der Welt verpönt ist, ist für die Norweger relativ normal und man kann das dunkle, je nach Alter des Tieres mehr oder weniger nach Leber schmeckende Fleisch in Folie eingeschweißt sogar im Supermarkt kaufen. Die Norweger betonen dabei ausdrücklich, dass eine nachhaltige Jagd nach den Meeressäugern betrieben werde und die Bestände der bejagten Arten nicht gefährdet seien.

Nicht zu verachten sind die verschiedenen **Käsesorten**: Wann immer Sie auf den unvermeidlichen Büfetts etwas Braunes entdecken, als Würfel oder auch geschnitten: unbedingt zugreifen. Es handelt sich um *geitost*, einen karamellisierten Ziegenkäse, der etwas gewöhnungsbedürftig, aber durchaus köstlich schmeckt. Aber auch *hardanger*, ein handgepresster, herber Ziegenkäse, oder *ridder*, ein milder Butterkäse, werden Käsefreunde erfreuen.

Einfach köstlich sind die **Süßspeisen**. Neben der Kalorienbombe *rømmegrøt* (→ Kasten) essen die Norweger sehr gerne Waffeln, die in jedem Kro – also jeder Gaststätte – und jedem Café backfrisch und meist preiswert angeboten werden.

Rømmegrøt – eine Grütze macht Geschichte

Fast schon ein Stück norwegische Literatur: In jedem Roman von Hamsun oder Undset wird dem Reisenden *rømmegrøt* gereicht. Die Begrüßungsspeise, die auch auf keiner Bauernhochzeit fehlt, ist heute noch in jedem Landhaushalt vorrätig. Im Eisentopf wird saure Sahne *(rømme)* gekocht und Mehl eingerührt, bis sich das Butterfett absetzt. Die flüssige Butter wird dann abgeschöpft, danach Mehl und Milch zusätzlich eingerührt. Mit Holzschüsseln schöpft ein jeder die Grütze aus dem Bottich, um sie – kalt oder warm, mit Zimt oder Zucker bestreut, immer aber mit der zuvor abgeschöpften Butter übergossen – schlürfend zu genießen.

Rezept:

Als Zutaten brauchen Sie 0,5 l *rømme* (in jedem norwegischen Supermarkt zu bekommen), 0,5 l Milch, 150 g Weizenmehl und einen halben TL Salz.

Rømme fünf Minuten kochen lassen, dann die Hälfte des Mehls einrühren und solange aufkochen, bis sich Fett absondert. Das geschmolzene Fett abschöpfen und warm stellen. Salz und restliches Mehl zugeben, gegebenenfalls mit ein wenig Milch geschmeidig rühren. Alles unter ständigem Rühren erneut fünf Minuten aufkochen. Mit Zimt und/oder Zucker, aber auch mit Marmelade servieren, nie jedoch das flüssige Fett, das erst ganz zum Schluss über die Grütze gegossen wird, vergessen.

In den **Obst**-Anbauregionen des Hardanger gibt es wunderbar süße Kirschen und Erdbeeren, die man am Straßenrand kaufen kann. Eine Besonderheit sind aber die gelben *Moltebeeren,* brombeerähnliche Beeren, die nur in den borealen Zonen der Erde wachsen. Sie geben mit Joghurt oder im Kuchen, mit Schlagsahne oder nur mit Zucker, aber auch als Marmelade ein köstliches Dessert ab. Eine wirkliche Delikatesse! Die sehr vitaminhaltigen Beeren sind reich an Benzoesäure, dem besten Konservierungsmittel der Natur. Deshalb nahmen schon die Wikinger die *molter* mit auf die langen Reisen, und deshalb bekommt man die Beeren stets übers ganze Jahr serviert. Aber unvergleichlich gut schmecken sie im Herbst, wenn sich die erst roten Früchte gelb färben und dann vollreif sind.

Selbstbedienung: Obststände am Straßenrand

Ein richtiges Nationalgetränk gibt es nicht wirklich in Norwegen. Am engsten mit dem Land verbunden ist vielleicht der **Linie Aquavit**, der in Drammen erfunden, oder sollte man besser sagen entdeckt wurde. Zufällig hatte man bemerkt, dass nach einer Schiffsreise der mitgenommene – und oh Wunder wieder mit zurück gebrachte – Schnaps eine andere Farbe und einen besonderen Geschmack angenommen hatte. Noch heute wird das Destillat in alten Sherryfässern über den Äquator – die „Linie" im Namen – geschippert.

Besonders häufig wird in Norwegen **Kaffee** konsumiert, der pro Kopf Konsum ist der höchste weltweit. Eigentlich immer und überall und natürlich auch zum Abschluss des Essens. Norwegisches **Bier** ist besser als sein Ruf, so z. B. das in Bergen gebraute Hansa-Bier. Der Verkauf von Alkohol ist in Norwegen streng reglementiert (→ „Wissenswertes von A bis Z/Alkohol").

Wann isst man?

So mancher Urlauber ist etwas verwundert, denn in Norwegen heißt das **Abendessen** *middag*. Das ist auch die Hauptmahlzeit des Tages und wird etwa zwischen 17.30 und 21 Uhr eingenommen. In Lokalen gibt es oft ein Tagesmenü, das unter *dagens rett* oder *meny* auf der Karte steht.

Das **Frühstück** heißt *frokost* und ist traditionell deftig. Es gibt Wurst, Käse, Rühreier und sogar Fisch. In Hotels hat sich das Frühstücksbüfett durchgesetzt, das zwischen 7 und 10 Uhr serviert wird. Außerhalb kann man klassisch in Cafés oder Bäckerei-Cafés frühstücken.

Das **Mittagessen** wird wie im Englischen als *lunch* bezeichnet und ist in Lokalen meist nicht so üppig wie aus heimischen Gefilden bekannt – außer es gibt ein Büfett. In Restaurants wird das Lunchmenü meist zwischen 12 und 14 Uhr angeboten, in etwas zwangloserer Café-Bar-Atmosphäre werden kleine Lunchgerichte zwischen 11 und 17 Uhr serviert.

Wo isst man?

Wer in **Hotels** nächtigt, wird u. U. die reichhaltigen Büfetts zum Frühstück oder zum Abendessen im Übernachtungspreis inklusive haben und entsprechend auch in Anspruch nehmen. Wenn nicht, dann lohnt es sich zumindest finanziell, diese Optionen dazu zu buchen. Das Essen ist meist ganz gut und das Angebot üppig. Allerdings lässt die Atmosphäre bei dieser Art von Massenfütterung gelegentlich etwas zu wünschen übrig.

In den Städten gibt es jede Menge **Restaurants** in allen Kategorien, von bodenständiger Hausmannskost bis hin zur Sterne-Cuisine wird praktisch alles geboten. Die Preise sind *wesentlich* höher als man es von daheim gewohnt ist und für eine Portion Rentierbraten oder ein Stück gegrillten Klippfisch sind schnell 40 € ausgegeben. Ein 3-gängiges Menü mit passenden Weinen kostet pro Person mindestens 100 €. Trotzdem lohnt ein Besuch, weil die landestypischen Spezialitäten hier vom Fachmann zubereitet werden und es – wenn man nicht gerade privat von entsprechend begabten Norwegern bekocht wird – nirgends so gut schmeckt.

Je weiter man aufs Land fährt, desto mehr beschränkt sich das Lokal-Angebot auf **Pizzerien** und für Norwegen typische **Kros**, Wirts- oder Gasthäuser, die vielerorts den Charme einer Raststätte mit Selbstbedienung haben. Man kann sich dort zu reellen Preisen satt essen – ein wirklicher Genuss ist es meistens nicht.

Die modernen **Café-Bars** haben auch in Norwegen Einzug gehalten, zumindest in den größeren Ortschaften und Städten. Morgens kann man hier frühstücken, mittags gibt es Lunch, ab 18 Uhr eine Abendkarte und zu später Stunde werden eifrig Cocktails gemixt. Hier kann man in ungezwungener Atmosphäre gut und zu (relativ) angemessenen Preisen essen. Das Angebot ist meist nicht besonders groß, oft stehen nur eine Handvoll Gerichte zur Wahl, dafür ist alles frisch zubereitet. Neben den unausweichlichen *Burgern* gibt es leichte und meist mediterran oder asiatisch inspirierte Kreationen für umgerechnet etwa 18 bis 30 €. Und einen ordentlichen Kaffee bekommt man natürlich auch.

Den gibt es auch in so gut wie jeder **Bäckerei**. Zusätzlich kann man hier aus zahlreichen Backwaren und belegten Sandwiches wählen. Das Ganze entweder zum Mitnehmen – „Coffee To Go" erfreut sich auch in Norwegen großer Beliebtheit –, oft gibt es aber einen Sitzbereich oder zumindest ein oder zwei Stehtische. Hier treffen sich allmorgendlich Touristen und Einheimische.

Ansonsten findet man in Norwegens Städten jede Menge Fast Food. Darunter **Dönerbuden**, **Asia-Take-aways**, **Pizzaläden**, **Würstlbuden** und natürlich Filialen international bekannter **Burger-Ketten**. Leider ist das oft die einzige Möglichkeit, für verhältnismäßig wenig Geld ein warmes Essen zwischen die Zähne zu bekommen. Einen Dönerteller mit Pommes und Salat bekommt man für etwa 12 €, für ein paar Euro mehr kann man sich beim Pizzabäcker nach Herzenslust vollstopfen.

Fliegenfischen ist eine hohe Kunst – für Anfänger gibt es Kurse

Sport, Freizeit, Abenteuer

Die Norweger lieben ihre Natur und sie lieben Aktivitäten im Freien. Skilaufen, Angeln, Jagen und Wandern sind die Klassiker, die hier schon vor hundert Jahren begeistert haben, in den letzten Dekaden sind zahlreiche Sportarten dazugekommen. Wer es gerne geruhsam mag, findet in Norwegen ebenso sein Vergnügen wie der Adrenalinjunkie, die Familie mit Kindern ebenso Beschäftigung wie das Rentnerpaar oder die Jugendgruppe. Norwegens atemberaubende Natur hat einfach für jeden Geschmack etwas parat.

Angeln

Norwegen ist ein Paradies für Petrijünger: 200.000 Seen, Flüsse und Bäche sowie 21.000 km Küste bieten alles von A(al) bis Z(ander). Man kann ganz bequem vom Ufer aus fischen und beachtliche Erfolge erzielen. Wer nicht leicht seekrank wird, kann ein Boot mieten oder chartern und zum Angeln aufs Meer hinaus fahren. Hier ist das Revier der großen Dorsche, der Seelachse, der Makrelen oder der Steinbeißer und so sind derartige Ausflüge nicht nur bei den Einheimischen, sondern zunehmend auch bei Touristen beliebt.

Das aufregendste Angelvergnügen ist sicherlich der Lachsfang: *Salmo salar* kommt immerhin in über 250 norwegischen Flüssen vor und Exemplare von 20 kg werden immer wieder gefangen. Die bevorzugten Flüsse sind **Lakselv** in der Finnmark, **Målselv** nördlich Narviks, **Namsen** bei Grong oder **Otra** im Setesdal. Die Saison beginnt am 1. Juni und endet üblicherweise am 15. September, beste Fangzeit ist von Mitte Juli bis Mitte August.

> **Vorschriften für Angler in Norwegen**
> - Küsten- und Meeresangeln, z. B. auf Makrelen oder Dorsche, ist prinzipiell für jedermann kostenlos.
> - Zum Süßwasserangeln, z. B. auf Forellen, Äschen oder Barsche, muss man eine lokale Angelgebühr entrichten, die je nach Revier variieren kann. Diese Angelkarten sind meist nur 1 bis 2 Tage gültig und berechtigen auch nur zum Angeln in genau festgelegten Abschnitten eines Flusses oder Sees. Sonderregelungen gelten für Lachse.
> - Wer Lachs, Meerforelle oder Saibling angeln will, muss vorher eine Angellizenz erwerben (beim Postamt), die aber noch nicht zum Angeln, sondern lediglich zum Kauf der lokalen Angelkarten berechtigt (in Touristeninformationen, auf Campingplätzen oder in Sportgeschäften). 2012 betrug die Gebühr 235 NOK pro Person, für Kinder unter 16 gibt es Sonderregelungen.
> - Das Angeln mit Lebendködern ist verboten.
> - Um das Übertragen von etwaigen Parasiten von einem Revier (Flüsse und Seen) in ein anderes zu verhindern, muss die gesamte Ausrüstung (Angelruten, Kescher, Stiefel etc.) immer desinfiziert werden.
>
> **Weitere Informationen**: Über Fangquoten, saisonale oder ganzjährige Fangverbote und andere Einschränkungen kann man sich vor Ort oder vorab beim **Norges Jeger- og Fiskerforbund** (1364 Hvalstad, Hvalstadåsen 5, ℡ 66792200, www.njff.no) informieren.

Bergsteigen und Klettern

Fjelltur nennen Norweger die in ihrem Land übliche Kombination von Bergsteigen, Bergwandern und Trekking. Bergsteiger finden Herausforderungen mit unterschiedlichen Schwierigkeitsgraden, von ganz einfach bis hin zur 1000 m hohen, fast senkrechten Felswand **Trollveggen** in Romsdal, die Spitzensportler aus aller Welt anzieht. Auch die Lofoten haben für Kletterer anspruchsvolle Routen parat. Am höchsten Berg Norwegens, dem 2468 m hohen **Galdhøppigen**, gibt es etliche mittelschwere Touren, die man wunderbar mit Gletscherwanderungen verbinden kann. Die Region um **Rjukan** in der nördlichen Telemark ist mit ihren zahlreichen Wasserfällen das Mekka der Eiskletterer, die im Winter aus ganz Europa anreisen.

Vielerorts werden Kletterkurse und Führungen angeboten, so z. B. in der Hardangervidda, im Jostedal oder in Oppdal. Detaillierte Informationen finden Sie in diesem Buch im Reiseteil, können Sie in den lokalen Touristeninformationen erfragen oder beim DNT anfordern.

DNT, die Bergsportabteilung des norwegischen Wandervereins veranstaltet Kurse und hat allerlei Informationen ums Bergsteigen und Klettern parat. Youngstorget 1, 0181 Oslo, ℡ 40001868, www.turistforeningen.no.

Norges Klatreforbund, beim norwegischen Kletterverband steht man auch ausländischen Sportlern mit Rat zur Seite. ℡ 21029830, www.klatring.no.

Bergwandern

Wenn Sie wollen, können Sie ganz Norwegen durchwandern. Im Sommer sind rund 20.000 km (!) Wege durch Steinhaufen mit rotem „T" gekennzeichnet, im Winter sind über 6000 km mit auch bei hoher Schneedecke sichtbaren Stangen markiert. Das Terrain ist dabei sehr abwechslungsreich, angefangen von den dichten Wäldern Ostnorwegens bis hin zu den kargen Höhen des Hardangervidda-Plateaus.

Die gut 450 Hütten des norwegischen Wandervereins (DNT) stehen auch ausländischen Urlaubern offen, allerdings muss man vorher Mitglied werden, um die Schlüssel für die nicht bewirtschafteten Hütten leihen zu können (→ „Übernachten/Wanderhütten", S. 96). In den beliebtesten Revieren liegen die Hütten meist einen bequemen Tagesmarsch auseinander, sodass man jede Nacht ein festes Dach über dem Kopf hat.

Beim DNT gibt es auch allerlei Informationen bezüglich Planung und Ausrüstung, gute Tourenvorschläge und es werden auch geführte mehrtägige Wanderungen angeboten. Es gibt sehr gutes Kartenmaterial für die meisten Wanderregionen, für die beliebtesten Reviere sogar im Maßstab 1:25.000. Außerdem kann man digitales Material für GPS-Geräte kaufen (→ „Wissenswertes von A bis Z/Kartenmaterial, Navi, GPS", S. 123)

DNT, hier beantragt man die Mitgliedschaften, hier kann man Schlüssel für Hütten leihen und hier gibt es allerlei Infos und Kartenmaterial. Youngstorget 1, 0181 Oslo, ✆ 22822822, www.turistforeningen.no.

Wandern in Norwegen

Für erfahrene Trekker sicherlich nichts Neues, trotzdem an dieser Stelle einige Hinweise und Empfehlungen, was das Wandern in Norwegen betrifft.

- Holen Sie vor der Wanderung aktuelle Informationen ein, z. B. beim lokalen Turistkontor oder beim DNT. Hier erfahren Sie alles über mögliche Wegsperrungen, Öffnungszeiten von Wanderhütten und die herrschenden Witterungsverhältnisse – eine Wettervorhersage für die nächsten Tage gibt es meist auch.

- Überschätzen Sie nicht Ihre Kondition und wagen Sie sich nicht an zu schwierige Wanderungen.

- Gehen Sie nie alleine los und informieren Sie jemanden über Ihre geplante Route und den Termin der geplanten Rückkehr.

- Ohne festes Schuhwerk sowie wasserdichte und warme Kleidung geht es in Norwegen nicht! Rechnen Sie jederzeit mit Wetterwechsel und packen Sie auch Kleidung zum Wechseln ein.

- Gehen Sie nie ohne ortskundigen Führer zum Gletscherwandern!

Fliegen

Vielerorts werden klassische Rundflüge in Helikoptern oder kleinen Propellermaschinen angeboten. Drachenflieger und Paraglider finden in Norwegen gute, wenn auch nicht immer einfache Bedingungen. Vereinzelt werden auch Tandemflüge angeboten, z. B. im Hemsedal vom *Oslo Paraglider Klubb,* oder auch von verschiedenen Anbietern in und um Voss. Informationen zu allem, was sich in der Luft bewegt, vom Heißluftballon bis hin zum Segelflieger, erhalten Sie beim **Norges Luftsportforbund**.

Norges Luftsportforbund, Rådhusgaten 5 B, Oslo, ✆ 23010450, www.nlf.no.

Oslo Paraglider Klubb, Postboks 100, 3561 Hemsedal, ✆ 99447554, www.opk.no.

Gletscherwandern

Die eisigen Plateaus haben es in sich: Bis zu 40 m tiefe Spalten – häufig von Schnee bedeckt und deshalb nicht zu sehen – entstehen durch die immer währende Wanderung der Gletscher, die sich bis zu 2 m pro Jahr ins Tal schieben. Deshalb sollte man sich in jedem Fall einer Führung anvertrauen, alleine loszuziehen wäre einfach zu gefährlich. Im Zuge der geführten Touren bekommt man dann auch die nötige Ausrüstung: Eispickel, Steigeisen, Helm und Seil. Auf den südnorwegischen Gletschern *Folgefonna* und *Hardangerjøkul* werden in den Sommermonaten organisierte Touren mit Guide angeboten.

DNT, gute Infos auf der Webseite, man kann sich aber auch Material schicken lassen. Youngstorget 1, 0181 Oslo, ✆ 40001868, www.turistforeningen.no.

Auf den Preikestolen – eine der beliebtesten Wanderungen

Mineraliensuche

Kein wirklicher Sport, aber doch ein Heidenvergnügen für die ganze Familie. Die beste Möglichkeit, auf Mineraliensuche zu gehen, bietet sich im Setesdal, dort wurde nahe der Ortschaft *Evje* eigens ein Mineralienpfad angelegt.

Golf

Golf ist sehr beliebt in Norwegen, Plätze findet man im ganzen Land, v. a. aber um die Metropolen in Südnorwegen. Einer der schönsten und bekanntesten Golfplätze ist der *Oslo Golfklubb* in Bogstad. Auf norwegischen Plätzen können meist auch Gäste aus dem Ausland spielen, das Green Fee beträgt im Schnitt 300 NOK, meist kann man auch eine komplette Ausrüstung leihen. Und weil die Saison für die klassische Variante des Spiels aufgrund der Witterung so kurz ist, spielt man in Norwegen sogar Wintergolf auf Schnee oder Eis.

Norges Golfforbund, Sognsveien 75 J, Ullevaal Stadion, ✆ 21029150, www.golfforbundet.no.

Hundeschlittenfahren

Hinter Huskys lautlos über die Schneewüste gleiten – dieser atemberaubende Sport begeistert Norweger und Urlauber aus dem Ausland gleichermaßen. Über drei Dutzend Anbieter gibt es mittlerweile, viele davon im hohen Norden des Landes, aber auch in einigen Skigebieten Südnorwegens oder auf der *Hardangervidda* werden

Touren angeboten. Hilfreich ist wieder einmal der norwegische Wanderverein DNT, man kann aber auch direkt vor Ort in Touristeninformationen anfragen. Im Reiseteil werden bei den jeweiligen Ortschaften unter „Aktivitäten" auch Hundeschlittenfahrten gelistet, sofern sie angeboten werden.

Infos bei **DNT**, Youngstorget 1, 0181 Oslo, ✆ 40001870, www.turistforeningen.no.

Jagen

Eines der letzten großen Reviere Europas erwartet den Waidmann. Elch, Hirsch, Hase, Reh und Ren, Auerhahn und Birkhuhn, Ente und Gans dürfen während der Jagdzeiten erlegt werden. Ausländer müssen entsprechende Jagdscheine aus dem Heimatland vorweisen, ein Europäischer Waffenpass erleichtert die Mitnahme der Jagdwaffen nach Norwegen (→ „Einreiseformalitäten und Zoll", S. 73). Gejagt werden darf praktisch überall in Norwegen, man muss allerdings eine Jagdgenehmigung (umgerechnet rund 50 €) erwerben und die Erlaubnis des Landeigners muss vorliegen. Zusätzlich fallen dann noch die eigentlichen Abschussgebühren an, die der Landeigentümer festlegt. Für einen kapitalen Elch können die ein paar tausend Euro betragen.

Direktoratet for Naturforvaltning, Download einer Broschüre mit Infos über Schonzeiten, erlaubte Jagdwaffen und sonstige Regulierungen. Auch in deutscher Sprache. 7004 Trondheim, Tungasletta 2, ✆ 73580500, www.dirnat.no.

Norges Jeger- og Fiskerforbund, beim Jagd- und Fischereiverband kann man ebenfalls Infos einholen. Hvalstadåsen 5, 1364 Hvalstad, ✆ 66792200, www.njff.no.

Kanu und Kajak

Für Paddler hält Norwegen wunderbare Erlebnisse bereit. Man kann im Seekajak entlang der Schärenküste oder durch atemberaubende Fjorde paddeln, zahlreiche Seen laden zu gemütlichen Ausflugsfahrten im Paddelboot ein und der idyllische

Rafting erfreut sich zunehmender Beliebtheit

Telemarkkanal ist ein Revier für Bootswanderer und auch für „Ersttäter" geeignet. Man kann sogar in Gletscherseen paddeln.

Kanus und Kajaks kann man vielerorts für wenig Geld ausleihen, manche Unterkünfte oder Campingplätze stellen sie ihren Gästen kostenlos zur Verfügung. In besonders beliebten Revieren werden außerdem Kurse – vom Einsteigerkurs bis hin zum Erlernen der Eskimorolle – und organisierte Ausfahrten mit Guide und Rücktransport angeboten.

Norges Kajakkforbund, an den norwegischen Paddler-Verband kann man sich mit Anfragen aller Art wenden. Serviceboks 1, Ullevål stadion, 0840 Oslo, ℡ 21029835, www.padling.no.

Orientierungssport

Hierzulande noch kaum bekannt, in Skandinavien aber schon seit 60 Jahren ein echter Renner. Der Orientierungslauf mit Karte und Kompass wird in Norwegen auf über 200 vorbereiteten Pfaden organisiert, wobei der Schwierigkeitsgrad vom Familienwandern bis zum Extremtrekking reicht. Karten mit eingezeichneten Kontrollpunkten und weitere Orientierung erhalten Sie bei der Organisation für Orientierungssport.

Norges orientieringsforbund, Sognsvn. 73, ℡ 21029000, www.orientering.no.

Outdoor-Abenteuer

Zahlreiche Veranstalter kämpfen mit jeder Menge Angeboten um die Gunst der Urlauber. Paragliden, River-Rafting, Abseilen, Elch-Safaris, und, und, und. Wer will, kann sich sogar in dicken Überlebensanzügen einen eiskalten Lachsfluss hinabtreiben lassen (→ Sand, S. 269). Ein Höhepunkt für ganz Wagemutige ist ein *Para-Bungy-Sprung*, bei dem man erst von einem Boot unter einem Parasailer hängend auf 200 m Höhe gezogen wird und sich von dort oben dann an einem Bungy-Seil in die Tiefe stürzt (→ Voss, S. 367).

Rafting

Rafting erfreut sich als waschechter „Adrenalin-Sport" auch in Norwegen immer größerer Beliebtheit. Dabei reicht das Spektrum von eher harmlosen Familienfahrten bis hin zur Extremtour durch Norwegens wildeste Stromschnellen. Zu den besten und beliebtesten Revieren in Südnorwegen gehört die Otra im unteren Setesdal, aber auch in der Region um *Voss* kann man gut Raften gehen. Hier zwei Adressen – im Reiseteil gibt es in den jeweiligen Ortskapiteln ausführliche Informationen.

Voss Rafting Senter, in Voss, ✆ 56510525, www.vossrafting.no.

Troll Aktiv, in Evje (Setesdal), ✆ 37931177, www.trollaktiv.no.

Reiten

Die genügsamen Fjordpferde, kaum größer als das Island-Pony, laden auch ungeübte Reiter ein, einige Stunden auf dem Pferderücken zu verbringen. Viele Reitzentren bieten Pferdeverleih, Reitstunden (auch für Behinderte), geführte Touren und Wochentrecks an, z. B. in **Rogaland** bei Stavanger.

Segeln

Bootssteg am Jachthafen von Kragerø

Norwegen ist ein äußerst reizvolles, aber auch nicht ganz einfaches Segelrevier. Die zerklüftete Küste, verwinkelte Fjorde, schier unzählige Schären und letztlich die Strömungsverhältnisse machen das Navigieren schwierig. Gute und aktuelle Karten sind unerlässlich, bewährt hat sich die Hauptkartenserie der offiziellen norwegischen Seekarte (1:50.000). Zusätzlich brauchen Sie Hafen- und Ansteuerungskarten für die von Ihnen geplanten Törns. Alle diese Seekarten erhalten Sie bei *Norges Sjøkartverk*.

Wer Norwegen vom Ausland aus ansteuert, muss zunächst einen Zollhafen anlaufen und Nationalitäts-, Besitz- und Heimatnachweise (bei Leihbooten auch den Chartervertrag) vorweisen. In Norwegen ist man bestens auf Segler eingestellt, die Yacht-Häfen verfügen über gut ausgestattete Gäste-Marinas.

Kongelig Norsk Seilerforening (KNS), für Infos kann man sich an den norwegischen Yachtclub wenden. Huk Aveny 3, 0287 Oslo, ✆ 23275600, www.kns.no.

Norges Sjøkartverk, Postboks 60, 4001 Stavanger.

Skilaufen

In Norwegen wurde das Skifahren erfunden und so verwundert es nicht, dass sich der Sport hier großer Beliebtheit erfreut. Neben einem unschlagbaren Loipennetz, das auf tausenden Kilometern das Land durchzieht, gibt es auch ganz beachtliche Alpin-Reviere. In den letzten Jahrzehnten haben Norwegens Skigebiete einen wahren Boom erlebt und so haben sich regelrechte Skizentren entwickelt, die mit perfekter Infrastruktur jeden erdenklichen Komfort garantieren. Und der wohl wichtigste Aspekt für jeden Wintersportler: Norwegische Reviere gelten als sehr schneesicher und das je nach Region bis Ende Mai. Einziges Manko: viel Tageslicht gibt es im Winter nicht.

Überall kann man eine Ski- und Snowboardausrüstung leihen, außerdem werden in allen Skigebieten auch Kurse angeboten. Neben den klassischen Disziplinen wie **Langlauf** und **Abfahrt** hat man sich in Südnorwegen dem allgemeinen Trend folgend auch auf die sogenannten In-Sportarten eingestellt. **Snowboarder** und **Ski-Trickser** finden in fast allen Skigebieten Funparks mit Kickern, Rails und großen Halfpipes. Einige der besten Parks im Land findet man in der Region um Geilo. Erst seit ein paar Jahren angesagt, aber unglaublich stark im Kommen ist das **Snow-Kiting**. Mittlerweile werden vielerorts Kurse angeboten. In Südnorwegen besonders gut geeignet sind dafür die baumlosen Hochebenen des *Hardangervidda-Plateaus*.

Was die Norweger ganz besonders freut, ist das große Revival des **Telemark-Stils**, der ja immerhin in der gleichnamigen Provinz erfunden wurde. Und es gibt tatsächlich auch keine elegantere Art die Berge hinunter zu schwingen. Kurse werden in so gut wie allen Skigebieten angeboten, allerdings sollte man schon fit seit, denn die ständigen Ausfallschritte gehen ganz gewaltig auf die Oberschenkel.

Es versteht sich von selbst, dass an dieser Stelle nur eine kleine Auswahl an Revieren und Skitipps stehen kann, zu groß ist das Angebot. Im Reiseteil dieses Buches wird aber detailliert auf die Bedürfnisse von Wintersportlern eingegangen.

Geführte Skitouren DNT, der norwegische Wanderverein veranstaltet im Winter geführte Skitouren. Die Angebote sind fast ausschließlich für geübte Skifahrer gedacht und erfordern meist auch eine gute Kondition. ✆ 40001868, www.turistforeningen.no.

Langlauf & Tour Sobald irgendwo Schnee liegt, gehen die Norweger Langlaufen, tausende Kilometer gespurter Loipen gibt es im Land. Besonders beliebt ist die 180 km lange **Troll-Loipe** zwischen dem Rondane-Nationalpark und Lillehammer..

Möglich ist das Langlaufen in allen Skigebieten, die hier gelistet werden, teilweise sogar unter Flutlicht. Gute Informationen für Langläufer gibt es unter www.norskespor.com.

Ski Alpin Südnorwegens beliebteste und beste Reviere für Abfahrer liegen um **Voss** (www.visitvoss.no) oder um **Geilo** (www.geilo.no). Im **Hafjell** (www.hafjell.no) wurden während der Olympischen Winterspiele in Lillehammer die Abfahrtswettbewerbe ausgetragen.

Telemark Kurse gibt es in fast allen Skigebieten, aber im **Morgedal** wurde einst die Technik von Sondre Norheim erfunden. www.morgedal.com.

Segelboote an der Aker Brygge

Für Snowboarder Hemsedal gilt als eines der besten Reviere für Snowboarder mit einem guten und großen Funpark. www.hemsedal.com.

In **Geilo** steht die größte Superpipe des Landes, hier werden auch internationale Wettbewerbe veranstaltet. www.geilo.no.

Snow-Kite 4 Elements, Snow-Kite-Kurse und -Camps in der Hardangervidda. ✆ 21916978, www.4elements.no.

Sommerski Auf Norwegens Gletschern kann man das ganze Jahr über Ski fahren, selbst im Hochsommer. Dann wird der Schnee aber spätestens ab Mittag matschig. In Südnorwegen auf dem **Folgefonna** (www.folgefonn.no).

Surfen und Kiteboarden

In Norwegen kann man durchaus auch gut surfen. Besonders beliebt ist das trendige *Kitesurfen*. Wenn die kräftigen Winde wehen – was nicht ungewöhnlich ist – flitzen die Sportler mit ihren bunten Lenkdrachen übers Wasser und ziehen die Blicke der Zuschauer auf sich. Kurse oder Verleihstationen sind allerdings noch selten und so müssen Urlauber ihr Equipment selber mitbringen.

Tauchen

Die Hauptattraktion vor Norwegens Küste sind sicherlich Schiffswracks, die man im klaren Wasser bestaunen kann, aber auch die überraschend farbenfrohe Unterwasserwelt kann sich sehen lassen. Im gesamten Küstenbereich warten Tauchschulen *(dykkersenter)* auf Kunden, denen sie Ausrüstung vermieten, die Flaschen auffüllen und für die sie Kurse organisieren. Oft wird auch gleich noch eine Unterkunft angeboten. Fachgeschäfte finden sich auch in den küstennahen Großstädten Bergen, Stavanger und Ålesund.

Norges Dykkerforbund, Ullevål Stadion, 0840 Oslo, ✆ 21029742, www.ndf.no.

Klassische Holzboote stehen immer noch hoch im Kurs

Wissenswertes von A bis Z

Ärztliche Versorgung

Die **ärztliche Versorgung** in Norwegen ist ausgezeichnet. Wer einen Arzt benötigt, wendet sich vor Ort an die *legevakt* – den medizinischen Notdienst. Kontaktdaten finden sich in Telefonbüchern, man kann sie in den Tourismusinformationen erfragen und oft sind sie dort auch an den Türen angeschlagen. Je nach Art der Beschwerden kann man sich auch an ein Krankenhaus *(sykehus)* oder entsprechend an einen Zahnarzt *(tannlege)* wenden.

Beim Arzt ist dann immer eine Konsultationsgebühr von ca. 150–250 NOK zu entrichten. Mit einer Europäischen Krankenversicherungskarte (EHIC-Card) – man erhält sie bei seiner Krankenkasse, z. T. ist sie inzwischen auf der Rückseite der Krankenversicherungskarte aufgedruckt – ist die Behandlung akuter Beschwerden dann i. d. R. kostenlos. Allerdings kann es sein, dass bestimmte Leistungen erst einmal selbst bezahlt werden müssen, Grundlage hierfür ist nicht das deutsche, sondern das norwegische System. Heben Sie alle Dokumente und Rechnungen gut auf, damit Sie diese nach der Rückkehr bei Ihrer Versicherung einreichen können.

Die Leistungen der einzelnen Versicherungen können variieren, erkundigen Sie sich vor Abreise bei der Ihrigen, welche Kosten übernommen bzw. erstattet werden. Außerdem lohnt der Abschluss einer Auslandsreise-Krankenversicherung, damit ist man auf der sicheren Seite.

Sprachprobleme im Fall der Fälle gibt es in Norwegen kaum – jeder Arzt, jede Krankenschwester spricht Englisch, oft ist sogar medizinisches Personal mit

Deutschkenntnissen zur Stelle. Und oft genug sind es mittlerweile sogar deutsche Ärzte, die in Norwegen arbeiten.

Alkohol

Alkohol ist in Norwegen unglaublich teuer. Anfang des 20. Jh. glaubte der Staat die Bevölkerung vor übermäßigem Konsum und dessen Folgen schützen zu müssen, erst wurde der Ausschank komplett verboten, 1927 liberalisierte man das Ganze wieder etwas. Jedenfalls ist seitdem der Verkauf von Alkohol ganz in staatlicher Hand und streng reglementiert. Wein, Starkbier und Hochprozentiges gibt es nur in den *vinmonopolet*-Läden, Bier bis 4,8 % Alkoholgehalt gibt es auch im Supermarkt, unterliegt aber dann u. U. verkürzten Verkaufszeiten. Mindestalter zum Erwerb von Bier und Wein ist 18 Jahre, für hochprozentige Alkoholika muss man 20 Jahre alt sein.

Den astronomischen Preisen zum Trotz, die Norweger trinken gerne und wenn, dann auch gerne viel. Den übermäßigen Konsum durch harte Preispolitik zu regeln ist nur bedingt gelungen. Junge Leute mit kleinem Geldbeutel treffen sich z. B. vor dem Ausgehen zum „Vorspiel" – es wird tatsächlich das deutsche Wort verwendet –, bei dem dann noch zu Hause meist Hochprozentiges konsumiert wird, bevor man in die Kneipen oder Clubs weiterzieht. Insgesamt gesehen liegt der Pro-Kopf-Verbrauch im Landesdurchschnitt aber relativ niedrig.

Natürlich gibt es immer wieder Leute, die derartigen Wucher zu umgehen suchen. Der Alkoholtourismus ins benachbarte – und preislich günstigere – Schweden boomt und auf den Fähren von Dänemark oder Deutschland wird gleich palettenweise eingekauft. Im hohen Norden des Landes, an den Grenzen zu Finnland und Russland, wurde immer schon ein reger Warenaustausch betrieben und auch billiger Wodka findet hier seinen Weg nach Norwegen. Legal ist das nur bei geringen Mengen, und auch wenn es unter Wohnmobilsten gang und gäbe ist, den Stauraum mit einigen Paletten des heimischen Lieblingsgebräus zu füllen – erlaubt ist es nicht. Grenzkontrollen sind zwar aufgrund des Schengener Abkommen eher die Ausnahme, trotzdem ist die maximale Einfuhrmenge von Bier auf 5 l beschränkt (Näheres → „Zoll", S. 73).

Apotheken und Medikamente

In Norwegen ist an **Medikamenten** zwar so gut wie alles zu bekommen, aber ausschließlich mit einem norwegischen Rezept von einem norwegischen Arzt. Dabei können durchaus Arzneien verschreibungspflichtig sein, die in Deutschland frei erhältlich sind. Wer also regelmäßig Medikamente einnehmen muss, sollte sich die schon in Deutschland besorgen und zusammen mit einem Schreiben des Arztes (→ „Einreiseformalitäten/Zoll", S. 73) nach Norwegen mitnehmen. Die Öffnungszeiten der **Apotheken** entsprechen denen normaler Geschäfte (→ „Öffnungszeiten", S. 127).

Arbeiten und Auswandern

Für EU- und EFTA-Bürger ist es relativ einfach, in Norwegen zu arbeiten. Bis zu drei Monate kann man ganz ohne spezielle Arbeitserlaubnis bleiben und einer Tätigkeit nachgehen. Wer schon im Land ist und länger als drei Monate bleiben und arbeiten will, sollte sich VOR Ablauf der Frist bei der Polizeidienststelle seines Bezirks melden und kann dann dort die Genehmigung beantragen. Neben einem gültigen Pass und einem Foto sind verschiedene Dokumente vorzulegen – z. B. ein Arbeitsvertrag, oder bei Selbständigkeit eine Registrierung beim norwegischen Handelsregister sowie ein Nachweis über genügend finanzielle Mittel. Wer in Norwegen seinen Ruhestand verbringen will, muss über eine Rente oder Pension verfügen, die wenigstens dem norwegischen Mindestsatz entspricht. Wer den Antrag schon von Deutschland aus stellen möchte, kann dies bei der zuständigen Botschaft tun.

Nach drei Jahren Aufenthalt in Norwegen kann man eine Daueraufenthaltsgenehmigung beantragen, nach frühestens sieben Jahren in Norwegen kann man die Staatsbürgerschaft beantragen. Details findet man auf der Webseite des *Norwegian Directorate of Immigration* (www.udi.no), hier kann man diverse Informationsblätter in deutscher Sprache als PDF herunter laden.

Ausrüstung und Kleidung

Wohl dem, der im geräumigen Wohnmobil reist und genügend Stauraum hat. Denn bei allen Unterschieden, was Jahreszeit, Region und geplante Aktivitäten betrifft, in Norwegen muss man sich eigentlich auf alles einstellen. Auch Sommerurlauber sollten warme Kleidung nicht vergessen. Regenanorak und Windjacke gehören ebenfalls immer ins Gepäck. In Hochlagen wie etwa der *Hardangervidda* wird es auch im Hochsommer nicht wärmer als 15 °C, das sollte man bedenken, wenn man dort Touren plant. Festes und wasserabweisendes Schuhwerk empfiehlt sich für Wanderer, viele Wege sind felsig und oft auch morastig. Die Norweger tragen sogar in der Stadt gerne Gummistiefel und man kann es ihnen ruhig gleichtun. Für Camper empfehlen sich geschlossene Gummilatschen, so bekommt man keine nassen Füße, wenn man auf dem Weg zu den Sanitärblocks über das feuchte Gras des Plat-

Im regnerischen Bergen werden Reparaturen von Regenschirmen angeboten

zes marschiert. Vergessen Sie auch die Regenhülle für den Rucksack nicht – zu ärgerlich, wenn beim Ausflug alles durchnässt. Auf die mögliche Kälte und Nässe sollten sich v. a. auch Radfahrer einstellen und neben guter Funktionskleidung auch wasserdichte Packtaschen mitnehmen.

Die Sonne kann in Norwegen ganz gewaltig vom Himmel brennen. Besonders aufpassen sollte man, wenn man auf dem Meer unterwegs ist – etwa im Kajak oder im Boot –, aber auch schon, wenn man sich zum Angeln ans Wasser stellt. In den Bergen ist die Sonne ebenfalls sehr stark, v. a. natürlich im Winter, wenn der Schnee die Strahlen reflektiert. Eine gute **Sonnencreme** mit hohem Lichtschutzfaktor ist also ein absolutes Muss.

Wer im Zelt übernachtet, sollte einen **Schlafsack** dabei haben, der auch für etwas kühlere Temperaturen geeignet ist. In Jugendherbergen oder Hütten braucht man **Bettwäsche**, die kann man zwar auch gegen Gebühr leihen, aber wer sie selber mitbringt, kann so etwas sparen. Einen **Erste-Hilfe-Pack** sollte man immer dabei haben und eine Taschenlampe sowie ein Taschenmesser werden sicherlich auch gute Dienste leisten. Ein gutes **Mückenschutzmittel** ist im Sommer wichtig und v. a. dann, wenn man in der Nähe von Seen oder Flüssen campiert. Wer sich in den Städten ins Nachtleben stürzen will, der sollte dann doch noch etwas mehr als Outdoor-Kleidung einpacken. Der Dresscode in Clubs und Bars ist zwar nicht besonders streng, aber in Funktionshose und Trekkingsandalen sollte man dann doch nicht auftauchen.

Baden und Schwimmen

Es gibt wirklich schöne Badeplätze in Norwegen, sowohl am Meer, als auch an Seen oder Flüssen. Da ist es geradezu verlockend, sich in die Fluten zu stürzen, aber ein wenig aufpassen sollte man schon. Oberste Grundregel ist hier wie überall: möglichst nie alleine schwimmen gehen. Im Meer gilt es besonders auf Strömungen oder Rips – jene Unterströmungen, die einen vom Strand direkt aufs Meer hinaus ziehen – zu achten, alle paar Jahre gibt es außerdem hier und da Probleme mit Quallen. Auch die Strömung von Flüssen ist nicht zu unterschätzen, hier können auch spitze Felsen eine Gefahr darstellen. An Waldrändern und Seeufern kann man – wirklich nur selten – auf Kreuzottern treffen, deren Biss v. a. für Kinder gefährlich werden kann.

Behinderung

Die Nordländer gehen im allgemeinen verhältnismäßig ungezwungen mit behinderten Menschen um und zeigen wenig Berührungsängste. Rollstuhlfahrer finden gute Bedingungen in Norwegen, viele Hotels bieten entsprechende Zimmer an, auf Campingplätzen gibt es meist einen rollstuhlgerechten Bereich im Sanitärblock und zahlreiche Museen sind via Rampen oder Aufzüge gut zugänglich. Vereinzelt gibt es sogar speziell gebaute Angelplattformen, die man einfach mit dem Rolli erreichen kann. Was den Transport betrifft, haben sich Fluglinien und die Staatsbahn gut auf Menschen mit Handicap eingestellt, Defizite gibt es allerdings noch beim Busverkehr. Einige Mietwagenfirmen bieten entsprechend ausgestattete Sondermodelle an, die man allerdings rechtzeitig reservieren sollte.
Norges Handikappforbund, Infos auf Norwegisch und Englisch. Schweigaardsate 12, ✆ 24102400, nhf@nhf.no, www.nhf.no.

Diplomatische Vertretungen

Norwegische Vertretungen

Botschaft in Deutschland Norwegische Botschaft Berlin, Rauchstr. 1, 10787 Berlin, ✆ 030/505058600, 📠 505058601, emb.berlin@mfa.no, www.norwegen.org. Mo–Fr 9–16 Uhr.

Konsulate in Deutschland Generalkonsulat Hamburg, Caffamacherreihe 5, 20335 Hamburg, ✆ 040/32509160, cg.hamburg@mfa.no. Mo–Fr 9–16 Uhr.

Bremen, Faulenstr. 2, 28195 Bremen, ✆ 0421/3034293. Di 11–17 Uhr, Do 9–13 Uhr.

Düsseldorf, E-On-Platz 11, 40474 Düsseldorf, ✆ 0211/4579449, gk.duesseldorf@eon.com. Di–Do 10–13 Uhr.

Frankfurt am Main, Stuttgarter Str. 25, 60329 Frankfurt am Main, ✆ 069/1310815. Di–Do 10–12 Uhr.

Hannover, Lavesstr. 82, 30419 Hannover, ✆ 0511/7907212. Mo–Fr 9–12 Uhr.

Kiel, Europaplatz 5, 24103 Kiel, ✆ 0431/2400111. Mo–Fr 9–12 Uhr.

Leipzig, Braunstr. 7, 04347 Leipzig, ✆ 0341/4432060. Mo–Mi 9–12 und 13–16 Uhr, Do 9–12 und 13–17 Uhr, Fr 9–12 Uhr.

Lübeck, Geniner Str. 249, 23560 Lübeck, ✆ 0451/5302211. Mo–Fr 9–12 Uhr.

München, Promenadenplatz 7, 80333 München, ✆ 089/224170. Mo–Fr 9–12 Uhr, Do 14–17 Uhr.

In Österreich Norwegische Botschaft Wien, Reisnerstr. 55–57, 1030 Wien, ✆ 0171660, 📠 017166099, emb.vienna@mfa.no, www.norwegen.or.at. Mo–Fr 8.30–16 Uhr.

In der Schweiz Norwegische Botschaft Bern, Bubenbergplatz 10, 3011 Bern, ✆ 313105555, 📠 313105550, emb.bern@mfa.no, www.amb-norwegen.ch. Mo–Fr 9–12 und 13–16 Uhr.

Vertretungen in Norwegen

Deutsche Botschaft Botschaft der Bundesrepublik Deutschland Oslo, Oscarsgate 45, 0244 Oslo, ✆ 23275400, 📠 22447672, info@oslo.diplo.de, www.oslo.diplo.de.

Deutsche Konsulate Honorarkonsulat Bergen, Strandgaten 9, 5012 Bergen, ✆ 55315380, bergen@hk-diplo.de.

Bodø, Sjøgaten 21, 8006 Bodø, ✆ 75528855, alstas@online.no.

Kirkenes, Dr. Vesselsgate 9, 9900 Kirkenes, ✆ 78995080, kirkenes@gmx.net.

Kristiansand, Vige Havneveie 4, 4633 Kristiansand, ✆ 90518732, jon.jacobsen@byggmoholding.no.

Stavanger, Travbaneveien 1, 4033 Stavanger, ✆ 51958550, per.arne@froilandbygg.no.

Svolvaer, Krogvegen 9, 8301 Svolvaer, ✆ 76073400, advokat@jensblix-nilsen.no.

Tromsø, Sjøgata 2, 9008 Tromsø, ✆ 77617800, oma@steenstrup.no.

Trondheim, Sivert Thonstadsv 7, 7072 Trondheim, ✆ 41418368, kristin@kristinofferdal.no.

Ålesund, Einarvikgaten 8, 6025 Ålesund, ✆ 70100970, kjell.standal@elinora.no.

Österreichische Vertretungen Österreichische Botschaft Oslo, Thomas Heftjes gate 19–21, ✆ 22540200, oslo-ob@bmeia.gv.at, www.bmeia.gv.at. Mo–Fr 10–12 Uhr.

Österreichische Konsulate außerdem in **Alesund, Bergen, Kristiansand, Stavanger, Tromsø** und **Trondheim**.

Schweizer Vertretungen Schweizer Botschaft Oslo, Bygdøynesveien 13, 0244 Oslo, ✆ 22452390, osl.vertretung@eda.admin.ch, www.eda.admin.ch/oslo. Mo–Fr 9.30–12 Uhr.

Drogen

Die Mär von den erlaubten, kleinen Mengen zum Eigengebrauch sollte man schnell vergessen. In Norwegen ist, wie auch in Deutschland, die Einfuhr, der Kauf und Besitz von Drogen aller Art – auch vermeintlich „weicher" Drogen wie etwa Marihuana – strafbar und wird strafrechtlich verfolgt.

Einkaufen

Prinzipiell kann man in Norwegen alles kaufen, was es auch hierzulande gibt. Lebensmittel kosten – wie fast alles – etwas mehr als in Deutschland, am günstigsten kauft man noch in den großen Supermarktketten *Rema 1000* oder *Rimi* ein. Wer Berg-, Angel- oder Wanderausrüstung braucht, findet zahlreiche Geschäfte mit einem riesigen Angebot. In den größeren Städten findet man außerdem Boutiquen mit Mode internationaler Designer.

Einkaufen im „Elchladen"

Norwegen ist kein Land um Urlaubsschnäppchen mit nach Hause zu bringen. In Anbetracht des Preisniveaus liegt der Fokus entweder auf Sachen, die daheim schwer zu bekommen sind, oder die als typisch norwegisch gelten und somit auch einen ideellen Wert als Souvenir haben. Die wunderschönen Norwegerpullis sind sehr beliebt, auch wenn man für gute Qualität schnell über dreihundert Euro auf den Tisch legen muss. Die typischen Jagd- und Outdoormesser im schlicht-nordischen Design sind ebenfalls ein passendes Souvenir – ab Werk gekauft muss man etwa 100 € für ein hochwertiges Exemplar investieren. In einigen Gegenden – z. B. dem Setesdal – gibt es handgearbeiteten Silberschmuck zu kaufen. Räucherlachs ist der Klassiker unter den Mitbringseln und stellt eine echte Ausnahme dar, weil er bei gleicher Güte in Deutschland mehr kostet als in Norwegen. Beachten Sie die Zollvorschriften und die erlaubten Freimengen bei der Rückreise nach Deutschland (→ „Einreiseformalitäten und Zoll", S. 73)

Für ausländische Touristen gibt es wenigstens die Chance zum **zollfreien Einkauf**, mehr als 3000 Läden führen das „Tax-Free"-Schild im Schaufenster. Bei einem Kauf über 315 NOK bekommen Sie in diesen Geschäften einen Scheck ausgestellt, über den Sie bei der Ausreise einen Teil der Mehrwertsteuer in bar und in Kronen erstattet bekommen. Allerdings dürfen ab Kaufdatum nicht mehr als vier Wochen vergangen sein, die Ware muss unbenutzt und in Originalverpackung vorgezeigt werden. Zur Feststellung der Nationalität muss man ebenfalls den Ausweis/Pass vorlegen. Weitere Informationen erhalten Sie unter www.globalrefund.no.

Ermäßigungen

Studenten und Senioren erhalten bei zahlreichen Sehenswürdigkeiten vergünstigten Eintritt. Während bei den Senioren das Alter ausschlaggebend ist, benötigen

Studenten einen entsprechenden Ausweis – die *International Student Identity Card (ISIC)*. Die rund 500 Ausgabestellen in Deutschland sind auf der Webseite abrufbar, man kann den Ausweis aber auch per Post beantragen. Vorzulegen ist eine aktuelle Immatrikulationsbescheinigung und ein gültiger Ausweis, außerdem ein Passbild. Die ISIC kostet 12 €.

Auch für Übernachtungen in Hotels, Hostels oder Jugendherbergen kann man Ermäßigungen erhalten. Siehe dazu „Übernachten/Tipps für Reisende mit niedrigerem Budget", S. 94.

Studentenausweis International Student Identity Card, Unterlagen per Post an *rds Reisedienst*, Grindelallee 114, 20146 Hamburg, contact@isic.de, www.isic.de.

Feiertage und Ferien

Der 17. Mai ist der norwegische **Nationalfeiertag**. Am 17. Mai 1814 wurde die Verfassung verabschiedet und so wird dieser Tag mit Umzügen, Flaggenparaden und Kinderfesten begangen. Häufig feiern Abiturienten an diesem Tag auch ihre Abschlussfeier. Alle anderen arbeitsfreien Tage kennt man auch bei uns in Deutschland.

Für die Ferienplanung sollte man – soweit man flexibel genug ist – die norwegischen **Schulferien** beachten. Die Preise für Übernachtungen sind dann am höchsten und die beliebten Urlaubsdestinationen platzen aus allen Nähten. Sommerferien sind von Mitte Juni bis Mitte August, überdies haben Schulkinder nur noch zweimal Kurzferien: eine Woche im Februar und in der Zeit zwischen Palmsonntag und Osterdienstag.

Landesweite Feiertage

1. Januar (Neujahrstag)
Palmsonntag
Gründonnerstag
Karfreitag
Ostermontag
1. Mai (Tag der Arbeit)
17. Mai (Nationalfeiertag),
Christi Himmelfahrt
Pfingstsonntag
Pfingstmontag
1. und 2. Weihnachtsfeiertag

Festivals und Veranstaltungen

Es gibt eine riesige Anzahl an regelmäßigen Festen, und Jahr für Jahr gibt es neue Anlässe für neue Festivals. Besonders beliebt sind die Freiluft-Konzertveranstaltungen oder historische Aufführungen im Sommer, aber prinzipiell gibt es irgendwo im Land immer interessante Veranstaltungen. Einige Festivitäten sind regional von so großer Bedeutung, dass sie wie Feiertage begangen werden und Geschäfte entsprechend geschlossen sind. Es folgt eine nur kleine Auswahl, sobald Sie ihre Reisezeit wissen, können Sie sich bei lokalen Touristeninformationen informieren oder mit den Suchmasken auf *www.visitnorway.com* Veranstaltungen ausfindig machen.

Januar ice music festival, einen musikalischen Genuss der wohl außergewöhnlichsten Art kann man Ende Januar in Geilo erleben. Beim alljährlichen *ice music festival* wird auf aus Eis gefertigten Musikinstrumenten gespielt. www.icefestival.no.

März Kirchenmusikfestival Oslo, seit dem Jahr 2000 wird das Festival veranstaltet, das sich zum bedeutendsten seiner Art in ganz Norwegen entwickelt hat. Musikalisch werden Stücke vom Mittelalter bis heute dargeboten. www.kirkemusikkfestivalen.no.

Vossa Jazz, beliebtes Jazzfestival im Ferienort Voss. Wird über drei Tage Ende März veranstaltet. www.vossajazz.no.

Mai Bergen International Festival, 14 Tage lang gibt es bis Anfang Juni zahllose Termine: Theater, Ballett und Konzerte vom Feinsten. Sehr beliebt, deshalb sollte man Tickets vorbestellen. www.fib.no.

Norsk Litteraturfestival, an sechs Tagen Ende Mai dreht sich beim größten Literaturfestival des Landes in Lillehammer alles um zeitgenössische Literatur. www.litteraturfestival.no.

Juni Skeive Dager, die „schwulen Tage" sind Norwegens größte Veranstaltung für Homosexuelle. Filmfestival, Konzerte, Shows und vieles mehr. www.skeivedager.no.

Grieg Festival, von Ende Juni bis Anfang August trifft sich die Grieg-Fangemeinde am ehemaligen Wohnort des größten norwegischen Komponisten in Troldhaugen, im Süden Bergens, zu lauschigen Konzerten. Veranstaltungsplan im Netz oder bei den Touristeninformationen. www.griegin bergen.com.

Juli Kongsberg Jazzfestival, eines der bedeutendsten, am besten besetzten und meist besuchten Jazzfestivals des Landes. Sehr beliebt, weil es von Oslo und den südlichen Ballungsräumen leicht zu erreichen ist. www.kongsberg-jazzfestival.no.

August Den Norske Filmfestivalen, hier wird der Amanda-Preis – so etwas wie der norwegische „Oscar" – verliehen. In Haugesund. www.filmfestivalen.no.

Oslo Mela Festival, zum größten Multi-Kulti-Festival des Landes strömen jedes Jahr über 300.000 Besucher. Es gibt Konzerte, Tanz, Akrobatik und vieles mehr. www.melafestivalen.no.

Silda Jazz, gut besetztes Jazzfestival in Haugesund. Neben zahlreichen Konzerten gibt es auch eine große Straßenparade. www.sildajazz.no.

September Dyrsku'n, riesiger Markt mit Viehauktion, Tanz, Speis und Trank. Rund 60.000 Besucher kommen dazu jährlich in die kleine Telemarkkommune Seljord. www.dyrskun.no.

Oktober Dola Jazz, das Festival ist weit über die Grenzen der Veranstalterstadt Lillehammer hinaus bekannt. Über ein langes Wochenende. www.dolajazz.no.

Dezember Die ganze Welt schaut jedes Jahr auf Oslo, wenn am 10.12. im Rathaus der prestigeträchtigste aller Nobelpreise verliehen wird: der **Friedensnobelpreis**.

FKK

In Norwegen gibt es rund 20 explizit dazu erklärte Nacktbadestrände und auch einige Nudistenresorts – insgesamt nicht unbedingt viel bei einer derart langen Küstenlinie. Aber die Norweger sind ziemlich tolerant, Damen die „oben ohne" sonnen oder baden, sind auch an regulären Stränden nicht ungewöhnlich und prinzipiell kann man sich dort auch der ganzen Kleidung entledigen – zumindest, solange sich niemand daran stört. Aber in Norwegen gibt es auch genügend einsame Fleckchen, und wer die Freikörperkultur genießen möchte, kann sich ganz entspannt dorthin zurückziehen.

Über offizielle FKK-Strände informiert Norsk Naturistforbund (NNF), www.naturistnet.org.

Foto und Film

Wer seinen Urlaub mit dem Fotoapparat oder der Filmkamera dokumentiert, hat in Norwegen kaum Probleme. In den Städten gibt es entsprechende Geschäfte, in denen man Ausrüstung kaufen, Filme entwickeln und Digitalbilder ausdrucken lassen kann. Foto- oder Filmverbote kann es allerdings in Museen oder Kirchen geben, dann wird das auch sehr ernst genommen. Wer ein fesches Mädel in Festtagstracht oder einen urigen Fischer ablichten will, sollte allerdings vorher höflich um Erlaubnis bitten. Prinzipiell haben die offenen Norweger auch kein Problem damit, aber in Zeiten, in denen sich Bilder rasend schnell und unaufhaltsam im Internet verbreiten, ist nicht (mehr) jeder davon begeistert, fotografiert zu werden.

Gasflaschen

Die in Deutschland weitverbreiteten *Campingaz*-Flaschen und -Kartuschen sind in Norwegen kaum zu bekommen, auf der Webseite der Firma sind nur eine Handvoll Verkaufsstellen zwischen Oslo und Kristiansand verzeichnet (www.campingaz.com/storefinder). In Norwegen ist aufgrund der allgemein niedrigeren Außentemperaturen Butangas (unter 0 °C nicht mehr nutzbar) kaum verbreitet, sondern hauptsächlich Propangas. Autogas-Stationen von *LPG Norge* haben Fülladapter für diverse Flaschen, sodass man Propangasflaschen befüllen lassen bzw. auch tauschen kann. Im Camping-Fachhandel sind Adapter für norwegische Propangasflaschen erhältlich.

Geld und Finanzen

Landeswährung sind Norwegische Kronen (NOK), eine Krone ist in 100 Øre unterteilt. Im Umlauf sind 1-, 5-, 10- und 20-Kronen-Münzen, außerdem Scheine zu 50, 100, 200, 500 und 1000 Kronen.

> **Wechselkurs im Winter 2012/13**
> 1 NOK = 0,136 €
> 100 NOK = 13,60 €
> 1 € = 7,36 NOK
> 100 € = 736 NOK

Neben der Mitnahme von Bargeld (max. 25.000 NOK) bieten sich klassische Reiseschecks an, die allerdings kaum mehr genutzt werden. Mit der deutschen EC-Karte – mit *Maestro*-Symbol – kann an norwegischen Bankautomaten Geld abgehoben werden. Dabei fallen allerdings Gebühren an, die je nach Heimatbank etwas variieren können. Bei der Sparkasse ist das z. B. 1 % des abgehobenen Geldbetrags, mindestens aber 5 €.

Geld wechseln kann man in Banken, bei der Post und unter Umständen auch in der Touristeninformation. Auch dabei werden Gebühren fällig und der Wechselkurs ist meist nicht so günstig wie am Geldautomaten.

Norwegen ist ein Land der Plastikkarten. Praktisch überall kann man mit **Kreditkarten** bezahlen und die Norweger selbst machen dies auch gerne. Selbst für ein einzelnes Bier in der Kneipe oder den Minieinkauf im Supermarkt wird die Karte gezückt und die Mindestsumme – sofern es überhaupt eine gibt – ist äußerst niedrig.

> **Wenn die Kreditkarte weg ist**
> … hilft von überall auf der Welt, also auch aus Norwegen, ein Anruf bei der Telefonnummer **0049/116116**, um rund um die Uhr die Karte sperren zu lassen.

Haustiere

Die Regeln zur Einfuhr von Haustieren sind kompliziert und man sollte auf jeden Fall RECHTZEITIG aktuelle Informationen bei der Norwegischen Botschaft in Deutschland anfordern, weil längere Fristen für eventuelle Impfungen der Tiere einzuhalten sind.

Insgesamt sind die Bestimmungen sehr streng, weil es in Norwegen keine Tollwut gibt und das möglichst so bleiben soll. Für Hunde und Katzen (und auch Frettchen) benötigt man den blauen EU-Pass sowie Bescheinigungen über wirksame Tollwutimpfungen. Außerdem müssen die Tiere eine Woche vor sowie eine Woche nach Einreise gegen Bandwürmer behandelt werden. Alle Tiere müssen entweder per Mikrochip oder Tätowierung eindeutig identifizierbar sein und bei der Einreise am Zoll angemeldet werden. So genannte „gefährliche Hunde" – darunter fallen z. B. *Pitbull Terrier* oder *American Staffordshire Terrier* – dürfen überhaupt nicht mitgenommen werden.

Wer z. B. Hunde- oder Katzenfutter mitnimmt, muss bedenken, dass dies auf die maximal erlaubte Wertmenge (6000 NOK/Pers.) für die Einfuhr von Gütern angerechnet wird (→ „Einreiseformalitäten und Zoll", S. 73).

Homosexuelle Szene

Norwegen war eines der ersten Länder der Welt, das Gesetze gegen die Diskriminierung von Homosexuellen verabschiedete. Die liberalen Norweger gehen offen mit dem Thema um, und auch bekannte Persönlichkeiten – so der frühere Finanzminister oder Oslos früherer Stadtratsvorsitzender – bekennen sich zu ihrer Homosexualität. Mittlerweile ist auch die „geschlechtsunabhängige" Ehe dem konventionellen Bund zwischen Mann und Frau gleichgestellt.

Oslo hat die größte schwul-lesbische Gemeinschaft des Landes. Ganz allgemein kann man sagen, dass sich in Norwegens Städten die Szene nicht geballt auf einige Viertel oder Straßenzüge konzentriert, sondern sich munter unters Volk mischt. In den Webauftritten der Großstädte finden sich spezielle Tipps für Schwule und Lesben und in den Veranstaltungskalendern stehen verschiedenste Events, so z. B. die „Skeive dager" in Oslo, größtes Event für Homosexuelle in ganz Norwegen.

Internet

Mit dem Vormarsch mobiler Technologien sind vielerorts die klassischen Internetcafés genauso schnell wieder verschwunden, wie sie einst aus dem Boden geschossen sind. Aber kein Problem – viele Hotels, Campingplätze oder auch Cafés haben mittlerweile ein eigenes drahtloses Netzwerk, das man nutzen kann, sofern man einen Laptop, ein Tablet oder Smartphone mit integriertem WLAN-Empfangsteil dabeihat. Für Gäste ist der Service immer öfter kostenlos, bisweilen muss man an der Rezeption einen Zugangscode erwerben, der dann für einen limitierten Zeitraum gültig ist.

Auch wenn viele deutsche Mobilfunkanbieter die monatlichen Maximalkosten für Datenroaming aus dem Ausland mittlerweile gedeckelt haben (bei einigen O_2-Verträgen z. B. auf 60 €), so sollte man trotzdem vorsichtig sein und zur Not die entsprechenden Funktionen am Mobiltelefon deaktivieren. Einige Anbieter offerieren auch spezielle Auslands-Datenpakete zum Fixpreis. Es lohnt sich auf jeden Fall, diesbezüglich anzufragen.

Eine norwegische Prepaid-Sim-Karte mit entsprechendem Datenpaket kann lohnend sein für Vielnutzer, denen es weniger auf den Preis als auf die Surfgeschwindigkeit ankommt.

Recht kostspielig sind die zahlreichen Hotspots der norwegischen Mobilfunkanbieter, an denen man sich einloggen kann. Dafür muss man sich anmelden, abgerechnet wird über die Kreditkarte.

Erste Anlaufstelle für Leute ohne mobiles Empfangsgerät sind die Bibliotheken des Landes, in denen es öffentlich zugängliche und meist auch kostenlos nutzbare Computerterminals gibt. Auch in einigen Touristeninformationen und Unterkünften steht zumindest ein PC zum kurzen Checken der E-Mails bereit.

Norwegen im Internet

Das Land Norwegen und auch die großen Städte und Touristenhochburgen präsentieren sich mit sehr gelungenen Web-Auftritten im Internet. Die Informationen sind meist mehrsprachig abzurufen, wenn nicht auf Deutsch, dann zumindest auf Englisch. Je kleiner die Städte und Gemeinden werden, desto häufiger muss man mit ausschließlich norwegischen Texten vorliebnehmen. Besonders hervorzuheben sind die norwegischen Campingplätze, die fast alle mit – wenn auch oft nur verkürzten – deutschen und/oder englischen Übersetzungen ihrer Web-Präsenzen punkten. Bei Sehenswürdigkeiten ist dies bei Weitem nicht so oft der Fall, fremdsprachige Texte gibt es hier meist nur auf Englisch – wenn überhaupt. Die großen und bisweilen weltbekannten Museen in den Großstädten natürlich ausgenommen. Es folgen einige der wichtigsten Adressen mit Informationen in deutscher Sprache:

Offizielle Seite des Landes Norwegen in Deutschland:
www.norwegen.no

Offizielle Seite des Landes Norwegen in Österreich:
www.norwegen.or.at

Offizielle Seite des Landes Norwegen in der Schweiz:
www.amb-norwegen.ch

Offizielles Reiseportal Norwegen: www.visitnorway.com/de

Internetauftritt Oslo: www.visitoslo.com/de

Internetauftritt Bergen (nur Englisch): www.visitbergen.com

Norwegischer Wanderverein: www.turistforeningen.no/deutsch

Jedermannsrecht

Dieses uralte Recht – in Norwegen 1957 sogar als Gesetz formuliert - stammt aus Zeiten ohne Massentourismus. Es besagt, dass jedermann sich auf offenem Land frei bewegen, campieren, Beeren pflücken und Pilze sammeln darf. Eingezäuntes Land ist tabu, wobei zu beachten ist, dass „eingezäuntes Land" nicht im Wortsinne eingezäunt sein muss. Darunter fallen auch Privatgärten, landwirtschaftliche Nutzflächen, bewirtschaftete Wiesen, Viehweiden oder Baugrundstücke. Wenn im Win-

Kartenmaterial, Navi, GPS

Wildcamper nicht erwünscht: immer mehr Wege sind gesperrt

ter Schnee liegt, dürfen auch Wiesen und Felder betreten werden. Grundsätzlich muss man mindestens 150 m Diskretionsabstand zum nächsten Haus einhalten, ein respektvoller Umgang mit der Natur wird vorausgesetzt. Das bedeutet im Klartext: keinen Müll hinterlassen, keine Campingtoiletten entleeren, die lokale Fauna nicht stören. Auch darf man mit Fahrzeugen die Wege nicht verlassen. Offene Feuer im Wald oder in Waldnähe sind vom 15. April bis 15. September verboten, grundsätzlich muss immer darauf achten, dass keine Schäden entstehen – dazu zählen auch Brandflecken auf Wiesen. Wer irgendwo länger als zwei Tage bleiben will, muss den Eigentümer fragen.

Was respektvoller Umgang mit der Natur bedeutet, wissen viele Urlauber offensichtlich nicht mehr, und die Norweger reagieren mit immer mehr Einschränkungen. Wald- und Wiesenwege werden mit Ketten und Schranken gesperrt, Verbotsschilder weisen an vielen lauschigen Plätzen explizit darauf hin, dass man nicht übernachten darf.

Kartenmaterial, Navi, GPS

Eine aktuelle Straßenkarte ist auf jeden Fall eine Anschaffung wert, da in Norwegen immer wieder neue Tunnel und Brücken gebaut werden. Für Autotourer reichen Karten im Maßstab 1:800.000, die es von verschiedenen Herstellern für rund 10 € zu kaufen gibt. Es gibt aber auch wesentlich detaillierteres Material, folgende Beispiele und Preise beziehen sich auf das Angebot von *freytag & berndt*: im Programm sind Faltkarten im Maßstab 1:600.000 (9,95 €) oder im Maßstab 1:400.000 (14,95 €), außerdem eine in 4 Sektionen (Blätter) unterteilte Version im Maßstab 1:250.000 (je Blatt 9,95 €). Ein empfehlenswertes Werk ist auch der „Uglands Veiatlas Norge" im Maßstab 1:300.000 (ab ca. 25 €).

Wer es für einzelne Regionen noch detaillierter haben will, kann auf die topografischen Karten des *Statens Kartverk* zurückgreifen, die im Maßstab 1:50.000 gehalten sind. Über 700 Einzelblätter decken ganz Norwegen flächendeckend ab und sind in Deutschland für je 12,50 € z. B. bei *MapFox* bestellbar. Für einzelne Regionen sind sogar Wanderkarten im Maßstab 1:25.000 erhältlich.

Für GPS oder Navigationsgerät gibt es ebenfalls gutes Kartenmaterial, das man sich je nach Bedarf auf die Geräte laden kann. Die Firma *Garmin* bietet eine Straßenkarte „Skandinavien" (39,95 €) oder eine Gesamtversion „Europa" (99 €).

Kartenmaterial gibt es im deutschen oder auch norwegischen Fachhandel oder im Internet z. B. bei *MapFox*, www.mapfox.de.

Kinder

Norwegen ist ein kinderfreundliches Land. Viele Unterkünfte bieten Familienzimmer an, in zahlreichen Museen oder Attraktionen müssen Kinder nur verringerten oder gar keinen Eintritt bezahlen und auf Campingplätzen finden sich nicht selten Spielplätze für die Kleinen. Vorraussetzung für finanzielle Vergünstigungen ist neben des Alters meist auch, dass die Kinder von ihren Eltern begleitet werden. Die Altersgrenze liegt meist bei 14 bis 16 Jahren, vereinzelt gibt es aber auch Abweichungen nach oben oder unten.

Kriminalität

Norwegen ist ein sicheres Land und nicht gerade für hohe Kriminalität bekannt. Trotzdem gelten natürlich die üblichen Sicherheitsvorkehrungen. Lassen Sie das voll bepackte Auto nicht den ganzen Tag unbeaufsichtigt oder lassen Sie wenigstens nicht ihre Wertsachen offen im Innenraum liegen. Haben Sie am Strand ein Auge auf ihre Habe, lassen Sie im Café ihre Handtasche nicht unachtsam über der Stuhllehne hängen und sperren Sie ihre Fahrräder immer ab. Da in Norwegen unglaublich viel mit Kredit- oder Bankkarten bezahlt wird, machen entsprechende Betrugsfälle immer wieder Schlagzeilen. Nutzen Sie ihre Karte z. B. nicht zum Bezahlen in engen Kneipen oder wo es sonst noch schwierig ist neugierige Blicke fernzuhalten. Achten Sie darauf, dass Sie niemand beim Eingeben ihrer PIN-Nummer beobachtet und verwahren Sie die Karte sicher.

Maßeinheiten und Gewichte

In Norwegen gilt das metrische System und alles ist somit wie in Deutschland. Lediglich bei Entfernungsangaben muss man ein wenig aufpassen, denn zumindest im Sprachgebrauch gibt es da eine kleine Besonderheit: spricht jemand von einer „Meile", dann ist damit eine norwegische Meile gemeint und die entspricht 10 km.

Medien (deutschsprachig)

Zumindest in den größeren Städten bekommt man an den Kiosken deutschsprachige **Printmedien**. Darunter Zeitungen wie die *Zeit*, die *FAZ*, die *Süddeutsche Zeitung* oder die *Bild*, aber auch Magazine wie den *Spiegel, Stern* oder *Focus* – preislich alles deutlich erhöht und außerdem ein bis zwei Tage nach Erscheinungstermin. In den Lesesälen der Kulturhäuser liegen gelegentlich auch internationale Blätter aus. Kurznachrichten und den Wetterbericht in englischer Sprache finden

Sie täglich auf den letzten Seiten der großen norwegischen Tageszeitungen wie etwa *Aftenposten, Bergens Tidene* oder *VG*.

Den **Deutschlandfunk** kann man über Langwelle (153 und 207 kHz) und über Mittelwelle (1269 kHz) empfangen, in Nordnorwegen kann es allerdings Probleme geben. Im norwegischen Fernsehen sind viele Spielfilme und Dokumentationen nicht synchronisiert, sondern laufen im Original – meist auf Englisch – mit norwegischen Untertiteln.

In Zeitalter des Internets gibt es natürlich zahlreiche andere Möglichkeiten, angefangen vom Internetradio bis hin zur Online-Fernsehsendung. Eine gute und angenehme Alternative sind dabei *Podcasts:* von der „Tagesschau" bis hin zur „Sendung mit der Maus" kann man sich aktuelle Folgen auf den MP3-Player laden und dann ganz bequem und auch ohne anhaltende Netzverbindung z. B. beim Autofahren anhören.

Mückenschutz

Speziell zwischen Mittsommer und Mitte August sind Mücken unliebsame Weggefährten in der freien Natur. Bester Schutz ist immer noch langärmlige Kleidung – im Trekkingbedarf gibt es mittlerweile gute Sachen, die trotzdem luftig und kühl sind –, außerdem gibt es natürlich verschiedenste Sprays, die allerdings nur einige Stunden wirken. Achten Sie besonders bei Kindern darauf, dass die Sprays auf Verträglichkeit geprüft wurden.

Museen

Tür eines alten Speicherhauses

Über 500 Museen gibt es in Norwegen, und das bei nur rund 5 Mio. Einwohnern. Besonders interessant sind dabei die großen Kunstmuseen, aber auch die zahlreichen *Friluft-, Bygde-* oder *Folkemuseen* – so bezeichnet man die reizvollen Anlagen, in denen Bauernhöfe oder Katen aus den letzten zwei-, dreihundert Jahren wieder aufgebaut sind. Nur wenige Sammlungen unterstehen nationaler Regie, i. d. R. sind Provinzen, Dörfer und erstaunlich viele Privatinitiativen für die Häuser verantwortlich. Aber schließlich ist das Sammeln, Bewahren und Zeigen der eigenen Geschichte auch eine Form des Nationalstolzes, für den die Norweger ja bekannt sind.

Was Öffnungszeiten und Eintrittspreise betrifft, gibt es große Unterschiede. Mitunter muss man für richtig gute

Ausstellungen gar nichts bezahlen, ein andermal sind saftige Preise von bis zu 140 NOK zu entrichten. Meist ist die Preispolitik logisch und richtet sich nach Bekanntheitsgrad des Museums und Besonderheit der Exponate, manchmal ist sie aber nicht wirklich nachvollziehbar.

Nachtleben

Norwegen überrascht mit einem pulsierenden und durchaus wilden Nachtleben – zumindest in größeren Städten wie Oslo, Bergen, Stavanger oder Trondheim. Wer sich die Nacht um die Ohren schlagen will, sollte aber einen gut gefüllten Geldbeutel einstecken haben, denn billig ist der Spaß nicht. Ein Bier in der Kneipe kostet schnell 70 NOK, ein Cocktail in einem Club mehr als 100 NOK und ein guter Whiskey in einer edlen Bar ein kleines Vermögen. Bei Livemusik verlangen Kneipen und Bühnen Eintritte von bis zu 250 NOK und wer in einen Club oder eine Disco will, muss je nach Veranstaltung ebenfalls bis zu 200 NOK auf den Tisch legen.

Immerhin ist die Türpolitik in Norwegens Nachtleben bei Weitem nicht so streng wie in Deutschland. Wer nicht zu betrunken und einigermaßen ordentlich gekleidet ist, kommt eigentlich an jedem Türsteher vorbei. Allerdings ist das Mindestalter für den Zutritt oft höher als 18 Jahre und kann dann irgendwo zwischen 20 und 25 Jahren liegen. Ganz ohne Warten geht es aber auch in Norwegen meist nicht, wer zu Stoßzeiten – je nach Lokalität zwischen 23 und 1 Uhr – erscheint, steht oft in der Schlange, weil der Laden schon voll ist.

Nationalflagge

Die norwegische Flagge zeigt ein blaues Kreuz mit weißer Kontur auf rotem Grund. Der Schnittpunkt der beiden Balken ist nicht zentral, sondern zum Fahnenmast hin versetzt. Die Verwendung einer eigenen Nationalflagge wurde bereits 1814 mit Beschluss der Norwegischen Verfassung entschieden. Auf die Version, wie wir sie heute kennen, einigte man sich 1821. Allerdings gab es in den politischen Wirren des 19. Jh. immer wieder Veränderungen, erst mit der Unionsauflösung mit Schweden im Jahr 1905 wurde die heute bekannte Flagge auch zur Nationalflagge.

Nationalhymne

Norwegens Nationalhymne wurde am 17. Mai 1864 – am Nationalfeiertag und 50. Jahrestag des Norwegischen Grundgesetzes – erstmals öffentlich gesungen. Die Zeilen stammen vom norwegischen Schriftsteller *Bjørnstjerne Bjørnson*, die Melodie von *Rikard Nordraak*. Die erste Strophe lautet übersetzt sinngemäß:

Ja, wir lieben dieses Land,
wie es zerfurcht und vom Wetter gegerbt
aus dem Wasser emporsteigt,
mit den tausend Heimen.
Lieben es und denken
an unseren Vater und Mutter
und an die Nacht der Sage,
die Träume auf unsere Erde niedersenkt.

(Quelle: www.norwegen.no)

Notruf

Notrufnummern
Polizei 112 – Feuerwehr 110 – Notarzt/Krankenwagen 113

Öffnungszeiten

Norwegen hat kein Ladenschlussgesetz und somit können Öffnungszeiten variieren. Es gibt aber gewisse Kernöffnungszeiten, an denen man sich orientieren kann, und die in etwa den in Deutschland üblichen Öffnungszeiten entsprechen (s. u.). In Städten haben *Narvesen Kioske* oder *7/11-Filialen* die kundenfreundlichsten Öffnungszeiten, hier kann man sich oft bis Mitternacht am kleinen und hoffnungslos übertreuerten Sortiment bedienen.

Von der Grundversorgung einmal abgesehen, gibt es im Jahresverlauf erhebliche Schwankungen. In der Hauptsaison – je nach Region kann das Sommer, Winter oder beides sein – kann man länger einkaufen, in der Nebensaison entsprechend kürzer. Das gilt auch für die Öffnungszeiten von Museen und Attraktionen, außerdem sind auch die Häufigkeit von Fährverbindungen oder Rezeptionszeiten von Campingplätzen mitunter saisonabhängig. Die Öffnungszeiten von Sehenswürdigkeiten sind bisweilen etwas konfus, einige sind gar nur während der zwei Sommermonate geöffnet. Eine feste Größe sind allerdings die Feiertage: Über Weihnachten und Ostern (fünf Tage lang!) ist fast alles geschlossen.

Post: In der Regel Mo–Fr 9–18 Uhr, Sa 10–15 Uhr.

Supermärkte: Mo–Fr 10–20 Uhr, Sa 10–18 Uhr. In Großstädten Mo–Fr mitunter bis 22 Uhr, Sa bis 20 Uhr. Einige Supermärkte haben auch am Sonntag geöffnet.

Banken: In der Regel Mo–Fr 9–16.30 Uhr.

Geschäfte des Einzelhandels: In der Regel 10–18 Uhr, Do bis 19 oder 20 Uhr, Sa bis 14 Uhr. In Großstädten evtl. eine Stunde länger.

Pannenhilfe

Die Straßenwacht des Automobilklubs *NAF* (www.naf.no) patrouilliert von Juni bis August auf allen wichtigen Überlandstraßen. Zudem finden sich an Gebirgsstraßen *NAF*-Notruftelefone. Rund um die Uhr kann man sich außerdem direkt an die *NAF*-Alarmzentrale wenden (✆ 08505). Wer Mitglied beim ADAC ist, kann auch direkt dort anrufen, die Mitarbeiter organisieren dann z. B. den Abschleppwagen. Der ist in Norwegen übrigens extrem teuer – wer etwa 100 km abgeschleppt werden muss, zahlt umgerechnet knapp 1000 €, zu entrichten meist sofort und in bar!

WICHTIG: Im Falle einer Autopanne ist wie in Deutschland Tag und Nacht ein Warndreieck aufzustellen, Personen außerhalb des Gefährts müssen eine fluoreszierende Warnweste anziehen.

Post und Paket

Postämter sind an einem roten Schild mit gelbem Horn und der Aufschrift *Post* zu erkennen. Briefe, Päckchen und Postkarten werden in *A-Post* (teure Luftpost) und *B-Post* (Landweg) eingeteilt. Bis 20 g Gewicht kostet die Sendung je nach Dicke entsprechend 9,5–48 bzw. 9–45 NOK, bis 50 g Gewicht entsprechend 14–50 bzw. 13–47 NOK. Briefmarken *(frimerker)* bekommen Sie auch in Kiosken und Schreibwarenhandlungen. Detaillierte Infos unter www.posten.no.

Alle Postkästen der Nachbarschaft auf einem Fleck

Rauchen

Raucher haben es schwer in Norwegen. Rauchen ist fast überall nicht nur verboten, sondern auch verpönt, außerdem sind die Glimmstängel extrem teuer, eine Schachtel kostet über 10 €. In allen öffentlichen Gebäuden und Verkehrsmitteln ist der Zug an der Kippe untersagt, seit 2004 auch in Gaststätten und Restaurants. Und Autofahrer aufgepasst – **auch am Steuer des eigenen Fahrzeugs darf man nicht rauchen!** Zigaretten kaufen darf man ab 18 Jahren. Wer auch nur gegen eine dieser Regeln verstößt, hat mit empfindlichen Geldstrafen zu rechnen.

Sommerzeit

In Norwegen gilt die MEZ, die mitteleuropäische Zeit. Vom letzten Märzwochenende bis zum letzten Oktoberwochenende gilt die Sommerzeit.

Strom und Steckdosen

Das norwegische Stromnetz hat 220 Volt Spannung, die Steckdosen und Stecker sind identisch mit den deutschen. Wer – wie heute immer öfter üblich – mit viel Elektronikausrüstung reist, sollte einen Mehrfachstecker einpacken, da in Hütten oder Hotelzimmern oft nicht genügend Steckdosen vorhanden sind um z. B. Handy, Kameraakku und Laptop gleichzeitig ans Netz zu hängen.

Taxis

Taxis sind in Norwegen sehr teuer, schon in dem Moment, in dem man sich auf die Rückbank setzt, ist eine saftige Festgebühr fällig. In Großstädten gibt es einige – meist zu wenige – Taxistände an strategisch günstigen Orten. Natürlich kann man auch einfach ein Taxi heranwinken, aber man muss mitunter schon etwas Geduld haben. Wer also schon vorab weiß, dass er ein Taxi braucht – z. B. für die Fahrt zum Flughafen oder zu einer Veranstaltung –, sollte vorher telefonisch eines bestellen.

Raucher haben es nicht leicht in Norwegen

Telefonieren

Um an norwegischen **Telefonzellen** zu telefonieren benötigt man 1-, 2-, oder 5-Kronen-Münzen. Alternativ kann man meistens auch Telefonkarten verwenden, die man in *Narvesen*-Kiosken, in Bahnhöfen und auf dem Land oft auch in den Tante-Emma-Läden kaufen kann. Außerdem findet man in den Telefonzellen eine Nummer, auf der man sich zurückrufen lassen kann.

Wer das eigene **Handy** dabei hat, kann dies meist auch in Norwegen benutzen (Systeme GSM 900, GSM 1800 und NMT). Das *Roaming* ist allerdings teuer, und man sollte sich vorher genau bei seinem deutschen Anbieter erkundigen, wie viel man letztendlich bezahlt. Man darf dabei nicht vergessen, dass es auch Geld kostet, wenn man angerufen wird. Der Anrufer bezahlt lediglich für die Verbindung zum deutschen Provider, die Verbindung von Deutschland nach Norwegen wird immer dem Handynutzer in Rechnung gestellt. Deshalb auch nicht vergessen die Mailbox abzustellen! Der Empfang von SMS ist i. d. R. kostenlos.

Wer ein Handy ohne SIM-Lock hat, für den lohnt sich unter Umständen die Anschaffung einer norwegischen Prepaid-Karte. Günstige Tarife hat z. B. der Anbieter *Lebara (www.lebara.no)*, es gibt verschiedene Optionen, je nachdem, ob man viel innerhalb Norwegens oder viel ins Ausland (z. B. nach Deutschland) telefoniert. Und noch ein Pro für die norwegische SIM-Karte: Wenn man aus Deutschland angerufen wird, bezahlt man selbst gar nichts.

Mittlerweile bieten sich auch gute Möglichkeiten für Internettelefonie. Beim *Voice OverIP* bezahlt man nur für die Internetverbindung, allerdings müssen beide Gesprächspartner vom Computer, Tablet oder Smartphone aus telefonieren und vorher ein spezielles (kostenloses) Programm installieren. Außerdem ist eine stabile Internetverbindung nötig. Trotzdem ist es die günstigste Option für Vieltelefonierer:

Auf einigen Campingplätzen gibt es kostenlosen Zugang via WLAN, und wer nicht weit von der Basisstation parkt, kann den Service bequem vom eigenen Wohnmobil aus nutzen.

Vorwahl für Gespräche nach Deutschland ist 0049, nach Österreich 0043 und in die Schweiz die 0041. Vorwahl aus diesen Ländern nach Norwegen ist jeweils die 0047. Städte- bzw. Regionalvorwahlnummern innerhalb Norwegens gibt es nicht, die Lokalisierung des Gesprächs erfolgt über die ersten beiden Stellen der jeweils achtstelligen Rufnummern (für Oslo z. B. 22, für Stavanger 51 usw.).

> **Landesweite Notrufnummern**
> Feuerwehr: 110; Polizei: 112; Krankenwagen: 113

Touristeninformationen

In Norwegen gibt es kaum eine Ortschaft ohne eine Touristeninformation. **Turistinformasjon, Turist-Kontor** oder **Turistsenter** heißen die Einrichtungen, in denen man freundlich beraten wird und auch gute Broschüren zum Mitnehmen findet.

Ein Troll als Wikinger ...

Verständigungsprobleme gibt es fast nie, die Angestellten sprechen immer Englisch, in allen größeren Städten und Touristenzentren ist fast immer jemand zur Stelle, der auch gut Deutsch spricht. Die Öffnungszeiten variieren stark, sind aber im Reiseteil dieses Buches immer angegeben. In kleineren Ortschaften ist das Touristenbüro meist nur im Sommer besetzt.

Zudem finden Norwegenreisende an den Gemeindegrenzen, längs der Fernstraße, große Infotafeln, die illustrativ über alles Wissenswerte informieren – von Sehenswürdigkeiten bis zur Übernachtungsmöglichkeit.

Trampen

Trampen birgt immer gewisse Risiken, auch wenn diese in einem so sicheren Land wie Norwegen wirklich minimal sind. Man trifft relativ selten auf den klassischen Autostopper am Straßenrand, es ist wesentlich beliebter und auch praktischer, sich in Herbergen oder auf Campingplätzen durchzufragen, ob jemand mit fahrbarem Un-

... und eine ganze Trollfamilie

tersatz das gleiche Ziel hat und einen mitnimmt. Das minimiert auch das Risiko, in den weniger bereisten Regionen des Landes ewig herumzustehen, ohne dass sich eine Mitfahrgelegenheit ergibt.

Trinkgeld

Anders als z. B. in den USA gibt es keine festen Regeln, wie viel man geben soll. In Anbetracht der meist eh schon gesalzenen Preise vergeht Urlaubern außerdem schnell die Lust, noch zusätzlich Trinkgeld zu geben. Aber wenn der Service passt, sollte man das auch entsprechend würdigen. Prinzipiell kann man es ähnlich halten wie in Deutschland und den Rechnungspreis aufrunden – und dabei auch etwas an den Wechselkurs denken.

Trolle

Literarisch wurden sie von *Ibsen*, musikalisch von *Grieg* und bildnerisch von *Kittelsen* verewigt, und sie geistern noch heute durch zahlreiche Kindergeschichten und Bauernbräuche. Urlauber erleben Sie allerdings meist als kitschige Souvenirs oder als riesengroße Pappmaschee- und Plastikfiguren – und eher dümmlich als furchterregend dreinblickend. Wer aber einmal eine Gewitternacht im Jotunheimen-Massiv oder in der Finnmark-Tundra erlebt hat, kann sich vorstellen, wie die Sagen von den Trollen entstanden sind: Die vielköpfigen Wichte, die teufelsschwänzige Huldra oder der riesengroße Berggeist entpuppen sich bei Tagesanbruch allerdings immer als knorrige Bäume, stachelige Strauchbüschel oder friedliche Bergseen.

Südlichster Punkt Norwegens: das Kap Lindesnes

Oslofjord	→ S. 134	Kristiansand	→ S. 222
Oslo	→ S. 135	Von Kristiansand nach Stavanger	→ S. 231
Ostseite des Oslofjords	→ S. 174	Stavanger	→ S. 244
Westseite des Oslofjords	→ S. 184	**Südliches Fjordland**	→ S. 260
Die Südküste	→ S. 194	Um den Boknafjord	→ S. 260
Von Sandefjord nach Kristiansand	→ S. 195	Um den Hardangerfjord	→ S. 273

Südnorwegen

Entlang der Küste von Stavanger nach Bergen	→ S. 291	Telemark	→ S. 337
Bergen	→ S. 299	Hardangervidda und Hardangervidda-Nationalpark	→ S. 359
Binnenland	→ S. 322	Setesdal	→ S. 375
Hallingdal	→ S. 323	Um den Mjøsasee	→ S. 387
Numedal	→ S. 331		

In der Akershus Festungmin Oslo

Der Oslofjord

Der Oslofjord ist über 100 km lang, bis zu 300 m tief und gilt als der meistbefahrene Schiffsweg des Nordens. Charakteristisch sind Abertausende kleiner Inseln und Abermillionen kahler Schären, die den Meeresarm zu einem Eldorado für Sommerfrischler, Sonnenanbeter, Schwimmer und Hobbykapitäne machen.

Erdgeschichtlich betrachtet bildet der Fjord – der geologisch korrekt eigentlich eine Förde ist – mit dem Mjøsasee weiter nördlich das obere Ende einer Grabenzone, die vom Rhônetal über den Oberrhein bis nach Norwegen reicht. Die Region an den Ufern des von Waldhügeln umrahmten Meeresarms gehört zu den am dichtesten besiedelten des Landes. Und zu den geschichtsträchtigsten, denn die Städte *Sarpsborg* im Osten des Fjords und *Tønsberg* im Westen gelten als Norwegens ältieste, über tausend Jahre alte Siedlungen. Je weiter man dann in Richtung Oslo fährt, desto verbauter wird die Landschaft – die unausweichliche Folge eines schier unaufhaltsamen Bevölkerungswachstums.

Die Europastraße 6 (E 6), in diesem Bereich größtenteils vierspurig ausgebaut und stellenweise mautpflichtig, durchschneidet von Malmö bis über Oslo hinaus den Landstrich (und führt dann weiter bis in den hohen Norden nach Kirkenes). Der im Jahr 2000 eröffnete Tunnel unter dem Oslofjord zwischen Drøbak und Storsand erleichtert die Weiterfahrt nach Südnorwegen und ist ein Segen für all diejenigen, die den Großraum Oslo nicht besuchen wollen. Wenn auch durch den Tunnel an Kundschaft beraubt, verkehrt die Bastøfähre weiterhin zwischen Horten und Moss.

Eine ganz besondere Überraschung hat der Meeresarm in strengen Wintern zu bieten: er ist der einzige Fjord Norwegens, der bisweilen zufriert. Der Grund dafür ist ganz einfach: Die Wärmewalze des Golfstroms – verantwortlich dafür, dass die Fjorde des Westens eisfrei bleiben – zieht weitgehend am Skagerrak und damit an der Olso-Bucht vorbei.

Oslofjord und Oslo

Oslo

In diese Stadt muss man sich einfach verlieben – malerisch eingerahmt von grünen Höhen und dem Oslofjord, voller Sehenswürdigkeiten und mit einem reichhaltigen kulturellen Angebot. Gerade mal 610.000 Einwohner hat Oslo, die Hälfte der Stadtfläche besteht aus Wald, 343 Seen und 40 Inseln. Aber auch über 50 teils weltberühmte Museen gibt es zu entdecken.

Wie immer Sie sich der Stadt nähern, ob aus der Luft, auf dem Wasser oder über die Straße – Oslo bezaubert durch seine Lage am Ende des 100 km langen Oslofjords. Im Vordergrund erstreckt sich der bis zum Kai noch von blanken Schären durchsetzte Fjord, auf dem Fischerboote neben Ozeanriesen dümpeln. Die Hochhäuser sind in den letzten Jahren etwas zahlreicher geworden, aber von einer echten Skyline kann man trotzdem nicht reden. Dahinter erheben sich die grünen, im Winter oft tiefverschneiten Höhen der *Marka*, der Hügelkette im Norden der Stadt.

Oslo ist Hauptstadt und Metropole Norwegens. Hier residiert das Staatsoberhaupt – der König samt Familie – in einem vergleichsweise bescheidenen Schloss, hier tagen die derzeit 169 Storting-Abgeordneten im Parlamentsgebäude an der Karl Johans gate, und auch Regierung und Oberster Gerichtshof haben in Oslo ihren Sitz. Die Stadt ist modern, aufgeweckt und bietet eine enorme Lebensqualität. Das kulturelle Angebot ist riesig, und nicht nur an den Wochenenden ziehen ganze Menschenscharen durch die Straßen und Gassen zu den oft versteckten Bars und Kneipen, zu den zahlreichen Cafés und Geschäften.

Die Stadt mit einem Wort zu beschreiben fällt schwer. „Beschaulich" kommt einem da spontan in den Sinn, auch wenn dieser Ausdruck so gar nicht zu einer Hauptstadt passen will. Aber ganz ehrlich, im Vergleich zu anderen europäischen Metropolen ist Oslo ein Dorf. Für eingefleischte Großstädter vielleicht ein Manko, für den Erholung suchenden Urlauber ein Segen. Hektik scheint hier ein Fremdwort zu sein.

Kein Gehupe auf verstopften Straßen, kein Geschiebe und Gedränge auf den Flaniermeilen, keine gestressten Passanten. Der perfekte Ort, um in städtischer Umgebung die Seele baumeln zu lassen.

Stadt des Friedens

Alfred Nobel, schwedischer Ingenieur und Erfinder des Dynamits, verfügte 1895 testamentarisch, dass seine Vermögenszinsen zu gleichen Teilen denen zukommen sollen, „die im vergangenen Jahr der Menschheit den größten Nutzen erwiesen haben". Während die Nobelpreise für Physik, Chemie, Medizin, Wirtschaft und Literatur von schwedischen Körperschaften verliehen werden, ist die Auswahl des Friedensnobelpreisträgers Sache des norwegischen Nobelkomitees, dessen Mitglieder vom Osloer Parlament gewählt werden. Der Preis wird alljährlich am 10. Dezember, dem Todestag von Alfred Nobel, im Osloer Rathaus verliehen und ist umgerechnet mit etwa 925.000 Euro dotiert. Unter den Preisträgern finden sich Berühmtheiten wie Henri Dunant oder Fridtjof Nansen, Gustav Stresemann und Carl von Ossietzky, Albert Schweitzer, Willy Brandt, Nelson Mandela, Kofi Annan und Barak Obama.

Sie werden einen ersten Eindruck bekommen, wenn Sie eine Sonnenstunde auf einer Bank vor dem Nationaltheater verbringen, ein Bier am Abend vor Aker Brygge am Hafen trinken, an einem verschneiten Wintertag von der Holmenkollen-Schanze den Blick auf das weiße Oslo bis zu den Höhen der Hardangervidda genießen oder wenn Sie an einem warmen Frühlingstag auf dem Fjord gen Hauptstadt schippern – dann spüren Sie eine fast mediterrane Leichtigkeit, die man hier nicht unbedingt vermutet.

Ein ganz großer Faktor in puncto Lebensqualität ist sicherlich die weitläufige Natur um die Stadt herum: Eingerahmt von den waldreichen Bergkämmen der **Marka** und dem schärenreichen Ufer des 100 km langen **Oslofjords** ist die Stadt wohl Europas grünste City. Die Stadtfläche von 453 km² ist nur zu einem Drittel bebaut: 343 Seen, 40 Inseln und 16 angelegte Parks sorgen für Naherholung und eine problemlose Trinkwasserversorgung, von der Stadtväter anderswo nur träumen können.

Oslo hat auch viel Kultur zu bieten: Von der atemberaubenden Nationalgalerie bis zum Volksmuseum – dem größten Freilichtmuseum Skandinaviens – reicht das wirklich erlebenswerte kulturelle Freizeitangebot. Und auch das Nachtleben ist keinesfalls zu verachten. In angesagten Vierteln wie Grünerløkka oder Grønland reihen sich Szenelokale, Nachtclubs, Bars und Kneipen. Die Restaurants der Stadt gehören zu den besten – und leider auch teuersten – des Landes und eine derart ausgeprägte Cafékultur würde man eher in südlichen Gefilden vermuten.

Bei aller Beschaulichkeit ist Oslo eines aber auf gar keinen Fall, nämlich verschlafen. Die Stadt befindet sich immer im Wandel, und es werden – nicht zuletzt dank gut gefüllter Kassen – beständig Veränderungen am Stadtbild vorgenommen. Man geht dabei relativ behutsam vor, und auch wenn die Meinungen diesbezüglich sicher etwas auseinandergehen, kann man die Ergebnisse alles in allem als gelungen bezeichnen. Ein ganz besonderes Projekt war der Bau des futuristischen Opernhauses, das 2008 eröffnet wurde. Außerdem ist das gesamte Hafengebiet schon seit Längerem im Fokus der Stadtplaner, und auch nach zahlreichen bereits vollendeten

Arbeiten wird es das sicherlich noch etliche Jahre bleiben. Letztes Großprojekt war die komplette Neugestaltung des an die Aker Brygge angrenzenden Tjuvholmen-Areals.

Stadtstruktur

Der Stadtkern schmiegt sich an das Nordufer des Oslofjords, der hier immerhin noch 40 m tief ist und ein ideales Hafenbecken formt. Die Grenze zum Hinterland bildet der **Tryvannshøgda-Voksenkollen**, von dessen Höhenrücken sich etliche Bäche und Flüsse ins Oslobecken ergießen. Der wichtigste war schon immer der **Akerselva**. Er diente einst als Kraftquelle für die junge Industrie und bildete lange Zeit die „Klassengrenze" Oslos. Am Ostufer des Flusses lagen die Arbeiterquartiere, im Westen die bürgerlichen Villenviertel. Heute wohnen die Arbeiter in Satellitenstädten und ihr ehemaliges Viertel Grünerløkka präsentiert sich als multikultureller und extrem angesagter Spielplatz von Oslos Bohème.

Die feinen Leute wohnen noch immer im Westen, gleich hinter dem Schloss. Viele der klassizistischen Villen dienen zwar als Sitz ausländischer Botschaften, aber südlich des Schlossparks gibt es ganze Straßenzüge mit Altbauten aus der Jahrhundertwende, in denen sich einige der begehrtesten Wohnungen der Stadt befinden. Leisten muss man sie sich allerdings können. Die teuersten Behausungen der Stadt gibt es übrigens an der Aker Brygge, wo man für ein zweistöckiges Penthouse mit Fjordblick schon einen zweistelligen (Euro-)Millionenbetrag locker machen muss.

Die **Halbinsel Bygdøy** ist Sitz zahlreicher Museen, außerdem weilt die Königsfamilie hier zur Sommerfrische in ihrer Residenz. Im Sommer ist **Bygdøy** ein beliebtes Wochenendziel der Hauptstädter, um dort zu baden – es gibt sogar einen FKK-Strand –, spazieren zu gehen oder kulturellen Genüssen zu frönen. Ein Muss für jeden Oslo-Besucher.

Gebäude der Universität von Oslo

Schön oder wenigstens markant? An Oslos Rathaus scheiden sich die Geister

Im Stadtkern, zwischen Karl Johans gate, dem neuem Hauptbahnhof und dem Rathaus, laufen die Fäden zusammen. Hier ist der Knotenpunkt des Nahverkehrs, Ausgangspunkt aller Fähren, Sitz von namhaften Restaurants, Museen, Theatern und Hotels. Einkaufscenter und Passagen, wie *Paleet* an der Karl Johans gate oder *By Porten* direkt am Bahnhof, bringen internationale Marken an den Kunden. Hier sollte man genüsslich zu Fuß auf Erkundungstour gehen, alles Sehenswerte liegt dicht beisammen. Lohnend ist hierbei auch der historische Stadtteil Kvadraturen zwischen der Karl Johans gate und der Akershus-Festung – wie der Name vermuten lässt, sind die Straßen schachbrettförmig angelegt.

Stadtgeschichte

Oslo wurde 1050 von König *Hardråde*, dem „letzten Wikinger", gegründet. Die Stadt war lange Ausgangspunkt kolonialistischer Wikingerzüge, aber auch Handelsplatz der später friedfertigeren Norweger. Das nutzten auch die Missionare, und bereits 20 Jahre nach der Gründung Oslos wurde die Stadt Bischofssitz. Leider überstand das 1147 erbaute Zisterzienserkloster den Brand von 1532 nicht.

Größere Brände (1223, 1254, 1532, 1624) und zwei Pestepidemien (1350, 1654) setzten der Stadt immer wieder zu, wohl auch das ein Grund, warum bis ins 19. Jh. zunächst Trondheim und später Bergen die führenden Städte Norwegens blieben, obwohl Oslo bereits 1299 zur Hauptstadt ernannt worden war. Nach dem vierten großen Brand 1624 ließ Dänenkönig *Christian IV.* die Stadt im Schutz der Festung Akershus neu aufbauen. Steinhäuser traten an die Stelle der alten Holzhäuser, und rechtwinklig angelegte, breite Straßen, Brandschneisen gleich, ersetzten die verwinkelten Gassen. Der baufreudige König gab dem Flecken auch seinen Namen:

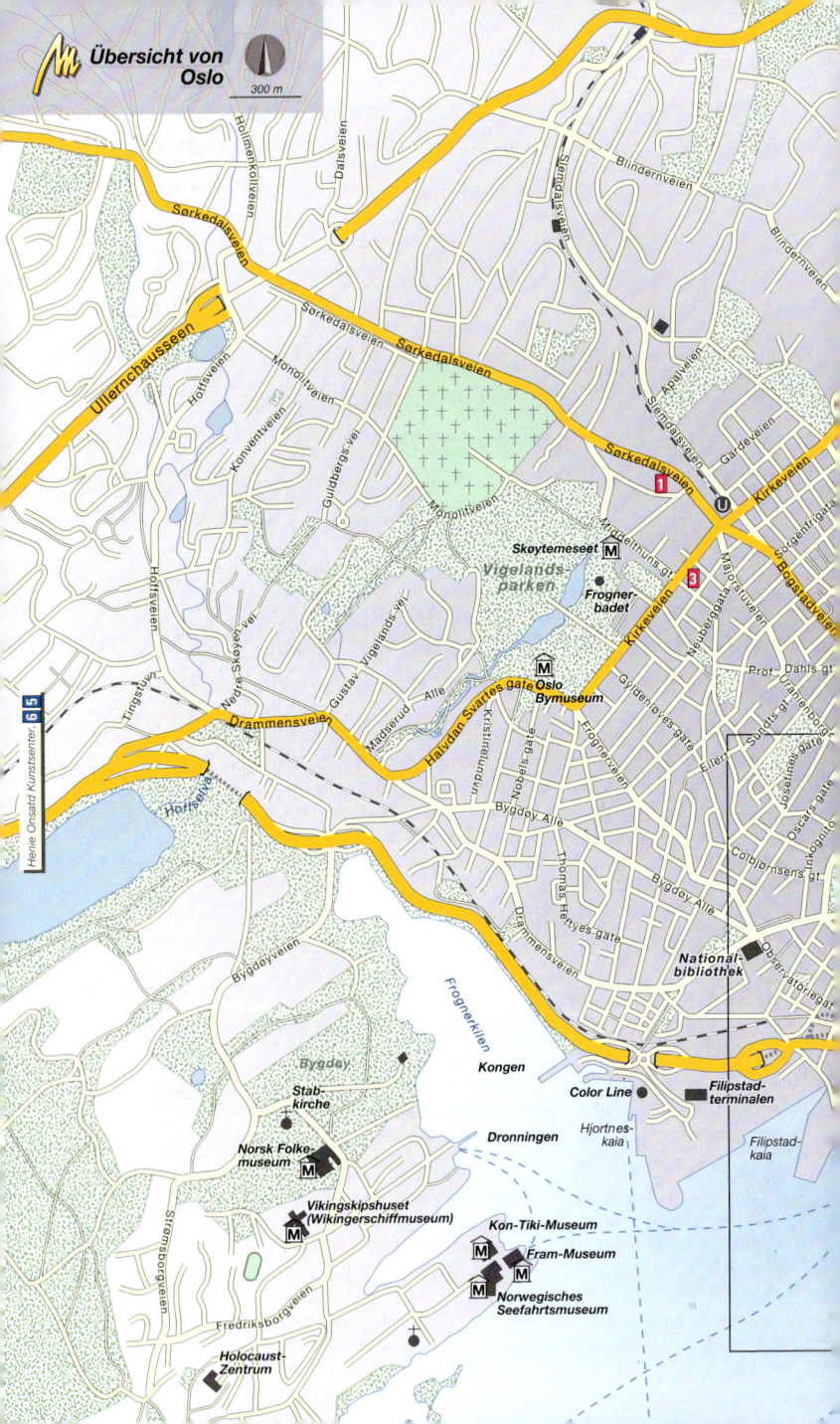

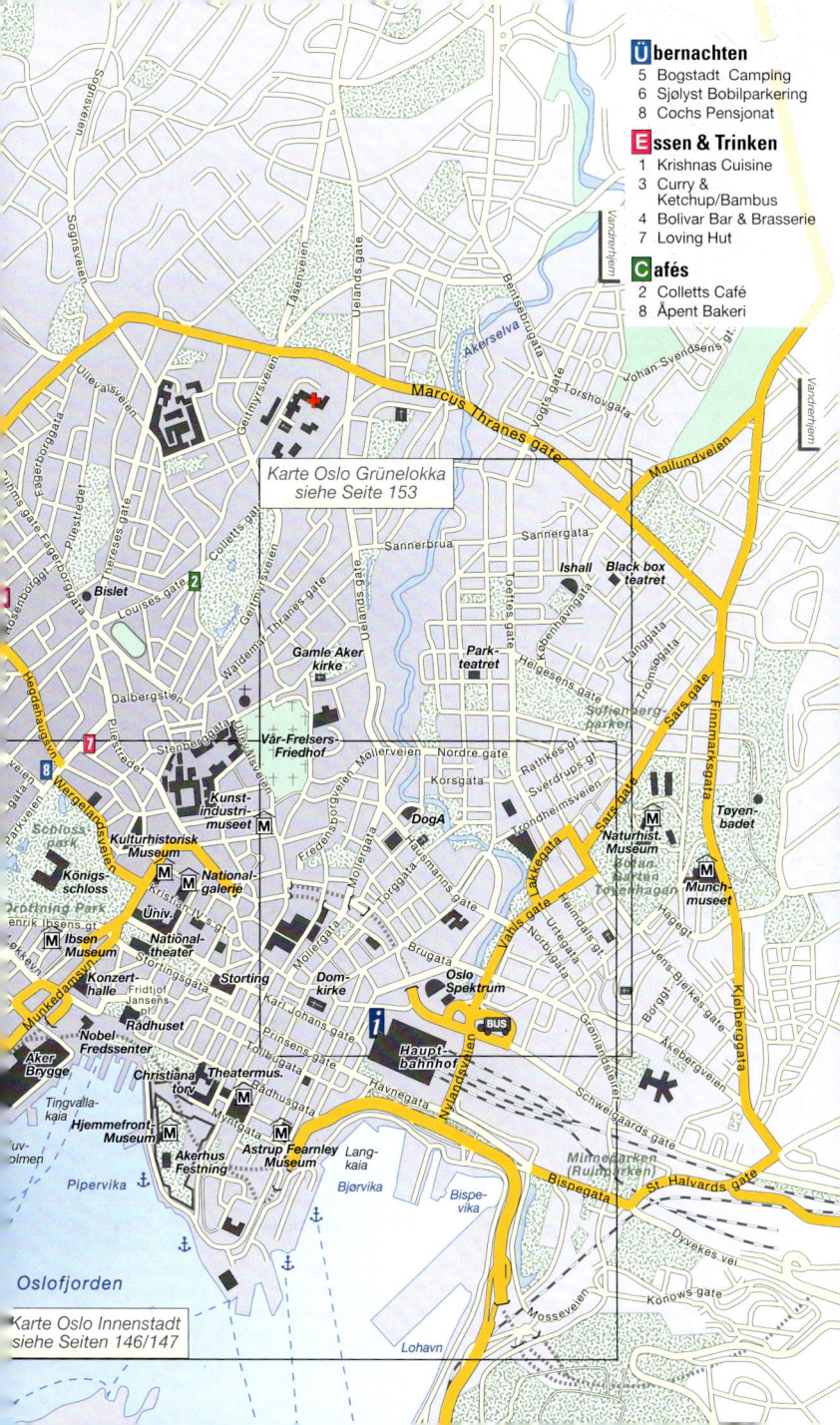

Das futuristische und direkt in den Fjord hinein gebaute Opernhaus in Oslo

Christiania (ab 1877 „Kristiania" geschrieben) hieß die Reichshauptstadt unter dänischer Herrschaft bis 1925, und erst 20 Jahre nach Erringen der Unabhängigkeit bekannten sich die Norweger zum altnorwegischen Namen Oslo.

Nach der Loslösung von Dänemark und mit der einsetzenden Industrialisierung wurde die Hauptstadt schließlich auch zur wichtigsten Stadt des Landes. 1811 gründete man hier die erste Universität Norwegens, und zwischen 1825 und 1848 entstand das Schloss als fester Königssitz. Im Osten der Stadt siedelten sich Industrien aus den Bereichen Schiffsbau, Textilfertigung oder Nahrungsmittelproduktion an, die Einwohnerzahl schnellte in der zweiten Hälfte des 19. Jh. von 32.000 auf 228.000. Um die Leute unterzubringen, wurden vielerorts Mietskasernen gebaut, die das Stadtbild noch bis ins 20. Jh. hinein bestimmten. So stand auch an der Stelle, wo heute das Rathaus den Hafen überragt, noch in den 1930er-Jahren ein Arbeiterquartier.

Den nächsten Bauboom, u. a. finanziert mit Geldern aus dem Marshallplan, erlebte Oslo nach dem Zweiten Weltkrieg. Einer der Gründe war die Ausrichtung der Winterolympiade 1952, die eine Vielzahl baulicher Maßnahmen notwendig machte. Es entstanden neue Hauptverkehrsstraßen, auch das Bahnliniennetz wurde ausgebaut. Später weitete sich dann das Stadtgebiet durch die Eingemeindung von Vororten wie der Aker-Kommune erheblich aus. Um den Stadtkern herum, im Nordosten, bildeten sich nach und nach Satellitenstädte, und am westlichen Stadtrand entstanden bürgerliche Holzhaussiedlungen.

Ab Beginn der 1970er-Jahre wurde das Zentrum schrittweise verkehrsberuhigt. 1970 legte man erste Fußgängerzonen an, und 1980 wurde mit der Eröffnung des neuen Hauptbahnhofs der Eisenbahntunnel unter der Stadt eingeweiht. Der nächs-

Stadtgeschichte 143

te Schritt folgte 1990 mit der Eröffnung eines Straßentunnels, mit dessen Hilfe auch der Autoverkehr weitgehend aus der Innenstadt verbannt wurde. Mit der Einweihung des Bjørvika-Tunnels im Jahr 2010 war die E18 im kompletten Stadtbereich zwischen den Ortsteilen Rye im Osten und Filipstad im Westen unter die Oberfläche verlegt.

In den 1980er-Jahren begann man mit dem Umbau des Aker-Brygge-Areals das Großprojekt „Fjordbyen" (Fjordstadt), bei dem quasi der gesamte ans Wasser angrenzende Teil des Stadtzentrums Stück für Stück erneuert und modernisiert werden sollte. In den 2000er-Jahren folgten der Stadtteil Bjørvika mit dem neuen Opernhaus und das an die Aker Brygge angrenzende Tjuvholmen. Das Gesamtprojekt soll bis 2020 beendet sein.

Am 22. Juli 2011 um 15.25 Uhr explodierte im Regierungsviertel eine Autobombe, knapp zwei Stunden später eröffnete der dafür verantwortliche Attentäter auf der Insel Utøya das Feuer auf die Teilnehmer eines Jugendcamps der sozialdemokratischen *Arbeiderpartiet*. 77 Menschen – darunter viele Jugendliche und Kinder – verloren bei den Anschlägen ihr Leben. Der Täter Anders Behring Breivik wurde noch auf der Insel festgenommen. Er äußerte im Verlauf des anschließenden Prozesses immer wieder islamfeindliche Motive. Die Reaktion der tief betroffenen Norweger war bemerkenswert, Premierminister Jens Stoltenberg verkündete bei seiner Trauerrede „… wir werden unsere Werte nicht aufgeben. Unsere Antwort lautet: mehr Demokratie, mehr Offenheit, mehr Menschlichkeit." Breivik wurde am 24. August 2012 wegen Mordes an 77 Menschen zu 21 Jahren Haft mit anschließender Sicherheitsverwahrung verurteilt.

Basis-Infos

Es gibt drei offizielle Informationsstellen in Oslo, zentral zu erreichen unter ✆ 81530555 oder per E-Mail unter info@visitoslo.com. Buchungen unter booking@visitoslo.com.

Turistinformasjonen på Trafikanten, großes Infobüro am Hauptbahnhof, direkt unter dem hohen Turm mit der Uhr. Gute Informationen und viele Broschüren, außerdem kann man Unterkünfte und Ausflüge buchen. Man muss eine Nummer ziehen und warten, bis man aufgerufen wird. Mo–Fr 7–20 Uhr, Sa/So 8–18 Uhr (Mai–Sept. 8–20 Uhr). Jernbanetorget 1.

Turistinformasjonen v/Rådhuset, hinter dem Rathaus gelegen. Gleiches Angebot. Mo–Fr 9–16 Uhr, April/Mai und Sept. Mo–Sa 9–17 Uhr, Juni–Aug. tägl. 9–19 Uhr. Fridtjof Nansens plass 5 (Eingang von der Roald Amundsen gate).

Ein kleiner Infokiosk am **Kreuzfahrtschiff-Terminal** ist geöffnet, wenn Schiffe dort liegen.

Use it hat Informationen speziell für junge Backpacker bis Ende 20 parat, außerdem kann man günstige Unterkünfte buchen. Es gibt eine kostenlose Gepäckaufbewahrung.

144 Oslo

Wer unter 27 Jahre ist, kann zudem kostenlos im Netz surfen. Mo–Fr 11–17 Uhr und Sa 12–17 Uhr, Aug. Mo–Fr 9.30–18 Uhr, Sa 12–17 Uhr. Møllergata 3, ✆ 24149820, www.use-it.no.

Oslo im Internet, sehr gute Informationen in deutscher Sprache auf der offiziellen Seite der Stadt: www.visitoslo.com, außerdem auf Facebook unter www.facebook.com/visitoslo.

Online-Fotodatenbank, auf der Webseite sind Tausende historischer Fotos einzusehen. Menüführung und Suchfunktion leider nur auf Norwegisch, trotzdem erhält man interessante Einblicke: www.oslobilder.no.

Oslo Pass

Wer sich viel anschauen will, der sollte sich einen Oslo Pass kaufen. Den gibt es für 24 Stunden (270 NOK bzw. 120 NOK für Kinder oder Senioren ab 67 Jahren), für 48 Stunden (395 NOK/145 NOK) oder für 72 Stunden (495 NOK/190 NOK), gültig ab erstmaliger Benutzung (wird abgestempelt). Der Pass beinhaltet freien Eintritt in Museen, kostenlose Nutzung öffentlicher Verkehrsmittel, kostenloses Parken auf einigen (entsprechend ausgewiesenen) Parkplätzen der Stadt, Preisnachlässe bei Stadtrundfahrten, in Restaurants und vieles mehr. Zu kaufen ist der Pass in den Touristeninformationen und in zahlreichen Unterkünften.

An- und Abreise

Flugverbindungen Der Großraumflughafen **Gardermoen** (47 km nordöstlich von Oslo) wird von deutschen Großstädten aus (Frankfurt, München, Berlin, Hamburg) mehrmals tägl. direkt angeflogen. Außerdem gibt es Direktverbindungen zu rund zwei Dutzend Destinationen innerhalb Norwegens, z. B. nach Bergen, Trondheim, Stavanger, Alta, Bardufoss, Tromsø oder Kirkenes. www.osl.no.

Einige Billigflieger, allen voran Ryanair, fliegen den Flughafen **Torp/Sandefjord** an, der 110 km südwestlich von Oslo liegt. www.torp.no.

Flughafentransfers Die Expresszüge von **Flytoget** verkehren im 10- bis 20-Minutentakt zwischen Gardermoen und Hauptbahnhof (ab Flughafen zwischen 5.36 und 0.56 Uhr; ab Hbf zwischen 4.45 und 0.05 Uhr). Fahrzeit rund 22 Min., Ticket 170 NOK. www.flytoget.no.

Züge der **Norges Statsbaner (NSB)** halten auch am Flughafen Gardermoen und fahren zum Hauptbahnhof in Oslo (105 NOK/ca. 30 Min.) oder direkt weiter gen Norden, z. B. nach Trondheim. Die Frequenz ist nicht so hoch wie mit Flytoget – nur 2-mal/Std. – und die Fahrdauer erhöht sich ebenfalls.

Die Expressbusse von **Flybussen** fahren von/nach Gardermoen und halten im Stadtbereich z. B. am Stortinget, am SAS Scandinavia Hotel oder am Busbahnhof. Die einfache Fahrt kostet 150 NOK (Nachtbusse 190 NOK), für Hin- und Rückfahrt bezahlt man 250 NOK. Fahrzeit rund 55 Min. Operiert von den frühen Morgenstunden bis spät in die Nacht. www.flybussen.no/oslo.

Die Fahrt mit dem **Taxi** zwischen Flughafen Gardermoen und Innenstadt Oslo kostet rund 700 NOK. Oslo Taxi, ✆ 02323.

Der Flughafen Torp/Sandefjord ist mit den Bussen von **Torp Ekspressen** an Oslo angebunden, die einfache Fahrt kostet 220 NOK. www.torpekspressen.no.

Die Bahnen der **NSB** binden ebenfalls den Flughafen Torp an, die einfache Fahrt kostet rund 240 NOK.

Zugverbindungen Oslo ist Knotenpunkt des Netzes der **Norge Statsbaner (NSB)**. Vom Hauptbahnhof (Sentralstasjon) gibt es Fernverbindungen in alle Richtungen, z. B. nach Kristiansand (5-mal tägl./4:30 Std.), Bergen (5-mal tägl./6:30–7:30 Std.), Voss (5-mal tägl./5:30–6 Std.), Trondheim (6-mal tägl./7 Std.) und Stavanger (5-mal tägl./7:30–8:30 Std.). ACHTUNG: An Samstagen gibt es oft weniger Verbindungen! Außerdem starten hier natürlich auch die Nahverkehrszüge, die je nach Verbindung 10- bis 30-mal/Tag nach Lillehammer, Drammen, Fredrikstad,

Spikkestad, Moss, Mysen, Arnes, Eidsvoll oder Jaren fahren. International gibt es eine NSB-Direktverbindung nach Gøteborg (4 Std.), die Anbindung an Stockholm erfolgt durch die schwedische Bahngesellschaft **SJ**. **NSB-Reisezentrum** im Hauptbahnhof. ✆ 81500888 oder 23620000, www.nsb.no.

Busverbindungen Der Busbahnhof *(Busterminalen)* befindet sich gleich östlich des Hauptbahnhofs und des Plaza-Hotels in der Schweigaardgate 8–10. Das Unternehmen **Nor-Way Busekspress** (✆ 81544444, www.nor-way.no) bietet u. a. Touren nach Bergen (3-mal tägl./10:30 Std.), nach Stavanger (4-mal tägl./10 Std.) oder nach Trondheim (2-mal tägl./9 Std.). Darüber hinaus unterhält es zahlreiche Nahverkehrslinien (z. B. nach Sarpsborg und Moss, Gardermoen, Skillebekk, Sanvika, Asker und Høvik). Man sollte seine Plätze vorab reservieren.

Fährverbindungen Von/nach Oslo gibt es Fährverbindungen nach/von Kiel (www.colorline.de), Frederikshavn (www.stenaline.de) und Kopenhagen (www.dfdsseaways.de). Die Schiffe der **Colorline** legen westlich des Zentrums im Ortsteil Filipstad an, die Terminals von **Stenaline** und **DFDS Seaways** befinden sich in Vippetangen, nur einen Steinwurf von der Akershus-Festung entfernt.

Öffentliche Verkehrsmittel im Stadtverkehr

Sechs Straßenbahnlinien, fünf U-Bahn-Linien und 68 Buslinien besorgen den öffentlichen Nahverkehr in Oslo relativ reibungslos, zuverlässig und kostengünstig. Es lohnt also nicht wirklich mit dem Auto in die Stadt zu fahren. Fahrpläne *(rutetabell)* und zusätzliche Informationen im **Trafikanten**-Büro am Turm auf dem Bahnhofsvorplatz. Mo–Fr 7–20 Uhr, Sa/So 8–18 Uhr. ✆ 81500176, www.trafikanten.no.

Tickets sind gültig für Metro, Straßenbahn und Stadtbusse. Die Einzelfahrt im Stadtbereich kostet am Automaten 30 NOK, beim Bus-/Trambahnfahrer 50 NOK, die Tageskarte gibt es für 75 NOK. Kinder zahlen die Hälfte. Die Fahrt mit öffentlichen Verkehrsmitteln ist im Oslo Pass (→ „Information") inklusive. Übrigens: Schwarzfahren ist teuer, rund 750 NOK sind fällig, wenn man erwischt wird.

Metro (T-Bane) 6 „Tunnelbahn"-Linien durchqueren die Stadt in Ost-West-Richtung und steuern auch einige Außenbezirke an. An den zentralen Stationen **Majorstuen**, **Nationalteatret**, **Stortinget**, **Jernbanetorget** (Oslo S), **Grønland** und **Tøyen** halten alle Linien.

Straßenbahn (Trikk) 6 Trambahnlinien fahren mit hoher Frequenz im Stadtbereich und in nahe Außenbereiche. Knotenpunkt ist **Jernbanetorget** (Oslo S).

Bus Buslinien verkehren nicht so häufig wie die Trambahnen, dafür binden sie auch alle Außenbezirke an. Hauptstationen sind **Jernbanetorget** (Oslo S) und **Nationaltheater**.

Taxi Es gibt rund 70 strategisch günstige Halteplätze im Stadtgebiet, z. B. am Bahnhof, am Ausgang der Karl Johans gate etc. Natürlich kann man auch einfach ein Taxi heranwinken oder telefonisch bestellen (✆ 02323). Die Preise sind höher als in Deutschland, alleine die Grundgebühr beträgt rund 50 NOK, der Mindestfahrpreis mehr als das Doppelte. Nachts und an den Wochenenden bis zu 50 % teurer. Vom Flughafen ins Stadtzentrum bezahlt man rund 700 NOK (max. 4 Pers.).

Adressen/Telefonnummern

Apotheken-Notdienst Vitusapotek Jernbanetorget, 24 Std. geöffnet, gegenüber dem Hauptbahnhof. Jernbanetorget 4, ✆ 23358100.

Ärzte-Notdienst Oslo Kommunale Legevakt, Storgata 40, ✆ 22932293.

Autoverleih Avis, am Flughafen, ✆ 67253510, und im Munkedamsveien 27, ✆ 23239202, www.avis.no.

Bislet, Pilestredet 70, ✆ 22600000, www.bislet.no.

Hertz, am Flughafen (tägl.), ✆ 64810550; im Scandinavia-Hotel (tägl.), ✆ 22210000; im Bahnhof (Mo–Fr), ✆ 22100000, www.hertz.com.

148 Oslo

Banken Es gibt zahlreiche Banken und Geldautomaten im ganzen Stadtbereich, z. B. **DnB Nor**, Stranden 1, Aker Brygge. Mo–Do 9–18 Uhr, Sa 9–15.30 Uhr.

Bibliothek Deichmanske bibliotek, Arne Garborgs plass 4, ✆ 23432900, www.deichmanske-bibliotek.oslo.kommune.no. Mo–Do 10–19 Uhr, Fr/Sa 10–16 Uhr.

Botschaften Botschaft der Bundesrepublik Deutschland, Oscarsgate 45, ✆ 23275400, www.oslo.diplo.de. Mo–Fr 8.30–11.30 Uhr.

Botschaft der Republik Österreich, Thomas Heftyes gate 19–21, ✆ 22540200, www.bmeia.gv.at/botschaft/oslo. Mo–Fr 10–12 Uhr.

Schweizer Botschaft, Bygdøynesveien 13, ✆ 22542390, www.eda.admin.ch/oslo. Mo–Fr 9.30–12 Uhr.

Fundbüro In der Polizeistation, Grønlandsleiret 44, ✆ 22669050. Mo–Fr 8.30–14 Uhr.

Geldwechsel Man kann in Banken und Postämtern Geld umtauschen. Außerdem bei den **Western Union Money Services**, Karl Johans gate 2 (gegenüber dem Hauptbahnhof), ✆ 080033443355. Mo–Fr 9–17 Uhr, Sa 9–15 Uhr.

Internet Immer mehr Cafés und Unterkünfte haben **WiFi-Hotspots** (einige haben auch **Terminals**) und bieten Gästen mitunter kostenlosen Zugang.

In der **Deichmanske bibliotek** gibt es ein unverschlüsseltes Wireless-Network, das jeder kostenlos nutzen kann, sofern man einen eigenen Laptop mitbringt. Mo–Do 10–19 Uhr, Fr/Sa 10–16 Uhr. Arne Garborgs plass 4, ✆ 23432900.

Krankenhaus Aker universitetssykehus, Trondheimsvn. 235, ✆ 22894000, ✆ 22894157, www.aker-universitetssykehus.no.

Oslo Legevakt, Notaufnahme bei schweren Verletzungen wie z. B. Knochenbrüchen. 24 Std. geöffnet, Storgata 40.

Kreditkarten-Notfallservice Information bei verlorenen Kreditkarten: Visa ✆ 80012052 oder 81500500, American Express ✆ 80068100, Eurocard/Mastercard ✆ 80012697 oder 21015320.

Medien Die Zeitungskioske in Oslo führen zahlreiche deutsche Tageszeitungen und Magazine.

Notrufnummern Feuerwehr ✆ 110, Polizei ✆ 112, Rettungsdienst ✆ 113.

Post Es gibt etliche Postfilialen in der Stadt. Günstig gelegen und mit langen Öffnungszeiten: Postamt am Hauptbahnhof, Jernbanetorget 1, ✆ 81000710. Mo–Fr 9–18 Uhr, Sa 9–15 Uhr.

Stadträder Oslo Citybike, über 1000 Fahrräder an zahlreichen Stationen (z. B. vor dem Hauptbahnhof, Rathaus etc.). Zwischen 6 Uhr morgens und Mitternacht zu mieten. Maximale Nutzungsdauer 3 Std. am Stück. Die Smartcard-Tageskarten kann man für 80 NOK in der Touristeninformation (Kaution von 500 NOK/Kreditkarte) leihen und muss sie dort nach Ablauf auch wieder abgeben.

Wäschereien, Thorvald Meyers gate 18. Mo–Fr 10–18 Uhr, Sa 10–15 Uhr.

Majorstua Myntvaskeri, Vibes gate 15. Mo–Fr 8–20 Uhr, Sa 8–15 Uhr.

Zahnärztlicher Notdienst Tannlegevakt, Schweigaardsgate 6 (3. Stock), ✆ 22673000.

Übernachten/Camping → Karte S. 140/141, S. 146/147 und S. 153

Übernachtungsmöglichkeiten gibt es zahlreich und in allen nur erdenklichen Kategorien, vom einfachen Schlafsaal einer Herberge bis hin zur luxuriösen Suite. Mindestens 220 NOK muss man für ein Bett im Hostel investieren, ein durchschnittliches Doppelzimmer kostet ab etwa 1000 NOK, nach oben hin sind kaum Grenzen gesetzt. Häuser im oberen Preissegment bieten oft Zimmer mit atemberaubendem Blick über die Stadt und hinaus auf den Fjord.

Zentrum The Thief [68], top Haus, top Lage, top Design. Nagelneue und edle Unterkunft direkt am Wasser, im neu erschlossenen Tjuvholmen-Distrikt. Das kleinste Zimmer hat 24 m^2, die Penthouse-Suite verfügt über 160 m^2 und eigene Dachterrasse. Hotel natürlich mit Bar und Brasserie, auf Anfrage werden sogar Personal-Trainer und Friseur organisiert. Um 3300 NOK/Nacht. Landgangen 1, ✆ 95175526, www.thethief.com.

Hotel Continental [34], geschichtsträchtiges Hotel, direkt am Nationaltheater. Keines der 155 Zimmer ist gleich – die Einrichtung variiert von klassisch bis modern –, edel und

Übernachten/Camping 149

äußerst komfortabel sind sie alle. Ausgezeichnete Küche in den dazugehörigen Restaurants. 3000 NOK muss man mindestens für ein DZ investieren. Stortingsgaten 24/26, ℅ 22824040, www.hotel-continental.no.

Radisson Blu Plaza Hotel 47, Hotel mit jedem erdenklichen Komfort und einem gigantischen Ausblick von den oberen Etagen (Skybar und Restaurant im 34. Stock). Im größten Hotel Norwegens gibt es 673 perfekt ausgestattete Zimmer, alle mit Internetzugang. Standard-DZ im Superangebot ab rund 1700 NOK, i. d. R. aber um 2500 NOK, eine Suite kostet schnell 4000 NOK. Sonja Henies plass 3, ℅ 22058000, www.radissonblue.com.

First Hotel Grims Grenka 52, nennt sich „boutique design hotel", ist supermodern und besticht mit schlichter, aber edler Optik. Zur Ausstattung der Zimmer gehören exklusive Flatscreen-TVs, iPod-Stationen und WLAN-Internetzugang. DZ ab 1700 NOK. Kongens gate 5, ℅ 23107200, www.grimsgrenka.no.

First Hotel Millenium 54, helle Zimmer mit bequemen Betten, edler Einrichtung und WiFi-Internet. Sehr gemütlich. In den höheren Kategorien mit Balkonen und tollem Ausblick. DZ oder Twin um 1800 NOK, als Web-Deal ab 1300 NOK. Tollbugata 25, ℅ 21022800, www.firsthotels.com/no.

Thon Hotel Opera 63, gut gelegen, direkt am Hauptbahnhof und nur einen Steinwurf von der Oper entfernt. 434 moderne Zimmer in verschiedenen Konfigurationen, wahlweise mit Dusche und/oder Wanne im Bad. Außerdem gibt es eine Bar, ein Restaurant und WLAN im ganzen Haus. DZ übers Internet ab rund 1200 NOK buchbar. Dronning Eufemias gate 4, ℅ 24103000, www.thonhotels.no/opera.

Thon Hotel Panorama 64, modernes Hotel, das bei Urlaubern und Geschäftsreisenden beliebt ist. DZ mit großen Betten; Flatscreen-TV und WLAN schon in der einfachsten Kategorie. DZ ab 1200 NOK. Rådhusgaten 7b, ℅ 23310800, www.thonhotels.no.

>>> **Mein Tipp: Comfort Xpress** 19, in jungem Design und mit Internet-Terminals im Eingangsbereich. Schlichte, funktionelle Zimmer mit Flatscreen-TV und kostenlosem WLAN. DZ oder Twin ab 660 NOK, Sonntagsspecial ab 580 NOK. Møllergata 26, ℅ 22031100, www.comforthotelxpress.no. «««

Bondeheimen Hotell 27, schon ein älteres Hotel, aber die 127 schlichten Zimmer sind wohnlich und teilweise mit netten Farbakzenten versehen. Gutes Café/Restaurant. EZ ab 1100 NOK, DZ ab 1300 NOK. Rosenkrantz gate 8, ℅ 23214100, www.bondeheimen.com.

Rica Oslo Hotel 49, schickes Hotel am unteren Ende der Fußgängerzone. 175 gemütliche Zimmer in 5 Kategorien. Zur Ausstattung gehören Fitnessraum, Sauna und Restaurant. Frühbucher können hier das Standard-DZ schon ab 900 NOK beziehen. Europarådets plass 1, ℅ 23104200, www.rica.no.

P-Hotel 30, freundlich und für die gute Lage auch preislich okay. Einfach eingerichtete, aber gemütliche Zimmer mit weiß gefliesten Bädern. Kostenloses WLAN im Hotel. EZ ab 600 NOK, DZ ab 800 NOK, Triple ab 1100 NOK. Grensen 19, ℅ 23318000, www.p-hotels.no.

Perminalen Hotel 57, einfache und günstige Einzel-, 2er- und Mehrbettzimmer, allesamt mit eigenem Bad (Du/WC). Es gibt eine Cafeteria, Gepäckaufbewahrung und Internetzugang. EZ 620 NOK, 2er-Zimmer mit Stockbett 860 NOK, im 4- oder 6-Bett-Zimmer 380 NOK/Pers. Øvre Slottsgate 2, ℅ 24005500, www.perminalen.no.

Grünerløkka Akers Have Apartments 85, mit gutem Preis-Leistungs-Verhältnis. Apartments in Größen von 15–55 m², immer mit Küche/Kitchenette, Bad und Essplatz. Studio für 1 Pers. ab 800 NOK, für 2 Pers. ab 1000 NOK. Heimdalsgate 1A und 1B. ℅ 23891044, post@akershave.no, www.akershave.no.

Um das Zentrum/außerhalb Holmenkollen Park Hotel Rica 9, edles Hotel direkt an der Holmenkollen-Skisprungschanze, aber mit der U-Bahn ans Zentrum angebunden. Rund 200 Zimmer und Suiten in vier Kategorien. Fitness- und Wellness-Angebote für Gäste und Besucher. DZ oder Twin ab 1750 NOK. Kongeveien 26, ℅ 22922000, www.holmenkollenparkhotel.no.

Carlton Hotel 46, westlich des Zentrums, aber unweit der Aker Brygge. Nicht gerade modern, aber wohnlich und für die Lage noch kostengünstig. Preise inkl. Frühstück: EZ ab 895 NOK, DZ ab 1095 NOK. Parkveien 78, ℅ 23274000, www.carlton.no.

Thon Hotel Munch 16, günstiger Vertreter der Thon-Hotelkette mit netten Zimmern

Oslo

und gutem Preis-Leistungs-Verhältnis. WLAN. Kein Restaurant, aber Bier oder Wein gibt es an der Rezeption. DZ/Twin ab 995 NOK. Munchs gate 5, ✆ 23219600, www.thonhotels.com.

Cochs Pensjonat 8, ganz einfache Zimmer, funktional eingerichtet, aber sauber und günstig. Nördlich des Schlossparks und noch in Fußmarschdistanz zum Zentrum. Festpreise: Twin mit Bad auf dem Flur 720 NOK, mit eigenem Bad und TV 880 NOK. Parkveien 25, ✆ 23332400, www.cochspensjonat.no.

Ellingsens Pensjonat 11, in einer 100 Jahre alten Villa bietet die Pension einfache Zimmer. DZ mit Bad auf dem Flur ab 650 NOK, mit eigenem Bad (Du/WC) ab 700 NOK. Holtegata 25, ✆ 22600359, www.ellingsenspensjonat.no.

Flughafen Park Inn Oslo Airport 71, saubere Zimmer mit Flatscreen und WLAN-Zugang. Direkt am Flughafen. DZ ab 1100 NOK. Henrik Ibsen Vei, Gardermoen, ✆ 67024000, www.parkinn.com.

Hostel/Vandrerhjem Anker Hostel 14, günstig zwischen Zentrum und In-Viertel Grünerløkka gelegen. Modernes Hostel mit 126 Zimmern im Sommer und 53 Zimmern im Winter, alle mit eigenem Bad (Du/WC). Mit kleinem Café, Kiosk, Aufenthaltsraum und Gemeinschaftsküche. Internetzugang. Im 8-Bett-Zimmer ab 220 NOK, im 4-Bett-Zimmer ab 260 NOK, DZ, Twin, EZ ab 600 NOK (Sa/So teurer). Keine Schlafsäcke erlaubt, Bettwäsche kann für 50 NOK geliehen werden. Parkplätze 175 NOK. Storgata 55, ✆ 22997200, www.ankerhostel.no.

Oslo Vandrerhjem, Haraldsheim 75, etwa 8 km nordöstlich des Stadtzentrums und gut mit Straßenbahn 17 bzw. Bus 31 angebunden. 268 Betten in 69 Zimmern, 40 Zimmer mit eigenem Bad, 9 behindertengerechte Zimmer. Aufenthaltsräume und Gemeinschaftsküche. Günstige Preise für Zimmer mit Bad auf dem Flur, höhere Preise für Zimmer mit eigenem Bad: im Mehrbettzimmer 230 NOK/Pers., im DZ 660 NOK, Frühstück inkl. Keine Schlafsäcke erlaubt, Bettwäsche kann für 50 NOK geliehen werden. Haraldsheimveien 4, ✆ 22222965, www.haraldsheim.no.

Oslo Vandrerhjem Rønningen 72, geöffnet von Ende Mai bis Ende Aug. Etwas weiter außerhalb nördlich, aber mit Bus 56 oder Tram 11/12 angebunden. Bäder, Gemeinschaftsküchen und Aufenthaltsraum auf den Fluren. Internetzugang. Übernachtung je nach Zimmerbelegung 220–700 NOK. Kostenlose Parkplätze. Myrerskogveien 54, ✆ 21023600, hostel@ronningen.fhs.no, www.oslohostel.com.

Oslo Apartments, eine gute Wahl, wenn man etwas länger bleiben möchte, für die Apartments gilt ohnehin eine Mindestmietdauer von 3–7 Tagen. Mehrere Locations in der Stadt, verschiedene Größen mit bis zu 3 Zimmern. Mit Küche. Preise auf Anfrage. ✆ 22510250, www.osloapartments.no.

Camping Bogstad 5, Oslos größter Campingplatz liegt westlich der Stadt nahe der Holmenkollen-Schanze. Busse der Linie 32 halten direkt vor dem Platz. Es gibt eine Küche, einen TV-Raum und WLAN, außerdem einen Supermarkt, ein Restaurant und eine Tankstelle vor der Tür. Hütten je nach Kategorie, Belegung und Saison 490–1400 NOK/Tag, Zelten kann man ab 180 NOK (ohne Auto), ein Wohnmobil kostet rund 270 NOK/Tag (Strom 55 NOK extra). Ankerveien 117, ✆ 22510800, www.bogstadcamping.no.

Ekeberg 70, nur von 1. Juni bis 1. Sept. geöffnet. Etwa 3 km vom Zentrum auf einem Höhenrücken mit wunderbarer Aussicht. Die Busse der Linien 34 und 46 halten vor der Tür. Es gibt einen Laden, Camp-Küche und Waschküche. Zelten ab 190 NOK, Wohnmobil rund 300 NOK, Strom kostet 50 NOK extra. Ekebergsveien 65, ✆ 22198568, www.ekebergcamping.no.

Sjølyst Bobilparkering 6, nur für Wohnmobile und nur vom 1. Juni bis zum 15. Sept. geöffnet. Der Parkplatz liegt in unmittelbarer Nähe zu den Museen auf Bygdøy und hat eine gute Anbindung in die Stadt. WC, Duschen und Stromanschlüsse. Für 24 Std. 200 NOK/Fahrzeug, zu bezahlen per Automat. Zwischen 23 und 7 Uhr ist die Schranke geschlossen. Drammensveien 164, ✆ 22509183, mobil 91390982, post@bobilparkering.no, www.bobilparkering.no.

Langøyene-Inselcamping, wunderschön gelegen – man darf in den Sommermonaten für zwei Nächte kostenlos im Zelt auf der Insel campieren. Sanitäranlagen und Kiosk vorhanden. Von Mai bis Aug. fahren tägl. 8–13 Boote (Linie 94) ab Vippetangen und zurück. Fahrplan unter www.marineservice.no.

Essen & Trinken: Restaurants

Oslos Fußgängerzone mit Blick in Richtung Bahnhof

Essen & Trinken: Restaurants → Karte S. 140/141, S. 146/147 und S. 153

In Oslo kann man ausgezeichnet speisen, einige Restaurants gehören zu den besten des Landes und müssen sich auch im europäischen Vergleich nicht verstecken. Ganz billig ist das freilich nicht, aber das ist es anderswo in Norwegen auch nicht und wenn man lokale Spezialitäten probieren will, kommt man um den Restaurantbesuch nicht herum. Für ein Hauptgericht mit Fleisch bzw. Fisch und Beilagen muss man i. d. R. 180–340 NOK investieren. Einige Lokale bieten mittags günstigere Lunchgerichte für weniger als 150 NOK. In vielen Cafés gibt es eine kleine Karte mit warmen Gerichten – z. B. Burgern, getoasteten Sandwiches oder Salaten – für 80–150 NOK (→ „Cafés/Cafébars"). Soweit nicht anders erwähnt, gibt es in allen gelisteten Lokalen Wein und Bier zu den üblich hohen Preisen. Für 0,4 l Bier zahlt man etwa 60–75 NOK, die Flasche Wein ist nicht unter 300 NOK zu haben.

Zentrum Maaemo 56, in dem Gourmettempel werden alle Gerichte ausschließlich aus lokal erzeugten Bioprodukten und ohne Zusatzstoffe hergestellt. Menü 1600 NOK, passende Weine 1250 NOK. Nur mit Voranmeldung. Schweigaards gate 15B, ✆ 91994805, www.maaemo.no.

Tabibito 39, japanisches Restaurant mit angenehm zurückhaltender Deko und Einrichtung. Gehobene Asia-Küche mit Hühnchen Pad-Thai oder Ente in Curry-Kokos-Soße. Hauptgerichte 140–220 NOK. Mo–Do 15–23 Uhr, Fr/Sa 15–24 Uhr, So 15–21 Uhr. Stortingsgate 20, ✆ 22426202, www.tabibito.no.

Nippon Art 48, edles japanisches Restaurant mit ausgezeichneter Küche. Sushi 49–110 NOK (2 Stück), Hauptgerichte (z. B. Shabu Shabu) 200–300 NOK. Mo–Do 11–23 Uhr, Fr 11–24 Uhr, Sa 14–24 Uhr, So 16–23 Uhr. Tordenskioldsgate 8, ✆ 22414107, www.nipponart.no.

Det Gamle Raadhus 59, norwegische Gerichte aus lokalen Zutaten, entsprechend saisonal ist die Karte geprägt. Den typischen Lutefisk z. B. gibt es nur im Winter. Netter Hinterhof zum Draußensitzen. Vorspeisen 135–185 NOK, Hauptgang mit Fleisch oder Fisch 240–330 NOK. Lunch um die 150 NOK. Mo–Fr 11.30–15 und 16–22 Uhr,

Sa 13–15 und 16–22 Uhr, So geschlossen. Nedre Slottsgate 1, ℡ 22420107, www.gamle raadhus.no.

Engebret Café 65, in Oslos ältestem Restaurant kommen norwegische und internationale Spezialitäten auf den Teller, z. B. Rentier-Carpaccio (150 NOK) als Vorspeise und Stockfisch mediterraner Art mit grilltem Gemüse (300 NOK) als Hauptgang. Im Sommer werden einige Tische auf den ruhigen Platz vor dem Haus gestellt. Mo–Fr 11.30–23 Uhr, Sa 17–23 Uhr. Bankplassen 1, ℡ 22822525, www.engebret-cafe.no.

Stortorvets Gjestgiveri 38, zum Lunch gibt es im Café gute Sandwiches für etwa 110 NOK, im Restaurant bezahlt man abends 230–330 NOK für ein Hauptgericht (Elcheintopf, Rentiersteak, gebackener Dorsch). Jeden Sa Nachmittag gibt es Live-Jazz. Im Sommer ist der schöne Außenbereich geöffnet. Café 11–23 Uhr, Restaurant Mo–Fr 15.30–22.30 Uhr, Sa 17–22.30 Uhr. Grensen 1, ℡ 23356360, www.stortorvets-gjestgiveri.no.

Habibi Café 40, ausgezeichnete orientalische Köstlichkeiten. Fleischgerichte mit Lamm oder Huhn um 170 NOK, vegetarische Mezze-Platte um 180 NOK. Mo–Sa 11–1 Uhr, So 15–1 Uhr. Storgaten 14, ℡ 22170201, www.habibi.no.

Curry & Ketchup 3, indisches Essen ganz simpel, aber äußerst schmackhaft und günstig. Lammcurry, Hähnchen-Masala und Co. gibt es ab etwa 100 NOK. Tägl. 13–24 Uhr. Kirkeveien 51, ℡ 22690522.

Bocata 39, leckere Baguette-Sandwiches für 50–75 NOK, es gibt aber auch Vietnam-Nudeln (85 NOK) oder Malaysian-Chicken (115 NOK). Mo–Fr 7.30–22 Uhr, Sa 10–22 Uhr, So 12–21 Uhr. Stortingsgate 22, ℡ 22416200, www.bocata.no.

Aker Brygge & Tjuvholmen The Edge 67, in dem edlen Restaurant kommen Steaks vom Limousin-Rind auf den Grill, je nach Cut kosten 200 gr ab 345 NOK und 300 gr ab 455 NOK. Gute Weine ab 700 NOK/Flasche. Täglich zum Mittag- und Abendessen, möglichst vorab reservieren. Lille Stranden 9, Tjuvholmen, ℡ 22839090, www.theedgerestaurant.no.

Café Sorgenfri 61, hübsches Café-Restaurant. Auf der Karte stehen Carpaccio vom Elch (135 NOK), gedämpfter Heilbutt (260 NOK) oder Hähnchenkonfit mit Chorizo (235 NOK). Perfekte Stärkung für zwischendurch: Muscheln mit Pommes und Aioli (800 g 200 NOK) und dazu ein kühles Bier. Mo–Sa 11–0.30 Uhr, So 13–22 Uhr. Bryggetorget 4, ℡ 21501090, www.cafesorgenfri.no.

Lektern 60, lässige Freiluftlounge direkt am Wasser mit tollem Blick auf den Hafen und die Festung. Das Bier kostet rekordverdächtige 76 NOK (0,4 l), da ist das Essen noch verhältnismäßig günstig: BBQ-Burger 169 NOK, Chillimuscheln 158 NOK oder Fish & Chips 145 NOK. Im Sommer tägl. ab Mittag geöffnet. Aker Brygge, ℡ 21023624, www.lekteren.no.

Eataly 61, netter Italiener und für die teure Aker Brygge noch verhältnismäßig günstig. Antipasti für weniger als 100 NOK, Pasta & Pizza für weniger als 160 NOK. Hauptgerichte um 250 NOK, werktags Lunchangebote für 169 NOK (inkl. Getränk). Mo–Fr 11–24 Uhr, Sa 12–24 Uhr, So 13–21 Uhr. Bryggetorget 18, ℡ 22831300, www.eataly.no.

Grünerløkka San Leandro Tapas 84, richtig gute Tapas ganz klassisch mit Patatas Bravas, Knoblauchgarnelen und edlem „Bellota Pata Negra"-Schinken (ca. 50–150 NOK/Portion). Mo–So ab 11 Uhr. Thorvald Meyers gate 76B, ℡ 22205747, www.sanleandrotapas.com.

Bistro Brocante 78, etwa 10 günstige Lunchgerichte (z. B. Truthahnsandwich mit Speck und Majo für 129 NOK), auf der Abendkarte stehen Hauptgerichte um 220 NOK (z. B. Schweinekotelett mit mediterranen Kräutern). Mo–Do 11–24 Uhr, Fr/Sa 11–1 Uhr, So 12–24 Uhr. Thorvald Meyers gate 40, ℡ 22356871, www.bistrobrocante.no.

Fru Hagen 78, sehr gemütliches Lokal mit überschaubarer und simpler Karte. Burgervariationen um 150 NOK, Sandwiches um 140 NOK. Am Wochenende beliebt für Drinks und lange geöffnet. Mo–Mi 11–24 Uhr, Do 11–1 Uhr, Fr/Sa 11–3 Uhr, So 12–21 Uhr. Thorvald Meyers gate 40, ℡ 45491904, www.fruhagen.no.

V Bar og Bistro 81, im Scandic Vulkan Hotel. Zum Lunch die Suppe&Sandwich-Kombination für 155 NOK, Hauptgericht um 220 NOK, 3-Gänge-Menü knapp 400 NOK. Mo/Di 11–22 Uhr, Mi/Do 11–24 Uhr, Fr/Sa 11–2 Uhr. Maridalsveien 13A, ℡ 21057100, www.vbarogbistro.no.

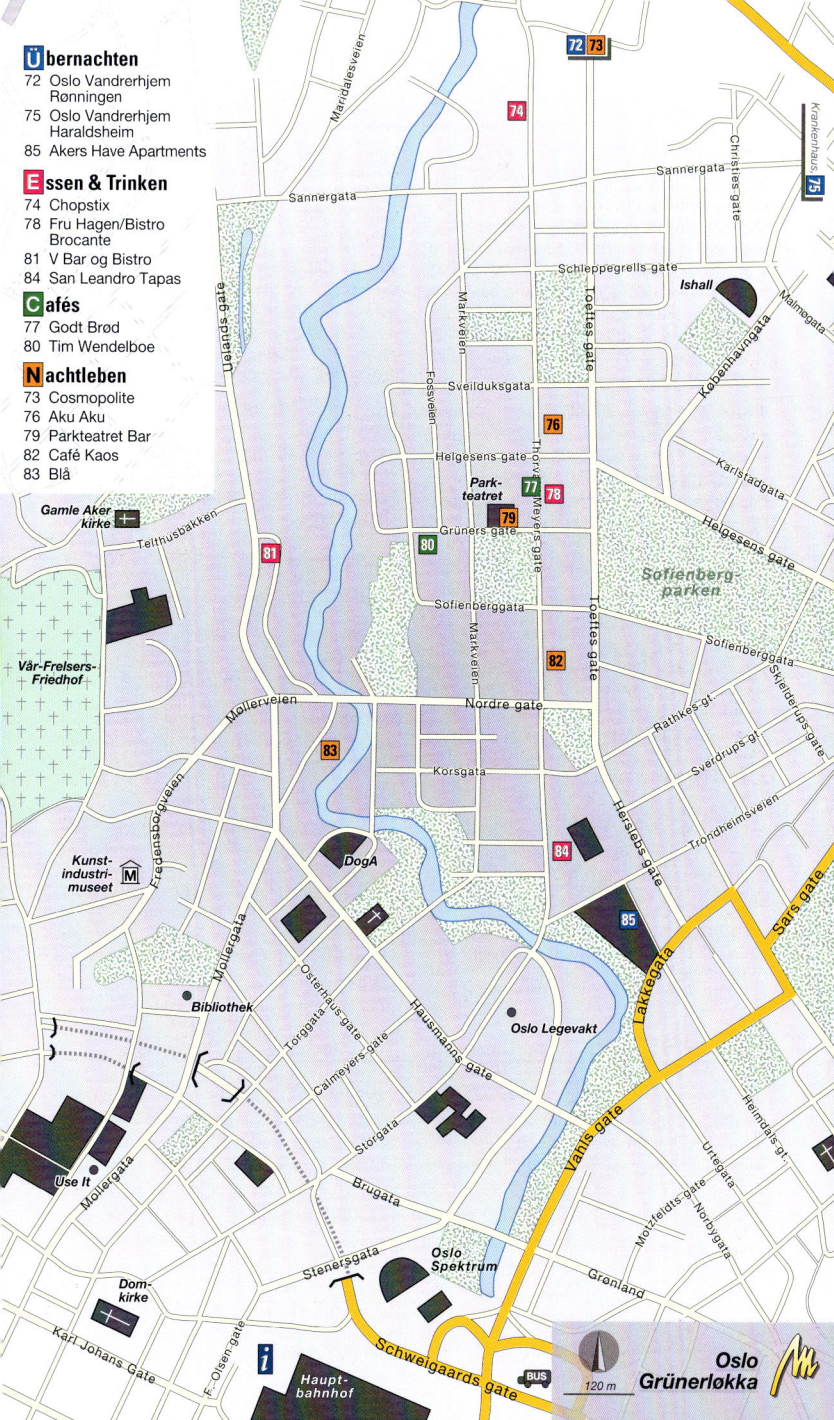

Chopstix 🆔, Wokgerichte ab 119 NOK, z. B. gebratener Reis mit Huhn. Auch als Take-away mit telefonischer Bestellung. Di–Sa 15.30–23.30 Uhr, So 14–22 Uhr. Toftesgate 19B, ✆ 22718888, www.chopstix-oslo.no.

Grønland Kafe Asylet 🆔, rustikales Wirtshaus mit alternativem Flair. Mittags gibt es z. B. ein Clubsandwich oder Hähnchen-Pasta (je 140 NOK), abends 2–3 Hauptgerichte (ab 150 NOK). Mit tollem Biergarten im Innenhof. Mo–Fr 11–0.30 Uhr, Sa 12–0.30 Uhr, So 12–23 Uhr. Grønland 28, ✆ 22170939, www.asylet.no.

Vognmand Nilsen 🆔, modernes Speiselokal/Bar mit raffinierter Küche. Mittags gibt es für 150 NOK einen ordentlichen Burger, abends kann man sich für 195 NOK das Tagesgericht mit Fisch oder Fleisch bestellen. Mo–Fr 12–24 Uhr, Sa/So 16–24 Uhr. Rubina Ranasgate 3, ✆ 22059200, www.vognmandnilsen.no.

Majorstuen »» Mein Tipp: **Bolivar Bar & Brasserie** 🆔, stylisch eingerichtet, richtig gutes Essen und tolle Atmosphäre. Eine Lasagne mit Büffelmozzarella kostet 169 NOK, der Lammrücken mit Ratatouille 245 NOK. Etwa 1 Dutzend Gerichte auf der Karte, monatl. wechselnd. Mo–Sa 11–1 Uhr, So 11–19 Uhr. Vibesgate 11, ✆ 22467100, www.bolivar.no. ««

Bambus 🆔, guter Asia-Allrounder (fast) ohne die oft übliche „Folkloredeko". Es gibt Sushi und Klassiker wie Miso-Suppe (55 NOK) oder Hähnchen Satay (220 NOK). Di–Sa 14–23 Uhr, So/Mo 14–22 Uhr. Kirkeveien 57, ✆ 22850700, www.bambusrestaurant.no.

Nordstrand/Ekeberg Ekeberg Restauranten 🆔, mit perfektem Blick über Oslo. Edle Gerichte wie gegrillter Seeteufel (295 NOK), Rentier-Sirloin (295 NOK) oder gebratene Jakobsmuscheln (Vorspeise 159 NOK). Mo–Sa 11–24 Uhr, So 12–21 Uhr (letzte Bestellung 1 Std. vorher). Kongsveien 15, ✆ 23242300, www.ekebergrestauranten.com.

Vegetarisch/Vegan Krishnas Cuisine 🆔, fleischlos und günstig. Suppen ab 60 NOK, Lunchteller 95 NOK, Tagesmenü 135 NOK. Als Take-away etwas günstiger. Mo–Fr 11–20 Uhr, Sa 11–19 Uhr. Sørkedalsveien 10, ✆ 22692269, www.krishnas-cuisine.no.

Loving Hut 🆔, vegane Speisen zu günstigen Preisen. Der „Classic Vegan Burger" mit Sojabratling ist für 59 NOK zu haben, ebenso die frittierten Frühlingsrollen. Mo–Fr 11–19 Uhr, Sa 12–19 Uhr. Parkveien 6, ✆ 22468909, www.lovinghut.ws.

Spisestedet 🆔, die Tagessuppe mit Brot gibt es schon ab 35 NOK, ein veganes Curry für 80 NOK (klein) bzw. 99 NOK (groß). Pasta 60 bzw. 80 NOK. Mo–Fr 14–20 Uhr. Hjelmsgate 3, ✆ 22690130.

Kebap, Pizza & Co. Wer mit ganz kleinem Geldbeutel reist, wird sich etwas schwertun in Oslo. Eine gute Alternative, den Hunger zu stillen, sind die zahlreichen **Kebap-Läden**, in denen ein Teller mit über Holzkohle gegrillten Fleischspießen mit Pommes und Salat für rund 90 NOK zu haben ist. Pizzaketten wie **Peppes Pizza** haben mehrere Filialen in der Stadt, wo man zumindest für verhältnismäßig wenig Geld satt wird. Und natürlich gibt es jede Menge Vertreter der amerikanischen **Fast-Food-Buden**, in denen man allerdings auch rund 70 % mehr bezahlt als in Deutschland.

Essen & Trinken: Cafés/Cafébars → Karte S. 140/141, S. 146/147 und S. 153

Der Pro-Kopf-Verbrauch an Kaffee ist in Norwegen weltweit am höchsten. Wie in vielen Großstädten üblich, wird der Begriff „Café" auch in Oslo für viele Lokale verwendet. Die Grenzen zwischen den Kategorien sind fließend, einige Vertreter sind morgens Café, mittags Bistro, abends Restaurant und nachts Kneipe oder Cocktailbar. Hier sind einige klassische Cafés gelistet, die man zu Kaffee und Kuchen aufsucht, aber auch die etwas moderneren Varianten.

Theatercaféen 🆔, seit 1900 eine der ersten Anlaufstellen in Oslo. Der Jugendstilsaal verströmt Wiener Charme und macht das Café zu etwas Besonderem. Mo–Sa 11–23 Uhr, So 15–22 Uhr. Stortingsgate 24, ✆ 22824050, www.theatercafeen.no.

»» Mein Tipp: **Tim Wendelboe** 🆔, für echte Kaffee-Fans! In der preisgekrönten Mikro-Rösterei wird nur auf Bestellung gearbeitet, in der dazugehörigen Espressobar kann man absoluten Spitzenkaffee genießen. Auch spezielle Kaffee-Seminare. Mo–

Fr 8.30–18 Uhr, Sa/So 11–17 Uhr. Grünersgate 1 (Grünerløkka), ☏ 40004062, www.timwendelboe.no. «

Grand Café 35, Munch war hier und Ibsen auch. An den Wänden des Cafés im Erdgeschoss des altehrwürdigen Grand Hotels hängen Porträts prominenter Gäste der Gründerzeit. Jeden So ist von 13 bis 17 Uhr Jazz-Brunch (345 NOK/Pers.). Mo–Fr 6.30–23 Uhr, Sa/So 7–23 Uhr. Karl Johans gate 31, ☏ 23212018, www.grand.no/en.

Kafé Celsius 59, in einem wunderbaren Fachwerkhaus mit fast schon mediterranem Flair im Innenhof. Für rund 160 NOK bekommt man Quiche Lorraine, Fischsuppe oder einen Burger auf den Teller. Reguläre Hauptgerichte 150–250 NOK. Mo–Sa 11–23.30 Uhr, So 12–21 Uhr. Rådhusgate 19, ☏ 22424539, www.kafecelsius.no.

Café con Bar 31, trendiges und sehr entspanntes Café mit bunten Stühlen und Tischen auf dem Gehweg zum Draußensitzen. Super Sandwiches (z. B. mit Chorizo, Salat und Chilli-Majo) um 140 NOK. Sa/So nett zum Feiern. Mo–Mi 10–1 Uhr, Do–Sa 10–3 Uhr, So 12–23 Uhr. Brugata 9–11, ☏ 22050200, www.cafeconbar.no.

Colletts Café 2, sehr gemütlich und mit solidem Essen zu angemessenen Preisen. Gegrillte Sandwiches um 125 NOK, Burger und Pasta um 150 NOK. Mo 12–22 Uhr, Di–Sa 12–1 Uhr, So 12–22 Uhr. Collettsgate 33, ☏ 22601929, www.collettscafe.no.

Café Grosch 66, mediterran angehauchte Burger, Sandwiches und Salate, alles mit Pfiff zubereitet, z. B. mit Parmaschinken oder fruchtigen Mangos (150–170 NOK). Schöne Terrasse, auf der man die Mittagssonne genießen kann. Di–Fr 11–17 Uhr (Do bis 19 Uhr), Sa/So 12–17 Uhr. Bankplassen 3, ☏ 21982190, www.kafegrosch.no.

Dolce Vita 53, hier gibt es einen spitzen Espresso und echt italienisches Gelato. Mo–Fr ab 7 Uhr, Sa ab 10 Uhr, So ab 11 Uhr. Prinsens gate 22, ☏ 22422336, www.dolcevita.no.

Åpent Bakeri 8, guter Kaffee, gute Backwaren und Öffnungszeiten für Frühaufsteher. Mo–Fr 7–17 Uhr, Sa/So 9–17 Uhr. Parkveien 27, ☏ 22049667, www.apentbakeri.no.

Godt Brød 77, die Bio-Bäckerei mit angeschlossenem Mini-Café gibt es im Bogstadveien 24 (Mo–Sa 6–17 Uhr), in der Thorvald Meyers gate 49 (Mo–Sa 6–18 Uhr, So 10–17 Uhr) und in der Teresesgate 33 (Mo–Sa 6–18 Uhr, So 10–17 Uhr).

Herregårdskroa und **Frognersparken Kafe**, in der Vigeland-Anlage. Beide Freiluftcafés sind im Sommer beliebte und bisweilen proppenvolle Ausflugsziele.

Nachtleben
→ Karte S. 146/147 und S. 153

Die gute Nachricht zuerst: Die Türsteher sind wesentlich lockerer als in Deutschland. Wer volljährig (manchmal liegt das Mindestalter auch irgendwo zwischen 18 und 25 Jahren), nicht komplett betrunken und normal angezogen ist, der kommt so gut wie überall problemlos rein. Die schlechte Nachricht: Am Eingang steht man trotzdem oft in der Warteschlange, speziell wenn man am Wochenende nach 23 Uhr erscheint.

Im Folgenden eine Auswahl an zahlreichen Kneipen, Bars und Clubs. Unter der Rubrik „Livemusik" stehen sowohl Kneipen, in denen gelegentlich abends Bands auftreten (Konzerte entweder frei oder günstig), als auch Lokalitäten, deren Fokus wirklich auf den Konzerten liegt (Eintritt bis 250 NOK). In Clubs oder Diskotheken kann es einen Eintritt geben, der regulär etwa bei 100 NOK liegt; wenn bekannte DJs auflegen u. U. auch mehr.

Pubs/Kneipen/Bars Oslo Mekaniske Verksted **55**, superlässige „Wohnzimmerkneipe" mit blanken Backsteinwänden, wild zusammengewürfelter Einrichtung und hohem Gemütlichkeitsfaktor. Kleiner Außenbereich und überdachter Raucherplatz. Mo–Fr 15–2 Uhr, Sa/So 13–2 Uhr. Tøyenbekken 34 (Grønland), ☏ 45237534, www.oslomekaniskeverksted.no.

》》**Mein Tipp: Fuglen 13**, absolut angesagte Mischung aus Café, Vintage-Design-Shop und Cocktailbar. Tagsüber gibt es hier einen ausgezeichneten Kaffee, wenn es dunkel wird, kann man in entspannter Atmosphäre zu den alkoholischen Getränken übergehen. Mo–Do 7.30–1 Uhr, Fr 7.30–3 Uhr, Sa 10–3 Uhr, So 10–18 Uhr. Universitetsgaten 2, ☏ 22200880, www.fuglen.no. «

Café Sor 33, super! Tagsüber Café mit kleiner Speisekarte, aber die DJ-Pults mitten im Raum verraten schon, dass hier nachts wild gefeiert wird. Mo–Mi 11–0.30 Uhr, Do 11–2 Uhr, Fr/Sa 11–3 Uhr, So 12–0.30 Uhr. Torggate 11 (Zentrum), ℡ 41463047, www.afesor.no.

Gloria Flames 43, beliebte Bar im Ortsteil Grønland. Im Sommer kann man auf der Dachterrasse gemütlich Bier trinken und Rockmusik hören. Di–Do 18–2 Uhr, Fr/Sa 15–3 Uhr. Grønland 18 (Grønland), ℡ 22171600, www.gloriaflames.no.

Ett Glass 32, angesagte Bar mit hohen Decken, großen Leuchtern und Galerielevel. Hoher Flirtfaktor und hohe Preise (Cocktails um 100 NOK). Mo 12–24 Uhr, Di 12–1 Uhr, Mi/Do 12–2 Uhr, Fr/Sa 12–3 Uhr, So 13–12 Uhr. Karl Johans gate 33 (Zentrum), ℡ 22334079, www.ettglass.no.

Lorry 12, uriges, stark dekoriertes Pub mit 129 Sorten Bier auf der Karte und jeder Menge ausgestopfter Jagdtrophäen an den Wänden. Sehr beliebt bei Abiturienten bis zum 60-jährigen Anzugträger. Mo 11–1 Uhr, Di–Sa 11–3.30 Uhr, So 12–1.30 Uhr. Parkveien 12 (Uranienborg), ℡ 22696904, www.lorry.no.

》》 Mein Tipp: Aku Aku 76, die Tiki-Bar ist einfach super! Lässige Einrichtung, coole Musik und spitzen Flirtfaktor. Cocktails um 100 NOK. Mo/Di 18–1 Uhr, Mi/Do 17–2 Uhr, Fr 14–3 Uhr, Sa 13–3 Uhr, So 13–1 Uhr. Thorvald Meyers gate 32 (Grünerløkka), ℡ 41176966, www.akuaku.no. 《《

Dattera til Hagen 41, Kultkneipe mit alternativem Flair. Innen duster, draußen im Innenhof mit bunten Stühlen und Tischen. 1. Etage: Mo/Di 11–1 Uhr, Mi/Do 11–2 Uhr, Fr/Sa 11–3 Uhr, So 12–1 Uhr. 2. Etage: Mi/Do 19–22 Uhr, Fr/Sa 21–3 Uhr. Grønland 10 (Grønland), ℡ 22171861, www.dattera.no.

Fyret Mat & Drikke 24, rustikal eingerichtetes Lokal mit massiven Holztischen. Hier kann man gemütlich etwas trinken, aber auch ganz gut essen (Gulaschsuppe 90 NOK, 250g-Burger 145 NOK). Mo–Mi 11–1 Uhr, Do/Fr 11–2 Uhr, Sa/So 12–2 Uhr. Youngstorget 6 (Zentrum), ℡ 22205182, www.fyretmatogdrikke.no.

Olympen 50, sehr schöne Räumlichkeiten mit hohen Decken, seit Ende des 19. Jh. gibt es hier ein Lokal. Trotz historischer Optik aber nicht verstaubt und bei Jung und Alt gleichermaßen beliebt. Man kann gut essen, auch die Weinkarte kann sich sehen lassen (Flasche ab 350 NOK). Mo/Di 11–0.30 Uhr, Mi/Do 11–1 Uhr, Fr 11–3 Uhr, Sa 12–3 Uhr, So 12–0.30 Uhr. Grønlandsleiret 15 (Grønland), ℡ 24101999, www.olympen.no.

Café Kaos 82, cooles Ambiente, etwas auf Retro getrimmt und speziell bei Leuten bis Anfang 30 sehr beliebt. Meist legen DJs auf, manchmal spielen auch Bands. Hier kann man richtig gut feiern. Mo–Sa 17–3.30 Uhr, So 20–3.30 Uhr. Thorvald Meyers gate 56 (Grünerløkka), ℡ 22046990, www.cafekaos.no.

Parkteatret Bar 79, wunderbare Location in den Räumlichkeiten eines alten Kinos. Gute Longdrinks und Cocktails (ab 90 NOK). So–Di 11–1 Uhr, Mi/Do 11–2 Uhr, Fr/Sa 11–3 Uhr. Olaf Ryes plass 11 (Grünerløkka), ℡ 22356300, www.parkteatret.no.

Livemusik Mono 36, coole Kneipe, in der regelmäßig norwegische und internationale Bands spielen. Musikrichtungen umfassen Rock, Pop, Funk und Folk. Eintritt frei, Konzerte 0–150 NOK. Mo–Sa 11–3 Uhr, So 18–3 Uhr. Pløensgate 4 (Zentrum), ℡ 22414166, www.cafemono.no.

Blå 83, hier gibt es richtig guten Live-Jazz, aber auch verwandte Musikrichtungen. Konzerte fangen meist um 21 Uhr an, danach legen oft noch DJs auf. Eintritt manchmal frei, kann aber je nach Künstler bis zu 150 NOK kosten. Im Sommer schöner Außenbereich. Geöffnet je nach Veranstaltung, Übersicht im Netz. Brenneriveien 9c (Grünerløkka), ℡ 98256386, www.blaaoslo.no.

Cosmopolite 73, der Club hat sich zu einem der populärsten Treffpunkte für Jazz, aber auch Soul- und Folkmusik entwickelt. Die Karten sind meist nicht billig und kosten zwischen 150 und 350 NOK. Einlass bei Konzerten ab 20 Uhr. Vogtsgate 64 (Grünerløkka), ℡ 22113308, www.cosmopolite.no.

Rockefeller 20, drei Räumlichkeiten mit Kapazitäten von 400 bis 1750 Personen. Hier kann man quer durch alle Genres richtig gute Konzerte besuchen, auch von international bekannten Bands. Öffnungszeiten und Eintrittspreise variieren, das Programm gibt's im Netz. Torggate 16 (Zentrum), ℡ 22203232, www.rockefeller.no.

Herr Nilsen **22**, hier wird klassischer Jazz, Dixieland, Blues, Folk und Soul gespielt. Die Konzerte beginnen meist um 21 Uhr, am Sa manchmal auch schon nachmittags. Tickets bis 300 NOK, die Jamsession jeden So ist frei. CJ Hambros plass 5 (Zentrum), ✆ 22335405, www.herrnilsen.no.

Revolver **18**, lauter Rock-Club, Konzerte kosten 100–200 NOK. Zur Stärkung gibt es Sandwiches und Burger. Tägl. 18–3.30 Uhr. Møllergata 32 (Zentrum), ✆ 22202232, www.revolveroslo.no.

Gamla **23**, seit über 30 Jahren gibt es hier Livemusik, hauptsächlich aus dem Indie- und Alternativebereich. Am Fr Nachmittag trifft man sich hier zum Feierabendbier. Konzerte meist 80–150 NOK. Mo–Do 12.30–0.30 Uhr, Fr/Sa 12.30–3 Uhr. Grensen 1 (Zentrum), www.gamla.no.

Cocktailbars/Clubs Internasjonalen **29**, volle Punktzahl für den Flirtfaktor! Intimer Club über 2 Etagen, meist legen DJs auf, manchmal spielen Bands. Das Publikum ist zwischen 20 und 40 Jahre alt. Mo 12–1 Uhr, Di–Sa 12–3 Uhr, So 16–1 Uhr. Am Youngstorget (Zentrum), www.internasjonalen.no.

»» Mein Tipp: Stratos **29**, perfekt! Von der 260 m² großen Dachterrasse im 11. Stock hat man bei einem kühlen Drink einen guten Blick über die Stadt. Angemessene Kleidung (keine Shorts oder Turnschuhe). Gefeiert wird im Sommer bis 3 Uhr früh. Youngstorget 2A (Zentrum), ✆ 21046400, www.stratos.as. **«««**

Barbeint **26**, stylische Cocktailbar und Lounge. Aufgelegt wird Soul, Funk, Disco und House. Man sollte sich hier schon etwas aufbrezeln – und ein paar Scheine mehr in den Geldbeutel stecken. Do–Sa 20–3 Uhr. Henrik Ibsens gate 60A (Ruseløkka), ✆ 95064686, www.barbeint-oslo.no.

The Villa **21**, hier wird den Tanzwütigen mit Electro-Beats eingeheizt. Bisweilen legen bekannte DJs auf, und es gibt auch Live-Acts. Eintritt ab 100 NOK. Fr/Sa 23–3.30 Uhr. Møllergata 23 (Zentrum), www.thevilla.no.

Raa **52**, Bar, Club und Disco, mit Fokus auf Hip-Hop, es werden aber auch R'n'B oder andere Clubsounds gespielt. Eintritt 100 NOK. Tägl. 23–3 Uhr. Karl Johans gate 10 (Zentrum), www.raaoslo.no.

Nomaden Club **17**, cooler Club, in dem auch viel Reggae und Ragga gespielt wird. Auch Live-Auftritte. Do–Sa 22–3 Uhr. Bernt Ankersgate 17 (Zentrum).

Festivals und Veranstaltungen

Holmenkollen Ski Festival, Veranstaltung mit über 100-jähriger Geschichte. Es gibt Wettbewerbe im Skisprung, Langlauf, Biathlon und nordischer Kombination. Im März.

Kirchenmusikfestival Oslo, seit dem Jahr 2000 wird das Festival im März veranstaltet, das sich zum bedeutendsten seiner Art in ganz Norwegen entwickelt hat. Musikalisch werden Stücke vom Mittelalter bis heute dargeboten. www.kirkemusikkfestivalen.no.

Inferno, das größte Heavy-Metal-Festival in Norwegen findet über Ostern statt. Zahlreiche Bands treten auf, die Großkonzerte finden in den Clubs Rockefeller und John Dee statt. www.infernofestival.net.

Nationalfeiertag, am 17. Mai herrscht in Oslo Ausnahmezustand, und die ganze Stadt ist auf den Beinen, um zu feiern. Die Königsfamilie winkt stundenlang vom Balkon des Palastes, während das Volk – meist in wunderschöne Tracht gekleidet – unten vorbeizieht.

Norwegian Wood, das Rock-, Pop- und Roots-Festival findet an 4 Tagen im Juni statt. Es treten auch internationale Stars auf, in den vergangenen Jahren haben z. B. Bob Dylan, David Bowie oder Sting gespielt. www.norwegianwood.no.

Oslo Jazzfestival, 6 Tage im August. Seit über 20 Jahren bringen bekannte Größen und Newcomer die Stadt zum Kochen. www.oslojazz.no.

Oslo Mela Festival, zum größten Multi-Kulti-Festival des Landes strömen jedes Jahr im August über 300.000 Besucher. Es gibt Konzerte, Tanz, Akrobatik und vieles mehr. www.melafestivalen.no.

Øyafestival, größtes Rockfestival der Stadt, über 60.000 Fans strömen an den 4 Tagen im August in den Middelaldetpark. www.-oyafestivalen.com.

Grieg Festival, jedes Jahr im Mai huldigt man dem wohl größten norwegischen Komponisten. Zahlreiche Klassikkonzerte, auch Werke von anderen Komponisten werden aufgeführt. www.oslogriegfestival.no.

Ultima, Festival für zeitgenössische Musik. Im September gibt es 14 Tage lang zahlreiche Konzerte und Aufführungen. www.ultima.no.

Oslo World Music Festival, im Herbst, meist Ende Okt./Anfang Nov. 6 Tage lang treten Künstler aus aller Herren Länder auf und begeistern mit exotischen Klängen. www.osloworld.no.

Einkaufen → Karte S. 146/147

In Oslo kann man wunderbar einkaufen. Natürlich findet man internationale Designernamen, aber interessant sind die norwegischen Marken, die es in Deutschland nicht unbedingt gibt.

Einkaufsstraßen Hauptgeschäftsmeile ist die **Karl Johans gate**. Die Promenade führt schnurgerade vom Bahnhof zum Schloss und ist bis zum Parlamentsgebäude Fußgängerzone. Hier reihen sich Boutiquen, Filialen großer Bekleidungsketten wie H&M oder Benetton, zahlreiche Lokale und auch große Einkaufszentren. In der Parallelstraße **Grensen** gibt es ebenfalls viele Geschäfte.

Im schicken Geschäfts- und Vergnügungsviertel **Aker Brygge** – ehemals ein Werftgelände – befinden sich jede Menge Boutiquen, Geschäfte, Theater, Restaurants und Bars. Tolles Angebot, perfekt am Wasser gelegen, allerdings auch nicht gerade billig.

In den Vierteln Majorstua und Frogner (zwischen Schlosspark und Vigelandspark) befinden sich die Einkaufsmeilen **Hedgehaugsveien** und **Bogstadveien**, in denen man viele nette, kleine Boutiquen findet und von günstiger Mode bis hin zu sündhaft teuren Edeldesignermarken praktisch alles kaufen kann.

Im jungen In-Viertel **Grünerløkka** kann man günstige und ausgeflippte Klamotten und Accessoires kaufen.

Geschäfte Bare Jazz **37**, hier dreht sich alles nur um Jazz. Der Laden ist Musikgeschäft, Café und Konzertraum in einem. Livemusik gibt es hier nicht nur abends, sondern auch schon mal nachmittags um 3 Uhr. Programm im Internet. Mo/Di 10–18 Uhr, Mi–Sa 10–24 Uhr. Grensen 8, ℡ 22332080, www.barejazz.no.

Magasinet (Outdoor) **25**, von der Regenjacke bis zum Wildnisbeil gibt es hier alles, was der Naturbursche braucht. Mo–Fr 10–17 Uhr, Sa 10–15 Uhr. Storgata 33 (Eingang via Hammersborggata), ℡ 22208002, www.magasinet.no.

Dale of Norway **28**, Concept-Store der bekannten Kleidungsmarke. Wunderschöne Norwegerpullis, klassisch oder in moderner „Weatherproof"-Version für umgerechnet bis zu 500 €. Mo–Fr 10–20 Uhr, Sa 10–18 Uhr. Karl Johansgate 45, ℡ 97481207, www.dale.no.

Oslo Sweater Shop **45**, gute Auswahl an Norwegerpullis, von günstig bis edel. Außerdem Souvenirs. Mo–Sa 8–22 Uhr, So 13–19 Uhr. Bisk. Gunnerus' gate 3 oder Tullinsgate 5, www.sweater.no.

Tronsmo **15**, unabhängige Buchhandlung mit exzellenter Auswahl im Bereich Kunst, Fotografie, (Sub-)Kultur, Comic usw. Große Auswahl an englischer Literatur. Mo–Mi 9–17 Uhr, Do/Fr 9–18 Uhr, Sa 10–16 Uhr. Kristian Augusts gate 19, ℡ 22990399, www.tronsmo.no.

Norli **23**, riesige Buchhandlung mit guter Auswahl an englischsprachigen Büchern. Mo–Fr 9–19 Uhr, Sa 10–17 Uhr. Universitetsgata 20, ℡ 22004300, www.norli.no.

ARK Bücher **42**, es gibt eine ganze Reihe an Filialen dieser Buchladenkette in Oslo, z. B. in Kaibygg 1 oder Øvre Slottsgate 23/25. Mo–Fr 9–20 Uhr, Sa 10–18 Uhr.

Märkte Der **Youngstorget** ist der klassische Marktplatz, hier finden „Bauern-", aber auch Weihnachtsmärkte oder andere Veranstaltungen statt.

Einkaufszentren/Kaufhäusern Paleet, rund 40 meist exklusive Geschäfte und Designerläden. Geschäfte Mo–Fr 10–20 Uhr, Sa 10–18 Uhr. Die (sehr guten) Lokale haben länger geöffnet. Karl Johans gate 37–41 (neben dem Grand Hotel), ℡ 22033888, www.paleet.no.

Steen & Strøm, ältestes Kaufhaus Oslos. Auf 6 Etagen werden rund 80 norwegische und internationale Marken verkauft. Mo–Fr 10–

Kultur/Aktivitäten/Sport 159

Perfekte Lage aber teuer: die Aker Brygge am Hafen

19 Uhr, Sa 10–18 Uhr. Nedre Slottsgate 8, ✆ 22004000, www.steenogstrommagasin.no.

Glassmagasinet, zwar nicht so groß wie die Konkurrenten, dafür umso schöner. Mo–Fr 10–19 Uhr, Sa 10–18 Uhr. Stortorvet 9, ✆ 22032080, www.glasmagasinet.no.

Oslo City, hinter dem Hauptbahnhof und dem Hotel Oslo Plaza gelegen. Mit über 90 Geschäften eines der größten und wohl auch das modernste Einkaufszentrum der Hauptstadt. Mo–Fr 10–22 Uhr, Sa 10–20 Uhr. Stenersgata 1, ✆ 81544033, www.oslocity.no.

Byporten, neben dem Bahnhof befindet sich die Mall mit rund 70 Geschäften und einem Dutzend Lokalen. Mo–Fr 10–21 Uhr, Sa 10–20 Uhr. Jernbanetorget 6, ✆ 23362160, www.byporten.no.

Supermärkte Im Stadtgebiet gibt es zahlreiche Supermärkte, z. B. einen **ICA**-Supermarkt in der Kongens gate 23 oder einen **REMA 1000** in der Torggata 2 (neben der Domkirke). Einen kleinen Markt gibt es direkt am Bogstad-Campingplatz.

Kultur/Aktivitäten/Sport

Kino *Oslo Kino* betreibt 8 Kinos mit jeweils mehreren Sälen, zentral liegen das **Saga** (Stortingsgate 28) oder das **Klingenberg** (Olav V's gate 4). Ticket regulär um 100 NOK. www.oslokino.no.

Frogner Kino, tolles, wunderschön hergerichtetes Kino mit über 80-jähriger Geschichte. Frognerveien 30, ✆ 22556557, www.frognerkino.no.

IMAX-Kino, mit 382 m² Leinwand. Tickets um 140 NOK. Hedgehausveien 27, Aker Brygge, ✆ 82000144.

Klassik/Theater/Tanz Den Norske Opera & Ballett, im supermodernen Opern-gebäude gibt es erstklassige Aufführungen (Tickets 100–1500 NOK), und das Gebäude selbst ist innerhalb von Führungen zu besichtigen. Kirsten Flagstads plass 1, ✆ 21422100, www.operaen.no.

Nationaltheatret, im größten Theater Norwegens werden hochkarätige Vorstellungen (Tickets 160–400 NOK) geboten. Johanne Dybwads plass 1, Ticketbestellungen: ✆ 81500811, www.nationaltheatret.no.

Black Box Teater, wichtige Adresse für zeitgenössisches Theater und modernen Tanz. Marstrandgata 8, ✆ 23407770, www.blackbox.no.

Oslo

Volkstänze werden im Sommer auf der schönen Bühne am Freilichtmuseum auf Bygdøy aufgeführt. Informationen zu aktuellen Veranstaltungen gibt es in der Touristeninformation.

Bootsfahrten/Rundflüge Die Hafenfähre zur **Museumsinsel Bygdøy** (nur April bis Anfang Okt.) startet vom Pier Nr. 3 (gegenüber dem Rathaus), Tickets für 50 NOK, mit dem Oslo Pass gratis. Nach **Hovedøya** und anderen Fjordinseln startet die Fähre ganzjährig von **Vippetangen** aus, zwischen Juni und Aug. geht es von hier aus auch zu den Badestränden auf **Langøyene**. www.oslo-fergene.no.

Oslo Sightseeing, die 50-minütige Bootsfahrt kostet 175 NOK, die 2-stündige Fjordtour 250 NOK. Auf einem wunderschönen Holzsegler gibt es Jazz- oder Lunch-Cruises (je 400 NOK). Abfahrt der Boote und Busse an der Rådhusbrygge 3 vor dem Rathaus. ✆ 23356890, www.boatsightseeing.com.

Air Heliwings AS, Oslo und Umland vom Helikopter aus. Preise je nach Dauer und Flugroute ab 3500 NOK (bis 3 Pers.) bzw. 4700 NOK (4 Pers.). ✆ 98095000, www.heliwing.no.

Stadtrundfahrten/Stadtführungen City Sightseeing, „Hop-on-hop-off"-System, man kauft ein Ticket und kann innerhalb von 24 Std. so viel fahren, wie man will, und so oft zu- und aussteigen, wie man will. Kommentar auf Deutsch. Erwachsene 150 NOK, Kinder 75 NOK, Familie (2+2) 400 NOK. In den Sommermonaten. www.citysightseeing.no.

Oslo Sightseeing, geführte Touren im Bus, im Sommer tägl. eine vormittags und eine nachmittags. Stationen sind Oslo Zentrum Vigelandpark, Vikingerschiffe, Kontiki-Museum, Polarschiff Fram und Folkmuseum. Dauer 4 Std., 340 NOK/Pers. ✆ 23356890, www.boatsightseeing.com.

H.M.K. Sightseeing, im Angebot sind Touren von 2–5 Std. Dauer, im Programm sind entsprechende Kombinationen der wichtigsten Sehenswürdigkeiten. 200–360 NOK, Kinder jeweils die Hälfte. ✆ 22789400, www.hmk.no.

Guideservice, wer einen qualifizierten deutschsprachigen Fremdenführer möchte, zahlt 1550 NOK (2 Std.) bzw. 1850 NOK (3 Std.). Jede Std. extra 475 NOK. Auch für Gruppen. ✆ 22427020, www.guideservice.no.

Kinder Tusenfryd, Norwegens größter Vergnügungspark mit jeder Menge Fahrgeschäften. Eintritt: Kinder unter 95 cm Körpergröße gratis, Kinder unter 120 cm 280 NOK, alle Personen über 120 cm 349 NOK. www.tusenfryd.no.

Fahrradmiete An der Skiarena Holmenkollen kann man Mountainbikes mieten, der erste Tag kostet 350 NOK, jeder Folgetag 100 NOK. ✆ 97681900, www.ski-guide.no.

Golf Oslo Golf Club Bogstad, wird oft als der beste Platz in ganz Norwegen gehandelt. Green-Fee für 18 Löcher 950 NOK (Handicap 28), Trainerstunden 300 NOK/25 Min. Im Ortsteil Bogstad, ✆ 22510560, www.oslogk.no.

Baden Frognerbadet, Freibad am Frogner-Park mit mehreren Becken, Sprungturm und Rutsche. Eintritt 80 NOK, mit Oslo Pass umsonst. Nur in den Sommermonaten. ✆ 23275450.

Tøyenbadet, am Munch-Museum. Das Hallenbad ist ganzjährig geöffnet, im Sommer außerdem zwei Außenbecken. Eintritt 80 NOK, mit Oslo Pass umsonst. ✆ 23462290.

Der **Sognsvann** (mit U-Bahn Nr. 3 nach Sognsvann) gilt als der beliebteste Badesee, auch der **Bogstadvantnet** (Bus nach Bogstad) ist populär bei Schwimmern und Surfern. Die bekanntesten Badeplätze am Fjord sind **Huk og Paradisbukta** auf Bygdøy und **Rolfstangen** in der Nähe des stillgelegten Flughafens Fornebu.

Skilaufen Tryvann Vinterpark heißt das Skigebiet vor den Toren der Stadt, gerade mal 30 Min. per U-Bahn (Richtung Voksenkollen) von der City entfernt. Hier gibt es 14 alpine Abfahrtspisten mit 7 Liftanlagen sowie eine Skischule und einen Skiverleih. www.tryvann.no.

Eislaufen Wunderbar! Schlittschuhlaufen kann man z. B. auf der **Spikersuppa skøytebane** unter freiem Himmel mitten in der Stadt gleich neben der Karl Johans gate. (Gratis, Schlittschuhleihe 45 NOK, Kinder 30 NOK) Alternativ gibt es eine große Eisfläche am **Frogner-Park**. Von Anfang Dez. bis Anfang März.

Wandern Schnuppertour Nordmarka, die ca. 9 km lange Wanderung führt am Sognsvann, einem beliebten Badesee, vorbei. Etappenziele sind **Ullevålseter und Frognerseter**. Anreise mit der U-Bahn U 3 zur Station Sognsvann, Rückfahrt mit der U 1 ab Frogneseteren. Weitere Informationen in der Tourismusinformation.

Sehenswertes

Entlang der Karl Johans gate

Norwegens berühmteste Meile ist ziemlich genau 1,5 km lang und führt – wie mit dem Lineal gezogen – in Ost-West-Richtung vom neuen Hauptbahnhof zum Schloss. Die erste, zunächst abschüssige Hälfte ist für den Autoverkehr gesperrt. Sie ist eine ideale Flaniermeile mit etlichen Geschäften, Bars, Hotels und Restaurants, aber auch einer ganzen Reihe von Sehenswürdigkeiten.

Domkirke: Der 1697 eingeweihte und 1950 umfassend restaurierte Backsteinbau liegt rechter Hand der Karl Johans gate gleich hinter den Basarhallen am Stortorvet. Die Kirche ist die Hauptkirche des Bistums Oslo und die Gemeindekirche des Zentrums von Oslo. Von der ursprünglichen Ausstattung sind die Kanzel, das Altarbild und Teile der Orgel erhalten. Der Kirchturm, der 1850 erbaut wurde, wurde lange Zeit als Aussichtspunkt der Feuerwache genutzt. Außen sind das reliefgeschmückte Portal und innen die Glasmalereien von *Emanuel Vigeland*, dem Bruder des „großen" Vigeland, sehenswert. Im Jahr 2010 wurde der Dom nach umfangreichen Restaurierungsarbeiten wieder eröffnet.
Tägl. 10–16 Uhr geöffnet, Eintritt frei. ✆ 23629010, www.oslodomkirke.no.

Storting: Das 1866 errichtete gelbe Parlamentsgebäude befindet sich am Ende der Fußgängerzone, gegenüber des Grand Hotels. Der Bau ist nicht gerade monumental, passt aber gut ins Stadtbild. Ein Besuch lohnt v. a. wegen des schönen Interieurs – beachtlich ist das Wergeland-Gemälde „Eidsvoll 1814" im Plenarsaal. Auf dem kleinen Platz vor dem Gebäude gibt es einige Bänke und eine Grünfläche, die zu einer kleinen Rast einladen.
Führungen Sa um 10, 11.30 (nur auf Norwegisch) und 13 Uhr (es kann Ausnahmen geben!), im Juli und Aug. auch unter der Woche. Eintritt frei. ✆ 23313596, www.stortinget.no.

Universität: Vor allem die Aula, in der bis 1990 der Friedensnobelpreis verliehen wurde – jetzt findet die Zeremonie im Rathaus statt –, ist wegen der Wandmalereien von *Edvard Munch* besuchenswert. Weltberühmt ist sein Gemälde „Die Sonne". Die Aula ist allerdings nur bei Veranstaltungen wie Konzerten für die Öffentlichkeit zugänglich. Das altehrwürdige Gebäude, dessen Bau 1854 beendet wurde, ist auf der rechten Seite der Karl Johans gate (Nr. 47) zu finden.

Nationalgalerie: Die Galerie ist Teil des Nationalmuseums für Kunst, Architektur und Design und beherbergt Norwegens größte Kunstsammlung mit rund 4500 Gemälden und 900 Skulpturen. Berühmtestes Stück ist sicherlich eine Version von *Edvard Munchs* „Der Schrei", die nach dem aufsehenerregenden Diebstahl von 1994 wiederbeschafft werden konnte. Zwei Säle sind dem größten Maler Norwegens gewidmet. Ansonsten präsentiert die Galerie einen umfassenden Querschnitt der Malerei der letzten zwei Jahrhunderte. Neben französischen Impressionisten und *Rodin*-Skulpturen finden sich Bilder von *Picasso, C. D. Friedrich, El Greco* und *Goya*. Das Gebäude befindet sich in der zweiten Querstraße zur Karl Johans gate.
Di/Mi und Fr 10–18 Uhr, Do 10–19 Uhr, Sa/So 11–17 Uhr. Eintritt 50 NOK, Senioren 30 NOK, Kinder frei. Tickets gelten für 24 Std. und erlauben den Eintritt in das *Museet for Samtidskunst*, die *Nasjongalleriet*, das *Kunstindustrimuseet* und das *Nasjonalmuseet – Arkitektur*. Sonntag freier Eintritt. Universitetsgaten 13, ✆ 21982000, www.nasjonalmuseet.no.

Historisk Museum: In der ersten Querstraße hinter der Universität. Zu sehen ist eine äußerst interessante Sammlung zur norwegischen Geschichte bis hin zur

Reformation. Besonders besuchenswert sind der Wikinger- und der Mittelaltersaal. In der ethnografischen Abteilung gibt es Ausstellungen zu den Themenbereichen Afrika, Asien und Amerika, speziell hervorzuheben ist die Arktisschau. Der dritte Bereich *(Myntkabinett)* zeigt Zahlungsmittel von der Antike bis zur Gegenwart. Ebenfalls Teil des Museums ist das Vikingskipshuset auf Bygdøy (→ Bygdøy).

Eintritt Di–Sa 50 NOK, Senioren und Studenten 25 NOK, Kinder frei. 15. Sept. bis 14. Mai Di–So 11–16 Uhr; 15. Mai bis 14. Sept. Di–So 10–17 Uhr. Frederiksgate 2, ✆ 22851900, www.khm.uio.no.

Nationaltheatret: Norwegens größtes Theater öffnete 1899 seine Pforten und hat sich auch über die Landesgrenzen hinaus einen Namen gemacht. Das Gebäude vereint vier Bühnen, die zwischen Ende August und Juni vornehmlich Ibsen-Werke aufführen. Die beiden Denkmäler vor dem Eingang zeigen *Henrik Ibsen* und *Bjørnstjerne Bjørnson*. Das Theater mit einer schönen Gemäldesammlung liegt hinter der Parkanlage an der Karl Johans gate und kann nur auf Anfrage besichtigt werden.

Johanne Dybwads plass 1, Info ✆ 22001400 (Zentrale), Ticketbestellung unter ✆ 81500811. Spielplan im Internet unter www.nationaltheatret.no. Tickets für Vorstellungen kosten je nach Bühne 160–400 NOK.

Slott (königliches Schloss): Weithin sichtbarer, westlicher Endpunkt der Karl Johans gate ist das zwischen 1824 und 1848 erbaute königliche Schloss – nahezu unbewacht, ohne Zaun und mit folkloristisch anmutender Schlosswache, die täglich um 13.30 Uhr den Wachwechsel zelebriert. Von hier aus herrscht das Staatsoberhaupt. Weht das Banner auf dem Dach, ist der König anwesend. Um das Schloss kann man durch den ausladenden Park spazieren, vorbei am Denkmal Karl Johans und einer neu gestalteten Freitreppe am Südrand des Parks. Das Schloss kann nur im Sommer besichtigt werden, dann ist es nur an den Geburtstagen des Königspaars – dem 4. bzw. 20. Juli – geschlossen. Innerhalb der Führungen kann man u. a. den königlichen Speisesaal, verschiedene Festsäle, die Schlosskapelle und die *Kong Haakon VII Suite besichtigen*.

links: Königsschloss, rechts: König Haakon VII

Nur Mitte Juni bis Mitte Aug. und nur mit Führung zu besichtigen. Einstündige Touren auf Norwegisch Mo–Do u. Sa 11–17 Uhr; Fr u. So 13–17 Uhr; jeweils alle 20 Min. Touren auf Englisch Mo–Do und Sa 12, 14 u. 14.20 Uhr; Fr/Sa 14, 14.20 u. 16 Uhr. Eintritt 95 NOK, Kinder und Senioren 85 NOK (Eintrittskarten gibt es in den Postämtern). Hendrik Ibsens gate 1, www.kongehuset.no.

Ibsenmuseet: Die letzte Wohnung Henrik Ibsens in der Arbins gate 1 (Nähe Nationaltheater) wurde anlässlich seines 100. Todestages 2006 sehr schön restauriert und weitgehend originalgetreu rekonstruiert. Hier kann man sehen, wie Ibsen von 1895 bis zu seinem Tod 1906 gelebt und gearbeitet hat. Die Ausstellung, die sich mit seinem Leben und Schaffen beschäftigt, trägt den Namen „Hernrik Ibsen – ganz im Gegenteil". Das Museum ist interessant, vielleicht aber nicht ganz so sehenswert wie die Museen in seiner Heimatstadt Skien oder seiner Lehrstadt Grimstad.

15. Mai bis 14. Sept. tägl. 11–18 Uhr; 15. Sept. bis 14. Mai tägl. 11–16 Uhr, Do bis 18 Uhr. Stündl. eine Tour, letzte Tour eine Std. vor Schließung. Eintritt 85 NOK, Kinder 25 NOK. Henrik Ibsens gate 25, ✆ 22123550, www.ibsenmuseet.no.

Historische Bauten in Oslo

Am Hafen

Der Hafenbereich wurde in den letzten Jahren stark erweitert und ausgebaut, u. a. entstanden Promenaden – den Autoverkehr hat man bereits weitgehend verbannt. Hier eine Auflistung der Attraktionen von Ost nach West:

Akershus Festning: Die weithin sichtbare Festung wurde im 13. Jh. errichtet, vermutlich als Reaktion auf einen Angriff des Grafen von Sarpsborg. Das Schloss im Innern wurde erst wesentlich später errichtet und stammt aus dem späten 17. Jh. Das Garnisonsgelände – noch heute steht Akershus unter Militärverwaltung – präsentiert sich insgesamt schlicht: kleine Häuser, flache Wehren, Kopfsteinpflaster und viel Grün. Dem Besucher bietet sich von hier eine tolle Aussicht auf Hafen und Fjord, auf Rathaus und Aker Brygge.

Innerhalb der historischen Wehranlage verstecken sich vier ganz unterschiedliche Sehenswürdigkeiten. Zum einen natürlich das *Renaissanceschloss* mit Schlosskirche, Repräsentationssälen, Mausoleum und Arbeitsraum des Malers Wergeland. Das *Norges Hjemmefrontmuseum* schildert den Widerstand gegen die deutsche Besatzung zwischen 1940 und 1945. Akershus war damals Hauptquartier der Nazi-Wehrmacht, hier fällte der ehemalige baden-württembergische Ministerpräsident Filbinger als Marinerichter schändliche Todesurteile gegen Deserteure, und hier wurden, wie ein Denkmal bezeugt, auch 40 norwegische Widerstandskämpfer hingerichtet. Eindrucksvoll belegt das Museum diese düstere Periode mit Bildern, Urkunden und Modellen. Das *Christiania Bymodell* zeigt auf der 24 m^2 großen, frei schwebenden Leinwand ein Modell der Hauptstadt aus dem Jahr 1700, in einer Multimediashow wird die städtebauliche Entwicklung von 1624 bis 1840 nachgezeichnet. Im *Forsvarsmuseet* – dem Verteidigungsmuseum – wird die Militärgeschichte des Landes dokumentiert.

Öffnungszeiten Haupteingang tägl. 6–21 Uhr, Seiteneingänge verkürzte Öffnungszeiten. Wachablösung der Garde tägl. um 13.30 Uhr. ✆ 23093212, www.akershusfestning.no.

Schloss 2. Mai bis 31. Aug. Mo–Sa 10–16 Uhr, So 12–16 Uhr; Sept.–April Sa/So 12–17 Uhr. Eintritt 70 NOK, Senioren 50 NOK, Kinder 30 NOK, Familie (2+4) 175 NOK. Preise inkl. Audioguide.

Norges Hjemmefrontmuseum Juni–Aug. Mo–Sa 10–17 Uhr, So 11–17 Uhr, ansonsten Mo–Fr 10–16 Uhr, Sa/So 11–16 Uhr. Erwachsene 50 NOK, Kinder und Senioren 25 NOK.

Forsvarsmuseet Mai–Aug. Mo–Fr 10–17 Uhr, Sa/So 11–17 Uhr; Sept.–April Di–Fr 11–16 Uhr, Sa/So 11–17 Uhr. Eintritt frei.

Rådhuset: Schönheit liegt ja bekanntlich im Auge des Betrachters, aber bei Oslos Rathaus finden selbst die wohlwollendsten Betrachter keine freundlicheren Beschreibungen als „markant" oder „ungewöhnlich". Viele Leute – darunter auch jede Menge Einheimischer – finden es schlichtweg hässlich. Seit seiner Eröffnung 1950 ist der zur 900-Jahrfeier fertiggestellte Bau umstritten, was aber nichts daran ändert, dass er sich zum Wahrzeichen Oslos gemausert hat. Im westlichen der beiden klobigen Türme tagen die Volksvertreter, im östlichen arbeitet die Verwaltung. Im Erdgeschoss, am Eingang von der Hafenseite aus, gibt es eine lokalpolitische Informationsabteilung; der Besuchereingang liegt auf der Rückseite am Fridtjof Nansens plass. Man sollte einen kurzen Blick hineinwerfen, die Fresken werden zwar mitunter als recht kitschig empfunden, vermitteln aber einen Eindruck von der norwegischen Geschichte des 20. Jh. Eher kurios hingegen die Vitrinen mit Staatsgeschenken. Höhepunkt im alljährlichen Veranstaltungskalender ist der 10. Dezember – dann blickt die ganze Welt nach Oslo, wenn hier im Rathaus der Friedensnobelpreis verliehen wird.

Führungen im Sommer tägl. 10, 12 u. 14 Uhr (So auch 16 Uhr), sonst nur Mi 10, 12 u. 14 Uhr. Eintritt frei. Fridtjof Nansens plass, ✆ 23461200, www.rft.oslo.kommune.no.

Nobels Fredssenter: Eine der neuesten Sehenswürdigkeiten der Hauptstadt ist das im Sommer 2005 eröffnete „Nobel Friedenszentrum" direkt am Hafen. Das Ausstellungs- und Tagungszentrum beschäftigt sich nicht nur mit dem Werk Alfred Nobels, informiert nicht nur über die bisherigen Friedensnobelpreisträger, sondern widmet sich v. a. der weltweiten Konfliktforschung – in Filmen, Ausstellungen und Vorträgen. Der eindrucksvolle Bau im renovierten Westbahnhof beherbergt wechselnde Ausstellungen – ganz modern mit Glasfaseroptik, Digitaldisplays und interaktiven Elementen. Dazu gibt es einen netten Museumsladen und ein kleines Café.

Di–So 10–18 Uhr, Juni–Aug. täglich. Führungen Sa/So auf Englisch um 13 und 15 Uhr, auf Norwegisch um 14 Uhr. Eintritt 80 NOK (mit Oslo Pass frei), Senioren und Studenten 55 NOK, Kinder unter 16 Jahren frei. Rådhusplassen, ✆ 48301000, www.nobelpeacecenter.org.

Aker Brygge & Tjuvholmen: Über 100 Jahre lang wurde hier in der „Akers Mekaniske Verksted" geschuftet, in den 1980er-Jahren begann die Umstrukturierung zur Amüsiermeile. Die alten Werft- und Fabrikgebäude wurden wunderbar hergerichtet und in ein modernes Kleid gepackt, ohne sie dabei ihrer Ursprünglichkeit zu berauben. Heute gibt es hier jede Menge Geschäfte, Boutiquen, Läden und einige der besten Restaurants der Stadt. Die dicken Holzbohlen der Kaianlage speichern die ersten Sonnenstrahlen im Frühling und sind eine der besten – und leider auch teuersten – Adressen der Stadt, um ein Freiluftbier zu trinken. An der Aker Brygge befindet sich auch die *Herbern Marina* mit über 100 Jachtliegeplätzen, an der Hauptpromenade gibt es einige Skulpturen zu sehen, so auch den Originalanker der „Blücher". In den letzten Jahren wurde das gesamte Tjuvholmen-Areal, quasi als in den Fjord ragende Verlängerung der Aker Brygge, umgebaut, modernste Wohn- und Geschäftsgebäude wurden hier errichtet.

Astrup Fearnley Museum: Das private Museum wurde 1993 eröffnet und ist auf norwegische und internationale Gegenwartskunst spezialisiert. Seit September 2012 befindet es sich im nagelneuen, vom italienischen Stararchitekten Renzo Piano entworfenen Gebäude in Tjuvholmen. Die hauseigene

Segelrevier Oslofjord

Sammlung ist überaus interessant, außerdem gibt es regelmäßig wechselnde Ausstellungen. Ein echtes Museums-Gesamterlebnis.

Di–Fr 12–17 Uhr, Do bis 19 Uhr, Sa/So 11–17 Uhr. Eintritt 100 NOK, Senioren 80 NOK, Studenten 60 NOK, Kinder unter 18 Jahren frei. Touren auf Anfrage für 1800 NOK/Pers. (+Eintritt). Dronnongensgate 4, ✆ 23282950, www.afmuseet.no.

Kvadraturen und Bjørvika

Museet for samtidskunst: Erst 1990 wurde das nationale Museum für zeitgenössische Kunst im ehemaligen Gebäude der Nationalbank eröffnet. Es liegt in Oslos ältestem Stadtteil **Kvadraturen**, das Gebäude selbst wurde 1906 von der *Norge Bank* im Jugendstil errichtet. Besonderen Reiz gewinnt das Museum durch den Kontrast zwischen moderner Kunst und dem Putz und Stuck der monumental anmutenden Räume der Nobelbank. Die Sammlung basiert auf den Nachkriegssammlungen von National- und Reichsgalerie, zu sehen sind etwa 3500 norwegische und internationale Kunstwerke aus der Zeit nach 1945. Sie finden das Museum hinter der Akershus-Festung in östlicher Richtung.

Di/Mi und Fr 11–17 Uhr, Do 11–19 Uhr, Sa/So 12–17 Uhr. Eintritt 50 NOK, Senioren 30 NOK, Kinder frei. Tickets gelten für 24 Std. und erlauben den Eintritt ins *Museet for Samtidskunst*, in die *Nasjonalgalleriet*, das *Kunstindustrimuseet* und das *Nasjonalmuseet – Arkitektur*. Sonntag freier Eintritt. Bankplassen 4, ✆ 21982000, www.nasjonalmuseet.no.

Nasjonalmuseet – Arkitektur: Hier werden nicht nur historische und ästhetische Aspekte der Architektur beleuchtet, sondern es geht vermehrt auch um die Herausforderungen des 21. Jh., etwa die Nachhaltigkeit, die Anforderungen an die Energieversorgung und auch um die veränderten Lebensgewohnheiten in einer immer schnelllebigeren Zeit.

Di/Mi u. Fr 11–17 Uhr, Do 11–19 Uhr, Sa/So 12–17 Uhr. Eintritt 50 NOK, Senioren 30 NOK, Kinder frei. Tickets gelten für 24 Std. und erlauben den Eintritt ins *Museet for Samtidskunst*, in die *Nasjonalgalleriet*, das *Kunstindustrimuseet* und das *Nasjonalmuseet – Arkitektur*. Sonntag freier Eintritt. Bankplassen 3, ☏ 21982182, www.nasjonalmuseet.no.

Den Norske Opera & Ballett: Ob das 2008 eröffnete Opernhaus tatsächlich, wie von der Presse angekündigt, dem berühmten Sydney Opera House Konkurrenz machen kann, sei dahingestellt – äußerst sehenswert ist der futuristische Bau dennoch auf jeden Fall. Und zumindest die Lage betreffend kann das Gebäude mit dem Pendant in Australien gut mithalten. In Bjørvika, direkt am Wasser, wurde das vom norwegischen Architekturbüro Snøhetta entworfene Gebäude errichtet, das das Heim der Norwegischen Oper und des Balletts ist – schneeweiß erstrahlt es in modernem Design. Einen Höhepunkt stellt sicherlich die Tatsache dar, dass man auf den vielen Schrägen bis hinauf aufs Dach marschieren kann, darf und sogar soll. Die Aufführungen sind hochkarätig, der Große Saal bietet Platz für 1369 Zuschauer, der Kleine Saal für 400 Zuschauer. Es werden Führungen angeboten, auch gibt es ein Café.

Öffnungszeiten Foyer Mo–Fr 10–23 Uhr, Sa 11–23 Uhr, So 12–22 Uhr. Tickets für Führungen in englischer Sprache 100 NOK (Kinder unter 16 Jahren 60 NOK), im Foyer erhältlich, mit dem Oslo Pass gibt es 20 % Rabatt. Kirsten Flagstads plass 1, ☏ 21422100, www.operaen.no.

Nördlich der Karl Johans gate

DogA: Das „Zentrum für Design, Architektur und Baumilieu" wurde 2004 auf Bestreben der Vereinigung *Norsk Form* eröffnet. In den Räumlichkeiten gibt es entsprechende und regelmäßig wechselnde Ausstellungen mit Titeln wie „1000 Jahre norwegische Architektur" oder „100% Norway". Das hier ins Leben gerufene Projekt „Umweg. Architektur und Design an 18 nationalen Touristenstraßen in Norwegen" war z. B. auch in New York zu Gast. Das umgebaute Transformatorenhaus hat 2006 den staatlichen Preis für Baukunst gewonnen.

Mo 11–16 Uhr, Di–Fr 11–22 Uhr, Sa 12–22 Uhr. Eintritt frei. Hausmanns gate 16, ☏ 23292630, www.norskform.no.

Kunstindustrimuseet: In dem alten, bereits 1876 gegründeten Museum wird Kunstgewerbe gezeigt, vom 7. Jh. bis zur Gegenwart. Sehr informativ ist die Trachtengalerie, sehr schön anzuschauen v. a. die große Sammlung an Gobelins aus dem 16. und 17. Jh. sowie der Baldishol-Teppich aus dem 12. Jh. Das Museum ist Teil des Nationalmuseums.

Di/Mi und Fr 11–17 Uhr, Do 11–19 Uhr, Sa/So 12–16 Uhr. Eintritt 50 NOK, Senioren 30 NOK, Kinder frei. Tickets gelten für 24 Std. und erlauben den Eintritt ins *Museet for Samtidskunst*, die *Nasjonalgalleriet*, das *Kunstindustrimuseet* und das *Nasjonalmuseet – Arkitektur*. Sonntag freier Eintritt. St. Olavs gate 1, ☏ 21982000, www.nasjonalmuseet.no.

Gamle Aker Kirke: Nicht nur die älteste Kirche, sondern mit Baujahr 1080 das älteste Gebäude Oslos überhaupt. Besonders sehenswert sind die barocke Kanzel und

Unbedingt besuchen: das Munch-Museum

das Taufbecken, die hervorragende Akustik genießt man idealerweise bei einem Orgelkonzert. Die Kirche liegt im idyllischen **Bergfjerdingen-Viertel**, zu Fuß zu erreichen, indem man die Karl Johans gate am Storting über die Akersgata nach Norden verlässt und an der St.-Olavs-Kirche vorbei zum **Vår Frelsers Gravlund** – auf diesem Friedhof ruhen auch Ibsen und Munch – marschiert, an dessen nordöstlicher Ecke die Gamle Aker Kirke liegt.

Mo–Fr 12–16 Uhr, Sa 10–14 Uhr. Konzerte werden in „what's on in Oslo" angekündigt (Eintritt frei). Akersbakken 26, ✆ 23629120, www.gamle-aker.no.

Tøyen

Munchmuseet: Dieses Museum im Stadtteil Tøyen ist Edvard Munchs testamentarisches Geschenk an die Stadt, in der er den größten Teil seines Lebens verbrachte: 1100 Gemälde und 18.000 Grafiken versammeln sich im Munch-Museum, angereichert noch mit Schenkungen der Schwester Munchs – sie stellen heute einen geschätzten Gesamtwert von 20 Milliarden (!) Kronen dar. Die 2004 geklauten Meisterwerke „Der Schrei" und „Madonna" sind wiederbeschafft und hängen zur Freude aller Kunstliebhaber wieder in dem mittlerweile einem Hochsicherheitstrakt gleichenden Museum. Nicht alle Werke sind ständig zu sehen, aber die Museumsleitung achtet darauf, dass einige Highlights immer präsent sind. Außerdem beherbergt das Museum im Souterrain die ständige Ausstellung „In den Fußstapfen Munchs", in der Leben und Werk des Künstlers anschaulich dokumentiert werden. Zudem verfügt das Museum über ein sehr schönes Café und einen tollen Laden mit einschlägiger Literatur, Postkarten und Drucken.

Öffnungszeiten saisonabhängig, Kernöffnungszeiten Juni–Aug. tägl. 10–17 Uhr, sonst Di–Sa 10–16 Uhr, So 11–17 Uhr. Eintritt 95 NOK, Senioren und Studenten 50 NOK, Kinder unter 16 Jahren frei, Familien 110 NOK. Sie erreichen das Museum bequem mit der U-Bahn (Station Tøyen). Tøyengata 53, ✆ 23493500, www.munch.museum.no.

Botanischer Garten Tøyenhagen und Naturhistorisches Museum: Der Botanische Garten liegt gleich neben dem Munch-Museum und beherbergt neben Gartenanlagen und Gewächshäusern noch drei zum Naturhistorischen Museum gehörende Abteilungen. Im **Paläontologischen Museum** werden vorgeschichtliche Tier- und Pflanzenformen aus Norwegen und aller Welt präsentiert. Ebenfalls interessant ist das **Mineralogisch-Geologische Museum**, das Funde aus der geologisch sehr interessanten Geschichte Oslos ausstellt. Das sogenannte „Oslofeld", hier in einem Reliefmodell wiedergegeben, weist *kambro-silurische*, also 400–500 Mio. Jahre alte, zehn Stockwerke hohe Gesteinsschichten auf, die sich durch besonderen Fossilienreichtum auszeichnen. Außerdem beantwortet das Museum die Frage, warum gerade im norwegischen Teil der Nordsee so viel Erdöl lagert. Im **Zoologischen Museum** erhält man Informationen zur Tierwelt von der Nordsee bis zur Arktis.

Botanischer Garten: April–Sept. Mo–Fr 7–20 Uhr, Sa/So 10–20 Uhr. Okt.–März Mo–Fr 7–17 Uhr, Sa/So 10–17 Uhr. Museen: Di–So 11–16 Uhr. Eintritt Museen 50 NOK. Mit der U-Bahn zur Haltestelle Tøyen.

Museumsinsel Bygdøy

Auf der Halbinsel Bygdøy sind nicht nur einige museale Leckerbissen Oslos zu finden, sondern sie ist zudem ein bevorzugtes Naherholungsgebiet der Hauptstädter. Hier kann man zwischen hochherrschaftlichen Villen und niedlichen Holzhäusern hindurchspazieren und am Hauptbadeplatz Huk am äußersten Rand Bygdøys im Fjord baden.

Idealerweise steuert man die Halbinsel per Fähre an – die verkehrt allerdings nur im Sommer und pendelt dann alle 20–30 Min. ab Rathauspier. In der übrigen Zeit muss man sich mit der Buslinie 30 (alle 10–30 Min.) begnügen, in die man am Hauptbahnhof oder am Nationaltheater zusteigen kann. Mit dem Auto fährt man auf der E 18 4 km westwärts, bis man auf das Schild „Bygdøy" trifft.

Das **Norsk Folkemuseum** ist eine Attraktion besonderer Art: Norwegens größtes Museum und das weltweit älteste Freilichtmuseum – 1994 wurde der 100. Geburtstag gefeiert – präsentiert 155 Originalgebäude aus den letzten 1000 Jahren: die Stabkirche aus dem 12. Jh. neben der Osloer Bahnhofswartehalle von 1900, den Laubenspeicher aus dem Setesdal neben dem Gutshaus aus Telemark. Einfach beeindruckend und außerdem noch wunderbar in eine herrliche Parklandschaft integriert.

Überdies gibt es eine ständige Ausstellung zur Kultur der Samen, im Sommer regelmäßige Folklorevorstellungen auf der stimmungsvollen Freilichtbühne, und das Arbeitszimmer Henrik Ibsens ist auch noch zu besichtigen. Außerdem werden im Sommer Kutsch- und im Winter Schlittenfahrten organisiert, jeweils in historischen Originalfahrzeugen. Dazu gibt's eine Cafeteria, in der ganz vorzügliche Waffeln angeboten werden. Das Norwegische Volksmuseum ist ein Muss für jeden Oslo-Besucher. Etwa vier Stunden sollten Sie für diesen Besuch einplanen.

Nur am 24., 25. und 31.12. sowie am Neujahrstag geschlossen. 15. Mai bis 14. Sept. tägl. 10–18 Uhr; 15. Sept. bis 14. Mai Mo–Fr 11–15 Uhr, Sa/So 11–16 Uhr. Eintritt 100 NOK, Kinder zahlen immer 25 NOK. Museumsveien 10, ✆ 22123700, www.norskfolkemuseum.no.

„Fram" und „Kon-Tiki"

„Sehnsucht nach dem Land jenseits der Berge" nannte Fridtjof Nansen jenen Entdeckerdrang, der wohl schon die Wikinger über die Meere trieb. Das kleine Norwegen zählt erstaunlich viele Pioniere, die „dem weißen Fleck" nachjagten. Und alle waren sie Seefahrer: zunächst Wikinger, die Island, Neufundland und viele zur damaligen Zeit noch unbekannte Erdflecken entdeckten und besiedelten; dann aber auch die Tromsøer Walfänger *Mattila*, *Aastrøm* und *Buck*, die sich im 18. Jh. ins polare Packeis wagten, um Spitzbergen und Nowaja Semlja zu umrunden.

Als prominentesten Polarforscher feiern die Norweger „ihren" *Fridtjof Nansen* (1861–1930), der 1888 als Erster Grönland durchquerte und dem mit der „Fram" 1893–96 die erste Drift durch das Polarmeer gelang.

Noch mehr zur Verehrung durch seine Landsleute hat jedoch beigetragen, dass er sich nach dem Ersten Weltkrieg als Hochkommissar des Völkerbundes der Flüchtlinge und Kriegsgefangenen annahm, Hungersnöte im nachrevolutionären Russland bekämpfte und dafür sorgte, dass dem entwurzelten Rest des armenischen Volkes eine neue Heimat zugewiesen wurde.

Berühmt wurde er auch als Erfinder des *Nansen-Passes* für Staatenlose – Vorläufer des Ausweises für Asylbewerber. 1922 erhielt Nansen den Friedensnobelpreis. Sein philanthropisches Engagement hat er zudem vererbt: Sein Sohn *Odd Nansen* gründete 1946 die UNICEF, die UN-Kinderhilfe.

Roald Amundsen (1872–1928) durchfuhr, mit einem Patent der Hamburger (!) Seefahrtsschule ausgestattet, 1903–06 erstmalig die legendäre Nordwest-Passage, die kürzeste Verbindung zwischen Atlantik und Pazifik, die heute nur noch von Jets genutzt wird. Am 14. Dezember 1911 erreichte er in einem dramatischen, letztlich tragischen Wettlauf einen Monat vor dem Briten *Robert Falcon Scott* als erster Mensch den Südpol.

Das Polareis wurde auch seine letzte Heimat: Von einem Flug zur Rettung des über dem Nordpol verschollenen italienischen Luftschiffers *Umberto Nobile* kehrte er nicht mehr zurück.

Nicht Pole, sondern Palmen hatten es *Thor Heyerdahl* angetan. Der 1914 geborene Naturforscher begründete seinen Ruf 1947, als er mit dem Floß „Kon-Tiki" seine bis heute umstrittene These zu untermauern suchte, Polynesien sei von Südamerika aus besiedelt worden. Ähnliche Abenteuer wagte er später im Atlantik und im Persischen Golf. Zuletzt untersuchte der umtriebige Norweger, der im April 2002 starb, auf Teneriffa vermeintliche Grabhügel der Guanchen, der kanarischen Ureinwohner.

Auch das **Vikingskipshuset** (Wikingerschiff-Museum) dürfen Sie sich nicht entgehen lassen. In unmittelbarer Nähe des Volksmuseums sind in einer von außen unscheinbaren Halle zahlreiche Kostbarkeiten der Wikingerzeit ausgestellt – allen voran drei fast vollständig erhaltene oder detailgetreu restaurierte *Drachenboote*, die vor etwa 1000 Jahren gebaut und vor rund 100 Jahren entdeckt wurden.

Oslo

Die Attraktion ist das 22 m lange *Osebergschiff*, das 1904 bei Tønsberg am Oslofjord entdeckt wurde und als Grabstätte für eine angesehene Frau diente – wahrscheinlich die Wikingerkönigin Aasa, die der Sage nach im 9. Jh. in Südnorwegen herrschte. An den zahlreichen Grabbeigaben – darunter kostbare Kleider und Goldschmuck – ist jedenfalls deutlich zu erkennen, dass es sich bei der Bestatteten um eine hohe Persönlichkeit gehandelt haben muss.

Das *Gokstadschiff*, das 1880 bei Sandefjord gefunden wurde, ist 24 m lang, 5 m breit und wurde vermutlich viele Jahre für Hochseefahrten genutzt, bevor es als Häuptlingsgrab verwendet wurde. Die Grabstätte wurde wohl mehrfach geplündert, denn es wurden weder Wertsachen noch Waffen gefunden, was in Anbetracht der Größe des Schiffes erstaunlich ist.

Das dritte Schiff, das *Tuneschiff*, ist das kleinste in der Sammlung, diente aber ebenfalls als Häuptlingsgrab. Zu Recht gilt dieses Museum als wichtigste Dokumentation über die Wikingerzeit.
Mai bis Ende Sept. tägl. 9–18 Uhr, Okt.–April tägl. 10–16 Uhr. Eintritt 60 NOK, Kinder 30 NOK, Familien 140 NOK. Huk Aveny 35, Bygdøy, ✆ 22135280, www.khm.uio.no/vikingskipshuset.

Wenig erwähnt, aber dennoch höchst interessant ist das **Norwegische Seefahrtsmuseum**, einen kurzen Fußweg vom Wikingerhaus entfernt. Rund 500 Exponate sind zu sehen, sie alle beschreiben die Geschichte dieser außergewöhnlichen Seefahrernation und vermitteln dabei viel Wissenswertes über Fischfang und Bootsbau, über Seefahrt und Tiefseearchäologie. Außerdem wird ein Panoramafilm über eine Reise entlang der norwegischen Küste gezeigt. Für Wasserratten und Schifffahrtsfreunde ist dieses Museum ein Muss.
15.5.–31.8. tägl. 10–18 Uhr, ansonsten Di–Fr 11–15 Uhr, Sa/So 10–18 Uhr. Eintritt 60 NOK, Kinder 30 NOK, unter 6 Jahren frei. Bygdøynesveien 37, ✆ 24114150, www.marmuseum.no.

Ein Museum nur für ein Schiff: Um das Polarschiff „Fram" herum wurde das **Frammuseet** gebaut. Direkt neben dem Schifffahrtsmuseum gelegen, ist das „Frammuseet" für Segelfreunde sicher das attraktivste Ziel auf Bygdøy: Das Expeditionsschiff „Fram" (zu deutsch „Vorwärts") wurde 1882 vom Schotten Colin Archer in Larvik als stärkstes Schiff seiner Zeit gebaut und diente *Fridtjof Nansen*, *Otto Sverdrup* und *Roald Amundsen* zu weltweit beachteten Forschungsreisen nach Grönland und zu beiden Polen. Das 40 m lange und 11 m breite Schiff mit seiner abgerundeten Rumpfform, die bestens gegen Eisschollen schützte, ist mit seiner originalen Ausrüstung und Einrichtung vollständig erhalten und komplett – außen wie innen, oben wie unten – begehbar.

Das Museum übernahm im Jahr 2011 das Polarschiff Gjøa vom benachbarten Seefahrtsmuseum, ab 2012 soll das Schiff in einer eigens dafür gebauten Ausstellungshalle zu besichtigen sein. Großer Buchladen für Polarliteratur.
Nov.–Feb. Mo–Fr 10–15 Uhr, Sa/So 10–16 Uhr; März/April und Okt. tägl. 10–16 Uhr; Mai und Sept. tägl. 10–17 Uhr; Juni–Aug. tägl. 9–18 Uhr. Eintritt 80 NOK, Kinder 30 NOK, Familie (2+3) 160 NOK. Bygdøynesveien 36, ✆ 23282950, www.frammuseum.no.

Kon-Tiki-Museum: Das dritte Museum im Dreieck mit Framhuset und Seefahrtsmuseum ist *Thor Heyerdahl* gewidmet. An der Seite von Liv Ullmann konnte man den 2002 auf Teneriffa verstorbenen Forscher, Filmer und Autor bei der Eröffnungsfeier der Olympischen Spiele 1994 in Lillehammer als Botschafter Norwegens sehen. Hier können seine Forschungsflöße „Tigris", „Ra II" und „Kon-Tiki" bestaunt werden, mit denen er zwar wissenschaftlich nicht immer ganz unumstrittene, wirtschaftlich aber höchst erfolgreiche Touren unternahm.

Nov.–Feb. tägl. 10–16 Uhr; März–Mai u Sept./Okt. tägl. 10–17 Uhr, Juni–Aug. 9–18 Uhr. Eintritt 70 NOK, Kinder 25 NOK. Bygdøynesveien 36, ✆ 23086767, www.kon-tiki.no.

HL-Senteret (Holocaustzentrum): Am 23. August 2006 eröffnete das Zentrum für Holocauststudien in der Villa Grande seine Pforten. Ein Ort, der mit Bedacht gewählt wurde, ist er doch die einstige Residenz des von Hitler eingesetzten Ministerpräsidenten Vidkun Quisling (→ „Geschichte"). Hier forschen nicht nur Historiker (die hervorragende Bibliothek steht auch Gästen zur Verfügung), sondern es gibt auch eine permanente Ausstellung, die das Schicksal norwegischer Juden im Zweiten Weltkrieg beleuchtet. Andere Präsentationen beschäftigen sich mit Völkermorden und Menschenrechtsverletzungen weltweit sowie mit den Problemen religiöser Minderheiten.

15. Juni bis 14. Aug. tägl. 10–18 Uhr; 15. Aug. bis 14. Juni Mo–Fr 10–16 Uhr, Sa/So 11–16 Uhr. Eintritt 50 NOK, Kinder 25 NOK. Huk Aveny 56, ✆ 22842100, www.hlsenteret.no.

Die westlichen Ortsteile

Hauptanziehungspunkt im Westen ist die Vigeland-Anlage, trotz aller außergewöhnlichen Sehenswürdigkeiten Oslos immer noch mit über einer Mio. Gäste pro Jahr die meistbesuchte Attraktion ganz Norwegens. Auf dem Weg dahin und um den Park herum gibt es zudem manch Anschauenswertes.

Vigelands-Anlegget: Die Monumentalplastiken der Vigeland-Anlage im Frognerpark, *Gustav Vigelands* (1869–1943) Lebenswerk, bewegen sich an der Grenze zwischen Kunst und Kitsch. In dem zwischen 1924 und 1943 enstandenen und von Vigeland selbst entworfenen Park führt vom Eingang Kirkeveien zunächst eine Allee auf eine mit 58 Bronzefiguren gesäumte Brücke, darunter der berühmte *Sinnataggen,* der niedliche kleine, wütend aufstampfende Knirps,

Figuren in der Vigeland-Anlage

und dann weiter über eine Fontäne zur Monolithenplattform. 121 steinerne Leiber formen diese 17 m hohe Granitsäule.

Die beiden Gartencafés **Herregårdkroen** und **Frognerparken** werden in der Ferienzeit oft bombenvoll, und wenn die Temperaturen mitspielen, strömen die Massen gleichermaßen ins Freibad **Frognerbadet**. Der Vigelandpark ist ganzjährig geöffnet und gratis zu besuchen.

Vigeland-Museet: Vigelands ehemaliges Atelier zeigt in Modellen und Skizzen, in Zeichnungen und Skulpturen einen um vieles feinsinnigeren Künstler, als es der Gigantismus im Park vermuten lässt. Südlich der Parkanlage gelegen und weniger als 10 Min. Fußmarsch vom Haupteingang entfernt.

Juni–Aug. Di–So 10–17 Uhr; Sept.–Mai Di–So 12–16 Uhr. Eintritt 50 NOK, Kinder 25 NOK (unter 7 Jahre frei). Okt.–März freier Eintritt. Nobels gate 32, ✆ 23493700, www.vigeland.museum.no.

Skøytemuseet: Eisschnelllauf, Norwegens Nationalsport Nummer eins, wird in dem Museum beim Frogner-Stadion dokumentiert. Die Palette reicht vom Schlittschuh aus Knochen bis zum Experimentierschuh Mack-1, vom ersten norwegischen Olympiasieger im Eisschnelllauf, *Mathisen*, bis zu den Eisbahnhelden des neuen Millenniums.

Di, Do u. So 10–14 Uhr. Eintritt 30 NOK, Kinder 15 NOK, mit Oslo Pass frei. Middelthunsgate 26 – Frogner-Stadion, ✆ 22441720, www.skoytemuseet.no.

Det Internasjonale Barnekunstmuseet (Internationales Kinderkunstmuseum): Aus 180 Ländern kommen die kleinen Kunstwerke von Kindern für Kinder. Das einmalige Museum veranstaltet zusätzlich in seinen Räumen Musik- und Kunstworkshops.

Während des Schuljahres Di–Do 9.30–14 Uhr und So 11–16 Uhr, in den Sommerferien jeweils 11–16 Uhr. Eintritt 60 NOK, Kinder 40 NOK. Anfahrt: U-Bahnlinie 1 bis Haltestelle Frøen. Lille Frøens vei 4, ✆ 22468573, www.barnekunst.no.

Oslo Bymuseet: Das Stadtmuseum Oslo hat im ehemaligen Herrenhof des Frognerparks sein Domizil gefunden. In verschiedenen Ausstellungen werden Aspekte des Wirtschaftslebens sowie der kulturellen und historischen Entwicklung Oslos thematisiert: Wie entwickelte sich die Stadtplanung vom Mittelalter bis heute, wie die Industrialisierung? Darüber hinaus wird der 15-minütige Film „Oslo during the last 1000 years" (auf Englisch) gezeigt. Zudem beherbergt das Stadtmuseum eine der größten Gemäldesammlungen des Landes, ohne aber mit großen Meistern aufwarten zu können. 1996 feierte die Anlage ihr 100-jähriges Bestehen. Im gleichen Gebäude befindet sich auch das Theatermuseum.

Di–So 11–16 Uhr. Eintritt frei. Frognerveien 67, ✆ 23284170, www.oslobymuseum.no.

Sehenswertes in der Umgebung von Oslo

Norsk Teknisk Museum: Außerhalb, aber immer noch per Bus oder Straßenbahn erreichbar, liegt Norwegens Nationalmuseum für Wissenschaft und Forschung. Die attraktiven, manchmal geradezu pfiffigen Darstellungen und Experimente aus den Bereichen TV und Kommunikation, Energie und Wasserwirtschaft machen das Museum gerade auch für Kinder lehrreich und unterhaltsam. Mit Buch-Shop und Café.

Kernöffnungszeiten Di–Fr 9–16 Uhr, Sa/So 11–18 Uhr; allerdings mit vielen Ausnahmen und saisonalen Änderungen. Am besten vor dem Besuch anrufen oder in der Touristeninfo fragen. Eintritt 90 NOK, Senioren und Kinder 50 NOK. Erreichbar mit Bus oder Straßenbahn, Haltestellen Kjelsås oder Kjelsås Allé. Kjelsåsveien 143, ✆ 22796000, www.tekniskmuseum.no.

Sehenswertes in der Umgebung von Oslo

Henie Onstad Kunstsenter: In Baerum, etwa 15 km von Oslo entfernt. Auf einer malerischen Halbinsel liegt das Kunstzentrum von *Sonja Henie*, als „Häseken" in den 1930er-Jahren erklärter Liebling der Berliner Eiskunstlauffans, dreimalige Olympiasiegerin und Gründerin der „Holiday on Ice"-Show, und ihrem Mann, dem bekannten Reeder *Nils Onstad*. Das Ehepaar präsentiert attraktiv Norwegens größte Sammlung moderner Kunst in verschiedenen Bauten. Wechselnde Ausstellungen, Film-, Theater- und Tanzvorführungen, Dichterlesungen und Musikveranstaltungen runden das Kunsterlebnis ab. Zudem gibt es ein Café und einen Buchladen, auch Bademöglichkeiten am Strand gleich um die Ecke.

Das in Form einer ausgestreckten Hand angelegte Kunstzentrum will mehr als nur Museum sein. Deshalb gibt es zusätzliche Veranstaltungen, deshalb die wunderschöne Lage inmitten eines Waldes auf der Fjordhalbinsel, deshalb der herrliche Skulpturenpark unter freiem Himmel mit Werken auch von *Henry Moore*. Deshalb gibt es aber auch keine Festlegung auf nur eine Kunstrichtung, sondern einen Überblick über alle Stile der Moderne, von *Matisse* bis *Miró*, von *Beuys* bis *Braque*, von *Klee* bis *Picasso*.

Di–Fr 11–19 Uhr, Sa/So 11–17 Uhr. Eintritt 80 NOK, Senioren 60 NOK, Kinder frei. Sonderausstellungen evtl. mehr. Mit dem Bus 151 nach Høvikodden oder mit dem Auto via E 18. Sonja Henies vei 31, ✆ 67804880, www.hok.no.

Holmenkollen: Die Skisprungschanze auf dem Holmenkollen ist eine der am meisten besuchten Sehenswürdigkeiten in ganz Norwegen. Bereits 1892 wurde hier der erste Sprungwettbewerb ausgetragen und dabei eine Siegerweite von 21,5 m erzielt. Seit damals folgten zahlreiche Erweiterungen und Umbauten – der Besucherrekord von 120.000 Menschen während der Olympischen Winterspiele 1952 besteht bis heute. Insgesamt 18-mal wurde umgebaut, bevor die komplette Schanze einem eigens für die Skisprung-WM 2011 konstruierten Neubau weichen musste.

Die neue Anlage ist nach modernsten Standards konzipiert – so gibt es z. B. einen permanenten Windschutz – und setzt Maßstäbe in puncto Design, aber auch was Licht- und Soundsysteme betrifft. Es ist jedoch nicht nur ein Erlebnis, hier im Winter einem Wettkampf beizuwohnen – eine Besichtigung lohnt zu jeder Jahreszeit, der Ausblick ist wirklich einmalig. Außerdem gibt es ein sehenswertes Skimuseum, einen Shop, ein Café und einen Skisprungsimulator.

Zutritt zur Schanze/Öffnungszeiten Museum: Tägl. Okt.–April 10–16 Uhr, Mai–Sept. 10–17 Uhr, Juni–Aug. 9–20 Uhr. Eintritt 110 NOK, Senioren 60 NOK, Kinder 50 NOK. Simulator 60 NOK bzw. 40 NOK für Kinder. Kostenlose Parkplätze. Kongeveien 5, ✆ 91671947, www.holmenkollen.com.

TusenFryd: Ein klassischer Erlebnispark mit Achterbahnen, Karussells, Rutschen und diversen weiteren Fahrgeschäften. Und natürlich gibt es auch Stände, an denen man sich stärken kann.

Öffnungszeiten Okt. bis einschl. April geschlossen, Juni bis Mitte Aug. tägl. 10.30–19 Uhr, ansonsten ständig wechselnde Öffnungszeiten. Eintritt für Leute über 120 cm Körpergröße 349–389 NOK, kleinere Personen 280–315 NOK, unter 95 cm Körpergröße freier Eintritt.

Anfahrt/Verbindung E 6 Richtung schwedische Grenze bis Vinterbro (20 Min.) oder von Juni–Aug. per Pendelbus ab Oslo Busterminalen.

Markttag in der Altstadt von Fredrikstad

Die Ostseite des Oslofjords

Fredrikstad

Die Stadt an der Ostseite des Oslofjords lebt von ihrer Altstadt: Gamlebyen, der Festungsstadtteil aus dem 17. Jh., ist immer einen Bummel wert, zumal man in den Gemäuern auch gut essen kann.

Das neue Fredrikstad, ein Industriestädtchen mit fast 40.000 Einwohnern am westlichen Ufer der Glomma, können Sie auf der Rv 110 getrost flott durchfahren, es sei denn, Sie wollen einkaufen oder übernachten. Die Sehenswürdigkeiten der Stadt befinden sich auf der anderen Seite des Flusses. Über die Fredrikstad-Bru (824 m lang, 40 m hoch) gelangen Sie in die Altstadt, der Weg ist gut ausgeschildert.

Basis-Infos

Information Turistkontor in der Altstadt. Freundliche Information und viele Broschüren. Sommer (6. Juni bis 24. Aug.) Mo–Fr 9–17 Uhr, Sa 10–16 Uhr, So 11–16 Uhr; ansonsten Mo–Fr 9–16.30 Uhr. Torvgaten 59A, Gamle Fredrikstad, ☎ 69304600, info@visitfredrikstadhvaler.com.

Fredrikstad im Internet: Ausführliche Infos unter www.visitfredrikstadhvaler.com.

Internetzugang in der Touristeninformation.

Verbindungen Pkw: Von Oslo aus sind es rund 100 km via E 6, von Schweden kommend knapp 220 km (ebenfalls via E 6).

Bus: Busse von *TIMEkspressen* (www.timekspressen.no) fahren mehrmals tägl. von/nach Oslo (ca. 170 NOK). Busbahnhof am Torvbyen Einkaufszentrum.

Zug: Etwa alle Stunde verkehren Züge von/nach Oslo (ca. 180 NOK). Die Fernzüge zwischen Gøteborg und Oslo halten 2- bis 4-mal tägl. Der Bahnhof ist südlich der Fredrikstad-Brücke.

Fähre: Eine Pendelfähre (Byfergene) fährt mehrmals/Std. von Tollbodbryggen über die Glomma nach Gamlebyen.

Einkaufszentrum Torvbyen Shopping Centre, knapp 80 Geschäfte, vom Coop-MEGA-Supermarkt über die Apotheke und Vinmonopolet bis hin zu kleinen Boutiquen. Mo–Fr 10–20 Uhr, Sa 9–18 Uhr. Brochsgate 7–11, www.torvbyen.no.

Frederikstad

Mietwagen Avis, Mo–Fr 8–16 Uhr. Smoerboettavn 4, ℡ 95012100, www.avis.no.
Taxi ℡ 02600.
Supermarkt REMA 1000, mit großem Parkplatz an der RV109. Mo–Fr 8–22 Uhr, Sa 8–20 Uhr. Løentorget 2.
Sonstiges Postfilialen, Banken, Apotheken, Supermärkte, ein Krankenhaus, Tankstellen sowie jede Menge kleiner Geschäfte und Dienstleister.

Übernachten/Camping/Essen &Trinken

Übernachten Victoria Hotel, das charmante Hotel verströmt Flair und verfügt über gemütliche Zimmer, ein gutes Restaurant und eine nette Bar. DZ ab 900 NOK, inkl. Frühstück. Turngaten 3, ℡ 69385800, www.hotelvictoria.no.

Hotel Valhalla, in einem schönen Holzhaus auf einem Hügel mit Blick über die Stadt. Ruhige Lage, trotzdem nicht weit vom Zentrum. Einige Zimmer haben sogar eine kleine Kitchenette. Parkplätze vor der Tür. EZ ab 750 NOK, DZ je nach Ausstattung 900–1300 NOK. Vallhallsgaten 3, ℡ 69368950, www.hotelvalhalla.no.

Quality Hotel Fredrikstad, das 183-Zimmer-Hotel bietet alle erdenklichen Annehmlichkeiten: moderne Zimmer im schnörkellosen Design, exquisite Küche, eine Skybar und eine gemütliche Lounge. Kostenfreier WLAN-Internetzugang. DZ ab 1150 NOK. Nygaten 2–6, ℡ 69393000, www.qualityinn.com.

Gamlebyen Pensjonat, in der renovierten Kaserne am Rande der Altstadt gibt es einfache, aber hübsch hergerichtete und picobello saubere Zimmer. Bad und WC auf den Fluren. DZ ab 800 NOK. 1630 Gamle Fredrikstad, ℡ 69322020, www.gamlebyengjestegaarder.com.

Camping Fredikstad Motel & Camping, einfacher Platz mit Zeltareal, Hütten und günstigem Motel. Zelt ab 150 NOK, WoMo ab 200 NOK (Strom 50 NOK). DZ ab 550 NOK, kleine Hütte (für max. 2 Pers.) ab 850 NOK. Torsnesveien 16/18 (am Eingang der Festungsstadt), ℡ 99221999, www.fredrikstadmotel.no.

Bevø, netter Platz mit hohen Bäumen und Badestelle. Geöffnet von Ende April bis Anfang Sept. Hütten, Camping. Bevøveien 31, ℡ 69349215, www.bevo.no.

Essen & Trinken Major Stuen, nettes Restaurant, in dem man für die meisten Hauptgerichte um 300 NOK bezahlt, für ein Filetsteak sind 350 NOK fällig. Leckere Snacks gibt es für rund 100 NOK. Tägl. ab 12 Uhr geöffnet, Küche bis 21 Uhr, Fr/Sa bis 22 Uhr (im Sommer, sonst ist eine Stunde früher Schluss). 1632 Gamle Fredrikstad, ℡ 69321555, www.majoren.no.

Mormors Cafe, hübsches Altstadt-Café mit hausgemachten Kuchen und selbst gebackenem Brot. Lunchgerichte ab etwa 110 NOK. Mo–Sa 11–18 Uhr, So 12–17 Uhr. Raadhusgaten 18A, ℡ 69321660, www.mormorscafe.com.

Tante Pus, super Kaffee und französisch inspiriertes Bistro-Menü mit Quiche, Baguettes oder Omeletts. Außerdem gute Kuchen. Preislich moderat. Mo–Sa 10.30–16.30 Uhr, Ridehusgata 14, ℡ 69312106, www.tantepus.no.

Da Luca Lunchbar, Pizzen ab 99 NOK, Pasta ab 109 NOK, für Scaloppine mit Beilagen sind 199 NOK fällig. Mo–Do 10–22 Uhr, Fr/Sa 10–23 Uhr. Nygaardsgata 50, ℡ 91513616, www.dalucalunchbar.com.

Mother India, 150–200 NOK muss man für ein Hauptgericht ausgeben, z. B. für Lamm-Masala oder Hühnchen-Tandoori. Di–Do 15–23 Uhr, Fr/Sa 15–24 Uhr, So 14–22 Uhr. Storgata 20, ℡ 69312200, www.restaurant-mother-india.no.

Gemütliches Café in der Altstadt

Sehenswertes in der Altstadt Gamlebyen

Ein Wassergrabensystem trennt die Altstadt vom Fluss Glomma. Die so entstandene Insel mit quadratisch angelegten, kopfsteingepflasterten Gassen wurde ebenso wie die Altstadt von Trondheim vom Hugenottengeneral *Cicignon* konzipiert. Beim Anblick der uralten, heute noch bewohnten Häuser, der Bastionen und Kasernen, mit einer Zugbrücke und begrünten Wällen, fühlt sich jeder Besucher um Jahrhunderte zurückversetzt – wären da nicht Antiquitäten- und Kunstgewerbeläden, Autos und Boutiquen. Seit 2008 stehen über 50 Gebäude unter Denkmalschutz.

Die einst größte Festung des Landes und heute einzige erhaltene Festungsstadt des Nordens wurde 1567 gegründet und 1660 befestigt. Sie beherbergte vor 200 Jahren noch 2000 Soldaten und 200 Geschütze und galt als uneinnehmbar, bis 1814 eine Streitmacht von 40.000 schwedischen Grenadieren das Fort überrannte – der entscheidende Sieg, um Norwegen zur Union mit Schweden zu zwingen.

Beim Bummel durch Gamlebyen sollten Sie das **Provianthaus** (1674–96), das mit über 300 Jahren älteste Gebäude der Stadt, aufsuchen. Besonders bemerkenswert: Die Wände sind stellenweise 4 m dick! Gleich gegenüber findet man das **Stadtmuseum** in der Slaveriet. Hier sehen Sie eine interessante Darstellung des Stadtlebens, als Gamlebyen noch Festung war.

Auch der **Artilleriehof** von 1733 und die originelle **Kalenderkaserne** sind sehenswert. Bei der Kaserne entspricht die Anzahl sämtlicher Bauteile den Zahlen aus unserer Zeitrechnung: Sie finden 365 Fenster und 52 Zimmer. Diese sind versehen mit 60 Türen und 24 Scheiben je Fenster. Die zwölf Mo-

nate sind durch die zwölf Schornsteine dargestellt und die vier Jahreszeiten schließlich durch die vier Eingangstüren.
Stadtmuseum: Mai–Aug. Di–Fr 12–15 Uhr, Sa/So 12–16 Uhr; sonst nur Sa/So 12–16 Uhr. Eintritt 50 NOK, Kinder 20 NOK. Tøihusgaten 41, ✆ 69304030.

Sehr interessant ist auch die **Glasshytta** in der alten **Wachstube von 1740** (www.glasshytta-gamlebyen.no) an der alten Zugbrücke. Hier arbeiten heute Glasbläser, denen man beim Arbeiten zusehen darf.

Das **Kongsten-Fort**, 500 m von der Altstadt entfernt und einst von großer Bedeutung für die Sicherheit der Stadt. Aus Sorge, angreifende Truppen könnten sich hinter dem Felshügel verschanzen, baute man ihn kurzerhand als Verteidigungsstellung aus. Das Fort wurde deshalb auch „Schwedenschreck" genannt.

Umgebung von Fredrikstad

Hvaler: Schon die Autoanfahrt über die kühnen Brücken des „Festlandswegs" (Rv 108 nach Süden) zum Schären-Paradies Hvaler an der Seegrenze zu Schweden mit den Inselchen **Vesterøy, Spærøy, Asmaløy** und (Tunneldurchfahrt) **Kirkøy** ist ein Erlebnis. Die schönsten Badeplätze und die idyllischsten Häfen des Oslofjords finden sich hier. Und dazu die *Hvaler Kirke* auf Kirkøy sowie das *Küstenmuseum* in Dypedal auf Spærøy.
Küstenmuseum: Im Juli tägl. 12–16 Uhr. Eintritt 40 NOK.

Amundsens Elternhaus: Zwischen Fredrikstad und Sarpsborg liegt das Geburtshaus des Polarforschers Roald Amundsen. Es gibt Führungen durch das kleine Museum, und vom Rastplatz kann man die schöne Aussicht über die Glomma genießen.
Öffnungszeiten des Museums: Mi–So 11–17 Uhr. Eintritt 30 NOK, Kinder 15 NOK. Framveien 9, Torp, ✆ 90642962.

Insel Hankø: Nur 10 km von Fredrikstad entfernt (Anreise auf der Rv 117 Richtung Westen) liegt das zauberhafte Inselchen Hankø. Rund 160 Ferienhäuser gibt es hier – darunter auch der Sommersitz des Königs – und den Hafen für Norwegens wohl bestes Segelrevier. Per Fähre gelangt man in wenigen Minuten nach Hankø.

Sarpsborg

Der Wasserfall mitten in der Stadt ist die einzige Sehenswürdigkeit von Sarpsborg. Dass der Ort neben Tønsberg auf der anderen Fjordseite als älteste Stadtgründung des Landes gilt, bleibt genauso verborgen wie seine weltpolitische Bedeutung.

Das 50.000-Einwohner-Städtchen, 1016 von König Olav Haraldson gegründet, wurde 1567 von schwedischen Truppen niedergebrannt. Die überlebenden Einwohner gründeten dann Fredrikstad. In Sarpsborg entwickelte sich eine rege Holzindustrie, und bis in die 1970er-Jahre zählten die Industrieanlagen des Zellulose- und Papierbetriebs Borregaard zu den größten des Landes. Lebensader des Städtchens ist die **Glomma** – mit 611 km längster Fluss Norwegens –, deren Wasserfall **Sarpsfoss** zwei Wasserkraftwerke im Stadtgebiet speist. Wo gibt es das schon: einen rauschenden Wasserfall mitten in der Stadt?

Weltpolitische Bedeutung gewann der Ort 1993, als bekannt wurde, dass der Gutshof Borregaard, Stammsitz der Holz-Dynastie, jener verschwiegene Ort der Geheimverhandlungen war, die später zum – nie eingehaltenen – Osloer Friedensabkommen zwischen Israelis und Palästinensern führten.

178　Oslofjord

Der **St.-Olavs-Wall** am Südostrand der Stadt gilt als Norwegens einziger Befestigungswall aus Wikingerzeiten. Während der Wall nicht sonderlich attraktiv ist, sind die Gräberfelder und Felszeichnungen am **Oldtidsveien** bei Skjeberg (s. u.) unbedingt einen Ausflug wert.

Information Visit Sarpsborg, freundliche Information und Broschüren. Mo–Fr 9–17 Uhr (Do bis 19 Uhr), Sa 9–15 Uhr. Torvet 5, ✆ 69130070, info@visitsarpsborg.no.

Sarpsborg im Internet: Informationen unter www.visitsarpsborg.no.

Verbindungen Pkw: Sarpsborg liegt rund 100 km südlich von Oslo und etwa 30 km von der schwedischen Grenze entfernt (beides via E 6).

Bus: Busse von *TIMEkspressen* (www.timekspressen.no) verkehren mehrmals tägl. zwischen Strömstad (Schweden) und Oslo und halten auch in Sarpsborg.

Zug: NSB fährt mehrmals tägl. von/nach Oslo, 2-mal/Tag gibt es einen Zug von/nach Göteborg.

Internet In der Bibliothek, Mo–Mi 10–19 Uhr, Do/Fr 10–16 Uhr, Sa 9–15 Uhr. Sandesundsveien 13, ✆ 69116070.

Übernachten Quality Hotel & Resort, riesiges Hotel mit riesigem Angebot: Konferenzsäle, Badelandschaft, Restaurants, Bars und Fitnessraum. Das alles hat seinen Preis: EZ ab 1100 NOK, DZ ab 1500 NOK. Kostenloses WLAN. Bjoernstrandveien 20, ✆ 69101500, www.quality-sarpsborg.no.

Rica Saga Hotel, zentral gelegenes Hotel mit wohnlichen Zimmern. Im Haus gibt es ein Café, ein Restaurant und eine Skybar. EZ 850 NOK, DZ ab 1100 NOK. Sandesundveien 1, ✆ 69124200, www.rica.no.

Sarpsborg Vandrerhjem, freundliche und saubere Herberge. Übernachtung im Mehrbettzimmer 350 NOK (Bad auf dem Flur) oder 370 NOK/Pers. (Zimmer mit eigenem Bad). DZ entsprechend 800 bzw. 900 NOK, Familienzimmer 880 bzw. 990 NOK. Tuneveien 44, ✆ 69145001, www.tuneheimen.no.

Camping Utne Camping, schöner Platz mit blitzsauberen Sanitäranlagen und großem Übernachtungsangebot. 2 Pers. im Zelt oder WoMo 230 NOK, Strom 60 NOK extra, WLAN 50 NOK. Hütten ab 550 NOK, Ferienapartments ab 790 NOK. Desiderias vei 41, ✆ 69147126, post@utnecamping.no, www.utnecamping.no.

Essen & Trinken Tapas de Graciani, sehr gut für einen kleinen Snack und ein gutes Glas Wein. Große Auswahl an klassisch-spanischen Tapas (je 59–109 NOK). Mo–Do 12–23 Uhr, Fr/Sa 12–1 Uhr, So 12–21 Uhr. Kirkegate 51, ✆ 69981300, www.tapasdegraciani.com.

China Plaza, typische Hauptgerichte wie Beef Chopsuey kosten hier ab 150 NOK. Mittags gibt es etwa ein halbes Dutzend Lunchangebote (z. B. Hähnchen süß-sauer) für günstige 89 NOK. Mo–Do 12–23 Uhr, Fr/Sa 12–24 Uhr, So 13–22 Uhr. St. Mariegate 93, ✆ 69150422, www.chinaplaza.no.

Olsen Pub (Dickens), gute Adresse für ein kühles Feierabendbier, aber auch zum Essen. Neben Pizza (ab 139 NOK) und Burgern (160 NOK) gibt es auch Hauptgerichte, z. B. Lachsfilet mit Gemüse (219 NOK). Mo–Fr ab 15 Uhr, Sa ab 12 Uhr, So ab 14 Uhr. St. Mariegate 109, ✆ 69152892, www.dickens-sarpsborg.no.

Supermarkt REMA 1000, mit großem Parkplatz, direkt an der E6. Mo–Fr 10–20 Uhr, Sa 10–18 Uhr. Klokkergårdveien 31.

Sonstiges Sämtliche Einrichtungen einer Kleinstadt, von Bank- und Postfilialen über Einkaufszentren bis hin zum Kino. Medizinische Versorgung.

Die Olavstage

Immer um *Olsok* – 29. Juli, Todestag des Wikingerkönigs und Stadtgründers Olav – werden in Sarpsborg die Olavstage abgehalten: Eine Segelschiffparade auf der Glomma, ein Schauspiel, ein Schmaus, Mittelaltermusik sowie eine Ausstellung – alles nach Wikingerart – werden zwei Wochen lang in und um das Städtchen zelebriert.

Umgebung von Sarpsborg

Oldtidsveien („Vorzeitweg"): Bereits vor 4000 Jahren, in der Jungsteinzeit, muss Østfold, die Provinz zwischen Oslofjord und Schweden, besiedelt gewesen sein. Das belegen Gräberfelder und Felszeichnungen längs der Rv 110 südlich von Sarpsborg, die im Volksmund „Vorzeitweg" (norw. *oldtidsveien*) heißen. Besonders eindrucksvoll das Hunnveld bei **Borge** mit Dutzenden von Findlingen, die wie in Grabreihen ausgelegt sind, oder die 3000 Jahre alten Felszeichnungen bei **Hornes**, die 21 Schiffe mit Mannschaften und Ruderern darstellen.

Sarpsborg: Wasserfall mitten in der Stadt

Grenzstadt Halden: Die 28.000 Einwohner zählende Stadt an der norwegisch-schwedischen Grenze kann mit der mächtigen **Festung Fredriksten** (17. Jh.) aufwarten, der größten ihrer Art in ganz Norwegen und einst das vielleicht wichtigste Bollwerk gegen eine mögliche Invasion des über lange Zeit so verhassten Nachbarn. Über 20.000 m^2 Festungsmauern sowie 40 Gebäude und Gewölbe umfasst die Anlage, außerdem gibt es kleinere Ausstellungen zu besichtigen. Die Aussicht vom Burgberg über Halden und die Provinz Østfold ist fantastisch – sofern das Wetter mitspielt. Die schmale Ecke zwischen Oslofjord und Schweden ist die am dichtesten besiedelte Region Norwegens. 56 Menschen pro km^2, rund 4-mal so viel wie im Landesdurchschnitt, leben in der Ebene, die über Jahrhunderte heiß umkämpfter Zankapfel zwischen den verfeindeten Königreichen Norwegen und Schweden war. Heute passieren Jahr für Jahr vier Mio. Autotouristen die Grenze formlos über die eindrucksvolle Svinesundbrücke.

Die neue Svinesundbrücke

Am 10. Juni 2005, als sich der Jahrestag der Unionsauflösung zwischen Schweden und Norwegen zum 100. Mal jährte, eröffneten die Könige beider Staaten gemeinsam den „Arc": So bezeichnen die Medien die neue vierspurige Bogenbrücke, auf der die Europastraße 6 über den Svinesund bei Halden führt. Mit einer Bogenspannweite von 247 m eine Herausforderung für die Konstrukteure und mit einer Gesamtlänge von über 700 m und einer Höhe von 90 m durchaus eine imposante Erscheinung. Die Gesamtkosten des Projekts beliefen sich inklusive aller nötigen Zubringer auf rund 160 Mio. Euro. Die Brücke sollte aber nicht nur die etwa 1 km entfernte Alte Svinesundbrücke ersetzen, sondern auch ein Friedenssymbol zwischen den lange verfeindeten Nachbarländern sein.

Typisch norwegische Holzgebäude auf der Insel Jeløy

Moss und Insel Jeløy

Die Provinzhauptstadt mit 25.000 Einwohnern und 250 Betrieben war lange Zeit für Touristen als Fährhafen von Bedeutung. Seitdem aber 2001 der Tunnel unter dem Oslofjord zwischen Drøbak und Storsand eröffnet wurde, hat die Riesenfähre Moss – Horten viel von ihrem Sinn verloren.

Zwar sind es gut 60 km, die man zusätzlich fahren muss, um per Tunnel die Südküste über die Halbinseln **Hurum** und **Svelvik** zu erreichen, aber die lästige Warterei auf die bislang häufig überfüllte Fähre entfällt – für manche Reisende also eine sinnvolle Alternative und für Moss wohl irgendwann das Ende als Fährhafen.

Die der Stadt vorgelagerte **Insel Jeløy** jedoch, per Brücke über den Mossesund zu erreichen, gilt als landschaftliches Kleinod des Oslofjords: mächtige Wälder an der Nordspitze, reiche Landwirtschaft in der Mitte und am Südzipfel ebene Badeplätze, die an dänische Strände erinnern. Außerdem wird mit der **Galerie F 15** ein Kulturerlebnis besonderer Art geboten. Das Kunstzentrum im Gutshof Alby an der Südspitze des Inselchens wurde vor 25 Jahren vom dänischen Brüderpaar *Brandstrup* eröffnet und hat mit dem „Alby-Kringel" aus dem angeschlossenen Café fast genauso viel Erfolg wie mit den wechselnden Ausstellungen nordischer Künstler.

Basis-Infos

Information Moss Turistsenter, gegenüber der Kirche. 16. Juni bis 18. Aug. Mo–Fr 9–19 Uhr, Sa 10–16 Uhr; ansonsten Mo–Fr 9–16 Uhr. Skoggaten 52, ✆ 69241520, info@visitmoss.no.
Moss im Internet: www.visitmoss.no.

Moss und Insel Jeløy 181

Verbindungen Pkw: 65 km südlich von Oslo, erreichbar via E 6.

Bus: Busse von *TIMEkspressen* (www.ti mekspressen.no) verkehren mehrmals tägl. zwischen Strömstad (Schweden) und Oslo und halten auch in Moss (Mosseporten Senter). Zudem Verbindungen nach Jeløy.

Zug: NSB fährt mehrmals tägl. von/nach Oslo, 2-mal/Tag gibt es eine Bahnverbindung von/nach Göteborg.

Fähre: Die Fähre (www.basto-fosen.no) nach Horten auf der Westseite des Oslofjords fährt von 5.15 Uhr (Sa/So ab 7.30 Uhr) bis Mitternacht 1- bis 2-mal/Std. Die 35-Min.-Überfahrt kostet 85–100 NOK (Fahrzeug bis 6 m plus Fahrer), pro Zusatzperson bzw. Fußgänger 34 NOK.

Galerie Galerie F15, auf der Insel Jeløy, hier gibt es moderne Kunst zu sehen, ebenso schön ist sicherlich die Anlage, auf der sich das Anwesen befindet. Kleines Café. Di–So 11–17 Uhr. Eintritt frei. Alby Gård, Jeløy, ✆ 69271033, www.gallerif15.no.

Internet Moss bibliotek, Nutzung der Internet-Terminals. Mo–Fr 10–15 Uhr (Do bis 19 Uhr), Sa 10–14 Uhr. Im Winter erweiterte Öffnungszeiten. Fossen 22, ✆ 69248350.

Supermarkt Kiwi, Mo–Fr 7–23 Uhr, Sa 9–21 Uhr, Sjøgata 15.

Sonstiges Sämtliche Einrichtungen einer Kleinstadt mit Post, Banken, Apotheke, Geschäften, Supermärkten und Einkaufscenter.

Übernachten/Camping/Essen & Trinken

Übernachten Hotell Refsnes Gods, auf der Insel Jeløy. Traumhaftes Hotel in einem altertümlichen Gut. Natürlich gibt es auch ein exzellentes Restaurant in so einem Haus. Die Zimmer haben große, bequeme Betten und sind in verschiedenen Kategorien zu haben. Das einfachste DZ kostet ab 3000 NOK. Godset 5, ✆ 69278300, www.refsnesgods.no.

Moss Hotel, traditionsreiches Hotel mit 41 wohnlichen Zimmern und überdurchschnittlichem Standard. Das dazugehörige Café Scala ist zu empfehlen. EZ um 1000 NOK, DZ rund 1300 NOK. Dronningensgate 21, ✆ 69202400, www.moss-hotel.no.

Mossesia Kro og Hotell, nicht gerade heimelig, aber ordentlich und gut gelegen in der Nähe von Fähre und Bahnhof. EZ 800 NOK, DZ rund 900 NOK (Frühstück 80 NOK extra). Strandgaten 27, ✆ 69253131, www.mossesia.com.

Mitt Hotell, Mittelklassehotel mit 48 schönen Zimmern, allerdings auch etwas hohen Preisen, speziell an Wochentagen. EZ 1200 NOK, DZ 1490 NOK (Wochenendpreise 890 bzw. 1150 NOK). Rådhusgate 3, ✆ 69257777, www.mitt-hotell.no.

Moss Vandrerhjem, am schönen Vansjø-See (Bootstouren, Kajaksafaris) bietet das kleine Haus einfache, aber saubere Zimmer an. DZ ab 710 NOK, Triple ab 910 NOK, Übernachtung im Mehrbettzimmer 280 NOK/Pers. Bad auf dem Flur. WiFi. Nesparken 11b, ✆ 69255334, www.vandrerhjem.no.

Camping NAF Nes Camping, der riesige Drei-Sterne-Platz auf der Insel Jeløy ist nur im Sommer geöffnet (April–Sept.). Tolle Ausstattung mit Supermarkt, Cafeteria und Bootsverleih. Zelt ab 155 NOK, WoMo ab 285 NOK, Hütten 470–815 NOK. Nesveien 520, ✆ 69270176, naf-nes@online.no, www. nescamping.no.

Essen & Trinken Farbror Melkers Café, hübsches und gemütliches Café mit kleinem, aber feinem Angebot. Im Sommer kann man die hausgemachten Snacks und Kuchen auch im Freien genießen. Mo–Fr 10–16 Uhr, Sa 11–16 Uhr. Kongensgate 15, ✆ 69251055, www.farbrormelkers.no.

》》 Mein Tipp: Café Riis, sehr schön. Hier gibt es frische, mediterran angehauchte Speisen, z. B. hoch aufgetürmte Sandwiches (80–100 NOK), Salate (100–120 NOK) oder Pasta (um 130 NOK). Mo 11–16.30 Uhr, Di–Do 11–23 Uhr, Fr/Sa 11–24 Uhr. Fossen 20, ✆ 69256928, www.caferiis.no. 《《

Mikro Bryggeriet, rustikales Braulokal, gut für ein Bier und eine Stärkung mit gegrilltem Lachs (219 NOK), Clubsandwich (139 NOK) oder Burger (159 NOK). So–Mi 16–23 Uhr, Do–Sa 16–2 Uhr. Fossen 21–23, ✆ 69252701, www.mikrobryggeriet.com.

Fußgängerzone in Moss

Drøbak

Das Fjorddorf ist heute als exklusiver Sommersitz berühmt sowie als Schauplatz des einzigen Sieges der norwegischen Armee gegen die deutschen Eindringlinge im Zweiten Weltkrieg.

Einst war das Holzhausdorf der Winterhafen Oslos, denn bis hierher blieb die Fahrrinne des Fjords selbst in strengen Wintern eisfrei. Später glänzte Drøbak als Künstlerkolonie, deren prominenteste Vertreter die malenden Eheleute *Oda* und *Christian Krogh* waren. Schließlich wurde es Sommeridylle reicher Osloer wie der übermächtigen Reederdynastie *Olsen* und 1940 schließlich grauenhafter Kriegsschauplatz.

Vieles vom großbürgerlichen Charme der reichen Chalets und prächtigen Gutshöfe hat Drøbak bewahrt. Über dem winzigen Hafen mit seinen urgemütlichen, uralten Läden für Seglerbedarf und den putzigen Kapitänshäusern wachsen die hölzernen Paläste der oberen Zehntausend aus den dichten Wäldern am Hang – nicht protzig, vielmehr stilvoll inmitten kunstvoller Gärten und mit beneidenswerter Aussicht auf den Fjord und die stattlichen Schiffe, die ruhig gen Oslo dampfen. Daran ändern auch die jetzt weitgehend vierspurig ausgebaute Europastraße und der jüngst eröffnete Oslofjord-Tunnel nichts: Wenige Kilometer südlich von Drøbak verschwindet die Abzweigungsstraße unter dem Fjord.

Information Drøbak Turistinformasjon, Info und Fährpläne zur Oscarborg-Festung. Mitte Juni bis Mitte Aug. Mo–Fr 8.30–16 Uhr, Sa/So 10–14 Uhr, ansonsten Mo–Fr

8.30–16 Uhr. Havnegt 4, ✆ 64935087, post@visitdrobak.no.

Drøbak im Internet: Infos zur gesamten Region unter www.visitdrobak.no.

Verbindungen Pkw: Etwa 40 km südlich von Oslo, erreichbar via E 6.

Fähre: Von 15. April bis 30. Sept. verkehrt eine Fähre von/nach Aker Brygge in Oslo und hält auch in der Festung Oscarsborg.

Übernachten **Drøbak Fjord Hotell**, südlich des Ortskerns am Wasser gelegen. Freundliches Hotel mit gut ausgestatteten Zimmern. EZ ab 1000 NOK, DZ ab 1300 NOK, inkl. Frühstück. Skiphelleveien 29, ✆ 64907300, www.dfh.no.

Reenskaug Hotel, 28 schöne, wohnliche Zimmer mit Holzfußböden und blitzblanken, weiß gekachelten Bädern. Gutes Restaurant und am Wochenende ein Nachtclub. EZ 1090 NOK, DZ 1490 NOK, am Wochenende etwas günstiger. Verschiedene Golf- und Wellnessangebote. Storgata 32, ✆ 64989200, www.reenskaug.no.

Vesbty Hyttepark, gepflegte Anlage in schöner Lage. Die kleinsten Hütten gibt es in der Nebensaison schon ab 450 NOK, im Sommer je nach Größe und Kategorie für 550–1200 NOK. Mit dem WoMo die 220 NOK (inkl. Strom). Sørlgård Farmen, ✆ 64959800, www.vestbyhyttepark.no.

Ausflug Zur Festung Oscarsborg. Die kleine Insel wird ab Drøbak mit Booten angesteuert. Noch bis ins neue Jahrtausend militärisches Sperrgebiet, mittlerweile kann man die Insel besuchen, es gibt sogar ein Resort mit Restaurants und Übernachtungsmöglichkeit.

Das Ende der „Blücher"

Kaum 1000 m breit ist der Oslofjord bei Drøbak, zusätzlich eingeengt durch die Insel Kaholmene mit der Feste Oscarsborg. Oberhalb Drøbaks lag im ersten Kriegsjahr eine Artilleriestellung. In das Kreuzfeuer beider Batterien geriet am 9. April 1940 der deutsche Kreuzer „Blücher" und wurde versenkt. 1400 Matrosen und Landser verloren im 2 °C kalten Wasser ihr Leben – der Überfall auf Oslo wurde dadurch immerhin verzögert. Noch heute liegt das Wrack in 90 m Tiefe. Wer oberhalb Drøbaks die beiden Uralt-Kanonen mit den Namen Moses und Aaron besichtigen mag, folgt zu Fuß oder per Auto der Ausschilderung „Kustkulturstin".

Verwaltungsbezirk Akershus

Der kleinste Verwaltungsbezirk des Landes ist von der Hauptstadt schon fast vereinnahmt. Das gilt umso mehr, seit der Großflughafen Gardermoen im November 1998 in Betrieb genommen wurde.

Das vormals fruchtbare Ackerland des Mjøsa-Oslo-Grabens ist längst städtischer Zersiedelung gewichen, über 500.000 Menschen leben hier auf weniger als 5000 km^2 – eine enorme Bevölkerungsdichte für norwegische Verhältnisse. Der touristisch wenig attraktive Landstrich wird meist nur als Durchfahrt von Oslo nach Norden, zum Mjøsasee und ins Gudbrandsdalen genutzt. Wer auf der streckenweise autobahnähnlich ausgebauten E 6 gen Norden düst, sollte aber mindestens in **Eidsvoll** (→ S. 404) Station machen, denn die weihevoll gepflegte Geburtsstätte des Staates Norwegen ist eine Einkehr wert.

Am 8. November 1998 wurde nach 15-jähriger Bauzeit der Großflughafen bei **Gardermoen** eröffnet. Der gesamte Linien- und Charterverkehr der Hauptstadt wird jetzt über den kleinen, 51 km nördlich von Oslo gelegenen Ort abgewickelt – nur die Billigfluglinien landen auch in Torp (Sandefjord) an der Südküste.

Halbinsel Svelvig bei Drammen: Ruhe nahe der Hauptstadt

Die Westseite des Oslofjords

Drammen

Die Hauptstadt der Provinz Buskerud ist mit rund 65.000 Einwohnern immerhin sechstgrößte Stadt Norwegens und mittlerweile nahezu mit Oslo zusammengewachsen. Dennoch oder vielleicht gerade deshalb versucht die Geburtsstadt des Linie-Aquavits sich als eigenständige Ferienstadt zu profilieren.

Zugute kommt ihr die schöne Lage an der Mündung des **Drammenselva** – immerhin reichster Lachsfluss im Süden Norwegens – in den gleichnamigen Fjord. Mit dem neu gestalteten **Bragernes Kai** und der edel verbauten Hafenpromenade hat sich Drammen zum neuen Citytreff am Fjordufer gemausert. Weiter südlich wird der Fjord umschlossen von den nahezu unberührten Halbinseln **Svelvik** und **Hurum**, die von Drammens **Hausberg Bragernesåsen** flächendeckend überblickt werden können. Der Hausberg ist auch die eigentliche Attraktion des Städtchens. Von hier hat man einen weiten Panoramablick über Stadt und Fjord bis hin zur Südküste. Es gibt ein Restaurant mit Aussichtsterrasse, ein kleines Freilichtmuseum mit angeschlossenem Umwelt-Info-Zentrum und ein ausgedehntes Netz an Loipen wie auch an Spazier- und Wanderwegen. Nach oben führt ein Autotunnel, der sich über sechs Kurven steil durch den Berg windet. Der Name des Tunnels, **Spiralen**, ist mittlerweile zum Synonym für den gesamten Hausberg geworden. Spiralen entstand übrigens, als Mitte der 50er-Jahre Straßenbaumaterial fehlte: Statt eines hässlichen Steinbruchs legte man kurzerhand den Tunnel an.

Das Freilichtmuseum auf dem Spiralen-Berg ist eine Außenstelle des **Bezirksmuseums Buskerud**. Zum Museum zahlen noch weitere Gutshöfe, darunter der Sommersitz der Reederfamilie Arbo und der Gutshof Gultkogen gleich hinter der Stadtbrücke über den Drammenselva. Das 1804 erbaute Holzpalais Gultkogen im prachtvollen Park voller Alleen und Kanäle vermittelt mit einer Gemäldegalerie, mit fein restaurierten Wohnstuben aus drei Jahrhunderten und einem mit Rosenmalerei verzierten Zimmer einen originalgetreuen Eindruck vom großbürgerlichen Lebensstil des 19. Jh.

Die Geburt des Linie-Aquavits

Die Matrosen des Dreimasters „Gymer af Trondhjem" staunten nicht schlecht an jenem Februarmorgen des Jahres 1852 im Hafen von Drammen: Der Kornschnaps, den sie auf ihren Australien-Törn mitgenommen und nicht getrunken hatten, war zu einem goldgelben, vollmundig schmeckenden Stoff geworden – der *Linie-Aquavit* wurde eher zufällig geboren. Noch heute rätseln Experten, was dem Schnaps seitdem immer wieder widerfährt: Sind es Schlingerbewegungen des Schiffes, Duftspuren der Sherryfässer oder Klimaschwankungen auf dem Weg über den Äquator, den Seeleute seit jeher „Linie" nennen, die den Schnaps veredeln? Immerhin wird seit 1860 Norwegens alkoholischer Exportschlager regelmäßig über den Äquator geschickt – auf der Rückseite teurer Aquavit-Buddeln ist, durch die leere Flasche lesbar, vermerkt, wann, wo und auf welchem Schiff der aromatische Stoff die Linie passiert hat.

Information Turistkontor, Info, Beratung und Broschüren. Mo–Fr 9–18 Uhr, Sa 10–15 Uhr, im Sommer auch So 10–15 Uhr. Bragernes Torg 6, ✆ 32216450, info@drammenturistkontor.no.

Drammen im Internet: Information auf Englisch unter www.drammenturistkontor.no oder www.drammen.kommune.no.

Verbindungen Pkw: Knapp 50 km südwestlich von Oslo (via E 18), nach Larvik sind es weitere 95 km gen Süden.

Bus: Busse von *TIMEkspressen* halten ab/nach Oslo auf verschiedenen Routen in Drammen, mehrmals tägl. z. B. von/nach Stavern oder Hønefoss. www.timekspressen.no.

Zug: Jeden Tag zahlreiche Züge nach Oslo, Kongsberg, Kristiansand, Stavanger und Bergen.

Internet Im Turistkontor oder der Bibliothek (Mo–Do 8.30–19.30 Uhr, Fr 8.30–16 Uhr, Sa 10–15 Uhr, So 11–16 Uhr) in der Innenstadt, Grønland 58.

Museum Drammens Museum, interessantes Museum für Kunst- und Kulturgeschichte. Di–Fr 11–15 Uhr (Do bis 20 Uhr), Sa/So 11–17 Uhr. Eintritt 40 NOK. Konnerudgate 7, ✆ 32200930, www.drammens.museum.no.

Wandern In der Touristeninformation gibt es Infos zu verschiedenen Wandertouren in der Region, z. B. durch das **Grunnane-Naturschutzgebiet** oder zum **Seterasen-Aussichtsturm**.

Übernachten First Hotel Ambassadeur, top ausgestattetes Hotel mit Restaurant, Nachtclub, Sauna, Fitnessraum und WLAN (120 NOK extra). Die 260 Zimmer sind nett eingerichtet. DZ regulär ab 1300 NOK, im Internet manchmal günstiger. Strømsø Torg 7, ✆ 31012100, www.firsthotels.com.

Rica Park Hotel, das 100-Zimmer-Hotel hat wirklich ansprechende Zimmer mit Wohlfühlfaktor. DZ je nach Saison und Ausstattung 1300–2000 NOK. Gamle Kirkeplass 3, ✆ 32263600, www.rica.no.

Clarion Hotel Tollboden, unter den großen Hotels der Stadt ist dieses mit 90 Zimmern noch das kleinste. EZ ab 1250 NOK, DZ ab 1600 NOK. Tollbugt 43, ✆ 32805100, www.choicehotels.no.

Camping Drammen Camping, bestens ausgerüsteter Platz an der Rv 134 (5 km vom Zentrum). Zeltstellplatz ab 150 NOK, Caravan ab 170 NOK/Nacht. Strom 50 NOK extra. Schmucke Hütten (ohne Bad und Wasser) ab 370 NOK. 1. Mai bis 15. Dez. Buskerudvegen 97, ✆ 32821798, www.drammencamping.no.

Homannsberget Camping, direkt am Fjordufer (20 km südlich von Drammen auf der Rv 319). 200 Stellplätze (je nach Größe 170–260 NOK, Strom 50 NOK) und 17 Hütten (ab 535 NOK). Svelvik, ✆ 33772563, www.homannsberget.no.

Essen & Trinken *Café Picasso*, getoastete Sandwiches, Burger und Pasta gibt es für 100–160 NOK, Hauptgerichte von 180 NOK (z. B. Spareribs) bis 250 NOK (Lammfilets mit Beilagen). Kindergerichte um 70 NOK. Mo–Sa ab 11 Uhr, So ab 14 Uhr. Die Küche schließt um 22.30 Uhr, Bar Fr/Sa bis 3 Uhr. Erik Børresens Allé 5A, ✆ 32890708, www.cafepicasso.no.

Skute Brygga, toll am Wasser gelegen und mit großem Außenbereich. Zum Abendessen kommt z. B. glasierte Entenbrust (305 NOK) oder gegrillter Seewolf (285 NOK) auf den Tisch. Mittags leckere Fischsuppe für 125 NOK. Mo–Sa 11–24 Uhr, So 12–24 Uhr. Nedre Strandgate 2, ✆ 32833330, www.skutebrygga.no.

Pigen, schönes Lokal am Marktplatz. Hier macht der Kongeburger (Königsburger) seinem Namen alle Ehre: 180 NOK sind für das Ungetüm inkl. Beilagen fällig. Mo–Do 11–24 Uhr, Fr/Sa 11–3.30 Uhr, So 12–23 Uhr. Bragernes Torg 8, ✆ 32834550, www.pigen.no.

Supermarkt *Kiwi*, Mo–Fr 7–22 Uhr, Sa 8–21 Uhr, Øvre Storgate 4–6.

Sonstiges Es gibt sämtliche Einrichtungen einer Stadt, mit Post, Banken, Supermärkten, medizinischer Versorgung, Krankenhaus und jeder Menge Geschäften.

Halbinsel Svelvik: Man fährt von Drammen 20 km südlich auf der Rv 319 am Fjordufer entlang und ist mitten auf der Halbinsel mit dem Hauptort gleichen Namens. Der abgeschiedene Landstrich ist mit seinem langen Fjordufer und seinen kargen Felsen, die aus dichten Wäldern hervorlugen, eine Oase der Ruhe. Nur 60 km von Oslo und ebenso weit von den Touristenzentren der Südküste entfernt gelegen, ist Svelvik ideal für stressfreie Urlaubstage. Ein Naturschutzgebiet mit schönen Wanderwegen, ein idyllischer Zeltplatz und eine putzig-kleine Fähre zur **Halbinsel Hurum** vervollständigen das Urlaubsvergnügen.

Fähre Svelvik – Verket (Halbinsel Hurum): Verkehrt tägl. meist alle halbe Std. (mindestens 1-mal/Std.) zwischen 6.30 und 22.30 Uhr. Überfahrt 5 Min. 50 NOK für einen Pkw inkl. Fahrer, jede weitere Person 25 NOK. ✆ 64930133.

Horten

Rund 25.500 Einwohner hat die Gemeinde am Oslofjord. Die Entstehungsgeschichte ist allerdings alles andere als gewöhnlich, denn während es in der Region einige der ältesten Siedlungen Norwegens gibt, ist Horten noch relativ jung.

Seine Gründung verdankt der Ort der norwegischen Marine, die hier 1820 ihren Hauptstützpunkt errichtete. Es dauerte nicht lange, bis sich um die Anlagen reges Leben entwickelte, knapp 90 Jahre später erhielt Horten Stadtstatus. Die Aktivitäten der Marine wurden im 20. Jh. beständig weniger und das Areal *Karljohansvern* nach und nach der Öffentlichkeit zugänglich gemacht. Heute sind die Gebäude und Anlagen liebevoll hergerichtet und stehen seit 2006 unter Denkmalschutz.

Das kulturelle Angebot in Horten ist durchaus gut, das Marinemuseum kann man sogar mit der eigenen Jacht ansteuern und direkt davor anlegen. In der Umgebung gibt es alte Wikingergrabhügel zu sehen, einige schöne Badestrände, und von hier startet auch der „Kyststien", ein Wanderweg entlang der Küste nach Åsgårdstrand.

Information Visit Horten, Information und Broschüren. 11. Juni bis 12. Aug. Mo–Fr 9–17 Uhr, Sa/So 9–15 Uhr; ansonsten Mo–Fr 9–16 Uhr. Tollbugata 1A, ✆ 33031708, 🖷 33031709, turistkontoret@visithorten.com.

Horten im Internet: Aktuelle Infos unter www.visithorten.com.

Verbindungen Pkw: Knapp 100 km von Oslo via E 18 und Rv 310.

Fähre: Fährverbindung über den Fjord zwischen Moss und Horten (www.basto-fosen.no). Pkw bis 6 m inkl. Fahrer 100 NOK, Erw. 34 NOK.

Bus: Mit *TIMEkspressen* auf der Route zwischen Oslo und Åsgårdstrand. www.timekspressen.no.

Internet Bibliothek, kostenloser Zugang. Mo–Do 10–19 Uhr, Fr 10–16 Uhr, Sa 10–15 Uhr. Apotekergate 10, ✆ 33085330.

Übernachten/Camping Hotel Horten Brygge, 23 helle und kommode Zimmer werden vermietet, alle mit Bad, Minibar, TV und gratis WLAN-Zugang. EZ 950 NOK, DZ 1150 NOK. Am Wochenende 200 NOK günstiger, Inkl. Frühstück. Strandpromenaden 2, ✆ 33020420, www.hotel-hortenbrygge.com.

Rorestrand Camping, gut ausgestatteter Platz etwa 2 km von Horten entfernt. Es gibt einen kleinen Kiosk. Zelten ab 140–205 NOK, WoMo ab 230 NOK, Strom 50 NOK/Tag, Hütten 485–740 NOK. Parkvelen 34, ✆ 33073340, www.rorestrandcamping.no.

Borre Familie Camping, netter Platz neben der Marina, mit über 100 Stellplätzen, einigen Hütten und einem kleinen Kiosk. Der Platz ist Mai–Aug. geöffnet. Camping im Zelt schon ab 125 NOK, im WoMo ab 235 NOK (Strom 40 NOK), Hütten um 450 NOK. Steinbrygga 30, ✆ 33082390, resepsjon@bfc.nowww.bfc.no.

Wohnmobilparkplatz am Hafen, Sanitäranlagen sind vorhanden. 180 NOK. turistkontoret@visithorten.com.

Essen & Trinken Fishland, Fleisch oder Fisch mit Beilagen 260–290 NOK, zur kleinen Stärkung gibt es Sandwiches (ab 95 NOK) oder Salate (um 150 NOK). April–Okt. tägl. ab 11.30 Uhr, sonst am So geschlossen. Gjestehavna, ✆ 33048810, www.fishland.no.

Stallen Galleri & Café, tolles Café zum Essen, Trinken und Quatschen. Tagsüber klassisches Café-Menü mit Pasta und Sandwiches (140–170 NOK), Mo–Sa ab 18 Uhr À-la-carte-Abendessen. Mo/Di 8–20 Uhr, Mi–Fr 8–23 Uhr, Sa 9–23 Uhr, So 12–20 Uhr. Teatergate 2, ✆ 33042793, www.galleristallen.no.

Sonstiges Es gibt Supermärkte, eine Apotheke, medizinische Versorgung, eine Post und Banken.

Sehenswertes

Borrevatnet: Zwischen Stadt und Skoppum-Bahnhof erstreckt sich im Nordwesten von Horten ein weiter Park mit mächtigen Bäumen und dem 2 km² großen See Borrevatnet, der wegen seines Fischreichtums, aber auch wegen seiner Vogel- und Pflanzenwelt – hier ist die einzige Stelle Norwegens, an der Misteln wachsen – gerühmt wird. Ein Naturlehrpfad führt um das gesamte Terrain. Außerdem gilt die 18-Loch-Bahn auf dem Gelände als attraktivster Golfplatz des Landes.

Marinemuseet: Das 1990 ausrangierte U-Boot „Utstein" ist derzeit die Attraktion des ältesten Marinemuseums der Welt. Man kann kostenlos in den Rumpf des 20 Jahre alten Schiffes steigen und alles anschauen. Das erste Torpedoboot der Welt ist ebenfalls vor dem Museumstor aufgebaut. Ansonsten bietet das 1853 auf der Kaserneninsel Karljohansvern westlich des Fährhafens eröffnete Museum eine große Sammlung an Schiffsmodellen. Außerdem sind auch chinesische Rüstungen, Funkkabinen aus dem Zweiten Weltkrieg und viel Maritimes mehr über zwei Etagen ausgestellt. Mai–Sept. tägl. 12–16 Uhr, ansonsten nur So 12–16 Uhr. Eintritt frei. Karljohansvern, ✆ 33033397, www.marinemuseet.no.

Preus Fotomuseum: Das sehenswerte Museum zur Geschichte der Fotografie – unterhalten vom größten Fotolaboratorium Norwegens, der in Horten ansässigen

Firma Preus – wurde sechs Jahre lang renoviert und 2004 wieder eröffnet. Das weltweit geachtete Museum verfügt über eine der größten Foto-Sammlungen Europas.

Di–Fr 12–16 Uhr, Sa/So 12–17 Uhr, im Juli tägl. 12–17 Uhr. Eintritt 50 NOK. Karljohansvern, ✆ 33031630, www.preusmuseum.no.

Åsgårdstrand

So einsam wie elegant, so unberührt wie still: Der Segelboothafen mit seinen schmucken, strahlend weißen Holzhäusern ist das erste der typischen Sørland-Dörfer, die sich wie an einer Perlenschnur entlang der Südküste aufreihen.

Insgesamt 2500 Menschen wohnen in dem Fjordflecken in Holzhäusern mit üppig bunten Gärten, die meisten davon sind aus Oslo übergesiedelt. Zu den „Hauptstadtemigranten" zählte auch der einst prominenteste Bürger des Dorfes, *Edvard Munch*, der 1889 seinen ersten Sommer in Åsgårdstrand verlebte und bis zu seinem Tod 1944 alljährlich wiederkehrte. Um die Jahrhundertwende kaufte er „sein Glückshäuschen", eine Fischerhütte am Fjord, wo einige seiner berühmtesten Bilder, z. B. „Mädchen an der Brücke", entstanden sind. In der Munchsgate ist die bescheidene Kate, in der alles wie zu Lebzeiten erhalten blieb, zu besichtigen.

Information Keramikk og kafé, hier liegen einige Broschüren aus und man erhält auch freundliche Auskunft. Am Marktplatz und nur im Sommer tägl. 12–17 Uhr geöffnet. Torvet 3, ✆ 99744099.

Verbindungen Pkw: Rund 100 km südlich von Oslo. Erreichbar via E 18, dann auf die RV 310 Richtung Horten, von dort via RV 19. Larvik liegt 50 km südlich von Åsgårdstrand, Tønsberg rund 15 km.

Bus: Mit *TIMEkspressen* ab Oslo. www.timekspressen.no.

Angeln Ein gutes Angelrevier ist der Borrevannet, ein 2 km² großer See westlich von Horten, der auch wegen seiner Vogel- und Pflanzenwelt gerühmt wird.

Baden Möglichkeiten an der Wiese am Jachthafen, am Campingplatz sowie weiter südlich in Ringshaug.

Galerie Galleri Smalgangen, in der kleinen Galerie sind Bilder und Skulpturen zu sehen. Di–Fr 12–17 Uhr, Sa/So 12–16 Uhr. Smalgangen 4, ✆ 97141401, www.gallerismalgangen.no.

Übernachten/Camping/Essen Thon Hotel Åsgårdstrand, Strand und Bootssteg vor der Tür, ein gutes Restaurant im Haus und 78 Zimmer in verschiedenen Kategorien (alle mit WLAN). DZ ab etwa 1200 NOK. Havnegata 6, ✆ 33020740, www.thonhotels.no.

Zwei **Camping**plätze im nahen Horten (→ S. 187).

Kafé Edvard, kleines Café mit großem Namen, hier kann man sich einen kleinen Snack schmecken lassen. Mo–Fr 10–14 Uhr. Spettåsveien 6, ✆ 97550196, www.kafeedvard.no.

Åsgårdstrand Keramikk og kafé, sehr gemütliche Mischung aus Café, Wohnzimmer und Laden. Kleine Gerichte und Kaffee. Torvet 3, ✆ 99744099, www.asgkafe.no.

Sehenswertes

Munchs Hus: Kate und Atelier am Hang mit weitem Fjord-Blick, im Garten eine Büste des alten Meisters und eine junge, kundige Sachverständige. Das Ensemble in der Munchsgate lässt mehr als manche Großausstellung über den Meister des Expressionismus und seine Kunst erahnen. Die ärmliche Küche und die großartige Aussicht, die Aquavitflasche auf dem Nachtschrank und der abgetragene Frack ne-

ben der Staffelei – wer über Munch Bescheid wissen will, muss das Munchs Hus in Åsgårdstrand gesehen haben.
Mai: Sa/So 11–16 Uhr; Juni–Aug.: Di–So 11–16 Uhr (Juli bis 18 Uhr); Sept. Sa/So 10–16 Uhr. Eintritt 50 NOK, Kinder unter 12 Jahren frei. Edv. Munchsgate 25, ✆ 48241189.

Borre Kirke: Am Abzweig der Rv 311 zum Borre-Campingplatz ragt die weiße Borre Kirche – eine der wichtigsten Mittelalterkirchen Südnorwegens – weithin sichtbar durch die hohen Bäume. Die Kirche selbst stammt aus dem 12. Jh., besonders sehenswert sind der geschnitzte Altaraufsatz und das Kruzifix, beide aus dem Jahr 1665. Das Kirchlein ist oft verschlossen, Termine für Besichtigungen kann man in der Touristeninformation in Horten erfragen, Termine für die Messe findet man auch unter www.horten.kirken.no.

Borrehaugene und **Midgard Historisk Senter**: Im Borre-Nationalpark, mitten im Wald zwischen Borre-Kirche und Strand, verbirgt sich die größte Grabhügelansammlung Skandinaviens. Bei Ausgrabungen hat man hier allerlei Gegenstände zum Vorschein gebracht, deren Formen und Verarbeitung als „Borre-Stil" bekannt sind. Heute sind die insgesamt 27 Hügel wild bewachsen und kaum erkennbar. Aber schön-geruhsam ist der Spaziergang durch das Gelände – es sei denn, Sie geraten in die Wikingerspiele, die gelegentlich organisiert werden. Da gibt es Lagerfeuer, Überfälle, Märchenlesungen und außerdem richtiges Met zu trinken. Im **Midgard Historisk Senter** kann man äußerst interessante Ausstellungen zum Thema Wikinger besichtigen.
Midgard Historisk Senter: Eintritt 60 NOK, Kinder 40 NOK. 1. Mai bis 15. Sept. tägl. 11–16 Uhr, ansonsten Mi–Fr u. So 11–16 Uhr. Birkelyveien 9, ✆ 33071850, www.midgardsenteret.no.

Tønsberg

Die älteste Stadt Norwegens hat einiges zu bieten: Geschichtsinteressierte können die Wikingerschiffe im Fylkesmuseum anschauen, Wasserratten finden die schönsten Badeplätze der Küste auf der Tjøme-Insel und Schiffsenthusiasten können wunderbare Schärenfahrten unternehmen.

Die 34.000-Einwohner-Stadt, Verwaltungssitz Vestfolds, wurde reich durch Reeder und Werftbesitzer, deren Bürohäuser noch heute das Stadtbild bestimmen. Und auch wenn es nicht offensichtlich zur Schau gestellt wird, hat die Stadt eine ruhmreiche Vergangenheit: Sie wurde bereits 871 gegründet und ist somit die älteste des Landes. Die Burgruinen am Schlossberg stammen allerdings erst aus dem 13. Jh. 4 km außerhalb befindet sich der *Oseberghaugen*, der Grabhügel, in dem das gleichnamige Wikingerschiff, das jetzt im Osloer Bygdøy-Museum zu sehen ist, gefunden wurde. Wer etwas Zeit in der Region verbringen will, sollte unbedingt eine Ausflugsfahrt nach *Verdens Ende* unternehmen (s. u. „Baden").

Basis-Infos

Information Tønsberg Tourist Centre, in der 2. Parallelstraße zur Hafenpromenade. Mo–Fr 9–15 Uhr. Storgaten 38, ✆ 48063333, info@visittonsberg.com.

Tønsberg im Internet: Aktuelle Infos unter www.visittonsberg.com.

Verbindungen Pkw: 100 km südlich von Oslo via E 18.

Sie erreichen Tjøme, wenn Sie die Stadt zunächst Richtung Süden verlassen; die Rv 308 führt Sie dann über die Vrengen-Brücke und über die Nøtterøy-Insel nach 27 km Fahrtstrecke nach Tjøme.

Bus: Die Buszentrale liegt unweit des Bahnhofs in der Jernbanegate. Von hier aus fahren Busse von *TIMEkspressen* Richtung Oslo (www.timekspressen.no). *Telemarksekspressen* (Nr. 182; www.nor-way.no) fährt mehrmals tägl. Sandefjord, Skien oder Larvik an. Nahverkehrsbusse nach Nøtterøy (Lokalfähre) und Tjøme (Badeplätze) (www.vkt.no).

Zug: Vom Hauptbahnhof an der Ostseite des Schlossberges fahren Züge rund ein Dutzend Mal tägl. nach Oslo (1:30 Std.) und ebenso oft nach Larvik (35 Min.) oder Skien (1:30 Std.). www.nsb.no.

Fähre: Das *Flybåten* verkehrt im Sommer zwischen Tønsberg und Engelsviken auf der anderen Seite des Oslofjords (www.flybaten.no). Das ganze Jahr über verkehrt die *M/F „Jutøya"* zwischen Tønsberg, Tenvik auf Nøtterøy und Vestgården auf Veierland (www.vkt.no).

Internet Bibliothek, Mo–Do 9–19 Uhr, Fr 9–16 Uhr, Sa 9–15 Uhr. Storgate 16, ☎ 33354900.

Parken Es gibt einen großen, kostenpflichtigen Parkplatz direkt an der Uferpromenade. Nicht für Gespanne und große Mobile geeignet, die kann man am Anfang der Storgaten, an der R308 neben dem ICA-Supermarkt, parken.

Supermarkt Rema 1000, Mo–Fr 8–23 Uhr, Sa 8–21 Uhr, Slagenveien 57.

Sonstiges Es gibt sämtliche Einrichtungen wie Postfilialen, Banken, Apotheken, Tankstellen und verschiedene Geschäfte und Boutiquen, außerdem ein Krankenhaus und ein großes Einkaufszentrum.

Übernachten/Camping/Essen & Trinken

Übernachten Grand Nobel Appartments, das Haus und die Dekoration in der Rezeption stammen aus den 1930er-Jahren, die Appartements aber sind modern und funktional ausgestattet. Die Wohnungen sind nur wochenweise zu mieten. Wohnungen ab 2500 NOK. ☎ 33353500, www.grandnobel.no.

»› Mein Tipp: Active Hotel, auf der anderen Seite des Kanals, auf Nøtterøy gelegen. Schlichte, aber saubere und wohnliche Zimmer mit Bad, TV und gratis WLAN. Gutes Preis-Leistungs-Verhältnis – DZ bereits ab 900 NOK. Stalsbergveien 5, Nøtterøy, ☎ 33345910 post@activehotel.no, www.activehotel.no. «

Quality Hotel Tønsberg, das erst 2002 zusammen mit dem neuen Konzerthaus eröffnete Hotel ist modern und mit 232 Zimmern das größte Haus am Platz. Die meisten Zimmer bieten eine großartige Aussicht aufs Wasser. Mit Outdoor-Pool, Restaurant, Bar und Lounge. DZ übers Internet rund 1300 NOK. Ollebukta 3, ☎ 33004100, www.choicehotels.no.

Thon Hotel Brygga, das moderne 70-Zimmer-Hotel ist zentral im Hafenbereich gelegen. Die Zimmer sind geräumig, das hauseigene Restaurant punktet mit Sitzplätzen direkt am Wasser. Das einfachste DZ gibt es ab 1290 NOK. Nedre Langgate 40, ☎ 33344900, www.thonhotels.no/brygga.

Tønsberg Vandrerhjem, unterhalb des Schlossberges vermietet die ordentliche Jugendherberge 23 Zimmer, einige mit eigenem Bad (Du/WC). Gemeinschaftsküche, Aufenthaltsraum und kostenloser Internetzugang für Gäste. Im Mehrbettzimmer 400 NOK/Nase, DZ ab 700 NOK (mit Früh-

stück). Dronning Blancas gate 22, ☎ 333121/5, www.vandrerhjem.no.

Camping Furustrand-Camping, 6 km vom Zentrum entfernt, neben der Ringshaug-Bucht. Großer, moderner und fast luxuriöser Campingplatz, mit guten Hütten, Appartements und Mietwohnwagen. Ganzjährig geöffnet. Im Zelt ab 140 NOK, im WoMo ab 280 NOK, im Wohnwagen ab 330 NOK (inkl. Strom). Hütte oder Apt. je nach Kategorie 500–1500 NOK. Tareveien 11, Tolvsrød, ☎ 33357000, info@furustrand.no, www.furustrand.no.

Skallevold Camping, der kleine Platz mit schönem Strand (4 km nördlich, Rv 311 oder Bus 116) und den blitzsauberen Sanitäranlagen ist nur von Mai bis Aug. geöffnet. Zelten ab 200 NOK, im WoMo ab 260 NOK (inkl. Strom). ☎ 99257776, resepsjon@skallevold-camping.no, www.skallevold-camping.no.

Essen & Trinken Conradis Bar & Restaurant, beliebtes Lokal mit guter Speise- und Weinkarte. Auf den Teller kommt z. B. gebratene Forelle mit Wildpilzen (200 NOK) oder Rentierrücken mit Kräuterkartoffeln (298 NOK). 3-Gänge-Samstagslunch 195 NOK. Küche Mo–Fr ab 16 Uhr, Sa ab 13 Uhr, So ab 15 Uhr. Nedre Langgate 18, ☎ 33370900, www.conradis.no.

Himmel & Hav, Café, Restaurant, Terrassenlokal. Überschaubare Karte mit etwa drei Abendgerichten (200–250 NOK), dafür schmeckt es umso besser. Zum Lunch die ausgezeichnete Fischsuppe (159 NOK) oder eine Tapasauswahl (je 33–55 NOK). Tägl. ab 11 Uhr, Sa/So Nachtclubbetrieb bis 3 Uhr. Nedre Langgate 23, ☎ 92843378, www.himmeloghav.net.

»» Mein Tipp: Bare Barista, super Kaffee, ausgezeichnetes Gebäck und für den kleinen Hunger Quiche oder Sandwiches. Mo–Fr 8–18 Uhr, Sa 9–17 Uhr, So 11–16 Uhr. Øvre Langgate 44, ☎ 92265578, www.barebarista.no. **«**

Kong Sverre, Sportbar und Pizzaladen mit „All-you-can-eat"-Optionen ab 99 NOK (ausgewählte Tage). Mo–Do 15–23 Uhr, Fr 15–2.30 Uhr, Sa 13–2.30 Uhr, So 13–22 Uhr. Storgaten 24, ☎ 33312903, www.kongsverre.no.

Übernachten/Essen auf Tjøme Engø Gård, wunderschön gelegenes, historisches Anwesen. Man kann in edlen Gästezimmern (ab 3200 NOK) übernachten und im ausgezeichneten Restaurant speisen. Alles im oberen Preissegment, aber das Geld wert. Gamle Engø vei 25, ☎ 33390048, www.engo.no.

Uferpromenade von Tønsberg

Oslofjord

Rica Havna Hotel, ganz toll am Wasser gelegen, nahe Verdens Ende. Man kann in modernen Hotelzimmern, in Hütten oder auf dem Campingplatz übernachten. Sehr gutes Restaurant im Haus. DZ ab etwa 1100 NOK, unter Umständen gibt es Frühbucherrabatt. Havnaveien 50, Tjøme, ℘ 33303000, www.rica.no/havna.

Ausflüge/Baden

Schärenfahrt Die 4-stündige Fahrt auf dem historischen Segler **Berntine** kostet ab etwa 350 NOK/Pers., Angebote auf Anfrage. ℘ 92024900, www.berntine.no.

Es gibt etliche Anbieter von Bootsfahrten, freundliche Informationen dazu gibt es im Turistkontor.

Fahrradverleih In der Touristeninfo kann man Drahtesel mieten und wunderbar auf Erkundungstour gehen.

Baden auf Tjøme Norwegens Kronprinzessin hat hier ihr Sommerhaus, und der deutsche Dichter *Hans Magnus Enzensberger* verbrachte in den 50er-Jahren einige Jahre auf diesem 12 km langen Inselchen. Aber sie sind nicht die einzigen, die diese wunderschöne Schärenlandschaft schätzten – Abertausende aalen sich im Ferienmonat Juli auf den kahl geschliffenen Felsen der drei Haupt- und 177 (!) Nebeninseln dieses kleinen Archipels; die Einwohnerzahl von 4000 Insulanern verzehnfacht sich allsommerlich. Trotzdem ist immer ein geschütztes Plätzchen zu finden: an **Verdens Ende**, dem „Ende der Welt", und der Südspitze Tjømes (querab Faerder-Leuchtturm am Eingang zum Oslofjord) oder auf **Mostranda**, wo sich die FKK-Fans einfinden, oder bei Lillestranda auf der Nachbarinsel **Hvassa**.

Sehenswertes

Schlossberg: Vom Aussichtsturm *Slottsfjelltårnet*, dem gerade mal 120 Jahre alten Wahrzeichen der Stadt, blickt man nicht nur auf Tønsberg, sondern auch auf die Ruinen des *Castrum Tunsbergis*, der größten norwegischen Festung im Mittelalter. Der Turm ist von 1888 und erhebt sich nochmals 17 m über den 63 m hohen Schlossberg.
Im Sommer (1.6.–31.8.) tägl. 11–16 Uhr, ansonsten Öffnungszeiten telefonisch oder in der Touristeninfo erfragen. Turmbesteigung 20 NOK, Kinder 10 NOK. ℘ 33311872.

Vestfold Fylkesmuseum - Slottsfjellmuseet: Der nachgebaute Steven des Oseberg-Schiffes beherrscht den Eingang des Provinzmuseums am Fuß des Schlossbergs. Das in Oslo ausgestellte Schiff der Königin Aasa wurde 1904 unweit von Tønsberg gefunden und gilt als wertvollstes Relikt der Wikingerzeit. Das 21 m lange Klåstad-Schiff im Museum vermittelt – ebenso wie die große Walfangabteilung mit dem Skelett eines riesigen Blauwals – einen Eindruck von der Seefahrerkunst der Altnorweger. Im Freilichtmuseum sind auch 13 aus Vestfold stammende Häuser zu sehen, die hier wiedererrichtet wurden – das älteste ist von ca. 1200. Gutes Museumscafé.
Museum: 1.5.–30.9. tägl. 11–16 Uhr, März/April Do–So 11–15 Uhr. Eintritt 60 NOK, Kinder 40 NOK, Familienticket 130 NOK. Farmannsveen 30, ℘ 33312919, www.vfm.no.

Haugar Art Museum: Das Museum befindet sich mitten in Tønsberg in dem 1921 erbauten Gebäude der ehemaligen Marineschule. Die Fassade des Gebäudes wurde mit 12 Karyatiden versehen, die an den Stil der exotischen Völker angelehnt sind, die die Seefahrer auf ihren Überseereisen zu Gesicht bekamen. Für die hauseigene Sammlung wurde kürzlich ein neuer Museumstrakt eingerichtet, außerdem finden wechselnde Ausstellungen statt. Sehenswert.
Ganzjährig Sa/So 12–17 Uhr; Sept.–Mai auch Di–Fr 11–16 Uhr; Juni–Aug. auch Mo–Fr 11–17 Uhr. Eintritt 70 NOK, Senioren 50 NOK, Kinder frei. Jeden Di freier Eintritt. Gråbrødregaten 17, ℘ 33307670, www.haugar.com.

Das westliche Ende von Oslos Fußgängerzone

Bootsanleger in Stavanger

Die Südküste

Die Südküste Norwegens gehört zu den beliebtesten und am meisten bereisten Urlaubsregionen des ganzen Landes. Sie ist schnell erreichbares Naherholungsgebiet für die Städter aus den großen Ballungszentren Südnorwegens und auch Startpunkt vieler Norwegenreisenden, die mit dem heigenen Fahrzeug anreisen.

Neben Oslo gibt es hier nämlich mit Larvik und Kristiansand zwei weitere große Häfen, in denen riesige Autofähren ein Wohnmobil nach dem anderen ausspucken – eine gute Anreise-Alternative und v. a. bei „Zweittätern" beliebt, die schon einmal in Oslo waren und bei denen die Hauptstadt deshalb nicht mehr Teil der Reiseplanung ist.

Aber es gibt natürlich nicht nur praktische Gründe um die Südküste zu bereisen, Norwegen präsentiert sich hier von seiner schönsten und auch abwechslungsreichsten Seite. Mit Kristiansand und der Öl-Boom-Metrople Stavanger findet man hier zwei pulsierende Städte, entlang der Küste reihen sich idyllische Fischerdörfer – in denen allerdings mittlerweile der Tourismus den Ton angibt – und immer wieder ergeben sich fantastische Möglichkeiten für kurze Abstecher ins Hinterland, z. B. zum Telemarkkanal, ins Setesdal oder ins Kvinesdal. Einer der meist besuchten Orte ganz Norwegens ist das Kap Lindesnes mit seinem Leuchtturm, das den südlichsten Punkt des norwegischen Festlandes markiert, aber auch Risør oder Kragerø stehen bei einheimischen und internationalen Touristen ganz hoch im Kurs.

Der erste Küstenabschnitt zwischen Sandefjord und Kristiansand besticht mit einer fast lieblichen Landschaft. Schon der Maler *Edvard Munch* ließ sich einst von dem warmen Licht inspirieren und schuf hier einige seiner bedeutendsten Werke. Westlich von Kristiansand ist die Küste stärker den Gewalten der Nordsee ausgesetzt, entsprechend rauer – aber nicht minder schön – präsentiert sich die Land-

Die Südküste

schaft. Mit der Jæren-Ebene findet man hier eine der wenigen wirklich fruchtbaren und deshalb landwirtschaftlich nutzbaren Flächen Norwegens.

Die Fahrt entlang der Küste zwischen Sandefjord und Stavanger ist sicherlich eine der lohnendsten Touren in Südnorwegen, wenn nicht in ganz Norwegen. Es fehlt nicht an landschaftlichen Höhepunkten, die touristische Infrastruktur ist ausgezeichnet und die Chancen auf gutes Weter sind hier so hoch wie sonst nirgends im Land. Allerdings ist das alles kein Geheimnis und so strömen in den Sommermonaten ganze Scharen von Erholungssuchenden in die kleinen Dörfer und an die Strände. Wenn dann auch noch die norwegischen Schulferien beginnen, sind die Campingplätze bis auf den letzten Platz ausgebucht und die Preise schnellen ganz gewaltig in die Höhe.

Von Sandefjord nach Kristiansand

Weiße Segel zwischen kahlen Schären, blitzblanke Städtchen zwischen sandigen Stränden – diese Postkartenidylle stammt aus Sørland, dem Südland, das genau genommen nur die beiden Agder-Provinzen umfasst, den Norwegern aber als Oberbegriff für die Sonnenstrände und Schärengärten der Südküste gilt.

Hier verbringen die sonnenhungrigen Nordländer ihren Sommerurlaub, gerne komplett mit Kind und Kegel, denn hier ist ein ausgezeichnetes Familienrevier. Neben den einsamen Buchten, winzigen Inseln, ertragreichen Fischplätzen und anspruchsvollen Segelrevieren ist ein Hauptgrund für die Beliebtheit der Region aber sicherlich das Wetter: 22,8 °C Mitteltemperatur und im Durchschnitt 7,2 Stunden täglicher Sonnenschein in den Monaten Juli und August sind rekordverdächtige Werte für ganz Skandinavien.

Das ist auch die bevorzugte Reisezeit der Einheimischen, sodass v. a. während der Schulferien die Südküste oft stark überlaufen ist. Viele Reisende, die ihre Urlaubszeit frei wählen können, bevorzugen aber den Mai, wenn man bei schon frühsommerlichen Temperaturen die kurze Blütenpracht des norwegischen Frühlings genießen kann.

Auf der E 18, die selten mehr als 20 km von der Küste entfernt erst am Oslofjord und dann am Skagerrakufer entlangführt, gelangt man in knapp fünf Autostunden bequem nach Kristiansand. So schnell sollte man aber nicht an der wunderbaren Szenerie vorbeifahren, sondern immer wieder kleine Abstecher zu den idyllischen Küstenorten oder auch ins abwechslungsreiche Hinterland machen. Und wer etwas mehr Zeit und Muße hat, der kann gleich die direkt an der Küste verlaufenden Landstraßen nutzen – eine ungleich reizvollere Alternative, die auch noch Maut spart.

Die ganze Küstenregion ist relativ gut mit öffentlichen Verkehrsmitteln zu bereisen, auch wenn dann der eine oder andere versteckte Winkel nicht zu erreichen ist. Die Überlandbusse fahren mehrmals täglich, kleinere Ortschaften sind mit Regionalbussen angebunden.

Sandefjord

Das fontänenumspritzte „Hvalfangstmonumentet" am Hafen erinnert an Sandefjords Zeiten als Zentrum des norwegischen Walfangs. Heute ist das weltweit einzigartige Walfangmuseum das letzte Relikt dieser Vergangenheit.

Die Reederfamilie *Christensen,* nur noch bekannt als Mäzen des Museums, verdiente 80 Jahre lang das große Geld mit dem Walfang. 1892 schickte sie „Jason" als

Sandefjord

erstes Großfangschiff ins Nordmeer, zehn Jahre später folgte mit „Admiralen" das erste Fangfabrikschiff, und noch 1960 lebten 7000 Beschäftigte von der Walbeute der 29 Sandefjord-Schiffe. Heute sind die meisten Dampfer abgewrackt oder dienen als Touristenattraktion.

Nur 4 km östlich der 42.000-Einwohner-Stadt liegt ein weiterer Grund, warum Sandefjord in zahlreichen Lexika auftaucht: hier ist der Fundort des ruhmreichen **Gokstadschiffes**, eines kompletten Wikingerschiffs, das einst als Mausoleum vergraben wurde. 1880 wurde das Königsgrab entdeckt. Außer dem tausend Jahre alten Schiff – jetzt im Osloer Bygdøy-Museum ausgestellt – fand man neben dem Häuptlingsgrab verschiedene kleinere Schiffe und zahlreiche Ausrüstungsgegenstände. Die Anlage ist längs der RV 303 in Richtung Tønsberg ausgeschildert.

Basis-Infos

Information Sandefjord Reiselivsforening og Turistkontor, Information, Beratung und Buchungen. 5. Juli bis 22. Aug. Mo–Fr 9–17.30 Uhr, Sa 10–17 Uhr, So 12.30–17 Uhr; ansonsten Mo–Fr 9–16 Uhr. Thor Dahlsgate 7 (Eingang Tollbigata), ✆ 33460590, info@visitsandefjord.com.

Sandefjord im Internet: Aktuelle Infos unter www.visitsandefjord.com.

Verbindungen Pkw: 120 km südlich von Oslo via E 18, von Larvik sind es 20 km (ebenfalls E 18).

Flugzeug: Vom Flughafen **Torp** (www.torp.no) starten mehrmals tägl. Direktmaschinen z. B. nach Stavanger, Trondheim oder Bergen. Internationale Direktflüge gibt es z. B. von/nach Malaga, Bremen, Amsterdam, London oder Kopenhagen. Seit dem Siegeszug der Billigflieger hat sich Torp zum zweitgrößten Airport des Landes entwickelt.

Bus: *TIMEkspressen*-Busse (www.timekspressen.no) steuern auf der Route Oslo – (Larvik) – Stavern mehrmals tägl. auch Sandefjord an. *Telemarkekspressen* (Nr. 182) fährt mehrmals tägl. Larvik, Skien oder Tønsberg an; ab Sandefjord/Fokserød fährt der *Sørlandsekspressen* (190) Richtung Kristiansand (www.nor-way.no). Der Busbahnhof befindet sich an der Jernbanealléen.

Zug: Am Bahnhof im Norden der Stadt (Jernbanealléen) halten mehrmals tägl. Fernzüge von/nach Oslo (2 Std.), Skien (60 Min.), Tønsberg (20 Min.) oder Larvik (14 Min.).

Fähre: Mindestens 1-mal tägl. mit Color Line von/nach Strömstad in Schweden.

Internet In der **Touristeninformation** (s. o.) und der **Bücherei**, Mo–Do 8–19.30 Uhr, Fr 8–16.30 Uhr, Sa 10–15 Uhr. Sandefjordsveien 3.

Supermarkt Kiwi, Mo–Sa 7–23 Uhr, Kilgata 8.

Sonstiges Apotheke, Banken, Poststellen, Tankstelle.

Übernachten/Camping/Essen & Trinken

Übernachten Sandefjord Motor Hotel **4**, eines der preiswertesten Hotels der Gegend finden Sie an der Abfahrt der E 18 (6 km vor der Stadt). Klassische Motelzimmerausstattung und WLAN. DZ 1090 NOK (WoE) bzw. 1290 NOK (So–Fr). Fokserødveien 21, ℅ 33489060, www.sandefjordmotorhotel.no.

Hotel Kong Carl **2**, das schnuckelige Holzhaus im Zentrum wurde bereits 1690 erbaut, das Hotel wird seit 1721 betrieben. Die 24 Zimmer sind gemütlich, picobello sauber und sind mit Du, WC und TV ausgestattet. Das mehrfach mit Preisen (gastronomischen wie architektonischen) bedachte Hotel gehört zur Reihe der „Historischen Hotels" in Norwegen. DZ 1175–1795 NOK. Torggate 9, ℅ 33463117, www.kongcarl.no.

Clarion Collection Hotel Atlantic **1**, 109 kommode Zimmer mit hohen Decken (und WLAN) gibt es in dem zentral gelegenen, altehrwürdigen Hotel von 1914. Highlight im Haus ist das türkische Dampfbad. DZ je nach Angebot 1100–2000 NOK (Abendbüfett inkl.). Jernbanealléen 33, ℅ 33428000, www.nordicchoicehotels.com.

Rica Park Hotel **3**, zentral gelegener Hotelklotz mit 231 modernen, hellen und edel ausgestatteten Zimmern. Im Haus außerdem ein gutes Restaurant, eine Bar und ein Wellnessbereich mit Pool, Sauna und Fitnessraum. DZ je nach Kategorie 1250–2000 NOK, Suiten ab 3000 NOK. Strandpromenaden 9, ℅ 33447400, www.rica.no.

Camping/Appartements Granholmen Camping **10**, perfekt am Fjord gelegen mit Zugang zum Wasser und eigenem Badeplatz. 2 Pers. zahlen im Zelt ab 170 NOK, im WoMo ab 230 NOK. Strom 50 NOK extra. An der RV 303 (5 km südl. von Sandefjord), Granholmveien 75, ℅ 33458177, post@granholmencamping.no, www.granholmencamping.no.

Langeby Camping **6**, schöner Platz an der Ostseite des Fjords (9 km südlich). Gute Ausstattung, kostenlose Radl- und Kanumiete für Gäste. Im Zweimannzelt ab 160 NOK, im Caravan ab 260 NOK. Strom 40 NOK extra. Super Apartments mit Küche, Bad, Gasgrill u. v. m. 700–1600 NOK/Tag. Vesterøyveien 361, ℅ 33473758, www.langeby.no.

Essen & Trinken Smak **5**, ungezwungenes, dennoch ausgezeichnetes Speiselokal, in dem Kreationen wie Hirschcarpaccio mit Parmesan (138 NOK) oder gebratener Dorsch mit Oliven und Tomaten (269 NOK) auf den Tisch kommen. Gute Weine. Di–Do

Brunnen mit Walfängerdenkmal in Sandefjord

17–24 Uhr, Fr 17–22 Uhr, Sa 17–2 Uhr, So Ruhetag. Thor Dahlsgate 9, ☏ 33462741, www.smak.no.

》》 **Mein Tipp**: **Smak Café & Bakeri** 5, gehört zur gleichnamigen Brasserie. Getoastete Sandwiches, Linguine oder Suppen (um 140 NOK) gibt es ebenso wie guten Kaffee und Kuchen. Di–Sa 10.30–18 Uhr. Thor Dahlsgate 9, ☏ 33462741, www.smak.no. 《《

Kokoriet 9, direkt am Kai gegenüber der „Southern Actor" und wunderbar zum

Draußensitzen. Kleine Karte mit delikater Fischsuppe (98 NOK klein bzw. 169 NOK groß), deftigen Burgern (um 160 NOK) oder gegrilltem Heilbutt (279 NOK). Auch gut für ein Bier in der Sonne. Tägl. 11–24 Uhr. Brygga 1, ✆ 33466262, www.kokeriet.no.

Fru Wold 3, super Café/Deli für den kleinen Snack vor Ort oder für den Einkauf von leckeren Salamis, Schinken (auch edlen Pata Negra) oder Käsen. Mo–Fr 9–16.30 Uhr, Sa 9–15 Uhr. Torggata 18, ✆ 33461730, www.fruwold.no.

Brødr. Berggren 7, in Norwegens ältestem Fischladen gibt es die besten Austern der Stadt. Mo–Do 8–15 Uhr, Fr 8–17 Uhr, Sa 8–14.30 Uhr. Brygga 11, ✆ 33483040, www.bergfisk.no.

Sehenswertes

Das **Walfangmonument** am großen Kreisverkehr ist nicht zu übersehen und sicherlich das beliebteste Fotomotiv der Stadt. Geschaffen wurde es Ende der 1950er-Jahre vom norwegischen Künstler *Knut Steen*. Ein echtes Relikt der Walfangzeit ist die **„Southern Actor"**, ein Walfänger, der im Hafen am Kai liegt und zum Walfangmuseum gehört und besichtigt werden kann. Ebenfalls zu sehen ist die **„Gaia"**, ein originalgetreuer Nachbau des Wikingerschiffs, das unweit von Sandefjord gefunden wurde.

Kommandør Chr. Christensens Hvalfangstmuseet: Das Walfangmuseum dokumentiert die Fangmethoden vom Speer bis zur Kanone und verschafft einen guten Einblick in die norwegischen Walfangaktivitäten zwischen 1860 und 1960. Zudem gibt es eine sehenswerte Darstellung der Polarforschung und der Tierwelt am Nordpol – das alles in Modellen bzw. ausgestopften „Echtexemplaren". Das deutschsprachige Begleitheft behandelt leider nur den Hauptsaal.
Immer tägl.: 1. Mai bis 22. Juni 11–17 Uhr, 23. Juni bis 31. Aug. 10–17 Uhr, Sept. 11–16 Uhr, ansonsten 11–15 Uhr (So 12–16 Uhr). Eintritt 55 NOK, Kinder 30 NOK. Museumsgaten 39, ✆ 94793341, www.hvalfangstmuseet.no.

Bryggekapellet: Erst im Jahr 2004 wurde die kleine Kapelle eröffnet, die auf einem Ponton im Wasser schwimmt und mitten im Hafenbereich am Kai liegt. Man kann für eine ruhige Minute hineinschauen und sollten Sie sich entschließen, kurzfristig zu heiraten, so ist das natürlich auch möglich.
Ende Juni bis Mitte Aug. Mo–Fr 19–23 Uhr, Mo, Mi, Fr auch 12–15 Uhr. Eintritt frei. Brygga, ✆ 98601878.

Ula

Ein Ausflug in das winzige Lotsendorf Ula, auch als Abstecher auf der RV 303 während der Weiterfahrt nach Larvik möglich, ist ein Ausflug in die Seefahrtsgeschichte dieser Küste.

Noch vor 60 Jahren hielten Lotsenjungen auf den glatten Felsen rund um Ula begierig Ausschau nach Schiffen, deren Kapitäne die schwierige Einfahrt in den Fjord und die noch schwierigere Durchfahrt durch die Schären suchten. War ein Frachter in Sicht, hetzten die Lotsen in Ruderbooten los, um den Auftrag zu ergattern – es soll zwischen den Konkurrenten zu Kämpfen gekommen sein, die mitunter auch tödlich endeten. Das zu Fuß in 10 Minuten zu erreichende **Ulabrand-Denkmal** über dem malerischen Dorf erinnert an die Geschichte der Seeleute. Doch auch sonst lohnt sich der Abstecher. Man kann beschaulich rasten, bequem auf der Wiese zelten und im winzigen Laden einkaufen oder behaglich zwischen den Schären baden.

Historisches Wasserrad am Larvik Museum

Larvik

Die mit knapp 42.000 Einwohnern größte Stadt zwischen Oslo und Kristiansand liegt an der Mündung des Lågen. Für die Größe und den wirtschaftlichen Erfolg Larviks gibt es viele Gründe, alte und neue.

Der natürliche Hafen ist heute Fährstation nach Dänemark. In nur sechs Stunden erreichen die Schiffe der *Color Line* das dänische Frederikshavn – die schnellste Anbindung für Besucher der Südküste oder Telemarks. Aber schon die Wikinger machten sich die vorteilhafte Lage Larviks zu Nutze. An der Fjordmündung entdeckte man 1967 den Handelsplatz **Kaupang**, der im 9. Jh. sogar Handelsbeziehungen mit dem schleswig-holsteinischen Haithabu unterhielt. Fünf Tage brauchten die Drachenboote damals nach Norddeutschland.

Seit dem 14. Jh. dient der Lågen zum Flößen des in Telemarks Wäldern geschlagenen Holzes. In Larvik selbst wird das Holz dann verarbeitet und vom Hafen aus verschifft. Hafen und Walfangtradition begünstigten zudem eine kleine, spezialisierte Werftindustrie. Der Schotte *Colin Archer* baute 1892 auf seiner Larviker Werft Tolleroden die berühmte „Fram", mit der *Nansen* und später *Amundsen* zu ihren Polarexpeditionen starteten. Schließlich: Die Flussauen sind Heimat verschiedener Mineralquellen – Norwegens berühmtes Mineralwasser *Farris* kommt seit 1915 aus Larvik.

Basis-Infos

Information Turistkontor, Beratung, Broschüren, Buchungen. Mo–Fr 13–18 Uhr, 15. Juni bis 19. Aug. Mo–Fr 11–16.30 Uhr, Sa/So 11–18 Uhr. Bølgen Culture House, Sanden 2, ✆ 33697100, post@opplevlarvik.no.

Larvik im Internet: Aktuelle Infos unter www.visitlarvik.no.

Verbindungen Pkw: Larvik liegt an der E 18, nach Oslo sind es etwa 140 km Richtung Nordosten, fährt man an der Küste entlang gen Westen, erreicht man nach 200 km Kristiansand.

Bus: *Telemarksekspressen* (Nr. 182) fährt mehrmals tägl. Sandefjord, Skien oder

Südküste

Tønsberg an; ab Sandefjord/Fokserød fährt der *Sørlandsekspressen* (190) weiter Richtung Kristiansand (www.nor-way.no). *TIMEkspressen* fährt mehrmals tägl. nach Oslo (www.timekspressen.no).

Zug: Vestfoldbanen fährt stündl. nach Oslo (2 Std. via Sandefjord/Tønsberg) und ebenso nach Skien (45 Min., Transfer Kristiansand/Stavanger); der Bahnhof liegt einen Katzensprung vom Fähren-Kai entfernt in der Storgata. www.nsb.no.

Fähre: Der große Dänemark-Terminal (Fähre Richtung Hirtshals mit Color Line) am Hafen ist nicht zu übersehen; die Fähre verkehrt 2-mal tägl. in beide Richtungen.

Internet Larvik bibliotek, Mo–Do 9–20 Uhr, Fr 9–16 Uhr, Sa 10–14 Uhr. Nansetgate 29, ✆ 33171050.

Einkaufen Einkaufszentrum Nordbyen, im Norden an der E 18 mit über 30 Läden, Bäckerei und Cafeteria, Eisdiele und SB-Markt. Mo–Fr 10–20 Uhr, Sa 9–18 Uhr. www.nordbyen.no.

Supermarkt Meny, im Nordbyen-Zentrum. Mo–Fr 9–22 Uhr, Sa 9–20 Uhr.

Adressen Es gibt eine Apotheke, eine Autovermietung, Banken, ein Krankenhaus und eine Post.

Übernachten/Camping/Essen & Trinken

Übernachten Farris Bad, 126 edle und perfekt ausgestattete Zimmer gibt es hier, einige davon speziell für Allergiker oder Personen mit Handicap ausgelegt. In den höheren Kategorien mit eigener Spawanne im Bad, Privatbalkon und Meerblick. Exzellentes Restaurant im Haus. DZ ab 1890 NOK, die teuerste Suite kostet 9500 NOK. Verwöhnpakete für Paare ab 3300 NOK. Fritzøe Brygge 2, ✆ 33196000, www.farrisbad.no.

Quality Grand Hotel Farris, das Haus der Hotelkette bietet funktionale Zimmer mit dem üblichen Standard, in den oberen Stockwerken mit Blick aufs Wasser. Restaurant und Lounge. DZ ab 1100 NOK. Storgate 38, ✆ 33187800, www.choicehotels.no.

Trudvang Gjestegaard, freundliche und ansprechende Unterkunft mit 26 Zimmern (alle mit Du, WC, TV), gut 5 Min. vom Zentrum. Im Sommer punktet der kleine Pool. Parken im Innenhof. DZ ab 1200 NOK, Familienzimmer je nach Größe um 1400 NOK. Gårdsbakken 43, ✆ 33165270, www.trudvang.no.

Toldgaarden, richtig heimelig sieht das Holzhäuschen von außen aus, innen ist es nordisch schlicht eingerichtet. DZ mit Dusche und WC ab 800 NOK. Kirkestredet 12, ✆ 91619454, www.toldgaarden.no.

Camping Es gibt zahlreiche Campingplätze in der Region (an der Küste), einige sind unter „Stavern" (→ S. 204) gelistet.

Essen & Trinken Beck's Brasserie & Bar, auf der Karte stehen z. B. Hähnchen kreolische Art (259 NOK) und ein absolut empfehlenswerter Fisch- und Meeresfrüchteeintopf (246 NOK/Pers.). Mo–Do 15–22 Uhr, Fr/Sa 15–23 Uhr, So 14–21 Uhr. Fritzøe Brygge, ✆ 33121471, www.becksbrasserie.no.

Café Passagen, richtig tolles Café in dem es mediterran angehauchte Gerichte zu annehmbaren Preisen gibt. Sigurdsgate 3, ✆ 33114055, www.cafepassagen.no.

Pakkhuset, in dem alten Wellblechschuppen auf dem Anlegesteg ist in den Sommermonaten ein rustikales Lokal untergebracht. Ideal um im Freiluftbereich ein kühles Bier zu trinken. Küche tägl. 12–22 Uhr,

Bar am WoE bis 2 Uhr. Strandpromenaden, ✆ 33115111.

Peppes Pizza, für den Riesenhunger gibt es 40 cm-Pizzen ab 164 NOK. Tägl. 12–23 Uhr, So erst ab 13 Uhr. Fritzøe Brygge 1, ✆ 22225555, www.peppes.no.

Sehenswertes

Larvik Museum: Das Stadtmuseum besteht aus drei Zweigstellen: dem *Herregården*, dem *Sjøfartsmuseum* (beide s. u.) und dem *Verksgården*, einer historischen Industrieanlage. Es gibt verschiedene Ausstellungen zu sehen, und auch die Verwaltung befindet sich hier. Der Eintrittspreis ist für alle drei Zweigstellen gültig.
 20. Juni bis 15. Aug. tägl. 12–16 Uhr, ansonsten nur So 12–16 Uhr. Eintritt 50 NOK, Kinder 20 NOK. Nedre Fritzøe gate 2, ✆ 48106600, www.larvikmuseum.no.

Herregården: Das „Herrenhaus", ein roter Holzbau im weitläufigen Park, fällt schon bei der Stadteinfahrt auf. *Graf Gyldenløve*, Halbbruder des dänischen Königs und dessen Statthalter in Norwegen, ließ sich 1677 die Residenz bauen, von der heute 20 Räume als Stadtmuseum dienen. Attraktion sind die Wand- und Deckengemälde aus dem 17. und 18. Jh. Zudem gibt es außer wechselnden Ausstellungen zwei kleine Cafeterien und ein Kinderspielzimmer.
 23. Juni bis 12. Aug. tägl. 11–15 Uhr. Eintritt 50 NOK, Kinder 20 NOK. Herregårdsletta 6, ✆ 48106600, www.larvikmuseum.no.

Sjøfartsmuseum: Das Seefahrtsmuseum im einstigen Zollhaus auf der Landzunge Tollerodden ist zwei berühmten Larvikern gewidmet, an die zudem Monumente erinnern. *Thor Heyerdahls* Denkmal an der Südspitze der Halbinsel wurde anlässlich seines 75. Geburtstages 1989 errichtet. Wenige Schritte weiter sieht man Geburtshaus, Denkmal und Reste der Werft von *Colin Archer*. Der steinerne Seebär vor dem Museumseingang stellt allerdings *Oscar Wisting* dar, den Expeditionsgenossen von Amundsen. Im alten Zollhaus wird anschaulich die Verbindung der Stadt zur Seefahrt dokumentiert. Die „Fram" und die Heyerdahl-Bootsmodelle aber

Südküste – östlicher Teil

sind bloß Kopien; die Originale stehen auf der Osloer Museumsinsel Bygdøy. Im Jahr 2012 war wegen Umbauarbeiten geschlossen.

Juni–Aug. tägl. 12–17 Uhr, ansonsten nur So 12–17 Uhr. Eintritt 50 NOK, Kinder 20 NOK. Kirkestredet 5, ℅ 48106600, www.larvikmuseum.no.

Larvik Kirke: Wenige Schritte südlich des Stadtmuseums steht diese 1677 ebenfalls von Graf Gyldenløve in Auftrag gegebene Kirche. Über 300 Jahre hing das Altarbild „Lasset die Kindlein zu mir kommen" von *Lucas Cranach d. Ä.* in der Kirche, bevor das auf 1,5–2 Mio. Euro geschätzte Werk 2009 gestohlen wurde.

Mo–Fr 10–12 Uhr.

Stadtwald Bøkeskogen: Der schattige Wald oberhalb Larviks ist gerade recht für den Erholungsspaziergang verknautschter Autotouristen. Hier kann man unter ausladenden Buchen ausreichend Frischluft tanken und in der Bøkekroa auch etwas Frisches trinken.

Stavern

Stavern ist zweifellos eines der schönsten Reiseziele der Südküste. Norwegens kleinste Stadt ist vom Wettergott mit durchschnittlich 200 Sonnentagen im Jahr bedacht, die man bei einem Spaziergang durch die historischen Werftanlagen genießen kann.

Der dänische König *Frederik V.* sah hier den idealen Ort für einen Marinestützpunkt und ließ ab 1750 Werftanlagen bauen, die zu jener Zeit die größten des Landes waren. Heute ist die gesamte Anlage wunderbar hergerichtet und in den verschiedenen Räumlichkeiten haben sich z. B. Künstler ihre Ateliers eingerichtet. Einige der Holzbauten gehören zu den größten in ganz Norwegen. Verschiedene Gebäude wie etwa die alte Wachstube oder das ehemalige Haus des Kommandanten sind zu besichtigen.

Aber schon vor 1750 hatte der Ort eine wichtige Bedeutung. Bereits 1680 ließ *Graf Ulrik Fredrik Gyldenløve* hier eine Zitadelle – die Citadelløya – errichten, die während der Nordischen Kriege Anfang des 18. Jh. eine wichtige Bedeutung für die Verteidigung hatte. Auch diese Anlage ist zu besichtigen.

In Stavern beginnt auch der „Kyststien" (→ Wanderteil S. 410), ein wunderbarer Küstenwanderweg von etwa 35 km Länge. Der Weg ist markiert und führt vorbei an einsamen Buchten und malerischen Küstendörfern. Wer die Tour mit dem Fahrrad absolvieren will, kann sich in der Touristeninfo über die Routenführung informieren, die sich etwas von der ausgeschilderten Route unterscheidet.

Information In der Vaktstuen, der historischen Wachstube, gibt es Infos, Bücher und Postkarten. Im Sommer tagsüber geöffnet. Gute Infos im Larvik Turistkontor (→ S. 201).

Tourist Information Summer Office: 23. Juni bis 31. Juli Mo–Sa 10–19 Uhr, So 12–19 Uhr. Strandveien 2.

Stavern im Internet: Aktuelle Infos unter www.visitstavern.no.

Verbindungen → Larvik, von dort sind es noch 8 km auf der RV 301 gen Süden.

Tauchkurs Stavern Dykkersenter, Anlaufstelle für Sporttaucher. Es gibt einen Shop und man kann auch Kurse machen (PADI Open Water kostet ab 3000 NOK). Risøyveien 8, ℅ 33116770 oder 92842833 (mobil), www.staverndykk.no.

Übernachten Hotel Wassilioff, das schöne Hotel am Hafen wurde 1844 von einem Emigranten aus Riga gegründet – deshalb der Name. Keines der 47 Zimmer ist gleich, aber alle sind geschmackvoll eingerichtet und versprechen einen erholsamen Aufenthalt. Das Hausrestaurant „Excellensen" ist

Sommersonne auf dem Gelände der historischen Fredriksvern Verft

ausgezeichnet. EZ ab 1095 NOK, DZ 1295–1495 NOK. Havnegate 1, ☏ 33113600, www.wassilioff.no.

Brunvall Gard, auf dem alten Bauernhof, etwa 8 km westlich von Stavern, gibt es 6 Apartments, ein kleines und ein großes Sommerhaus mit Platz für bis zu 9 Pers. 2 Pers. übernachten ab 500 NOK, 4 Pers. ab 700 NOK (im Sommer ca. 40 % mehr). Auch Camping ist möglich. Brunvall, ☏ 33195535, mail@brunvall.com, www.brunvall.com.

Camping Die Campingplätze reihen sich in dieser Reihenfolge entlang der Küstenstraße (Helgeroveien/Hummerbakkveien) in Richtung Westen:

Stretere, an einer kleinen Bucht etwa 4 km westlich von Stavern gelegen und mit einem 400 m langen Sandstrand. WoMo-Stellplätze ab 250 NOK, im Zelt ab 150 NOK. Nalumruta, Stretere, ☏ 33195601, www.stretere.no.

Kjærstranda, etwa 7 km westlich von Stavern. Gepflegter Platz mit schattigen Bäumen und Zugang zum Wasser. Im WoMo knapp 200 NOK, im Zelt rund 150 NOK. Strom 45 NOK extra. Hütten ab 500 NOK. ☏ 33195730, www.kjarstranda.no.

Anvikstranda, großer, freundlicher Campingplatz in Anvik, etwa 7 km westlich von Stavern. Einkaufsladen mit guter Auswahl und eigener Badestrand. WoMo-Stellplatz inkl. Strom 300 NOK, im Zelt zahlt man 200 NOK. Anvik, ☏ 33195500, www.anvikstranda.no.

Essen & Trinken Skipperstua, mitten im Ort gelegen und an schönen Wochenenden immer voll. Hühnerbrust mit Champignons 220 NOK, Pizzen 170–240 NOK, kleine Mittagssnacks ab 100 NOK. Im Sommer tägl. 11–1 Uhr, Fr/Sa bis 3 Uhr. Im Winter tägl. ab 12 Uhr und verkürzte Öffnungszeiten. Skippergaten 8, ☏ 33199215, www.skipperstua.info.

»» Mein Tipp: Det Gule Galleriet, Kaffeebar und Galerie. Nette Atmosphäre, gute Kuchen, bunter Außenbereich zum in der Sonne Sitzen. Ausstellungen und Konzerte. Mo–Mi 10–16 Uhr, Do 10–23 Uhr, Fr/Sa 10–2.30 Uhr, So 10–18 Uhr. Verftsgate 1, ☏ 97199748, www.gulegalleriet.no. ««

Café Olivia, hier gibt es guten Kaffee und für den Hunger zwischendurch leckere Baguettes und Wraps. Tägl. 9.30–17 Uhr. Storgaten 15, ☏ 33192050, www.cafeolivia.no.

Verftskaffen, Café in einem alten Bootsschuppen auf dem Gelände der Fredriksvern Verft. Einige Tische und Stühle im Freien am Kiesstrand. Mini-Karte mit Getränken und einigen Snacks. Im Sommer tägl. ab 12 Uhr.

Supermarkt Meny, Mo–Fr 8–21 Uhr, Sa 8–19 Uhr, So 11–18 Uhr. Kommandør Herbstgate 12.

Sonstiges In Stavern gibt es kleinere Geschäfte, Souvenirläden, eine Apotheke, Tankstelle, Post, Bankfilialen. Zum Großeinkauf ist man in Larvik besser bedient.

> **Wanderung 1: Kystsi Stavern** → S. 410
> Von der historischen Werftanlage in Stavern führt die Wanderung an der malerischen Küste entlang.

Abstecher Skien/Telemarkkanal

Skien ist die Hauptstadt der Provinz Telemark und südlichster Hafen am berühmten Telemarkkanal. Reist man entlang der Küste, so bietet sich ein Abstecher an, denn Skien liegt nicht einmal 20 km von der Hauptküstenstraße E 18 entfernt. Detaillierte Informationen → S. 350.

Brevik

Zurück an der Südküste lohnt ein Besuch des schönen Fjorddorfes Brevik mit seinen steilen Gassen, der schneeweißen Altstadt und der beeindruckenden Brücke, die 46 m hoch und 677 m lang über den **Langesundfjord** führt.

Vor allem die Altstadt Breviks, in der noch viele Häuser aus der Zeit Ende des 18. Jh. stammen, ist ein echter Augenschmaus. Besonders hervorzuheben ist das **Rathaus**, das viele Rokokoelemente aufweist. Im kleinen **Heimatmuseum** wird das Leben um die Jahrhundertwende anschaulich demonstriert.

Langesund

Idyll nur unweit der Touristenpfade

Der Badeort am Eingang des Langesundfjords ist sicherlich nicht spektakulär, aber als eines der typischen verschlafenen Küstendörfer trotzdem einen kleinen Stopp wert. Zu sehen gibt es ein schönes Rathaus und ein kleines Küstenmuseum, zur Einkehr stehen zwei Cafeterien zur Wahl und zur Unterkunft zwei Gästehäuser. Lohnend sind in jedem Fall die Badebuchten in Ortsnähe (z. B. **Rognstranda**, 5 km vor Langesund gelegen), die in der Ferienzeit jedoch häufig überlaufen sind. Wer insgesamt etwas mehr Trubel haben will, dem empfiehlt sich die flotte Weiterfahrt über die E 18, um dann bei **Dørdal** auf die RV 363 abzubiegen um ins Tourismuszentrum Sørlands zu gelangen, nach Kragerø.

Kragerø

Schon seit den 1920er-Jahren ist Kragerø das touristische Zentrum der Sørlandküste. Diese Popularität verdankt die Stadt nicht zuletzt ihren beiden berühmten Söhnen Edvard Munch und Theodor Kittelsen.

Etwas beschaulicher dürfte es aber schon noch zugegangen sein, als sich Munch hier von dem warmen Licht zu einigen seiner Gemälde inspirieren ließ. Heute geht es in der Innenstadt mitunter hektisch zu wie auf einem Basar – zumindest in der Ferienzeit. Und deshalb verweilen die norwegischen Urlauber auch gar nicht lange und ziehen sich in ihre *hytter* ins Schärengewirr zurück. Rund 3000 Ferienhütten soll es in Kragerøs nächster Umgebung geben. Aber wenn einem nach Gesellschaft ist, nach dem Besuch eines guten Restaurants oder wenn ein Einkauf ansteht, dann trifft man sich in dem bunten Städtchen wieder.

Richtig ruhig ist es in Kragerø nur auf dem **Steinmann**, dem Aussichtspunkt oberhalb des Zentrums, der einen herrlichen Rundblick über See, Stadt und Schären bietet. Zu Fuß finden Sie den Aufstieg an der **Løkka-Kapelle**, mit dem Auto oder Rad fahren Sie bis zum Stadion, und von dort wenige Meter aufwärts.

Basis-Infos

Information Kragerø Turistkontor, im ehemaligen Bahnhof direkt am Hafen. Info, Beratung, Buchung von Unterkünften, Fahrpläne für Bootsausflüge. Mitte Juni bis Mitte Aug. Mo–Fr 9–19 Uhr, Sa 9–18 Uhr, So 11–17 Uhr; ansonsten verkürzte Öffnungszeiten. Torggata 1, ℡ 35982388, post@visitkragero.no.

Kragerø im Internet: Umfangreiche und aktuelle Infos unter www.visitkragero.no.

Verbindungen Pkw: Kragerø liegt rund 75 km westlich von Larvik bzw. 150 km östlich von Kristiansand. Anreise via E 18 und 363 (beschildert).

Bus: *Sørlandsekspressen* (www.nor-way.no) fährt mehrmals tägl. von/nach Oslo, Risør, Arendal und Kristiansand (jeweils via Tangen mit Zubringerbus).

Fähre: Drei Fähren binden einige Inseln des Archipels an. Infos unter www.fjordbat.no.

Aktivitäten Baden und schwimmen, es gibt zahlreiche Badeplätze im Umland von Kragerø, v. a. in den südlichen Regionen, sowie bei Stabbestad und auf der Insel Jomfruland.

Kragerø Golfpark, schöner 18-Loch-Platz, das Greenfee beträgt rund 500 NOK. Es werden außerdem verschiedene Kurse angeboten (Termine und Preise auf Anfrage). Saison ist Juni–Aug. Stabbestad, ℡ 35985530, www.kragk.no.

Supermarkt Kiwi, Mo–Fr 7–23 Uhr, Sa 8–20 Uhr, Ytre Strandvei 6.

Sonstiges Es gibt eine Post und Banken, Geschäfte, außerdem Tankstellen, eine Apotheke und ein Ärztezentrum.

Übernachten/Camping/Essen & Trinken

Übernachten Quality Spa & Resort Kragerø, luxuriöse Unterkunft in edelstem nordischen Chic eingerichtet und mit dem Titel „lifestyle hotel" bedacht. Im Angebot sind neben Unterkunft auch zahlreiche Wellnessanwendungen, Golfspiel und natürlich exzellente Speisemöglichkeiten. DZ/Twin ab 1200 NOK. Stabbestadveien 1, ℡ 35971100, www.kragerosparesort.no.

Victoria Hotel, die Zimmer in dem über 100 Jahre alten Hotel sind modern und gemütlich eingerichtet. Restaurant im Haus. EZ 900 NOK, DZ ab 1100 NOK. Heuchgate 31, ℡ 35987525, www.victoria-kragero.no.

Portør Pensjonat, wohnliche Pension in wunderschöner Lage am Rande des Archipels. Anfahrt direkt von Kragerø mit der Fähre oder von der E 18 (Skizze im Web).

Einfaches DZ mit Frühstück ab etwa 900 NOK. Portørveien 170, ℅ 35980611.

Kragerø Sportell & Apartments, sehr hübsch gelegenes Heim, geht gut als Hotel durch und wird auch als Tagungszentrum genutzt. DZ je nach Kategorie 750–1150 NOK, Familienzimmer (2 Erw.+2 Kinder) ab rund 1100 NOK (mit Frühstück), Apartments (6 Pers.) ab 1350 NOK. Lovisenbergveien 20, ℅ 35985700, www.kragerosportell.no.

Camping Lovisenberg Familiecamping, der riesige (220.000 m²) Wiesenplatz 6 km nördlich der Stadt liegt direkt am Ufer des schönen Hellefjord, ist gut ausgestattet und vom 1.4. bis 10.10. geöffnet. Im WoMo bezahlt man ab 250 NOK. 12 Hütten je ab 500 NOK. Lovisenbergveien 86, ℅ 35988777, www.campingplassen.com.

Støa Camping, passabler Platz, der v. a. durch günstige Preise besticht. Hier kann man schon ab 120 NOK campieren. Braskereidfoss, ℅ 35990261.

Jomfruland Camping, sehr schöner Platz auf der kleinen Schäreninsel vor Kragerø, ideal für Radler mit Zelt, auch Hütten. Erreichbar mit Fähre oder Taxiboot.

℅ 35991275, www.jomfrulandcamping.no.

Essen & Trinken Tollboden Restaurant, im alten Bootshaus mit großem Außenbereich direkt am Wasserarm. Hauptgerichte (z. B. gegrillter Lachs oder Steaks) 150–270 NOK. Im Sommer tägl. ab Mittag geöffnet. Heuchsgate 4, ℅ 35989090, www.tollboden.org.

Lanternen, schöne Sonnenterrasse im zweiten Stock, etwas maritim gehalten mit Korbstühlen, dunklem Holz und weißen Sitzkissen. Auf der Karte stehen richtig gute Sandwiches und Burger (149–189 NOK), Hauptgerichte um 260 NOK. Mo–Sa ab 12 Uhr, So ab 12.30 Uhr. An der Ytrestrandvei 4, ℅ 47997795, www.lanternen-kragero.no.

Stopp en Halv, Kneipe in der auch Live-Bands auftreten. Im ersten Stock eine super Freiluftterrasse zum Wasser hin. Zum Essen gibt es Pizzen. Tägl. 10–3 Uhr. Storgate 4, ℅ 35982905, www.stoppenhalv.no.

Café & Juice, etwas versteckt am Ende einer kleinen Gasse, die neben dem Kragerø Pub von der Promenade weg führt. Es gibt ausgezeichneten Kaffee und kleine Snacks. Im Sommer tagsüber geöffnet. Th. Kittelsensvei, ℅ 92454753.

Sehenswertes

Jomfruland: Die Insel ist Teil einer Moräne und die rund geschliffenen Steine an der Küste wurden einst im Eis aus dem Landesinneren transportiert und vom Meer rund geschliffen. Das Klima und die Vegetation begünstigen einen enormen Artenreichtum, es gibt über 60 brütende Vogelarten. Gerade 70 Menschen leben auf dem 7,5 km langen und 1 km breiten Eiland. Besucher können wandern, Rad fahren, kleine Sandbuchten erkunden oder die beiden Leuchttürme besuchen. Bei gutem Wetter kann man bis nach Dänemark schauen. Mein Tipp: Fotoenthusiasten finden hier tolle Motive.

Im Sommer fährt bis zu 3-mal tägl. eine kleine Fähre zur Insel und zurück (120 NOK return), www.fjordbat.no.

Gundersholmen: Das kleine Küstenfort auf der gleichnamigen Halbinsel am Hafen sollte die Stadt im 17. Jh. vor Freibeutern schützen. Im Jahr 1808 vertrieben die Kanonen sogar, man glaubt es kaum, ein britisches Geschwader. Die Anlage ist restauriert, mit einigen Informationstafeln versehen und gibt ein lohnendes Fotomotiv – v. a. am Nationalfeiertag, wenn hier wieder Kanonendonner erklingt.

Kittelsenhuset: Das als Museum eingerichtete Geburtshaus von *Theodor Kittelsen* (am Marktplatz ausgeschildert) zeigt jedes Jahr eine neue Ausstellung zu Ehren des – zumindest in Norwegen bekannten – Malers, Zeichners und Illustrators. Dessen Werke sind mitunter sehr duster und tragen Namen wie „Sjøtrollet" (Seetroll) oder „Pesta i Trappen" (Pest auf den Stufen).

23. Juni bis 12 Aug. Di–So 12–17 Uhr. Eintritt 70 NOK, Kinder 50 NOK. Berechtigt zum Besuch aller Zweigstellen, allerdings nur am Tag des Kaufes. Th. Kittelsensvei 5, ℅ 35544500, www.telemarkmuseum.no.

Kragerø: Bootfahren als beliebter Zeitvertreib

Berg-Museum: In einem gepflegten Park 4 km außerhalb von Kragerø versteckt sich das Stadtmuseum in einem Holzlandhaus aus dem Jahr 1800. Hier erhält man einen kleinen Einblick in die Stadtgeschichte. Nachdem man sich die Exponate angeschaut hat, komplettiert eine Pause im kleinen Café den Ausflug.
23. Juni bis 12. Aug. Di–So 12–17 Uhr. Eintritt 70 NOK, Kinder 30 NOK. Lovisenbergveien 45, ✆ 35544500, www.telemarmuseum.no.

Risør

„Perle der Südküste" oder „Weiße Stadt am Skagerrak" wird das blitzblanke Städtchen auch genannt. Und das ist keine Übertreibung, denn Risør ist ein Musterbeispiel für die sehenswerten Küstendörfer des Südens.

Risør zeigt auf beeindruckende Weise, wie sich ein einfaches Fischerdorf zum touristischen Hotspot entwickeln kann, ohne dabei seinen Charme zu verlieren. Im Hafenbecken dümpeln heute Jachten aller Größen und Preisklassen – im August findet während des Holzbootfestivals ein edler Schiffsmarkt statt –, im Zentrum warten die teuren Galerien auf finanzkräftige Käufer, und selbst die Kopfsteinpflasterstraßen sind breiter und die Vorgärten üppiger als anderswo an der Südküste. Aber was andernorts vielleicht abgehoben wirken würde, kann dem Charakter der schmucken Ortschaft nichts anhaben.

Das 1861 bei einem Brand gänzlich zerstörte Risør erstrahlt im Glanz weißer Holzhäuser, die sämtlich aus der zweiten Hälfte des 19. Jh. stammen. Und dass gelegentlich die Farbe etwas abblättert, gibt dem Ort höchstens noch mehr Charme. Das architektonische Schmuckstück der 7000-Einwohner-Gemeinde, die Heilig-Geist-Kirche aus dem Jahr 1647, überstand den Brand allerdings unversehrt und wird heute auch als Konzertsaal für das Kammermusikfestival Ende Juni genutzt.

Südküste

ⓘ Basis-Infos

Information Turistinformasjon, nette Beratung, Buchung von Unterkünften, Broschüren. Mitte Juni bis Mitte Aug. Mo–Fr 10–18 Uhr, Sa 10–16 Uhr, So 12–16 Uhr; ansonsten im Juni Mo–Fr 10–16 Uhr, So 12–14 Uhr; Rest des Jahres Mo–Fr 11–15 Uhr. Torvet 1, ✆ 37152270, risor.turistinfo@risor.kommune.no.

Risør im Internet: Aktuelle Infos unter www.risor.no und www.visitrisor.no.

Verbindungen Pkw: Rund 110 km westlich von Larvik bzw. 125 km östlich von Kristiansand. Anreise via E 18 und die RV 416.

Bus: *Sørlandsekspressen* fährt mehrmals tägl. von/nach Oslo, Kragerø, Arendal und Kristiansand (jeweils via Vinterkjær mit Zubringerbus), www.nor-way.no.

Fähre: Die Anlegestelle für die Øysang-Fähre liegt direkt neben Fischhalle und Gästehafen. www.oisangferga.no.

Angeltouren In Gruppen von bis zu 12 Pers. geht es zum Fischen aufs Meer hinaus. Bootscharter 6000 NOK für 3 Std., auf Anfrage evtl. auch Einzelplätze. Preise und Termine sind direkt bei Skipper Lars Thobjørn Larsen zu erfragen. ✆ 91882300, www.msamor.com.

Baden Am nächsten zum Ortszentrum gelegen am **Kastellet** im Ortsteil Tangen. **Sagjordet** ist nördlich des Zentrums am Kranfjord mit kleinem Sandstrand, Liegewiese, Dusche, WC und sogar Grillgelegenheit. Tolle Badeplätze gibt es auf den vorgelagerten Inseln, mit dem Taxiboot erreicht man z. B. **Perleporten**, **Lille Danmark** oder **Skallet**.

Bootsverleih Über das Sørlandet Feriesenter. Am günstigsten sind kleine 13-Fuß-Aluboote mit 6PS-Außenborder (je nach Saison 400–450 NOK/Tag), das Flaggschiff ist ein 23-Fuß-Kajütboot mit 38 PS (1100 NOK/Tag), dazwischen gibt es verschiedene andere Optionen. Sandnes N, Risør, ✆ 37154080, www.sorlandet-feriesenter.no.

Festivals In Risør ist v. a. im Sommer viel los und man kann viele Veranstaltungen besuchen. Besonders hervorzuheben sind sicherlich das **Holzbootfestival** (www.trebatfestivalen.no), das über mehrere Tage Anfang Aug. stattfindet, sowie die alljährlich im April veranstaltete **Kulturnacht** (www.kulturnatt-risor.no).

Internet Risør bibliotek, Mo/Di/Do 11–19 Uhr, Mi 15–19 Uhr, Fr 11–15 Uhr, Sa 11–14 Uhr. Kragsgate 48A, ✆ 37149777.

Kajak Havpadlern, Leihkajak (Polyethylen) ab 400 NOK/Tag (Doppel 600 NOK), die edleren Glasfaservarianten ab 600 NOK. Ein 4-stündiger Einsteigerkurs um 700 NOK/Nase, weiterführende Kurse gehen meist über mehrere Tage und kosten ab 2000 NOK. Die Eskimorolle kann man sich im 4-stündigen Spezialtraining ab 800 NOK (Einzelunterricht ab 1000 NOK) beibringen lassen. ✆ 91327133, www.havpadlern.no.

Stadttouren Im Sommer gibt es jeden Mittwoch eine Stadtwanderung mit einem Nachtwächter. Treffpunkt am Stadtplatz, Zeiten können variieren, deshalb in der Touristeninformation oder telefonisch erfragen. ✆ 37150666.

Tauchen Risør Undervannsklubb, der Tauchklub organisiert regelmäßig Ausflüge für Leute mit Tauchschein. Kontakt ✆ 37152270 (Touristeninfo) oder über das Formular auf www.risorundervannsklubb.no.

Supermarkt Kiwi, Mo–Fr 8–22 Uhr, Sa 9–21 Uhr. Krags gate 124.

Sonstiges Es gibt eine Post, Banken, eine Apotheke und eine Tankstelle.

ⓘ Übernachten/Camping/Essen & Trinken

Übernachten Sjømanns Suitene – Det Lille Hotel, 12 gemütliche und hochwertig eingerichtete Appartements mit teilweise bis zu 5 Schlafplätzen. Allesamt mit Küche, Esszimmer, Wohnzimmer, Bad. In der Nebensaison bezahlt man zu zweit rund 1400 NOK/Nacht, im Sommer rund 1800 NOK, während der Festivals 3–7 Nächte Mindestaufenthalt für rund 6500–15.000 NOK. Storgate 5, ✆ 37151495, www.detlillehotel.no.

Risør Hotel, der rote Holzbau am Ende der Strandstraße stammt (zumindest teilweise) aus dem Jahr 1861 und bietet schlichte, aber wohnliche Zimmer. Top Lage am Wasser, außerdem mit ganz gutem Restaurant. EZ ab 1000 NOK, DZ ab 1200 NOK. Tangengata 16, ℡ 37148000, www.risorhotel.no.

Camping Moen Camping, 10 km von Risør entfernt (an der RV 416) und idyllisch am Sørfjordenufer gelegen. WLAN-Internet. Blitzblanke Badekabinen, je mit Dusche und Waschbecken. Zelten je nach Saison 200–300 NOK, WoMo 240–340 NOK (Strandplatz 410 NOK), Hütten ab 700 NOK, in den voll ausgestatteten Versionen bis 1500 NOK. Akland, ℡ 37155091, www.moen-camping.no.

Røed Camping, etwa 12 km von Risør an der Zufahrtstraße. Einer der einfacheren Campingplätze der Region und deshalb verhältnismäßig günstig: hier kann man ab 150 NOK campieren. Røed, ℡ 37155006.

Sørlandet Feriesenter, optimal ausgerüsteter Platz, sehr schön am Sandnesfjord gegenüber von Risør gelegen und mit riesigem Angebot. Es gibt verschiedene Kategorien an Hütten, die je nach Saison, Größe und Ausstattung zwischen 300 NOK und 2700 NOK/Nacht kosten. Zelten 200–270 NOK, WoMo 200–270 NOK, Strom 35 NOK extra. Luxusstellplatz bis zu 360 NOK. Sandnes, ℡ 37154080, www.sorlandet-feriesenter.no.

Essen & Trinken Spiesestedet Buene, gutes Restaurant, aber nicht gerade günstig. Wurde zum Zeitpunkt der Recherche renoviert und umgebaut, neue Öffnungszeiten und Menüs im Netz. Solsiden 22, ℡ 37155300, www.spisestedetbuene.no.

Kast Loss, rustikaler Seglertreff, im Sommer kann man auf dem Pier sitzen. Deftige Hauptgerichte 200–280 NOK, 750gr-Steak 490 NOK. Regelmäßig Live-Musik. Mo–Fr 16–23 Uhr, Sa 11–23 Uhr, So 13–22 Uhr. Strandgata 27, ℡ 37150777, www.kastloss.com.

Bakgården, gemütliches Restaurant/Café, etwas im Hinterhof versteckt (Zugang neben China Palace). Hier gibt es kleine Gerichte und Lunch. Mo–Sa 11–23 Uhr, So 14–23 Uhr (Sommeröffnungszeiten). Kragsgate 3, ℡ 98840102.

Brygga Restaurant og Pizza, Allround-Lokal mit ins Hafenbecken gemauerter Terrasse. Hier bekommt man im Sommer ab 9 Uhr früh einen ordentlichen Kaffee und

Fußgängerzone in Tvedestrand

Frühstück. Strandgata 2, 37150099, www.brygga-risør.com.

Hukken Bar, nettes Lokal für einen Kaffee oder auch ein Bier. Einige Plätze vor der Tür zum Hafen hin. Mo–Fr 16–2 Uhr, Sa/So 12–2 Uhr. Rådhusgata 2, ℡ 37152100, www.hukken.no.

Stangholmen Fyr, das ausgezeichnete Restaurant liegt auf einer der Schäreninseln (10 Min. Anfahrt mit dem Taxiboot). Vorspeisen ab 125 NOK, Hauptgerichte 290–360 NOK. Die Bouillabaisse ist ein Gedicht! Lunchgerichte, z. B. Burger, um die 150 NOK. Nur im Sommer (Mitte Juni bis Mitte Aug.) geöffnet. Stangholmen, ℡ 37152450 oder 90093400, www.stangholmen.no.

Sehenswertes

Risør Akvarium: In den Salzwassertanks gibt es Fische und allerlei Getier zu bestaunen, das in der Nordsee heimisch ist, etwa 500 Exemplare sind es insgesamt.

Ein wirklich interessanter Besuch und das nicht nur für Kinder. Die sind allerdings von der Fischfütterung um 14 Uhr besonders begeistert.
Ende Juni bis Anfang Aug. tägl. 11–17 Uhr, in der Nebensaison Sa/So 12–16 Uhr. Dez. und Jan. geschlossen. Eintritt 70 NOK, Kinder 50 NOK. Strandgata 14, ℡ 37153172, www.risorakvarium.no.

Kastellet: Am Ende der Strandgata und noch über das Risør Hotel hinaus finden sich die spärlichen Reste eines alten Forts, dessen gerade mal sechs Kanonen vor fast 200 Jahren einen Angriff britischer Fregatten zurückgeschlagen haben sollen.

Risørflekken: Der weiße Felsen, einstmals 12 Seemeilen weit sichtbares Seezeichen, ist längst in das gleichfalls schneeweiße Häusermeer am Hang eingetaucht. Der etwas mühsame Aufstieg lohnt sich aber, denn von dort oben öffnet sich ein wahrlich fantastischer Aus- und Rundblick über Meer und Küste.

Den Hellig Ånds Kirke (Heilig-Geist-Kirche): Die Holzkirche ist zwar nicht die älteste, aber die schönste Kirche der Stadt und liegt wenige hundert Meter vom Hafen entfernt in der Kirkegate. Durchaus sehenswert sind die geschnitzte Kanzel und die Orgel aus dem 17. Jh. Das Altarbild aus dem Jahr 1647 ist eine Rubenskopie.

Risør Kunstparken: Mitte der 1970er-Jahre schlossen sich rund 20 in Risør arbeitende Künstler zusammen und gaben vereint dem Kulturleben der Stadt neuen Auftrieb. Davon zeugt u. a. der Kunstpark nahe der Heilig-Geist-Kirche, der auf Initiative der Künstlervereinigung zustande gekommen ist. Im Ausstellungszentrum gibt es 14 Ateliers, und es werden neben den Arbeiten heimischer Künstler auch andere Werke gezeigt. Dem Kunstpark angeschlossen ist das kleine *Risør Museum*, das nicht nur die Stadtgeschichte beleuchtet, sondern allerlei Wissenswertes über die Geologie der Südküste verrät.
Aug.: Fr–So 12–16 Uhr, Sept.: Sa/So 12–16 Uhr. Prestegata 15, ℡ 37149600, www.kunstparken.no.

Tvedestrand

Das verwinkelte 6000-Seelen-Dorf am **Oksefjord** beherbergt die einzige Glasbläserei des Sørlandes in seinen Mauern. Wunderschön direkt am Wasser steht das kleine Rathaus, das lange Jahre als Lagerhalle diente, doch dann sehr hübsch renoviert wurde. Interessant ist in Tvedestrand auch die „Mini-Riviera": Der Badestrand befindet sich mitten in der Stadt. Seit 2004 nennt sich der Ort „Bücherstadt" – 20 Antiquariate bieten Second-Hand-Bücher vom Feinsten.

Falls Sie bis jetzt noch keine Schärenfahrt unternommen haben, bietet sich hier eine schöne Gelegenheit: Die bald fünfzigjährige „MS Søgne" tuckert zweimal die Woche durch den Schärengarten und steuert **Lyngør** und einige andere Inseln an. Sie braucht drei Stunden für ihre kleine Seefahrt.

Information Turistkontor, Mitte Juni bis Anfang Aug. Mo–Fr 10–18 Uhr, Sa/So 10–16 Uhr, ansonsten Mo–Fr 9–16 Uhr, Sa 10–14 Uhr. Wroldsengsgate 2, ℡ 37164030, post@bokbyen-skagerrak.no.

Tvedestrand im Internet: Informationen unter www.bokbyen-skagerrak.no.

Verbindungen Pkw: In etwa in der Mitte zwischen Larvik und Kristiansand und nur einen Katzensprung von der E 18 entfernt.

Bus: Der *Sørlandsekspressen* (www.sorlandsekspressen.no) fährt zwischen Oslo und Kristiansand und bindet auch Risør, Kragerø und Grimstad an. Nach Tvedestrand Zubringerbus ab Vinterkjær.

Übernachten/Essen Tvedestrand Fjordhotell, wunderbar am Wasser gelegen. Die Zimmer sind zwar nicht gerade modern, aber durchaus okay und bieten kostenlos WLAN. Restaurant im Haus. EZ ab 790 NOK, DZ ab 990 NOK. Fritz Smiths gate 7, ✆ 37160300, www.tvedestrandfjord hotell.no.

May's Café, in der Gasse zwischen Hovedgata und Kirkekleiva im oberen Ortsteil. Es gibt guten Kaffee und einige kleine Snacks bzw. Kuchen. Im Sommer schön zum Draußensitzen. Mo–Fr 9–17 Uhr, Sa 10–15 Uhr.

Sonstiges Einige kleine Geschäfte, Bäckerei, Apotheke und Bibliothek.

Sehenswertes

Næs Jernverksmuseet: Jenseits der Europastraße und nur wenige Kilometer entlang der RV 415 (Ausschilderung beachten) kommt man zu diesem eindrucksvollen Beispiel norwegischer Industriegeschichte. Das Næs-Eisenwerksmuseum umfasst ein fast vollständig erhaltenes Hüttenwerk mit Hochofen, Walzwerk und Hammerschmiede, dessen Ursprünge bis ins 16. Jh. reichen. 1959 stellte das Werk die Arbeit ein, wurde unter Denkmalschutz gestellt und als Museum eingerichtet. Ein interessanter Eingangsfilm und die fachkundige Führung durch das Werk machen den Besuch lohnenswert.
15. Mai bis 31. Aug. tägl. 11–16 Uhr. Eintritt 50 NOK, Kinder 25 NOK. ✆ 37160500, www.jernverksmuseet.no.

Perfekt gelegenes Haus in Tvedestrand

Arendal

Die Hauptstadt der Provinz Aust-Agder hat die Vielfalt einer Groß- und die Gemütlichkeit einer Kleinstadt. Nur für einen Einkaufsstopp auf dem Weg zu den Sandstränden auf Tromøy ist das geschäftige Städtchen jedenfalls viel zu schade. Einen ausgedehnten Spaziergang und eine Kaffeepause am Pollen sollte man sich auf jeden Fall gönnen.

Das künstliche Hafenbecken im Zentrum der 40.000-Einwohner-Stadt ist Jachthafen, Fährstation und letztes Überbleibsel des einst verschachtelten Grachtensystems, das die auf sieben Inselchen verstreute Stadt vormals verband. Es gibt viele Festivals – die Stadt scheint dann fast aus allen Nähten zu platzen, was aber eher einer angenehmen Betriebsamkeit gleicht als unangenehmer Hektik.

Nach mehreren Bränden, zuletzt 1977, ist das Kanalgewirr einer funktionalen Bebauung gewichen. Aber wie in so vielen Küstenorten hat man sich eines besseren besonnen und ist eifrig dabei ein charmantes Hafenviertel zu schaffen, modern, aber trotzdem mit ursprünglichem Charme. Vor allem das Areal um **Pollen, Kittelbukt** und den historischen Stadtteil **Tyholmen** ist im Fokus der Stadtplaner und schon jetzt bieten sich hier perfekte Möglichkeiten um in einem Freiluftrestaurant zu essen, einen Kaffee oder ein Bier zu schlürfen oder einfach nur Sonne zu tanken.

Der von der Tourismuswerbung erdachte Beiname „Venedig Skandinaviens" ist natürlich etwas weit hergeholt, auch wenn dem Städtchen ein gewisses mediterranes Flair nicht abzusprechen ist. Besonders sehenswert sind die Relikte großbürgerlicher Baukunst im Tyholmen-Viertel, v. a. das Rathaus am Kai, dem nach Trondheims Stiftsgård größten Holzgebäude des Landes. Im Jahre 1812 für den Millionär *Kallevig* erbaut, wird es seit 1845 als Verwaltungssitz genutzt.

Basis-Infos

Information Arendal Turistkontor, kompetente Beratung und zahlreiche Infos zu Arendal und ganz Sørland. 23. Juni bis 5. Aug. Mo–Fr 9–17 Uhr, Sa 11–16 Uhr. Okt.–April Mo–Fr 10–15 Uhr, in der Übergangszeit Mo–Fr 9–16 Uhr. Sam Eydes plass 1, ✆ 37005544, turistkontoret@arendal.com.

Arendal im Internet: Aktuelle Infos unter www.arendal.com.

Verbindungen Pkw: Arendal liegt an der E 18 rund 75 km östlich von Kristiansand bzw. 135 km westlich von Larvik.

Bus: Der *Sørlandsekspressen* (www.sorlandsekspressen.no) fährt zwischen Oslo und Kristiansand (Zubringerbus ab Harebakken) und bindet auch Risør, Kragerø und Grimstad an. Expressbusse der Linie 5 (www.nettbuss.no) fahren tagsüber jede Stunde zwischen Arendal und Kristiansand.

Zug: Den NSB-Bahnhof am nördlichen Stadtrand bedient Sørlandsbanen jeweils 2- bis 5-mal tägl. von/nach Oslo bzw. Kristiansand. www.nsb.no.

Supermarkt Kiwi, Mo–Sa 7–23 Uhr, Myreneveien 6.

Sonstiges Post, Bank, Einkaufszentrum, Kino.

Baden und spazieren Auf Tromøy stehen Millionärsvillen dicht an dicht mit Minihütten: Die schöne Insel ist einfach per Fähre oder per Auto über die Tromøysundbru zu erreichen. Sie ist relativ dicht besiedelt, aber die naturbelassenen Tromøy-Strände und die baumgesäumten Buchten vermitteln ein Stück Urwüchsigkeit an der ansonsten wie aus dem Ei gepellten Sørland-Küste und sind auf jeden Fall einen Abstecher wert.

Die schöne Insel **Merdøy** kann mit kinderfreundlichen Stränden und seltenen Pflanzen aufwarten. Mit der „Merdøferga" geht es im Pendelverkehr ab 10 Uhr vom Pollen-Anleger los. Museumsbesuch s. u. „Merdøgaard".

Festivitäten Hovefestivalen, eines der größten Musikfestivals des Landes findet Ende Juni drei Tage lang auf der Insel Tromøy statt. Hochkarätige nationale und internationale Musiker aus den Genres Rock, Indie, Metal und Hip-Hop treten hier auf. www.hovefestivalen.no.

Canal Street, das größte Jazz- und Bluesfestival des Landes findet Ende Juli statt. Gespielt wird an verschiedensten Orten und das perfekte Setting ist wichtiger Teil der gesamten Darbietung. www.canalstreet.no.

Internet Arendal bibliotek, Mo–Do 10–18 Uhr, Fr 10–16 Uhr, Sa 11–14 Uhr. Torvet 6, ✆ 37013913.

Stadtführungen In der Touristeninformation gibt es Infos zu Stadtwanderungen, die regelmäßig angeboten werden.

Übernachten/Camping/Essen & Trinken

Übernachten Clarion Collection Hotel Tyholmen, ein fantastisches Hotel in der Altstadt und in top Lage am Wasser. Die 96 Zimmer sind komfortabel, bestens ausgestattet (WLAN) und mit tollem Ausblick. Das Restaurant „Tre Seil" zählt zu den besten der Südküste. EZ ab 1350 NOK, DZ ab 1590 NOK. Teaterplassen 2, ✆ 37026800, cl.tyholmen@choice.no, www.clariontyholmen.no.

Thon Hotel Arendal, modernes Hotel im Zentrum mit 120 Zimmern in verschiedenen Kategorien. WLAN-Internet im ganzen Haus

Arendal

und ein gutes Restaurant. Das günstigste DZ je nach Wochentag 1000–1700 NOK (als „Webdeal" u. U. günstiger). Friergangen 1, ☎ 3705250, arendal@thonhotels.no, www.thonhotels.no.

Arendal Maritime Hotel, im etwas untypischen Steinbau werden 42 gute Zimmer (Du/WC, TV und WLAN) angeboten. Auf Anfrage kann man auch Zimmer für Allergiker und Personen mit Handicap buchen. DZ ab etwa 1100 NOK. Vestregate 11, ☎ 37000720, www.arendalmaritime.no.

Arendal Gjestehus, an der Ostseite der Stadt (in kurzer Fußmarschdistanz zum Zentrum) gibt es 3 gemütliche und blitzsaubere Zimmer zu mieten (alle mit Flatscreen-TV). Zwei Bäder und die Küche werden von allen Gästen benutzt. DZ ab 1000 NOK, ein ganz kleines DZ etwas günstiger. Batterieveien 17, ☎ 99368609, www.arendalgjestehus.no.

Übernachten auf der Insel Tromøy

Arendal Herregaard Spa & Resort, auf der Insel Tromøy (ca. 10 km von Arendal Zentrum) und gerade einmal 250 m vom Strand. Die wunderbar mit edlem Birkenholz eingerichteten Zimmer und Suiten lassen keine Wünsche offen. DZ 1550–1990 NOK, Suite ab 2390 NOK. Hove, Tromøy, ☎ 37060830, www.arendalherregaard.no.

Camping Nidelv Camping, etwa 5 km entfernt an der RV 420 liegt der stadtnächste Campingplatz, der auch 12 Hütten und 2 Appartements vermietet. Mit kleinem Kiosk und Restaurant. Camping im Zelt ab 180 NOK, im WoMo ab 260 NOK, Hütte 450–1000 NOK. 15.5.–15.9. geöffnet. Vestveien 251, ☎ 37011425, www.nidelvcamping.no.

Hove Leirsenter, der Waldplatz auf der Insel Tromøy (12 km vom Stadtzentrum entfernt) ist mit der nahe gelegenen Sandbucht ideal für den Familienurlaub. Zelt ab 180 NOK, WoMo ab 250 NOK (Strom 40 NOK), Hütten 450–800 NOK. Hoveodden 171, Faervik, ☎ 37085221, www.hovecamping.no.

Essen & Trinken

Blom Restaurant, edles Restaurant mit Hauptgerichten wie Lammfilets mit Ratatouille (um 300 NOK). Vorspeisen um 130 NOK. Mo–Sa 17–22 Uhr. Langbryggen 9, ☎ 37001414, www.blomrestaurant.no.

Madam Reiersen, kleine, aber feine Karte mit preislich noch vernünftigen Gerichten. Zum Lunch die Tagliatelle Bolognese für 159 NOK oder einen Salat mit Scampi für 169 NOK. Abendessen à la carte, Hauptgerichte knapp 300 NOK. Mo–Do ab 16 Uhr, Fr ab 11.30 Uhr, Sa ab 11 Uhr. Nedre Tyholmsvei, ☎ 37021900, www.madamreiersen.no.

Mør Biffhus, fantastische Steaks zu gesalzenen Preisen – je nach Cut und Gewicht 250–500 NOK. Außerdem Burger, Ribs & Co. Mo–Do 16–22 Uhr, Fr 16–23 Uhr, Sa 12–23 Uhr, So 14–22 Uhr. Nedre Tyholmsvei 2, ☎ 37020202, www.biffhus.no.

Fiskebrygga, frischer Fisch und Meeresfrüchte vom Feinsten mit Freiluftrestaurant

Motorbootrennen vor Arendal

direkt am Wasser. Die Fischsuppe gibt es für 100 NOK, dazu ein kühles Bier. Mo–So 9–2.30 Uhr, der Laden Mo–Fr 9–17 Uhr, Sa 9–15 Uhr. Nedre Tyholmsvei 1, ✆ 37023113, www.fiskebrygga.no.

》》Mein Tipp: **Castelle**, schönes und entsprechend angesagtes Lokal, in dem man sich mit fester und flüssiger Nahrung stärken kann. Burger, Sandwiches und Nachos ab 100 NOK. Gute Cocktails. Mi/Do 16–2 Uhr, Fr 15–2 Uhr, Sa 12–2 Uhr. Langbryggen 5, ✆ 40000703, www.castelle.no. **《《**

Hong Kong Palace, kostengünstige Asia-Gerichte mit Huhn, Schwein oder Rind ab 130 NOK, im Take-away rund 20 NOK günstiger. Mo–Fr 11–22 Uhr, Sa 12–22 Uhr, So 13–22 Uhr. Trvet 3, ✆ 37098898, www.hongkongpalace.no.

Café Victor, die Tagessuppe mit Focaccia gibt es hier für 90 NOK, außerdem Kaffee und gute Kuchen. Mo–Do 10–17 Uhr, Fr 10–23 Uhr, Sa 10–19 Uhr. Kirkegaten 5, ✆ 37027900, www.cafevictor.no.

Café Bové, das heimelige Café im Stadtzentrum ist Arendals Top-Adresse für einen guten Kaffee. Mo–Fr 8–16 Uhr, Sa 9–15 Uhr, im Sommer erweiterte Öffnungszeiten. Østregt 1, ✆ 37025540.

Sehenswertes

Bomuldsfabriken und **ARTendal**: Große Kunsthalle im Norden der Stadt, in der es jede Menge zeitgenössischer Kunst zu sehen gibt – die Werke von einigen der bedeutendsten Vertreter des Landes sind hier präsentiert. Mehrmals pro Jahr wechselnde Ausstellungen. ARTendal ist die Zweigstelle im Stadtzentrum, hier werden ebenfalls Werke ausgestellt und auch verkauft.
Bomuldsfabriken: Di–So 12–15 Uhr. Eintritt frei. Oddenveien 5, ✆ 37013143, www.bomuldsfabriken.no. ARTendal: Ausstellungen Sa und So. Langbryggen 21, ✆ 37013143.

Klöckers Hus: Wie reiche Leute vor 100 Jahren lebten und weniger reiche Leute arbeiteten, demonstriert dieses Bürgerhaus. Da wird Brot wie zu Omas Zeiten gebacken und verkauft, im Kolonialwarenladen gibt es frisch gerösteten Kaffee und auf „alt" getrimmte Postkarten.
Di–Fr 10–15 Uhr, Sa 10–14 Uhr. Eintritt 30 NOK, Kinder 15 NOK. Nedre Tyholmsvei 14, ✆ 37025925.

Merdøgaard: Das *Skjærgårdsmuseum* auf der Insel Merdø, Außenstelle des Provinzmuseums, ist im Haus eines 1930 verstorbenen Segelschiffkapitäns untergebracht. Was sich von 1720 bis dahin im „Captain's House" angesammelt hat, ist schon sehenswert, die Palette reicht von urigen Küchenutensilien bis zu exotischen Schmuckgegenständen.
22.6.–12.8. tägl. 12–16 Uhr. Führungen zur vollen Stunde. Eintritt 20 NOK, Kinder 10 NOK. Merdø, ✆ 37073500, www.aaks.no.

Fevik

Die kleine Streusiedlung an der RV 420 ist bei Jachturlaubern als Verpflegungsposten beliebt. Man könnte ohne Halt durchrauschen, wären da nicht idyllische Strandbuchten, die selten überlaufen sind und zum erfrischenden Bad oder nur zur Mittagspause einladen.

Eines dieser schönen Plätzchen ist **Størsanden**, eine durch Wald abgeschirmte Doppelbucht, in der gebadet, geplanscht, gespielt und – allerdings nur am Kiosk – gegessen werden kann. Dazu müssen Sie die RV 420 verlassen und nach Fevik hineinfahren und dort der Ausschilderung folgen, die Sie zu einem großen Parkplatz führt. Die letzten Schritte spazieren Sie durch den Wald, um nach einigen Minuten die herrliche Sandbucht zu erreichen.

Grimstad

Kein mehrgeschossiges Gebäude stört den Charme des Städtchens, keine marktschreierische Animation stört die Ruhe des Urlaubsortes. Direkt am Wasser stehen noch viele alte Holzhäuser, die das schöne Städtchen mit den vorgelagerten Schäreninseln zu einem echten Kleinod der Südküste machen.

Grimstad hat einige Attraktionen zu bieten, die fein herausgeputzte **Stadtapotheke** z. B., in der *Henrik Ibsen* sechs ungeliebte Lehrjahre verbrachte und in der heute das bescheidene **Stadtmuseum** untergebracht ist. Sehenswert ist auch der **Nørholm**, der 6 km südwestlich, direkt an der E 18 gelegene, herrschaftliche Gutshof, den sich *Knut Hamsun* 1918 von seinem Nobelpreisgeld kaufte und in dem er bis zu seinem Tod 1952 wohnte und als Dichter und Landwirt arbeitete. Das Anwesen blieb in Privatbesitz und ist bislang für die Öffentlichkeit leider nicht zugänglich.

In Anbetracht dieser beiden Größen ist es auch gar nicht so abwegig, dass sich Grimstad den wohlklingenden Beinamen „Stadt der Dichter" auf ihre Tourismusbroschüren geschrieben hat. Doch gibt es hier auch kleine Industrieanlagen. Begünstigt durch das milde Klima konnten Obstkulturen im Stadtumkreis angelegt werden. So entstanden bereits vor Jahrzehnten eine profitable Konservenindustrie und Fabriken zur Fruchtweinproduktion.

Basis-Infos

Information Grimstad Turistkontor, zentral in einem Eckhaus am Hafen. 20.6.–20.8. Mo–Fr 9–18 Uhr, Sa/So 10–16 Uhr, ansonsten Mo–Fr 8.30–16 Uhr. Sorenskrivergården, Storgate 1A, ✆ 37250168, ✉ 37049377, turistkontoret@grimstad.kommune.no.

Grimstad im Internet: Aktuelle Infos unter www.visitgrimstad.com.

Verbindungen **Pkw**: Grimstad liegt an der E 18, rund 150 km westlich von Larvik bzw. 55 km östlich von Kristiansand.

Bus: Der *Sørlandsekspressen* (www.sorlandsekspressen.no) fährt zwischen Oslo und Kristiansand und bindet auch Risør, Kragerø und Grimstad an. Expressbusse der Linie 5 (www.nettbuss.no) fahren tagsüber jede Stunde zwischen Arendal und Kristiansand.

Bootsausflüge Zwischen dem 20. Juni und dem 15. August startet die MS „Bibben" vom Hafenkai zum Sightseeing. Termine und Details in der Touristeninformation.

Stadtrundgänge Im Juli werden Mi und Fr geführte Stadtrundgänge angeboten, Treffpunkt ist 13 Uhr vor der Touristeninformation. 100 NOK bzw. 130 NOK inkl. Eintritt ins Ibsen-Museum. Kinder in Begleitung Erwachsener frei.

Fahrrad- und Bootsverleih Den Drahtesel kann man regulär ausleihen, jeden Di und Do im Juli gibt es Radtouren mit Guide (2 Std., 100 NOK bzw. 50 NOK für Kinder). Wer sich auf eigene Faust aufmachen will, der kann sich eine Broschüre mit Vorschlägen zu Radtouren von 12 bis 48 km Länge geben lassen.

Ein 4,5 m langes Boot mit 4,5 PS Außenbordmotor (zugelassen für 4 Pers.) kostet 450 NOK/3 Std. bzw. 650 NOK/24 Std. Zu buchen über die Touristeninformation.

Internet Kostenpflichtiger Terminal in der **Touristeninfo**, kostenloser Zugang in der **Bibliothek**, Mo/Di u. Do 10–19 Uhr, Mi/Fr 10–16 Uhr, Sa 10–14 Uhr. Im Sommer verkürzte Öffnungszeiten. Storgate 44,

Supermarkt Rimi, direkt an der E18. Mo–Fr 7–23 Uhr, Sa 8–21 Uhr, Vesterled 104.

Sonstiges In Grimstad gibt es Banken und eine Post, eine Apotheke, ein Vinmonopolet, kleinere Geschäfte und eine Tankstelle.

Südküste → Karte S. 196/197, S. 202/203 und S. 231

Traumhaft gelegene Ferienhäuser mit Bootsgarage

Übernachten/Camping/Essen & Trinken

Übernachten Rica Hotel Grimstad, am Marktplatz liegt das schöne Hotel, das mit seinen blauen Markisen maritimes Flair verströmt. 98 attraktive Zimmer gibt es (die Suiten mit Spa-Wanne), aber auch ein gemütliches Restaurant, Weinkeller und Cocktailbar. EZ ab 995 NOK, DZ je nach Kategorie ab 1250 NOK. Kirkegaten 3, ✆ 37252525, www.rica.no/grimstad.

Strand Hotel Fevik, im 8 km nordöstlich gelegenen Fevik. 49 helle, gut ausgestattete Zimmer, etliche davon mit Meerblick. DZ ab 1400 NOK. Fevik, ✆ 37250000, www.strandhotelfevik.no.

Grimstad Vertshus, einfache Hotelzimmer (Du/WC, TV, Internet), schlicht, aber sauber und für den Preis absolut in Ordnung. EZ 795 NOK, DZ 950 NOK. Frivoldveien 11/13, ✆ 37042500, www.grimstad-vertshus.no.

Camping Moysand Familiecamping, der recht teure, aber dafür bestens ausgestattete Wiesenplatz liegt zwischen Grimstad und Fevik. Kiosk, Telefon, Bootsverleih, Minigolf, gute Sanitäranlagen. Inkl. Strom und Internet 300 NOK im Zelt (Radler zahlen 200 NOK), 350 NOK im WoMo, 410 NOK im Wohnwagen. ✆ 37040209, mail@moysand-familiecamping.no, www.moysand-familiecamping.no.

Essen & Trinken Mør Biffhus, fantastische Steaks zu gesalzenen Preisen. Je nach Cut und Gewicht 250–500 NOK. Außerdem Burger, Ribs & Co. Mo–Do 16–22 Uhr, Fr/Sa 16–23 Uhr, So 15–22 Uhr. Juskestredet 4, ✆ 37310067, www.biffhus.no.

Café Ibsen, gemütliches Café mit großem Namen. Kaffee, Kuchen und Snacks kann man auch auf der kleinen Terrasse genießen. Mo–Sa 10–16 Uhr, So 12–16 Uhr. Løkkestredet 7, ✆ 37275763, www.facebook.com/cafeibsen.

Café Galleri, tagsüber Café, abends Bar und beliebter Treffpunkt. Regelmäßig gibt es Konzerte, Jam sessions oder DJs legen auf. Mo–Do u. So 17–2 Uhr, Fr/Sa 15–2 Uhr. Storgata 28, ✆ 37320449, www.cafe-galleri.no.

Dampen Chinese Take-away, nicht unbedingt ein kulinarischer Hochgenuss, aber die Portionen (z. B. Huhn Szechuan) sind groß und für 119 NOK auch noch erschwinglich. Im Sommer 12–23 Uhr. Am Parkplatz am Hafen.

Sehenswertes

Ibsenhuset: *Henrik Ibsen* kam 1844 als Sechzehnjähriger nach Grimstad um eine Lehre als Apotheker zu machen. Teil des Museums – das älteste von Norwegens drei Ibsen-Museen – sind die originale Apotheke, in der er seine Lehre absolvierte, sowie das Zimmer, in dem er 1850 sein Stück „Catalina" schrieb. Sogar eine Haarlocke des großen Dichters ist ausgestellt. Im dazugehörigen Museumsladen gibt es Souvenirs und einschlägige Bücher zu kaufen, im „Café Ibsen" kann man eine kleine Stärkung zu sich nehmen.

23. Juni bis 12. Aug. Mo–Sa 11–16 Uhr, So 12–16 Uhr, ansonsten im Juni und Aug. Sa 11–16 Uhr und So 12–16 Uhr. Eintritt 80 NOK, Studenten/Senioren 55 NOK, Kinder frei. Henrik Ibsengate 14, ✆ 37040490, www.gbm.no.

Sjøfartsmuseet: Das Seefahrtmuseum im Kontor der Hasseldalen-Werft erzählt von der Zeit, als Grimstad eine wichtige Rolle im Schiffsbau und der Seefahrt spielte. Die Werftgebäude datieren in die Mitte des 19. Jh. zurück.

Im Sommer Mo–Sa 11–16 Uhr, So 12–17 Uhr. Eintritt 55 NOK, Kinder gratis. ✆ 37040490, www.gbm.no.

Fjære Kirke: Die Steinkirche aus dem 12. Jh. liegt jenseits der E 18, etwa 3 km östlich der Stadt (Fjæreveien 185), und wird noch heute als Gemeindekirche genutzt. Der steinerne Altar der hübschen, weißen Kirche inmitten mächtiger Bäume stammt vermutlich sogar aus dem 10. Jh., der steinerne Männerkopf am Südportal aus dem Jahr 1150.

Grimstad Kirke: Das erst 1881 erbaute Gotteshaus liegt auf dem Kirchenhügel Kirkheia und ist nicht ganz so sehenswert wie die Fjære-Kirche. Trotzdem, es handelt sich immerhin um eine der größten Holzkirchen des Landes.

Dømmesmoen: In diesem ebenfalls jenseits der E 18 gelegenen großen Park, der sich vortrefflich für Spaziergänge eignet, befindet sich die staatliche Fachhochschule für Gartenbau. Neben imponierenden Gartenanlagen, in denen traditionelle Arbeitsweise und Bewirtschaftung studiert werden können, finden sich 45 Grabhügel aus der Eisenzeit. Die Anlage ist ganzjährig geöffnet.

Lillesand

Englische und französische Einflüsse spiegeln sich in der Architektur des Städtchens wieder und weil Lillesand – anders als viele andere Ortschaften der Region – von größeren Bränden verschont blieb, kann man heute noch die beeindruckende, unzerstörte Holzbausubstanz bestaunen.

Eine herausragende architektonische Sehenswürdigkeit ist sicherlich das Rathaus von 1734, das allerdings erst 1816 zur jetzigen Größe ausgebaut wurde. Oder auch das Kaufmannshaus „Carl Knudsengaarden" in der Nygårdsgate, das 1827 von Carl Knudsen im Empirestil errichtet wurde und heute als Stadt- und Seefahrtmuseum dient. Hier beeindruckt das Gebäude mit seinem aufgesetzten Portal fast mehr als die Museumssammlung selbst.

Trotz der unverwechselbaren Architektur ist es aber eher die umliegende Landschaft, die Lillesand als Standort interessant macht. Die vorgelagerte **Insel Justøy** beispielsweise, oder der See **Oggevatn** in der Hinterlandgemeinde Birkenes, der ein Paradies für Paddler ist. Und nicht zu vergessen der vielleicht schönste Schä-

Geröll aus der Urzeit: Schären an der Südküste

rengarten an Norwegens Küste. Viele Touristen – besonders solche mit eigenem Boot –, denen es im nur noch 20 km entfernten Kristiansand zu umtriebig ist, suchen deshalb im 300 Jahre alten Städtchen ihr Urlaubsquartier.

Basis-Infos

Information Tourist Information Office, am Hafen. Im Sommer Kernöffnungszeiten Mo–Sa 10–18 Uhr, So 12–16 Uhr, ansonsten verkürzt. Havnegate 10, ✆ 99361500.

Lillesand im Internet: Aktuelle Infos unter www.lillesand.kommune.no.

Verbindungen Pkw: Lillesand liegt an der E 18 etwa 25 km östlich von Kristiansand bzw. 175 km westlich von Larvik.

Bus: Der *Sørlandsekspressen* (www.sorlandsekspressen.no) fährt zwischen Oslo und Kristiansand und bindet auch Risør, Kragerø und Lillesand an. Expressbusse der Linie 5 (www.nettbuss.no) fahren tagsüber jede Stunde zwischen Arendal und Kristiansand.

Internet Gratis WLAN im Jachthafen/Touristeninfo.

Adressen Apotheke, Gästehafen, Geschäfte, Fischbasar, Notarzt, Post, Taxi.

Übernachten/Camping/Essen & Trinken

Übernachten Hotel Norge, in dem charmanten Haus wohnt es sich ausgezeichnet. Das historische Haus kann mit 25 Gästezimmern (alle mit Bad und TV) und einem ausgezeichneten Restaurant aufwarten. EZ 1190–1290 NOK, DZ 1590–1790 NOK (am WoE günstiger), die Hamsun-Suite kostet 2700 NOK. Strandgate 3, ✆ 37270144, www.hotelnorge.no.

Høvag Gjestehus, an der E 18 Richtung Kristiansand gelegen, bietet das Motel 20 geräumige und verhältnismäßig günstige Zimmer. Im Sommer EZ 700 NOK, DZ 900 NOK. Schon in der Übergangszeit kann man Schnäppchen machen: EZ 490 NOK, DZ 690 NOK. Vallesverdveien 800, ✆ 37275335, www.hovag-gjestehus.no.

Lillesand

Camping Tingsaker Familiecamping, der von Mai bis Sept. geöffnete Platz liegt 800 m vom Zentrum entfernt direkt am Meer (leider keine schönen Badeplätze). Zudem Kiosk und Bootsverleih. Neben 150 Zelt- und Wohnwagenstellplätzen (200–280 NOK, Strom 35 NOK) werden 16 hübsche und geräumige Hütten angeboten (890–1550 NOK). ✆ 37270421, www.tingsakercamping.no.

Wohnmobilstellplätze, auf Asphalt an der Lillesand-Marina. Dusche und WC vor Ort. Bis 4 Std. 50 NOK, für 24 Std. 175 NOK. Zu zahlen beim Hafenmeister oder am Automaten.

Essen & Trinken Nino's Restaurant, bestellen Sie den „Fang des Tages" (285 NOK) oder die klassische Fischsuppe (125–175 NOK), aber auch die Steaks sind gut (um 300 NOK). Di–Fr 16–22 Uhr, Sa 13–22 Uhr, So 14–21 Uhr. Strandgate 12, ✆ 37272004.

Café Lillesand, gemütliches Café, ideal für Kaffee, Kuchen oder den kleinen Hunger. Mo–Fr 9–16 Uhr, Sa 10–15 Uhr. Østregate 8, ✆ 37260085, www.samberg.no.

China House, Asia-Lokal mit den üblichen genormten Gerichten, dafür auch zu üblich günstigen Preisen. Auch Take-away. Mo–Sa 14–23 Uhr, So 13–22 Uhr. Kokkenes, ✆ 37272588.

Skottevik FerieSenter

Hier gibt es ein riesiges Angebot: man kann im WoMo oder Zelt campieren, Appartments oder Hütten mieten, Kajaks und Ruderboote ausleihen. Außerdem gibt es einen Anglerladen und sogar eine Tauchbasis. Ein Schnuppertauchgang kostet ab 250 NOK, ein regulärer Tauchgang 350 NOK. Angler erhalten gute Tipps und können mit einem kundigen Guide hinausfahren.
Information: In Høvag, etwa 23 km westl. von Lillesand. ✆ 37269030, ✉ 37269033, post@skottevik.no, www.skottevik.no.

Aktivitäten

Ausflüge Auf dem äußersten Zipfel der Lillesand vorgelagerten Insel Justøy liegt **Brekkestø**, noch heute ein beliebter Segelschiffhafen. In seiner Glanzzeit vor 150 Jahren war der Ort Sitz mehrerer Reedereien, große Segler haben hier zum Überwintern angelegt. Sie erreichen Insel und Ort per Schiff (s. u. → „Schärenfahrt"), per Bus oder per Auto bzw. Rad: 4 km hinter Lillesand zweigt die ausgeschilderte Landstraße von der E 18 nach links ab, überbrückt die Blindleia und führt quer über die Insel nach Brekkestø. Vom westlichen Ortsende von Lillesand über Landstraßen.

Kanuverleih Ogge Gjesteheim, am See Oggevatn nahe Birkeheim kann man Kanus mieten. 60 NOK/Std., 250 NOK/Tag, Schwimmweste inkl., wasserdichte Packsäcke 15 NOK. ✆ 37961803, post@ogge.no.

Schärenrundfahrt Die „M/S Øya" fährt im Sommer durch den wunderschönen Schärengarten und die Blindleia-Wasserstraße nach Kristiansand. Auf Anfrage gibt es unterwegs acht mögliche Stationen, z. B. auch Brekkestø. 29. Juni bis 11. Aug. Mo–Sa 10 Uhr ab Lillesand, 14 Uhr ab Kristiansand. Einfach 265 NOK, Hin- und Rückfahrt 440 NOK. ✆ 95935855, www.blindleia.no.

Tauchen/Bootsverleih → Kasten „Skottevik FerieSenter", s. o.

Wandern Die Nachbargemeinde **Birkenes** im Norden von Lillesand bietet unberührte Natur: Wälder, Heide, Wasserfälle, umwaldete Seen (z. B. das Paddlerparadies Oggevatn, → „Kanuverleih") und eine reiche Tierwelt – die Gemeinde gilt als Elchrefugium Südnorwegens. Wanderer und Radler finden hier, nur wenige Kilometer von den umtriebigen Zentren der Südküste entfernt, Stille und Abgeschiedenheit. Sie erreichen die Gemeinde per Bus ab Lillesand, eine Autorundtour (RV 402 und 41) dauert 2 Std. reine Fahrtzeit, eine Radrundtour 5 Std. (ohne Stopp).

Südküste → Karte S. 196/197, S. 202/203 und S. 231

Das Schulschiff Sørlandet in seinem Heimathafen Kristiansand

Kristiansand

Kristiansand ist Hauptstadt, Wirtschaftszentrum und Verkehrsknotenpunkt des Sørlands und liegt direkt an der Küstenstraße zwischen Oslo und Stavanger. In den Hafenanlagen legen die großen Fähren aus Dänemark an, und von hier startet auch die Route durch das traumhafte Setesdal zum rund 250 km nördlich gelegenen Hardangervidda-Nationalpark.

Zugegeben, die mit rund 83.000 Einwohnern fünftgrößte Stadt Norwegens tut sich immer noch etwas schwer, das Image der reinen Durchreisedestination abzustreifen. Viele Norwegenurlauber planen ihre Städteaufenthalte lieber im historisch bedeutenden Bergen oder im durch den Ölboom immer mehr erblühenden Stavanger. In Oslo verweilen sie sowieso. Alles ohne Zweifel sehenswerte Städte, aber man tut Kristiansand Unrecht, wenn man es einfach links liegen lässt.

Um sich im harten Geschäft mit den Urlaubern besser zu positionieren haben sich die Tourismusverantwortlichen etwas einfallen lassen und Reisenden einen Trumpf gezeigt, der eigentlich immer sticht: das Wetter. Kristiansand gilt als der Ort Norwegens mit den meisten Sonnentagen im Jahr und so schmückt die Stadt sich bisweilen mit dem Beinamen „Norwegens Urlaubsstadt Nr. 1". Sicherlich etwas übertrieben, aber vielleicht muss man die Besucher auch mit einer derartigen Keule auf die sonst nicht bemerkten Vorzüge dieser freundlichen Stadt aufmerksam machen.

Stadtstruktur

Was sofort auffällt, ist die exakte Strukturierung der Innenstadt. Das Schachbrettmuster besteht aus sieben Längs- und zehn Querachsen und macht die Orientierung zu einem Kinderspiel. Die bis zu 15 m breiten Straßen der *Kvadraturen* sollten als Brandschneisen zwischen den 54 rechtwinkligen Wohnquartieren dienen, aber dennoch setzten etliche Brände der Stadt zu, der schlimmste legte 1734 die Hälfte aller Gebäude in Schutt und Asche.

An der quadratischen Stadtanlage wurde bis zum heutigen Tage nichts verändert, wenn sich auch mittlerweile einige Betonklötze in die Quadrate geschlichen haben und im Zuge des Wirtschaftsaufschwungs Anfang des 20. Jh. die Besiedlung über den Flusslauf der Otra hinaus ausgedehnt wurde. Eine für viele norwegische Städte charakteristische Altstadt mit hölzernen Gebäuden fehlt – bis auf eine winzige Zeile am Rande des Zentrums – fast gänzlich. Vielleicht auch das ein Grund, warum viele Urlauber die Stadt eher als untypisch für Norwegen empfinden.

Aber die Zeiten wandeln sich, und auch wenn historische Gebäude immer ihre Bewunderer finden, lassen sich heutzutage v. a. mit modernen Restaurant- und Cafékomplexen am Wasser die Touristen anlocken und in Kristiansand hat man diese Idee gut umgesetzt.

Stadtgeschichte

Auf einer Sandebene ließ Dänenkönig *Christian IV.* 1641 den Bau von „Christians Sand" beginnen. Neben Akershus (Oslo) und Bergenhus (Bergen) sollte mit Christiansholm eine dritte Festung die norwegische Küste sichern und noch heute ist Kristiansand Militärstadt mit Offiziersschule und Garnison. Attraktiv war die Stadt an der Otra-Mündung damals keineswegs und der Zustrom an Menschen hielt sich lange in Grenzen. Das änderte sich mit der Erfindung der Dampfschifffahrt, die der Stadt einen ersten wirtschaftlichen Aufschwung bescherte – insbesondere nach 1839, als der Hafen an die Route von London nach St. Petersburg angebunden wurde. Mit dem Verkehr kam auch die Industrie. Textil- und Tabakfabriken machten den Anfang, doch besonders die Erzverarbeitung aus den Nickelgruben von **Evje** im Setesdal brachte Kristiansand den Durchbruch zum Industriestandort. Noch heute zählt das „Falconbridge Nickelwerk", bei der Fähreinfahrt unübersehbar, zu den größten Arbeitgebern der Stadt.

Die Eröffnung der *Sørlandbahn* 1938, der Bau des *Flughafens Kjevik* ein Jahr später, die Europastraße von Oslo nach Kristiansand (E 18) und weiter nach Stavanger (E 39) sowie letztlich die Anbindung des über Jahrhunderte abgeschiedenen Setesdals durch die RV 9 Ende der 1960er-Jahre haben Kristiansands Rolle als Verkehrsknotenpunkt und als „Tor nach Norwegen" begründet. In den 1960er und 70er-Jahren war Kristiansand „tettsted" in Norwegen, die am schnellsten wachsende Stadt des Landes, ein Status, den ihr allerdings die Öl-Boom-City Stavanger längst abgelaufen hat.

> ### Kristiansand mit „S"
> Sie werden in Broschüren oder Straßenkarten häufig die Schreibweise „Kristiansand-S" finden. Man verwendet sie, um Verwechslungen mit dem fast 1000 km weiter nördlich gelegenen Kristiansund (häufig „Kristiansund-N") zu vermeiden.

224 Südküste

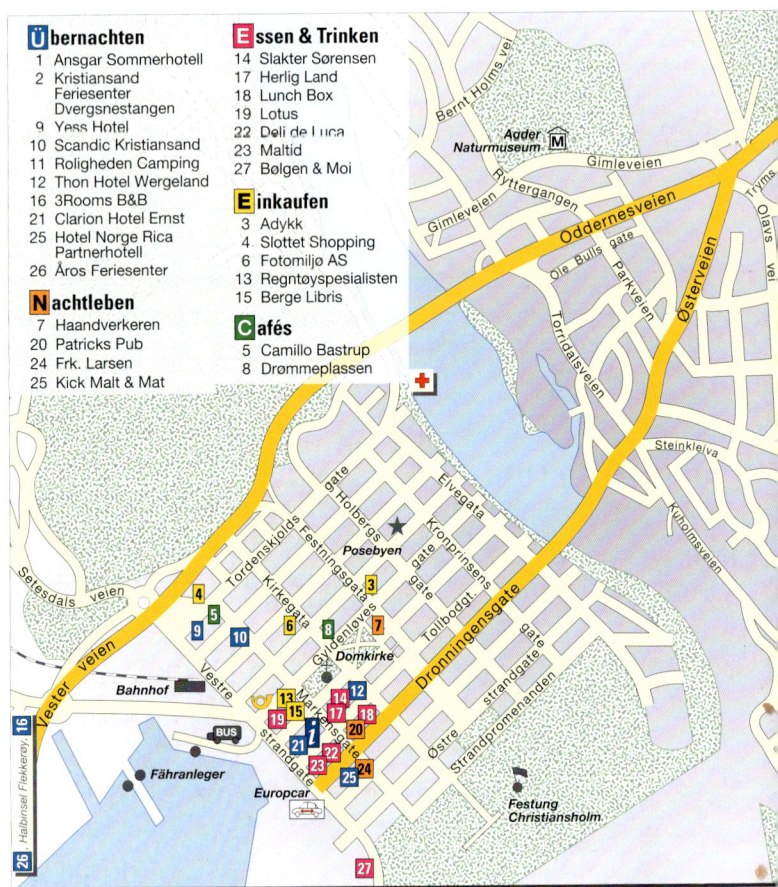

Übernachten
1 Ansgar Sommerhotell
2 Kristiansand Feriesenter Dvergsnestangen
9 Yess Hotel
10 Scandic Kristiansand
11 Roligheden Camping
12 Thon Hotel Wergeland
16 3Rooms B&B
21 Clarion Hotel Ernst
25 Hotel Norge Rica Partnerhotell
26 Åros Feriesenter

Nachtleben
7 Haandverkeren
20 Patricks Pub
24 Frk. Larsen
25 Kick Malt & Mat

Essen & Trinken
14 Slakter Sørensen
17 Herlig Land
18 Lunch Box
19 Lotus
22 Deli de Luca
23 Maltid
27 Bølgen & Moi

Einkaufen
3 Adykk
4 Slottet Shopping
6 Fotomiljø AS
13 Regntøyspesialisten
15 Berge Libris

Cafés
5 Camillo Bastrup
8 Drømmeplassen

Basis-Infos

Information Kristiansand Turistkontor, sehr freundliche und ausführliche Beratung, außerdem Broschüren. Mitte Juni bis Ende Aug. Mo–Fr 9–18 Uhr, Sa 10–18 Uhr, So 12–18 Uhr, ansonsten Mo–Fr 9–16 Uhr. Rådhusgate 6, ✆ 38121314, info@visitkrs.no.

Kristiansand im Internet: Zahlreiche Infos unter www.kristiansand-norway.com, www.visitkrs.no oder auch www.visitsorlandet.com.

Verbindungen Pkw: Rund 200 km westlich von Larvik, nach Oslo sind es knapp 340 km (beides via E 18). Auf der E 39 sind es etwa 230 km Richtung Westen nach Stavanger. Nach Norden fährt man durch das Setesdal und erreicht nach etwa 280 km die südlichen Ausläufer der Hardangervidda.

Flugzeug: Vom 12 km nördlich der Stadt gelegenen Airport Kjevik gibt es internationale Flüge von/nach Kopenhagen, Amsterdam und Lanzarote. Innernorwegische Flüge nach Oslo, Stavanger, Trondheim und Bergen. Es verkehrt ein Flughafenbus in die City.

Bus: Vom Busterminal neben dem Bahnhof

Kristiansand 225

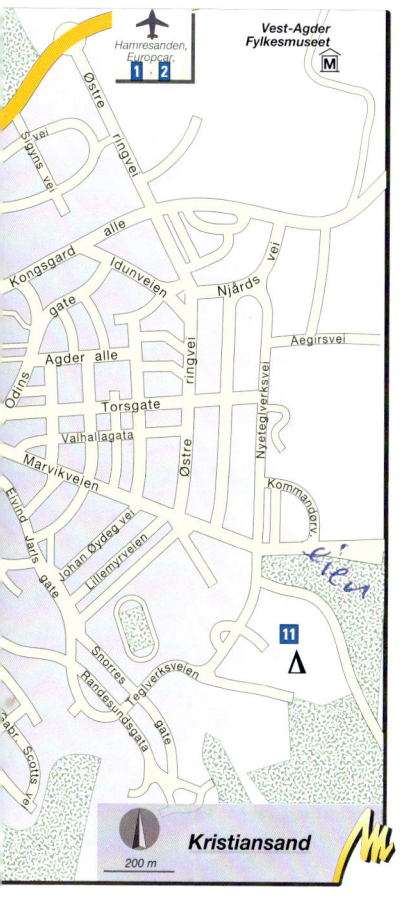

Autovermietung Sixt, 24h-Service, Rückgabemöglichkeit. Bürozeiten: tägl. Mo–Fr 8–16 Uhr. Dronningens Gate 49, ✆ 38079180.

Europcar, 24-Service, allerdings mit Extragebühr außerhalb der üblichen Geschäftszeiten. Mo–Fr 7–15 Uhr. Skibaasen 20M, Sørlandsparken, ✆ 38028666.

Baden Natürlich können Sie bereits in Kristiansand am Stadtstrand **Bystranda** baden oder in **Gleodden** unweit des Roligheden-Campingplatzes an der Bertesbukta (dort auch FKK). Lohnenswerter ist aber der Ausflug über die E 39 nach Südwesten in Richtung Stavanger, nach Mandal (42 km) oder gar nach Flekkefjord (nochmals 59 km) an die schönsten Sandstrände Skandinaviens.

Bootsausflüge Örtliche Fähren und Sightseeingboote legen an der Fiskebrygge ab. Besonders attraktiv die Sommerfahrten durch den **Schärengarten** z. B. mit der MS „Høllen" (1 Std.; 100 NOK) oder der MS „Brekkestø" (2:30 Std.; 230 NOK). Tour mit der MS „Øya" nach Lillesand (265 NOK). Tickets im Turistkontor.

Ein Sightseeing- und Badeboot fährt im Sommer ab Kristiansand, Kai 6, tägl. 3 Runden (2 Std.) mit mehreren Stopps. Tickets 140 NOK.

Festivitäten In Kristiansand gibt es eine ganze Reihe größerer Festivitäten im Jahreskalender, zu den nenneswertesten gehören:

Kulturnatta, in der großen Nacht der Kultur gibt es Darbietungen von Theater bis Rockmusik, von Tanz bis Klassik. Im April. www.kulturnatta.no.

Bragdøya Blues, jedes Jahr im Juni heizen lokale und international bekannte Bluesmusiker dem Publikum ein. www.bragdoyablues.no.

Southern Discomfort, Heavy-Metal-Fans kommen im September ganz auf ihre Kosten, wenn ein ganzes Wochenende harte Gitarrensounds die Bühnen der Stadt regieren. www.southerndiscomfort.info.

Internet In der Kristiansand Folkebibliotek, Mitte Juni bis Ende Aug. Mo–Fr 9–17 Uhr, Sa 9–15 Uhr, ansonsten Mo–Do 9–19 Uhr, Fr 9–17 Uhr, Sa 9–15 Uhr, So 13–17 Uhr. Rådhusgate 11, ✆ 38124910.

Parkplätze Für Wohnwagen und Caravans am Fährhafen (Vestre Strandgate), für Pkw gibt es diverse Parkhäuser, die gut ausgeschildert sind.

fahren Busse von *Sørlandsekspressen* (Nr. 190; www.sorlandsekspressen.no) Richtung Oslo und binden auch Risør, Kragerø und Grimstad an. Der *Sør-Vest ekspressen* (Nr. 300; www.nor-way.no) fährt mehrmals tägl. zwischen Kristiansand und Stavanger und hält auch in Flekkefjord und Mandal. Expressbusse von *TIMEkspressen* (www.timekspressen.no) fahren tagsüber alle 30–60 Min. zwischen Arendal und Kristiansand.

Zug: Tägl. Fernzüge nach Oslo und Stavanger. Der Hauptbahnhof ist gegenüber vom Kai der Dänemark-Fähre.

Fähre: Mit *Color Line* oder *Fjordline* mehrmals tägl. ins dänische Hirtshals.

226 Südküste

Taxi Adger Taxi, ☎ 38002000.

Supermarkt Meny, etwas außerhalb der Ortschaft, direkt an der E18. Mo–Fr 8–22 Uhr, Sa 8–20 Uhr, Olav Trygvassonsvei 3.

Sonstiges Kristiansand ist eine ausgewachsene Stadt mit allen entsprechenden Einrichtungen, es gibt Geschäfte, Bankautomaten, Apotheken, ein Krankenhaus und Poststellen.

Einkaufen → Karte S. 224/225

Im Ortskern **Kvadraturen** befinden sich über 300 Geschäfte, von der edlen Boutique über den einfachen Zeitungskiosk bis hin zum Fotofachhandel. Darunter auch:

Berge Libris 15, gute Buchhandlung, in der es auch Kartenmaterial zu kaufen gibt. Mo–Fr 9–18 Uhr, Sa 9–16 Uhr. Markensgate 21, ☎ 38125230, www.libris.no.

Adykk 3, hier gibt es Tauchausrüstung zu kaufen und man kann sich gute Tipps für den nächsten Tauchausflug holen. Mo–Fr 10–17 Uhr, Do 10–19 Uhr, Sa 10–15 Uhr. Gyldenløvesgate 31, ☎ 38099555, www.kdykk.no.

Fotomiljø AS 6, hier gibt es alles, was der Fotograf braucht. Mo–Fr 10–17 Uhr, Sa 10–16 Uhr. Henrik Wergelands gate 26–36, ☎ 38026490, www.fotomiljo.no.

Regntøyspesialisten 13, hier kann man sich mit adäquater Outdoor-Kleidung für kalte Regentage eindecken. Mo–Fr 9–18 Uhr, Sa 10–16 Uhr. Markensgate 25, ☎ 38098441.

Slottet Shopping 4, das große Einkaufszentrum befindet sich im Zentrum und beherbergt v. a. Modeboutiquen und Filialen großer Bekleidungsketten wie H&M, Esprit oder Benetton. Parkhaus. Mo–Fr 9–19 Uhr, Sa 10–17 Uhr. ☎ 93243700, www.slottsquartalet.no.

Am Hafen gibt es eine **Fischhalle** und einen kleinen **Fischmarkt** (Fiskebrygge), wo man unter der Woche vormittags einkaufen kann.

Übernachten/Camping → Karte S. 224/225

Übernachten Clarion Hotel Ernst 21, das Hotel in einem prachtvollen Fin-de-Siècle-Bau im Zentrum bietet edel eingerichtete Zimmer und First-Class-Service. Natürlich mit ausgezeichnetem Restaurant. Am WoE kann man für knapp 1300 NOK/Nacht ins DZ ziehen, wochentags ab etwa 1600 NOK. Rådhusgata 2, ☎ 38128600, www.clarionernst.no.

Hotel Norge Rica Partnerhotell 25, gutes Hotel mit 172 Zimmern in verschiedenen Kategorien, die nicht nur funktionell (WLAN) und bequem, sondern auch mit verschiedenen Kunstgegenständen verschönert sind. Einfachstes EZ am WoE 900 NOK, unter der Woche ab 1400 NOK, DZ ab 1100 NOK bzw. 1650 NOK. Dronningensgate 5, ☎ 38174000, www.hotel-norge.no.

Scandic Kristiansand 10, in dem Glas-Beton-Bau in der Fußgängerzone sind die Zimmer zwar nicht mehr topmodern, dafür ist der Preis in Ordnung. Auf dem Dach eine Sonnenterrasse mit der besten Aussicht über Stadt und Meer. Am Wochenende bekommt man das einfachste DZ bisweilen unter 1000 NOK, reguläres DZ ab 1400 NOK. Markensgate 39, ☎ 21614200, www.scandichotels.no.

》》 **Mein Tipp:** Yess Hotel 9, recht schlicht, fast schon minimalistisch eingerichtet und günstig im Zentrum der Stadt gelegen. Zimmer (mit TV) und Bäder sind nicht gerade groß, aber ausreichend, speziell wenn es nur um eine Übernachtung geht. Bestes Preis-Leistungs-Verhältnis, im DZ ab 700 NOK. Tordenskjoldsgate 12, ☎ 38701570, www.yesshotel.no. 《《

Thon Hotel Wergeland 12, die 30 Zimmer des an die Domkirche gelegenen Hotels sind richtig gemütlich und gut ausgestattet, einige haben eine Wanne im Badezimmer. WLAN-Internet im ganzen Haus. EZ ab 1100 NOK, DZ ab 1300 NOK. Kirkegata 15, ☎ 38172040, www.thonhotels.no.

Ansgar Sommerhotell 1, etwa 6 km außerhalb. Simple Zimmer, aber sauber und das Preis-Leistungs-Verhältnis passt. Das DZ ab 890 NOK, gelegentlich günstiger. Fredrik Fransonsvei 4, ☎ 38106400, www.ansgarsommerhotell.no.

3Rooms B&B 16, sauberes und gemütlich eingerichtetes B&B mit Fernsehern in den Zimmern und WLAN. Das Badezimmer nutzen alle Gäste. EZ 590–690 NOK, DZ 790–

Kristiansand 227

Selbst in der Stadt mit den meisten Sonnentagen regnet es bisweilen

900 NOK. Bellevue 6, Grim, ✆ 90369628, 3rooms@bednbreakfast.no, www.bednbreakfast.no.

Camping Åros Feriesenter 26, der 18 km von Kristiansand entfernte Vier-Sterne-Platz (E 18 Richtung Mandal) ist perfekt ausgerüstet: Kiosk, Lokal, 200 Stellplätze, 36 edel ausgestattete Hütten, Spiel- und Sportplatz, Bademöglichkeit, Motel usw. Hütten je nach Kategorie, Größe und Saison 700–2000 NOK/Nacht. Camping 200–300 NOK. Søgne, ✆ 38166411, www.aaros.no.

Kristiansand Feriesenter Dvergsnestangen 2, der ganzjährig geöffnete Vier-Sterne-Platz (12 km östlich der Stadt) ist top gepflegt und hat ein Riesenangebot: Motelzimmer, Hütten und Ferienhäuser in verschiedenen Kategorien, Bootsleihe u. v. m. Zelten 200–250 NOK, WoMo 220–340 NOK, Strom 50 NOK extra. ✆ 38041980, www.dvergsnestangen.no.

Roligheden Camping 11, im Osten der Stadt. Der nur zwischen 31. Mai und 1. Sep. geöffnete große Platz bietet akzeptablen Standard und punktet v. a. mit dem Badestrand. Camping 200–300 NOK, Hütten ab 500 NOK. Framnesveien, ✆ 38096722, www.roligheden.no.

Essen & Trinken
→ Karte S. 224/225

Restaurants Bølgen & Moi 27, das klasse Restaurant an der Sonnenseite des Fischmarkts (mit Außenbereich) bietet leckere Speisen vom klassischen Burger (179 NOK) bis zum Fünf-Gänge-Menü (700 NOK). Zu empfehlen ist die Fisch- und Meeresfrüchtesuppe, die gibt es als kleine (145 NOK) und große Portion (195 NOK). Mo–Fr 16–22 Uhr, Sa 13–22 Uhr. Sjølystveien 1A, ✆ 38178300, www.bolgenogmoi.no.

Slakter Sørensen 14, die besten Steaks der Stadt, der Preis richtet sich nach Stück und Gewicht, ein 300g-Entrecote kostet 330 NOK. Mittags spezielle Lunchgerichte für 150–190 NOK. Mo–Sa ab 11 Uhr Lunch, ab 17 Uhr à la carte, So ab 13 Uhr. Rådhusgaten 12, ✆ 38099188, www.slaktersorensen.no.

Maltid 23, ausgezeichnetes Speiselokal mit freundlicher Atmosphäre, gerade mal 50 Gäste haben hier Platz. 3 Gänge um 550 NOK, 5 Gänge um 700 NOK, 8 Gänge knapp 1000 NOK. Tolle Weinkarte (Flasche ab 400 NOK). Di–Sa 16–24 Uhr, Küche bis 22 Uhr. Tollbodgata 2B, ✆ 47833000, www.maltid.no.

Südküste

Herlig Land 17, nettes Lokal mit großem, überdachten Außenbereich. Es kommen Pizzen (ab 169 NOK) und Pfeffersteaks (290 NOK), aber auch Fischsuppen (180 NOK) auf den Teller. Küche Mo–Sa ab 10.30 Uhr, So ab 13 Uhr; Bar länger geöffnet. Markens gate 16, ✆ 38090622, www.herligland.no.

Lunch Box 18, hier gibt es die kleine Stärkung zum angemessenen Preis, z. B. das Bombay Chicken Sandwich (70 NOK) oder den Lachswrap (65 NOK). Zum Mitnehmen. Mo–Fr 9–20 Uhr, Sa 9–18 Uhr. Tollbodgaten 14, ✆ 40004437, www.lunch-box.no.

Lotus 19, die Einrichtung des Asia-Lokals ist spartanisch und erinnert eher an eine Kantine, dafür gibt es günstige Gerichte à la „Hähnchen süß-sauer" für rund 110 NOK. Auch zum Mitnehmen. Mo–Sa 11–22 Uhr, So 12.30–22 Uhr. Vestre Strandgate 26, ✆ 38029730, www.lotusgrill.no.

Deli de Luca 22, getoastete Baguettes, Gebäck, Kaffee und Getränke. Einige Tagesgerichte wie Asia-Nudeln oder Eintopf werden je 100 gr als Take-away verkauft. Tägl. tagsüber geöffnet. Tollbodgaten 8, ✆ 38710033.

Cafés ››› **Mein Tipp: Drømmeplassen** 8, super! Hier duftet es schon vor der Tür nach frisch Gebackenem. Gemütliches und beliebtes Café in traditionellem Schick, das am Wochenende zum Frühstück voll wird. Mo–Fr 7–18 Uhr, Sa 8.30–17 Uhr, So 10–17 Uhr. Kirkegata/Ecke Skippergaten, ✆ 38047100, www.drommeplassen.no. ‹‹‹

Camillo Bastrup 5, klein, aber fein, am oberen Ende des Fußgängerzone gelegen. Ideal für Kaffee und Brownies. Mo–Fr 7.30–18, Sa 9–16 Uhr. Markensgate 53.

Pubs/Bars/Nachtleben → Karte S. 224/225

Kick Malt & Mat 25, internationale Biere, gute Weine und eine große Auswahl an Whiskeys. Leckere Cocktails ab 100 NOK. Zum Essen gibt es Burger (99–189 NOK). So–Fr ab 15 Uhr, Sa ab 13 Uhr, Küche tägl. bis 22 Uhr, Barbetrieb länger. Dronningensgate 8, ✆ 38028330, www.kickcafe.no.

Frk. Larsen 24, fantastische Café-Bar mit voller Punktzahl für den Gemütlichkeitsfaktor. Mischung aus Lokal, Musikklub und Galerie. Mo–Sa ab 11 Uhr, So ab 12 Uhr. Geschlossen wird um Mitternacht, Do–Sa geht es länger. Markensgate 5, ✆ 38071413.

Haandverkeren 7, urig-gemütliches Pub in einem der ältesten Gebäude der Stadt. Gut für ein gemütliches Bier oder zwei. Auch Fußballübertragungen und Livemusik. So–Do ab 16 Uhr, Fr/Sa ab 15 Uhr. Festningsgata, ✆ 38040200, www.haandverkeren.net.

Patricks Pub 20, Irish-Pub zum Biertrinken und Feiern. Klassischer Pub-Grub wie Burger (185 NOK) oder Fish & Chips (170 NOK). So–Do ab 15 Uhr, Fr/Sa ab 12 Uhr. Markensgate 10, ✆ 40001958, www.patrickspub.no.

Sehenswertes in Kristiansand und Umgebung

Domkirke: 130 Jahre alt ist die neugotische Kirche im Zentrum, deren Turm die Innenstadt überragt. Die Vorgängerkirche fiel einem der vielen Stadtbrände zum Opfer, der „Neubau" zählt mit 1800 Plätzen zu den größten Kirchen Norwegens. Hier finden außerdem regelmäßig Konzerte statt, Termine im Internet oder in der Touristeninformation.
Mo–Sa 11–14 Uhr, Fr auch 21.30–24 Uhr. Führungen im Sommer. Gyldenløvesgate 9, ✆ 38196900, www.kristiansanddomkirke.no.

Posebyen: Für den ältesten Teil der quadratisch angelegten Altstadt zwischen Elevegata und Festningsgata, zwischen Rådhusgate und Tordenskjolds Gate im Norden des Zentrums sollten Sie sich ein wenig Zeit nehmen. Zehn Blöcke stilsicher restaurierter Blockhäuser mit urigen Kopfsteinpflastergassen und versteckten Hinterhöfen warten auf Sie. Neben Kunstgewerbeläden und winzigen Ateliers, neben dem charmanten Café „Blaue Stube" und kleinen Werkstätten der Arbeitslosen-Initiative „Blaukreuz" finden Sie dort auch das kleinste Postamt des Landes.

Festung Christiansholm: Die Rotunde an der Strandpromenade sieht nicht gerade nach geballter Schlagkraft aus, dafür aber äußerst stabil, mit 5 m dicken Wänden. Die kleinen Kanonen der 1672 fertiggestellten Festungsanlage kamen nur einmal zum Einsatz. Dafür aber mit Erfolg, denn 1807 vertrieben sie, man glaubt es kaum, ein englisches Geschwader. Aber die Parkanlage drum herum eignet sich wunderbar zum Relaxen und Picknicken.
15.5.–15.9. tägl. 9–21 Uhr, Führungen auf Anfrage. Eintritt frei. ✆ 38075150.

> Wem die Kanonen der Festung nicht eindrucksvoll genug sind, der braucht nur ins 9 km entfernte Møvik zu fahren. Hier gibt es riesige 38 cm Geschütze, einige der größten, die jemals von Land aus feuerten. Aufgestellt wurden sie 1940, als die Deutschen während der Besetzung von Norwegen und Dänemark die Seefahrtstraßen des Skagerrak zu schützen suchten. Die Stelle ist strategisch besonders günstig, weil sich hier mit gerade einmal 116 km Distanz die engste Stelle des Skagerrak befindet.
> **Öffnungszeiten**: Die Anlage ist ganzjährig zu besichtigen, mindestens einen Tag/Woche ist immer geöffnet. Die Öffnungszeiten sind etwas konfus, aber von Mitte Juni bis Mitte Aug. ist tägl. von 11–18 Uhr geöffnet. Eintritt 65 NOK. ✆ 38085090, www.kanonmuseet.no.

Agder Naturmuseum: Etwa 2 km außerhalb des Stadtkerns am anderen Otra-Ufer liegt das Stadtmuseum von Kristiansand. Es bietet überraschenderweise keine Darstellung der Stadtgeschichte, sondern ist ein naturkundliches Museum mit Botanischem Garten und einer Kaktussammlung. Das durchaus interessante Museum wurde bereits 1828 gegründet und gehört zu den ältesten in Norwegen.
Mitte Juni bis Mitte Aug. tägl. 11–17 Uhr, ansonsten Di–Fr 10–15 Uhr, So 12–16 Uhr. Eintritt 50 NOK, Kinder 30 NOK. Gimleveien 23 (via E 18), ✆ 38058620, www.naturmuseum.no.

Vest-Agder Fylkesmuseet: Ebenfalls außerhalb der Stadt findet man das sehenswerte Freilichtmuseum der Provinz Agder mit fast 40 Gebäudekomplexen. Besonders eindrucksvoll der *Setesdalshof* mit zehn Gebäuden aus der Zeit um 1650, der 200 Jahre alte *Eikenhof* sowie 11 Stadthäuser aus dem 19. Jh., die zu einer Häuserzeile mit Krämerladen zusammengestellt sind. Sehenswert sind überdies die Spielzeug- und Trachtenausstellungen.
15. Juni bis 31 Aug. Mo–Fr 10–17 Uhr, Sa/So 12–17 Uhr, ansonsten Mo–Fr 9–15 Uhr, So 12–17 Uhr. Eintritt 50 NOK, Kinder frei. Erreichbar via E 18 Richtung Grimstad/Arendal. Vigeveien 22B, ✆ 38102680, www.vestagdermuseet.no.

Halbinsel Flekkerøy: Wer sich vor der Weiterfahrt noch ein Picknick gönnen möchte, sollte das auf der Halbinsel Flekkerøy tun. Die Wochenendhäuser der Kristiansander lassen zwischen bewaldeten Schärenrücken und lauschigen Badebuchten immer noch genügend Platz für ein ruhiges Plätzchen.
Anfahrt: Auf der Hafenuferstraße vorbei an der „Falconbridge"-Fabrik und durch den Flekkerøy-Tunnel.

Ausflüge in die Umgebung

Die Umgebung von Kristiansand bietet für jeden etwas: einen Besuch im Zoo, einen Trip ans Meer, eine Fahrt in die Eisenbahn-Vergangenheit oder eine Fahrradtour zum Südkap nach Lindesnes.

Dyre-Freizeitpark: Der Tier- und Freizeitpark liegt östlich der Stadt an der E 18, etwa 12 km hinter dem Freilichtmuseum. Er gilt als einzigartig in Norwegen und ist – auch wegen der gesalzenen Eintrittspreise – einen ganzen Tagesausflug wert. Man kann auf dem 600.000 m^2 großen Gelände z. B. ein Reservat nordischer Raubtiere – vertreten sind Wölfe, Luchse und Vielfraße – bewundern. Außerdem gibt es einen Affendschungel mit frei lebenden Tieren, ein Afrika-Areal, man kann im See baden oder Boot fahren und Liliput-Städte und Seeräuberschiffe bestaunen. Wer Hunger bekommt, findet eine Cafeteria zur Stärkung.

Öffnungszeiten variieren (→ Webseite), Kernöffnungszeiten Juni–Aug. tägl. 10–19 Uhr. Eintritt je nach Saison und Wochentag ab 169–399 NOK, Kinder bis einschl. 13 Jahre ab 139–299 NOK. 2-Tage-Ticket jeweils um 100 NOK mehr, das 3-Tage-Ticket jeweils um 200 NOK mehr. E 18 Richtung Grimstad/Arendal, ✆ 38049700, www.dyreparken.no.

Nostalgiefahrt mit Setesdalbanen: Seit 1963 verkehrt der einst für Kristiansand so wichtige Zug nur noch als Museumsbahn. Die Setesdal-Bahn, die seit 1895 das ehedem so abgeschiedene Tal mit der Stadt verband und zunächst Holz, später Erz transportierte, war 1960 eingestellt worden. Schuld daran war sicherlich u. a. die Bauart, denn die Schmalspurbahn war eben nicht mehr mit den Zügen der Hauptlinie kompatibel, die auf Normalspur unterwegs waren. Heute schnauft die 100 Jahre alte Lok nur noch für Touristen und nur im Sommer ein 5 km langes Teilstück der vormals immerhin 75 km langen Strecke hinauf. Lohnenswert nicht nur für Eisenbahn-Nostalgiker, auch wenn das Vergnügen nicht gerade billig ist.

Mitte Juni bis Ende Aug. jeden So bis zu drei Fahrten. Die mittleren zwei Wochen im Juli je eine zusätzliche Fahrt Di–Do. Genaue Termine und Abfahrtzeiten auf der Webseite. Hin- und Rückfahrt 100 NOK, Kinder 50 NOK. Abfahrt in Grovane, das Sie zunächst über die RV 9 Richtung Norden, dann über die RV 405 erreichen (Sie müssen der Ausschilderung „Steinfoss Bru" und „SB-Station" folgen). ✆ 38156482, www.setesdalsbanen.no.

Baden an der Westküste: Einen Ausflug über die E 39 nach Südwesten in Richtung Stavanger, nach Mandal (42 km) oder gar nach Flekkefjord (nochmals 59 km) an einige der schönsten Sandstrände Skandinaviens sollten Sie sich nicht entgehen lassen. Die Autofahrt nach **Mandal** (→ S. 232) führt zunächst an Wiesen, Weiden und Wäldern vorbei. Mandal selbst, Norwegens südlichste Stadt mit rund 15.000 Einwohnern, die einstmals durch den Holzexport zu Reichtum gelangte, präsentiert sich als muntere Ortschaft mit ein paar netten Lokalen. Wer an den Strand will, sollte nach **Sjøsanden** fahren, das, 1 km lang und 70 m breit, geschützt in einer geschwungenen Bucht liegt. Hinter dem Stadtwald **Furulunden** öffnen sich weitere Sandbuchten, die nicht so überlaufen sind wie Sjøsanden.

Wem es in und um Mandal zu hektisch wird – was in den Sommerferien durchaus passieren kann – fährt nochmals knapp 60 km weiter ins blitzsaubere Städtchen **Flekkefjord** (→ S. 240). Ziel für Badelustige aber ist die vorgelagerte Insel **Hidra**. Die Schäreninsel mit einer bewaldeten Hügelkette, zwei hübschen Fischerdörfern, v. a. aber mit zahlreichen, selten überlaufenen Badeplätzen ist im Sommer stündlich per Fähre ab Kvellandstrand (10 km südlich von Flekkefjord) erreichbar.

Südküste - westlicher Teil

Von Kristiansand nach Stavanger

Zwischen den Schärengärten der Südküste und dem Fjordland nördlich von Stavanger erstreckt sich flaches, fruchtbares Land, das bislang – zumindest im Vergleich zu anderen Regionen der Südküste – noch nicht so stark vom Tourismus geprägt ist.

Dabei hat die Sonnenküste, wie dieser Abschnitt gerne genannt wird, Urlaubern einiges zu bieten: z. B. die schönsten und längsten Strände Norwegens, die bisweilen stürmisch von der Nordsee umbraust werden, sowie ein für diese Breiten ungewöhnlich mildes Klima – kein Monat mit einer Mitteltemperatur unter 0 °C.

Der Landstrich, der vielerorts eher an Dänemarks Küste als an Norwegen denken lässt, wird nur von der E 39 durchschnitten, an der alle wichtigen Städte der Sonnenküste liegen und über die auch die *Sørlandsekspressen-Busse* von Kristiansand nach Stavanger fahren. Jenen Auto- und Zweiradtouristen, die ein wenig Zeit mitbringen, ist die Nordseestraße RV 44 *(Nordsøvegen)* anzuraten. Da geht es ab Flekkefjord schmal, kurvig und hügelig an der Küste entlang – ungleich ruhiger und mit schönerer Aussicht als auf der viel befahrenen Europastraße.

Lindesnes-Leuchtturm

Wer nach Lindesnes fährt, trifft nicht nur auf den südlichsten Strand Norwegens bei Sprangereid, sondern v. a. auch auf den südlichsten Punkt des norwegischen Festlandes (57°58.95'N, 07°02.80'O). Der Leuchtturm von Lindesnes am Südkap ist eine der meistbesuchten Touristenattraktionen des Landes und Startpunkt der Kap-zu-Kap-Reiseroute. Das Nordkap ist dann übrigens noch über 2500 km entfernt – das ist weiter als von München nach Moskau. Bereits Mitte des 17. Jh. gab es an dieser Stelle ein Leuchtfeuer, das ein wichtiger Orientierungspunkt für Segelschiffe war. Heute steht an derselben Stelle ein 1915 errichteter Eisenturm, auf den man hinaufsteigen kann. Von oben kann man den 360°-Blick über die Küste genießen. Außerdem gibt es noch eine angegliederte Galerie, ein Museum, das die Geschichte der Leuchtfeuer an der Küste erzählt, verfallene Befestigungsanlagen aus dem Zweiten Weltkrieg und ein Restaurant.

Öffnungszeiten/Anfahrt: Ende April bis Mitte Okt. tägl. 11–17 Uhr, Mitte Juni bis Mitte Aug. tägl. 10–20 Uhr, ansonsten Sa/So 11–17 Uhr. Eintritt 50 NOK, Kinder unter 12 Jahren 10 NOK. Bus ab Mandal (Details in der Touristeninformation), per Auto sind es ab der E39 noch 27 km über die RV 460 nach Süden, der Ausschilderung folgen. ℡ 38255420, www.lindesnesfyr.no.

Mandal

Viele zieht es in die südlichste Stadt Norwegens der Strände wegen. Doch das reiche Städtchen mit langer Geschichte hat seinen Besuchern weit mehr als Sand und Sonne zu bieten: die prachtvollen Holzhäuser am Marktplatz und in der Fußgängerzone z. B., oder den kleinen Hafen mit seinen ausladenden Lagerschuppen.

In Mandal kann man wunderbar umherschlendern, an der neu gestalteten Hafenpromenade die Szenerie genießen, hier einen Café trinken oder dort ein kühles Bier. Wer es einrichten kann, sollte seinen Besuch auf Anfang August legen, wenn das **Schalentier-Festival** veranstaltet wird. Dann wird in der Fußgängerzone ein 400 m langer Tisch aufgebaut und alle Gäste dürfen gratis kosten. Jährlich reisen rund 40.000 Touristen nur für das mehrtägige und nach Aussage der Veranstalter größte Familienfestival Norwegens an. Geschäfte und Gaststätten sind dann bis spät in die Nacht geöffnet, eine Weltmeisterschaft im Krabbenputzen wird auch organisiert.

Viele Sommerfrischler kommen aber der Natur wegen. Da ist zum einen der **Naturschutzpark Furulunden**, eine im 18. Jh. von einem schottisch-deutschen Gärtnergespann mit 100.000 Kiefern und Lärchen in eine Parklandschaft verwandelte sandige Heide, deren Spazierwege sich von der City bis zum Meer erstrecken. Dann natürlich der **Mandalselv**, auf dem einst Holz zur Verschiffung geflößt wurde und der durch Aussetzen von Jungfischen und Zugabe von Kalk inzwischen wieder zum ertragreichen Lachsrevier geworden ist. Und schließlich sind da noch die traumhaften Strände, von denen **Sjøsanden** der größte und schönste ist.

Die strahlend weiße Holzkirche von Mandal

Basis-Infos

Information Buen Kulturhus, 15. Juni bis 15. Aug. tägl. 10–19 Uhr, ansonsten verkürzte Öffnungszeiten, Sonntag geschlossen. Havnegate 2, ✆ 38278300, info@lindesnesregionen.com.

Mandal im Internet: Infos zu Mandal und der gesamten Region unter www.lindesnesregionen.com.

Verbindungen Pkw: Mandal liegt knapp 50 km westlich von Kristiansand, erreichbar via E 39.

Bus: Der *Sør-Vest ekspressen* (Nr. 300; www.nor-way.no) fährt mehrmals tägl. zwischen Kristiansand und Stavanger und hält auch in Flekkefjord und Mandal.

Baden Sjøsanden, Südnorwegens größter und schönster Badestrand, schon mehrfach Austragungsort der Beachvolleyball-Meisterschaften, ist bei jedem Wetter überfüllt. Der kurze Fußweg zum mit Restaurant, Kiosk und Eisverkauf bestens ausgestatteten Strand ist überall im Ort ausgeschildert. Wem es an Sjøsanden zu voll ist, der sollte ein paar Schritte durch den 100 ha großen Furuluden-Stadtpark in Kauf nehmen. Dort finden sich etliche kleinere, weniger überlaufene, aber nicht weniger einladende Strände.

Spaziergang zu den Klippen Norwegens erster Wanderweg, der behindertengerecht und damit auch kinderwagengerecht ausgebaut ist, wurde 1995 in Mandal eingeweiht. Der 4 bis 7 km lange Weg kann durch verschiedene Verbindungswege beliebig verlängert oder verkürzt werden. Alles ist perfekt ausgeschildert, sodass sich für jeden ein genussreicher Spaziergang von höchstens zwei Stunden ergibt. Der ausgeschilderte Wanderweg beginnt am Sjøsanden-Strand und führt durch den **Furulanden-Park**. Der Weg durch den Park führt zu den **Sorland-Klippen**. Die Felskuppen am Ende der Bucht wurden in der Besatzungszeit von deutschen Truppen verstümmelt, Bunker und Artilleriestellungen wurden in die Felskuppen gesprengt. Heute wird dies alles fein säuberlich durch Informationstafeln erläutert.

Supermarkt Rema, Mo–Fr 9–21 Uhr, Sa 9–20 Uhr. Marnaveien 20.

Sonstiges Es gibt ein Postamt, Banken und eine Apotheke.

Übernachten/Camping/Essen & Trinken

Übernachten First Hotel Solborg, das moderne Hotel am Stadtrand mit 66 nett eingerichteten Zimmern bietet den Service eines guten Mittelklassehotels. DZ ab 1200 NOK, unter der Woche teurer. Neseveien 1, ✆ 38272100, www.firsthotels.no.

Prestegården, tolles, ruhig im Grünen gelegenes Sommerhotel (20. Juni bis 20. Aug. geöffnet), in dem es ganz bewusst weder TV noch Radio gibt. Übernachtung im kommoden DZ mit eigenem Bad ab 1150 NOK inkl. Frühstück. Vigmostad, ✆ 38257382, www.prestegarden.no.

Eine Statue symbolisiert den Wohlstand der Gemeinde

Kjobmansgaarden Hotel, die bessere Pension in der ruhigen Fußgängerzone – nur während des Festivals Anfang Aug. wird es etwas lauter – vermietet insgesamt 11 Zimmer. EZ ab 990 NOK, DZ ab 1250 NOK, jeweils mit Frühstück. Store Elvegate 57, ✆ 38261276, www.kjobmandsgaarden.com.

Korshamn Rorbuer, die 27 Behausungen im Stil der für die Lofoten typischen Fischerhütten sind durchweg komfortabel und gut ausgestattet. Preise variieren stark nach Wochentag, Saison und Kategorie, zu zweit investiert man mindestens 1600 NOK/Wochenende. Korshamn (50 km westlich von Mandal; mühsame Anfahrt), ✆ 38331160, www.korshamn.com.

Bei den Leuchttürmen Man kann auch bei einigen Leuchttürmen der Region übernachten, z. B. am Lindesnes Fyr (komplette Wohnung, www.lindesnesfyr.no) oder am Ryvingen Fyr (Mehrbettzimmer, www.ryvingenfyr.no). Infos dazu auch in der Touristeninformation.

Camping Sjøsanden Camping & Feriesenter, der schöne Platz am schönsten Strand bietet alles, was sich Camper wünschen: weicher Waldboden, Kiosk, Küche, Restaurant. Camping 100–220 NOK (Strom 40 NOK), geräumige Hütten 950–1250 NOK. ✆ 38261094, torhild@sjosanden.no, www.sjosanden-feriesenter.no.

Sandnes Camping, gepflegter Platz mit schönem Zeltareal und guten Sanitäranlagen. Camping ab 190 NOK (Strom 45 NOK), kleine Hütten ab 450 NOK. Holumsveien 133, ✆ 38265151, sandnescamping@online.no, www.sandnescamping.com.

Essen & Trinken Hr. Redaktør, rustikales Interieur, gutes Essen. Rentierfilet oder gebackener Seeteufel kosten je stolze 300 NOK, es gibt aber auch kleine Lunch-Gerichte wie Pasta, Burger oder Fischsuppe für unter 160 NOK. Auch gut für einige Drinks. Küche tägl. 12–22 Uhr (So ab 13 Uhr), Bar Fr/Sa bis 2.30 Uhr. Store Elvegate 23A, ✆ 38271530, www.red.no.

Marna Café, tolles Lokal mit Außenbereich auf einem kleinen Ponton. Burger und Pasta 160–190 NOK, Snacks wie Kjøttboller gibt es unter 100 NOK. Mo–Do 15–23 Uhr, Fr 15–3 Uhr, Sa 12–3 Uhr, So 13–22 Uhr. Store Elvegate 47B, ✆ 38262700, www.marnacafe.no.

Edgars Bakeri, super Bäckerei mit Laden an der Promenade. Bänke im Freien. Mo–Fr 8–17 Uhr, Sa 9–15 Uhr. www.edgars.no.

Sehenswertes in Mandal und Umgebung

Stadtkirchen: Die große **Mandal Kirke** an der Fußgängerzone ist mit 1800 Sitzplätzen die größte Holzkirche Norwegens. Sehenswert ist das Tidemand-Gemälde

„Christi Auferstehung" neben dem Eingang (→ Kasten „Adolph Tidemand"). Die kleine **Harmark Kirke** aus dem Jahr 1613 liegt 10 km östlich von Mandal, gilt aber trotzdem als zweite Stadtkirche. Sehenswert ist sie wegen der ungewöhnlich klobigen Rundhölzer, die glücklicherweise auch die Restaurierung 1975 überstanden haben.

Mandal Kirche: Mitte Juni bis Mitte Aug. Di–Fr 10–14 Uhr, Harmark Kirke: Öffnungszeiten in der Touristeninformation erfragen. www.mandal.kirken.no.

Mandal Bymuseum und **Vigeland Hus**: Das Stadtmuseum im Andorsengård, dem ältesten und größten Kaufmannshaus Mandals, ist spezialisiert auf volkstümliches Kunsthandwerk. In dieses Sujet passt auch die Bildergalerie norwegischer Maler im oberen Stockwerk – außer den Arbeiten von *Amaldus Nielsen* und *Gustav Vigeland*, der unweit Mandals geboren wurde (s. u.), sind es v. a. Bauernszenen von *Adolph Tidemand*, die das kleine Museum sehenswert machen. Tidemand, dessen Büste den Marktplatz ziert, kam 1814 in Mandal zur Welt. Zum Museum gehört auch das Vigeland Hus – im Geburtshaus des vielleicht bedeutendsten Bildhauers Norwegens ist eine kleine Ausstellung untergebracht.

Öffnungszeiten: Mitte Juni bis Ende Aug. Mo–Fr 11–17 Uhr, Sa/So 12–17 Uhr. Eintritt 50 NOK. **Bymuseum**: Store Elvegate 5/6, **Vigeland Hus**: Gustav Vigelands veien 20, ✆ 38256023, www.vestagdermuseet.no.

Adolph Tidemand (1814–1876) – Weltbürger aus Mandal

Der berühmteste Sohn Mandals liebte die große, weite Welt. Schon als 23-Jähriger begann er sein Studium an der Kunsthochschule in Düsseldorf – sein Bild „Haugianer" hängt noch immer im Rheinischen Kunstmuseum –, später bereiste er Italien, Frankreich und Spanien. Dennoch blieb der Einfluss deutscher Romantiker, v. a. der Caspar David Friedrichs, stilbildend. Besonders eindrucksvoll zeigt sich dies an Tidemands berühmtestem Bild „Bruderferd i Hardanger" (Brautfahrt in Hardanger), das er 1848 zusammen mit *Hans Gude* schuf. Es ist heute in der Osloer Nationalgalerie zu bewundern. Ein weiteres Bild hängt in der Kirche seines Heimatortes. Tidemand, der seine Arbeit bewusst in den Dienst des nationalen Aufbruchs in der zweiten Hälfte des 19. Jh. stellte, hat auch lustige Trolle gemalt und ist als Satiriker hervorgetreten. Sein geliebtes Norwegen hat er bis zu seinem Tod 1876 nicht mehr verlassen.

Halbinsel Lista

Die Halbinsel Lista, auf vielen Karten nach dem Verwaltungsbezirk nur „Farsund" genannt, ist Norwegen im Westentaschenformat. Hier findet man die südlichsten Fjorde, die diesen Namen tatsächlich verdienen, dichte Wälder, schroffe Felsen, weite Strände und schmucke Städtchen.

Zwischen **Lyngdal** – von hier hat man eine wunderschöne Aussicht auf den gleichnamigen Fjord – und **Flekkefjord** schiebt sich die Halbinsel wie ein Keil in die Nordsee. Das kleine Paradies mit tiefen Linden- und Eichenwäldern und dem reichsten Reh- und Elchbestand Südnorwegens ist über die RV 43 in einer knappen Autostunde erreichbar.

Südküste

Farsund: Der zwischen Hügeln und Fjord versteckte Ort besitzt seit 1795 die Stadtrechte, aber seine einstige Funktion als Handelsposten der Familie Lund hat er längst verloren. Heute ist Farsund touristischer Mittelpunkt der Halbinsel Lista mit hübschem (Gäste-)Hafen, einer Touristeninformation und einer eindrucksvollen Stadtkirche, die auf einem Hügel hoch über dem Ort thront. Auch der größte Arbeitgeber Listas, das Elkem-Aluminium-Werk, ist hier ansässig – glücklicherweise 3 km vor den Stadttoren versteckt im Wald.

Information   Farsund Turistinformasjon, Infos, Broschüren und Beratung. Mitte Juni bis Mitte Aug. Mo–Fr 9–17 Uhr, Sa/So 10–15 Uhr; ansonsten Mo–Fr 10–15 Uhr (im Mai auch Sa). Torvgate 2, Farsund, ✆ 38382115, farsund@regionlister.com.

Halbinsel Lista im Internet: Infos zur Halbinsel Lista und der Region unter www.regionlister.com.

Verbindungen   Pkw: Man verlässt die E 39 und fährt entweder via 43 (von Osten kommend) oder 465 (von Westen kommend) weiter.

Übernachten/Camping   Rederiet Hotell, in dem ehemaligen Reedereibüro befinden sich heute 12 picobello saubere Zimmer. Tolle Aussicht von der Anhöhe herab. EZ 1100 NOK, DZ 1200 NOK. Gutes Restaurant im Haus. Jochum Lunds plass 6, Farsund, ✆ 38389500, www.rederiethotell.no.

Farsund Resort, tolle Unterkunft, gutes Restaurant und sogar Bootsmiete. Häuser mit 4–8 Schlafplätzen ab 2100 NOK/Nacht, DZ mit Frühstück ab 1200 NOK. Bjørnevåg, Fasund, ✆ 38392930, info@farsundresort.no, www.farsundresort.no.

Kvavik Camping, der große Platz in Lyngdal direkt am Fjord ist mit Sandstrand, Spielplatz, Kanuverleih, guten Sanitäranlagen, mit Kiosk und Hütten und Zeltplätzen ausgestattet (der Platz liegt vor der Farsund-Mautstation). Camping ab 170 NOK, Hütten ab 450 NOK. Kvavik, Lyngdal, ✆ 38346132, www.kvavik-camp.no.

Sehenswertes auf Lista

Lista Fyr: Der 38 m hohe Leuchtturm am äußersten Ende der Halbinsel ist seit 1852 das Wahrzeichen von Listalandet und ein wunderbares Ausflugsziel. Kombiniert mit einer kleinen, lehrreichen Ausstellung ist der Turm zu besichtigen, wer will, kann sogar dort übernachten (Preise auf Anfrage).
Turm Juni–Aug. Mo–Fr 12–16 Uhr, Sa/So 11–18 Uhr; im Juli tägl. 10–20 Uhr. Eintritt 30 NOK, Kinder 20 NOK. ✆ 38397776, www.lista-fyr.com.

Loshavn: Wenige Autominuten südlich von Farsund liegt diese Holzhaussiedlung ungemein idyllisch am Fjordufer. Man erzählt sich, dass Loshavn während des „Napoleon-Krieges" (1807–1809) ein bedeutender Freibeuter-Hafen gewesen sei. Heute ist das Dörfchen nur noch schön bunt und reizvoll ruhig – ideal für ein Picknick an einem sonnigen Urlaubsnachmittag.

Vanse Kirke: Die Stadtkirche im größten Ort der Halbinsel, in **Vanse**, stammt aus dem Jahre 1037 und ist damit eine der ältesten christlichen Kirchen des Landes. Sehenswert ist die Altartafel, 1866 von G. H. Lammers aus Oslo gemalt. Wer die Möglichkeit hat, sollte unbedingt ein Orgelkonzert in der für ihre Akustik gerühmten Kirche besuchen.

Lista-Museum: Gleich neben der Kirche in Vanse befindet sich das Regionalmuseum mit 17 restaurierten Gebäuden. Lohnenswert ist das *Midthasselhuset*, ein 200 Jahre altes Fischerhaus, sowie die Sammlung des einheimischen Bildhauers Mathias Skeibrok (1851–1896).
Mitte Juni bis Mitte Aug. Mo–Fr 11–17 Uhr, Sa/So 12–17 Uhr. Eintritt 50 NOK, Kinder frei. Museumsveien, Vanse, ✆ 38393440, www.vestagdermuseet.no.

Wassersport/Baden: 132 Wracks sollen zwischen Lindesnes und Farsund auf dem Meeresgrund liegen. Der Taucherklub Funden bietet Tauchgänge zu den See-Ruinen, der Segelverein regelmäßige Ausflugsfahrten dorthin an (Info jeweils in der Touristeninformation Farsund). Zudem sind die Listastrände ein hervorragendes Surfer-Revier, jährlich findet hier der Norges-Cup für Windsurfer statt. Der schönste dieser Strände ist *Lomsesanden,* 4 km südwestlich von Farsund. Nicht nur des nahen Campingplatzes wegen ein idealer Familien-Badestrand.

Tour auf der „Nordseestraße"

Nordsjøvegen führt von Kristiansand bis Haugesund immer an der Küste entlang, doch wirklich sehenswert ist nur das RV 44-Stück von Flekkefjord über Egersund nach Stavanger. Die Straße ist zumeist schmal und kurvig – für Gespanne und Schnellfahrer kaum geeignet. Radfahrer sollten hier gute Kondition mitbringen, weil immer wieder Steigungen zu bewältigen sind. Mini-Fjorde und versteckte Seen, aber auch windige Küstenstreifen und platte Landschaften in Jæren machen die Tour zu einem abwechslungsreichen Erlebnis, das zudem viel geruhsamer als die Hetze auf der Europastraße ist. Auf dem Abschnitt zwischen Egersund und Stavanger sollten Sie **Grødalands Bygdemuseum**, ein stimmungsvolles Freilichtmuseum nahe **Varhaug**, und den nahezu unbekannten Strand **Orrestranden** bei **Bore** nicht verpassen. Beide Ziele befinden sich schon im flachen **Jæren**, der Kornkammer Norwegens, und an der Landstraße 507, die vor **Bryne** die RV 44 ablöst.

Kvinesdal

Schroffe Berge und zackige Felsen umschließen das sattgrüne Tal namens Kvinesdal, das von Liknes an der Küste 30 km tief bis zu den Gruben von Knaben auf 1000 m Höhe ins Land reicht. In Werbeprospekten kommt Kvinesdal nur am Rande vor. Ein Grund mehr, dem Gebirgstal einen Besuch abzustatten.

Wer – egal ob per Auto oder Bus – auf der E 39 zwischen Lyngdal und Flekkefjord unterwegs ist, durchquert **Kvinesheia**, eine Ebene mit fischreichen Seen und weiten, flachen Wiesenflächen, ein Patchwork unterschiedlicher Grüntöne. Unversehens aber weitet sich das Tal der **Kvina**, der Fluss wird breit wie ein Fjord und in der Ferne öffnet sich der Blick aufs Meer. „Utsikten" heißt dieser höchste Punkt der Straße (330 m) bezeichnenderweise, an dem das gleichnamige Hotel einen idealen Standort gefunden hat. Neben der Aussichtsterrasse ein Standbild des Mannes, nach dem das Tal benannt ist: *Tjodolf von Kvine,* ein im 9. Jh. berühmter Saga-Dichter, dem wir die Beschreibung der Schlacht von Hafrsfjord aus dem Jahr 872 verdanken.

Direkt an der E 39 findet man in **Feda** am Ufer des gleichnamigen Fjords ein paradiesisch-farbiges „Küstenstädtchen im Binnenland", das aus seinem einstigen Haupterwerb eine Touristenattraktion gemacht hat: Die Böttchereien spiegeln sich rot und weiß im blauen Fjordwasser, ihre kunstvoll in Handarbeit gezimmerten Fässer werden aber nicht mehr an holländische Händler, sondern nur noch an neugierige Touristen verkauft.

Von hier führt die Reise weiter gen Norden bis nach **Liknes** – dem Verwaltungssitz der Kommune Kvinesdal. Via **Fjotland** und **Krågeland** gelangt man ins Gebirge von **Knaben** mit seinen 1000 m hohen Felsen, wo einst das seltene Molybdän geschürft wurde (→ Kasten „Bergab mit dem Bergbau"). Aus den Direktionsgebäuden wurde ein Museum und aus den Bergarbeiterhäuschen wurden Ferienwohnungen, die Wintersportfreunden bis in den Mai hinein eine Unterkunft bieten.

Information Turistkontor Kvinesdal, Mo–Fr 9–15 Uhr. Rådhuset, Nesgata 11, ✆ 38357700, kvinesdal@regionlister.com.

Kvinesdal im Internet: Information unter www.regionlister.com.

Verbindungen Pkw: Ab Mandal fährt man rund 60 km Richtung Westen bis nach Feda, dann weitere 15 km gen Norden nach Liknes. Von hier führt die Straße 465 weiter nach Norden. Letzte Ortschaft im Tal ist Knaben, etwa eine gute Fahrstunden von Liknes entfernt.

Baden Eine Stichstraße führt südlich von Feda um eine kleine Fjordbucht herum zum **Badeplatz Sandebukta**, einem hübschen Fleckchen Fjordufer, an dem an heißen Sommertagen geschwommen und geplanscht werden kann.

Wintersport Das Skivergnügen in der Region ist eher rustikaler Art. Es gibt kaum Lifte und die Loipen sind nicht maschinell gespurt. Angesagt sind Skiwanderungen mit Fellen oder Langlaufskiern über die markierten und nur selten präparierten Sommerwanderwege.

Übernachten/Camping Kvinesdal Gjestehus, gerade mal 11 Zimmer gibt es hier, die allerdings sind gemütlich. Außerdem gibt es einen schönen Salon und WLAN. Über Ostern und Weihnachten geschlossen. EZ ab 730 NOK, DZ ab 930 NOK. Nesgata 14a, Kvinesdal, ✆ 38355882, www.kvinesdalgjestehus.no.

Utsikten Turisthotel, das perfekt ausgestattete Hotel verfügt über 85 nordisch-nüchtern eingerichtete Zimmer, ein gutes Restaurant und eine einmalige Aussicht. DZ ab 1200 NOK. Knapp 7 km östlich von Liknes, ✆ 38358800, www.utsikten.no.

Krågeland Feriesenter, neben einigen einfachen Campinghütten gibt es hier auch richtig luxuriöse Versionen, direkt am See, mit Spa-Wanne und kleinem Swimmingpool. Zur Einrichtung gehört dann natürlich auch eine voll ausgestattete Küche. Platz ist für bis zu 6 Pers. Hütte ab 900 NOK. Krågeland, Kvinlog, ✆ 38355320, www.krageland.no.

Svindland Camping, der Drei-Sterne-Platz (1. Juni bis 30. Sept.) an der E 39 ist 3 km vom Zentrum Fedas und 10 km von Flekkefjord entfernt. Neben Campingstellplätzen gibt es auch einige Hütten in unterschiedlicher Größe und Ausstattung. Die Sanitäreinrichtungen sind gut, außerdem gibt es einen kleinen Laden und einen Spielplatz. Hütten um 450 NOK, Camping ab 150 NOK. ✆ 90023901, camp@svindlandscamp.no.

Einen weiteren Campingplatz gibt es in Knaben (✆ 38355816).

Durch das Kvinesdal von Süd nach Nord

Wer auf der E 39 anreist, erreicht als erstes die Ortschaft **Feda**, die unmittelbar südlich der Hauptverkehrsader liegt. Rot, weiß und ocker schimmern die schmucken Schifferhäuser im blauen Wasser des gleichnamigen Fjords, aber erst das Grün der bewaldeten Hänge macht die Farbkomposition komplett. Man überblickt das seit 200 Jahren kaum veränderte Städtchen von der Brücke der Europastraße, wirklich idyllisch jedoch erscheint der Ort erst bei einem Bummel durch die Gassen oder am Ufer des Fedafjords. Um 1700 fing Fedas Geschichte an, als holländische Plattboote hier landeten und erst Bauholz und später Fässer luden. Als Hauptwirtschaftszweig entwickelte sich die Böttcherei, um 1890 gab es zwölf Betriebe im Ort. Die einzige heute noch erhaltene Werkstatt, die **Bøkklerbua**, wird von einer Behinderteninitiative betrieben und dient sowohl therapeutischen als auch touristischen Zwecken.

Setzt man die Reise durch das Kvinesdal fort, erreicht man nach etwa 15 km **Liknes**, mit rund 2000 Einwohnern die Hauptortschaft des Tales. Unter der Kvina-

Brücke und neben dem Lebensmittelgeschäft Mega sollen Fische am ehesten anbei-
ßen, sagt man – und ja, in Liknes angelt man tatsächlich von der Hauptstraße aus.
Mittelpunkt des Ortes ist die achteckige Kirche in einem kleinen Park mit einer
Gedenkstätte für Gefallene des Zweiten Weltkriegs. Hier gibt es auch verschiedene
Einkaufsmöglichkeiten.

Über die RV 465 geht es rund 30 km nach Kvinlog im Norden, dann auf der RV 42
Richtung Westen. 3 km weiter ist der Weiler **Krågeland** mit Bank, Tankstelle, Kro und
Feriendorf erreicht. Nichts Spektakuläres erwartet den Besucher – einfach Ruhe und
Natur pur mit einem tiefblau schimmernden See und schönen Wanderwegen.

Fährt man ab Kvinlog nicht nach Westen sondern nach Osten, erreicht man bald
Fjotland. Der Weiler hat manch Erstaunliches zu bieten, allem voran das einzige
private Wasserkraftwerk des Landes. Außerdem eine rechteckige Kirche aus natur-
belassenem Holz sowie ein Heimatmuseum, das dem berühmtesten Künstler des
Tales, *Per Eftestol*, gewidmet ist. Dessen Bauernmalerei schmückt nicht nur den
500-Kronen-Schein, sondern auch das kleine Museum, das irgendwann zu einer
größeren Hofanlage ausgebaut werden soll.

Knaben

Etwa eine Autostunde von der Küste entfernt, am nördlichen Ende des Kvi-
nesdals, liegt die Ortschaft Knaben. Der Bergwerksort war einst eine richtige Stadt, doch mit Schließung aller Minen im Jahr 1973 gingen auch die
Bewohner.

Knaben ist sicherlich die interessanteste Ortschaft des Tals, über 2000 Menschen
arbeiteten in den einst 21 Gruben des Ortes, der erst mit dem Tourismus wieder
ein wenig an Bedeutung gewann. Schon die Anreise gestaltet sich abenteuerlich,
die Straßen sind eng und verwinkelt und innerhalb nur einer Stunde schraubt man
sich von der Küste auf 630 m über dem Meeresspiegel. Die Berge ringsherum ragen
steil und schroff empor und erreichen eine Höhe von rund 1000 m. Die mächtigen
Hänge am Rande der Ortschaft sind mit Grubeneingängen gelöchert und stillgelegten Fördertürmen gepflastert.

Bergab mit dem Bergbau

Molybdän (griech. *molybdos* = Blei) wurde in Knaben seit 1880 gefördert.
Schon im Altertum als Schmiermittel und Schreibmaterial (darum: Bleistift)
genutzt, wird das seltene, silberweiße Schwermetall heute als Legierungsbe-
standteil für hochwertigen Stahl verwendet und ist damit u. a. für die Rüstungsindustrie interessant. Das bescherte dem Ort im Zweiten Weltkrieg
eine dauernde deutsche Besatzung und immer wieder Luftangriffe der Alliierten. Einige der Luftschutzanlagen sind noch heute zu besichtigen und
zwar gratis. Nach dem Krieg ging es bergab mit dem Bergbau, die Gruben
warfen nicht mehr genug ab. Dennoch kam 1973 das Ende des letzten Stol-
lens überraschend. Die zu diesem Zeitpunkt gerade fertiggestellte Schule
nebst Schwimmbad wird heute als Landschulheim, die Büros als Museum
genutzt. Und die neue Straße dient nur noch den Touristen.

Die Gruben Knaben I und II nordöstlich des Ortes sind nicht zu besichtigen, es führen aber schöne Wanderwege zu den alten Förderanlagen. Das bescheidene Direktionsgebäude hingegen ist als **Grubenmuseum** hergerichtet: Erzbrocken und Fördergerät, alte Pläne und genauso alte Fotos, Originalbüros und Wohnräume vermitteln einen Eindruck vom Leben und der harten Arbeit der Kumpel.

Museum: Öffnungszeiten variieren, in Anbetracht der langen Anreise ist es ratsam, sich vorab in der Touristeninformation Kvinesdal (→ S. 238) zu erkundigen.

Flekkefjord

„Hollenderbyen" heißt das älteste Stadtviertel des 9000-Seelen-Städtchens und die klassischen Holzhäuser dort stehen mittlerweile sogar unter Denkmalschutz. Der Name erinnert noch an die Zeit vor rund 200 Jahren, als der Holzexport in die Niederlande der hübschen Kleinstadt zwischen Fjord und Hügeln zu Wohlstand verhalf.

Trotz des Patrizierviertels mit seiner originellen achteckigen Kirche und dem kleinen **Stadtmuseum**, das sich die norwegisch-holländischen Kulturbeziehungen zum Thema gemacht hat, zieht es die Urlauber aber v. a. wegen des Strandes hierher. Für den perfekten Ausblick lohnt der knapp halbstündige Spaziergang auf den 180 m hohen Stadthügel **Nesheia**.

Der Strand selbst liegt vor der Stadt auf **Hidra**, der größten der letzten Schäreninseln an dieser Küste zwischen Stolsfjord und Listafjorden. Sie erreichen das Eiland über die RV 469 und die Autofähre von Kvellandstrand nach Lauvnes. In zwei Dörfern leben in bildhübschen, kleinen Holzhäusern nur 900 Menschen. Der Anblick dieser Häuschen und die etwas mühsame Anfahrt erklären, warum die stillen Badebuchten dieser Insel manchmal einsam, immer aber erlebenswert sind. Diese Abgeschiedenheit erklärt auch, warum der einzige Campingplatz der Insel nur winzig ist (→ Übernachten).

Grand Hotel in Flekkefjord

Information Turistkontor Flekkefjord, Infos und Broschüren. Mitte Juni bis Mitte Aug. Mo–Fr 10–18 Uhr, Sa 10–16 Uhr, im Juli außerdem So 11–16 Uhr; ansonsten Mo–Fr 10–16 Uhr. Smaabykontoret, Elvegate 9, ✆ 38328081, flekkefjord@regionlister.com.

Flekkefjord im Internet: Infos zu Flekkefjord und der Region unter www.region lister.com.

Verbindungen Pkw: Flekkefjord liegt an der E 39, etwa 115 km westlich von Kristiansand und 135 km von Stavanger.

Bus: Der *Sør-Vest ekspressen* (Nr. 300; www.nor-way.no) pendelt zwischen Stavanger und Kristiansand mit Stopps in Mandal, Sandnes und Flekkefjord.

Fähre nach Hidra Die Fähre verkehrt stündl. zwischen Kvellandstrand und Lauvnes. Die Überfahrt dauert 10 Min. und kostet rund 110 NOK für Pkw und 2 Passagiere.

Internet Flekkefjord bibliotek, Mo und Mi 11–16 Uhr, Di und Do 11–19 Uhr, Fr 10–15 Uhr. Kirkegate 56, ✆ 38328110.

Übernachten/Camping Maritim Fjordhotel, Lage direkt am Fjord, Terrassenrestaurant und tolle Aussicht von den Balkonen im obersten (dritten) Stockwerk. Am WoE kostet das DZ ab 1000 NOK inkl. Frühstück. Sundegaten 9, ✆ 38325800, www.maritimfjordhotell.no.

Egenes Camping, das Feriencenter bietet auch hübsche Ferienwohnungen und Hütten mit bis zu 50 m² Wohnfläche. Im WoMo oder Zelt ab 240 NOK (Strom 40 NOK), Hütten je nach Größe, Wochentag und Saison 1200–4200 NOK. An der E 39 vor Flekkefjord (ausgeschildert), ✆ 38320148, www.egenescamping.no.

Hidra Camping, der klitzekleine Platz auf der Hidra-Insel bietet neben Stellplätzen auch 3 Hütten und 8 Appartements an. ✆ 38372487, www.hidra.no.

Essen & Trinken Annas Kjøkken, ganz kleine Karte, aber dafür ist alles frisch. Drei Vorspeisen, drei Nachspeisen und je zwei Fleisch- oder Fischgerichte (240 NOK). 3-Gänge-Menü für 475 NOK. Di–Sa 16–23 Uhr. Elvegate 9, ✆ 91702244, www.annasflekkefjord.no.

Supermarkt Rema, Mo–Fr 8–22 Uhr, Sa 9–20 Uhr, Lasta 2.

Sonstiges Es gibt eine Bank, eine Post, einen Supermarkt, einen Frisör, eine Bäckerei, eine Tankstelle und einen Zeitungskiosk.

Sehenswertes

Flekkefjord Kirke: Die klobige, achteckige Kirche aus dem 19. Jh. steht dicht am Kai der Elvegate. Ihr Erbauer, *D. Lindstow*, war auch Architekt des Osloer Schlosses. Ihm ist auch das farbige Interieur zu verdanken.

Flekkefjord Museum: In einem Handelshaus des 18. Jh. – der älteste Teil des Gebäudes ist von 1724 – hat ein privater Verein das kleine Heimatmuseum eingerichtet, in dem die Wahlsche Fayencen-Sammlung am ehesten sehenswert ist. Eine kleine Textil- und Möbelschau sowie eine Dokumentation der Beziehungen zu den Niederlanden runden das eher bescheidene Bild ab.
15. Juni bis 20. Aug. Mo–Fr 11–17 Uhr, Sa/So 12–15 Uhr. Eintritt 50 NOK, Kinder frei. Dr. Kraftsgate 15–17, ✆ 38328140, www.vestagdermuseet.no.

Insel Hidra: 25 Min. braucht man mit Bus und Fähre auf die Flekkefjord südlich vorgelagerte Insel. Man findet dort zwei kleine Dörfer mit Holzvillen und bescheidenen Fischerkaten, etliche Wanderwege am Ufer und erstaunlich große Wälder, ungeordnete Wikingerruinen und kaum markierte Grabhügel aus der Eisenzeit. Man kann angeln, spazieren gehen oder durch Befestigungsanlagen aus dem Zweiten Weltkrieg kriechen. Und natürlich kann man auf der nördlichsten Schäreninsel Norwegens auch baden; der beste Strand, **Sandvig**, liegt beim Dorf **Rasvag**, aber auch sonst gibt es etliche lauschige Badeplätze zwischen den Felsen. Und einen Mini-Campingplatz gibt es auch (s. o.).
Anfahrt/Fähre: Über die RV 469 ca. 10 km nach Süden bis zum Fährhafen von Kvellandstrand; die Fähre nach Lauvnes auf Hidra verkehrt stündl., braucht 10 Min. und kostet 110 NOK für einen Pkw und 2 Passagiere.

Egersund

Beim Blick vom Stadtberg Varberg zeigt sich, welch günstiger Naturhafen mit Egersund an der Dalane-Küste entstanden ist: Durch das Inselchen Eigerøy – zu erkennen am kleinen Leuchtturm – von der Nordsee abgetrennt, bietet die Fjordlandschaft zahllose Ankerplätze, was Segler heute wie vor tausend Jahren für diesen Standort einnimmt.

Egersund wird tatsächlich schon in isländischen Sagen als Fischerplatz und noch heute ist es einer der Häfen Norwegens, in denen die größt

Historische Steinbrücke nahe Egersund

Fisch gelandet werden. Doch nicht nur für Segler und Angler ist Egersund interessant, das charmante 10.000-Einwohner-Städtchen inmitten einer üppigen Landschaft hat durchaus seine Reize. Vor allem der Kontrast zwischen mitunter rauer Nordseeküste und den sanften Hügelketten ist etwas Besonderes. Und natürlich findet man auch hier zahlreiche hübsche Holzhäuschen im Ort. Noch ein Hinweis, um etwaige Missverständnisse bezüglich der Schreibweise zu vermeiden: Egersund ist die Stadt in der Kommune Eigersund.

Information Egersund Tourist Informasjon, freundliche Auskünfte und Broschüren. Juni Mo–Sa 10–17 Uhr, Juli tägl. 10–17 Uhr, bis Mitte Aug. Mo–Sa 10–17 Uhr. Im Sommer Jernbaneveien 1, ✆ 51468000, turist info@eigersund.kommune.no. Für den Rest des Jahres verkürzte Öffnungszeiten wie auch abweichende Adresse: Sokndalsveien 26, ✆ 51207049, post@visitdalane.no.

Egersund im Internet: Aktuelle Infos unter www.visitdalane.no.

Verbindungen Pkw: Knapp 85 km südlich von Stavanger, erreichbar via E 39 und 42.

Bus: Mehrmals tägl. Busse nach Flekkefjord oder Stavanger, aber auch Lokalbusse nach Østerbrød (und damit zum Skadberg-Strand). www.kolumbus.no.

...hof 1 km westlich des ...ag Haltestelle des Zu...nd – Stavanger.

Bademöglichkeiten in der RV 502 nach Nord...ss), oder in Ogna, wei-44 nördlich.

...partner für Taucher ist der **Egersund Dykkeklub**, der regelmäßig Exkursionen organisiert und auch sonst mit Rat und Tat zur Seite steht. www.egersund-dykkeklubb.no.

Übernachten Grand Hotell, stilvolles Eckhaus im Zentrum mit ebenso stilvollem Interieur (roter Klinker). 61 schmucke Zimmer mit Du/WC, Telefon und TV. Gutes Restaurant. EZ ab 1000 NOK, DZ ab 1350 NOK. Johan Feyersgate 3, ✆ 51496060, www.grand-egersund.no.

Camping Steinsnes NAF Camping, der gepflegte Platz an der RV 44 (3 km vom Ortskern) bietet neben Zeltplätzen und 21 Hütten (meist mit Etagenbetten) auch Angelscheine zum Lachsangeln. Zelten ab 120 NOK, WoMo 150 NOK, Strom 45 NOK. Hütten ab 450 NOK. Jærveien 190, Tengsbru, ✆ 97400966, www.naf-egersund.com.

Hauen Camping, etwa 7 km von Egersund und ganzjährig geöffnet. Schön gelegen, mit akzeptablen Sanitäranlagen und Supermarkt. Motorbootverleih für 200 NOK/Std. Camping ab 140 NOK, Hütten 400–750 NOK. Steinbakken 52, ✆ 51492379, www.hauencamping.no.

Essen & Trinken Grand Restaurant, kleine Karte mit wechselnden Gerichten, Tagesessen mit Fleisch oder Fisch um 190 NOK. Großes Sonntagsbüfett 265 NOK/Pers. (Rentner 215 NOK, Kinder 120 NOK). Mo–Sa 12–21.30 Uhr, So 13–17 Uhr. Johan Feyersgate 3, ✆ 51496060, www.grand-egersund.no.

Ristorante Oliveto, hier bekommt man gute Pizzen zu annehmbaren Preisen. Di–Do 17–22 Uhr, Fr 17–23 Uhr, Sa 11–23 Uhr, So 12–20 Uhr. Strandgaten 60, ✆ 51494800.

Supermarkt Rema 1000, Mo–Fr 8–22 Uhr, Sa 9–20 Uhr, Kvellurveien 1B.

Sonstiges Es gibt eine Post, Banken, eine Tankstelle, einen medizinischen Bereitschaftsdienst und verschiedene Einkaufsmöglichkeiten.

Sehenswertes

Dalane Folkemuseum: Das Hauptgebäude des Bezirksmuseums im Stadtteil Slettebøe ist der ehemalige Sommerwohnsitz des Amtsrichters. In drei mächtigen Holzvillen wird ein Eindruck vom „Wohnen und Arbeiten" unterschiedlicher Berufsstände im 19. Jh. vermittelt. Zwei Außenstellen in **Lund** und eine in **Sokndalstrand** (RV 44) widmen sich Landwirtschaft bzw. Fischerei der letzten 200 Jahre im Dalane-Bezirk.
Juni bis Aug. Mo–Sa 11–17 Uhr, So 13–18 Uhr; Mai und Sept. nur So 13–17 Uhr. Eintritt 50 NOK, Kinder 20 NOK. Museumsveien 20, ✆ 51461410, www.dalanefolke.museum.no.

Egersund Fayencenmuseum: Bis zu ihrer Schließung 1979 war die Porzellanfabrik größter Arbeitgeber Egersunds. Im Elganeveien, nahe des Bahnhofs, ist diesem 130 Jahre lang wichtigsten Wirtschaftszweig der Stadt ein Museum gewidmet. Aus dem Fundus der alten Fabrik werden Tassen und Teller, Gussformen und die zur Gravierung nötigen Kupferplatten gezeigt.
Mitte Juni bis Mitte Aug. tägl. 11–17 Uhr, ansonsten nur Mi/So 11–17 Uhr. Eintritt 40 NOK, Kinder 20 NOK. Fabrikkgaten 2, ✆ 51492640, www.dalanefolke.museum.no.

Jæren-Ebene

Touristisch gesehen mag das rund 1000 km² große Gebiet südlich von Stavanger nicht sonderlich ergiebig sein, als Landwirtschaftsgebiet aber ist Jæren eine Seltenheit in Norwegen und damit von großer Bedeutung.

Die etwa 70 km lange und 15 km breite Ebene schmiegt sich zwischen Egersund im Süden und Stavanger im Norden. Der Küstensaum (altnorweg.: *jadar* = Kante) gilt als Kornkammer des Fjordlandes, in dem auch Vieh gezüchtet und Gemüse angebaut wird. In einem Land, das nur zu 3 % landwirtschaftlich nutzbar ist, kommt dem vom Klima begünstigten – kein Monat mit einer Mitteltemperatur unter null Grad –, aber untypisch flachen Jæren eine erwähnenswerte Sonderstellung zu. Sie erkennen Jæren bei der Durchfahrt sogleich an den kniehohen Steinwällen, die als Parzellengrenzen bei der großen Flurbereinigung um die vorvorige Jahrhundertwende entstanden sind.

Und noch eine Besonderheit hat Jæren zu bieten: **Orrestranden**. Knapp 10 km südwestlich von Bryne, einem unscheinbaren Küstenort an der RV 507, erstreckt sich einer der schönsten Strände Norwegens. Selbst wenn es zum Baden zu kalt sein sollte, lohnen kilometerlange Strandspaziergänge oder das Sonnenbad zwischen den Dünen.

Leider ist die Ebene zunehmend von einer Zersiedlung bedroht. In der unmittelbar nördlich angrenzenden Öl-Boom-Metropole Stavanger geht langsam der Platz aus. Trotzdem strömen nach wie vor Menschen aus aller Welt nach Stavanger um hier für die großen Firmen zu arbeiten und so schreitet die Verbauung der umliegenden Regionen immer mehr voran.

In Stavanger legen die Ozeanriesen direkt an der Altstadt an

Stavanger

Stavanger ist zweifellos die Boomtown Norwegens. „Öl" heißt das Zauberwort und in den letzten Dekaden erblühte Stavanger von der einfachen Arbeiterstadt zur pulsierenden Ölmetropole, die sich 2008 sogar ganz offiziell mit dem Titel „Europäische Kulturhauptstadt" schmücken durfte.

Da verwundert es auch nicht, dass so manche Bewohner anderer Landstriche halb neidisch, halb spöttisch auf Stavanger blicken. Und die Stadt kann auch wirklich mit einigen Superlativen aufwarten: Hier gibt es das höchste Pro-Kopf-Einkommen Norwegens, den höchsten Ausländeranteil, die höchste Kneipendichte und die größte Wohnungsnot. Stavanger ist eine der ältesten Städte Norwegens und gleichzeitig eine der modernsten. Und leider auch eine der teuersten.

Die mit gut 128.000 Einwohnern viertgrößte Stadt des Landes hat dem Öl viel zu verdanken. Der kontinuierliche Geldstrom ermöglichte es, ein großes kulturelles Angebot zu schaffen, es ermöglichte umfangreiche Renovierungsarbeiten an erhaltenswerten Gebäuden und letztendlich verhalf es Stavanger dazu, eine auch für Touristen äußerst interessante Stadt zu werden. Lange vorbei sind die Zeiten, in denen hier nicht mehr als ein kurzer Zwischenstopp angebracht war, heute bietet die Stadt alle erdenklichen Annehmlichkeiten, von noblen Hotels über ausgezeichnete Gastronomie bis hin zum Einkaufserlebnis in edlen Boutiquen.

Nicht zuletzt macht die reiche Geschichte Stavangers die Stadt attraktiv. Es gibt historische Bauwerke zu besichtigen und Alt-Stavanger (Gamle Stavanger) auf dem Westufer der Hafenbucht Vågen gilt als Norwegens schönste und besterhaltene noch bewohnte Holzhaussiedlung.

Stadtstruktur

Schon lange bevor Stavanger im Hochmittelalter zum Zentrum des Rogalandes aufstieg, haben im Delta des Boknafjords Menschen gesiedelt, Vermutungen zufolge könnte es sich sogar um Norwegens ältesten Siedlungsraum handeln. Spuren in **Ullandhaugard**, am südwestlichen Stadtrand Stavangers, stammen immerhin aus dem 4. Jh. n Chr.

Später konzentrierte sich die Siedlung auf den Fjordausgang um die Vågenbucht, wo Stavangers City auch heute noch liegt, ähnlich wie die Stadt Bergen auf einer Landzunge zwischen Vågen und Fjord. Die Stadt war ursprünglich kompakt auf die Uferbebauung beschränkt – heute ideal für die Sightseeingtour zu Fuß – und erst mit der Industrialisierung in der zweiten Hälfte des 19. Jh. dehnte sich die Stadt immer weiter nach Norden und Westen aus.

Stavangers Wachstum scheint auch heute noch unaufhaltsam. Es entstehen neue Versorgungsbasen für den Offshore-Betrieb oder neue Montageplätze für Bohrinseln. Die Zuwanderung durch die Beschäftigten der Ölkonzerne und Zulieferbetriebe geht so rasch voran, dass die Stadt mit dem Wohnungsbau kaum hinterher kommt und die Mieten in schwindelerregende Höhen steigen. Umliegende Orte wie Sandnes, Sola und Randaberg sind mittlerweile eingemeindet, aber der zunehmende Platzmangel hat auch immer mehr negative Auswirkungen auf die Regionen südlich der Stadt, eines von Norwegens wichtigsten Landwirtschaftsgebieten.

Friedhof der Bohrinseln

Die einst größte Bohrplattform vor Stavanger, die *Alexander-Kielland-Insel* – benannt nach dem in Stavanger geborenen Schriftsteller, der später Bürgermeister seiner Heimatstadt war –, bescherte der Offshore-Industrie ihre bislang größte Katastrophe: 1980 kenterte die Bohrinsel, nachdem mehrere Streben zwischen den Auftriebskörpern gebrochen waren, 123 Menschen fanden dabei den Tod. Knapp vier Jahre später versenkte man die zunächst mühsam geborgene Bohrinsel einfach in einem Fjord vor Stavanger, wo sie noch heute vor sich hin rostet.

Die *Brent Spar* erlangte Bekanntheit, als sie im Sommer 1995 von Greenpeace-Aktivisten in einer spektakulären Kampagne vor dem Fluten bewahrt wurde. 1998 wurde die Verladeplattform zerschnitten, geeignete Teile davon wurden als Fundament für den neuen Hafenkai von Mekjarvik, einem kleinen Fährhafen nahe Stavangers, wieder verwendet.

Erst seit 1998 gibt es ein Abkommen, welches das Versenken von Ölplattformen im Nordatlantik verbietet.

Stadtgeschichte

Das genaue Datum der Stadtgründung ist umstritten, im Allgemeinen nennt man aber das Jahr 1125, da der Ort zu dieser Zeit Bischofssitz wurde und der Bau des Domes begann. Unbestritten ist aber, dass der Fjordgürtel schon lange vorher besiedelt und auch geschichtlich von nicht unerheblicher Bedeutung war. Immerhin fand 872 unweit von Stavanger, bei Hafrsfjord, jenes Gefecht statt, nach dem Norwegen erstmals als Königreich geeint wurde. Das Denkmal „Schwerter in Stein" westlich der Stadt kündet noch heute von König *Harald Schönhaar* und dieser historischen Schlacht.

Die Ernennung zum Bischofssitz, der Dombau und das damit verbundene Ansehen förderte die Ansiedlung von Kaufleuten und Handwerkern. Mit der Verlegung des Bischofssitzes nach Kristiansand im Jahr 1682 als Folge eines Großbrandes begann für Stavanger ein Schattendasein und um 1800 wohnten gerade einmal 2400 Menschen in der Stadt. Bergauf ging es erst wieder, als die Brislingfischerei (*brisling* = die „norwegische Sardine") und die dazugehörige Verarbeitungsindustrie Geld in die Kassen spülte.

Um 1900 zählte die Stadt 14 Konservenfabriken und 30.000 Einwohner, 20 Jahre später waren es bereits 44.000 Menschen. Rund 80 % aller Unternehmen waren zu dieser Zeit direkt von der Konservenindustrie abhängig. Stavanger hatte sich zu einer der ersten Industriestädte des Landes und außerdem zu einem der wichtigsten Zentren der norwegischen Arbeiter- und Gewerkschaftsbewegung entwickelt.

Anfang der 1960er-Jahre wohnten 81.000 Menschen in Stavanger, die Konservenfabriken hatten ihre Beschäftigten an Betriebe der Eisen- und Metallverarbeitung abgegeben und allein auf der Rosenberg-Werft im Norden der Stadt arbeiteten 1300 Menschen. Dennoch standen die Chancen schlecht, sich gegen Bergen oder Oslo als Industriestandort zu behaupten.

Das änderte sich schlagartig mit der Erschließung des **Ekofisk-Feldes** 1969, mit der das goldene Zeitalter über Stavanger und ganz Norwegen hereinbrach. Mit ihrer Werftindustrie, ihrer günstigen Hafen- und Verkehrslage und ihrer Nähe zu den Nordsee-Ölfeldern war die Stadt plötzlich erste Wahl und bot sich als Zentrum der neuen Wachstumsbranche geradezu an. Und das gilt bis auf den heutigen Tag, auch wenn immer mehr Ölfelder weiter im Norden erschlossen werden und Städte wie Bergen oder Tromsø zunehmend am Ölboom teilhaben.

Basis-Infos

Information Stavanger Turistinformasjon, in der Altstadt. Großes Informationsbüro mit deutschsprachigen Mitarbeitern. Man wird freundlich beraten, kann Unterkünfte und Ausflüge buchen, außerdem gibt es Broschüren, Veranstaltungsprogramme und Souvenirs. Mo–Fr 9–16 Uhr, Sa 9–14 Uhr; im Sommer (Juni–Aug.) tägl. 9–20 Uhr. Domkirkeplassen 3, ✆ 51289200, ✆ 51289202, info@regionstavanger.com. www.regionstavanger.com.

Für Wanderer und Trekker kann das Büro der **Touristforening** in der Unterführung am Rogaland-Theater (hinter dem Bahnhof) hilfreich sein. Neben Infos erhält man auch Wanderkarten und Hilfe bei der Organisation von Touren. Mo–Fr 10–16 Uhr (Do bis 19 Uhr), Sa 10–15 Uhr. ✆ 51840200, www.stavanger-turistforening.no.

Stavanger im Internet: Aktuelle Infos unter

Verbindungen Pkw: Stavanger liegt an der E 39, rund 240 km nordwestlich von Kristiansand. Richtung Norden und ebenfalls via E 39 erreicht man nach gut 220 km (und etlichen Fährfahrten) Bergen. Auf dem Weg gen Norden kann man auch nach Haugesund (100 km) abzweigen, das aber auch auf einer schöneren Route über die Insel Karmøy erreichbar ist.

Flugzeug: Der Flughafen **Sola** liegt etwa 15 km von Stavanger entfernt. Von Deutschland kann man aus Berlin-Schönefeld und Frankfurt anreisen, internationale Destinationen sind außerdem Paris, Amsterdam, Kopenhagen, London, Barcelona oder Aberdeen. Natürlich werden auch norwegische Städte angeflogen, mehrmals tägl. geht es von/nach Oslo, Trondheim,

Stavanger 247

Bergen oder Kristiansund. Flugpläne und Infos unter www.avinor.no/en/airport/stavanger.

Alle 20–30 Min. verkehrt ein Flughafenbus (100 NOK/Pers.). Haltestellen in Stavanger z. B. Fiskepiren und Atlantic Hotel.

Bus: *Kystbussen* (Nr. 400; www.kystbussen.no) verkehrt zwischen Stavanger und Bergen mit Stopps in Haugesund und dem Knotenpunkt Aksdal, von wo es Anschlussverbindungen nach Oslo gibt. Der *Sør-Vest ekspressen* (Nr. 300; www.norway.no) pendelt zwischen Stavanger und Kristiansand (Anschluss mit dem *Sørlandsekspressen*) mit Stopps in Sandnes und Flekkefjord. Regionalbusse steuern die umliegenden Ortschaften an. **Zug:** Mehrmals tägl. fahren Züge Richtung Kristiansand, Arendal und Oslo. Knotenpunkt ist Bryne (ca. 35 km südlich von Stavanger), wo meist umgestiegen werden muss. Der Hauptbahnhof liegt zentral am Stadtteich (Breiavatnet). Fahrplanauskunft ✆ 81500888, www.nsb.no.

Fähre: Stavanger – Tau (Richtung Preikestolen): Die Autofähre über den Idsefjorden legt an den Fiskepiren ab (Überfahrt mind. 25-mal tägl., 40 Min., Pkw+Fahrer 133 NOK, 44 NOK/Pers.). ✆ 05505, www.tide.no.

Insel Karmøy (Richtung Haugesund): Die Fähren fahren von Mekjarvik nach Skudneshavn mit Stopp in Kvitsøy (4- bis 5-mal tägl., 80 Min., Pkw+Fahrer 199 NOK, 61 NOK/Pers.). ✆ 05505, www.tide.no.

Mortavika – Arsvågen: Fährverbindung, wenn man auf der E 39 fährt (22 Min., Pkw+Fahrer 171 NOK, 37 NOK/Pers.). www.fjord1.no.

Lysefjorden: Die herrliche Fahrt durch den 42 km langen Lysefjorden und am Preikestolen vorbei lohnt als Ausflug (→ S. 254), ist aber auch eine gute Verkehrsanbindung ins Setesdal (im Sommer tägl., 4 Std., Pkw+Fahrer 420 NOK, 220 NOK/Pers.). Wer ein Fahrzeug dabeihat, sollte unbedingt reservieren. ✆ 51868788, www.vfc.no.

Expressboot nach Bergen: Vom Schnellboot-Terminal rauscht der Flaggruten-Katamaran (keine Autofähre) tägl. nach Bergen (4:30 Std., einfach im Internet ab 250 NOK), mit Stopp in Haugesund (80 Min., einfach im Internet ab 170 NOK). Reguläre Preise wesentlich höher. ✆ 05505, www.tide.no.

Die Valbergtårnet thront über Stavanger

Stadtverkehr Bus: Eigentlich kann man in Stavanger alles noch ganz gut zu Fuß erreichen, es gibt aber etliche Stadtbuslinien, die alle an der Haakon VII's gate zwischen Dom und Post halten. Genaue Fahrpläne in der Touristeninformation.

Fahrrad: Man kann vielerorts Fahrräder mieten und ist in Stavanger gut damit unterwegs (→ S. 250)

Taxi: Einfach heranwinken oder bestellen unter ✆ 51909090.

Adressen/Telefonnummern

Apotheke Olav V's gate 11 (hinter dem Bahnhof), Mo–Fr 8.30–23 Uhr, Sa 9–23 Uhr, So 10–23 Uhr. ✆ 51910880.

Arzt Medizinischer Notdienst, 24 Std. geöffnet. Armauer Hansens vei 30 (neben dem Krankenhaus), ✆ 51510202.

248 Südküste

Übernachten
1. Skansen Hotel
2. Viktoria Hotel
5. Best Western Havly Hotell
8. Skagen Brygge Hotell
12. Myhregaarden Hotel
17. Viste Strandhotell
23. Comfort Hotel Square
24. Radisson Blu Atlantic Hotel
25. Clarion Stavanger
26. Rica Forum Hotel Stavanger
27. Mosvangen Camping
28. Vandrerhjem Mosvangen
29. Stavanger Bed & Breakfast
30. Rica Park Hotel Stavanger
31. Sola Strand Hotel
32. Ølbergstranden
33. Thompsons Bed & Breakfast
34. Rogalandsheimen Gjestgiveri

Essen & Trinken
3. Gaffel & Karaffel
7. Renaa Matbaren
9. N.B. Sørensen's Dampskibsexpedition
11. Skagen Bageri
14. Sjøhuset Skagen
16. Bevaremegvel
21. Ostehuset Café & Deli
22. Food Story

Nachtleben
4. Boker & Borst
6. Café Sting
10. Cardinal
13. Ittepå Nattklubb
15. Newsman
18. Dickens
19. Nåløyet Bar/Taket
20. Checkpoint Charlie Hard Rock Café

Stavanger 249

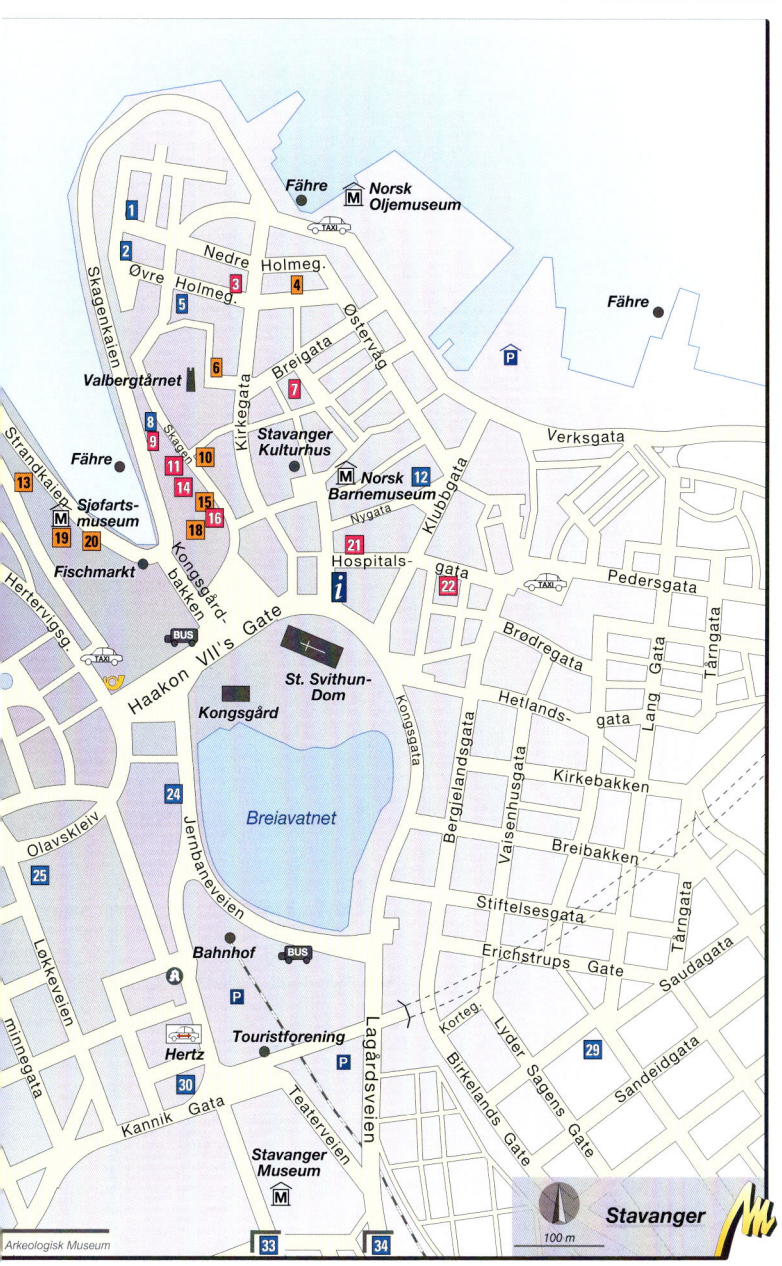

250 Südküste

Autovermietung Wie überall in Norwegen nicht billig. Im Sommer, wenn die Geschäftsreisenden ausbleiben, lohnen u. U. Preisverhandlungen.

Hertz, Olaf V's gate 13, ✆ 51520000; **Budget**, am Flughafen, ✆ 67255618; **Grøsfjeld Bilutleie**, Lagårdsveien 125, V/Strømsbruen, ✆ 51522133.

Banken Bankfilialen z. B. am Domplatz, Automaten im Flughafen Sola.

Fahrradverleih Vielerorts gehört es zum Hotelservice, Fahrräder kostenlos an Gäste abzugeben. Ansonsten kann man in der Touristeninformation ebenfalls Räder mieten.

Gästehafen Drei Optionen, allesamt mit guten Einrichtungen. Die **Vågen Marina** ist ganz zentral gelegen, die **Bekhuskaien Marina** östlich des Fiskepieren Pier und die **Børevigå Marina** am Petroleum Museum.

Gepäckaufbewahrung Im Fiskepirterminalen sowie im **Byterminalen** in der Jernbaneveien.

Internet Im Stavanger Kulturhus gibt es kostenloses WLAN-Internet, in der Bibliothek im 2. Stock außerdem Computerterminals. Mitte Juni bis Mitte Aug. Mo–Fr 10–17 Uhr (Do bis 19 Uhr), Sa 10–15 Uhr, ansonsten längere Öffnungszeiten. Sølvberggata 2, ✆ 51507465.

Parken Es gibt fünf Parkhäuser im Innenstadtbereich, einfach den Schildern folgen. Am günstigsten parkt man am Bahnhof.

Post Hauptpost in der Haakon VII's gate (neben dem Breiavatnet). Hier kann Geld gewechselt werden, und es gibt einen Schalter für postlagernde Sendungen. Mo–Fr 9–18 Uhr, Sa 10–15 Uhr.

Reinigung Renseriet, Reinigung und auch Münzautomaten. Mo–Fr 8–18 Uhr, Sa 9–16 Uhr. Kongsgate 40, ✆ 51895653.

Übernachten/Camping → Karte S. 248/249

Viele Geschäftsleute kommen nach Stavanger, entsprechend ist das Angebot geschnitten: Es gibt fantastische Hotels der gehobenen Preisklasse. Unsere Auswahl empfiehlt aber auch kostengünstigere und trotzdem angenehme Unterkünfte oder solche mit sommerlichen Sonderangeboten. Da die Geschäftsreisenden hauptsächlich Mo–Fr in Stavanger sind, gibt es im Wochenverlauf enorme Preisunterschiede – bisweilen kosten die Zimmer am Wochenende etliche hundert Kronen weniger. Hier lohnt es sich zu vergleichen und zu verhandeln.

Hotels in Stavanger Best Western Havly Hotell **5**, das Haus bietet 42 modernisierte und geräumige Zimmer mit gefliesten Bädern, TV und WLAN. EZ 880–1750 NOK, DZ 1000–1900 NOK. Valberggata 1, ✆ 51939000, www.havly-hotell.no.

Rica Park Hotel Stavanger **30**, ausgezeichnetes Business-Hotel mit allen erdenklichen Annehmlichkeiten. 59 edel eingerichtete Zimmer (WLAN), Sauna und Fitnessstudio im Haus. Standard-Zimmer am WoE schon ab 1100 NOK, Mo–Fr um die 1900 NOK, aber dann schnell ausgebucht. Prestegårdsbakken 1, ✆ 51500500, rica.park.hotel.stavanger@rica.no, www.rica-hotels.com.

»> Mein Tipp: Myhregaarden Hotel **12**, in dem modernen Zentrumshotel gibt es nicht nur schick eingerichtete Zimmer und Suiten, sondern auch voll ausgestattete Apartments (Mindestaufenthalt 3 Nächte, bei Verfügbarkeit auch kürzer) mit Küche. Gutes Restaurant. DZ ab 1295 NOK, Mo–Fr um 2195 NOK. Nygaten 24, ✆ 51868000, booking@myhregaardenhotel.no, www.myhregaardenhotel.no. **«**

Comfort Hotel Square **23**, zentral gelegenes, modern eingerichtetes Hotel mit 194 Zimmern. Kostenlos WLAN und Computerterminal. Super Blick von der Dachterrasse. DZ am WoE ab 1000 NOK, Mo–Fr um 1700 NOK. Lokkeveien 41, ✆ 51568000, www.comfortinn.com.

Rica Forum Hotel Stavanger **26**, moderner Glasturm mit 182 Zimmern. Edel eingerichtet mit Holzfußböden, gefliesten Bädern und WLAN-Internet. Restaurant und Bar im 20. Stock mit tollem Ausblick. DZ 1000–1700 NOK, Junior-Suite 1500–2200 NOK. Gunnar Warebergsgate 17, ✆ 51930000, www.rica.no.

Victoria Hotel **2**, altehrwürdiges Haus am Hafen mit famoser Aussicht, 107 Zimmern und Suiten, gutem Restaurant und schicker Bar. Die Zimmer sind edel eingerichtet, gut ausgestattet und wohnlich. DZ ab 1200 NOK (WoE), unter der Woche ab 1800 NOK, dafür evtl. Frühbucherrabatt im Internet. Skansegaten 1, ✆ 51867000, www.victoria-hotel.no.

Radisson Blu Atlantic Hotel 24, das große Hochhaus am Stadtteich in unmittelbarer Nähe zum Bahnhof wirbt mit seinem internationalen Flair. 364 Zimmer in versch. Kategorien, 2 Restaurants, eine Bar und ein Pub im Haus. DZ ab 1200 NOK, Mo–Fr ab 1700 NOK. Olav V's gate 3, ✆ 51761000, www.radissonblu.com.

Skagen Brygge Hotell 8, die Speicherhausbauweise des direkt am Vågen gelegenen Edelhotels begeistert sofort. Die ansprechenden Zimmer sind nicht ganz billig, aber ihr Geld wert. Natürlich mit Bar und Restaurant. DZ ab 1300 NOK (WoE), Mo–Fr 1800 NOK. Skagenkaien 28–30, ✆ 51850000, www.skagenbryggehotell.no.

Skansen Hotel 1, im Haus gibt es einen komplett renovierten und einen etwas älteren Trakt (mit dafür günstigeren Zimmern). Alle Zimmer haben ein eigenes Bad. DZ unter der Woche schon ab 1000 NOK, am WoE ab 800 NOK. Skansegate 7, ✆ 51938500, www.skansenhotel.no.

Clarion Stavanger 25, großes, modernes Hotel mit 250 Zimmern in verschiedenen Kategorien. Schon in der einfachsten Version mit WLAN, Flatscreen-TV und Minibar. DZ ab 1400 NOK (WoE), sonst ab 2300 NOK. Ny Olavskleiv 8, ✆ 51502500, www.clarionstavanger.no.

Hotels außerhalb Viste Strandhotell 17, das geschmackvolle Strandhotel im 9 km entfernten Randaberg bietet 55 hübsche und gut eingerichtete Zimmer (einige mit Meerblick). EZ 1300 NOK, DZ um die 1500 NOK. Visteveien 47, Randaberg, ✆ 51733050, www.vistestrandhotell.no.

Sola Strand Hotel 31, das 80 Jahre alte, ungemein stilvolle Hotel liegt direkt an einem der schönsten Strände des Landes (16 km vom Zentrum) und entsprechend schön ist der Blick von einigen der 80 hellen Zimmer. EZ 1100–1700 NOK, DZ 1400–1900 NOK. Sola, Axel Lundveien 27, ✆ 51943000, www.sola-strandhotel.no.

Hostels/Budget Vandrerhjem Mosvangen 28, zu Fuß vom Zentrum erreichbar (etwa 3 km) und von Mitte Juni bis Ende Aug. geöffnet. Mit Aufenthaltsraum, Gemeinschaftsküche, Gepäckaufbewahrung und kostenlosen Parkmöglichkeiten. Bett im Schlafsaal 250 NOK, DZ 700–800 NOK, Familienzimmer ab 900 NOK. Henrik Ibsengate 19, ✆ 51543636, www.vandrerhjem.no.

Stavanger: schönste Altstadt des Landes

Stavanger Bed & Breakfast 29, ruhige Pension mit 14 Zimmern, unweit des Bahnhofs. WLAN. DZ mit Bad auf dem Flur 790 NOK, DZ mit eigener Dusche (WC trotzdem auf dem Flur) 890 NOK. Videkalsgate 1a, ✆ 51562500, www.stavangerbedandbreakfast.no.

Rogalandsheimen Gjestgiveri 34, die 15 Zimmer des zentral gelegenen Gasthofs haben alle ein Waschbecken, Du/WCs auf den Fluren. WLAN im ganzen Haus und ein Computerterminal an der Rezeption. EZ 700 NOK, DZ 825 NOK (inkl. Frühstück). Muségate 18, ✆ 51520188, www.rogalandsheimen.no.

Thompsons Bed & Breakfast 33, in dem frei stehenden Häuschen gibt es 4 nette Zimmer (mit TV) zu mieten. EZ ab 300 NOK, DZ ab 480 NOK. Muségaten 79, ✆ 51521329, www.thompsons-bed-and-breakfast.com.

Südküste

Camping Mosvangen Camping **27**, der Campingplatz liegt schön am See, ist aber trotzdem stadtnah. Unter weit ausladenden Bäumen ist Platz für 150 Zelte und Wohnmobile, außerdem gibt es 19 Hütten und eine Cafeteria. Sanitäranlagen gerade noch akzeptabel. Mai–Aug. geöffnet. Camping 150–220 NOK, Hütten ab 450 NOK. Tjensvoll 1, ℅ 51532971, www.mosvangencamping.no.

Ølbergstranden **32**, schöner Campingplatz neben dem Fischerhafen von Ølberg (E 39, dann RV 510, 15 km südlich von Stavanger bei Sola). Der nur Mai–Aug. geöffnete Platz liegt in den Dünen, hat gute Sanitäranlagen, ist leider nur mit eigenem Fahrzeug erreichbar. Zudem gibt's 16 piekfeine Hütten (ab 550 NOK). Camping ab 180 NOK. Ølberg, Havnesveien 101, ℅ 51654900, www.olbergstranden.no.

Essen & Trinken → Karte S. 248/249

Restaurants/Cafés »» **Mein Tipp:** Ostehuset Café & Deli **21**, echt spitze, gleich um die Ecke von der Touristeninformation. In der Vitrine liegen italienische Köstlichkeiten, die damit belegten Sandwiches kosten 60–100 NOK. Pizza Margherita 119 NOK, extra Topping je 25–35 NOK. Guter Kaffee. Als Take-away alles etwas günstiger. Mo–Fr 8–21 Uhr, Sa 8–18 Uhr. Hospitalsgaten 6, ℅ 51864010, www.ostehuset.no. «««

Sjøhuset Skagen 14, in dem restaurierten Lagerhaus gibt es norwegische Klassiker zu nicht gerade günstigen Preisen: Klippfisch 289 NOK, Elchfilet 395 NOK (je mit Beilagen). Mittagsgerichte um die 180 NOK. Mo–Sa 11.30–23 Uhr, So 13–21.30 Uhr. Skagenkaien 13, ℅ 51895180, www.sjohusetskagen.no.

Food Story 22, Deli, Café, Bistro mit kleiner Karte, aber ausgezeichneten Gerichten. Ein Entrecote-Sandwich etwa kostet 149 NOK, der gebackene Lachs 190 NOK. Günstigere Kinderportionen. Mo–Sa 9–17 Uhr. Hospitalgata 15, ℅ 51563770, www.foodstory.no.

Bevaremegvel 16, edles Restaurant mit Flair und guter Küche. Auf den Teller kommen Kaninchenrillette (160 NOK), Hirschfilets (300 NOK) oder gegrillter Steinbutt (320 NOK). Mo–Mi 11–24 Uhr, Do–Sa 11–1 Uhr, So 14–23 Uhr. Skagen 12, ℅ 51843860, www.herlige-restauranter.no/bevaremegvel.

N.B. Sørensen's Dampskibsexpedition 9, das Interieur erinnert an ein auf edel getrimmtes Fischerlokal. Für ein Hauptgericht muss man 250–300 NOK hinblättern, als Vorspeise oder für den kleinen Hunger ist die Fischsuppe eine gute Wahl. Mo–Mi 11–24 Uhr, Do–Sa 11–2 Uhr, So 13–23 Uhr. Skagen 26, ℅ 51843820, www.herlige-restauranter.no/nbsorensenstavanger/.

Gaffel & Karaffel 3, Hauptgerichte wie gegrillter Heilbutt oder geschmorte Lammschulter kosten hier 300–350 NOK, es gibt außerdem vegetarische Gerichte (um 200 NOK). Di–So ab 18 Uhr. Øvre Holmegate 20, ℅ 51864158, www.gaffelogkaraffel.no.

Renaa Matbaren 7, nicht zu verwechseln mit dem ungleich teureren Restaurant. Skandinavisch-schlichtes Interieur, gute Speisen. Mittagessen (125–198 NOK) Mo–Sa 11–16 Uhr, Abendessen (160–290 NOK) Mo–Sa 16–23 Uhr, So 13–22 Uhr. Breitorget 6, ℅ 51551111, www.restaurantrenaa.no.

Skagen Bageri 11, modern ist es nicht, aber wer so gutes Backwerk anbietet, der darf auch optisch etwas altmodisch sein. Mo–Fr 7–15.30 Uhr, Sa 8–15.30 Uhr. Skagen 18, ℅ 51895171, www.skagenbageri.no.

Pubs/Bars/Nachtleben → Karte S. 248/249

Pubs/Bars »» **Mein Tipp:** Bøker & Børst **4**, cooler geht es nicht mehr. Tagsüber Buchcafé, nachts extrem angesagtes Lokal zum Trinken und Feiern. Tägl. 10–2 Uhr. Ovre Holmegate 32, ℅ 51860476, www.bokerogborst.com. «««

Dickens 18, im Pub am Hafen kann man gemütlich ein Bier trinken, gelegentlich auch Livemusik hören, und für den Hunger gibt es Burger (89 NOK) oder Pizzen (85/145 NOK). Mo–Fr 12–2 Uhr, Sa 11–2 Uhr, So 13–2 Uhr. Skagenkaien 6, ℅ 51895970, www.dickens-stavanger.no.

Newsman 15, News-Bar und gemütliche Kneipe für einige Biere in netter Gesellschaft. Mo–Sa 12–2 Uhr, So 15–2 Uhr. Skagen

In Stavanger gibt es jede Menge guter Lokale

14, ℘ 51843880, www.herlige-restauranter.no/newsmannyhetscafe/.

Nåløyet Bar 19, die „Nadelöhr Bar" ist ein richtig entspanntes Lokal in einem der ältesten Gebäude Stavangers. Gut für ein paar Drinks, nicht nur am Wochenendo. Mo–Sa 18–2 Uhr, So 20–2 Uhr. Nedre Strandgata 13, ℘ 51843700, www.herlige-restauranter.no/naloyetbar/.

Cardinal 10, guter Pub, in dem sich Jung und Alt zum Trinken und Feiern trifft. So–Do 15–1.30 Uhr, Fr/Sa 12–1.30 Uhr. Skagen 21, ℘ 98204200, www.cardinal.no.

Café Sting 6, gemütliche Kneipe in der Nähe des Valbergturms. Es gibt kleine Gerichte, nette Ausstellungen und auch Livemusik. Einige Tische im Freien. Mo–Do 12–24 Uhr, Fr/Sa 12–1.30 Uhr, So 14–23 Uhr. Valberget 3, ℘ 51893878, www.cafe-sting.no.

Nachtleben Checkpoint Charlie Hard Rock Café 20, im „Checkpoint" spielen Livebands, DJs legen auf und überhaupt kann man hier super feiern. Die Musikrichtung bedarf bei dem Namen keiner speziellen Erwähnung. Tägl. 20–2 Uhr. Nedre Strandgate 5, ℘ 51532245, www.checkpoint.no.

Ittepå Nattklubb 13, guter Club und Lounge mit hohem Flirtfaktor und guten Beats. Fr/Sa 23–3.30 Uhr. Strandgate 29, ℘ 51531080, www.herlige-restauranter.no/ittepaa/.

Taket 19, nach Mitternacht zieht das Partyvolk in diesen Club um zu flirten, trinken und feiern. So, Mi, Do 24–3.30 Uhr, Fr/Sa 23–3.30 Uhr. Nedre Strandgate 15, ℘ 51843700, www.herlige-restauranter.no/taket/.

Einkaufen

Die ältesten und größten Einkaufszentren begründen Stavangers Ruf als beste, aber auch teuerste Einkaufsstadt Norwegens.

Arkaden: Über zwei Häuserblocks erstreckt sich das Zentrum mit 60 Geschäften und Restaurants an der Klubgata, in dem Sie sich von Kopf (zwei Frisöre) bis Fuß (fünf Schuhgeschäfte) versorgen lassen und zwischendurch Pause im Café machen können. Mo–Fr 10–20 Uhr, Sa bis 18 Uhr. www.arkadentorgterrassen.no.

Kirkegata: Die Einkaufs- und Flaniermeile der Stadt zwischen Dom und Hafen mit Skizentrum und Souvenirshop, Blumenladen und Boutique – die zwei Gesichter Stavangers auf einem Kilometer.

Kvadrat: Norwegens größtes Einkaufszentrum (160 Geschäfte, 13 Restaurants) liegt außerhalb von Stavanger, und zwar an der E 39 auf dem Weg nach Sandnes. Im Foyer ein Infostand für Touristen. Mo–Fr 10–20 Uhr, Sa bis 18 Uhr.

Ein **Gemüsemarkt**, auf dem es auch Blumen und frisches Obst gibt, findet rund ums Kielland-Denkmal im Zentrum von Stavanger statt, ein kleiner **Fischmarkt** am Vågen.

Festivals/Aktivitäten

Festivals MaiJazz, seit über 20 Jahren gibt es jeden Mai Jazz vom Feinsten. Etwa 40 Konzerte finden statt. www.maijazz.no.

International Chamber Musik Festival, Kammermusikfestival über eine Woche im August. www.icmf.no.

Wandern/Ausflüge Es gibt zahlreiche Touren in der Region, Infos dazu gibt es im Turistkontor. Eine Wanderung sollte man auf keinen Fall verpassen, nämlich die zum Preikestolen. Siehe auch S. 263 „Preikestolen".

Kajakfahren Lysefjord Kajakk, Kajakmiete 420 NOK/Tag, eine 2:30-stündige Tour mit Kajakguide und vorheriger Einweisung ebenfalls 420 NOK. Ab Forsand, ℘ 97737448, www.lysefjordkajakk.com.

Bootsfahrten Rødne Fjord Cruise, 3-stündige Rundfahrt zum Preikestolen 400 NOK (Juni–Aug. tägl. 2–3 Fahrten), es gibt aber auch eine Kombi-Tour mit Bootsfahrt, Wanderung (ohne Guide) und Rücktransport nach Stavanger für 650 NOK. ℘ 51895270, www.rodne.no.

Preikestolcruise, 3-stündige Fahrt in den Lysefjord bis zum Preikestolen. Erwachsene 360 NOK, Kinder 250 NOK, Familien 900 NOK. 26.5.–2.9. tägl., 31.3.–19.5. und 8.9.–27.10. jeden Samstag. Ab Skagenkaien um 12.15 Uhr. ℘ 51868788, www.norledfjordcruise.no.

Rundflüge NorCopter, im Helikopter über den Preikestolen und den Lysefjord. Ca. 30-minütige Tour 1350 NOK/Pers. bei 3 Pers. Ab Flughafen Sola. Flyplassveien 180, ✆ 88001414, www.norcopter.com.

Fallschirmspringen Stavanger Fallskjermklubb, der Tandemsprung mit einem erfahrenen Springer kostet 3500 NOK, Fotos oder Filmaufnahmen vom Sprung kosten 650 bzw. 750 NOK (beides 900 NOK). ✆ 97051040, www.sfsk.no.

Konzert/Kultur Stavanger Konserthus, der neueste und größte Veranstaltungsort der Stadt, hier finden hochkarätige Konzerte und Theateraufführungen statt. Sandvigå 1, ✆ 51537040, www.stavanger-konserthus.no.

Lachssafari Ein lohnenswerter Ausflug auch für Stavanger-Besucher führt ins Suldal zur Lachssafari. 110 km von Stavanger via Landstraße 13, ✆ 52797690, www.molaks.no. Ausführliche Infos → Sand, Kasten S. 268.

Tauchen Jæren Dykkersenter AS, Tauchkurse nach dem anerkannten PADI-System fangen für den Grundkurs bei 1990 NOK/Pers. an. Leute mit gültigem Schein können an Tauchfahrten teilnehmen. Østervåg 19, ✆ 51890506, www.jdykk.no.

Golf Stavanger Golfklubb, einer der ältesten Clubs in Norwegen, etwa 5 km westlich von Stavanger gelegen. Greenfee 500 NOK, Driving Range ab 200 NOK. Longebake 45, Hafrsfjord, ✆ 51939100, www.sgk.no.

Angeln Zum Meeresangeln entlang der Küste braucht man keine Genehmigung. Wer in Flüssen oder Seen fischen will, braucht eine Lizenz für die jeweilige Region. Infos und Adressen in der Touristeninformation.

Der Valbergtårnet in Stavanger

Skifahren Rund 90 km ins Landesinnere muss man fahren, dann ist man am bis zu 924 m hoch gelegenen **Tjorhomfjellet** Skigebiet, wo es zahlreiche Loipen, einen Snowpark und Alpin-Pisten gibt. Man kann Material leihen (ab 300 NOK) und auch Kurse machen. Saison ist Dez.–April. www.tjorhomfjellet.no.

Sehenswertes im Zentrum

Sightseeing in Stavanger erledigt man am besten zu Fuß. Innerhalb weniger Minuten erreicht man die wichtigsten Attraktionen im Zentrum und auch die Sehenswürdigkeiten südlich und südwestlich davon sind in angenehmen Spaziergängen zu erkunden.

Valbergtårnet: Zu Beginn der Sightseeingtour lohnt ein Aufstieg auf den ehemaligen Brandwachturm inmitten des Stadtzentrums, zu finden zwischen Kirkegata und Brygge-Hotel. Vom Wehrgang haben Sie einen Rundumblick über City und Hafen. Der Turm entstand Mitte des 19. Jh., um von hier oben aus Brände in der Stadt frühzeitig erkennen zu können.

15. Juni bis 15. Aug. tägl. 11–15 Uhr, in der Übergangszeit verkürzte Öffnungszeiten. Eintritt 30 NOK.

St. Svithun Dom: Die Domkirche nördlich des Stadtteiches gilt neben dem Trondheimer Nidarosdom als bedeutendste Kirche Norwegens. Bischof *Reynald von Winchester*, späterer Bischof der Stadt, gab den Auftrag für den Dom. Mit dem Bau der dreischiffigen Basilika wurde 1125 im anglo-normannischen Stil begonnen, nach einem Brand 1272 kamen gotische Elemente hinzu, und ein weiterer Umbau im 19. Jh. machte den Stilmischmasch mit Barockschnitzereien im Inneren perfekt. Gleichwohl wird der Dom als einzige Kirche des Landes mit mittelalterlicher Grundstruktur gepriesen. Juni–Aug. tägl. 11–19 Uhr, ansonsten Mo–Sa 11–16 Uhr. So 11 Uhr Hochamt. www.kirken.stavanger.no.

Sonne tanken auf der Kirchentreppe

Kongsgård: Neben dem Dom liegt die einstige Bischofs- und spätere Königsresidenz. Das Gebäude wird seit fast 200 Jahren als öffentliches Gymnasium genutzt und kann deshalb auch nicht besichtigt werden.

Norsk Oljemuseum: Unübersehbar in der Nähe des Fähranlegers ist der futuristische Bau fast schon ein neues Wahrzeichen im Hafen Stavangers geworden, neugierig macht er auf jeden Fall. Drinnen wird anschaulich berichtet, wie das Öl in die Nordsee kommt, wie es gefördert und transportiert wird und welche politische Macht und wirtschaftlichen Reichtum das „schwarze Gold" Norwegen und Stavanger gebracht hat. Trotz des hohen Eintrittspreises sollte man sich dieses Museum nicht entgehen lassen.

1. Juni bis 31. Aug. tägl. 10–19 Uhr; Sept.–Mai Mo–Sa 10–16 Uhr, So 10–18 Uhr. Eintritt 100 NOK, Kinder 50 NOK, Familie (2+3) 250 NOK. Kjeringholmen, ✆ 51939300, www.norskolje.museum.no.

Norsk Barnemuseum/Norwegisches Kindermuseum: Neueste Attraktion nicht nur für Kinder ist das Kindermuseum im auch ansonsten anschauenswerten Kulturhaus am Sølvberget. Da gibt es viel zu sehen und zu machen für Kinder jeden Alters: Lebende Läuse und richtige Holzhütten, Spielzeug und Labyrinthe, immer neue Ausstellungen und Aktivitäten, die allesamt viel Spaß machen.

Di–Sa 11–16 Uhr, So 12–17 Uhr. In den Schulferien tägl. geöffnet. Eintritt 60 NOK, Kinder 40 NOK. Für 100 NOK gibt es ein 4-Tage-Ticket, das auch für alle anderen zum Stavanger Museum gehörenden Zweigstellen gilt. Muségata 16, ✆ 51842700, www.norskbarne.museum.no.

Gamle Stavanger/Alt-Stavanger

Das Viertel mit 173 teilweise über 200 Jahre alten Holzhäusern ist kein Museumsdorf, sondern ein beschaulicher Stadtteil des modernen Stavanger. Zwischen der

Nedre und der Øvre Strandgate am westlichen Ufer des Vågen wohnten einst Brislingfischer und Handwerker, arbeiteten „Einsalzer" und Händler. Das ehemalige Zollhaus in der Nedre Strandgate Nr. 49 ist ebenso erhalten wie das Kaufmannshaus in der Nr. 17, das heute ein Seefahrtsmuseum beherbergt. Hier sollte man sich wirklich Zeit nehmen, einen ausgedehnten Spaziergang durch die kleinen Gassen machen und ein wenig neidisch auf die Leute werden, die in diesem traumhaften Viertel wohnen dürfen.

Norsk Hermetikmuseet: Von der großen Zeit Stavangers zeugt auch das einzige Konservenmuseum der Welt. „Queen Maud" und „Mr. Norway" heißen einige der ausgestellten Konserven, noch interessanter jedoch sind die Stanz- und Werkzeugmaschinen, mit denen einst Dosen für die ganze Welt geformt wurden. In dem kleinen, vergnüglichen Museum werden am ersten Sonntag eines jeden Monats auch noch Sprotten geräuchert, allerdings nur als touristische Attraktion.

Gepflegte Hauseingänge in der Altstadt

Mitte Juni bis Mitte Aug. tägl. 11–16 Uhr, sonst Di–So 11–16 Uhr. Eintritt 60 NOK, für 100 NOK gibt es ein 4-Tage-Ticket, das auch für alle anderen zum Stavanger Museum gehörenden Zweigstellen gilt. Øvre Strandgate 88 & 90, www.museumstavanger.no

Sjøfartsmuseum: In dem stilsicher restaurierten Kaufmannshaus an der Vågen-Bucht ist das informative Schifffahrtsmuseum untergebracht. Die Seefahrtsgeschichte Stavangers vom Heringshafen zur Ölmetropole wird liebevoll und ungemein interessant dokumentiert.

Mitte Juni bis Mitte Aug. tägl. 11–16 Uhr, sonst Di–So 11–16 Uhr. Eintritt 60 NOK, für 100 NOK gibt es ein 4-Tage-Ticket, das auch für alle anderen zum Stavanger Museum gehörenden Zweigstellen gilt. Nedre Strandgate 17–19. www.museumstavanger.no.

Sehenswertes südwestlich und südlich des Zentrums

Ledaal: Vom Zentrum aus führt ein 15-Minuten-Spaziergang zum Eiganes-Park und Kielland-Geburtshaus Ledaal. Das schmucke Patrizierhaus der berühmten Geschwister – *Kitty Kielland* war Malerin, Bruder *Alexander* Schriftsteller und 1892 Bürgermeister (→ Kasten) – dient der Königsfamilie derzeit als Stadtresidenz. Wenn die gehisste Flagge die Anwesenheit des Monarchen anzeigt, ist das Haus für das Publikum gesperrt.

Mitte Juni bis Mitte Aug. tägl. 11–16 Uhr, sonst nur So 11–16 Uhr. Eintritt 60 NOK, für 100 NOK gibt es ein 4-Tage-Ticket, das auch für alle anderen zum Stavanger Museum gehörenden Zweigstellen gilt. Eiganesveien 45. www.museumstavanger.no

Breidablikk: Wenige Meter nebenan steht das Herrschaftshaus des Reeders *Berentsen* in einem pompösen Park. Hier präsentiert sich prachtvoller Wohlstand der Jahrhundertwende, der innen wie außen schön anzuschauen ist.
Mitte Juni bis Mitte Aug. tägl. 11–16 Uhr, sonst nur So 11–16 Uhr. Eintritt 60 NOK, für 100 NOK gibt es ein 4-Tage-Ticket, das auch für alle anderen zum Stavanger Museum gehörenden Zweigstellen gilt. Eiganesveien 40a. www.museumstavanger.no

Stavanger Museum: Das ziemlich genau südlich des Breiavatnet gelegene Museum bietet einen kulturhistorischen Überblick über die Stadt, ihre über 800-jährige Geschichte und ihre Umgebung. Nach langer Umbauphase wurde das Haus neu eröffnet und begeistert mit lehrreichen und geschickt präsentierten Historiendarstellungen sowie einer gleichfalls sehenswerten zoologischen Abteilung. Zum Stavanger Museum gehören auch das *Norsk hermetikmuseum*, das *Stavanger Kunstmuseum*, das *Stavanger Sjøfartsmuseum*, das *Norsk barnemuseum*, das *Norsk grafisk museum*, *Ledaal* und *Breidablikk*.

Mitte Juni bis Mitte Aug. tägl. 11–16 Uhr; Anfang Juni und Ende Aug. Di–So 11–16 Uhr; ansonsten verkürzte Öffnungszeiten. Eintrittspreis je Museum 60 NOK, Kinder 30 NOK. Für 100 NOK gibt es ein 4-Tage-Ticket für alle Museen. Muségata 16, ✆ 51842700, www.stavanger.museum.no.

Alexander Kielland – Dichter und Politiker

An Alexander Lange Kielland, am 18.2.1849 als Spross einer der reichsten Familien Norwegens geboren, schieden sich nicht nur die literarischen Geister: Schon als Dreißigjähriger veröffentlichte er die ersten bissigen Novellen und ironischen Romane, in denen er das Großbürgertum, aus dem er selbst stammte, heftig angriff. Thomas Mann übrigens zählte zu seinen Bewunderern.

Trotz aller Häme verlor er aber offenbar nie den Glauben an die Veränderbarkeit der Gesellschaft: Nach zehn literarisch außerordentlich produktiven Jahren hängte er die Schriftstellerei an den Nagel und ging in die Politik. Als Bürgermeister von Stavanger diente er seiner Heimatstadt nur zwei Jahre, bevor er 1906 in Bergen, letztlich desillusioniert, verstarb.

Arkeologisk Museum: Das in jeder Hinsicht moderne Archäologiemuseum wurde 1998 in der Peder Klows gate 30A, drei Straßenzüge westlich vom Stavanger Museum eröffnet. 15.000 Jahre Geologiegeschichte sowie 1000 Jahre Kulturgeschichte des Rogalandes werden in Modellen und Videos sowie Computersimulationen demonstriert. Dazu gibt's kindgerechte Mitmach-Aktionen, eine für jedermann zugängliche Bibliothek, einen Buchladen mit auch deutschsprachigen Fachbüchern und ein nettes Café.
1. Juni bis 31. Aug. Mo–Fr 10–17 Uhr, Sa/So 11–17 Uhr, ansonsten Di 11–20 Uhr, Mi–Sa 11–15 Uhr, So 11–16 Uhr. Eintritt 50 NOK, Kinder 20 NOK. Peder Klows gate 30A, ✆ 51832600, www.ark.museum.no.

Sehenswertes weiter außerhalb des Zentrums

Stavanger Art Museum (bis 2010 Rogaland Kunstmuseum): Wer sich für neuere Malerei Norwegens interessiert, ist in der supermodernen, gläsernen Kuppel genau richtig. Rund 1500 Gemälde vom frühen 19. Jh. bis zur Gegenwart werden hier gezeigt, besonders erwähnenswert sind die *Hafsten-Sammlung* mit 208 Gemälden und eine Sammlung mit Gemälden des nahe Stavanger in Tysvær geborenen Künstlers *Lars Hertevig*. Eine Stärkung im netten Museumscafé rundet den Besuch ab.

Di–So 11–16 Uhr. Eintritt 60 NOK, Kinder 30 NOK. Für 100 NOK gibt es ein 4-Tage-Ticket, das auch für alle anderen zum Stavanger Museum gehörenden Zweigstellen gilt. 30 Min. Fußweg Richtung Mosvatnet; Autofahrer 10 Min. auf der E 39 gen Süden; per Buslinie 78 bei der Station Tjensvollveien aussteigen. Henrik Ibsens gate 55, ℡ 51530900, www.museumstavanger.no.

Broken Column: Entlang des Fußweges vom Kunstmuseum bis in den Hafen fallen 23 eiserne Skulpturen auf. Der britische Künstler *Antony Gormley* hat den immer wieder gleichen Abguss seines Körpers an markanten Stellen der Stadt platziert – beim Gericht, auf dem Friedhof, im Park – um auf die vielfältigen Formen städtischen Zusammenlebens hinzuweisen.

Ullandhaugtårnet: Noch weiter Richtung Sandnes steht der Turm inmitten von Wanderwegen und Picknickbänken. Von hier gibt es eine gute Aussicht über Stavanger, das flache Jæren und den Fjord. Zu Fuß ab Mosvatnet braucht man etwa 45 Minuten, ausgeschildert ist „Ullandhaug".

Ullandhaugard: Gut 1600 Jahre alt ist der restaurierte Siedlungsplatz mit drei Längshäusern – Beleg für die älteste Besiedlung Norwegens. Die Wikinger bauten hier schon Buchweizen und Flachs an. Der Platz liegt knapp einen Kilometer vom Fernsehturm entfernt. Ganz in der Nähe befindet sich der **Botanische Garten Ullandhaug**, der immerhin einen geruhsamen Spaziergang oder ein gemütliches Picknick wert ist.

Umgebung von Stavanger

Sandnes: Mehr noch als das 15 km nördlicher gelegene Stavanger ist Sandnes eine Stadt für Radfahrer. Überall Fahrradwege, kein Verkehrsschild ohne Tipps für Radler, und fast jedes Wochenende finden Fahrradrennen statt. Außerdem ist hier Norwegens einzige Fahrradfabrik ansässig, die hundert Jahre alte Øglænd DBS, die auch ein originelles Betriebsmuseum unterhält. Ansonsten hat das Industriestädtchen am Ende des Gandsfjorden außer fünf Hotels, einem Campingplatz und etlichen Lokalen kaum Touristisches zu bieten. Die meisten Fremden zieht es ohnehin nur zu *Kvadrat*, Norwegens größtem Einkaufszentrum, das vor den Toren der Stadt an der E 39 (→ „Stavanger/Einkaufen") liegt. In dem Center gibt es auch einen Informationsstand des Touristenbüros.

Erlebnispark Kongeparken: Gerade für Kinder ist dieser Erlebnispark gedacht, der nach dem Pariser Disneyland der größte in Europa ist. Jahr für Jahr gibt es neue Attraktionen, aber auch altbewährte Klassiker wie das Riesenrad, die Rollschuhbahn oder der Kinderzirkus locken Besucher.

15.5.–30.9. tägl. 10–18 Uhr. Eintritt 345 NOK (auch für Kinder!!!). Kongeparken liegt an der E 39 bei Ålgård (gut 30 km südlich von Stavanger), www.kongeparken.no.

Sola: Drei Blickfänge bietet das etwa 15 km südwestlich von Stavanger gelegene 20.000-Einwohner-Städtchen: Flughafen, Golfplatz und **Solastranden**, den mit 2,5 km längsten Sandstrand der Stavanger-Küste. Zwischen flachen Dünen, behütet vom Rettungsdienst und versorgt mit Kiosk und Toiletten, lässt sich ein abwechslungsreicher Badetag mit Schwimmen, Surfen und Beachvolleyball verbringen – wenn nicht gerade die Flugzeuge die Anflugschneise über dem Strand benutzen und die Ruhe stören. Diese Einschränkung gilt auch für den Golfplatz am Strand.

Panoramablick auf Bergen

Südliches Fjordland

Kaum ein Begriff ist so untrennbar mit Norwegen verbunden wie der des Fjordes. Die von Talgletschern geformten Schneisen, die sich oft über hunderte Kilometer vom Landesinneren bis zum Meer erstrecken und deren Grund sich oft hunderte Meter unter dem Meeresspiegel befindet, sind charakteristisch für die norwegische Westküste. Das Land ist regelrecht durchfurcht, und bei der Reise durch die Region muss man oft genug Fähren benutzen, die einen samt Pkw über die Wasserarme befördern. Das drosselt zwar die Reisegeschwindigkeit ein wenig, sorgt aber auch für erholsame Momente, in denen man die atemberaubende Szenerie vom Wasser aus betrachten kann.

Um den Boknafjord

Der südlichste der großen Fjorde an Norwegens Westküste mündet zwischen Stavanger und der Insel Karmøy. Zahlreiche Inseln befinden sich im Deltagebiet, die mit Fähren und z. T.– wie etwa Rennesøy und Mosterøy – via Tunnel erreichbar sind.

Die Seitenarme erstrecken sich weit ins Landesinnere, zu nennen wären da etwa der *Hylsfjord,* der *Saudafjord* oder der *Vindafjord.* Und natürlich der berühmteste von allen, der *Lysefjord.* Der ist nicht nur wunderbar per Schiff zu bereisen, hier findet sich auch eine der größten Attraktionen der gesamten Region, der *Preikestolen* (→ S. 263).

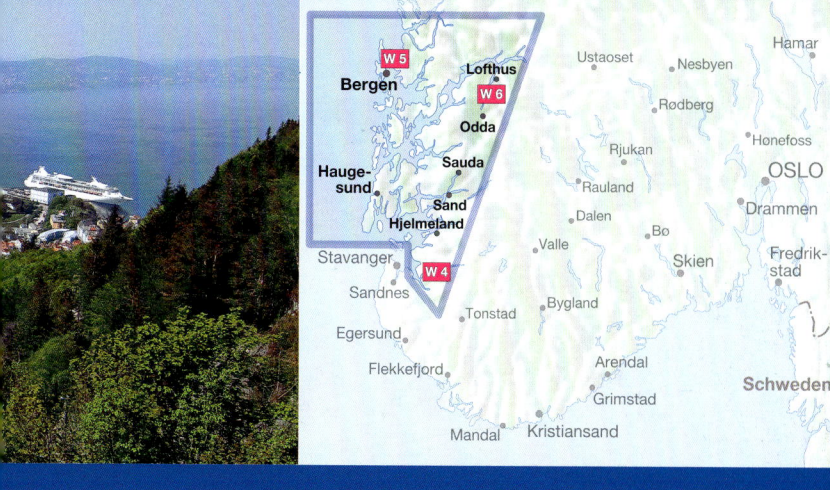

Südliches Fjordland

Lysefjord

Der 42 km lange, von imposanten, bis zu 900 m hohen Felswänden eingerahmte Lysefjord ist unbedingt einen Besuch wert. Besucher finden ursprüngliche und weitgehend unverbaute Natur, einsame Höhen, unzugängliche Ufer und eine Sehenswürdigkeit, die zu den bekanntesten der ganzen Fjordregion zählt.

Die steilen Ufer des Fjords, der sich 42 km tief ins Rogaland schneidet, lassen weder für Ortschaften noch für Straßen Platz. Mit **Forsand** und **Oanes** am Fjordeingang sowie **Lysebotn** an seinem Ende gibt es nur drei bewohnte Siedlungen. Aber gerade diese unverbaute Natur hat ihren besonderen Reiz und eine Fährfahrt durch den kompletten Fjord bis nach Lysebotn am Fjordende ist absolut zu empfehlen. Man kann die Fahrt als Rundreise unternehmen, aber auch von Lyseboten über die Serpentinenstraße **Lysefjordveien** (→ S. 383) ins Sirdal bzw. ins Setesdal weiterfahren.

Die meisten Besucher kommen aber weniger zum Bootfahren als zum Wandern. Der *Preikestolen*, jene atemberaubende Felsplattform, die hunderte Meter hoch über dem Fjord thront (→ S. 263), ist zweifellos das beliebteste Ziel am Fjord. Weniger bekannt, aber fast noch abenteuerlicher, ist der *Kjerag* bei Lyseboten, ein runder Felsbrocken, der in rund 1000 m Höhe zwischen zwei Wänden eingekeilt ist – Wagemutige können sich sogar drauf stellen.

Information Lysefjordsenteret, Informationsbüro im Lysefjord-Zentrum. Mai–Sept. Mo–Sa 11–18 Uhr, So 12–18 Uhr. Das ganze Jahr an Sonn- und Feiertagen geöffnet. Oanes, ✆ 51703660, ✉ 51703661, info@lysefjordsenteret.no.

Lysefjord im Internet: Umfangreiche Infos unter www.lysefjordeninfo.no.

Verbindungen Pkw: Entweder mit der Fähre von Stavanger nach Tau und dann auf der Rv 13 gen Süden oder von Stavanger via E 39 und die 13 nach Lauvik und von

dort mit der Fähre nach Oanes. Zwischen Oanes und Forsand gibt es eine Brücke.

Fähre: Ab Stavanger bzw. Lauvik. Die herrliche Fahrt nach Lysebotn führt am Preikestolen vorbei (im Sommer 1- bis 2-mal tägl., 4 Std., Pkw 420 NOK, 220 NOK/Pers.). Wer ein Fahrzeug dabeihat, sollte unbedingt reservieren. ✆ 51868788, www.vfc.no.

Übernachten Lysefjord Hyttegrend, 8 Hütten und Apartments in verschiedenen Konfigurationen mit bis zu 6 Schlafzimmern, Bad und Küche. 650–1000 NOK/Nacht.

Oanes, ✆ 51700750, www.lysefjord-hyttegrend.no.

Lysebotn Tourist Camp, moderne Campingstellplätze für Zelt und WoMo, außerdem verschiedene Alternativen mit festem Dach über dem Kopf. Camping ab 240 NOK, Hütten 890–1450 NOK, im Schlafsaal 290 NOK, DZ 650 NOK, B&B ab 890 NOK. Lysebotn, ✆ 99499599, www.visitkjerag.no.

Die zwei Übernachtungsmöglichkeiten **Preikestolhytta** und **Preikestolencamping** finden Sie auf S. 264.

Sehenswertes um den Lysefjord

Lysefjordsenteret: In dem modernen Glasbau erhält man detaillierte Information über die Geschichte der Region und die Geologie des Fjordes. Außerdem befinden sich hier die Touristeninformation, eine Lachsfarm, ein Restaurant und ein Souvenirshop.
 1. Mai bis 1. Sept. Mo–Sa 11–18 Uhr, jeden So im Jahr 12–18 Uhr. Bei Oanes, ✆ 51703123, www.lysefjordsenteret.no.

Flørli: In dem verlassenen Industrieort können Konditionsstarke die 4444 Stufen in Angriff nehmen, die von Meereshöhe über 740 Höhenmeter den Berg hinaufführen. Früher für die Menschen oft eine Notwendigkeit, heute eine Herausforderung, die mit tollen Ausblicken belohnt. Einige der verlassenen Häuser am Fuße wurden wieder hergerichtet und so gibt es vor Ort ein Café und man kann hier sogar übernachten. Im Lysefjordsenteret (s. o.) erhalten Sie Informationen über mögliche Touroptionen und den Fahrplan der Boote für An- und/oder Abreise.
 Anreise per Boot, Details unter www.lysefjordeninfo.no oder www.florli.no.

Landa: In der Nähe von Forsand wurden 3000 Jahre alte Siedlungsspuren entdeckt und in mühsamer Arbeit ein vorgeschichtliches Dorf rekonstruiert. Die Funde sind wirklich einzigartig. Zugänglich für Besucher sind das Bronzezeithaus und eine Gildehalle. Im Sommer gibt es Führungen.
 Mitte Juni bis Mitte Aug. Di–So 11–17 Uhr. Eintritt 80 NOK, Kinder 40 NOK. Eingang hinter dem Kulturhaus von Forsand, ✆ 95428451.

Lysebotn: Der Ort am Ende des Lysefjords ist v. a. für Wanderer interessant, weil man von hier zum **Kjerag** – dem runden Steinblock, der festgekeilt zwischen zwei Steinwänden in der Luft hängt – wandern kann. Je nach Route dauern die Touren 4 bis 6 Stunden und sind mit etwas Kondition gut zu bewältigen. Wer – wie auf den zahlreichen Fotos der Tourismusbroschüren – auf den Stein steigen will, sollte aber schon schwindelfrei und trittsicher sein. Die Standfläche ist klein, unten geht es 1000 m in die Tiefe und Sicherungsleinen oder ähnliches gibt es nicht!

Preikestolen

Fotos des „Predigtstuhls" zieren Tourismusbroschüren, Postkarten und so gut wie jedes Norwegenbuch. Zu sehen ist die messerscharf 600 m tief abfallende Fjellkante, unten der Fjord, oben nur die Wolken und ganz vorne am Abgrund einige Wagemutige, die den Blick in die Tiefe riskieren. Nun, so zumindest präsentiert sich die atemberaubende Szenerie bei gutem Wetter. Häufiger ist das Wetter schlecht und der Nebel verhindert den Blick auf Fjord und Ferne.

Aber die Wanderer kommen bei jedem Wetter, zu groß ist die Hoffnung vielleicht doch einen Blick durch die Nebeldecke erhaschen zu können, zu groß bei vielen auch die Versuchung ganz vorne an der Kante den Adrenalinrausch zu suchen. Auf der etwa handballfeldgroßen Plattform angekommen schwinden die tollkühnen Pläne allerdings bei vielen wieder, denn das gesamte Areal ist ungesichert. Die beliebteste Annäherung an die Kante erfolgt auf allen vieren oder auf dem Bauch kriechend, nur die Wagemutigsten setzen sich nach vorne und lassen die Beine baumeln. Die Bewunderung der anderen Wanderer ist ihnen gewiss, ebenso wie ein Platz in deren Fotoalben.

Südliches Fjordland

Sonnenschein auf dem Preikestolen

Verbindungen Pkw: Von Stavanger aus über die E 39 südwärts und über die Rv 13 ostwärts nach Lauvik, dort die Fähre nach Oanes (alle 30 Min., 10 Min. Überfahrt, Pkw+Fahrer 63 NOK, 26 NOK/Pers.). Dann weiter über die Rv 13 nach Norden, um bei Botne der ausgeschilderten Straße zum Preikestolen zu folgen. Alternativ fährt man ab Stavanger mit der Fähre nach Tau (Überfahrt mind. 25-mal tägl., 40 Min., Pkw+Fahrer 133 NOK, 44 NOK/Pers., ✆ 51868700, www.norled.no), dann ebenfalls auf der Rv 13, aber nach Süden, bei Botne abbiegen.

Zu erreichen ist der Preikestolen nur auf einer nicht ganz einfachen Wanderung (→ Wanderteil S. 412), die jedoch mit etwas Kondition, gutem Schuhwerk und etwas Trittsicherheit gut zu bewältigen ist. Der Weg ist beschildert, der Startpunkt der Wanderung liegt 30 m hinter der **Preikestolhytta**. Noch ein Tipp: Wer ganz früh morgens aufbrechen will, findet in der Nähe gute Übernachtungsmöglichkeiten.

Bus: Ab Tau verkehrt auch 3- bis 5-mal tägl. ein Bus zur Preikestolhytta und zurück (Anschluss an die Fähre, einfach 80 NOK, hin und zurück 155 NOK). Zu buchen auch als Komplettrundreise inkl. Fährfahrt ab/nach Stavanger für 240 NOK. www.tidereiser.com.

Boot: Sie können aber auch im Sightseeingschiff ab Stavanger fahren. Rundfahrt ca. 3 Std., Erwachsene 360 NOK, Kinder 250 NOK. ✆ 51868788, www.vfc.no.

Übernachten Preikestolen Camping, der Platz an einem kleinen Bach direkt an der Abfahrt zum Preikestolen ist bestens ausgerüstet, hat große, saubere Sanitäranlagen und einen kleinen Laden. Camping ab 220 NOK, WoMo ab 260 NOK, Strom 40 NOK extra. ✆ 48193950, www.preikestolen camping.com.

Preikestolhytta, die Jugendherberge am See Refsvatnet liegt unmittelbar am Startpunkt zur Preikestolen-Wanderung. Gutes SB-Restaurant. Im Mehrbettzimmer 300 NOK/Pers., DZ ab 760 NOK (DNT-Mitglieder zahlen weniger). ✆ 51742074, www.preikestolhytta.no.

Wandern Die beliebteste Tour führt auf die berühmte Felskanzel **Preikestolen**, es gibt mit der Rundwanderung um den **Refsvatnet** aber auch eine reizvolle und wesentlich weniger anstrengende Alternative. Startpunkt ist an der *Preikestolhytta*, festes Schuhwerk ist ratsam, da der Weg morastig sein kann. Stationen sind der *Torsnes-Hof* und *Lenne*, die Endstation einer stillgelegten Versorgungsseilbahn. Unterwegs gibt es Bademöglichkeiten.

Wanderung 2: Zum Preikestolen → S. 412
Die Tour auf den Preikestolen gehört zu den beliebtesten Wanderungen in ganz Norwegen.

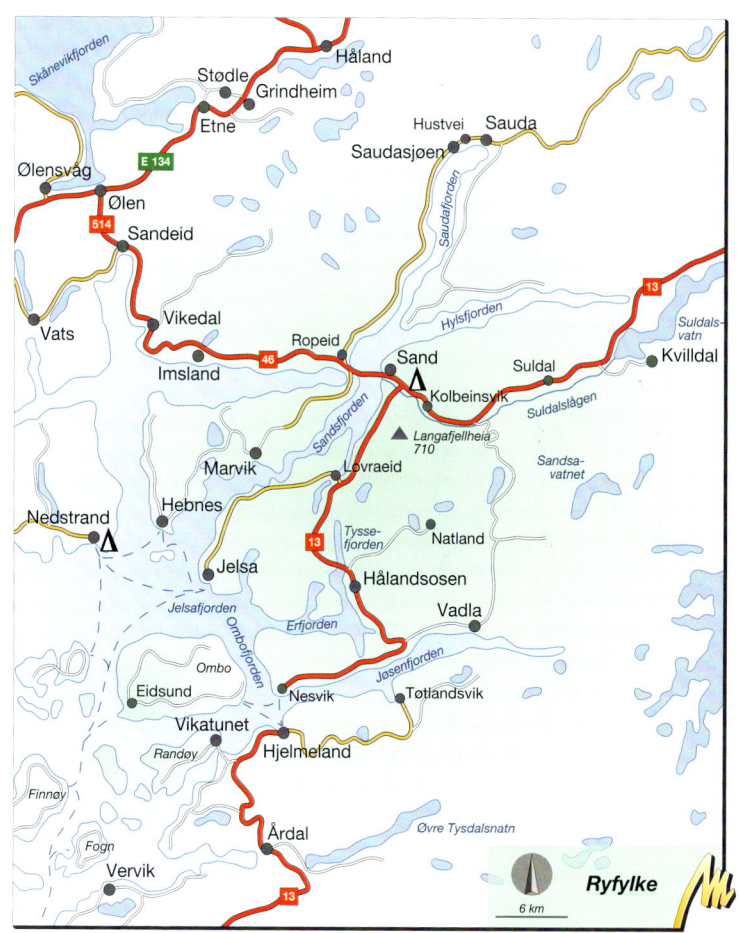

Die Ryfylke-Region

Ryfylke ist Fjordland, die eiszeitlichen Trogtäler, die sich später mit Meerwasser füllten, überspannen den Landstrich wie ein Spinnennetz. Vom Lysefjord im Süden bis zum Saudafjord im Norden sind es gut ein Dutzend Meeresarme, die sich über 80 km weit bis zu den Höhen der Hardangervidda ins Land schieben.

Die mitreißende Landschaft mit ihrem aufregenden Farbenspiel, den steilen Felswänden und den donnernden Wasserfällen zieht den Besucher unweigerlich in den Bann. Verkehrsader ist die Rv 13 – der Ryfylkevegen –, die ab Forsand nach Norden führt, die Ortschaften **Tau**, **Hjelmelandsvågen** und **Sand** anbindet und schließlich das Gebiet des Hardangerfjords erreicht. Im nördlichen Teil ist die Straße sehr eng und abenteuerlich und für Wohnwagen gesperrt.

Von Süden kommend gibt es zwei gute Varianten Ryfylke anzusteuern, entweder mit der Fährverbindung **Lauvvik – Forsand – Oanes** (→ Anreise Preikestolen) oder direkt aus Stavanger kommend mit der Fähre von Stavanger nach Tau, die stündlich am Fiskepiren ablegt. Ungleich mühsamer und zeitaufwendiger als die Anreise mit dem Auto ist die Fahrt im Überlandbus. Ab Stavanger werden alle Orte der Region angefahren, ab Hjelmelandsvågen und Sand gibt es lokale Buslinien.

Ryfylke-Inseln

Mitten im Delta des Boknafjords liegen die vier Inseln Kvitsøy, Rennesøy, Finnøy und Mosterøy – und das sind nur die Hauptinseln von über 30 Eilanden.

Hunderte windgeschützte, sandige Buchten und verwinkelte, verkehrsarme Meerengen machen die Ryfylke-Inseln zum Eldorado für Schwimmer, Surfer und Segler. Außerdem gelten sie als „Tomateninseln" Norwegens, *Finnøy* scheint mit Gewächshäusern zugepflastert.

Die Wiege des Gemüseanbaus aber liegt mit dem **Utstein-Kloster** auf *Mosterøy*. Das Augustinerkloster wurde in der zweiten Hälfte des 13. Jh. gegründet und schon im Mittelalter von den Mönchen zum Zentrum der Obst- und Gemüsekultur des Nordens gemacht.

Heute dient Utstein als Konferenz- und Seminarzentrum, finden gerade keine Konferenzen statt, wird das Haus auch als Hotel genutzt. Dennoch wirkt die Abtei auch heute noch wie ein mittelalterliches Kleinod, das immer einen Ausflug wert ist. Sehenswert sind v. a. die Kanzel von *Lauritz Snekker* aus dem Jahr 1623, die dänischen Wandmalereien von *Gottfried Hendschei* sowie die kunstvollen Portale und Fenster.
Mitte Mai bis Mitte Sept. Di–Sa 10–16 Uhr, So 10–17 Uhr. Eintritt 60 NOK, Kinder 30 NOK. ✆ 51720050, www.utstein-kloster.no.

Verbindungen Pkw: *Mosterøy* und *Rennesøy* sind über zwei Unterseetunnel, gemeinsam Rennfast genannt, ab Randaberg (via E 39) zu erreichen. Ab Rennesøy kann man per Fähre weiter gen Norden fahren. Diese Option ist die schnellste auf dem Weg nach Bergen.

Fähre: Mehrmals tägl. verkehrt eine Fähre von *Mekjarvik* nach *Kvitsøy* (128 NOK Pkw+Fahrer, 43 NOK/Pers.) und weiter nach *Skudneshavn*. www.norled.no.

Rund 20-mal tägl. verkehrt die Fähre von *Mortavika* nach *Arsvågen* (Pkw+Fahrer 171 NOK, 37 NOK/Pers.), nur 22 Min. dauert der Trip und ermöglicht so die schnelle Fahrt nach Norden via E 39. www.fjord1.no.

Bus: Busse fahren regelmäßig ab Stavanger, Fahrpläne in der Touristeninfo Stavanger.

Hjelmelandsvågen

Das beschauliche Örtchen am Fjord eignet sich gut, um sich nach einem Aufenthalt im betriebsamen Stavanger auf die Ryfylke-Region einzustimmen und die Seele baumeln zu lassen.

Ein kleines Erlebnis ist schon die Anfahrt ab Tau. Am fjordähnlichen See **Tysdalvatnet** entlang geht es zum **Fisterfjord**, der den Reisenden nach Hjelmelandsvågen begleitet. Man kommt hoch über dem Ort an, wo sich ein unvergesslich weiter

Blick bis hin zu den Höhen der **Vidda** eröffnet. Man sieht Wasserfälle, die ihren Schleier über die Felsen versprühen, Wasserstraßen, durch die kleine Fischerboote tuckern, und Felswände, die trotz des gleißenden Sonnenlichts dunkel-düster schimmern. Am Fähranleger Sande findet man den größten Jær-Stuhl der Welt, eine mehrere Meter hohe XXL-Version des nordischen Designklassikers.

Information Hjelmelandsvågen im Internet: Infos unter www.ryfylke.com.

Verbindungen Pkw: Gerade mal 45 km sind es ab Tau, etwa 65 km ab Forsand.

Bus: Tägl. verkehrt vom Fährkai ein Bus nach Tau mit Anschluss nach Stavanger. Die Busse nach Norden starten in Nesvik auf der gegenüberliegenden Fjordseite. Um dorthin zu kommen, muss man die Fähre über den Jøsenfjord benutzen. www.boreal.no.

Fähre: Rund 20-mal tägl. von Hjelmelandsvågen nach Nesvik (Pkw+Fahrer 63 NOK, 26 NOK/Pers.), www.tide.no. Ein Hurtigbåt (Schnellboot) verkehrt mehrmals tägl. zwischen Sauda und Stavanger und hält auch in Hjelmeland (ab Stavanger 135 NOK; www.kolumbus.no).

Übernachten Breivik Fjordhytter, in Hütten für bis zu 6 Pers. und einem renovierten Haus für max. 8 Pers. lässt sich auf der vorgelagerten Insel Randøy (über eine Brücke zu erreichen) ein angenehmer Aufenthalt verbringen. Zur Ausstattung gehören Angelgeräte, ein Boot (1900–3500 NOK/Woche bzw. 400 NOK/Tag extra), Kamin, TV, Waschmaschine, Geschirrspüler. 6000–8000 NOK/Woche. ✆ 51752957, www.breivikfjordhytter.no.

Høiland Gard, drei restaurierte Ferienhäuser mit insgesamt 30 Schlafplätzen bietet

Designklassiker: ein Jær-Stuhl XXL

der wunderbar hergerichtete Bauernhof im 15 km südlich von Hjelmeland gelegenen Årdal an. Preise auf Anfrage. ✆ 51752775, www.hoiland-gard.no.

Fister Camping, in einer sonnigen, geschützten Bucht am Fisterfjord, etwa 5 km südlich gelegen. Der kleine Platz mit guten Sanitäranlagen, mit Kiosk und Gemeinschaftsküche bietet im Haupthaus auch 3 Zimmer an. Im WoMo ab 150 NOK (Strom 30 NOK), DZ ab 400 NOK. Fister, ✆ 45660237, www.camping-fister.no.

Sonstiges Direkt am Hafen findet man Bank, Post, Telefonhäuschen, SB-Laden, Toiletten und Tankstelle.

Sehenswertes in Hjelmelandsvågen und Umgebung

Aksel Hansson Fabrik: Der seit 100 Jahren unveränderte Jær-Stuhl ist in Norwegen so etwas wie der Thonetstuhl in Mitteleuropa – ein Klassiker unter den Sitzmöbeln, der in der Aksel Hanson Fabrik in Hjelmelandsvågen hergestellt wird. Man kann die Möbelfabrik im Dorfzentrum auf Anfrage besichtigen, oder aber auch die **Spinneriet**, die Spinnerei, besuchen, ein restauriertes Industriegebäude mit Kunstgewerbeausstellung, in der es eine eigene Abteilung für Jær-Stühle gibt.

Spinnerei im Sommer zu besichtigen, Termine in den Touristeninformationen oder unter ✆ 51757151. Kontakt Möbelfabrik: ✆ 51759900.

Immer direkt am Fjord entlang

Vigatunet: Nur 4 km südwärts auf der Straße am Fjordufer liegt der Originalhof aus dem 16. Jh., wo es sogar einige Wikingergräber zu besichtigen gibt. Und gleich nebenan ein historischer Garten mit 133 uralten Obstbäumen, an denen insgesamt 66 verschiedene Apfel- und Birnensorten gedeihen. Probieren darf man auch.
Mitte Juni bis Mitte Aug. Do 12–16 Uhr. Eintritt 50 NOK, Kinder kostenlos. ✆ 52792950, www.ryfylkemuseet.no.

Årdal Kirke: Im 17. Jh. wurde das Kirchlein in drei Etappen gebaut – noch heute sieht man der Renaissancekapelle diese Bauweise an. Es wurde angebaut, wann immer die Gemeinde wuchs. Wie ineinander geschoben wirken die drei roten Holzhäuser und der viereckige Turm im 15 km südlich von Hjelmelandsvågen gelegenen Dörfchen Årdal. Besonders eindrucksvoll sind die üppigen Deckenmalereien und die Schnitzereien in den ersten Stuhlreihen, die den wohlhabenden Gemeindemitgliedern vorbehalten waren. Gottesdienste finden in der nur noch im Sommer geöffneten Kirche nicht mehr statt – dafür gibt es die 1918 gebaute, weiße Kirche nahebei.
Zwischen Ende Juni und Mitte Aug. gibt es kostenlose Führungen. ✆ 40439240. Zu erreichen über die Rv 13.

Sand

Das Städtchen liegt inmitten eines Landstrichs voller Schluchten und einsamer Seen, voller Wasserfälle und versteckter Fjorde. Ein noch weitgehend unentdecktes Stück üppiger Natur, durch das der wohl lachsreichste Fluss Südnorwegens fließt.

Die landschaftlich eindrucksvolle Fahrt auf der Rv 13 von Hjelmelandsvågen nach Sand, das zur Gemeinde Suldal gehört, führt zunächst am klitzekleinen **Erfjord** vorbei. Der Fjord liegt so verborgen, dass er als unauffälliges „Zwischenlager" für die *Brent Spar* wie geschaffen schien. Um die Entsorgung der Bohrinsel war es zwischen Shell und Greenpeace 1995 in der Nordsee fast zu einer Seeschlacht gekommen. Bis Ende 1998 rostete die Brent Spar dann im Erfjord, wurde aber im Winter 1998/99 zerschnitten und als Kaifundament im Fährhafen Mekjarvik bei Stavanger verbaut.

Weiter geht es Richtung **Tysefjord**, über den sich die bis dahin tunnelreiche Straße via einer eindrucksvollen Hängebrücke schwingt. Man fährt vorbei an der Halbinsel **Jelsa** und dem **Lovravatnet**, Norwegens einzigem See mit Süßwasserschollen, und schlängelt sich schließlich durch schmale Schluchten, die der Straße kaum Platz lassen. Dann taucht unversehens der **Suldalslågen** auf, an dessen Mündung in den **Sandsfjord** das Zentrum von Sand liegt.

Lachssafari

In dicke, rote Überlebensanzüge gepackt, lassen sich die Teilnehmer den Fluss hinab treiben, können dabei mit Taucherbrille und Schnorchel bewaffnet die Unterwasserwelt bestaunen und so mehr über die Lachse erfahren. Am Anfang gibt es eine kurze Einweisung, am Ende der Tour wird man wieder zum Ausgangspunkt zurück gebracht. Dauert 2:30 Std. und kostet 790 NOK/Pers. Treffpunkt: Sandsbygda, Sand i Ryfylke.
Mo Laksegard, ✆ 52797690, www.molaks.no.

Basis-Infos

Information Suldal Turistkontor, freundliche Beratung und Broschüren. Im Sommer 1.6.–31.8. tägl. 8.30–15.30 Uhr, 17.6.–14.8. tägl. 10–18 Uhr, Büro Nesasjøhuset, Nordenden 14. Rest des Jahres Mo–Fr 8.30–15.30 Uhr, Büro Næringsparken, Sandsveien 134, Sand. ✆ 52790560, ✉ 52790561, post@suldal-turistkontor.no.

Sand im Internet: Aktuelle Infos zum Ort und der Region unter www.ryfylke.com oder www.suldal-turistkontor.no.

Verbindungen Pkw: Knapp 100 km von Haugesund (Straßen 46 und E 134), knapp 120 km von Stavanger (Rv 13).

Bus: Regionalbusse nach Sauda und nach Nesvik. Die Busse starten am Fährhafen.

Fähre: Fähre Sand – Ropeid (alle 30–45 Min., Pkw+Fahrer 63 NOK, 26 NOK/Pers.) für die Weiterfahrt Richtung Sauda. Ein Hurtigbåt (Schnellboot) verkehrt mehrmals tägl. zwischen Sauda und Stavanger und hält auch in Sand (ab Stavanger 217 NOK; www.kolumbus.no).

Sonstiges Es gibt eine Bank, eine Post, Kro, Supermärkte und eine Tankstelle in Bergekrossen vor der Stadt.

Übernachten/Camping/Essen & Trinken

Übernachten/Camping Gullingen Turistsenter, das am Mossvatnet (17 km südöstlich) gelegene Urlauberzentrum bietet Unterkunft im Berghotel oder Hütten, außerdem kann man auch campen. DZ ab 500 NOK, in den Ferien bis 1150 NOK, Hütten ab 800 NOK/Tag, das WoE nur komplett ab 2300 NOK. Mosvatnet, ✆ 52799901, www.gullingen.no.

Ryfylke Fjordhotel, schickes Hotel mit 64 Zimmern (5 davon behindertengerecht) und einem guten Restaurant. Zimmer mit WC, Dusche, TV und WLAN-Netzwerk. DZ ab etwa 1100 NOK. ✆ 52792700, www.ryfylketuristhotel.no.

Lakseslottet Lindum, im ehemaligen Gutshof „Lachsschloss" 12 km östlich von Sand werden 24 gemütliche Zimmer (Du/WC) vermietet. Penibel gepflegtes Anwesen in wunderbarer Lage. Mit Restaurant. EZ ab 600 NOK, DZ ab 1100 NOK, Hütten 490–900 NOK. Suldalsosen, www.lakseslottet.no.

OSA-Bu, etwas für Naturliebhaber, denn die Unterkunft liegt idyllisch direkt am Suldalsvatnet (26 km von Sand). Pensionszimmer ab 450 NOK, Hütte ab 500 NOK, Frühstück 80 NOK/Pers. extra. Jensaplasset, Suldalsosen, ✆ 52799260, www.osa-bu.no.

Essen & Trinken Fargeriet Kafé, hier gibt es guten Kaffee, Gebäck, kleine Lunchgerichte und auch einige Hauptgerichte zum Abendessen (130–180 NOK). Mo–Mi 10–17 Uhr, Do/Fr 10–18 Uhr, Sa 10–15 Uhr. Gata 12 (Hauptstraße), ✆ 52797405, www.fargerietkafe.no.

Gute Adressen zum Essengehen sind außerdem das Ryfylke Fjordhotell oder Lakseslottet Lindum.

Sehenswertes

Lachsstudio: Das älteste Lachsstudio Norwegens liegt unmittelbar vor dem Wasserfall **Sandsfossen** und wenige Gehminuten vom Zentrum entfernt. Durch Fenster kann man beobachten, wie Lachse den Wasserfall als Treppe auf ihrem Weg zu den Laichgebieten an der Quelle nutzen. Nur regnen darf es nicht, dann nämlich kann man im trüben Wasser gar nichts mehr erkennen. Überdies gibt es eine bescheidene Ausstellung über die Geschichte des Lachsfangs im Suldal – interessant der Einfluss englischer Lords auf die Kommerzialisierung dieses Gewerbes.

15. Juni bis 20. Aug. tägl. 11–17 Uhr, die letzten zwei Wochen im Aug. tägl. 12–16 Uhr, Sept. Sa/So 12–16 Uhr. Eintritt 40 NOK, Kinder 20 NOK. ✆ 52790560.

Nesajøhuset: Das restaurierte Hauptgebäude des **Ryfylke-Regionalmuseums**, einst ein Materialschuppen für Fischer, steht direkt am Wasser. Die permanente Ausstellung nennt sich „Kvitebjørnen" („der Eisbär"), außerdem finden in der Museumsgalerie regelmäßig Ausstellungen regionaler Künstler statt. Vor dem Gebäude liegt die Sloop „Brødrene af Sand". Café mit kostenlosem WLAN-Zugang für Gäste.

Ganzjährig Mo–Fr 9–15 Uhr, Mitte Juni bis Mitte Aug. tägl. 10–18 Uhr. Eintritt 50 NOK, Kinder gratis. Nordenden 14, ✆ 52792950, www.ryfylkemuseet.no.

Privates Ferienparadies auf einer Miniinsel im Fjord

Jelsa-Kirke: einzige Privatkirche des Landes

Umgebung von Sand

Suldal: Das Tal östlich von Sand ist von der abenteuerlich schmalen, tunnelreichen Rv 13 weiterhin erschlossen und hat unvergessliche Natureindrücke zu bieten. Unvergleichlich z. B., wie sich der 1400 m tief eingegrabene Fluss auf 12 km Länge zum waldumrandeten See **Suldalsvatnet** schlängelt. Darüber hinaus gibt es eine ganze Reihe Sehenswürdigkeiten zu bewundern, etwa das **Gräberfeld Ritland** mit rund 50 Grabhügeln aus der Eisenzeit (8 km hinter Sand) oder das **Lachszentrum Lindum**, wo der britische Lord Sibthorp 1885 den Lachsfang als Urlaubervergnügen erfand (16 km hinter Sand), oder die Häuseransammlung **Kolbeinsvik** mit einem kleinen Freilichtmuseum und einem Kraftwerk, das besichtigt werden kann (22 km hinter Sand).

Jelsa: Die Landzunge ist ein Stück unberührter Natur, das vom Tourismus bislang übersehen wurde. Der gleichnamige Ort am Ende der Halbinsel ist für sich genommen ein kleines Museum mit Norwegens einziger Privatkirche – ein sehenswerter Renaissancebau aus dem Jahr 1647 – und einem winzigen Schulmuseum, das von Juni bis August ganztägig und kostenlos besucht werden kann.

Sauda

Sauda hat zwei ganz unterschiedlichen Gesichter. Einerseits ist es ein durchaus charmanter Ort, wunderbar eingebettet zwischen Fjord und grünen Hängen, andererseits ist Sauda Industriestandort mit einem der größten Eisenlegierungswerken der Welt.

Im Volksmund heißt die Rv 520, die durch zwei Tunnels und wie auf einem Sims am **Saudafjord** entlang von Ropeid nach Sauda führt, die „Dollar-Straße". Denn es war

US-amerikanisches Geld, mit dem 1915 die Trasse und das Sauda-Schmelzwerk gebaut wurden. Die Lage schien ideal, denn die vielen Wasserfälle ermöglichten den Bau von Kraftwerken, die genügend Energie für ein derartiges Werk liefern konnten. Und so hat die Industrialisierung aus dem beschaulichen Sauda einen Industrieort mit über 5000 Einwohnern gemacht. Mit dem Vorteil, dass der Reisende hier wirklich alles kaufen und in jeder Preisklasse wohnen kann.

Information Sauda Ferie & Fritid, das Informationszentrum ist Mitte Juni bis Mitte Aug. Mo–Sa 9–17 Uhr und So 10–17 Uhr geöffnet, ansonsten Mo–Fr 8–15.30 Uhr. Kyrkjegate 2, ✆ 52784200, post@saudaferie.no.

Sauda im Internet: Aktuelle Infos unter www.saudaferie.no.

Verbindungen Pkw: Sauda liegt 120 km von Haugesund und etwa 35 km von Sand entfernt.

Bus: Busse fahren via Ropeid und Ølen mehrmals tägl. nach Haugesund. Haltestelle: Kyrkegata.

Boot: Ein Hurtigbåt (Schnellboot) verkehrt mehrmals tägl. zwischen Sauda und Stavanger (277 NOK; www.kolumbus.no).

Aktivitäten In der Touristeninformation kann man **Fahrräder** und **Kanus** leihen. Im Winter kann man Ausrüstung zum **Eisangeln** mieten.

Skifahren Sauda Skisenter, es gibt 4 Skilifte, der höchste Punkt ist auf 850 m und die längste Abfahrt ist über 5 km lang. Tagespass 310 NOK, Materialmiete ab 300 NOK. Komplettangebote mit Anreise ab Stavanger (Expressboot) und Liftpass. ✆ 52785656, www.saudaskisenter.no.

Übernachten/Essen Sauda Fjord Hotel, eines der schönsten Hotels Norwegens liegt südwestlich vom Stadtkern am Fjord. Das 1914 gebaute weiße Prachthaus bietet neben exquisitem Komfort und einer guten Küche v. a. eine fantastische Aussicht auf Fjord, Berge und Wasserfälle. EZ ab 800 NOK, DZ ab 1300 NOK. Saudasjøen, ✆ 52781211, www.saudafjordhotel.no.

Kløver Hotel, insgesamt 40 passable Zimmer gibt es zu mieten, alle mit TV, Telefon und WLAN-Empfang. Im Restaurant werden asiatische und norwegische Gerichte serviert. EZ ab 790 NOK, DZ ab 1000 NOK. Skulegate 1, ✆ 52786999, www.kloverhotel.no.

Sauda Fjord Camping, rund 100 WoMo-Stellplätze und 50 Zeltstellplätze, außerdem 18 Hütten in verschiedenen Konfigurationen. Zelt ab 110 NOK, im WoMo ab 220 NOK (inkl. Strom). Hütten 750–1000 NOK. Kontakt und Buchung über das Sauda Fjord Hotel (s. o.), ✆ 52781211.

Supermarkt Rimi, Mo–Fr 8–22 Uhr, Sa 8–20 Uhr, Saudasjøvn.

Sonstiges Es gibt eine Apotheke, ein Krankenhaus, einen Supermarkt, ein Fotogeschäft, Banken und Zeitungsläden.

Sehenswertes in Sauda und Umgebung

Industriarbeidarmuseet: Im **Industriearbeitermuseum** werden die Arbeitsbedingungen – und die Lebensbedingungen der Arbeiter – in dem Anfang des 20. Jh. hier aufgebauten Schmelzwerk dargestellt. Die einstündige Führung über das Werksgelände wird durch eine Einführung in die Firmengeschichte abgerundet. Um die Anlage herum erstreckt sich die Arbeitersiedlung **Åbøbyen** aus dem Jahr 1920, in der Sie kostenlos und nicht an Öffnungszeiten gebunden herumspazieren können.
Ende Juni bis Mitte Aug. tägl. 12 Uhr. Eintritt 50 NOK. Voranmeldung in der Touristeninformation nötig. ✆ 52784200, www.ryfylkemuseet.no.

Zinkgruben Allmannajuvet: Knapp 9 km vor Sauda kann man die stillgelegten Zinkgruben besuchen. Zunächst muss man auf dem alten Grubenweg am Felshang oberhalb des Storelva-Flusses entlang zu den Gruben wandern, dann geht es eine Stunde durch die kühlen, dunklen und feuchten Grubengänge (Anorak nicht vergessen). Aber nicht allein die Feuchtigkeit, sondern schon die Vorstellung, in dieser unwirtlichen Umgebung zehn Stunden pro Tag schwer arbeiten zu müssen, lässt jeden frösteln.
Führungen nur im Sommer, tägl. 14 Uhr. Erwachsene 80 NOK, Kinder 40 NOK. Möglichst vorab reservieren, es gibt Mindest- und Maximalteilnehmerzahlen. ✆ 52784200.

Fagerheim-Sammlung: Die ständige Ausstellung in der Sauda-Halle zeigt mehr als 100 Holzarbeiten von *Ola Fagerheim*. Häufigstes Motiv sind Bauernszenen aus einem westnorwegischen Dorf der Jahrhundertwende. Auch ein Modell des Hofes Tveit Tunet (s. u.) ist in der Schau zu bewundern.

Autotour auf der Røldal-Straße

Die knapp 60 km lange Passstraße (Rv 520) zwischen **Sauda** und **Røldal** ist wohl die aufregendste Straße in Südnorwegen. Streckenführung, Höhe, Luft, Landschaft – alles ist dramatisch. Man überquert zwei Stauseen, einen davon direkt auf der Staumauer, man steigt in Serpentinen auf über 1000 m Höhe, wo die Luft selbst in sonnigen Sommern schneidend kalt ist, man fährt vorbei an kristallklaren Bergseen, und hinter jeder Kehre eröffnen sich neue, weite, atemberaubende Aussichten. Nur während des Steuerns sollte man diese Ausblicke nicht genießen, denn die Straße ist so eng, dass sie für Wohnmobile nicht zu empfehlen ist – für Gespanne ist die Trasse ohnehin verboten – und von Mitte Dezember bis Mitte Mai ist die Røldal-Straße für alle Fahrzeuge gesperrt. Bei **Håra** wird nach einer letzten steilen Abfahrt die E 134 erreicht – nach links geht's zum Hardangerfjord, nach rechts zur Hardangervidda und weiter nach Telemark.

Jonegarden und Tveit Tunet: Die Höfe in den Dörfern **Hustveit** bzw. **Saudasjøen** stammen aus dem 17. und 19. Jh. Jonegarden ist mit einem Naturlehrpfad zum Wasserfall **Kvednafossen** kombiniert, auf dem man Mühle, Sägewerk und einen Korntrockner bestaunen kann. Tveit Tunet beschränkt sich auf die Darstellung des häuslichen Bauernlebens vor 100 Jahren, aber die eigentliche Attraktion dieser Anlage ist die Fjord-Aussicht vor der Haustür.

Jonegarden ist von Mitte Juni bis Mitte Aug. jeden So 12–17 Uhr zu besichtigen. Auf der Rv 520 Richtung Haugesund, 13 km vor Sauda. ✆ 52792959, www.ryfylkemuseet.no. **Tveit Tunet** kann man ebenfalls nur im Sommer sehen, und zwar nach Vereinbarung mit der Touristeninformation Sauda. Eintritt 50 NOK, Kinder 30 NOK. ✆ 52784200.

Um den Hardangerfjord

Nicht fjordtypisch schroff, sondern fast lieblich präsentieren sich die Ufer des 179 km langen Hardangerfjords. Anstatt steiler Felswände gibt es Obstgärten, kleine Almen und lauschige Dörfer. Vor allem im Frühjahr, zur Zeit der Kirschblüte, ist eine Reise zum Hardangerfjord ein ganz besonderes Erlebnis.

Das ist allerdings alles andere als ein Geheimtipp und so strömt ab Mitte Mai ein wahrer Pilgerzug hierher und ganze Busladungen werden aus den Großstädten herangekarrt. Das Naturereignis, das alljährlich Obstbäume – neben Kirschen auch Äpfel, Pflaumen und Birnen – in einem Landstrich auf der Höhe Südgrönlands erblühen lässt, versetzt selbst Botaniker immer wieder in Staunen.

Dem Golfstrom und der Sonnenlage der Osthänge ist es zu verdanken, dass bereits im Mittelalter die Mönche des Utstein-Klosters am Sørfjord, dem Südarm des Hardangerfjords, gärtnerten. Heute vermarkten Genossenschaften die reiche Ernte, von der mehr als ein Drittel aller Einwohner der Provinz Hordaland lebt. Am Straßenrand sieht man oft kleine Verkaufsbuden, an denen man – meist nach dem Selbst-

An den Hängen des Sørfjords wird Obst angebaut

bedienungsprinzip – frisches Obst kaufen kann. Und das sollten sie auch tun, es schmeckt wirklich vorzüglich.

Die Ufer des Hardangerfjords sind außerdem schon lange eine Hochburg des Tourismus in Norwegen. Bereits um 1900 wurden jährlich 80 Hotelschiffe gezählt, und Odda soll 1905 gar 15.000 Sommergäste, allen voran den deutschen Kaiser Wilhelm, bewirtet haben. Und heute blüht der Fremdenverkehr mehr denn je – nicht nur zur Kirschblüte.

Sørfjord

Der süd-östliche Arm des Hardanger-Fjordsystems ist einer der reizvollsten und zugleich aus verschiedenen Richtungen gut erreichbar, egal ob man aus der Hardangervidda, dem Setesdal oder von Stavanger anreist.

Der schmale Sørfjord wird beherrscht vom **Folgefonn-Gletscher**, weshalb der Fjord auch zwei landschaftlich gänzlich verschiedene Seiten aufweist. Das schmale Westufer unter dem Gletscher lässt kaum Platz für Besiedlung, das sonnige Ostufer besticht mit Obstgärten und charmanten Siedlungen. Die größte Ortschaft am Fjord ist Odda, direkt an der Südspitze. Wer von Süden anreist, muss sich hier entscheiden, auf welcher Seite er fahren will, beide Optionen sind mit 41 bzw. 45 km in etwa gleich lang, die Fahrt am Ostufer gilt als die reizvollere. Am Nordende des Fjords verbindet eine Autofähre die beiden Ufer. Ab Odda führt mittlerweile der 11 km lange Folgefonn-Tunnel unter dem Gletscher hindurch und ermöglicht die Fahrt nach Rosendal (→ S. 289).

Zwillingswasserfall Låtefossen

Odda

In dem wunderbar an der Spitze des Sørfjords gelegenen Ort weilte der Adel vor über 100 Jahren zur Sommerfrische. Aber gerade diese günstige Lage wurde dem Ort letztendlich zum Verhängnis, und heute ist von der Beschaulichkeit der alten Tage nicht mehr viel übrig.

Die Kraft der imposanten Wasserfälle war ausschlaggebend für die rasche Industrialisierung. Es wurden Kraftwerke gebaut, Fabriken und Industrieanlagen folgten. Odda entwickelte sich mit den nördlichen Randgemeinden **Tyssedal** und **Eitrheimsnes** zu einem Kombinat zur Verarbeitung von Karbid, Kadmium, Schwefelsäure und Zink. Das brachte Arbeitsplätze und Geld, aber auch zunehmend Probleme. Es gab ständig Auseinandersetzungen zwischen den Befürwortern und den Gegnern der Industrialisierung. Zu heftigen – wenn auch vergeblichen – Protesten kam es 1976, als der antike Holzbau des einst größten Hotels in Westnorwegen abgerissen werden sollte, um Platz für neue Konzernbauten zu schaffen. Auch die Umwelt litt zunehmend, noch in den 1980er-Jahren wurden so hohe Konzentrationen an Säure und Schwermetallen im Fjordwasser gemessen, dass um den Fortbestand der lokalen Flora und Fauna gefürchtet werden musste.

Heute ist Odda immer noch Industriestandort, auch wenn das Odda-Schmelzwerk im Jahr 2003, nach fast 100-jähriger Geschichte, Konkurs anmelden musste. Die historischen Anlagen liegen mitten im Ort und geben mittlerweile ein recht jämmerliches Bild ab.

Es gibt allerdings einige landschaftliche Attraktionen in der näheren Umgebung. Da ist zum einen der **Folgefonn-Gletscher** – so weit südlich finden Sie sonst keinen Gletscher in Norwegen. Der Folgefonna-Nationalpark ist übrigens einer der

Südliches Fjordland

jüngsten Nationalparks des Landes. Weit weniger aufwendig ist ein Besuch am **Låtefossen**. Der 165 m hohe Doppelwasserfall stürzt 15 km südlich von Odda unmittelbar neben der Rv 13 zu Tal. Odda ist auch eine gute Basis für Wanderungen zur **Trolltunga**, hier erhält man auch aktuelle Informationen über die anstrengende Tagestour.

Basis-Infos

Information Turistkontor Odda, Beratung, Zimmervermittlung und Organisation von Aktivitäten. Gute Infos für den ganzen Hardangerfjord. Verkauf von Angelkarten. Im Sommer Mo–Fr 7.30–20 Uhr, Sa 10–17 Uhr, So 11–18 Uhr; ansonsten Mo und Fr 9–15 Uhr, Di–Do 9–18 Uhr, Sa 11–15 Uhr. Odda Zentrum. ✆ 53654005, turistkontor@odda.kommune.no.

Odda im Internet: Aktuelle Infos unter www.visitodda.com.

Verbindungen Pkw: Odda liegt an der südlichsten Spitze des Sørfjords. Rund 140 km sind es nach Haugesund (Straßen 13 und E 134), gut 105 km nach Haukeligrend im Osten, von wo man durch das Setesdal nach Kristiansand fahren kann.

Bus: Der *Haukeliekspressen* (Nr. 180; www.haukeliekspressen.no) fährt zwischen Oslo und Bergen und hält u. a. auch in Odda. Regionalbusse (www.skyss.no) fahren nach Kinsarvik, Geilo oder Eidfjord.

Aktivitäten Flateearth Adventures, im Sommer gibt es geführte Wanderungen über die Buer-Zunge des Folgefonn-Gletschers, nach der Instruktion ist man ca. 3 Std. auf dem Eis unterwegs. Touren 650 NOK/Pers., genaue Termine erfragen und möglichst vorab buchen. Torget 2–4, ✆ 47606847, www.flateearth.com.

Hardanger Opplevelse, der Veranstalter organisiert allerlei Abenteuer, z. B. Gletscherwandern, Eisklettern am Gletscher, Kanufahrten usw. Preise und Termine auf Anfrage. ✆ 53641600, www.oppleve.no.

Opplev Odda, auch hier geht es auf die Buer-Gletscherzunge, außerdem der einzige Anbieter, mit dem man im Hydropower-Museum (s. u.) entlang der alten Wasserrohre klettern kann. ✆ 90824572, www.opplevodda.com.

Ein weiterer Anbieter für Gletscherwanderungen ist **Folgefonni Breførarlag**, ✆ 55298921, www.folgefonni-breforarlag.no.

Wandern Eines der spektakulärsten Wanderziele der Region ist die **Trolltunga**, etwa 10 km von Odda entfernt. Die Tour dauert 8–10 Std., Informationen in der Touristeninformation.

Internet Kostenloser Zugang am Terminal in der Touristeninformation.

Supermarkt Rema 1000, Mo–Fr 8–21 Uhr, Sa 8–20 Uhr, Eitrheimsveien 32.

Sonstiges Es gibt Banken, eine Post, diverse Geschäfte, einen Souvenirladen und mehrere Tankstellen im Stadtbereich.

Übernachten/Camping/Essen & Trinken

Übernachten/Camping Hardanger Hotel, das 50-Zimmer-Hotel im Zentrum von Odda beherbergt Geschäftsreisende, macht aber auch Urlaubern den Aufenthalt angenehm. Kommode Zimmer, ein gutes Restaurant und eine Bar. Kostenloses

Bauernhof am Sørfjord

WLAN für Gäste. EZ 890–1160 NOK, DZ um 1340 NOK. Eitrheimsveien 13, ✆ 53646464, www.hardangerhotel.no.

Vasstun Gjestehus, insgesamt 27 nette, saubere Zimmer, einige davon allerdings mit Bad auf dem Flur. Die meisten Zimmer haben einen schönen Ausblick in die Natur. Täglich auch Abendessen. Ab 1060 NOK mit Bad, ab 880 NOK mit Bad auf dem Flur. ✆ 40004486, www.vasstun.no.

Odda Camping, rund 60 Stellplätze und nur 2 km von Odda am schönen Sandvinsvatnet gelegen. Zelt ab 160 NOK, WoMo ab 170 NOK, Strom 40 NOK. Hütten je nach Saison 750–940 NOK (max. 4 Pers.). Eide, ✆ 41321610, www.oddacamping.no.

Eikhamrane Camping, Waldplatz mit 40 Stellplätzen und 5 einfachen Hütten für 2 bzw. 4 Pers. 1. Juni bis 31. Aug. Im WoMo oder Zelt ab 160 NOK, Hütten ab 400 NOK. In Eikhamrane (14 km von Odda am Westufer des Fjords). ✆ 94823231.

Essen & Trinken **Snoperiet**, eigentlich ein Laden für Inneneinrichtung und Deko, aber man bekommt in schönem Ambiente einen guten Kaffee und eine kleine Stärkung dazu. Mo–Fr 10–16.30 Uhr (Do bis 18 Uhr), Sa 10–15 Uhr. Rødalsvegen 24, Gågata, ✆ 90506488, www.snoperiet.com.

China House, hier gibt es die übliche Asia-Küche zu gewohnt günstigen Preisen. Auch als Take-away. Di–Do 13–22 Uhr, Fr/Sa 13–23 Uhr, So 13–21.30 Uhr. Im Zentrum, ✆ 53641090.

Sehenswertes in Odda und Umgebung

Wasserkraftmuseum ODDA: Nur ein paar Kilometer nördlich von Odda in Richtung Ullensvang. Das beeindruckende Werk ist zu einem Museum umgebaut, es wird eine Multimedia-Show gezeigt, auch werden diverse Führungen angeboten. In den Sommermonaten kann man mit Opplev Odda (s. o.) die Besichtigung erweitern und eine Klettertour entlang der alten Wasserrohre unternehmen (750 NOK). Außerdem gibt es ein nettes Museumscafé und einen kleinen Shop.

Mitte Mai bis Anfang Sept. tägl. 10–17 Uhr, ansonsten Di–Fr 10–15 Uhr. Eintritt 90 NOK, geführte Touren auf Norwegisch, Englisch und Deutsch. ✆ 53650050, www.nvim.no.

Folgefonn-Gletscher: Der Folgefonna ist mit rund 200 km2 Fläche der drittgrößte Gletscher auf dem norwegischen Festland. Es gibt etliche Gletscherzungen, von Odda aus wird meist der Buerbreen angesteuert, wo auch verschiedene Touren angeboten werden. Wer den Gletscher betreten will, sollte dies nur mit einem kundigen Guide tun, es lohnen aber auch schon die Wanderungen zur Gletscherzunge. Am Folgefonna wird übrigens auch das Mineralwasser der Marke „Isklar" gewonnen.

Die Westseite des Sørfjords

Die kleine Straße (Rv 550) am Fuß des Folgefonn-Gletschers ist abenteuerlich. Bei **Aga**, etwa nach der Hälfte der Strecke von Odda zum nördlichen Punkt der Fjords, kann es passieren, dass die Fahrbahn vom Schmelzwasser des Gletschers überflutet ist und deshalb auch im Frühsommer noch gesperrt bleibt.

Agatunet: Anders als oft üblich ist dies kein extra angelegtes Freilichtmuseum, sondern ein naturbelassenes Haufendorf aus dem Mittelalter. Die fast 40 Gebäude stehen unter Denkmalschutz und werden auch weiter genutzt – die Bäckerei bietet jeden Freitag traditionelles Backwerk an. Außerdem kann das Gerichtshaus aus dem Jahr 1250 besichtigt werden, es gibt eine Trachtenausstellung, ein Café und einen Souvenirshop.

Mitte Mai bis Mitte Juni Mi–So 10–17 Uhr, Mitte Juni bis Mitte Aug. tägl. 11–17 Uhr. Führungen zur vollen Stunde bis 16 Uhr. Eintritt 70 NOK, Kinder gratis. Ein Ticket, das auch für alle anderen Abteilungen des *Hardanger og Voss Museum* gilt, kostet 150 NOK. ✆ 53662214, www.agatunet.no.

Utne

Der Ort an der Nordspitze der Halbinsel Folgefonn ist landesweit wegen des Utne Hotels bekannt. Tatsächlich ist die 250 Jahre alte Herberge mit ihren knarrenden Bohlen, staubigen Gobelins und einem gewaltigen Kamin einen Ausflug wert.

1722 aus Reparationszahlungen des Nordischen Krieges finanziert, war das Hotel schon im 19. Jh. „das beste im Lande". Das ist v. a. *Torbjørg Utne* zu verdanken, deren Familie das weiße, bis heute unveränderte Holzhaus 1787 übernahm. Die Familie machte um die vorige Jahrhundertwende mit für damalige Zeiten ungewöhnlichem PR-Talent das Hotel zum Renner in der Region, mittlerweile hat eine Stiftung das Hotel übernommen.

Verbindungen Pkw: Verbindungsstrecke am Westufer des Sørfjords, Utne liegt rund 47 km nördlich von Odda.

Bus: Der *Haukeliekspressen* (Nr. 180; www.haukeliekspressen.no) fährt zwischen Oslo und Bergen und hält u. a. auch in Utne.

Fähre: Die Fähren verkehren je rund 20-mal/Tag auf den Routen Utne – Kinsarvik (Pkw+Fahrer 92 NOK, 34 NOK/Pers.) und Utne – Kvanndal (Pkw+Fahrer 81 NOK, 31 NOK/Pers.). Letztere Option ist der Anschluss in Richtung Bergen. www.norled.no.

Übernachten Utne Hotel, wunderbares, historisches Hotel mit weiß getünchten Brettern, die Zimmer sind edel und hochwertig eingerichtet. Seit 1722 durchgehend Hotelbetrieb! Restaurant im Haus und toller Blick auf den Fjord. EZ 1390 NOK, DZ ab 1790 NOK (mit Frühstück). ✆ 53666400, www.utnehotel.no.

Hardanger Gjestegård, noch ein Tipp zum außergewöhnlichen Wohnen: In einer restaurierten Cidre-Fabrik am Rande von Utne, als „Cideriet" bekannt, gibt es 5 individuell eingerichtete Appartements. Man kann auch Ruderboote mieten. Bevorzugt wird wochenweise vermietet. Je nach Größe der Unterkunft und Aufenthaltsdauer bezahlt man zu zweit ab 900 NOK/Nacht. Alsåker, ✆ 53666710 oder 97101878 (mobil), www.hardanger-gjestegard.no.

Das **Hardanger Folkemuseum** in Utne, seit 1911 an dieser Stelle und mit Außenstellen in **Bu** und **Skredhaugen**, verkürzt auf angenehme Weise die Wartezeit auf die Fähre. Zu sehen sind altertümliche Bauernhäuser – die ältesten aus dem 18. Jh. –, Bootshäuser mit einheimischen Schiffstypen, Skulpturen örtlicher Künstler, Volkstrachten, Schnitzereien und Musikinstrumente, v. a. aber ein üppiger Obstgarten mit alten Sorten, die früher am Hardangerfjord angebaut wurden, heute aber wirtschaftlich längst keine Rolle mehr spielen. Außerdem gibt es eine moderne Galerie mit wechselnden Ausstellungen.

1. Mai bis 31. Aug. tägl. 10–17 Uhr, sonst Mo–Fr 9–15 Uhr. Eintritt 70 NOK, Kinder gratis. Skredhaugen 50 NOK. Ein Ticket, das auch für alle anderen Abteilungen des *Hardanger og Voss Museum* gilt, kostet 150 NOK. ✆ 53670040, www.hardanger.museum.no.

Die Ostseite des Sørfjords

Bei der Route entlang der Ostseite des Sørfjordes handelt es sich sicherlich um eine der attraktivsten Strecken der Region. Daran konnten auch die Tunnel nichts ändern, die man seit 2002 aus Sicherheitsgründen gebaut hat, nachdem verheerende Steinschläge die Straße massiv beschädigt hatten.

Die Schönheit offenbart sich v. a. im Frühsommer, wenn die westlichen Hänge noch voller Schnee liegen und auf der Ostseite die Obstbäume schon in voller Blüte stehen – mit den weißen Häusern strahlen sie dann um die Wette. An verschiedenen Stellen bieten sich Wanderungen auf die umliegenden Gipfel an, der Ausblick ins Tal und auf die gegenüberliegenden Fjordwände ist atemberaubend. Wer hier im Spätsommer entlangfährt, sollte sich nicht scheuen, an den Verkaufsbuden am Straßenrand zu halten und Kirschen, Erdbeeren oder Himbeeren zu kaufen – so frisch und so lecker gibt es sie nirgends sonst.

Lofthus

Das lauschige Örtchen in der Kommune Ullensvang gilt als das Zentrum des Obstanbaus am Hardangerfjord und es scheint, als wäre jeder Quadratzentimeter eines jeden Hanges mit Obstbäumen bepflanzt – rund eine halbe Million sollen es in der gesamten Gemeinde sein.

Recht viel mehr als die beschauliche Landschaft gibt es dann auch nicht zu sehen, nur zwei nennenswerte Besonderheiten: zum einen das Skredhaugen Museum und zum anderen die „Grieg-Klause" – der berühmte Komponist *Edvard Grieg* verbrachte hier einige Sommer und weilte dann in der bescheidenen Unterkunft. Beide Einrichtungen sind zu besichtigen (s. u.). Hier startet die Wanderung zum „Nosi"-Aussichtspunkt (Kleiner Wanderführer, S. 413) und zur Fjordplattform.

Information Turistinformasjon Lofthus, nur im Sommer geöffnet: 22. Juni bis 14. Aug. tägl. 11–19 Uhr. Lofthus, ✆ 53661190, turistinfo@lofthus.no.

Ullensvang im Internet: Ausführliche Infos unter www.visitullensvang.no.

Verbindungen Pkw: Rund 35 km nördlich von Odda, erreichbar über die Straße Nr. 16. Nach Bergen sind es gut 140 km.

Bus: Regionalbusse (www.skyss.no) fahren nach Odda, Kinsarvik, Geilo oder Eidfjord. Anbindung an Bergen.

Fähre: Im Sommer verkehrt 1-mal tägl. das Turistbåt (www.tide.no) zwischen Norheimsund und Eidfjord und hält auch in Lofthus.

Übernachten/Camping Hotel Ullensvang, der riesige Kasten in Toplage am Fjord hat jede Menge Freizeiteinrichtungen, z. B. eine Tennishalle, einen Swimmingpool und einen Golfsimulator. Und natürlich auch ein ausgezeichnetes Restaurant. 172 exklusive Zimmer und Suiten mit hohem Komfort. EZ 1300–1680 NOK, DZ 1950–2650 NOK, Suite 3500 NOK (viele Sonderangebote). ✆ 53670000, www.hotel-ullensvang.no.

Ullensvang Gjesteheim, klein, familiär und rundum gemütlich. Hier gibt es 13 Zimmer und ein ganz günstiges Restaurant. Inkl. Frühstück bezahlt man im EZ ab 490 NOK, im DZ ab 710 NOK, mit eigenem Bad ab 990 NOK. Lofthus, ✆ 53661236, www.ullensvang-gjesteheim.no.

Hardangor Vandrorhjem, der imposante Bau über dem Fjord hat wohl den besten Fjordblick weit und breit. Haus mit guter Gemeinschaftsküche, einer Gepäckaufbewahrung und einem Aufenthaltsraum. Mitte Juni bis Mitte Aug. geöffnet. Bett im Schlafsaal ab 280 NOK, EZ 400 NOK, DZ 560–700 NOK. Lofthus, ✆ 53671400, www.hihostels.no.

Lofthus Camping, in wunderschöner Landschaft. Moderne Sanitäranlagen, gute Campküche, TV-Raum und Internetzugang. Neben Stellplätzen für Zelte und WoMo gibt es Hütten (370–600 NOK), Bungalows (780–1000 NOK) und Ferienhäuser (900–1150 NOK). Camping ab 190 NOK. Helleland, ✆ 53661364, www.lofthuscamping.com.

Sehenswertes

Skredhaugen Museum: Den schönsten Blick über Obstplantagen, Fjord und Folgefonn-Ufer haben Sie bei der Anfahrt zum Campingplatz. Die Straße führt am Hang weiter zum Skredhaugen Museum, einem kleinen Freilichtmuseum des Schriftstellerpaars *Ingrid* und *Bernhard Greves*. In den restaurierten Bauernhäusern versteckt sich zudem eine kleine, besuchenswerte Kunstsammlung mit Werken von *Kittelsen*, *Henrik Sørensen* und *Kihle*.

Mitte Juni bis Mitte Aug. Sa/So 12–17 Uhr. Eintritt 50 NOK. Ein Ticket, das auch für alle anderen Abteilungen des *Hardanger og Voss Museum* gilt, kostet 150 NOK. ✆ 53670040, www.hardanger.museum.no.

Das Sträßchen eignet sich vortrefflich als Ausgangspunkt für einen kleinen, aber steilen **Spaziergang** von vielleicht einer Stunde durch herrliche Obstgärten mit wunderschönen Ausblicken. Sie verlassen die Straße auf Höhe des Bootsanlegers, den Sie unter sich sehen, nach rechts, folgen diesem Weg nach Süden, überqueren den Fluss Opo und erreichen nach gut 60 Minuten eine Stichstraße, die Sie zurück nach Ullensvang führt. Zum Ausgangspunkt brauchen Sie nochmals eine halbe Stunde.

Grieg-Klause: Das Häuschen steht im Garten des modernen, wuchtigen Hotels Ullensvang. Zu der mit Steinquadern gedeckten Kate ist der Zutritt kostenlos, doch schon der Blick durchs Fenster lässt ahnen, dass der Meister hier sehr bescheiden lebte – Pult, Ofen und ein Klavier reichten ihm.

> **Wanderung 3: Über die Mönchstreppe auf die Hardangervidda** → S. 413
> Vom Fjord geht es über 1000 Höhenmeter hinauf zum Hochplateau.

Kinsarvik

In einer geschützten Bucht zwischen Sør- und Eidfjord liegt Kinsarvik, ein idealer Naturhafen, der schon vor über 500 Jahren schottischen Kaufleuten als Ausfuhrplatz für Holzexporte diente. Heute verkehrt hier die Fähre nach Utne und Kvanndal, die so manchen Umweg erspart.

Während Anfang des 20. Jh. in den nahen Ortschaften Odda oder Utne der Tourismus bereits in vollem Gange war, geriet Kinsarvik immer mehr ins Hintertreffen. Grund dafür: Es gab keine Straßenanbindung. Erst mit dem Straßenausbau längs des Eidfjords (1928) und des Sørfjords (1930) schaffte Kinsarvik den Anschluss an den wirtschaftlichen Aufschwung. Bis in die Mitte der 1980er-Jahre war der Ort

Kinsarvik

Die massive Steinkirche in Kinsarvik

dann der wichtigste Anlaufpunkt aller Touristen im Hardanger-Gebiet, heute bietet die 18 km nördlicher gelegene Fährverbindung von Brimnes nach Bruravik eine gute Alternative.

Gleichwohl nutzen viele Reisende Kinsarvik gerne als Zwischenstation auf dem Weg nach Norden. Die Ortschaft liegt beschaulich am Fjord, es gibt gleich mehrere schöne und gut ausgestattete Campingplätze, außerdem auch passable Einkaufsmöglichkeiten. Außerdem kann man hier schöne Wanderungen unternehmen. Am Ortsausgang gibt es sogar einen kleinen Freizeitpark.

Information Kinsarvik Turistkontor, im weißen Haus an der Durchgangsstraße. Beratung und Buchungen. ✆ 53663112, turistinfo@kinsarvik.net.

Kinsarvik im Internet: Infos zur Region unter www.visitullensvang.no.

Verbindungen Pkw: Rund 45 km sind es gen Süden bis nach Odda, etwas mehr als 30 km nach Eidfjord im Osten. Inklusive Fährfahrt sind es Richtung Westen 55 km bis nach Voss bzw. 145 km bis nach Bergen.

Bus: Regionalbusse (www.skyss.no) fahren nach Odda, Geilo oder Eidfjord. Anbindung an Bergen.

Fähre: Die Autofähre pendelt nach Utne (Pkw+Fahrer 92 NOK, 34 NOK/Pers.) oder nach Kvanndal (Pkw+Fahrer 122 NOK, 41 NOK/Pers.). www.norled.no.

Knapp 20 km nordöstlich von Kinsarvik pendelt die Fähre Bruravik – Brimnes (mindestens 20-mal/Tag; Pkw+Fahrer 86 NOK, 32 NOK/Pers.), die nutzt man für die Weiterfahrt nach Ulvik. www.fjord1.no.

Freizeit Mikkelparken, es gibt einen Spielplatz, ein Schwimmbad mit Wasserrutsche und ein Kindertrampolin. Geöffnet Mitte Juni bis Ende Aug. tägl. 10.30–18.30 Uhr. Tageskarte 210 NOK. Am Ortsausgang. ✆ 53671313, www.mikkelparken.no.

Airlift, bietet Rundflüge per Hubschrauber über Hardangervidda und Fjord an. Je nach Dauer, Anzahl der Passagiere, Flugroute und Helikoptertyp bezahlt man ab etwa 2500 NOK/Pers. Am Kinsarvik Heliport Vetlemoen, ✆ 97484040, www.fjordhelikopter.no.

Bootsverleih, nahe dem Campingplatz Hardangertun (s. u.).

Wandern Eine schöne Wanderung führt zu vier Wasserfällen, Gesamtdauer ca. 4 Std. Die Tour fordert etwas Kondition, teilweise geht es recht steil bergauf, festes Schuhwerk ist nötig. Fahren Sie gegenüber von *Hardangertun* Richtung Süden, Start ist am **Tveitafossen**, wo man am Kraftwerk auch parken kann. Die Tour führt dann zum Nyastølfossen, zum Nykkjesøyfossen und zum Søtefossen. Danach geht es auf demselben Weg zurück. In der Touristeninformation gibt es eine kleine Wanderkarte.

Internet Kostenloses Internet am Terminal in der Touristeninformation.

Übernachten/Camping Best Western Kinsarvik Fjord Hotel, das große 70-Zimmer-Hotel gegenüber dem Fähranleger bietet Mittelklasseservice und eine gute Möglichkeit Essen zu gehen. Zimmer mit TV und WLAN, einige mit Balkon und Blick auf den Fjord. EZ 1000–1350 NOK, DZ 1300–1660 NOK, jeweils mit Frühstück. ✆ 53667400, www.kinsarvikfjordhotel.no.

Hardangertun, zwischen Fjord, Fluss und Freizeitpark liegt dieser sehr hübsche Campingplatz mit 27 Fünf-Sterne-Hütten, jede für sich fast ein Palais für 5–8 Pers. Außerdem ein Restaurant, Bootsvermietung, Internetzugang. Camping 250 NOK, Strom 40 NOK extra, geräumige Hütten 800–1850 NOK. ✆ 53671313, www.hardangertun.no.

Kinsarvik Camping, der kleine Platz im Wald oberhalb des Ortes ist etwas ruhiger als die Plätze am Fjord und hat außerdem die schönste Aussicht. Von einigen Stellplätzen schaut man von der Anhöhe weit auf den Fjord hinaus. Sanitäranlagen zum Zeitpunkt der Recherche ganz neu. Camping ab 200 NOK, Strom 30 NOK, Hütten je nach Größe und Saison 495–1695 NOK. ✆ 53663290, www.kinsarvikcamping.no.

Bråvoll-Camping, einfacher, aber solider Zwei-Sterne-Platz am Fjordufer. Nicht so edel wie die Konkurrenz, aber die Sanitäranlagen sind gut und die Preise die günstigsten im Ort. Camping ab 150 NOK, Strom 20 NOK extra. ✆ 53663510.

Ringøy Camping, der kleine Waldplatz 8 km nördlich von Kinsarvik auf dem Weg zur Brimnes-Fähre gelegen, ist einfach, doch sauber und wirklich schön angelegt. Ab 150 NOK kann man Zelten, dafür kostet sogar heißes Wasser zum Spülen extra (10 NOK), Strom 30 NOK. ✆ 53663917, www.ringoy-camping.no.

Essen & Trinken Kinsarvik Café, hübsches, gemütliches Café, in dem man morgens Kaffee trinken, mittags eine kleine Stärkung zu sich nehmen und an manchen Abenden auch Live-Musik hören kann. Do–So 12–18 Uhr. Neben dem Kinsarvik Hotel.

Best Western Hotel (s. o.), nur 8–10 Gerichte auf der Karte, dafür von guter Qualität, z. B. Fischsuppe, Forelle mit Gemüse oder Apfelkuchen mit Vanilleeis. Hauptgerichte um 260 NOK. Tägl. geöffnet. ✆ 53667400.

Supermarkt Spar, Mo–Fr 8–20 Uhr, Sa 8–18 Uhr.

Sonstiges Es gibt eine Tankstelle, einen Souvenirshop und eine Post.

Um den Eidfjord

Der östliche Zweig des Fjordsystems ist am wenigsten typisch für den Hardangerfjord. Er ist so tief, und die Felswände sind so steil, dass man sich an den weit mächtigeren Sognefjord im Norden versetzt fühlt.

Von Kinsarvik aus windet sich die Rv 47 am steilen Eidfjord vorbei, streift den Fährhafen **Brimnes** und steuert im steilsten Fjordteil auf den Ort Eidfjord zu, dem der Fjordarm seinen Namen verdankt. Die Ortschaft dient auch als gute Basis für Aktivitäten im Hardangervidda-Nationalpark.

Die Orte Eidfjord und Øvre Eidfjord selbst sind längst nicht so aufregend wie die Umgebung, für die sich jeder Wanderfreund und auch jeder Technik-Freak ein wenig Zeit nehmen sollte. Das neue **Hardangervidda-Natursenter** ist schon seiner pfiffigen Didaktik wegen sehenswert. Das riesige **Sima-Kraftwerk** kann besichtigt werden, und die Wasserfälle **Vedals-** und **Valurfoss** können ebenso erwandert werden wie die Kjeåsen-Alm. Der **Vøringfoss**, Norwegens berühmtester Wasserfall, sollte auf jeden Fall bewundert werden, am besten von der Aussichtskanzel am Fossli-Hotel aus – die 25 NOK Parkplatzgebühr lohnen sich.

Sonne am Fjord und Schnee auf den Gipfeln

Eidfjord und Øvre-Eidfjord

Am Ende des gleichnamigen Fjords liegt die Kommune in geradezu malerischer Umgebung. Nicht einmal 1000 Einwohner gibt es hier und so können Touristen ganz gemütlich am erst 2004 fertiggestellten Pier entlang schlendern oder sich die mittelalterliche Kirche anschauen.

Eigentliches Zentrum ist das direkt am Fjord gelegene Eidfjord, wo es Einkaufsmöglichkeiten und Unterkünfte gibt. Aber auch das 5 km landeinwärts gelegene **Øvre-Eidfjord** – manchmal auch **Saebø** genannt – gehört zur Gemeinde. Dort hat ein Veranstalter von Abenteuertouren sein Quartier aufgeschlagen. Wer derartige Beschäftigungen sucht, findet dort ein umfassendes Angebot.

Neben dem bereits erwähnten Vøringfossen gibt es noch zwei weitere Sehenswürdigkeiten, zum einen das *Sima Kraftwerk* – zweitgrößtes Wasserkraftwerk in Norwegen – und das äußerst informative *Hardangervidda Natursenter*.

Basis-Infos

Information Turistkontor, Wanderkarten über die Hardangervidda und Informationen über DNT-Hütten gibt es in dem Häuschen am Gästehafen. Mo–Fr 9–16 Uhr; Mai Mo–Fr 9–18 Uhr; 1. Juni bis 31. Aug. Mo–Fr 9–18 Uhr, Sa 10–18 Uhr; Mitte Juni bis Mitte Aug. Mo–Fr 9–19 Uhr, Sa 10–18 Uhr, So 11–18 Uhr. ✆ 53673400, ✉ 53673401, turistinfo@visiteidfjord.no.

Eidfjord im Internet: Viele gute Infos unter www.visiteidfjord.no.

Verbindungen Pkw: Gut 65 km sind es nach Geilo (Route 7), nach Odda 75 km. Für die Fahrt nach Voss (55 km) und Bergen (160 km) muss man die Autofähren Brimnes – Bruravik oder Kinsarvik – Kvanndal nehmen (www.tide.no).

284 Südliches Fjordland

Bus: Lokalbusse fahren 1- bis 2-mal tägl. die Tour von Geilo nach Odda mit Stopps in Eidfjord, Øvre-Eidfjord und Kinsarvik (www.skyss.no). Ab Odda Anschluss zum *Haukeliekspressen*.

Fähre: Mai–Sept. fährt je Richtung 1-mal tägl. ein Schnellboot zwischen Eidfjord und Norheimsund (mit Anschlussbus von/nach Bergen). www.tide.no.

Aktivitäten Flat Earth, der Anbieter von Outdoor-Abenteuern, hat so ziemlich alles im Programm, was man sich vorstellen kann. Im Sommer geht es unter fachmännischer Anleitung zum Kajakfahren, Rafting, Abseilen oder Power-Kiting. Man kann sogar an einem Seil gesichert in einen Wasserfall hüpfen. Im Winter kann man Schnee-Kajaken (!), Schneeschuhwandern oder Eisklettern. Basis in Øvre-Eidfjord, Sæbøtunet 4, ✆ 47606847, www.flatearth.no.

Wandern Wanderung an die **Basis des Vøringfossen**: Parken am oberen Eingang des Måbøtunnels (zwischen dem zweiten und dritten Tunnel im Måbødalen). Gutes Schuhwerk erforderlich, je näher man kommt, desto rutschiger wird es! 1:30–2 Std. hin und zurück.

Kjeåsen Alm: Ausgangspunkt für diese stellenweise schwere Wanderung ist der Parkplatz des Sima-Kraftwerks (Simadal). Über 600 Höhenmeter sind zu bewältigen, bisweilen ist es sehr steil. Immerhin, der Pfad am nördlichen Hang über dem Kraftwerk ist gut ausgeschildert und durch Seile gesichert. Dennoch sollten sie für diesen Weg mit herrlichem Panorama-Ausblick schwindelfrei sein, gutes Schuhwerk versteht sich von selbst. Dauer 3:30–4:30 Std.

Sonstiges Es gibt ärztliche Versorgung, Bank, Post, Tankstelle und einen kleinen Supermarkt.

Übernachten/Camping

Quality Hotel Vøringfoss, das elegante 120-Zimmer-Hotel im modernen Landhausstil direkt am Fjordpier befriedigt auch verwöhnte Gäste, sowohl was Unterkunft als auch Verpflegung betrifft. Bisweilen hausen hier aber ganze Busladungen Pauschaltouristen. EZ ab 1195 NOK, DZ ab 1395 NOK. National Highway 7, ✆ 53674100, www.voringfoss.no.

Fossli Hotel, die exponierte Lage oberhalb des Vøringfoss macht das Hotel außergewöhnlich. Die 21 Zimmer sind sauber und von gutem Standard, außerdem gibt es eine Bar und ein Restaurant. Viele Tagesausflügler! Mitte Mai bis Mitte Sept. DZ ab 1100 NOK. Vøringfoss, ✆ 53665777, www.fossli-hotel.com.

Eidfjord Gjestgiveri, hübsches, weißes Holzhäuschen mit 4 einfachen Doppelzimmern. Dusche und WC auf dem Flur, dafür stimmen die Preise. EZ 600–625 NOK, DZ 760–800 NOK. Riksvegen 110, Øvre Eidfjord, ✆ 53665346, www.ovre-eidfjord.com.

Sæbø Camping, hübscher Platz in Øvre-Eidfjord. WLAN, Campküche und Fußbodenheizung im Duschblock. Neben Stellplätzen am See auch Hütten von 16–33 m², einige davon ganz neu und mit Küche und Bad. Im Zelt oder WoMo ab 190 NOK, Strom 30 NOK, Hütten 410–1050 NOK. ✆ 53665927, www.saebocamping.com.

Kjærtveit Camping, der Campingplatz liegt an der Flussmündung des Eio in den Hardangerfjord. Gute Sanitäranlagen, Waschküche und kurze Wege zum Einkauf. Camping nur von 1.5.–30.9. Motorbootmiete 175 NOK+Sprit. Camping 170 NOK, Strom 30 NOK; Apartments 600–800 NOK, Hütte 1050 NOK. Simadalsvegen 5–8, Eidfjord, ✆ 90681762 (mobil), www.kcamp.no.

Sehenswertes

Sima-Kraftwerk: Norwegens zweitgrößtes Elektrizitätswerk hat wie andere Wasserkraftwerke in der Hardangervidda dem Wasserhaushalt des Nationalparks arg zugesetzt. So konnten erst Sitzdemonstrationen erzwingen, dass der Kraftwerkkoloss im Simadal wenigstens im Sommer dem Vøringfossen so viel Wasser lässt, dass er eine Touristenattraktion bleibt. Aber Stauseen nebst Staudämmen und Industrieansiedlungen im Gefolge des Kraftwerkbaus tragen dennoch seit 15 Jahren zusätzlich zur Verschandelung der Natur bei.

Immerhin wurde das 1980 in Betrieb genommene Sima-Kraftwerk 700 m tief in den Berg hinein gebaut. Die Turbinenhalle allein könnte ein Gebäude mit 18 Etagen fassen. Außerdem mussten rund 50 km zusätzliche Straße für das Werk in den Berg gesprengt werden. Ein kleines Stück am Fjord entlang können Sie für einen Ausflug – auch und gerade mit dem Fahrrad – zum Kraftwerk nutzen.

15.6.–15.8. tägl. Führungen um 10, 12 und 14 Uhr (deutschsprachige Führungen mit Filmvorführung). Eintritt 75 NOK, Kinder 50 NOK. ℡ 53673400.

Vøringfossen

Zwar nicht – wie oft fälschlicherweise behauptet – der höchste Wasserfall Norwegens, aber sicherlich der spektakulärste. Gut 183 m ist der Vøringfossen hoch, die größte Freifallstrecke beträgt 145 m.

Am schönsten zu sehen ist der Wasserfall vom Fossli Hotel, das nur einen Steinwurf oberhalb thront. Für den Parkplatz muss man 25 NOK bezahlen, dafür gibt es eine gesicherte Aussichtsplattform und man kann im Café gleich eine kleine Stärkung zu sich nehmen. In jedem Fall ist das Geld gut investiert.

Direkt neben der Hauptstraße ist ein großer Parkplatz mit kleinem Kro und Souvenirläden. Von hier kann man entlang der Straße ein kleines Stückchen bergab gehen, wo sich ebenfalls ein gesicherter Aussichtspunkt befindet. Auf KEINEN FALL sollte man von diesem Parkplatz anderweitig Wege in Richtung Felskante suchen, die oft keine 20 m entfernt ist. Dort geht es nämlich über 100 m steil hinab und es gibt keinerlei Sicherungsvorrichtungen.

Der Vøringfossen befindet sich rund 20 km östlich von Eidfjord, erreichbar über steile Serpentinenstraßen. Wer aus der anderen Richtung von Geilo anreist, muss rund 80 km zurücklegen.

Hardangervidda Natursenter: Das hochinformative „Erlebniszentrum" befindet sich in Øvre-Eidfjord, am Eingang zum Måbødalen. In dem futuristisch anmutenden Gebäude erfährt man Wissenswertes über das einzigartige Ökosystem der Hardangerregion und des Hardangervidda-Nationalparks. Höhepunkt ist sicherlich die Supervideoshow „Fjord, Gebirge, Wasserfälle" des Filmkünstlers *Ivo Caprino,* aber auch die regulären Ausstellungen können sich sehen lassen. Gezeigt werden u. a. Vertreter der lokalen Fauna – allerdings nur in ausgestopfter Form –, es gibt eine

Aquariumanlage und es werden verschiedenste Ausstellungsstücke präsentiert. Alles wunderbar mit Informationstafeln versehen. Der Eintritt ist nicht unbedingt günstig, trotzdem ist das Zentrum absolut zu empfehlen.

Im Gebäude gegenüber befinden sich ein hübsches, nicht gerade billiges Ausflugs-Café sowie ein Souvenirshop.

April–Okt. tägl. 10–18 Uhr, Mitte Juni bis Mitte Aug. tägl. 9–20 Uhr. Eintritt 120 NOK, Kinder 60 NOK, Familienkarte 280 NOK. Øvre Eidfjord, ✆ 53674000, www.hardangervidda.org.

Ulvikfjord/Ulvik

Der kleine Ulvikfjord reiht sich beim Wettbewerb um den ersten Platz auf der Liste der schönsten Fjorde ganz vorne ein. Allerdings boomt hier nur in den Sommermonaten der Tourismus, bevor wieder für ein Dreivierteljahr Ruhe einkehrt.

Mit dem Bus oder dem Auto ist **Ulvik** vom nahegelegenen Eidfjord nur mit der Fähre Brimnes – Bruravik und dann über die gut ausgebaute Rv 13 bzw. die Rv 572 zu erreichen. Das Städtchen mit knapp 1500 Einwohner liegt malerisch am Fjord und gleichzeitig am Rand der Hardangervidda – der fast 1900 m hohe Hardangerjøkulen ist gerade mal 30 km Luftlinie entfernt.

Das Wechselspiel von fjordtypischen Obstgärten und Gebirgshängen macht den Reiz des Ortes aus, der sich zwar mittlerweile gänzlich dem Tourismus verschrieben hat, in der Nebensaison jedoch noch immer verschlafen wirkt. Es gibt etliche Hotels und Läden, vielfältige Sport- und Tourenangebote, Rundfahrten mit Bus und Schiff und sogar Rundflüge. Wer das mag, wird in dem hübschen Städtchen rundum gut versorgt. Besonders schön ist die strahlend weiße **Dorfkirche**, die Mitte des 19. Jh. erbaut wurde.

Information Ulvik Turistkontor, gegenüber der Kirche. 1. Juni bis 1. Sept. Mo–Fr 8.30–16.30 Uhr, Sa/So 10.30–15.30 Uhr, ansonsten Mo–Fr 9–14 Uhr. ✆ 56526280, ulvikturist@ulvik.org.

Ulvik im Internet: Aktuelle Informationen unter www.visitulvik.com.

Verbindungen Pkw: Ulvik ist 50 km von Voss entfernt und 35 km von Kinsarvik (inkl. Fährfahrt).

Bus: Lokale Buslinien fahren 2-mal tägl. nach Osa, Voss und Granvin.

Fahrradfahren Für 150 NOK für den halben bzw. 200 NOK für den ganzen Tag verleiht das Turistkontor Räder.

Internet Ulvik folkebibliotek, hier gibt es auch WLAN für Leute mit eigenem Laptop. Mo und Do 16–19 Uhr, Di/Mi 10–16 Uhr. Maritastykket 3, ✆ 56527057.

Wandern Das Touristenbüro verkauft ein „Wanderbuch für Ulvik", das auch einfache Touren (2–4 Std.) um den Ort herum beschreibt. Der Wanderverein organisiert zwischen Mai und Sept. an den Wochenenden geführte Bergwanderungen.

Übernachten Rica Brakanes Hotel, das größte und teuerste Hotel am Platz bietet 143 Zimmer und gehobenen Service. Im Restaurant kann man gut essen, außerdem gibt es einen Fitnessraum mit Dampfbad. Gratis WLAN. EZ ab 1210 NOK, DZ ab 1900 NOK (im Sommer u. U. Sonderangebote). ✆ 56526105, www.brakanes-hotel.no.

Ulvik Fjord Pensjonat, 19 gemütliche Zimmer (Du/WC) bietet das kleine Hotel im hübschen Holzhaus. Nur im Sommer von Mai bis Sept. geöffnet. EZ 890 NOK, DZ 1100–1250 NOK. Am Ortseingang, ✆ 56526170, www.ulvikfjord.no.

Rica Ulvik Hotel, modernes Hotel, das allerdings nur im Sommer geöffnet ist. Gemütliche Zimmer, einige mit Balkon und Fjordblick. EZ ab 950 NOK, DZ ab 1450 NOK. ✆ 56526200, www.ulvikhotel.no.

Auch im Mai noch reichlich Schnee in den Hochlagen

Camping Ulvik Camping, der einfache, aber gepflegte Platz bietet Standardausstattung und neben Stellplätzen auch Hütten mit Kochplatten und Kühlschrank. Camping 150–230 NOK, WoMo 240 NOK, jeweils inkl. Strom. Hütten ab 500 NOK (max. 4 Pers.). ✆ 91179670, www.ulvikfjord.no.

Essen & Trinken Den Grøne Kafé, funktionaler Innenraum, netter Außenbereich direkt am Wasser mit tollem Fjordblick. Frischer geht es nicht: Bei der Recherche stand Fish & Chips auf der Menütafel und der Koch nur einige Meter entfernt beim Angeln am Fjord. Im Sommer tägl. ab Mittag geöffnet. ✆ 56526187, www.fjordcafe.no.

Drøs Bakeri & Kafé, kleine Gerichte wie etwa Panini zur Stärkung zwischendurch, natürlich auch Kaffee und Gebäck. Di–Do 12–23 Uhr, Fr/Sa 12–2 Uhr, So 12–18 Uhr. Tyssevikvegen 36, ✆ 9768224, www.drøs.no.

Sonstiges Es gibt eine Bank, eine Post, eine Tankstelle und kleine Geschäfte.

Osafjord/Osa

Der Osafjord ist noch enger als der Ulvikfjord, die Wände sind noch steiler. Er ist begrenzt vom Osafjell, einer Hochebene, die in die Hardangervidda übergeht und von Trekkern als Verbindung zwischen Fjordland und Vidda genutzt wird.

Zum winzigen Städtchen **Osa** am gleichnamigen Fjordarm gelangt man über eine Stichstraße. Der Ort besteht nur aus wenigen Häusern. Proviant und Wasser müssen Sie selbst mitbringen. Aber es lohnt sich ein Besuch im Park **Stream Nest** oberhalb des Ortes: Neben der Skulptur der Olympischen Spiele 1994 in Lillehammer, die aus 23.000 Natursteinen und 3000 Baumstämmen wieder aufgebaut wurde, gibt es einen ökologischen Kräutergarten zu sehen. Belohnt wird man außerdem mit einem grandiosen Ausblick.

Granvinfjord/Granvin

Das Aufregendste an Granvin sei der neue, 11 km lange Tunnel, der den Ort mit dem Fährhafen Bruravik verbindet, lästern Zeitungsleute aus den Nachbargemeinden.

Tatsächlich ist der Ort am gleichnamigen nördlichen Seitenarm des Hardangerfjordsystems seit einiger Zeit bemüht, ein Stück vom Tourismuskuchen für sich zu reservieren. Ein kleines **Dorfmuseum** wurde eigens für interessierte Reisende eingerichtet. Es enthält eine Dokumentation der Ortsgeschichte, liebevoll dem Publikum dargestellt. Ein Kirchlein mit immerhin der ältesten Glocke des Landes und zwei Wasserfälle, der **Skejervefoss** an der Rv 13 und der **Espelandfossen** an der Rv 572, sollen außerdem zu touristischen Anziehungspunkten werden.

Jaunsen Gjestgjevarstad, rund 300 Jahre alter Gasthof, in dem es 7 heimelige Zimmer zu mieten gibt. Im kleinen Speiseraum gibt es Lunch und Abendessen (ab 250 NOK). Inkl. Frühstück 845 NOK im EZ bzw. 1290 NOK im DZ. Kongstuen, Granvin, ✆ 56525115, www.jaunsen.no.

Weitere Stationen am Hardangerfjord

Je weiter man in Richtung Küste reist, desto mehr gibt der Hardangerfjord seine Verästelung auf und wird immer mehr zum mächtigen Meeresarm. In diesem mittleren Bereich des Fjordes gibt es einige touristische Kleinode zu entdecken.

Zum Beispiel den Weiler **Jondal** auf der Folgefonn-Halbinsel, von wo eine mautpflichtige Stichstraße auf den Gletscher abzweigt. Unweit von Jondal gibt es bei **Herand** interessante Felszeichnungen zu sehen. Auf der Westseite des Hardangerfjordes befindet sich mit der Ortschaft Norheimsund ein kleines regionales Zentrum, von dem es auf direktem Weg gerade noch 80 km bis nach Bergen sind.

Juwel der Region ist aber sicherlich das „Barionet Rosendal". Das wundeschöne Schlösschen liegt im Ort Rosendal, der sich im Bezirk Kvinneherad an die Ostseite des Fjordes schmiegt.

Norheimsund

In dem 2700-Einwohner-Städtchen am Sund, also an der Meerenge gleichen Namens, drängen mittlerweile Geschäfts- und Industriebauten die wenigen ursprünglichen Häuschen aus dem Blickfeld.

Hauptanziehungspunkt des kleinen Städtchens ist der **Steinsdalsfoss**, ein Wasserfall 2 km westlich des Zentrums. Zudem gibt es attraktive Übernachtungsmöglichkeiten, geradezu ideal für einen Zwischenstopp auf der Fahrt von Bergen ins Fjordland oder die Hardangervidda. Norheimsund ist Verwaltungszentrum der Gemeinde Kvam.

Information Kvam Turistkontor, in Norheimsund. 1. Mai bis Mitte Juni Mo–Fr 10–16 Uhr, Mitte Juni bis Ende Aug. tägl. 10–18 Uhr, Ende Aug. bis Ende Sept. Mo–Fr 10–16 Uhr. ✆ 56553184, info@visitkvam.no. Kvam im Internet: www.visitkvam.no.

Verbindungen Pkw: Etwa 80 km östlich von Bergen, 55 km südlich von Granvin.

Bus: Der *Haukeliekspressen* (Nr. 180; www.haukeliekspressen.no) fährt zwischen Oslo und Bergen und hält u. a. auch in Norheimsund.

Übernachten/Camping Thon Hotel Sandven, wie ein Märchenschloss kommt einem das 150 Jahre alte Holzhaus im Schweizer Stil vor. Trotz des altertümlichen Interieurs sind die 32 Zimmer mit wunderschöner Aussicht auf Fjord und Folgefonn modern eingerichtet. EZ ab 1090 NOK, DZ ab 1390 NOK. ✆ 56552088, www.thonhotels.no.

»› Mein Tipp: Hardingasete, außergewöhnlich: alte Gebäude (oft stark beschädigt) aus der Zeit zwischen 1600 und 1850 wurden zerlegt, abtransportiert und hier wieder komplett hergerichtet aufgebaut. Das Ergebnis sind rustikale, aber modern ausgestattete Häuser, die man anmieten kann. Preise auf Anfrage. ✆ 56553930, www.hardingasete.no. «‹

Hardanger Feriesenter, gute Anlage mit Campingmöglicheiten und rustikalen Hütten. Hier kann man sogar Motorboote mit bis zu 30 PS mieten. Je nach Saison, Belegung und Hüttentyp bezahlt man 520–1650 NOK. Hardangerfjordveien 341, ✆ 98422424, www.hardangerferiesenter.no.

Oddland Camping, Hüttendorf etwa 4 km von Norheimsund. Ruhig am Fjord gelegen, außerdem kann man Ruderboote mieten. Hütten 500–1200 NOK/Nacht, plus Reinigung 150 NOK bei Abreise. Vikøyvegen 396, ✆ 56551686, www.oddlandcampig.no.

Sonstiges Eine Bank, eine Post, eine Apotheke und ein kleines Einkaufscenter befinden sich direkt an der Hauptstraße.

Rosendal

Der kleine Ort verdankt seine enorme Bekanntheit dem wunderschönen Schlösschen, der „Baroniet". Und auch einen großen Teil seines Einkommens – das war und bleibt so, auch wenn alte Werftbetriebe, moderne Galerien und neue Hotels ein wenig zum Unterhalt der 450 Einwohner beitragen.

Als Ausflugsziel war der Ort ja schon lange beliebt, aber mit Eröffnung des neuen *Folgefonn-Tunnels,* durch den die Straße von Odda nach Rosendal führt, ist es deutlich voller geworden, weil damit eine schnelle Anbindung an den Sørfjord und die Hardangervidda besteht.

Die Familie *Rosenkrantz* aus Bergen ließ sich 1665 das Schloss in die bis dahin menschenleere Gegend setzen. Erst die Erben namens *Rosenkrone* machten aus der Baroniet ein lebendiges Museum mit Kunstgalerie, ständiger Ausstellung und allsommerlichem Musikfestival. Der kunstbegeisterte *Hoff Rosenkrone* (1823–96) war es auch, der den weitläufigen Park mit üppigem Rosengarten anlegen ließ und zahlreiche Originalgemälde der norwegischen Romantik anschaffte.

Zwischen Schlösschen und Fjordbucht hat sich am Zusammenfluss der beiden kleinen Flüsse **Mehlselva** und **Hatterbergselva** der kleine Ort ausgebreitet. Neben einem altertümlichen Gasthaus und einem modernen Gästehafen gibt es ein Ausflugsschiff, Wanderwege und Winterloipen, v. a. aber eine ganze Reihe attraktiver Unterkünfte – von feudal bis urig.

Basis-Infos

Information Rosendal Turistservice, auf dem Kai. Nur Mai–Aug., dann aber tägl. geöffnet. Skålafjæro 17, ✆ 53484280, rosendal@turistservice.no.

Rosendal im Internet: Umfangreiche Informationen unter www.visitsunnhordland.no.

Verbindungen Pkw: Ab Odda rund 50 km, die Fahrt führt durch den 11 km langen Folgefonn-Tunnel, der für Pkws 72 NOK Maut kostet, für große WoMos über 6 m Länge und/oder 3,5 t Gewicht zahlt man 145 NOK.

Südliches Fjordland

Fähre: Von Årsnes (nördl. von Rosendal) setzt die Autofähre über den Fjord nach Gjermundhamn (bis zu 20-mal tägl.; Pkw+Fahrer 102 NOK, 37 NOK/Pers.). www.norled.no.

Es gibt auch einen **Tagesausflug ab Bergen** zu buchen, An- und Abreise per Boot, Aufenthalt vor Ort etwa 3:30 Std. Tickets für 690 NOK.

Aktivitäten Wilderness Norway, im Angebot sind z. B. Paddeltouren im Fjord und zur Gletscherzunge. ✆ 46844675, www.wilderness-norway.no.

Wandern Drei längere Spaziergänge sind schon ab der Ortsmitte ausgeschildert und weiterhin markiert. Sie führen auf das Skålafjell (450 m ü. d. M.) oberhalb der Kirche, zum Melderskin (1426 m, 2 Std.) und auf das Skeisfjell (967 m); dieser dritte Wanderweg startet hinter dem Schloss.

Übernachten/Camping/Essen & Trinken

Übernachten/Camping Rosendal Turisthotell, außen klassisch schön, innen modern und stilvoll an die historische Bausubstanz von 1887 angepasst. 14 wohnliche Zimmer und gutes Restaurant. WLAN. EZ ab 700 NOK, DZ ab 990 NOK. Skålagate 17, ✆ 53473666, www.rosendalturisthotell.no.

Rosendal Fjordhotel, ganz harmonisch schmiegt sich das moderne Haus an das Ufer. Die Zimmer sind hochwertig eingerichtet, der Fjordblick ist gigantisch. Zur Ausstattung gehören Restaurant, Sauna und Tennisplatz. EZ ab 990 NOK, DZ ab 1390 NOK. Rosendalsvegen 46, ✆ 53488000, www.rosendal-fjordhotel.no.

Løvfall Camping, einfacher, aber ordentlicher und v. a. gut gelegener Platz mit wirklich moderaten Preisen: WoMo schon ab 120 NOK, Zelt noch günstiger. Løfallstrand, ✆ 95824275, www.lovfallcamping.no.

Rosendal Hyttetun & Camping, hübscher, schön gelegener Platz auf dem Weg nach Løfallstrand (1,5 km auf der Rv 48 nach Norden). Motorbootsmiete (4 m) ab etwa 300 NOK/Tag, Ruderboot 120 NOK. Zelten ab 170 NOK, WoMo ab 220 NOK, Hütten 490–950 NOK. Neslia nord, ✆ 53480273, www.rosendalhyttetun.no.

Essen & Trinken Nett einkehren kann man beim Besuch des Barionet Rosendal, wo man in wunderschöner Umgebung mit Kaffee, Kuchen und leichten Lunchgerichten versorgt wird (s. u.).

Sehenswertes

Baroniet Rosendal: Das traumhafte Renaissanceschloss wurde um 1660 erbaut und ist von einer herrlichen Parkanlage umgeben. Vor allem im Sommer, wenn sich die Rosengärten in voller Pracht präsentieren, ist es hier wunderschön. Von außen eher schlicht, beherbergt das Schlösschen im Inneren eine imposante Bibliothek mit über 10.000 Bänden, einen Konzertsaal und eine beeindruckende permanente Kunstausstellung mit Originalen von *Dahl* bis *Munch*. In der Gartenstube gibt es einen gemütlichen Teesalon, in dem Selbstgebackenes aus der Schlossküche angeboten wird, im toll hergerichteten Gewächshaus gibt es kleine Gerichte aus ökologischen Produkten.

Mitte Mai bis zum Ende der ersten Sept.-Woche gibt es regelmäßig Führungen, von Mitte Juni bis Mitte Aug. mehrmals täglich zwischen 10 und 18 Uhr. Eine Liste mit den genauen Daten und versch. Eintrittsoptionen auf der Webseite. Regulärer Eintritt für Schloss, Gärten und Kirche 100 NOK, Kinder 25 NOK. ✆ 53482999, www.baroniet.no.

Kvinnherad Kyrkje: Die schlichte Steinkirche aus dem Mittelalter weist eine Mischung aus romanischen und gotischen Stilelementen auf. Sie liegt etwas oberhalb des Ortes und war Grabkapelle der Familie Rosenkrantz. Die Altartafel wurde 1705 von Hans Sager gemalt und stellt Abendmahl, Kreuzigung und Auferstehung dar.

Mitte Juni bis Mitte Aug. Führungen So–Fr 12–15 Uhr, wenn Beerdigungen stattfinden, ist die Kirche für Touristen geschlossen. Eintritt im Ticket für die *Baroniet Rosendal* inkl., Einzelticket 60 NOK, Kinder 10 NOK. ✆ 53482999, www.baroniet.no.

Entlang der Küste von Stavanger nach Bergen

Die Reise von Stavanger nach Bergen führt entlang der Küste und gibt schon einmal einen Vorgeschmack auf die zahlreichen Fährfahrten, die Sie im Fjordland erwarten. Die schnellste Variante ist die Fahrt auf der E 39, es lohnt sich aber die etwas langsamere, dafür aber schönere Variante zu wählen und ab Stavanger erst einen Schlenker über **Karmøy** und **Haugesund** zu fahren. Später trifft man dann wieder auf die E 39 und kann die Reise auf direktem Weg fortsetzen.

Die Insel Karmøy, einst Hochburg der Wikingerkultur, ist heute ein lohnenswertes Reiseziel mit verschlafenen Küstendörfern. Von den zwei Straßen, die von der Südspitze der Insel nach Norden führen, sollte man die an der Westküste wählen. Nach Haugesund führen beide Alternativen. Das Städtchen bietet gute Möglichkeiten für einen kleinen Einkauf oder einen Zwischenstopp für eine Stärkung.

Insel Karmøy

Die „Saga-Insel" Karmøy nordwestlich von Stavanger ist zwar die am dichtesten besiedelte Insel des Landes, aber was heißt das schon im bevölkerungsarmen Norwegen? Und so findet man nicht nur einige kulturelle Höhepunkte, sondern auch verschlafene Küstendörfer und (fast) einsame Badestrände.

Übersetzt heißt der Name Karmøy so viel wie „schützende Insel" und das passt wie die Faust aufs Auge, liegt sie doch wie ein Schutzwall zwischen dem Meer und dem zerklüfteten Festland. Das 177 km² große Eiland lohnt einen Besuch und verspricht

Die Karmsund-Brücke verbindet die Insel Karmøy mit dem Festland

erholsame Tage entlang der Küstenroute zwischen Stavanger und Bergen. Die Stadt Haugesund liegt unmittelbar nördlich der Insel, nur durch den *Karmsund* – eine der verkehrsreichsten Wasserstraßen Norwegens – von dieser getrennt. Eine imposante Verbindung ist die 690 m lange Karmsundbrücke.

Die Anfahrt von Süden hingegen ist mit einer Fährfahrt verbunden. Gut eine Stunde braucht die Autofähre – mit über einer Million Passagieren pro Jahr die verkehrsreichste Inlandfähre Norwegens – von **Mekjarvik** vor Stavanger nach **Skudeneshavn** an der Südspitze von Karmøy.

Tipp: Wer die Insel nur in einfacher Richtung überquert, sollte sich für die Route entlang der wesentlich reizvolleren Westseite entscheiden.

Einen Besuch wert ist das interessante **Karmøy-Fischereimuseum** bei Kopervik und die besonders hübsche Altstadt von **Skudeneshavn** eignet sich perfekt für einen kleinen Spaziergang. Die meisten Sehenswürdigkeiten konzentrieren sich aber um die Ortschaft **Avaldsnes** im nördlichen Bereich der Insel.

Basis-Infos

Information Avaldsnes Turistinformasjon, im *Norvegen Historiesenter*. Ende April bis Ende Sept. Mo–Fr 10.30–16 Uhr, Sa 11–15 Uhr, So 12–17 Uhr, davon Ende Juni bis Mitte Aug. Mo–Fr 10–16 Uhr, Sa 11–16 Uhr, So 12–17 Uhr, ansonsten Mi–Fr 10.30–15.30 Uhr, So 12–17 Uhr. ✆ 52812400, post@vikinggarden.no.

Kopervik Turistinformasjon, im Rathaus. Mo–Fr 7.30–15.30 Uhr. ✆ 52857500, turistinfo@karmoy.kommune.no.

Skudeneshavn Turistinformasjon, geöffnet nur 1. Mai bis 31. Aug. tägl. 10–18 Uhr. ✆ 52858000, turist@visitskudeneshavn.no.

Karmøy im Internet: www.visitkarmoy.no, www.vikinggarden.no, www.visitskudeneshavn.no.

Verbindungen Pkw: Wer von Norden (Haugesund) anreist, erreicht die Insel via Rv 47 bequem über eine Brücke. Von Süden (Stavanger) kommend muss man ab Mekjarvik die Fähre nach Skudeneshavn nehmen.

Bus: Regionalbusse (www.kolumbus.no) verkehren zwischen Haugesund und Skudeneshavn (10-mal tägl., 1:30 Std.) ganz im Süden der Insel mit diversen Stopps unterwegs.

Fähre: Den Fährhafen Mekjarvik erreichen Sie ab Stavanger per Bus (→ „Stavanger/Verbindungen", S. 247) oder mit dem Pkw 10 km Richtung Norden über die E 39. Die Überfahrt (6-mal tägl.) dauert 70 Min. und kostet 199 NOK für Fahrer/Pkw bzw. 61 NOK/Pers. www.norled.no.

Flughafen: Der *Haugesund Airport* liegt auf Karmøy (→ S. 296)

Aktivitäten Die Insel bietet zahlreiche Möglichkeiten. An der wilden Westküste kann man gut **wind- und kitesurfen**, es gibt einen schönen **Golfklub** (www.karmoygolfklubb.no), und man kann im Sommer Boote zum **Hochseeangeln** chartern. Außerdem werden Sightseeing-Bootsfahrten angeboten. Die Touristeninformationen haben diesbezüglich gute Infos und helfen bei der Buchung.

Vor Karmøy gibt es außerdem ganz gute Reviere zum **Tauchen**. Bei Interesse kann man sich an den Karmøy Dykkerklubb wenden, der Tauchfahrten organisiert. ✆ 99733755, www.karmoydykkerklubb.com.

Festivitäten Skudefestival, Bootsfestival mit Windjammerparade im Juli in Skudeneshavn, www.skudefestivalen.no.

Wikingerfestival, im Juni wird an verschiedenen Schauplätzen Geschichte nachgestellt und entsprechend gefeiert. www.vikingfestivalen.no.

Fischereitage, 3. Juliwochenende in Åkrehamn.

Internet Kostenloser Zugang in der Touristeninformation Skudeneshavn.

Farradmiete Bei der **Touristeninformation** in Skudeneshavn oder **Skudnes Camping** kann man für etwa 150 NOK/Tag ein Rad mieten.

Strände Die Badebucht am Ortsrand von Skudeneshavn heißt Åkrasanden (am Hafen ausgeschildert). Von Felsen gegen allzu hohen Seegang geschützt, ist der 500 m lange Sandstrand ideal auch für Kinder.

Einen Strand gleichen Namens gibt es auch südlich von Åkrahamn. Der Sandstrand in einer geschützten Bucht ist über die Hauptstraße leicht zu erreichen. Parkplätze, Toiletten und ein Surfbrettverleih stehen zur Verfügung.

Supermarkt Kiwi, Mo–Fr 7–23 Uhr, Sa 8–21 Uhr, Austre Karmøyveg 189.

Sonstiges Es ist alles da, was man braucht. In den Ortschaften gibt es Banken, Postfilialen, Geschäfte, Tankstellen u. v. m.

Übernachten/Camping

Übernachten Die Touristenbüros vermitteln **Ferienapartments** auf der ganzen Insel. Eine Anfrage lohnt sich v. a., wenn man mehr als 1–2 Nächte bleiben will sowie für größere Familien oder Gruppen.

Norneshuset, das schmucke Häuschen direkt am Wasser wurde 1837 von Riga nach Karmøy verpflanzt. Die Zimmer sind vielleicht nicht topmodern eingerichtet, aber ordentlich und mit angemessenen Preisen. EZ ab 790 NOK, DZ ab 900 NOK. Nordnes 7, Skudeneshavn, ✆ 52827262, www.norneshuset.no.

Parken Terrasse, gut ausgestattete Apartments mit Schlaf- und Wohnzimmer, offener Küche und Bad. DZ ab 890 NOK, das WoE ab 1490 NOK, die Woche ab 4000 NOK. Auch Langzeitmiete für mehrere Monate möglich. Im Zentrum von Kopervik. ✆ 52851888, www.parkenterrasse.no.

Lighthouse Vikeholmen, zum Leuchtturmwärterhäuschen muss man 5 Min. mit dem Boot fahren – das gehört aber zur Ausstattung und ist im Mietpreis enthalten. Das Haus hat 3 Schlafzimmer und bietet Platz für max. 10 Pers. Juni–Aug. 4900 NOK/Woche, sonst 3900 NOK/Woche. Skudeneshavn, ✆ 97072948, www.skudenes-sjomannsforening.com.

Karmøy Vandrerhjem, in Kopervik. Die günstige Herberge bietet annehmbare Zimmer, Gemeinschaftsküche und abschließbare Spinde. Geöffnet von 25. Mai bis 10. Aug. Bett im Schlafsaal ab 180 NOK, DZ 465 NOK (ohne Bad) bzw. 520 NOK (mit Bad). Austre Karmøyveg 23–37, Kopervik, ✆ 52846160, www.hihostels.no.

Camping Skudenes Camping, gepflegter Drei-Sterne-Platz mit 40 Stellplätzen und hübschen Hütten. WLAN. Camping ab 190 NOK, Strom 40 NOK extra. Hütten 450–1300 NOK. Postveien 129, Skudeneshavn, ✆ 92098565, www.skudenescamping.no.

Sandhåland Camping, an der Westküste der Insel, 5 km nördlich von Skudeneshavn. Schöner Platz am Wasser mit guten Einrichtungen. Camping ab 190 NOK, Strom 40 NOK, Hütte 400–1190 NOK. Sandhålandsveien 36, Sandve, ✆ 52843234, www.sandhaaland.no.

Skudeneshavn

Skudeneshavn ist Norwegens wahrscheinlich besterhaltene Kleinstadt – zumindest erhielt sie noch 1996 einen entsprechenden Preis.

Genau 125 Wohn- und 98 Lagerhäuser, alle weiß getüncht und fast alle von Blumengärten umringt, gruppieren sich oberhalb des Hafenbeckens. Besonders prächtig wirkt dieses Wechselspiel der Farben – strahlend weiße Häuser, blaues Meer, blauer Himmel und dazwischen Blumenpracht in jeder Schattierung – an sonnigen Julitagen. Dann versammeln sich zudem alljährlich große und kleine, alte und replizierte Großsegler zur größten Windjammerparade Westnorwegens, dem **Skude-Festival**.

… Südliches Fjordland

Åkrehamn

Åkra, wie Einheimische ihr Fischerdorf nennen, „ist auf Fischgräten gebaut", behauptet der Volksmund. Im größten Inselort an Karmøys Westküste dreht sich tatsächlich alles um den Fischfang.

Der Aufstieg des heute 6500 Einwohner zählenden Städtchens begann Anfang des 19. Jh., in der großen Zeit der Heringsfischerei. Und noch immer fahren Fischer vom kleinen Hafen zwischen den drei Landzungen, auf denen Åkra liegt, aufs Meer hinaus, um Nachschub für die Krabbenverarbeitungs- und Fischölbetriebe im Ort zu beschaffen. Jedes Jahr werden am dritten Juliwochenende die „Fischereitage" mit Jahrmarkt, Budenzauber und Fischauktion gefeiert.

Kopervik

Kopervik ist das administrative Zentrum Karmøys. Auch dieses Dorf verdankt dem Wirtschaftsboom der Heringsfischerei viel, doch hier verdienen die Menschen ihre Brötchen längst anderweitig und der Fischfang ist höchstens noch Attraktion für Touristen.

Rund ein Drittel der 5500 Einwohner arbeitet in den Karmøy-Fabriken nördlich von Kopervik, die Firma *Norsk Hydro* unterhält hier das größte Aluminiumwerk Europas. Doch davon merkt man in Kopervik gottlob wenig. Die Altstadt an der Hafenbucht **Vågen** – an sich schon größte Sehenswürdigkeit im Ort – ist nur von wenigen Neubauten durchsetzt, die vom Jachthafen aus nicht einmal auffallen. Eher auffallend ist die Lotsenstation am Hafeneingang, Zentrum des Lotseneinsatzes im Fjordgewirr zwischen Stavanger und Haugesund.

An der Mündung der Hafenbucht und rund 6 km nordwestlich von Kopervik liegt der kleine Ort *Vedvågen* mit dem interessanten **Karmøy Fiskerimuseum**, das die jüngere Fischereigeschichte von ca. 1950 bis heute dokumentiert. Es gibt ein Salzwasseraquarium mit den gängigsten lokalen Fischspezies, ein Café und Souvenirs zu kaufen.
Juni bis Mitte Aug. Mo–Fr 11–17 Uhr, So 15–18 Uhr; Mai, Sept. und Okt. nur So 15–18 Uhr. Eintritt 30 NOK, Kinder 10 NOK. ✆ 52817455, www.fiskerimuseum.net.

Avaldsnes

Wenn von der „Saga-Insel" Karmøy die Rede ist, denkt man an Avaldsnes. Hier war Norwegens erster Königssitz, von dem aus der Herrscher Harald Hårfagre Ende des 9. Jh. sein Reich regierte.

Diverse Anzeichen menschlicher Besiedlung datieren aber noch weiter zurück. In der Region wurden verschiedene Grabhügel entdeckt, darunter auch ein Schiffgrab, das auf das 8. Jh. datiert wurde und somit als ältestes dieser Art in ganz Skandinavien gilt. Vor Ort kann man ein historisches Gräberfeld sowie ein nachgebautes Wikingerdorf besichtigen. Die auffälligste Sehenswürdigkeit ist allerdings viel jünger: mit dem Bau der massigen Olavskirke wurde 1250 begonnen.

Alle Gebäude werden von den geschichtsbewussten Norwegern einbezogen, wenn sie im Juni ihr großes Wikingerfestival im alten Königshof von *Harald Schönhaar* – so der deutsche Name von *Harald Hårfagre* – in Avaldsnes feiern. Wikingervereine

Avaldsnes

aus dem In- und Ausland reisen dann an, um an Saga-Aufführungen, Umzügen, Wettkämpfen und Gelagen unter freiem Himmel teilzunehmen.

Sehenswertes

Olavskirke: Die dreischiffige Kirche aus dem Jahr 1250 gehörte im Mittelalter zu den größten Landeskirchen und wurde 1928 umfassend renoviert. Das Aufregendste an der romanischen Steinkirche neigt sich von außen der Kirchenwand zu: Der 6,5 m hohe Bautastein *Jungfrau Marias Nähnadel* soll, so die Legende, erst am Tag des Jüngsten Gerichts die Kirche berühren. Die Spitze des Bautasteins – so nennt man Gedenksteine ohne Inschrift – hat man aber vorsichtshalber während der Renovierung abgeschlagen.

Im Sommer Mo/Di 13–15.30 Uhr, So 13.30–16 Uhr. ✆ 52812400, www.vikinggarden.no.

Nordvegen Historiesenter: Hier wird auf eindrucksvolle Weise das Leben der Wikinger porträtiert, und v. a. auch die Rolle von Avaldsnes, dem ersten Königssitz. Informationen gibt es auf Tafeln und Bildschirmen, zu sehen sind außerdem archäologische Funde sowie originalgetreu rekonstruierte Stücke, darunter z. B. Kleidung und sogar ein Schiff. Sehr empfehlenswert.

Ende April bis Ende Sept. Mo–Fr 10.30–16 Uhr, Sa 11–15 Uhr, So 12–17 Uhr, davon Ende Juni bis Mitte Aug. Mo–Fr 10–16 Uhr, Sa 11–16 Uhr, So 12–17 Uhr, ansonsten Mi–Fr 10.30–15.30 Uhr, So 12–17 Uhr. Eintritt 100 NOK, Kinder 50 NOK (inkl. Vikinggarden). ✆ 52812400, www.vikinggarden.no.

Die St. Olavs Kirche in Avaldsnes

Vikinggarden Avaldsnes: Knapp eine Viertelstunde Spazierweg von der Olavskirche entfernt ist ein Wikingerhof zu besichtigen. Zu sehen sind ein 1995 rekonstruiertes Langhaus, ein Rundhaus und landwirtschaftliche Bauten und Einzäunungen. Hier wird das Alltagsleben der Wikinger gezeigt, ihre Kinderspiele und Kochkünste, außerdem kann man Heldensagen lauschen oder ein richtiges Wikingerschiff erkunden.

Im Sommer zu besichtigen, Termine für Führungen in den Touristeninformationen oder telefonisch zu erfragen. Eintritt 100 NOK, Kinder 50 NOK (inkl. *Historiesenter*). ✆ 52812400, www.vikinggarden.no.

Hünengräber bei Bø: Nordwestlich von Avaldsnes, nur einen Kilometer Fahrt auf der Reichsstraße, erheben sich auf dem „Rehhügel" Reheia in einer Reihe sechs Hünengräber aus der Eisenzeit. Bis zu 7,5 m hoch und 30 m lang ist die Anlage namens „Rehaugene".

Gruvemuseum von Visnes: Wer das Museum im 4 km von Avaldsnes entfernt gelegenen Visnes besucht, erfährt als Erstes, dass das Kupfer der New Yorker Freiheitsstatue aus den hiesigen Gruben stammt. Außerdem, dass die Gruben zwischen 1865 und 1972 rund 3000 Menschen ein Einkommen bescherten. Das kleine Grubenmuseum zeigt Maschinen und Werkzeuge sowie die Reste einer Schmelzhütte. Im einstigen Direktionsgebäude gibt es ein romantisches Café.
Juni bis Mitte Aug. Mo–Fr 11–16 Uhr, So 12–16 Uhr, ansonsten nur So 12–16 Uhr. Eintritt 50 NOK. Visnes, ✆ 52812400, www.vikinggarden.no.

„De fem dårlige Jomfruer": Die fünf Bautasteine am Brückenfuß der 650 m langen Karmsund-Brücke – gelegen auf der Festlandsseite gen Haugesund – nennt der Volksmund „die fünf törichten Jungfrauen". Die Steinmonumente stammen wahrscheinlich aus der Zeit der Völkerwanderung und waren, so wird vermutet, Teil eines Kalenders.

Haugesund

Haugesund hat über die Grenzen Norwegens hinaus den Ruf der nordischen Filmstadt. Jedes Jahr im August wird hier der „Amanda-Preis", eine Art skandinavischer „Oscar", verliehen. Das Städtchen lebt dann eine Woche lang vom Flair der großen Kinowelt.

Wie in so vielen Ortschaften der Region war auch in Haugesund einst der Heringsfang Industriezweig Nummer eins, heute ist der Ort mit seinen rund 32.000 Einwohnern geprägt von der Offshore-Industrie. Für Touristen ist Haugesund die wichtigste Stadt zwischen Stavanger und Bergen und auf jeden Fall einen Halt wert, auch wenn klassische Sehenswürdigkeiten eher spärlich gesät sind. Man kann aber durch die Fußgängerzone schlendern oder im Hafenviertel in einem der Lokale Essen gehen. Und die passenden Übernachtungsmöglichkeiten gibt es natürlich auch.

Basis-Infos

Information Haugesund Turistkontor, freundliche Information in dem freistehenden Holzhaus. Mitte Juni bis Ende Aug. Mo–Fr 9–17 Uhr, Sa/So 10–15 Uhr; ansonsten Mo–Fr 10–16.30 Uhr. Strandgata 171, ✆ 52010830, post@visithaugesund.no.

Haugesund im Internet: Aktuelle Infos unter www.visithaugesund.no.

Verbindungen Pkw: Rund 100 km sind es von Stavanger via E 39, die reizvollere und nur unwesentlich längere Route führt über die Insel Karmøy.

Flugzeug: Vom Flughafen auf der Insel Karmøy (13 km südlich) starten Jets nach Oslo, Bergen, Kristiansund, London-Stansted, Kopenhagen und Teneriffa. www.avinor.no/en/airport/haugesund.

Bus: *Kystbussen* (Nr. 300; www.kystbussen.no) verkehrt zwischen Stavanger und Bergen mit Stopps in Haugesund und dem Knotenpunkt Aksdal, von wo es Anschlussverbindungen nach Oslo gibt. Außerdem Regionalbusse (www.kolumbus.no) nach Sauda (3-mal tägl., 2:30 Std.) und Skudeneshavn (10-mal tägl., 1:30 Std.).

Fähre: Das *Flaggruten*-Küstenpassagierschiff (keine Autofähre) legt auf seiner Fahrt von Stavanger (1:30 Std.) nach Bergen (2:30 Std.) mehrmals tägl. direkt am Smedasundkai an. www.norled.no.

Badeplätze Haraldsvang, nordöstlich des Zentrums. Baden am Sandstrand und zur Stärkung ein Restaurant.

Eivindsvatnet, 2 km östlich des Zentrums. Sandstrand, Toiletten, Parkplatz.

Festivitäten Silda Jazz, hochkarätig besetztes Festival, immer Mitte August. www.sildajazz.no.

Haugesund 297

Norwegian International Film Festival, Norwegens größtes und wichtigstes Filmfestival findet jedes Jahr eine Woche lang Mitte/Ende Aug. statt. www.filmfestivalen.no.

Internet Quick Inet Café, Computerterminals und kleines Café. Mo–Fr 8–24 Uhr, Sa/So 10–24 Uhr. Haraldsgata 90, ✆ 52866750.

Supermarkt Rema 1000, direkt an der E134. Mo–Fr 9–22 Uhr, Sa 9–20 Uhr, Norheim v/Oasen.

Sonstiges Es gibt sämtliche Einrichtungen einer Kleinstadt, z. B. Post, Banken, eine Apotheke, Vinmonopolet und Fotoladen. Taxi: ✆ 52718181.

Übernachten/Camping/Essen & Trinken

Übernachten Best Western Hotel Neptun, das Betongebäude wirkt von außen etwas steril, ist aber zentral gelegen und bietet 43 ganz kommode Zimmer. EZ 950 NOK (WoE ab 650 NOK), DZ ab 1200 NOK bzw. 850 NOK. Haraldsgata 207, ✆ 52865900, www.bestwestern.com.

Rica Maritim Hotel, der riesige Sieben-Etagen-Bau wirkt etwas fehl am Platz, aber die 311 eleganten Zimmer können sich absolut sehen lassen. Weitere Vorteile: toller Blick, zentrale Lage und gleich mehrere Restaurants und Bars im Haus. EZ 1200 NOK, DZ 1600 NOK (WoE-Angebote um 900 NOK bzw. 1300 NOK). Åsbygate 3, ✆ 52863000, www.hotelmaritim.no.

Clarion Collection Hotel Amanda, zentral und in einem schönen Eckhaus gelegen bietet das Hotel 62 gemütliche und blitzblanke Zimmer. Restaurant im Haus und Fahrradmiete möglich. DZ um 1700 NOK, am WoE sinken die Preise, DZ dann ab 1000 NOK. Smedasundet 93, ✆ 52808200, www.clarionhotel.com.

Radisson BLU Hotel, der dreistöckige Kasten ist von außen wirklich nicht schön, aber dafür in toller Lage direkt am Karmsund, etwa 3 km vom Zentrum entfernt. Die 110 Zimmer sind stilvoll eingerichtet und auch der Service hat hohen Standard. DZ ab 1400 NOK, am WoE Angebote schon ab 1000 NOK. Ystadveien 1, ✆ 56861000, www.radissonsas.com.

Camping Grindafjord Feriesenter, der ganzjährig geöffnete Vier-Sterne-Platz liegt 17 km östlich von Haugesund an der Rv 515 und direkt am Fjordufer. Kanuverleih, Tennisplatz, Angel- und Reitgelegenheit sowie 16 Hütten ab 500 NOK. Camping ab 200 NOK. ✆ 52775740, www.grindafjord.no.

Haraldshaugen Camping, netter Drei-Sterne-Platz mit nur 40 Stellplätzen für Wohnwagen und 23 Hütten (400–950 NOK). WoMo ab 200 NOK, mit Strom ab 250 NOK. 3 km vom Ortzentrum, ✆ 52728077, www.haraldshaugencamping.no.

Essen & Trinken Café Totalen, gegenüber der Touristeninformation. Hier gibt es Kaffee, Snacks und WLAN. Mo–Fr 8.30–16.30 Uhr (Do bis 22 Uhr), Sa 10.30–16 Uhr. Haraldsgate 173, ✆ 98853938, www.totalen.no.

Statue von Marilyn Monroe in Haugesund

Lothes Mat, etwas erhöht mit Außenterrasse. Im Café gibt es Burger (179 NOK) oder Steaks (310 NOK), im Restaurant Menüs mit 3–6 Gängen (559–810 NOK; Wein extra). Fr/Sa Café ab 11 Uhr, Restaurant ab 18 Uhr. Skippergate 4, ✆ 52712201, www.lothesmat.no.

Samson Bar & Café, lässiges Lokal, in dem kleine Snacks und gute Drinks serviert werden. Kostenloses WLAN. Mo–Sa 11–1.30 Uhr, So 12–1 Uhr. Strandgate 130, ✆ 52722215, www.samsonbar.no.

Cafe MM, tolle Café-Bar, in der man gut und günstig essen, aber abends auch einen heben kann (mittags 110–160 NOK). Mo–Sa 11–2 Uhr, So 12–2 Uhr. Strandgate 130 (Eingang Smedasundet), ✆ 52711003, www.cafemm.no.

The Irish Viking, das klassische Pub für ein Feierabendbier. Di–Fr 17–23 Uhr, Sa 17–1.30 Uhr, So 15–22 Uhr. Torggata 4, ✆ 45419370, www.theirishviking.no.

To Glass, hier fallen sofort die wild gemusterten Tapeten auf. Nicht ganz billig (Hauptgerichte 250–310 NOK), aber sehr lecker, und das 2-Gänge-Nachmittagsmenü (Mo–Sa 15–18 Uhr) gibt es schon für 149 NOK. Mo–Sa 15–24 Uhr. Strandgate 169, ✆ 52707400, www.toglass.no.

Sehenswertes

Rådhuset: Das pinkfarbene Rathaus ist ein Schmuckstück, denn als der Reeder Knut Knudsen das Haus für seine Heimatstadt 1931 bauen ließ, wurde an nichts gespart: Jeder Saal, jedes Büro ist eine kleine Kunstlandschaft, unzählige Bilder, Schnitzereien und Stuckaturen wurden von den besten Handwerkern des Landes gefertigt – ein wahrlich einmaliger Arbeitsplatz für Kommunalbeamte. Zusammen mit dem großen, ebenfalls kunstvollen Park steht das Rathauspalais seit 1949 unter Denkmalschutz.
Termine für Besichtigungen der Räumlichkeiten in der Touristeninformation erfragen.

Karmsund Folkemuseum: In der alten Meierei im Stadtzentrum befindet sich das Haupthaus des Regionalmuseums, das über insgesamt zehn Außenstellen (darunter das ebenfalls sehenswerte **Dokken-Milieu-Museum** auf der dem Zentrum vorgelagerten Insel Hasseløy) verfügt. Im Haupthaus (Skårgate) gibt es große Landwirtschafts- und Schifffahrtsabteilungen zu sehen, aber auch Kramladen, Schusterwerkstatt und Klassenzimmer aus dem 19. Jh. Das kleine Freilichtmuseum Dokken widmet sich den Arbeits- und Wohnverhältnissen der Heringsfischer zur damaligen Zeit.
Hauptmuseum: Mo–Fr 10–14 Uhr, Sept.–März auch So 12–15 Uhr. Skåregt. 142, Haugesund. Dokken: Mitte Juni bis Mitte Aug. Mo–Fr u. So 11–16 Uhr. Eintritt 40 NOK (inkl. Dokken). ✆ 52709360, www.karmsundfolkemuseum.no.

Haraldshaugen: Nördlich des Zentrums liegt eines der wichtigsten und größten norwegischen Nationaldenkmäler des Landes. Auf dem „Haraldshügel" soll Norwegens erster König *Harald Schönhaar* seit 930 begraben liegen. Die 29 Obelisken um den Zentralblock stehen für die 29 Stämme, die Harald einst einte, um das Königreich Norwegen zu schaffen. 1872 wurde die bombastische Gedenkstätte anlässlich der 1000-Jahr-Feier seiner Krönung im Jahr 872 errichtet und ist seitdem Wallfahrtsort aller nationalbewussten Nordländer.

Keine 100 m entfernt liegt der Kreuzhügel **Krosshaugen**. Das Steinkreuz auf dem einstigen Thingplatz stammt wahrscheinlich aus dem Jahr 998 und symbolisiert die Taufe heidnischer Bauern. Vermutlich wurden hier auch Gottesdienste abgehalten.

Bergen

Das „Tor zum Fjordland" besticht durch Kultur, ruhmreiche Historie und traumhafte Lage. Die Einheimischen halten ihre Stadt deshalb auch für die schönste im ganzen Land. Und an dieser Meinung ändert auch die Tatsache nichts, dass hier an durchschnittlich 280 Tagen im Jahr rund 2100 mm Niederschlag fallen – etwa dreimal so viel wie in Hamburg!

Aber nach Bergen fährt man ja auch nicht wegen des Wetters. Hier kommt man her um sich die von der UNESCO zum Weltkulturerbe ernannten Hansehäuser anzuschauen, hierher reist man um sich auf dem berühmten Fischmarkt den wunderbaren Lachs schmecken zu lassen, hierher kommt man um Veranstaltungen – vielleicht sogar das alljährliche Grieg-Festival – zu besuchen. Da kann der Regen nicht stören.

Mit rund 260.000 Einwohnern ist Bergen heute nur noch die zweitgrößte Stadt Norwegens und spielt in vielerlei Hinsicht die zweite Geige hinter der Hauptstadt Oslo. Das war nicht immer so, noch im Mittelalter war Bergen mächtigste Kraft im Lande, Königssitz und größte Stadt Nordeuropas. Als Handelsposten der Hanse gelangte die Stadt zu enormem Reichtum, konnte sich aber auf lange Sicht nicht gegen den „Konkurrenten" im Osten behaupten. Eine Tatsache, die zweifellos ein

Historische Hansehäuser in Bergen

wenig an den Bergensern nagt, und vielleicht ein Grund, warum sich ganz eingefleischte Vertreter deshalb gleich vom ganzen Land und der dazugehörigen ungeliebten Hauptstadt abgrenzen: Da lautet der – natürlich nicht ganz ernst gemeinte – Wahlspruch: „Ich komme nicht aus Norwegen – ich komme aus Bergen".

Als Urlauber kann und sollte man in dieser charmanten Stadt auf jeden Fall ein paar genüssliche Tage verbringen. Und wer dann auch noch das Glück hat einen Sonnentag zu erwischen – ein kühles Bier in einem Straßenlokal vor den Hansehäusern sollte dann unbedingt ins Programm –, der wird Bergen lieben.

Stadtstruktur

Der einst strategische Vorteil ihrer Lage – zum Meer geschützt durch Inseln und Schären, vom Hinterland abgeschirmt durch sieben Fjellhöhen – hat sich für Bergen in späteren Jahren oft nachteilig ausgewirkt: Als für die Handelsstadt das abgeschnittene Hinterland immer wichtiger wurde, es aber an geeigneten Verkehrsmitteln fehlte, verlor Bergen seine führende Rolle an Oslo, das problemlos ins Hinterland wachsen konnte.

Heute sind die bewaldeten Höhen bewohnt, das **Fløifjell** und der **Ulriken** auch für Besucher bequem per Bahn oder Gondel erreichbar. Von oben zeigt sich dann ganz deutlich, wie sehr Bergen zwischen verschiedenen Wasserarmen und den umliegenden Hügeln eingezwängt ist.

Der ursprüngliche Stadtkern konzentriert sich auf die Halbinsel **Nordnes** und das Areal um das Hafenbecken **Vågen** herum. Gut für Besucher, denn so ist alles Sehenswerte im Umkreis leicht zu Fuß erreichbar. Erst Anfang des 20. Jh. – mit verantwortlich war die verbesserte Anbindung mit den Bergensbanen ab dem Jahr 1909 – begann sich die Stadt auszudehnen. Zunächst nach Westen, wo jetzt der Bahnhof liegt, später auch nach Süden in Richtung **Fanafjord** und **Raunefjord**, wo sich jetzt der moderne Flughafen befindet.

Der kompakte Stadtaufbau sorgt fast täglich für ein Verkehrschaos, das man als Ortsunkundiger besser meiden sollte. Parkplätze sind – wo überhaupt vorhanden – sündhaft teuer, Einbahnstraßen hemmen den Verkehrsfluss und eine Maut am Stadtrand schmälert die Fahrlust. Bergen ist eine Stadt, die man am besten zu Fuß und per Bus erkundet.

Stadtgeschichte

Wer das *Bryggen-Museum* im historischen Hanseviertel besucht, steht auf den fast tausend Jahre alten Fundamenten Bergens – die Stadt wurde im Jahr 1070 offiziell von König *Olav Kyrre* gegründet. Moderne Forschungen haben aber ergeben, dass es hier bereits vorher eine Siedlung gab, und man fand sogar heraus, dass deren Bewohner bereits damals vom Handel mit Stockfisch lebten. In den Jahren nach der Stadtgründung entwickelte sich Bergen rasch und etablierte sich als Handelszentrum. Der damit verbundene Reichtum zog Adel und Klerus an. Im Jahr 1217 verlegte der König seine Residenz von Trondheim nach Bergen, der Bischof war schon vorher hierher gekommen. Im 12. und 13. Jh. war Bergen inoffizielle Hauptstadt des Landes und die größte Stadt Nordeuropas – bereits um 1250 lebten hier rund 40.000 Menschen.

Mitte des 13. Jh. wurde der Hansekontor *Tyske Brygge* gegründet, der sich zu einer der wichtigsten Niederlassungen der Vereinigung entwickeln sollte. Der Handel brachte Geld, dieses wiederum Macht und Ansehen. Bergen war die wirtschaftlich stärkste Kraft des Landes und das änderte sich auch nicht, als *König Håkon V.* im Jahr 1299 Oslo zur Hauptstadt Norwegens machte. Insgesamt vierhundert Jahre betrieb die Hanse hier ihre Geschäfte, bevor ihr Einfluss zu Ende ging. Der deutsche Anteil an der Bevölkerung war zu dieser Zeit enorm und viele Nachfahren dieser Händler leben noch heute in Bergen – beim Blick ins Telefonbuch entdeckt man Namen wie Bremer, Winther oder Wessel.

Pfeffersäcke und Hanse

Die Hansestädte bildeten vom 12. bis ins 17. Jh. einen Machtfaktor, der an Einfluss manches Königshaus übertraf. Der im 12. Jh. entstandene Kaufmannsbund *Hanse* war zunächst als reiner Schutzbund angelegt, um Karawanen zu Land und Flotten auf See vor Übergriffen zu sichern. Auch der berüchtigte Seeräuber *Störtebeker* störte die Kreise der Hanse und bezahlte dies mit seinem Leben. Schon bald aber übernahmen die *Pfeffersäcke*, wie die hanseatischen Kaufleute bis zum heutigen Tag genannt werden, die Senatorensessel und machten aus dem Kaufmannsbund einen machtvollen Städtebund. Ab 1358 übernahm die Hanse unter der Führung Lübecks auch die staatliche Gewalt in etlichen Städten, neben Hamburg, Bremen und Lübeck auch in Köln, Wesel und Breslau.

Etwa 200 Jahre lang besaß die Hanse das Handelsmonopol in der Ostsee für den Austausch von Fertigwaren des Westens gegen land- und forstwirtschaftliche Produkte des Ostens und Nordens. In ihrer Blütezeit im 14. und 15. Jh. zählte die Hanse über 100 Mitgliedsstädte mit Niederlassungen von Nowgorod bis London, von Bergen bis Brügge. Erst nach dem Dreißigjährigen Krieg schwand ihr Einfluss. Der letzte Hansetag wurde 1669 abgehalten.

Seit 1343 unterhielt die Hanse ein solches Kontor auch in Bergen: Salz aus Lüneburg und Bier aus Hamburg wurden gegen Stockfisch von den Lofoten und Holz aus Mittelnorwegen getauscht. Die norddeutschen Profis, die dem dänisch-norwegischen König das Handelsmonopol abgekauft hatten, waren an der *Tyske Brygge* konkurrenzlos erfolgreich, sodass Bergen lange wichtigster Handelsposten der Hanse blieb. Erst 1764 wurde das letzte deutsche Kaufmannsbüro in Bergen verkauft – die Hanse hatte schon 100 Jahre vorher zu existieren aufgehört.

Trotz des Rückzugs des Hanse blieb Bergens wirtschaftliche Vormachtstellung erst einmal ungebrochen: die reichen Fischerträge aus Nord- und Westnorwegen durften nur über Bergen ausgeführt werden, was die Entwicklung der umliegenden Städte nachweislich hemmte. Erst nach Aufhebung des Handelsmonopols bekamen auch die Nachbarn ein Stück vom Kuchen ab.

Die Industrialisierung erfasste Bergen erst in der zweiten Hälfte des 19. Jh., ging aber schnell voran. Neben Hafenbetrieben waren es v. a. Nahrungsmittel- und Textilfabriken, die sich längs des Hafenbeckens ansiedelten. Um 1900 zählte die Stadt bereits 80.000 Einwohner, mit Eröffnung der *Bergensbanen* 1909 kam endlich die heiß ersehnte Anbindung an das schwer zugängliche Hinterland, 1919 wurde Bergen Endstation der *Hurtigruten-Schiffe,* damals die wichtigste Verbindung nach Nordnorwegen. Allerdings konnte das auch nichts mehr daran ändern, dass Oslo mittlerweile auch in wirtschaftlicher Hinsicht führende Kraft des Landes war.

Während des Zweiten Weltkriegs kam es auch in Bergen zu Gefechten. Bei einem Überfall der deutschen Flotte am 9. April 1940 wurden zwar einige Kriegsschiffe von den Küstenbatterien zerstört, die Stadt fiel jedoch nach dem kurzen Gefecht und wurde besetzt. Im Jahr 1944 wurde ein mit über 100 Tonnen Munition beladener Frachter direkt vor der Festung Bergenhus – vermutlich von Saboteuren – gesprengt. Bei der Explosion fanden über 100 Menschen den Tod und zahlreiche Gebäude wurden beschädigt. Darunter auch die historisch äußerst bedeutende Håkonshalle, die später aber wieder originalgetreu aufgebaut wurde.

In der zweiten Hälfte des 20. Jh. entwickelte sich Bergen zunehmend auch zur Kulturstadt. Höhepunkt ist das alljährliche Musikfestival im Mai und Juni, das nicht nur in der Grieg-Villa Troldhaugen vor den Stadttoren gefeiert wird, sondern auch in der 1978 gebauten Grieg-Halle und im Stadttheater „Den Nationale Scene", das *Henrik Ibsen* einige Jahre leitete.

Seinen Reichtum zieht Bergen mittlerweile – und derzeit auch noch mit steigender Tendenz – aus den Ölvorkommen, die seit 1978 gut 220 km nordwestlich der Stadt vom Grund der Nordsee gepumpt werden. Zigtausende Arbeitsplätze sichert der Industriezweig schon heute. Allerdings hat Bergen es nicht geschafft die Öl-Boom-City Stavanger vom Thron zu stoßen. Und natürlich entwickelt sich der Tourismus – wie überall im Land – zu einem wesentlichen Faktor.

Basis-Infos

Information Bergen Touristinformation, großes Informationsbüro im neuen, fast schon futuristischen Gebäude am Fischmarkt. Hier erhält man die Bergen-Broschüre in deutscher Sprache, man kann Ausflüge und Unterkünfte buchen, Zugtickets kaufen oder Mietwagen reservieren. Die Beratung ist freundlich und kompetent – es gibt etliche Mitarbeiter, die hervorragend Deutsch sprechen, allerdings wird es manchmal recht voll, sodass man dann etwas warten muss. Außerdem kann man hier die Bergen-Card kaufen, mit der es zahlreiche Vergünstigungen bei Eintritten gibt (→ Kasten). Kleine Souvenirabteilung. Informationen nicht nur für Bergen, sondern für ganz Fjord-Norwegen. Juni–Aug. tägl. 8.30–22 Uhr; Mai und Sept. tägl. 9–20 Uhr; ansonsten Mo–Sa 9–16 Uhr. Weihnachten bis Neujahr geschlossen. Strandkaien 3, ✆ 55552000, ℻ 55552001, info@visitbergen.com.

Bergen im Internet: Sämtliche Informationen kann man auch im Web abrufen (auch auf Englisch), hier gibt es außerdem einen aktuellen Veranstaltungskalender. www.visitbergen.com.

Verbindungen Flugzeug: 43 Destinationen werden von Bergens Flughafen **Flesland** (www.avinor.no/en/airport/bergen) aus angesteuert, darunter auch Berlin Schönefeld und Frankfurt. Weitere internationale Ziele sind Amsterdam, London, Salzburg, Paris oder Las Palmas. Innernorwegische Ziele werden mehrmals tägl. und z. T. mit hoher Frequenz angesteuert, darunter Trondheim, Tromsø, Alta, Kristiansand, Stavanger, Kristiansund und natürlich Oslo mit bis zu 20 Verbindungen/Tag.

Der Flughafen **Flesland** liegt 20 km von Bergen entfernt, mit dem Pkw erreichbar via RV 580. Die Zubringerbusse von **Flybussen** (www.flybussen.no) pendeln mit hoher Frequenz ab/nach Radisson SAS Hotel Brygge mit mehreren Stopps. Die einfache Fahrt kostet 95 NOK (Kinder 50 NOK), inkl. Rückfahrt zahlt man 160 NOK.

Blick auf Bergen vom Hausberg Fløyen

Zug: Zwischen 7.58 und 22.58 Uhr verkehren 3–5 NSB-Züge der **Bergensbanen** tägl. nach Oslo und zurück (Fahrtzeit 6:30–7:30 Std.). Zu den zahlreichen Stopps gehören Voss, Geilo und Drammen. Ab der Station Mydral kann man eine schöne Fahrt mit der **Flåmsbana** nach Flåm (einfach 260 NOK; inkl. Rückfahrt 360 NOK) unternehmen. „Norway in a Nutshell" (→ S. 368) bietet verschiedene Rundreisen an, die auch Bergen ansteuern. Es ist dringend anzuraten, die Zugfahrten rechtzeitig zu reservieren.

Der **Hauptbahnhof** befindet sich an der Ecke Strømgaten und Kaigaten. Es gibt eine Gepäckaufbewahrung in der Bahnhofshalle. Auskunft unter ✆ 81500888.

Bus: Verschiedene Expressbusse (www.nor-way.no) fahren von/nach Bergen. Der **Haukeliekspressen** 180 fährt nach Oslo (10:30 Std.), der **Øst-Vest Ekspressen** 162 nach Lillehammer (9 Std.), zwei Linien des **Fjordekspressen** fahren nach Ålesund, die Linie 431 fährt über Nacht weiter nach Trondheim.

Der moderne Busbahnhof **Bystasjonen (ZOB)** befindet sich in der Strømgaten 8, nahe dem Hauptbahnhof. Hier starten auch die Regionalbusse in die nähere Umgebung, z. B. in die Gegend von Hardanger- und Sognefjord, nicht aber die gelben Stadtbusse (→ „Stadtverkehr").

Fähre: **Fjord Line**, die großen Autofähren verkehren nach Hirtshals (Dänemark). Ab Skoltegrunnskai. ✆ 0049/3821/7097210 (Büro in Deutschland), www.fjordline.de.

Hurtigruten, die Schiffe fahren entlang der Küste über das Nordkap bis nach Kirkenes nahe der russischen Grenze. Bedingt können auch Fahrzeuge mitgenommen werden. Ab Jekteviken. ✆ 0049(0)40376930, www.hurtigruten.de.

Flaggruten, die schnellen Katamarane verkehren zwischen Bergen und Stavanger mit Halt z. B. in Leirvik oder Haugesund. Abfahrt am Strandkaiterminalen. ✆ 51868700, www.norled.no.

Verschiedene **Expressboote** starten ebenfalls vom Strandkaiterminalen und befahren die Region Hardangerfjord und Sunnhordland. Dabei wird auch an der Station Flesland gehalten, von wo ein Zubringerbus zum Flughafen verkehrt. Außerdem auch Flåm, Norfjordeid und Sogn. ✆ 51868700, www.norled.no.

Rødne, betreibt ein Expressboot nach Rosendal (um 720 NOK). Ab Strandkaiterminalen. ✆ 51895270, www.rodne.no.

Per Schienenseilbahn auf den Fløyen

Stadtverkehr und Sightseeing

In dieser kompakten City, in der alles Sehenswerte im Umkreis von höchstens 2 km zu Fuß zu erreichen ist, sind Nahverkehrsmittel kaum nötig. Einige wenige Buslinien decken den Bedarf völlig. Mit dem Auto sollte man nicht in die Innenstadt fahren, wer auf den Campingplätzen nächtigt, findet von dort eine ganz gute Busanbindung in die Stadt.

Bus Stadtbusse verkehren im ganzen Stadtgebiet und fahren auch in die Außenbezirke. Im Stadtbereich gilt ein Einheitspreis von 27 NOK/Strecke, mit der *Bergen Card* (→ Kasten) fährt man gratis (Nachtbusse und Sonderfahrten ausgenommen).

Taxi Bergen Taxi, es gibt viele Taxis in Bergen (vielleicht, weil es hier so viel regnet und man dann doch lieber etwas Geld investiert, anstatt nass zu werden). Einfach heran winken oder bestellen unter ✆ 07000, www.bergentaxi.no.

Fähre M/S Vågen, zwischen 25. Mai und 30. Aug. pendelt die kleine Personenfähre zwischen Fischmarkt und Aquarium. Tägl. 10–18 Uhr.

Rundfahrten/Sightseeing Bergens-Expressen, der Bummelzug auf Rädern, operiert vom 1. Mai bis zum 1. Okt. tägl. ab 10 Uhr und fährt immer zur vollen Stunde ab Hafen/Hanseatisches Museum. Im Sept. bis 15 Uhr, im Mai bis 16 Uhr, Juni–Aug. bis 19 Uhr. Die Rundfahrt an den Sehenswürdigkeiten vorbei dauert rund 50 Min. und kostet 150 NOK bzw. 40 NOK für Kinder, Familienticket 300 NOK. ✆ 55531150, www.bergensexpressen.no.

City Sightseeing Bergen, die Hop-on-hop-off-Busse fahren zwischen 20. Mai und 31. Aug. tägl. 9–16.30 Uhr und halten dabei an zahlreichen Sehenswürdigkeiten. Tickets 150 NOK, Kinder 100 NOK, mit Bergencard 30 % Rabatt. ✆ 97781888, www.citysightseeing-bergen.net.

Ulriken643, vom Fischmarkt geht es alle halbe Stunde mit dem roten Doppeldeckerbus zur Seilbahnstation, von wo die Gondeln auf den 643 m hohen Ulriken fahren. Tolle Aussicht über Bergen, Schärengürtel und Fjord. Komplett mit Rückfahrt zum Hafen 265 NOK, nur Seilbahn 145 NOK, Seilbahn eine Strecke 80 NOK, Bus (eine Strecke) 50 NOK. ✆ 53643643, www.ulriken643.no.

Floi Banen, nur einen kurzen Fußmarsch vom Fischmarkt entfernt startet die Schienenseilbahn auf den Fløyen (320 m H. ü. M.). Oben gibt es Aussichtsplattformen und schöne Spazierwege. Mo–Fr 7.30–23 Uhr, Sa/So ab 8 Uhr. 80 NOK, Kinder 40 NOK. ✆ 55336800, www.floibanen.no.

Bergen Guided Tours, klassische Stadtrundfahrt vorbei an den wichtigsten Sehenswürdigkeiten sowie nach Troldhaugen und zur Fantoft-Stabkirche. Die Tour (mit

Kommentar auf Deutsch) dauert 3 Std. und kostet 350 NOK, Kinder 250 NOK. Mitte Mai bis Mitte Sept. tägl. 10 Uhr. Tickets in der Touristeninformation oder im Bus. ✆ 55238732, www.tidereiser.com.

Turistbuss Bergen, die Stadtrundfahrt führt zu den wichtigsten Sehenswürdigkeiten und außerdem nach „Troldhaugen", wo Edvard Grieg 22 Jahre lang lebte. Für Fahrt und Eintritt sind 180 NOK bzw. 50 NOK für Kinder fällig, inkl. Lunchkonzert 220 NOK. 1. Juni bis 31. Aug. tägl. 10–17.30 Uhr, sonntags zusätzliche Rückfahrt um 20 Uhr. Tickets und Abfahrt in/an der Touristeninfo.

Bergen City Walk, Stadtrundgang mit einem qualifizierten Guide. Auch auf Deutsch. Juni–Aug. tägl. 15 Uhr ab Touristeninfo, wo es auch die Karten gibt. Kosten: 100 NOK. ✆ 55301060, www.bergenguideservice.no.

Rundflüge Bergen Helikopter, Helikopterflüge über Bergen und das Umland. Der Heli ist ab 4000 NOK (ca. 20 Min.) zu mieten. ✆ 55221221, www.bergenhelikopter.no.

Parken Die Tiefgarage an den **Grieg-Hallen** (Lars Hillesgate) ist gut zu erreichen und nahe am Zentrum, noch etwas näher am Vågen liegt die **City Park**-Garage. Andere Parkhäuser nahe der Innenstadt sind **Bygarasjen** oder **Klostergarasjen** (Vestre Murallmenning). Die Preise variieren leicht, um 20 NOK/Std. bzw. 130 NOK/Tag sind fällig. Nicht für Wohnmobile geeignet!

Parkplatz für Wohnmobile Bergen Bobil Senter, Parkplatz für Wohnmobile etwa 3 km außerhalb des Zentrums. Toiletten, Duschen, WLAN. 20 NOK/Std., 200 NOK/Tag bzw. Nacht, Strom 50 NOK extra. Damsgårdsvein 99, ✆ 93256788, www.helgheimauksjon.no.

Bergen Card

Man kann mit der *Bergen Card* einiges an Geld sparen, muss aber dann doch ein straffes Sightseeingprogramm absolvieren. Der Besucherpass (24 Std. für 200 NOK, Kinder 75 NOK; 48 Std. für 260 NOK, Kinder 100 NOK) bietet:

- Freifahrten in Stadtbussen und Rabatt bei Stadtrundfahrten
- Gratiseintritt in viele Museen und andere Sehenswürdigkeiten
- Ermäßigungen bei Theater-, Kino- und Konzertkarten

Für Camper ist die Karte besonders interessant, weil sie dann die Transferbusse vom Campingplatz in die Innenstadt kostenlos nutzen können. Großes Sparpotenzial gibt es auch bei den Fjordfahrten. Eine Liste mit allen Vergünstigungen bietet die Webseite www.visitbergen.com/en/BERGEN-CARD/, mit deren Hilfe man ausrechnen kann, ob sich ein Kauf lohnt.

Erhältlich ist die *Bergen Card* bei der Touristeninformation, in vielen Hotels und am Bahnhof, in der Jugendherberge und am Fährenkai.

Adressen/Telefonnummern

Apotheke Vitusapotheket Nordstjernen, im Bergen Storesenter. Mo–Sa 8–23 Uhr, So 10–23 Uhr. Strømgata 8, ✆ 55218384.

Ärztlicher Notdienst Im Krankenhaus, Vestre Strømkai 19, ✆ 55568700.

Autoverleih Budget (Nygårdsgaten 43, ✆ 55326000); **AVIS** (Nygårdsgaten 43, ✆ 55553955); bei **Hertz** (Kanalveien 48, ✆ 55292500) gibt es mit der *Bergen Card* 10 % auf den Tagestarif. Alle drei Anbieter haben Niederlassungen am Flughafen Flesland.

Banken Die Stadt ist voll mit Bankfilialen, eine *DnB Nor Bank* mit Geldautomat befindet sich gleich gegenüber vom Fischmarkt.

Bibliothek Stadtbibliothek Bergen, gratis Internetzugang. Mo–Do 10–20 Uhr, Fr 10–16.30 Uhr, Sa 10–15 Uhr. Strømgata 6, ✆ 5556850.

Fahrradverleih Bergen Base Camp, ein Fahrrad mit einem GPS-Gerät, in dem

Südliches Fjordland

Übernachten
1 Bergen Camping Park
2 Grand Terminus Hotel
4 Marken Gjestehus
5 Jacob's Apartments
7 Thon Hotel Rosenkrantz
13 Bergen Vandrerhjem Montana
16 Bergen YMCA Hostel
19 Grimen Camping
20 Radisson Blu Royal Hotel
24 Bratland Camping Haukeland
25 Clarion Collection Hotel Havnekontoret
26 Lone Camping
28 Strand-Hotel
32 City Box
34 Clarion Admiral Hotel
36 Best Western Hotell Hordaheimen
39 Augustin Hotel
43 Hotel Park Bergen
49 Klosterhagen Hotel

Cafés
3 Kaffemisjonen
16 Pygmalion Økocafé & Galleri
37 Chillout Travel Centre
42 Godt Brød

Einkaufen
11 Ute
21 Fisketorget
27 Galleriet
30 Kløverhuset
33 Lagunen
37 Chillout Travel Centre

Nachtleben
6 Exodus
8 Café Capello
10 Tonga Bar
12 Scruffy Murphy's
17 Klarbar
18 Madam Felle und Engelen Nightclub
28 Femte i Andre Bar
35 Café Contra Bar
38 Inside Rock Café
45 Calibar
46 Café Opera
48 Hulen Rock Club

Südliches Fjordland

verschiedene Routen gespeichert sind, kann man für 390 NOK/Tag mieten. ✆ 55325500, www.bergenbasecamp.no.

Stadträder und Mountainbikes gibt es im Geschäft **Sykkelbutikken**, Kong Oscarsgate 81.

Gästehafen An der **Zachariasbrygge**. Wharfgebühren und Strom sind am Automaten (bei den Restaurants) zu bezahlen, für 100 NOK Kaution gibt es in der Touristeninformation eine Schlüsselkarte, mit der man kostenlosen Zutritt zu Toiletten und Waschbecken erhält.

Geldwechsel In den Banken, aber auch in der Touristeninformation kann Geld gewechselt, bzw. Reiseschecks eingelöst werden.

Internet Kostenloser Zugang in der **Bibliothek** (s. o.), außerdem WLAN in zahlreichen Cafés und Bars.

Konsulate Honorarkonsulat Deutschland, Bergen Strandgaten 9, ✆ 55315380, bergen@hk-diplo.de.

Honorarkonsulat Österreich, Edvard Griegsvei 3B, ✆ 55336140, gerhard@dnah.no.

Münzwaschsalon Jalens Vaskoteque, Lille Øvregate 17, ✆ 55325504.

Post Es gibt zahlreiche Poststellen in Bergen. Sehr zentral gelegen (mit erweiterten Öffnungszeiten) ist z. B. der Bergen Sentrum Postkontor, Mo–Fr 9–20 Uhr, Sa 9–18 Uhr. Småstrandgaten 3, ✆ 81000710.

Supermärkte In der Stadt und außerhalb, neben dem Lone-Campingplatz (s. u.) gibt es einen **Rimi** (Mo–Fr 7–23 Uhr, Sa 8–21 Uhr) und einen **Spar** (Mo–Fr 7–22 Uhr, Sa 8–20 Uhr) Supermarkt.

Übernachten/Camping → Karte S. 306/307

Bergen bietet erstaunlich viele und vielfältige Unterkunftsmöglichkeiten. Richtig günstig übernachten kann man eigentlich nur in Hostels oder auf dem Campingplatz, für ein Doppelzimmer im Hotel muss man im Sommer regulär um die 1400 NOK investieren. Wer etwas im Voraus bucht und/oder übers Wochenende ein Zimmer braucht, der kann sparen und ein richtig schönes Doppelzimmer ab etwa 1000 NOK ergattern – es lohnt sich also nachzufragen.

Hotels Clarion Admiral Hotel [34], ein tolles Hotel in einem umgebauten Speichergebäude von 1906 und als einziges Hotel der Stadt unmittelbar am Wasser gelegen. Der Blick geht direkt über den Vågen zu den berühmten Hansehäusern, am schönsten natürlich von den oberen Stockwerken. DZ ab 1395 NOK, regulär 1700–2200 NOK. C. Sundtsgaten 9, ✆ 55236400, www.admiral.no.

Radisson Blu Royal Hotel [20], hier ist alles erster Klasse: die perfekte Lage in einer Zeile mit den Hansehäusern, die Anlage selbst, der Service, die Ausstattung, allerdings auch die Preise. Mehrere Restaurants bzw. Bars und sogar ein Nachtclub. DZ ab 1400 NOK, Suite ab 3500 NOK. Bryggen, ✆ 55543000, www.radissonbu.no.

Clarion Collection Hotel Havnekontoret [25], eines der neuesten Hotels der Stadt, am historischen Viertel Bryggen gelegen, innen aber topmodern. Die Zimmer sind edel eingerichtet und in warmen, ruhigen Farben gehalten. Natürlich gibt es in dieser Kategorie auch ein exquisites Restaurant und eine gemütliche Lounge. Regulär EZ 1200–2100 NOK, DZ 1650–2300 NOK. Slottsgaten 1, ✆ 55601100, www.choicehotels.no.

Augustin Hotel [39], das mehrstöckige 200-Betten-Hotel bietet seinen Gästen gediegene, wenn auch etwas kleine Zimmer, ein gemütliches Lokal und noch die vortreffliche Konditorei gleichen Namens direkt nebenan. Das Ganze bei zentraler Lage am Vågen. EZ ab 1100 NOK, DZ ab 1300 NOK. Sundtsgate 22–24, ✆ 55304000, www.augustin.no.

Jacob's Apartments [5], 21 zentral gelegene Appartements, in kurzer Fußmarschdistanz vom Bahnhof, alle modernisiert und ausgestattet mit Bad und einer kleinen Kitchenette. Restaurant und Bar im Haus. 2 Pers. ab 1000 NOK/Nacht, evtl. Mindestaufenthalt von 2 Nächten. Kong Oscarsgate 44, ✆ 55544160, www.jacobsbergen.no.

Best Western Hotell Hordaheimen [36], 33 neue Zimmer gibt es seit 2007, die anderen 55 Zimmer wurden 2011 komplett renoviert. Die Unterbringung ist angenehm, die Lage des Hauses günstig. Gutes Restaurant im Haus. EZ am WoE ab 850 NOK, DZ ab 1100 NOK, wochentags ab 1500 bzw. 1800 NOK. C. Sundtsgate 18, ✆ 55335000, www.hordaheimen.no.

Bergen

Strand-Hotel 28, beste Lage! Eine vortreffliche Aussicht auf Hafen, Bryggen und Fischmarkt bietet das Hotel für die Bewohner der oberen Etagen. Immerhin, alle anderen können den Blick von der Dachterrasse genießen. Die hauseigene Bar „Femte i andre" gilt als eine der besten des Landes. EZ 990–1490 NOK, DZ 1250–1750 NOK (mit Frühstück). Strandkaien 2–4, ✆ 55593300, www.scandichotels.no.

Thon Hotel Rosenkrantz 7, schönes Hotel der Thon-Kette, in unmittelbarer Nähe der Hansehäuser. 129 Zimmer in verschiedenen Konfigurationen, alle ganz gemütlich eingerichtet und einige mit Wanne im Bad. Restaurant, Bar und WLAN. EZ ab 1200 NOK, DZ ab 1600 NOK (limitierte WoE-Deals im DZ ab 1100 NOK). Rosenkrantzgate 7, ✆ 55301400, www.thonhotels.com/rosenkrantz.

Hotel Park Bergen 43, freundliches, familiäres Hotel, nicht immer gradlinig eingerichtet, aber vielleicht auch deshalb recht wohnlich. Gehört zu den „Historic Hotels" Norwegens. EZ 1150 NOK, DZ 1450 NOK, am WoE günstiger. Harald Hårfagresgate 35, ✆ 55544400, www.hotelpark.no.

Klosterhagen Hotel 49, ausgezeichnete Unterkunft mit gerade mal 15 Zimmern. Auf der Nordnes-Halbinsel in Zentrumsnähe. EZ ab 890 NOK, DZ ab 1190 NOK, im Sommer etwas mehr. Strangehagen 2, ✆ 53002200, post@klosterhagenhotell.no, www.klosterhagenhotell.no.

Grand Terminus Hotel 2, in der Nähe des Bahnhofs, am östl. Rand des Stadtzentrums. Die hochwertig eingerichteten Zimmer sind nicht gerade riesig, aber richtig gemütlich. Standard-DZ ab 1390 NOK, am WoE gibt es für den gleichen Preis ein Superior-Zimmer. Zander Kaaesgate 6, ✆ 55212527, booking@grandterminus.no, www.grandterminus.no.

Budget/Hostels **City Box** 32, gute Unterkunft – einfach, nordisch-schlicht, günstig. Es gibt EZ und DZ, jeweils mit oder ohne Bad, außerdem Familienzimmer. EZ ab 400 NOK, DZ ab 600 NOK, Familienzimmer ab 1000 NOK (Sommerpreise etwa 20 % höher). Nygårdsgaten 31, ✆ 55312500, www.citybox.no.

Bergen YMCA Hostel 16, nur einen Steinwurf vom Torget entfernt, bietet das freundliche Hostel die wohl günstigste Übernachtungsmöglichkeit in so perfekter Lage. Neben der üblichen Ausstattung auch eine Dachterrasse und BBQ-Platz. Schlafsaal nur im Sommer, sonst reguläre Zimmer mit Belegung von 1–6 Pers. Bett im Dorm ab 190 NOK, im 6er-Zimmer ab 230 NOK, DZ ab 800 NOK (Sommerpreise höher). WiFi. Nedre Korskirkealmenning 4, ✆ 55606055, www.bergenhostel.com.

Bergen Vanderhjem „Montana" 13, die Jugendherberge liegt fast 8 km vom Stadtkern entfernt am Hang des Ulriken, gut angebunden mit der Buslinie 31. Es gibt Etagenduschen, eine Gemeinschaftsküche, ein Spielezimmer und kostenloses WLAN. Dormbett (nur Sommer) 200 NOK, Bett im 4er-Zimmer ab 230 NOK, DZ mit Bad 650–850 NOK. Johan Blyttsveien 30, ✆ 55208070, www.montana.no.

Marken Gjestehus 4, in Stil, Preis und Komfort mit einem Hostel vergleichbar. Es gibt eine gut ausgestattete Küche, TV-Raum und Waschmaschinen. Schlafsäle nach Männlein und Weiblein getrennt. DZ ab 550 NOK, Bett im Dorm ab 200 NOK. Kong Oscarsgate 45, ✆ 55314404, www.marken-gjestehus.com.

Camping Bergen ist mit 6 Campingplätzen gut versorgt, doch alle liegen relativ weit außerhalb der Stadt. Immerhin haben alle hier genannten Plätze ein Busstation direkt vor der Tür. Die ersten drei Plätze liegen 15–20 km von der Stadt entfernt an der RV 580, der letzte Platz 15 km nördlich der Stadt.

Grimen Camping 19, kleiner Platz direkt an einem schönen See. Man kann sein Zelt nur 1 m vom Wasser aufschlagen. Zelten ab 190 NOK, WoMo ab 220 NOK. Campinghütten werden ab 490 NOK vermietet. Strom 35 NOK extra. Heldal, ✆ 55102590, www.grimencamping.no.

Bratland Camping Haukeland 24, größerer Platz mit modernen Einrichtungen. Kleine Wiese und viele Kiesstellplätze. Zelten ab 190 NOK, WoMo ab 180 NOK, Strom 40 NOK. Hütten 400–1290 NOK, die günstigen Optionen allerdings nur im Sommer. Bratlandsveien 6, Haukeland, ✆ 55101338, www.bratlandcamping.no.

Lone Camping 26, sehr groß, viele Stellplätze auf Kies, aber auch ein großes Rasenareal zum Zelten. Die schönsten Stellplätze liegen im hinteren Teil direkt am Seeufer. Kanu- und Angelverleih. Tankstelle, Supermarkt und Cafeteria vor der Tür. Zelten ab 200 NOK, WoMo ab 240 NOK, Strom 40 NOK. Haukeland, ✆ 55392960, www.lonecamping.no.

310 Südliches Fjordland

Bergen Camping Park ❶, hübscher Platz, der neben Stellplätzen auch 10 einfache und 19 4-Sterne-Hütten anbietet. Zelten ab 150 NOK, WoMo ab 180 NOK, Strom 40 NOK, Hütten 500–1050 NOK. Travparkveien 65, Breistein, ✆ 55248808, www.bcp.no.

Bergen Bobil Senter, Parkplatz für WoMos etwa 3 km außerhalb des Zentrums. Toiletten, Duschen, WLAN. 20 NOK/Std., 200 NOK/Tag bzw. Nacht, Strom 50 NOK extra. Damsgårdsvein 99, ✆ 93256788, www.helgheim-auksjon.no.

Essen & Trinken → Karte S. 306/307

Es ist ja in ganz Norwegen nicht gerade billig Essen zu gehen, aber in Bergen fallen die Rechnungen noch höher aus als anderswo. Allerdings muss man auch sagen, dass es hier eine ganze Reihe ausgezeichneter Restaurants gibt, die traditionelle Gerichte wie etwa den berühmten Lutefisk in höchster Qualität zaubern. Das hat natürlich seinen Preis und wenn so ein Lokal dann auch noch in den UNESCO geschützten Hansehäusern auf Bryggen untergebracht ist, dann bezahlt man schon alleine für die Lage. Wenn der Geldbeutel etwas mehr geschont werden soll, gibt es aber auch Alternativen, etwa gute Asia-Lokale oder gemütliche Café-Bars mit kleiner Karte.

Restaurants Boha ⓜ, ausgezeichnete Küche zu entsprechend hohen Preisen. Ein 3-Gänge-Menü ist ab 550 NOK zu haben, das 6-Gänge-Menü ab 670 NOK. Im Winter kann man hier ganz traditionelle Weihnachtsgerichte wie Lutefisk (420 NOK) oder Pinnekjøtt (385 NOK) essen. Mo–Do 16–22 Uhr, Fr 16–24 Uhr, Sa 17–23 Uhr. Vaskerelven 6, ✆ 55313160, www.boha.no.

»» Mein Tipp: Bien Bar ㉙, Mittags gute Lunchgerichte (100–150 NOK), abends eine kleine, aber feine Auswahl an wechselnden Gerichten (bis 300 NOK), und danach kann man den Tag noch bei einem ordentlichen Mai-Tai (95 NOK) ausklingen lassen. Mo–Do 11–1.30 Uhr, Fr 11–2.30 Uhr, Sa 12–2.30 Uhr, So 12–1.30 Uhr. Küche bis 22 Uhr. Fjøsangerveien 30, ✆ 55591100, www.bienbar.no. «««

Fisketorget (Fischmarkt)

Hier bekommt man zwangsläufig Hunger. Kaufen Sie frischen Lachs, einen Teller Garnelen oder Fischbrötchen. Einige Fischstände bieten warme Gerichte wie gegrillte Lachsschnitten mit Gemüse an, auch hier kann man getrost zuschlagen. Aber halten Sie sich von den „Fressbuden" fern, die hier Tiefkühlkost zu gnadenlos überteuerten Preisen verkaufen. Juni–Aug. tägl. 7–19 Uhr, ansonsten Mo–Sa 7–16 Uhr. Torget (gegenüber der Touristeninformation).

Prego Café & Restaurant ㉛, mediterran angehauchte Gerichte mit vielen Kräutern, Mo–Fr gibt es günstigere Mittagsgerichte (99–139 NOK), zum Abendessen bekommt man eine ordentliche Pizza (ab 160 NOK) oder gegrilltes Lamm (260 NOK). Di–Sa 15–23 Uhr, So 14–21 Uhr. Fjøsangerveien 32, ✆ 55558818, www.pregobaren.no.

Bryggen Tracteursted ❾, hier speist man in der edel-rustikalen Atmosphäre eines alten Speicherhauses. Auf den Teller kommen traditionellen Stockfisch (245 NOK) und Rentierfilet (375 NOK). Sehr teuer, aber es schmeckt vorzüglich, und das Ambiente ist ein Erlebnis. Mai–Sept. tägl. 17–23 Uhr, im Winter nur Di–Sa. Bryggestredet 2, ✆ 55336999, www.bellevue-restauranter.no.

Enhjørningen ⓯, ausgezeichnetes Fischrestaurant mit urigem Ambiente im 1. Stock eines ehemaligen Hansekontors. Auch recht teuer, Seeteufel oder Heilbutt kosten je 320 NOK, der Lutefisk 400 NOK. Vorspeisen um 150 NOK. Im Sommer tägl. 16–23 Uhr, ansonsten So Ruhetag. Enhjørningsgården 29, ✆ 55306950, www.enhjorningen.no.

Jacob Aall Brasserie & Bar ㉓, nett eingerichtetes Lokal mit gutem und preislich noch vertretbarem Essen. Spaghetti Marinara für 159 NOK, Hamburger mit Beilagen für 169 NOK, gegrillter Dorsch für 239 NOK. Mo–Mi 11–1.30 Uhr, Do–Sa 11–2.30 Uhr, So 12.30–1.30 Uhr. Småstrandsgaten 3, ✆ 55307100, www.jacobaall.no.

Lille Escalón Tapas ㊼, sehr schön, sehr gut, ganz ungezwungene Atmosphäre, aber mit heftigen Preisen. Klassische Tapas

Bergen 311

wie Patatas Bravas, Knoblauchgarnelen und gegrillte Chorizo kosten 40–100 NOK, für den Jamón Iberico sind 160 NOK fällig. Tapasteller mit 10–12 Varianten 339–490 NOK/Pers. Tägl. 16–23 Uhr, Fr/Sa bis 24 Uhr. Neumannsgate 5, ✆ 55329099, www.escalon.no.

Cyclo Wok 🔢, günstiges und durchaus gutes Asia-Lokal mit Take-away. Klassische Wok-Gerichte mit Fleisch und Gemüse gibt es für 95–140 NOK. Tägl. 15–22.30 Uhr. Olav Kyrres gate 28, ✆ 555558355, www.cyclo.no.

Sumo 🔢, japanisches Restaurant, nicht so günstig wie andere Asia-Lokale, dafür um Klassen besser. Das rote Curry mit Fleisch oder Garnelen gibt es ab 189 NOK, das Rind mit Thaibasilikum für 209 NOK. Große Auswahl an Sushi. Mo–Do 12–22 Uhr, Fr/Sa 12–23 Uhr, So 15–21 Uhr. Neumanns gate 25, ✆ 55901960, www.sincoas.no.

Salsa 🔢, mediterran inspirierte Küche. Vorspeisen gibt es für rund 120 NOK, günstige Hauptgerichte sind z. B. gegrillte Hähnchenbrust oder Lachs (je 230 NOK). 16–18 Uhr Happy Hour, Fajitas für 149 NOK. Tägl. ab 16 Uhr. Neumannsgate 25, ✆ 55232100, www.salsa-bergen.no.

Yang Tse Kiang 🔢, unter den rund 100 Spezialitäten aus dem Reich der Mitte gibt es auch erschwingliche Nudelspeisen (95–135 NOK) und Currygerichte (90–125 NOK). Di–Sa 15–23 Uhr, So 15–22.30 Uhr Am Torget, ✆ 55316666, www.yangtsekiang.no.

Bergen Matbørs 🔢, das Restauranthaus mit fünf Lokalen unter einem Dach hat 2012 ganz neu in dem historischen Gebäude gegenüber dem Fischmarkt eröffnet. Hier kann man sich inspirieren lassen, wenn man noch etwas unschlüssig ist, was man gerne essen möchte. www.bergenmatbors.no.

Cafés/Bäckerei-Cafés Chillout Travel Centre 🔢, eine Mischung aus Reiseshop und Café. Man kann in Büchern blättern, Funktionsjacken anprobieren oder sich auf eines der Sofas fläzen und Kaffee trinken. Mo–Sa 10–19 Uhr, So 12–18 Uhr. Torggaten 11, ✆ 55233000, www.chillouttravel.no.

》》 **Mein Tipp:** Pygmalion Økocafé & Galleri 🔢, schönes Café mit Backsteinwänden innen und zwei kleinen Tischen vor dem Haus. Es gibt Burger und Sandwiches (Gerichte ab 100 NOK), und einen vernünftigen Kaffee bekommt man auch. Tägl. 9–23 Uhr. Nedre Korskirke allmenning 4, ✆ 55323360, www.pygmalion.no. 《《

Kaffemisjonen 🔢, schlichte Kaffeebar mit großer Glasfront, etwas abseits des Trubels. Neben guter Bohne bekommt man hier auch einige kleine Snacks und Gebäck. Mo–Fr 7.30–18 Uhr, Sa/So 10–18 Uhr. Øvre Korskirkealmenningen 5, ✆ 45050360, www.kaffemisjonen.no.

Godt Brød 🔢, Das beste Brot, guter Kuchen und manchmal ein Stück heiße Pizza. Und im Sommer stehen ein paar Stühle vor der Tür, die immer schnell besetzt sind. Mo–Fr 7–18 Uhr, Sa 8–17 Uhr, So 10–17 Uhr. Vestre Torvgate 2, ✆ 55563310.

Nachtleben → Karte S. 306/307

Bergen hat einiges zu bieten, wenn es dunkel wird über der Stadt. Man kann ganz entspannt in edlem Ambiente einige Drinks nehmen, aber auch ganz schnell an die Grenzen der eigenen Kondition stoßen, wenn man sich etwas treiben lässt und am Wochenende den Einheimischen auf ihren Steifzügen durch Kneipen, Bars und Klubs folgt.

Kneipen/Pubs/Bars Femte I Andre Bar 🔢, im Strand-Hotel. Wer ganz gediegen einen edlen Cognac oder einen exklusiven Single Malt schlürfen will, der ist hier goldrichtig. Die Bar wurde zu einer der besten des Landes gekürt. Mo–Do 18–1 Uhr, Fr/Sa 18–2 Uhr. Strandkaien 2–4, ✆ 55593300.

》》 **Mein Tipp:** Café Capello 🔢, auf „retro" getrimmt, erinnert das Café entfernt an ein amerikanisches Diner. Auf der Karte stehen Pfannkuchen und Milchshakes, und in der Ecke steht eine Wurlitzer-Musikbox. Tägl. 12–20 Uhr, Do–Sa bis 1.30 Uhr. Skostredet 14–20, ✆ 55961211. 《《

Calibar 🔢, Bar & Nachtclub nahe der Fußgängerzone. Sehr lässige und angesagte Bar. Mi 20–1 Uhr, Do 19–1 Uhr, Fr/Sa 18–2.30 Uhr. Vaskerelven 1, ✆ 99354555, www.calibar.no.

Klarbar 🔢, im 2. Stock an der Zacchariasbryggen. Schönes Lokal und ideal um ein kühles Bier oder einen Drink zu nehmen. Mi 20–1 Uhr, Do 18–1.30 Uhr, Fr 18–2.30 Uhr,

Südliches Fjordland → Karte S. 262

Südliches Fjordland

Sa 14–2.30 Uhr, So 21–1 Uhr. Torget 2, ☎ 55559655.

Scruffy Murphy's 12, zentral gelegener, britischer Pub mit Holzvertäfelung und dunklen Barhockern. Für ein entspanntes Bier oder gerne auch etwas mehr beim Feiern am Wochenende. Mo–Fr 13–2 Uhr, Sa 13–2.30 Uhr, So 13–1 Uhr. Torget 15, ☎ 55300920.

Café Contra Bar 35, tolle Bar mit ausgefallenen Mottos und Ideen. Manchmal bringen Gäste ihre eigenen Limetten für die Cocktails und über die After-work-Crowd feiert bei Musik und Drinks im Stil der 20er- und 30er-Jahre. Mo 12–1 Uhr, Di–Sa 12–2.30 Uhr. Nedre Ole Bulls plass 4, ☎ 55559655, www.cafecontrabar.no.

Tonga Bar 10, in der Südsee-Bar im dritten Stock des Gebäudes gibt es eine große Auswahl an exotischen Cocktails (um 100 NOK). Perfekt, wenn es draußen regnet und kalt ist. Ab 20 Jahre. Mi 21–2 Uhr, Do–Sa 20–2.30 Uhr. Torget 9, ☎ 55300900.

Café Opera 46, auch tagsüber gut für einen Kaffee oder einen Snack, aber v. a. am Wochenende, dann geht es bis drei Uhr früh. Kleine Gerichte 90–150 NOK. Mo 10–0.30 Uhr, Di–Sa 11–3 Uhr, So 12–0.30 Uhr. Engen 18, ☎ 55230315, www.cafeopera.org.

Musik- und Nachtclubs Inside Rock Café 38, hier gibt es harten Rock, oft auch live. Entsprechend des Genres heißen die Burger hier „Stiff Upper Lip" oder „Holy Diver" (100–300 NOK). Mo/Di 13–1 Uhr, Mi/Do 13–3 Uhr, Fr/Sa 12–3 Uhr, So 13–22 Uhr. Vaskerelvsmuget 7, ☎ 55901900, www.inside rock.no.

Madam Felle 18, Blues & Roots Club. Regelmäßig treten Livebands auf, es gibt eine kleine Essenskarte und auf jeden Fall viel Spaß. So–Fr ab 15 Uhr, Sa ab 12 Uhr. Konzerte starten meist gegen 22 Uhr, Tickets kosten 100–350 NOK. Im Radisson Blu Royal Hotel, Bryggen, ☎ 55543058, www.madam felle.no.

Hulen Rock Club 48, in einem ehemaligen Luftschutzraum im Nygårdsparken. Hier werden Rock, Independent und Alternative gespielt. Am Fr Konzerte, Tickets 120–250 NOK. Do–Sa 21–2.30 Uhr. Olaf Ryes vei 48, ☎ 55333830, www.hulen.no.

Exodus 6, riesiger Tanztempel, in dem sich vornehmlich junges Partyvolk zum Feiern und Flirten trifft. Wechselnde DJs. Eintritt 30–100 NOK. Sa 22–3 Uhr. Rosenkrantzgate 3, www.exodus.no.

Engelen Nightclub 18, der Club im Radisson SAS Royal Hotel ist bei Leuten jenseits der 25 Jahre sehr beliebt. Mi–Sa 22–3 Uhr. Bryggen, ☎ 55543000.

Kultur

Bergen gilt als Metropole des Landes, wenn es um Kultur geht.

Veranstaltungsorte Grieg-Hallen, optisch scheiden sich bei der kühnen Glas-Beton-Konstruktion die Geister, einen gewissen Reiz kann man dem Bau aber nicht absprechen. Seit der Fertigstellung 1978 gibt hier das älteste Orchester des ganzen Landes, das 1765 gegründete *Bergen Filharmoniske Orkester*, rund 100 Konzerte/Jahr. Edvard Griegs Plass 1, ☎ 55216100, www.grieg hallen.no.

Den Nationale Scene, Norwegens ältestes, kontinuierlich operierendes Theater, gegründet 1850 von Ole Bull. Noch heute zählt es zu den wichtigsten Veranstaltungsorten für darstellende Kunst in Norwegen. Auf drei Bühnen werden jedes Jahr rund 20 Produktionen aufgeführt. Engen 1, ☎ 55549700, www.dns.no.

Logen Teater, kleines, aber feines Theater und hochkarätiger Veranstaltungsort. Øvre Ole Bulls plass 6, ☎ 55232015, www.logen teater.no.

USF Verftet, Veranstaltungsort in einer alten Sardinenfabrik, mit insgesamt fünf Bühnen, auf denen es Konzerte, Theater, Filmvorführungen und allerlei nur erdenkliche Darbietungen gibt. Georgernes Verft 12, ☎ 55307410, www.usf-verftet.no.

Bergen Jazzforum, seit 1972 gibt es hier Jazz pur! Konzerttickets je nach Künstler um etwa 200 NOK. Im USF-Komplex, Georgernes Verft 12, ☎ 55307250, www.bergen jazzforum.no.

Konzerte gibt es auch in den Håkonshallen, im Siljustøl oder auf Troldhaugen. Konzertprogramme in der Touristeninformation oder auf www.visitbergen.no.

Kino Konzertpaleet, in 13 Kinosälen werden neue Filme gezeigt, meist in Originalsprache Englisch. Neumannsgate 3, ✆ 55569050, www.filmweb.no/bergenkino.

Festivals Bergenfest, große internationale Stars wie Depeche Mode, die Pet Shop Boys oder Lou Reed traten hier auf, außerdem gibt es jede Menge, aber oft nicht minder gute, Supportbands. Immer Ende April/Anfang Mai. www.bergenfest.no.

Natt Jazz, coole Töne gibt es jedes Jahr Ende Mai/Anfang Juni. Das Jazzfestival gehört zu den wichtigsten des Landes. www.nattjazz.no.

Festspillene I Bergen (Internationales Festival Bergen), findet immer in der letzten Mai- und ersten Juniwoche statt. Künstler aus aller Welt treten bei rund 100 Konzerten an den verschiedensten Veranstaltungsorten der Stadt auf. Karten werden schon ab Januar verkauft. www.fib.no.

Grieg in Bergen Festival, über 10 Wochen gibt es bis zu 40 Konzerte mit renommierten Künstlern und jungen Talenten. Tickets ab 195 NOK. Auftritte in der Korskirken. www.grieginbergen.com.

Hole in the Sky, hier gibt es die harten Töne. Das Heavy-Metal-Festival findet Ende Aug. statt. Facebook.com/holeintheskybergen.

Matfest, Festival rund um Essen und Trinken. Erzeuger aus der Region stellen aus und verkaufen ihre Produkte. Im September. www.matfest.no.

Bergen Internasjonale Film Festival (BIFF), interessantes Filmfestival, bei dem jedes Jahr über hundert Filme vorgestellt werden. Immer im Oktober. www.biff.no.

Folklore Bergen Folklore, Volkstänze aus allen Teilen Norwegens werden zwischen Juni und August regelmäßig in *Bryggens Museum* vorgeführt. Eintritt 100–120 NOK, Kinder frei. Tickets und genaue Termine in der Touristeninformation.

Einkaufen → Karte S. 306/307

Markt Fisketorget **21**, ein Besuch des berühmten Fischmarkts gehört zu jedem Besuch in Bergen. Juni–Aug. tägl. 7–19 Uhr, ansonsten Mo–Sa 7–16 Uhr. Am Torget (gegenüber der Touristeninformation).

Geschäfte Ute **11**, in dem Outdoorladen im Stadtzentrum gibt es Ausrüstung für den einfachen Traveller, aber auch für den fortgeschrittenen Alpinisten: Rucksäcke, Schuhe, Funktionskleidung und Zubehör. Mo–Fr 10–17 Uhr, (Do bis 19 Uhr), Sa 10–16 Uhr. Nedre Korskirkeallmenning 12B, ✆ 55316684, www.ute.no.

»› Mein Tipp: Chillout Travel Centre **37**, gelungene Mischung aus Reiseshop und Café. Vom Bildband über Eispickel bis hin zum „Chillout"-Hähnchensalat gibt es alles. Mo–Fr 10–19 Uhr, Sa 10–18 Uhr, So 13–18 Uhr. Torggaten 11, ✆ 55233000, www.chillouttravel.no. **«‹**

Kaufhäuser/Einkaufszentren Galleriet **27**, mitten in Bergen, in der Torgalmenning (Verlängerung des Torget), prunkt dieses fünfstöckige Einkaufscenter. Über 70 Geschäfte, Boutiquen, Supermärkte und Gaststätten warten auf erlebnishungrige Käufer. Unter der Passagenkuppel gibt es auch Livemusik und wechselnde Ausstellungen. Da kann man auch durchstreifen, wenn man nichts einkaufen will. Mo–Fr 9–21 Uhr, Sa 9–18 Uhr. Torgallmenning 8, www.galleriet.com.

Lagunen **33**, das mit 135 Geschäften drittgrößte Einkaufszentrum in ganz Norwegen, zusätzlich gibt es noch den Lagunenparken drum herum. Mo–Fr 10–21 Uhr, Sa 10–

Klippfisch zum Kauf am Fischmarkt von Bergen

314 Südliches Fjordland

18 Uhr. 10 km südl. des Zentrums, Laguneveien 1, ✆ 55117400, www.lagunen.no.

Kloverhuset 30, traditionsreiches Kaufhaus, auf vier Etagen gibt es rund 30 Geschäfte mit Marken wie Timberland, Benetton oder MEXX. Mo–Fr 10–20 Uhr, Sa 10–18 Uhr. Strandgaten 13/15, www.kloverhuset.com.

Einkaufsmeilen Zahlreiche Geschäfte gibt es entlang der **Strandgaten** (parallel zur Hafenstraße Strandkaien) und der **Torgalmenning**, wo neben dem Zentrum Galleriet v. a. Souvenir- und Schmuckgeschäfte zu Hause sind. **Marken** ist ein charmantes Sträßchen zwischen Rathaus und Bahnhof, in dem schon deshalb das Bummeln viel Spaß macht. Auch in **Bryggen** haben sich zahlreiche Andenkenhändler breit gemacht. Der attraktivste dieser Läden ist das **Atelier Hetland** (www.hetlandbilder.no) mit witzigen Zeichnungen und hübschen Aquarellen; *Audun Hetland* (geb. 1920) ist Norwegens bekanntester Karikaturist und Buchillustrator.

Aktivitäten/Sport

Schwimmbad Vannkanten Badeland, große Badelandschaft mit mehreren Becken, Rutschen etc. Eintritt 120 bzw. 140 NOK (WoE) für Erwachsene, Kinder unter 15 Jahren 110 bzw. 120 NOK. Familien 380 bzw. 450 NOK. Mo 16–21 Uhr, Di–Fr 10–21 Uhr, Sa 10–18 Uhr, So 12–18 Uhr. Lyderhornsvei 351, Loddefjord, ✆ 55507799, www.vannkanten.no.

Golf Meland Golfklubb, 36 km nördlich von Bergen. Toller, direkt an der Küste gelegener 18-Loch-Platz, Par 73 Kurs. 30 Abschlagplätze auf der Driving Range. Greenfee 400 NOK (wochentags) bis 500 NOK (WoE). Frekhaug, ✆ 56104600, www.melandgolf.no.

Angeltouren TSMY Weller, Angeltouren werden vom 10. Juli bis 20. Aug. angeboten, Abfahrt direkt ab Bryggen. Die 3:30-stündige Ausfahrt auf dem 15 m langen Schiff kostet um 400 NOK/Nase inkl. Materialleihe. ✆ 55191303, www.weller.no.

Kajak NJord, Kajak-Leihe (ab 600 NOK/Tag) und Ausfahrten mit Guide (3 Std., 450 NOK) meist ab der Basis in Møvik, etwa 30 Min. Autofahrt westl. von Bergen. ✆ 97194511, www.njord.as.

Statsraad Lehmkuhl, man kann auch auf der fast hundert Jahre alten und 98 m langen Dreimastbark in See stechen, Törns variieren von 4 Std. (450 NOK) bis zu 10 Tagen (9500 NOK). Details → „Sehenswertes" S. 316.

Fjordtouren M/S White Lady, von Mai bis Ende Aug. tägl. Fahrten, bis Mitte Okt. immerhin noch Di, Do, Sa u. So. 4 Std., 480 NOK (Kinder 250 NOK). Wer diese Fahrt plant, für den lohnt sich u. U. auch die *Bergen Card*, mit der man 25 %, also immerhin 120 NOK spart. Eine kleine Hafenrundfahrt dauert 50 Min. und kostet 130 NOK. Tickets im Turistkontor oder direkt an Bord. ✆ 55259000, www.bergen-fjordsightseeing.no.

Badestrände Die populärsten Badeplätze sind **Nordnes** in der Nähe des Aquariums (der zentrumsnächste, Buslinie 4), **Helleneset** nördlich von Bergen (Buslinie 1) und der FKK-Strand **Rishamn** (Bussteig 20).

Wandern Wem unser Wandervorschlag (→ S. 320) nicht genügt, der wendet sich für weitere Infos bezüglich Wandertouren am besten an **Bergen Turlag** (Berg- und Wanderverein), Mo–Fr 10–16 Uhr (Do bis 18 Uhr), Sa 10–14 Uhr. Tverrgaten 4–6, ✆ 55335810, www.bergen-turlag.no.

Sehenswertes

Obwohl alle Sehenswürdigkeiten auf engstem Raum beieinander liegen, sollte man schon zwei bis drei Tage einplanen, wenn man die wichtigsten Stationen stressfrei besuchen will. Wer wirklich ein intensives Sightseeingprogramm absolvieren will, der kann mit der *Bergen Card* (→ S. 305) sparen. Zum Auftakt bietet sich eine Fahrt auf den **Fløyen** an, vom Stadtberg kann man sich einen guten Überblick über die Stadt verschaffen.

Fløyen: Allein schon die Fahrt auf Bergens 320 m hohen Hausberg ist aufregend, in nur vier Minuten klettert die Standseilbahn – die **Fløibanen** – die enorme Steigung empor. Oben angekommen ist der Ausblick grandios, wie auf dem Präsentierteller liegt das zwischen Wasser und Hügeln eingezwängte Bergen vor einem. Es gibt eine moderne Aussichtsplattform, auf der sich auch die Einheimischen gerne zum Sonne tanken treffen – wenn sie denn einmal scheint. Außerdem gibt es natürlich ein Ausflugsrestaurant und einen Souvenirshop, in dem man sich auch ein Eis kaufen kann. Einige kurze Wander- und Spazierwege sind ausgeschildert und werden im Winter auch gerne als Loipen genutzt.

Die Talstation befindet sich in der Øvregaten, 150 m hinter dem Torget (der Verlängerung Vetrilidsalm bis zum Ende folgen). Die 8-minütige Fahrt kostet hin und zurück 80 NOK, für Kinder 40 NOK, die einfache Fahrt 40 bzw. 20 NOK. Kernzeiten: Mo–Fr 7.30–23 Uhr, Sa/So 9–23 Uhr. Im Sommer erweitert. Tagsüber alle 15 Min., frühmorgens und abends alle 30 Min. www.floibanen.no.

Um den Vågen

Torget: Am Platz finden Bergens bekannteste Märkte und auch zahlreiche Veranstaltungen statt, außerdem hat man hier ein modernes Gebäude für die neue Touristeninformation hingestellt. Hauptattraktion ist der berühmte **Fischmarkt** mit seinen außergewöhnlichen und super frischen Angeboten. Kein Bergenbesuch ist komplett, ohne mindestens einmal an den Verkaufsständen vorbeigeschlendert zu sein und dabei die eine oder andere Köstlichkeit probiert zu haben. Da muss man auch gar nicht zurückhaltend sein, die Händler geben gerne einen kostenlosen Probehappen. Und wenn man dann seine Lieblingssorte Lachs – kalt oder heiß geräuchert, mit Kräutern oder ohne – gefunden hat, dann bietet es sich natürlich an einen kleinen Vorrat einzukaufen. Neben dem Fang aus dem Meer gibt es aber auch Blumen, Obst, Gemüse, Kunstgewerbe und Souvenirs zu kaufen.

Fischmarkt: Juni–Aug. tägl. 7–19 Uhr, ansonsten Mo–Sa 7–16 Uhr.

Bryggen: Bergen war schon im Mittelalter wichtiger Warenumschlagplatz und so errichtete die Hanse bereits im 14. Jh. eine Niederlassung. Die ursprünglichen Gebäude wurden bei einem Großbrand im Jahr 1702 völlig zerstört, allerdings an gleicher Stelle originalgetreu wieder aufgebaut. Die wunderschönen hölzernen Hansehäuser, die man heute bestaunen kann, sind somit etwas mehr als 300 Jahre alt und zweifellos Bergens bekannteste Attraktion. Seit 1979 zählen die Gebäude zum UNESCO Weltkulturerbe. Ursprünglich hieß das Viertel aufgrund seiner Historie übrigens *Tyske Bryggen* – der Zusatz *tyske* (= deutsch) wurde nach dem Zweiten Weltkrieg kurzerhand gestrichen.

Was die ursprüngliche Funktion der Holzhäuser betrifft, so wurden sie universal verwendet: Sie dienten als Wohn-

Enge Gässchen zwischen den denkmalgeschützten Hansehäusern

und Lagerräume, Kojen und Kontore. Alles war unter einem Dach untergebracht, mit Ausnahme der Küche, denn offenes Feuer war in den Blockhäusern aus leidvoller Erfahrung verboten. Was letztlich auch bedeutete, dass die Häuser nicht beheizt wurden. Gekocht, gefeiert und gewärmt wurde in der **Schøtstuene** am Ende der Häuserzeile, gearbeitet wurde in den schmalen Bohlengängen zwischen den Häusern. Die Schøtstuene, damals der zentrale Punkt des gesellschaftlichen Lebens, kann besichtigt werden.

Noch heute werden die Häuser genutzt, nicht nur von Restaurants, Kneipen und Boutiquen, sondern auch von Künstlern und Naturschützern, die hier ihre Ateliers und Büros unterhalten.

Hanseatisches Museum und Schøtstuene: Im *Finnegård*, dem ersten Hansehaus vom *Torget* aus gesehen, befindet sich dieses äußerst interessante Museum – ein Muss für jeden Bergenbesucher. Über 400 Jahre trieben die Hanseaten von Bergen aus einen regen Handel mit Stockfisch und Getreide. Ihr Leben und Wirken ist hier eindrucksvoll dokumentiert. Zu sehen sind u. a. Waagen und Pressen, Kontobücher und Schlafschränke, Aquavitkisten und Werkzeuge – alles original. Bisweilen macht es fast den Eindruck, als wären die Gegenstände eben noch benutzt worden.

Die **Schøtstuene** befinden sich am anderen Ende von Bryggen, neben der Mariakirken. Die Aufenthalts- und Kochstuben waren die einzigen Gebäude in Bryggen, in denen es Feuer gab, und aus Angst vor Bränden waren sie deshalb separat von den anderen Holzhäusern gebaut worden.

15. Mai bis 15. Sept.: Museum und Stuene tägl. 9–17 Uhr, ansonsten: Museum Di–Sa 11–14 Uhr, So 11–16 Uhr; Stuene nur So 11–14 Uhr. Kombiticket für beide Sehenswürdigkeiten 60 NOK, Kinder bis 16 Jahre gratis, Kombiticket, das auch für alle anderen Zweigstellen des *Museum Vest* gültig ist, 100 NOK. Bryggen, ✆ 56385050, www.museumvest.no.

Statsraad Lehmkuhl: Die 98 m lange Dreimastbark wurde kurz vor dem Ersten Weltkrieg in Bremen gebaut und lief 1914 unter dem Namen „Großherzog Friedrich August" vom Stapel. Nachdem der Segler im Zuge von Reparationszahlungen nach England gekommen war, wurde er 1923 an die Stadt Bergen verkauft. Seinen jetzigen Namen verdankt das schnittige Schiff dem Bergener Politiker *Kristofer Didrik Lehmkuhl*. Wenn das Schiff am Bryggen-Kai vertäut liegt, kann man es besichtigen, außerdem werden so genannte „Minicruises" angeboten, etwa 4-stündige Ausfahrten, auf denen auch Jazz oder Folkmusik gespielt wird. Es empfiehlt sich, die Turns im Voraus zu buchen. Mehrmals pro Jahr kann man auch als Passagier für mehrtägige Fahrten an Bord gehen, hierfür sollte man besonders schnell reservieren.

Mini-Cruises kosten ab 450 NOK/Pers., mehrtägige Segeltörns bis 9500 NOK, z. B. Bergen – Torshavn (Faröer-Inseln) – Bergen für 7800 NOK (9 Tage). Aktuelle Informationen und Fahrpläne im Web und in der Touristeninformation. Liegeplatz: Skur 7, Bradbenken 2, ✆ 55301700, www.lehmkuhl.no.

Bergenhus Festning

Mariakirken: Die Kirche stammt aus der ersten Hälfte des 12. Jh. und gilt als das älteste Bauwerk in Bergen. Die wohl schönste romanische Kirche Norwegens unterstand einst als *S. Marien, Der teutschen Kaufleut Kirch* den Bewohnern von Bryggen. Sie war ab dem 15. Jh. die Gemeindekirche der wohlhabenden Hansekaufleute – die Messen wurden in deutscher Sprache gehalten – und entsprechend reich wurde sie ausgestattet. Ob allerdings die schöne Barockkanzel mit ihren kunstvol-

Bergen 317

len Schnitzereien auch eine deutsche Spende ist, bleibt ungewiss. Zu finden ist die Kirche neben Schøtstuene und Bryggens Museum.

Im Jahr 2010 wurde die Kirche für umfangreiche Restaurierungsarbeiten geschlossen, die geplante Wiedereröffnung ist erst 2015!

Bryggens Museum: Klein, aber fein ist dieses kulturhistorische Museum über den Fundamenten Alt-Bergens. Nach dem letzten Brand 1955, der auch den Freiraum für das SAS-Luxushotel nebenan schuf, stieß man bei Ausschachtungsarbeiten auf Siedlungsreste aus dem Jahr 1170. Darüber wurde dieses Museum errichtet. Um die wissenschaftlichen Erläuterungen besser zu verstehen, sollten Sie sich an der Kasse den preiswerten Museumsführer in deutscher Sprache besorgen und ihn vor dem Rundgang vielleicht in der hübschen Cafeteria auf der Empore studieren. Seit 2004 ist am Museumseingang der „Meeting Point Bryggen" eingerichtet, von dem aus auch Führungen starten.

Mai–Aug. tägl. 10–17 Uhr, Sept.–April Mo–Fr 11–15 Uhr, Sa 12–15 Uhr, So 12–16 Uhr. Eintritt 60 NOK, Studenten 30 NOK, Kinder gratis. In den Monaten Juni–Aug. Führungen 120 NOK (auf Deutsch um 10 Uhr). ✆ 55308030, www.bymuseet.no.

Håkonshallen: Dieses kleine Nationalheiligtum in der Bergenhus-Festung steht in dieser Form erst seit 50 Jahren. Die Halle wurde 1248 als Regierungssitz *Håkons IV.* und *Håkons V.* erbaut, flog allerdings 1944 bei der Explosion eines Munitionsschiffes – vermutlich ein Sabotageakt der Milorg – in die Luft. Erst 1961 wurde die imposante Halle originalgetreu wieder aufgebaut und dient seitdem als Konzertsaal während der Festspiele und als Repräsentationsraum der Stadt.

15. Mai bis 31. Aug. tägl. 10–16 Uhr; ansonsten Fr–Mi 12–15 Uhr, Do 15–18 Uhr. Während der Festspiele und in der Oster- und Weihnachtswoche geschlossen. Eintritt 60 NOK, Studenten 30 NOK, Kinder frei. Täglich Führungen. ✆ 55316067, www.bymuseet.no.

Rosenkrantz-Turm: Als kombinierten Festungs- und Wohnraum hat *Erik Rosenkrantz*, Stadthauptmann Bergens, in den 60er-Jahren des 16. Jh. diesen Turm erbauen lassen und dabei Anlagen aus dem 13. Jh. integriert. Selbst wenn Sie sich nicht sonderlich für alte Gemäuer interessieren, sollten Sie der Aussicht wegen zum Wehrgang hinaufklettern.

15. Mai bis 31. Aug. tägl. 10–16 Uhr; ansonsten nur So 12–15 Uhr.

Bergenhus Festningsmuseum: Im April 2006 wurde das durchaus interessante Museum in einem alten Speicher eröffnet. Drei Ausstellungen gibt es zu besichtigen, mit den Themen „Frauen und Verteidigung", „Widerstand in der Region Bergen 1940 bis 1945" und „Bergens Presse in Kriegszeiten".

Di–So 11–17 Uhr. Eintritt frei. Eingang hinter dem Thon Hotel Brygge. ✆ 55546387.

Südlich des Vågen

Bergen Aquarium: Gegenüber der Bergenhus-Festung, auf der anderen Seite des Vågen im Ortsteil Nordnes. Die Anlage zählt zu den größten Europas und zeigt in dutzenden Aquarien allerlei Meeresgetier vom Pinguin bis zum Piranha. Faszinierend sind aber auch die Freigehege mit Seevögeln und Seehunden. Das Aquarium liegt an der Spitze der Nordnes-Halbinsel. Gleich nebenan befindet sich das größte Freibad im Innenstadtbereich, das **Nordnes-Sjøbad**.

Anfahrt Buslinie 11 oder in 15 Fußmarschminuten vom Stadtkern. Im Sommer gibt es eine Fährverbindung vom Fischmarkt aus.
Öffnungszeiten 1. Juni bis 31. Aug. tägl. 9–19 Uhr, Eintritt 200 NOK, Kinder 150 NOK. Rest des Jahres tägl. 10–18 Uhr, Eintritt 150 NOK, Kinder 100 NOK. Nordnesbakken 4, ✆ 55557171, www.akvariet.no.

Um den Stadtpark

Bergen Kunstmuseum: Direkt an der Südseite des Lille Lungegårdvann reihen sich drei Gebäude des Bergen Kunstmuseum, eines der größten des Landes. Im *Lysverket*-Bau gibt es eine umfangreiche permanente Ausstellung zur Kunstgeschichte, in der *Rasmus-Meyer-Sammlung* gibt es fast 1000 Werke norwegischer Künstler des 18. und 19. Jh. zu sehen, darunter auch einige Meisterwerke von Edvard Munch. Kunstmäzen Meyer wollte zunächst nur den Maler Christian Dahl in Bergen mehr fördern. Daraus entstand im Laufe der Zeit diese umfangreiche Sammlung. Im dritten Gebäude, dem *Stenersen-Bau,* finden wechselnde Ausstellungen mit wechselnden Thematiken statt, in der Vergangenheit gezeigt wurden z. B. Bilder Pablo Picassos oder historische Fotografien des amerikanischen Landschaftsfotografen Ansel Adams.

Für alle drei Museen: Tägl. 11–17 Uhr, Mitte Sept. bis Mitte Mai Mo geschlossen. Eintritt für alle drei Sammlungen 100 NOK, Kinder bis 16 Jahre gratis. Rasmus Meyers allé 3, 7 und 9, ✆ 55568000, www.bergenartmuseum.no.

Bergen Kunsthall: Die Topadresse der Stadt für zeitgenössische Kunst reiht sich zusammen mit den Gebäuden des Bergen Museum an die Südseite des Lille Lungegårdvann. Herzstück sind vier große Ausstellungsräume, in denen eine gute Mischung aus norwegischer und internationaler Kunst gezeigt wird. Zur Einrichtung gehören aber auch noch die *Gallery No. 5* – hier werden meist kleinere Ausstellungen gezeigt – und *Landmark,* eine 2001 eröffnete Räumlichkeit, die speziell auf die Präsentation neuer Multimediakunst zugeschnitten ist.

Eintritt 50 NOK, Fr abends Eintritt frei. Di–So 12–17 Uhr, Fr auch 17–22 Uhr. Rasmus Meyers allé 5, ✆ 55559310, www.kunsthall.no.

Permanenten: Das „Kunstindustriemuseum" beinhaltet drei permanente Abteilungen: *Mensch und Dinge* zeigt Kunstgewerbeartikel der letzten 500 Jahre, die *China-Sammlung* ist die größte ihrer Art in ganz Norwegen und in der *Singer-Sammlung* sind europäische und asiatische Kunstgegenstände und Möbel zu sehen. Außerdem gibt es wechselnde Ausstellungen, die sich dann z. B. mit modernem Möbeldesign beschäftigen. Nettes Museumscafé.

15. Mai–14. Sept. tägl. 11–17 Uhr, in der übrigen Zeit Di–So 12–17 Uhr. Eintritt 100 NOK, Kinder gratis. Nordahl Brungt. 9, ✆ 55568000, www.bergenartmuseum.no.

Lepramuseum: Im dem ehemaligen Hospital von Bergen entdeckte der Arzt *Armauer Hansen* 1873 den Leprabazillus *(Mycobacterium leprae),* der folglich auch unter dem Namen Hansen-Krankheit bekannt war. Ende des 19. Jh. gab es in Bergen die höchste Konzentration an Erkrankten in ganz Europa und gleich drei Lepra-Krankenhäuser. Im *St.-Jørgens-Hospital* – dem ältesten dieser Häuser – starb der letzte Patient 1946. Heute beherbergt das Siechenhaus ein kurioses Museum, das den Kampf gegen die grassierende Seuche anschaulich dokumentiert.

Nur Mitte Mai bis Ende Aug. 11–15 Uhr. Eintritt 60 NOK, Kinder frei. Kong Oscars gate 59 (nördl. des Parks), ✆ 48162678, www.bymuseet.no.

Südlich des Stadtparks

Universitetsmuseet Bergen: Das 1825 gegründete Bergen Museum gehört zur *Universität* von Bergen und beherbergt eine der größten Sammlungen von ganz Norwegen. Die *Naturwissenschaftliche Abteilung* beschäftigt sich in verschiedenen Ausstellungen mit Botanik, Zoologie und Geologie, auch ein Botanischer Garten und ein Arboretum gehören dazu. In der *Kulturwissenschaftlichen Abteilung* stehen Völkerkunde, Archäologie, Kunst und Kultur im Fokus. Zu den Exponaten gehören

Bergen 319

Artefakte von Kulturen aus aller Welt, außerdem Trachten und Münzen. Besonders intensiv befasst sich das Museum mit Norwegens Kirchenkunst aus dem Mittelalter. Die beiden Abteilungen sind in zwei separaten Gebäuden untergebracht, die allerdings nur einige Gehminuten voneinander entfernt liegen.

Regulär Di–Fr 10–15 Uhr, Sa/So 11–16 Uhr. Im Sommer Di–Fr 10–16 Uhr, Sa/So 11–16 Uhr. Eintritt 50 NOK, Kinder frei; am gleichen Tag für beide Ausstellungen gültig. Naturhistorische Sammlung: Museplass 3, ✆ 55582920. Kulturhistorische Sammlung: Haakon Sheteligs plass 10, ✆ 55583140, www.uib.no/bergenmuseum.

Bergens Sjøfartsmuseum: Gleich neben dem Gebäude der Kulturwissenschaftlichen Abteilung des Bergen Museum befindet sich das moderne Schifffahrtsmuseum. Hier dreht sich alles um allgemeine Seefahrtsgeschichte, die modernen Entwicklungen und natürlich deren Bedeutung für Bergen als Hafenstadt. Gezeigt wird alles von maritimen Gebrauchsgegenständen über Schiffsmodelle und Navigationsutensilien bis hin zu allerlei Kuriositäten rund um die Seefahrt.

Tägl. 11–15 Uhr. Eintritt 40 NOK, Kinder gratis, mit *Bergen Card* gratis. Haakon Sheteligsplass 15, ✆ 55549600, www.bsj.uib.no.

Bergen VilVite: Das neue Erlebniszentrum präsentiert neben einem Planetarium verschiedene Ausstellungen aus den Bereichen Natur, Umwelt und Technik. Der spezielle Fokus liegt dabei auf Themen, die für Bergen und die westlichen Fjordregionen bestimmend sind: das Meer, das Wetter und Energiegewinnung. Rund 75 interaktive Stationen und Experimente sorgen für Staunen und versprechen einen interessanten Besuch.

Di–Fr 9–15 Uhr, Sa/So 10–17 Uhr. Eintritt 150 NOK, Kinder 100 NOK, Familien 415 NOK. Thormøhlensgate 51, ✆ 55594500, www.vilvite.no.

Sehenswertes außerhalb des Zentrums

Ulriken: Während vom Hausberg Fløyen aus vornehmlich die Stadtsicht besticht, bietet der mit 643 m fast doppelt so hohe Panoramaberg Ulriken auch einen Rundblick über die Umgebung Bergens mitsamt Inseln, Schären und Höhen. Gute Sichtverhältnisse sind dafür noch etwas wichtiger als auf dem Fløyen und leider nicht immer gegeben. Auf dem höchsten der sieben Berge im Umkreis von Bergen gibt es außerdem viele Wanderwege und einen sehr schönen Weg abwärts ins Tal.

Anfahrt Sie erreichen die Talstation der Seilbahn mit den Buslinien 2 und 4 (Station: Hospital) oder per Doppeldecker-Zubringerbus von der Touristeninformation. Mit dem Auto verlassen Sie die Innenstadt über Haukelandsveien und folgen vor dem Tunnel der Ausschilderung.

Seilbahn Die Bahn fährt Mai–Sept. tägl. 9–21 Uhr, Okt.–April tägl. 9–17 Uhr. Mit *Bergen Sightseeing* Rundfahrt und komplett mit Rückfahrt zum Hafen 245 NOK, nur Seilbahn 145 NOK, Seilbahn eine Strecke 80 NOK, Shuttle alleine 40 NOK. ✆ 53643643, www.ulriken643.no.

Essen & Trinken Sehr schön ist das Restaurant an der Bergstation der Seilbahn, in dem es außer Spezialitäten aus Bergen im Sommer auch Kammermusik-Aufführungen gibt.

Gamle Bergen: Der Museumsstadtteil am nördlichen Stadtrand zeigt 50 Holzhäuser aus den letzten drei Jahrhunderten. Besonders interessant sind die Originaleinrichtungen – von der Backstube bis zur Zahnarztpraxis –, die aber nur im Rahmen einer Führung zu sehen sind. Einen gemütlichen Spaziergang ist der kleine Stadtteil immer wert. Das Freilichtmuseum liegt etwa 4 km von der *Bergenhus-Festung* entfernt.

Anfahrt Pkw: Erreichbar via E 16/E 39 in nördlicher Richtung. Anfahrt ist ausgeschildert.

Buslinien 20, 23 oder 24 von der Touristeninformation.

Öffnungszeiten Durch die Gassen schlendern kann man auf eigene Faust, die Häuser besichtigen kann man nur in Führungen. Eintritt 70 NOK, Studenten 35 NOK, Kinder gratis. Führungen immer zur vollen Stunde ab 10 Uhr, die letzte um 16 Uhr. Nyhavnsveien 4, ✆ 55394300, www.bymuseet.no.

 Wanderung 4: Bergens Hausberge - vom Fløyen zum Ulriken → S. 415
Abwechslungsreiche Tour zwischen den beiden Hausbergen der Stadt.

Ausflüge in die Umgebung

Zwei Ausflüge in die „musikalische" Vergangenheit Bergens bieten sich an, und zwar zu den Wirkungsstätten der beiden größten Musiker Norwegens: *Edvard Grieg* und *Ole Bull*. Beide wurden in Bergen geboren und sind dort auch gestorben. Beide Ausflüge führen zudem in reizvolle Landschaften.

Troldhaugen: Sommer für Sommer pilgern ganze Busladungen an Musikfreunden zur Grieg-Villa am märchenhaften **Nordås-See**. Der hölzerne „Trollhügel" wurde 1885 gebaut und war 22 Jahre lang Wohnsitz des Komponisten *Edvard Grieg* und seiner Frau Nina, damals als Sängerin und Pianistin ungleich populärer als ihr Mann. Beide sind im Park der Villa begraben. Am Seeufer steht auch das Blockhaus, in dem Grieg komponierte, und in unmittelbarer Nähe leider auch der Kammermusiksaal **Troldsalen**, der trotz seines Grasdaches ein Fremdkörper in dieser harmonischen Anlage bleiben wird.

Anfahrt Pkw: Über die E 39 Richtung Süden aus der Stadt, nach etwa 7 km ist „Troldhaugen" ausgeschildert.

Bus: Linien 20, 23, 24, 50 Richtung Nestun. In Hopsbroen aussteigen und der Beschilderung folgen.

Öffnungszeiten Mai–Sept. tägl. 9–18 Uhr, ansonsten tägl. 10–16 Uhr. Eintritt 80 NOK, Kinder bis 16 Jahre frei. Termine für Konzerte in der Touristeninformation erfragen, Tickets um 220 NOK. Troldhaugveien 65, ✆ 55922992, www.kunstmuseene.no.

Fantoft Kirke: Nach sechsjährigem Wiederaufbau wurde die berühmte Holzkirche 1998 wieder eröffnet, nachdem sie 1992 fast vollständig ausgebrannt war. Das Kirchlein, 1883 von einem Bergener Kaufmann von Fortun am Sognefjord hierher in den Privatwald von Fantoft verpflanzt, gilt trotz seines Alters (um 1150 erbaut), trotz seiner Drachenköpfe und des schwarz geschindelten Daches nicht als typische Stabkirche – es fehlt die charakteristische tragende Konstruktion. Aber dennoch ist die Kirche auf dem Weg nach Troldhaugen einen kleinen Abstecher wert.

Anfahrt Wie Troldhaugen – auf dem Fußweg stoßen Sie 2 km vor dem Musiktempel auf die Kirche.

Öffnungszeiten Mitte Mai bis Mitte Sept. tägl. 10.30–18 Uhr. Eintritt 44 NOK, Kinder 17 NOK.

Museet Lysøen: Auf der rund 30 km südlich von Bergen gelegenen Insel **Lysøen** steht die ehemalige Villa des Komponisten und Geigenvirtuosen *Ole Bull*. Der ließ sich 1873 dieses maurisch anmutende Holzhaus in die wunderschöne Landschaft setzen und verbrachte hier seine letzten sieben Lebensjahre. Heute steht die ganze Insel unter Naturschutz, und Bulls amerikanische Nachfahren vermachten das Haus anlässlich des hundertjährigen Bestehens der norwegischen Denkmalverwaltung. Heute ist das

Bergen 321

gepflegte Anwesen ein Museum und ein Besuch wirklich lohnend. Nur wenig mehr als 1 km entfernt auf dem Festland finden sich außerdem die Ruinen des **Lyseklosters**, einer 800 Jahre alten, von Briten erbauten Zisterzienserabtei.

Anfahrt Ab Bergen über die E 39 Richtung Süden, später auf der RV 580 und 546 in Richtung **Fana** (Radål-Kreuzung links abbiegen) und bis nach **Sørestraumen**, wo das Fährschiff Ole Bull von 12–16 Uhr zu jeder vollen Stunde verkehrt (60 NOK/Pers.). Anfahrt per Bus möglich, Info in der Touristeninformation Bergen.

Öffnungszeiten Mitte Mai bis Ende Aug. Mo–Sa 12–16 Uhr, So 11–17 Uhr; Sept. nur So 12–16 Uhr. Eintritt 40 NOK, Kinder 10 NOK.
📞 56309077, www.bergenartmuseum.no.

Tour mit dem Auto: Rund um den Samnangerfjord

Die 130 km lange Tour führt südlich von Bergen im Bogen um den Samnangerfjord. Die geruhsame Fahrt schließt neben der Möglichkeit von Badeaufenthalten eine kurze Fährfahrt von Hatvik nach Venjaneset ein.

Sie verlassen die Stadt über die E 39 und erreichen nach 10 km das eingemeindete *Nesttun*, eine kleine Industriestadt. Weiter geht es auf dieser Straße nach *Osøyro*, einem bei den Bergenern beliebten Badeort. Als Alternative ist die Route über die Fana-Kirche und das Lysekloster sehr reizvoll. Nach einer kurzen Weiterfahrt erreichen Sie bei *Solstrand*, einem noch berühmteren Badeort, die Fährstation *Hatvik*.

Alle 30–40 Min. setzt die Fähre nach Venjaneset bei Fusa über, wo das frühere Pfarrhaus oberhalb des Fähranlegers sehenswert ist. Die Eidfjord-Fähre über den Fusafjord wurde im Mai 1995 von einem schrecklichen Unglück heimgesucht, als während des Anlegemanövers in Hatvik ein nicht gesicherter Bus die Reling durchbrach und sechs Passagiere in die Tiefe riss. Über *Eikelandsosen* erreichen Sie die Rv 48, der Sie nach Norden Richtung *Tysse* folgen. 25 km geht es am Samnangerfjord entlang. Die Hütten längs der Route weisen die Gegend als Sommerfrische der Bergener aus.

Bei Tysse biegen Sie links in die Rv 7 ein und erreichen über die Passhöhe von *Gullbotn* (269 m ü. d. M.) die Ortschaft *Trengereid*. Im Süden liegt Gullfjell, ein beliebtes Wandergebiet. Bis auf ein kurzes Stück führt die Straße hinter Trengereid durch verschiedene Tunnels. Über *Indre Arna*, wo die Eisenbahnstrecke Oslo – Bergen den Ulrikenberg durchbricht, können Sie entweder via *Åsane* im Norden auf dem schnellsten Weg Bergen wieder erreichen oder via Espeland und erneut Nesttun dann zum südlichen Stadtrand Bergens gelangen. Wer auf einem der Campingplätze südlich von Indre Arna nächtigt, kann diese Tour ohne den Stadtverkehr von Bergen unternehmen.

Der Traum vieler Touristen: malerisch gelegene Hütte am See

Binnenland

Lange Täler, durch die sich fischreiche Flüsse schlängeln, große Seen, dichte Wälder und kahle Gebirgsregionen: Das ist das Binnenland Südnorwegens. Dazwischen immer wieder kleine Ortschaften, wo es vor 50 Jahren noch richtig einsam war und man auch heute noch entspannte Ruhe finden kann – zumindest außerhalb der Hauptsaison.

In Südnorwegens Binnenland gibt es aber auch einige der größten Ballungsräume des ganzen Landes, was damit zu tun hat, dass sich hier einige der größten Industriekonzerne des Landes angesiedelt haben und den Leuten Arbeit geben. Und das bereits vor 100 Jahren, als man den Strom für die neuen und äußerst energieaufwendigen Industrien mit enormen Kraftwerken – z. B. im Örtchen **Rjukan** –, die sich die gewaltigen Wasserfälle des Binnenlandes zunutze machten, erzeugte. Lange handwerkliche Tradition gab es aber schon weit vorher, was v. a. an den Stabkirchen – die wohl prunkvollste ganz Norwegens ist die von **Heddal** – und den traditionellen Speicherhäusern, den *Stabburen*, erkennbar ist. Das **Setesdal** ist außerdem für seine Silberschmieden bekannt. Wer sich für Geschichte interessiert, sollte das Freilichtmuseum Maihaugen in der Olympiastadt **Lillehammer** nicht verpassen. Die Region **Telemark** ist wohl die berühmteste von allen, sie gilt als die Wiege des Skisports, hier erfand Sondre Norheim den gleichnamigen Schwung. Ein besonderes Reiseziel ist auch der Telemarkkanal, einst unerlässlich als Transportweg für Waren und Handelsgüter, heute sicherlich eine der schönsten Strecken, die man mit dem Ausflugsschiff befahren kann.

Das Binnenland Südnorwegens erstreckt sich von der schwedischen Grenze im Osten bis zu den Ausläufern des Fjordlandes im Westen, von der malerischen Küste im Süden bis zu den Höhen der **Hardangervidda** und den Ufern des **Mjøsasees** im Norden. Und in der perfekten Urlaubsregion hat man sich auch perfekt auf die Urlauber eingestellt. Die Straßen sind gut, es gibt jede Menge Unterkünfte und ein

Cocktail-Lounge. DZ ab etwa 1000 NOK. Kongensgate 3, ℡ 32171620, www.choice hotels.no.

Grand Hotel Hønefoss, seit rund 200 Jahren kann man hier übernachten. Zimmer ziemlich altbacken, aber allesamt mit Dusche, WC, TV und freiem Internetzugang. EZ ab 650 NOK, DZ ab 850 NOK (inkl. Frühstück). Stabellsgate 8, ℡ 32122722, www.grand.bu.no.

Ringerike Gjestegård, wer keine First-Class-Ansprüche stellt, ist in der ansprechenden Pension mit 15 Zimmern (Du/WC, TV/Telefon) gut aufgehoben. EZ im Sommer ab 760 NOK, DZ ab 990 NOK. Osloveien 77, ℡ 32127420, www.ringerike-gjestegaard.no.

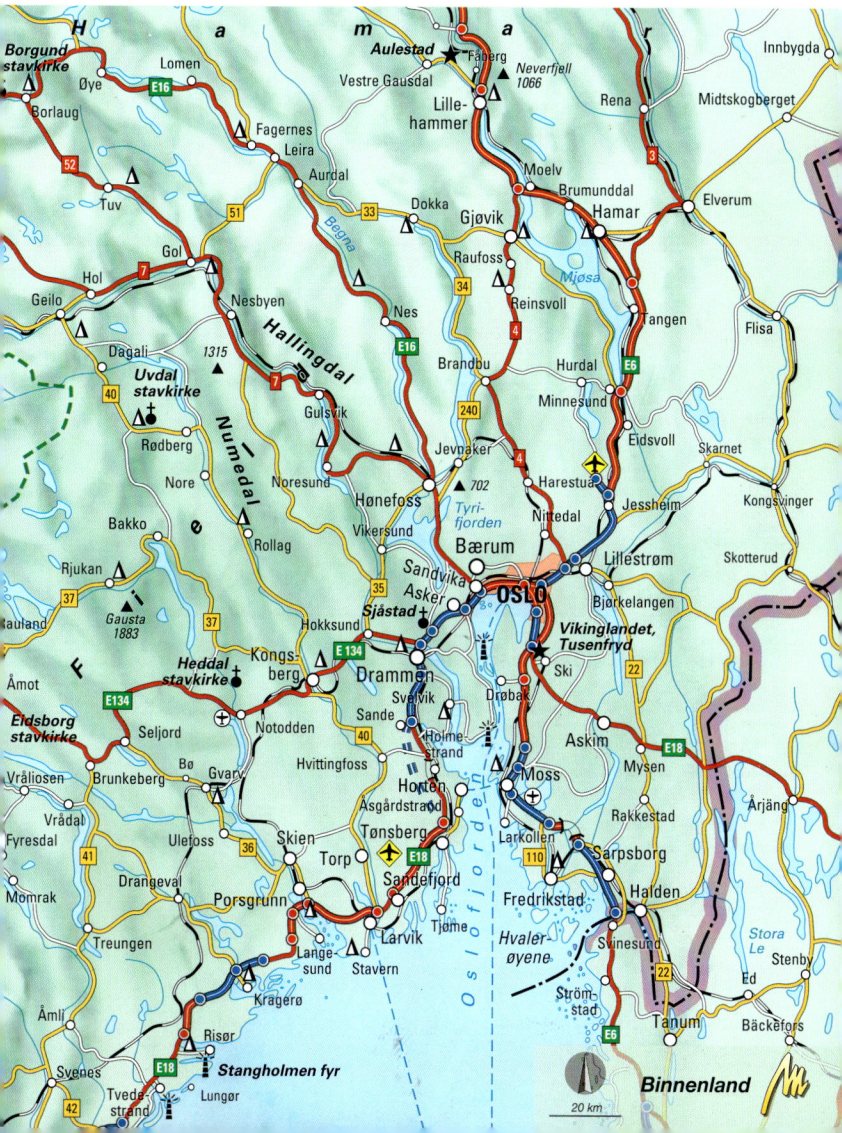

Binnenland

Camping Utvika Camping, etwa 14 km südlich des Ortes (via E 16), wunderschön am Tyrifjord gelegen. Ganzjährig geöffnet. Zelten kann man je nach Saison ab 130–200 NOK (Radfahrer günstiger), im Campingmobil zahlt man ab 170–240 NOK. Utstranda 263, ✆ 93246230, www.utvika.no.

Essen & Trinken Palett, schönes, kleines Speiselokal am Stadtplatz. Es gibt Pasta, Burger, Salate, getoastete Sandwiches und kleine Lunchgerichte, alles zwischen 80 NOK und 160 NOK, ein Hauptgericht zum Abendessen kostet 190–300 NOK. Tägl. 16–24 Uhr, Küche bis 22 Uhr. Stabells gata 13, ✆ 32134476, www.restaurant-palett.no.

Taj Mahal, rund 150 NOK muss man für Lammcurry, Chicken Korma und Co. hinlegen, als Take-away etwa 15 % billiger. Di–Do und So 14–22 Uhr, Fr/Sa 14–23 Uhr. Stabells gata 1, ✆ 32126006, www.tajmahal.no.

2 brødre, Pub und Bar direkt am Stadtplatz. Hier wird tägl. ab Mittag ausgeschenkt. Mi/Do 14–0.30 Uhr, Fr/Sa 12–3 Uhr, So 12–0.30 Uhr. Am Stadtplatz/Fußgängerzone, ✆ 32130233.

Sehenswertes in der Umgebung von Hønefoss

Krøderbanen/Eisenbahnmuseum: Zur Freude der Touristen dampft die alte Lok der Krøderbanen auf der 26 km langen Bahnstrecke von **Krøderen** zum am Ende

Hønefoss

des Tyrifjords gelegenen **Vikersund**. Die fünf alten Waggons aus dem Jahr 1872 bilden laut Eigenwerbung das „längste Museum Norwegens". Ein Besuch des kleinen (stationären) Eisenbahnmuseums in Krøderen ist im Fahrpreis inbegriffen.

Juli/Aug. jeden So: ab Krøderen 10.25, 14.50 und 17.55 Uhr (an Vikersund 11.27, 15.52 und 18.49 Uhr); ab Vikersund 12.15, 16.20 und 19 Uhr (an Krøderen 13.23, 17.20 und 19.55 Uhr). Erwachsene 140 bzw. 200 NOK (inkl. Rückfahrt), Kinder 70 bzw. 100 NOK. ✆ 32147644, www.kroderbanen.museum.no.

Blaafarvevaerket: Das „Blaufarbenwerk" zwischen **Vikersund** und **Modum** ist zu einem kulturhistorischen Museum von beachtlichem Ruf geworden. Die im 19. Jh. weltweit größte Kobaltfabrik ist Freilicht-, Industrie- und Kunstmuseum in einem. In der ehemaligen Glashütte gibt es eine Industrieschau sowie die größte Porzellan- und Glasausstellung des Landes und in der Holzscheune werden alljährlich neue Kunstausstellungen organisiert, die regelmäßig Besucherrekorde brechen. Außerdem ist im Haus des einstigen Werkleiters ein Minimuseum eingerichtet und selbst die nahe gelegenen Kobaltgruben können besichtigt werden. Daneben gibt es einen Kinder-Bauernhof, zwei Restaurants, mehrere Souvenirshops sowie den mächtigen Wasserfall **Haugfossen**, der nur zwei Gehminuten von der Anlage entfernt ist.

Mitte Mai bis Mitte Sept. regulär Di–Sa 10–17 Uhr, So 11–18 Uhr, in der Hochsaison Ende Juni bis Anfang Aug. tägl. 11–18 Uhr. Eintritt zum Gelände frei, die Kunstausstellung kostet 80 NOK, die historische Werksführung 45 NOK (mind. 15 Pers.). Führungen in der Kobaltgrube 120 NOK. Anreise mit dem Pkw ab Hønefoss südwärts oder ab Drammen nordwärts über die Rv 35 bis Modum. ✆ 32786704, www.blaa.no.

Wasserfall in Hønefoss

Nesbyen

In der Touristeninformation des 2500-Einwohner-Städtchens verweist man gerne auf die Tatsache, dass hier am 20. Juni 1970 mit 35,6°C Norwegens Hitzerekord gemessen wurde. Die eigentliche Besonderheit bleibt aber verborgen.

Die Rede ist vom 4 km nördlich von Nesbyen gelegenen Kraftwerk Nes, das im Berg versteckt ist und von der Ortschaft Ål aus durch einen 31 km langen Tunnel mit Wasser gespeist wird.

Erwähnenswert ist zudem das **Hallingdal Folkemuseum**, ein Freilichtmuseum direkt an der Skisprungschanze. Schön anzuschauen sind v. a. das *Staveloftet*, ein Vorratshaus aus dem Jahr 1340, aber auch die Rosenmalerei in fast jedem der 25 wunderbar aufbereiteten Bauernhäuser. Diese Art der norwegischen Bauernkunst ist charakteristisch für das Hallingdal und es waren meist Wandermaler, die im 18. Jh. Zimmer und Küchen mit farbenfrohen Ornamenten verzierten. Rosen werden dabei übrigens selten abgebildet – das Dialektwort „ros" steht für „Muster". Juni–Aug. Di–So 11–16 Uhr, ansonsten Di–Fr 9–15 Uhr, über Weihnachten/Neujahr geschlossen. Eintritt 50 NOK, Kinder 20 NOK (im Sommer gültig für 6 Tage an allen 6 Zweigstellen). Møllevegen 18, ✆ 32071485, www.hallingdal-museum.no.

Information Nesbyen Touristenbüro, im Büro kann man neben dem gewohnten Angebot auch Fahrräder mieten und Angelscheine kaufen. Mo–Fr 8–16 Uhr, im Juli Mo–Fr 9–17 Uhr und Sa 10–14 Uhr. Jordeshagen 5, ✆ 32070170, info@nesbyen.no.

Nesbyen im Internet: Infos unter www.nesbyen.no.

Verbindungen Pkw: Nesbyen liegt an der Rv 7, etwa 180 km von Oslo und 75 km von Geilo entfernt.

Bus: Der *Sogn og Fjordane Ekspressen* (Nr. 170; www.nor-way.no) fährt zwischen Oslo und Florø mit Stopps in Nesbyen und Gol. Außerdem Lokalbusse nach Gol oder Grønhovd (www.nettbuss.no).

Zug: Die *Bergensban* hält 2- bis 4-mal tägl. in Nesbyen: 2:30 Std. nach Oslo, 4 Std. nach Bergen (über Gol, Finse und Voss).

Internet WLAN in der Touristeninformation (Kulturhaus). Terminals in der **Bibliothek**, Di 11–19 Uhr, Mi u. Fr 11–16 Uhr, Do 14–19 Uhr, Sa 11–14 Uhr. Kulturhuset, Nesbyen, ✆ 32068500.

Reiten Nesbyen Hestesenter, Ausritte ab 300 NOK (1 Std.) ist bis hin zur Halbtagestour (1000 NOK inkl. Lunch). ✆ 47668888, www.nesbyenhestesenter.no.

Skifahren Nesbyen Alpinsenter, 13 Abfahrten und einer von Norwegens längsten Snowboardparks. Vor Ort gibt es eine Skischule und einen Materialverleih. www.nesbyenalpinsenter.no.

Übernachten/Camping Ranten Hotell, 20 km von Nesbyen, auf rund 1000 m. Großes Berghotel mit umfangreichem Angebot wie Restaurant, Bar, Pool und Sauna. EZ 800 NOK, DZ 1200 NOK (inkl. Frühstück). Myking, ✆ 91777777, www.rantenhotel.no.

Thoen Hotel, das Hotel liegt im Zentrum und bietet 24 ganz gute Zimmer, wenn auch etwas altmodisch eingerichtet. EZ ab 850 NOK, DZ ab 1100 NOK. Alfarvegen, ✆ 32071119.

Sutøya Feriepark & Vandrerhjem, hier gibt es zahlreiche Auswahlmöglichkeiten, übernachten kann man im Zelt genauso wie im Schlafsaal oder in einer der hübschen Hütten, von denen die großen Versionen neben Küche und Bad auch eine Sauna haben. Fürs leibliche Wohl sorgt ein kleines Kro. Bett ab 200 NOK, DZ ab 390 NOK, Zelten 150–190 NOK, WoMo 220–250 NOK, Hütte 550–1000 NOK. 3,5 km nördl. von Nesbyen auf einer Halbinsel im Hallingdalsfluss, ✆ 32071397, www.sutoyaferiepark.no.

Sjong Campingsenter, guter Drei-Sterne-Platz, nur 3 km von Nesbyen entfernt. Neben Stellplätzen und Hütten gibt es eine Cafeteria und einen SB-Markt. Camping ab 175 NOK, Strom 35 NOK, Hütten 480–800 NOK. Riksvei 7, ✆ 32078164.

Essen & Trinken Fortuna Restaurant, im Asia-Lokal kosten Vorspeisen ab 60 NOK, klassische Hauptgerichte aus dem Wok um 130 NOK, mit Meeresfrüchten um 180 NOK. So–Do 12–22 Uhr, Fr/Sa 12–2 Uhr. Stasjonsvegen 3, ✆ 32067337.

Restauranthuset Nesbyen, Dorfgaststätte, Pizzeria, Bar, Pub – alles in einem. Gelegentlich gibt es Livemusik. Mo–Do 12–22 Uhr, Fr/Sa 12–23 Uhr, So 14–22 Uhr. Stasjonsvegen 1, ✆ 32070100.

Supermarkt Kiwi, Mo–Fr 7–23 Uhr, Sa/So 9–21 Uhr, Jodeshagen 4.

Sonstiges Rundumversorgung mit Bank, Post, Apotheke und Arzt.

Gol

An der Stelle, wo das Hallingdal Richtung Hardangervidda nach Westen abzweigt, liegt die 2500 Einwohner zählende Ortschaft Gol. Das 3 km lange Straßendorf ist Handelszentrum, Verkehrsknotenpunkt und eines der wichtigsten Wintersportgebiete des Tals.

Die traditionelle Landwirtschaft spielt noch immer eine große Rolle, allerdings ist der Tourismus mittlerweile wichtigster Einkommensfaktor für die meisten Bewohner. Vor allem im Winter kommen die Urlauber, denn hier gibt es gute Möglichkeiten zum Skifahren, Eisklettern oder auch Hundeschlittenfahren. Die einzige echte Sehenswürdigkeit des Ortes – die imposante Stabkirche aus dem 13. Jh. – wurde schon vor langer Zeit ins Folkemuseum nach Oslo abtransportiert. Heute steht etwas abseits der ursprünglichen Stelle eine exakte Kopie, die zwar schön anzuschauen, aber eben doch nicht von historischer Bedeutung ist.

Basis-Infos

Information Turistkontor, neben aktuellen Informationen gibt's hier Tickets und Angelkarten. Außerdem ist man bei der Vermittlung von Unterkünften behilflich. Mo–Fr 10–15 Uhr; Mitte Juni bis letzte Aug.-Woche Mo–Fr 9–12 und 14–19 Uhr, Sa/So 12–17 Uhr; Mitte Juli bis Mitte Aug. Mo–Fr 9–19 Uhr, Sa/So 10–17 Uhr. Sentrumvegen 93, ✆ 32029700, gol@golinfo.no.

Gol im Internet: Aktuelle Infos unter www.golinfo.no.

Verbindungen Pkw: Von Gol fährt man gen Westen nach Geilo (55 km), nach Südosten nach Oslo (205 km) und Richtung Osten nach Lillehammer (150 km).

Bus: Der *Sogn og Fjordane Ekspressen* (Nr. 170; www.nor-way.no) fährt zwischen Oslo und Florø mit Stopps in Nesbyen und Gol. Außerdem Lokalbusse nach Nesbyen oder Flå.

Zug: Bis zu 4-mal tägl. halten Züge der Strecke Bergen (4 Std.) – Oslo (3:30 Std.) mit weiteren Stopps in Geilo, Myrdal und Voss.

Angeln Angeln kann man wirklich gut in der Region, im Hallingdalselv oder in Bergseen auf dem Golsfjellet fängt man vornehmlich Forellen und Lachs. Erlaubnisscheine gibt es im Turistkontor für 50 NOK/Tag bzw. 150 NOK/Woche, außerdem eine gute Broschüre für Angler.

Bootsverleih Motorboote kann man über das Oset Høyfjellshotell (s. u.) mieten. Version mit 13 Fuß und 6-PS-Außenborder 600 NOK (24 Std.). ✆ 32079500, www.oset.no.

Eisklettern Einführungskurse ins Eisklettern 900 NOK/Pers. (3 Std.), Mindestteilnehmerzahl 2 Pers., inkl. Ausrüstung. Info im Turistkontor oder unter ✆ 32060003, www.norskeopplevelser.no.

Hundeschlittenfahrten Es werden verschiedene Optionen angeboten, die halbstündige Fahrt (ca. 5 km) kostet 300 NOK/Pers., die 2:30-stündige Fahrt (20 km) 900 NOK, die Tagestour 2000 NOK. Info im Turistkontor oder unter ✆ 91867043, kbergom@online.no.

330 Binnenland

Internet Gol bibliotek, Di–Do 13–19 Uhr, Fr 10–15 Uhr, Sa 10–14 Uhr. Svøovegen 5, ✆ 32029280.

Radfahren Es gibt ein großes Netz aus entsprechenden Wegen in der näheren Umgebung. Fahrradverleih in Sportshops und einigen Hotels, die Touristeninformation ist diesbezüglich gerne behilflich.

Reiten Das Storefjell Resort Hotel organisiert im Sommer Ausritte. Ab 300 NOK. Information und Platzreservierung unter ✆ 32078000.

Schneemobil Die rund 40 km langen Ausfahrten mit den flotten Flitzern kosten 700 NOK/Nase bei 2 Pers./Mobil (mind. 2 Mobile). Info im Turistkontor oder unter ✆ 95090000.

Skifahren Gol ist bekannt für die guten Wintersportmöglichkeiten. Es gibt zwei Skisenter mit sieben Liften, Skischule, Verleih und ausgedehntem Loipennetz. Tageskarten um 280 NOK, eine Skistunde 300 NOK/Pers. (bei mind. 2 Pers.), Materialleihe 270 NOK/Tag. Info unter www.golskisenter.no und www.golsfjelletalpinsenter.no.

Supermarkt Rema 1000, Mo–Fr 7–22 Uhr, Sa 8–20 Uhr, So 11–18 Uhr, Sentrumsvegen 35.

Sonstiges Der Urlaubsort ist bestens ausgestattet mit Banken, Post, Apotheke, Arzt und Geschäften.

Übernachten/Camping/Essen & Trinken

Übernachten Solstad Hotell og Motel, das gemütlich-gediegene Holzhaushotel liegt zwar direkt an der Hauptstraße, aber die 25 Zimmer sind im hinteren, ruhigeren Trakt. EZ ab 750 NOK, DZ ab 990 NOK (mit Frühstück). ✆ 32029720, www.solstadhotell.no.

Oset Høyfjellshotell, 110 piekfeine Zimmer bietet das Gebirgshotel, das auf über 100 Jahre Übernachtungsbetrieb zurückblicken kann. Der Service ist gut, die Preisgestaltung etwas undurchsichtig. Unter der Woche DZ ab 1100 NOK (inkl. Frühstück), das WoE ab 3500 NOK (Halbpension). ✆ 32079500, www.oset.no.

Pers Resort, umfangreicher Service, zahlreiche Sportangebote und jede Menge Übernachtungsalternativen, vom einfachen DZ bis hin zum 5-Bett-Zimmer, Suiten oder Apartments. Dazu ein Schwimmbad und ein halbes Dutzend Restaurants, Pubs und Bars. DZ 1200–3400 NOK. Sentrumsveien 72, ✆ 32023000, www.pers.no.

Storefjellresort Resort Hotel, das 300-Zimmer-Hotel liegt auf dem Golsfjellet, etwa 25 km nordöstlich von Gol. Man ist hier gut untergebracht, die Zimmer sind gemütlich, außerdem gibt es jede Menge weiterer Angebote wie einen Fitnessraum oder Massagen (kosten extra). DZ ab 2000 NOK, in der Hauptsaison das Doppelte. ✆ 32078000, www.storefjell.no.

Camping Gol Campingsenter & Apartment, in jeder Hinsicht riesig ist der Vier-Sterne-Platz in Richtung Valdres: 370 Zelt- und 370 Wohnwagenstellplätze, 38 Hütten, und auch sonst jeglicher Service. Zelten 155–255 NOK, WoMo 240–270 NOK, Hütten 450–900 NOK. ✆ 32074144, gol@pluscamp.no, www.golcamp.no.

Brekko Camping, knapp 5 km außerhalb von Gol mit nur 25 Stellplätzen und 8 einfachen Hütten. Camping ab 150 NOK, Hütten ab 400 NOK. ✆ 90881844, post@brekkocamping.no, www.brekkocamping.no.

Essen & Trinken Brasserie Valore, hier bekommt man getoastete Hähnchen-Bacon-Sandwiches, wärmende Suppen, aber auch ein ordentliches Steak. Di–Do und So 14–22 Uhr, Fr/Sa 14–1 Uhr. Sentrumsveien 59, ✆ 93228701, www.brasserievalore.no.

Solstad Kafeteria, rund ein Dutzend kleinere Gerichte für ca. 140 NOK. Das Tagesangebot steht auf der Kreidetafel am Eingang. Gut für eine Mittagsstärkung, bei gutem Wetter auf der Terrasse. Tägl. tagsüber geöffnet. Sentrumsveien 126, ✆ 32029720.

Gol Bakeri & Konditori, die Wahl für einen Kaffee und gutes Gebäck. Mo–Fr 8.30–16.30 Uhr (Fr bis 17 Uhr), Sa 9–15 Uhr. Sentrumsveien 11, ✆ 32079650.

Im Kremmartunet-Einkaufszentrum gibt es das **Moi Bien Café**, in dem man sich gut stärken kann.

Sehenswertes in der Umgebung von Gol

Stabkirche Torpo: Das Kirchlein im 12 km westlich von Gol gelegenen **Torpo** steht seit 100 Jahren nicht mehr allein, denn neben der gedrungenen Stabkirche aus der zweiten Hälfte des 12. Jh. ist eine ebenfalls ganz hübsche weiße Holzkirche gebaut worden. Die Stabkirche des Ortes, ältestes Gebäude im Hallingdal, wurde der heiligen Margareta geweiht und entsprechend stellen die mittelalterlichen Dekorationen am geschnitzten Portal und an der Decke auch Legenden aus dem Leben der Heiligen dar.
1. Juni bis 31. Aug. tägl. 8.30–18 Uhr. Eintritt 45 NOK, Kinder frei.

Kulturhaus von Ål: Die einst sehenswerte, hübsche Stabkirche des Dorfes ist zu großen Teilen zerstört, Reste finden sich nur noch im Historischen Museum in Oslo. Aber der Halt lohnt dennoch, denn im Kulturhaus gibt es eine Ausstellung von Werken des schwäbischen Künstlers Rolf Nesch, der bis zu seinem Tod 1975 auf einem Hof in der Nähe lebte.

Numedal

Nur unweit westlich des Hallingdals liegt das Numedal. Das nur dünn besiedelte Tal besticht mit satten Almen und stattlichen Gutshöfen, deren Erbauer es einst mit Holzlieferungen in die Gruben von Kongsberg zu Wohlstand brachten.

Enge Schluchten und tosende Fluten wechseln mit ruhigen Nebentälern und stillen Seen. Das knapp 170 km lange Tal des **Lågen** – der Fluss eignete sich perfekt um Holz zu flößen – ist landschaftlich reizvoller als das benachbarte Hallingdal. Das westliche Flussufer steigt bis auf 1000 m an, während sich am Ostufer weite Waldgebiete mit nur wenigen Nebentälern erstrecken. Aber auch Kunstfreunde kommen auf ihre Kosten. Von den einst zwölf **Stabkirchen** der Region sind immerhin noch drei an ihrem Standort geblieben und nicht in irgendein Freilichtmuseum abtransportiert worden.

Die durchgehend 6 m breite Reichsstraße 40 am Ostufer des Lågen ist mit Ausnahme eines kleinen Privatflughafens am Nordausgang des Tales die einzige Verkehrsanbindung – sicherlich mit ein Grund, warum das Numedal touristisch (noch) nicht so überlaufen ist, wie seine Nachbarn. Das Numedal ist von Oslo aus via Kongsberg erreichbar.

Information Numedal Turistkontoret, die Touristeninformation für das gesamte Tal befindet sich direkt an der Durchgangsstraße in Uvdal. Mo–Fr 10–17 Uhr, im Juli auch Sa/So 11–16 Uhr. ✆ 34741390, turistkontoret@numedal.no.
Numedal im Internet: Einige Infos unter www.visitnumedal.com.
Verbindungen Pkw: Das Numedal beginnt nördlich von Kongsberg und erstreckt sich bis ins rund 170 km weiter nördlich gelegene Geilo (entlang der Route 40).
Aktivitäten Angeln, in der Region gibt es gute Angelreviere, v. a. der Norefjord See

wird oft empfohlen. Angelkarten kann man z. B. am **Fjordglott** Campingplatz kaufen.

Draisine, ein Erlebnis der besonderen Art und bestimmt nichts Alltägliches. Das Schienengefährt kann für 60 NOK/Std. bzw. 265 NOK/Tag (10–15 Uhr) gemietet werden. Kontakt Veggli Vertshus, ✆ 32747900.

Dagali Opplevelser, jede Menge Abenteuer gibt es hier zu bestehen, vom Rafting (ab 750 NOK) oder Riverboarding (850 NOK) bis hin zu Offroadtouren per ATV/Quad (500 NOK) oder Elchsafaris per Schneemobil (ab 1200 NOK/Gefährt). Sogar Eispistenfahren mit speziell aufgerüsteten Pkws (ab

1200 NOK) ist möglich. Dagali Flyplass (am nördl. Ende des Tals), ✆ 32093820, www.dagaliopplevelser.no.

Sehenswürdigkeiten Drei Stabkirchen können im Tal besichtigt werden: die **Uvdal Stavkirke** (35 NOK), die **Nore Stavkirke** (30 NOK) und die **Flesberg Stavkirke** (50 NOK).

Übernachten/Camping **Rødberg Hotell**, rund 95 km nördlich von Kongsberg und 65 km von Geilo. Hübsches Hotel mit 34 Zimmern und gutem Standard. Im Restaurant gibt es Lunch und Abendessen. DZ ab 1100 NOK. Rødberg, ✆ 32741640, www.rodberg.no.

Uvdal Vandrerhjem, die kleine, heimelige Herberge in dem über 100 Jahre alten Haus ist das einzige Hostel im Tal und bestimmt die günstigste Unterkunft weit und breit. Aufenthaltsraum, Gemeinschaftsküche, Waschmaschinen. Nur 18.6.–1.9. geöffnet. Bett 180 NOK, DZ 540 NOK. Uvdal, ✆ 32743020, www.hihostels.no/Uvdal.

Dagali Hotel & Hallandtunet Camping, freundliches Land-Hotel, der Campingplatz ist gerade einmal 200 m entfernt. Hütten für bis zu 6 Pers. kosten ab 750 NOK/Tag bzw. ab 1000 NOK/WoE. WoMo ab 180 NOK. Dagali, ✆ 32093700, www.dagalihotel.no.

Fjordgløtt, schöner Platz, direkt am Norefjord gelegen und auch weit genug von der Hauptstraße entfernt. Angenehme saubere Sanitäranlagen, Campladen und Spielplatz. Je nach Saison: Zelt ab 140 NOK, WoMo ab 180 NOK, Strom 40 NOK extra, Hütten 420–1200 NOK. Rødberg, ✆ 32741335, www.fjordglott.net.

Norefjord Camping, ziemlich genau in der Mitte zwischen Kongsberg und Geilo. Einfacher Platz mit einigen simplen, aber dafür günstigen Hütten für 2–4 Pers. Camping ab 160 NOK, Hütten ab 350 NOK. Nore, ✆ 32745154, www.norefjordcamp.no.

Holman Camping, zwischen Rollag und Veggli gelegener, einfacher Platz in reizvoller Landschaft. Hütten für 4–10 Pers., die größeren mit eigenem Bad. Gutes Angelrevier. Camping ab 125 NOK, im WoMo mit Strom ab 170 NOK, Hütten 300–800 NOK. ✆ 98091905, www.holman-camping.no.

Bei **Dagali Opplevelser** (s. o.) kann man für 150 NOK im Lavvocamp übernachten.

Essen & Trinken **Veggli Vertshus**, direkt an der Straße gelegen, aber für die Stärkung unterwegs ist das ja nicht so schlimm. Eine Handvoll Hauptgerichte (140–220 NOK), sonst Burger, Omeletts und Co., Küche 12–20 Uhr. ✆ 32747900, www.veggli-vertshus.no.

Es gibt außerdem ein Restaurant, eine Cafeteria und ein Pub im Rødberg Hotell (s. o.).

Supermarkt Kiwi, Mo–Fr 7–23 Uhr, Sa 7–21 Uhr, So 10–21 Uhr. Norevegen 3.

Sonstiges Im Tal gibt es zahlreiche Einrichtungen wie Banken, Poststellen und Geschäfte. Gute Anlaufstelle ist Rødberg.

Stabkirche von Uvdal (im Hintergrund) und ein historisches Speicherhaus

Kongsberg

Kongsberg ist alte Silberstadt und modernes Industriezentrum, Hochburg des Skisprungs und Jazzmetropole. Da wundert es fast schon ein wenig, dass es in der 25.000-Einwohner-Stadt immer noch so geruhsam zugeht.

Auslöser für die Stadtgründung war ein Stier – so zumindest wird es erzählt. Der soll sich seine Hörner an einem Felsen gerieben und so eine Silberader freigelegt haben. Fest steht jedenfalls, dass am 2. Mai 1624 die Königlichen Minen Konningsberg ihren Betrieb aufnahmen. Die Ausbeute war beachtlich, im Jahr 1770 arbeiteten 4000 Menschen in 80 Minen und Kongsberg hatte sich in weniger als 150 Jahren zur zweitgrößten Stadt des Landes nach Bergen gemausert.

Als die Minen im Jahr 1957 ihre Pforten schlossen, hatte sich Kongsberg bereits zum modernen Industriestandort gewandelt und so die Grundlagen für zukünftigen Wohlstand gelegt. Bereits im 19. Jh. wurde die staatliche Kongsberg Våpenfabrikk gegründet und immer noch ist die Rüstungsindustrie größter Arbeitgeber der Stadt. Außerdem hat hier die Norwegische Münzprägeanstalt ihren Sitz.

Zu sehen ist ein interessantes Bergwerksmuseum – zu den Abteilungen gehören auch ein Münzmuseum und ein Industriemuseum –, auch eine alte Grube kann besichtigt werden. Am lohnendsten ist der Besuch Anfang Juli, wenn hier Musiker aus aller Welt bei einem der hochkarätigsten Jazzfestivals des Landes auftreten.

Kongsberg ist von Oslo aus schnell und einfach zu erreichen und ist zudem Knotenpunkt für verschiedene Reiserouten. Richtung Norden führt der Weg durch das Numedal bis nach Geilo, die E 134 führt von hier aus gen Westen durch die Telemark (→ S. 337).

Basis-Infos

Information Kongsberg Turistservice, Broschüren, Beratung, Info, Buchung von Unterkünften. Mai–Sept. Mo–Fr 9–16 Uhr, Sa 10–14 Uhr; 22. Juni bis 14. Aug. Mo–Fr 9–18 Uhr, Sa/So 10–14 Uhr; Rest des Jahres Mo–Fr 9–16 Uhr. Hyttegata 3, ✆ 32299050, post@visitkongsberg.no.

Kongsberg im Internet: Aktuelle Infos unter www.visitkongsberg.no

Verbindungen Pkw: Kongsberg liegt rund 90 km westlich von Oslo, erreichbar via Drammen (E 18 und E 134). Gen Norden fährt man durch das Numedal ins 170 km entfernte Geilo.

Bus: *TIMEkspressen* (www.timekspressen.no) hält auf der Strecke Oslo – Notodden 1-mal/Std. in Kongsberg. Der *Haukeliekspressen* (Nr. 180; www.haukeliekspressen.no) fährt zwischen Oslo und Bergen, hält in Kongsberg und an zahlreichen anderen Stationen entlang der Strecke. Der *Rjukanekspressen* (Nr. 185; www.rjukanekspressen.no)

fährt zwischen Oslo und Rjukan mit Stopp in Skien und Notodden.

Zug: Züge fahren rund ein Dutzend Mal/Tag von/nach Olso, 5-mal tägl. geht es in Richtung Kristiansand und Stavanger. www.nsb.no.

Angeln Angelkarten für die umliegenden Gewässer gibt es im Tourist Office.

Fahrradverleih Fahrräder kann man am Best Western Gyldenløve Hotell (s. u.) mieten (100 NOK/Tag). Im Sommer ist im Kongsberg Skisenter (www.kongsberg-skisenter.no) ein MTB-Downhill-Parcours aufgebaut.

Festivitäten Kongsberg Jazz Festival, hochkarätig besetztes Festival, bei dem auch Größen wie Chick Corea auftreten. Immer vier Tage lang Anfang Juli. www.kongsberg-jazzfestival.no.

Golf Kongsberg Golfbane, schöner 18-Loch Par 72 Kurs. Die komplette Ausrüstung kann gemietet werden. Greenfee 400 NOK wochentags bzw. 450 NOK am WoE. 7 km von Kongsberg. Skollenborg, ℡ 96484848, www.kongsberg-golfbane.no.

Internet Kongsberg bibliotek, Mo–Do 8.30–19 Uhr, Fr 8.30–16 Uhr, Sa 10–14 Uhr. Chr. Augusts gate 1, ℡ 32866850

Skifahren Das Skigebiet Kongsberg gehört zu den bekanntesten in Norwegen und ist aufgrund der guten Anbindung auch bei den Großstädtern in Oslo sehr beliebt. Geboten ist ein modernes Alpingebiet mit Vierfach-Sessellift, Abfahrten in verschiedenen Schwierigkeitsgraden, Kinderhügel und ein Snowcross-Park mit Halfpipe, Funboxen und Kickern. Höchster Punkt ist auf 1600 m.

Außerdem zahlreiche Loipenkilometer, teils sogar unter Flutlicht. Großes Lokal zum Stärken oder zum Après-Ski. Tageskarte 355 NOK, Leihgebühr für Skiausrüstung ab 350 NOK/Tag, Skikurse ab 200 NOK/Pers. und 90-minütige Unterrichtseinheit. www.kongsberg-skisenter.no.

Supermarkt Rimi, Mo–Fr 7–23 Uhr, Sa 8–21 Uhr, südlich der Stadt, Josefine Nilsens vei 1. Meny, Mo–Fr 9–21 Uhr, Sa 9–19 Uhr, im Ort, im Einkaufszentrum in der Storgata 28.

Sonstiges Kongsberg hat sämtliche Vorzüge einer Kleinstadt mit Banken, Poststellen, Apotheken, medizinischen Einrichtungen und Geschäften.

Übernachten/Camping/Essen & Trinken

Übernachten Quality Hotel Grand, modernes Hotel im Zentrum mit gutem Service, Restaurant, Bar, Sauna und Autovermietung. Die Zimmer sind stilvoll und mit peppigen Farbakzenten versehen. DZ 1200–1900 NOK. Christian Augustgate 2, ℡ 32772800, www.choicehotels.no.

Kongsberg Vandrerhjem, die wohnliche Jugendherberge bietet Gästeküche, Aufenthaltsraum, Parkplätze und abschließbare Stauräume. Außerdem ist sie für Rollstuhlfahrer geeignet. Direkt am Lågen gelegen (an der E 134 nach Notodden und 1 km vom Bahnhof entfernt). Bett 350 NOK, DZ mit Bad 900 NOK (Frühstück jeweils inkl.). Vinjegate 1, ℡ 32732024, www.kongsbergvandrerhjem.no.

Lampeland Hotell, das Tagungshotel in Lampeland (22 km nördlich von Kongsberg im Numedal) bietet 51 schmucke Zimmer mit modernen Bädern, TV und Schreibpult. EZ ab 890 NOK, DZ ab 1250 NOK (bisweilen Sonderangebote im Sommer). ℡ 32760900, www.lampeland.no.

Best Western Gyldenløve Hotell, ganz gutes Mittelklassehotel (alle Zimmer 2007 renoviert) am Bahnhof mit 63 Zimmern (Du, WC, TV, WLAN). Gemütliches Restaurant im Haus. EZ ab 990 NOK, DZ ab 1190 NOK. Hermann Fossgate 1, ℡ 32865800, www.gyldenlove.no.

Camping Hokksund Camping, 24 km nördlich von Kongsberg (E 134). Großer, gut ausgestatteter Vier-Sterne-Platz mit sauberen Sanitäranlagen und Spielplatz für die Kleinen. Neu angelegte WoMo-Stellplätze. Im Zelt 200–250 NOK, im WoMo ab 270 NOK, Strom 30 NOK, Hütten mit 2–6 Schlafplätzen 500–1200 NOK. ℡ 32754242, www.hokksund-camping.no.

Essen & Trinken Restaurant Opsahlgården, zu Recht gelobt und oft empfohlen. Hauptgerichte um 350 NOK, z. B. Elchsteak in Calvadossoße oder gebratener Fasan; Lutefisk rund 440 NOK. Mo–Sa 17–22 Uhr. Kirkegate 10, ℡ 32764500, www.opsahlgarden.no.

Christians Kjelleren, rustikales Speiselokal und gemütlicher Musikkeller, in dem bisweilen auch Livemusik gespielt wird. Etwa ein Dutzend Gerichte auf der Karte. Mo–Fr ab 16 Uhr, Tagesgericht 16–18 Uhr. Kirkegate 10, ℡ 32764500, www.christianskjeller.no.

Kåre Maloney, gemütliches Laden-Lokal mit kleinen Mittagssnacks (55–110 NOK), Fairtrade-Kaffee, und ein Glas Wein bekommt man auch. Mo–Fr 10–16 Uhr (Do bis 19 Uhr), Sa 10–15 Uhr. Kirkegate 8, ℡ 47418385. www.kaaremaloney.no.

Circa, bunte Café-Bar in der Fußgängerzone. Gegrillte Panini um 90 NOK, knackige Salate um 120 NOK. Abends gibt es Cocktails. Mo–Fr 9–18 Uhr, Sa 10–18 Uhr, So 11–16 Uhr. Storgata 13, ℡ 32767080, www.circacafe.no.

Café Pi, schickes Café im Grand Hotel. Es gibt Essen zu vernünftigen Preisen: Ravioli mit Ricotta 139 NOK, Fish & Chips 99 NOK, Burger 165 NOK. Mo–Sa 11–23 Uhr, So 11–21 Uhr. Chr. Augusts gate 2, ℡ 32772800.

Sehenswertes

Stadtkirche: Die Kirche ist aus drei Gründen sehenswert: Sie gilt als schönste Barockkirche Norwegens, zählt mit 2400 Plätzen zu den größten des Landes und wurde 1761 von dem deutschen Ingenieur Franz Stuckenbrock erbaut. Stuckenbrock war wie viele seiner Landsleute aus dem Harz abgeworben worden um die Silberminen auszubeuten.
Juni bis Mitte Aug. Mo–Fr 10–16 Uhr, Sa/So 12–14 Uhr, ansonsten Di–Do 10–12 Uhr. Eintritt 30 NOK, Kinder 10 NOK. Kirketorget, ✆ 32299050.

Norsk Bergverksmuseum: In dem interessanten Museum gibt es gleich fünf Abteilungen unter einem Dach. Das eigentliche Bergbaumuseum, ein Münzmuseum, das Kongsberg Industriemuseum, ein Skimuseum und eine Ausstellung über Minen und Mineralien Norwegens. Alle sind sehenswert und man kann gebündelt viel über die Stadt erfahren.

Das *Nationale Bergwerksmuseum* zeigt Bergbautechniken, vornehmlich der nahen Silbergrube, und stellt Fundmaterial aus. Das *Museum der Königlichen Münze* zeigt Münzen und Medaillen von 1628 bis heute. Die Münzproduktion wird in allen Einzelheiten – vom Schmelzen über das Legieren bis zum Prägen – dokumentiert. Das *Skimuseum* passt auf den ersten Blick nicht so recht in dieses Museums-Ensemble, aber Skispringen ist neben Silbergewinnung der zweite Stolz der Stadt – der norwegische Olympiasieger *Birger Ruud* ist gebürtiger Kongsberger –, und so dokumentiert man die Geschichte dieses Sports anhand zahlreicher Exponate.
Mitte Mai bis Ende Aug. tägl. 10–17 Uhr, ansonsten Di–So 12–16 Uhr. Eintritt 80 NOK, Kinder 30 NOK, Kombiticket mit Führung in der Silbermine 200 bzw. 100 NOK. Hyttegate 3, ✆ 91913200, www.norsk-bergverksmuseum.no.

Lågdalsmuseet: Das Provinzmuseum gehört mit 32 restaurierten Bauernhäusern – v. a. aus Flesberg im nahen Numedal – zu den größeren Freilichtmuseen Norwegens. Herausragend ist sicher das einzige Optikmuseum Skandinaviens auf dem Gelände, besonders beeindruckend aber auch die stimmungsvoll nachgebaute Kongsberg-Stadtstraße aus dem 18. Jh. Im Café kann man gut einkehren. 5 Minuten Fußmarsch vom Zentrum.
Mitte Juni bis Mitte Aug. tägl. 10–16 Uhr, ansonsten Mo–Fr 11–15 Uhr; Mitte Mai bis Ende Aug. auch Sa/So 11–15 Uhr. Eintritt 50 NOK. Tillichbakken 8/10, ✆ 32733468, www.laagdalsmuseet.no.

Sølvgruvene i Saggrenda: Die letzte von einstmals 60 Gruben wird in Saggrenda, etwa 7 km außerhalb von Kongsberg an der Europastraße nach Notodden, als museales Bergwerk fortgeführt. 2300 m weit und 342 m tief rattert die Bergbahn unter Tage. Zu sehen gibt es auf der 75-minütigen Führung den ältesten Aufzug der Welt – immerhin wurde von 1623 bis 1957 in der Kongensgrube geschürft – und urgroßväterliche Abbaumethoden. Unter Tage wird es kalt, also warme Kleidung mitnehmen!
Führungen Mitte Mai bis Ende Juni und Aug. tägl. 10, 12 und 14 Uhr; Juli. tägl. zwischen 11 und 16 Uhr zur vollen Stunde. Eintritt 150 NOK, Kinder 90 NOK, Kombi-Tickets mit Bergwerksmuseum 200 bzw. 100 NOK. ✆ 91913200, www.norsk-bergverksmuseum.no.

 Wanderung 5: Zur Knutehytta → S. 418
Durch die wunderbare Landschaft der Telemark und vorbei an stillgelegten Silberminen.

Durch das Numedal von Süd nach Nord

Flesberg: 31 km hinter Kongsberg findet sich die erste Stabkirche, die zwar 1735 zur Kreuzkirche umgebaut wurde, aber doch noch typische Züge trägt. Sie gilt als die unbedeutendste der Numedal-Kirchen und wirkt eher wie vier ineinander verschachtelte Holzhäuser. Der 5 km nördlich von Flesberg gelegene **Dåsethof** ist Heimat der Bauernhäuser des Kongsberger *Lågdalsmuseums* (→ S. 335).

Stærnes/Rollag: Wer in Stærnes auf die östliche Landstraße rechts abbiegt, trifft auf zahlreiche Gehöfte aus dem 17. Jh., ganz urig mit sonnengebleichten Fensterläden und grasbewachsenen Dächern. Außerdem steht hier die **Stabkirche von Rollag**, an der während einer Restaurierung in den 1930er-Jahren die Ornamente besonders gut herausgearbeitet wurden. Der arg verwitterte Bau mit unüblich großen Fenstern sieht fast wie ein großes Wohnhaus aus, drinnen aber weisen Kanzel und Wanddekor aus dem 17. Jh. den Bau als Gotteshaus aus. Die Kirche, die erstmals 1425 erwähnt wurde, stammt wohl aus dem frühen Mittelalter.

Veggli: Auffallend sind hier das Sägewerk und das Kraftwerk Mystufoss an der Ostseite – auf den dazu gehörenden **Kjerredamm** trifft man 4 km später. Eine mittlerweile fast vergessene Bedeutung erlangte Veggli als Endpunkt des *talgvegen*, der von Hardanger-Bauern einst genutzt wurde, um den zur Beleuchtung in Kongsberger Bergwerken nötigen Talg heranzuschaffen. Heute führt hier ein markierter Fünf-Tage-Wanderweg zur Hardangervidda entlang.

Nore: Vorbei an Norwegens womöglich ältesten bewohnten Häusern bei Kravik gelangt man zur **Stabkirche von Nore**. Besonders eindrucksvoll sind das Portal und die Rosenmalerei an Decke und Wänden. Das hoch aufgeschossene Kirchlein lässt gut die für das Numedal charakteristische Einmastbauweise erkennen. Im 12. Jh. als einschiffige Kirche erbaut, wurde sie noch im Mittelalter zur Kreuzkirche umgebaut und im 17. und 18. Jh. erweitert.
Öffnungszeiten Kirche: Mitte Juni bis Mitte Aug. tägl. 10–18 Uhr. Eintritt 30 NOK.

Rødberg und **Uvdal**: Noch eindrucksvoller ist die **Stabkirche Uvdal**, kurz hinter Rødberg – mit 600 Einwohnern größter Ort im Tal – inmitten eines Museumsdorfes gelegen. Hoch oben am Hang steht das Kirchlein aus dem 12. Jh. und ist nicht nur wegen der Lage die wohl schönste Stabkirche des Tales. Der Umbau zur Kreuzkirche – 1720 begonnen und nie richtig abgeschlossen – ist Grund für den erkennbaren Stilmix: Die Portale, die Halbmasken über dem Chorbogen und die Schnitzereien der Westgalerie stammen aus dem Mittelalter, die Renaissance-Dekorationen wurden im 17. Jh. und die Rokkoko-Ornamente im 18. Jh. angefügt.
Öffnungszeiten Kirche: 1. Juni bis 31. Aug. tägl. 9–18 Uhr. Eintritt 60 NOK, Kinder frei.

Dagali: Über die mit 1100 m höchste Stelle der Strecke bei **Vasstullan** geht es nach Dagali, wo auch der kleine Flughafen – ein privater Airport, der nicht von Linienflügen bedient wird – liegt. Hier gibt es ausgezeichnete Angel- und Kanureviere am Lågen sowie am **Pålsfjord** im Osten und dem **Osensjøen** im Westen, Angelkarten gibt es im Dagali Hotel. Dagali versucht zudem, mit einem neuen Skisenter und zwei Liften ausgabefreudige Wintersportler zu ködern. Bislang allerdings nur mit mäßigem Erfolg, denn Skifahrer fahren lieber noch 25 km weiter in die Skihochburg **Geilo** (nähere Informationen S. 371) am Ausgang des Numedals.

Telemark

Wer Telemark sagt, der denkt unweigerlich an Skilauf und den berühmten Schwung. Tatsächlich gilt die Provinz als Wiege des Wintersports und der 1825 in Øverbø geborene Skifahrtpionier Sondre Norheim als Erfinder des Telemark-Stils, der wohl elegantesten Art, die Berge hinabzufahren.

Es gibt wohl kaum eine Region in Norwegen, die so viel zu bieten hat wie die Telemark. Landschaftlich extrem abwechslungsreich erstreckt sich die Provinz von der Südküste bis zu den Ausläufern der Hardangervidda Richtung Norden. Man reist durch schmale Täler und dichte Wälder, vorbei an hohen Bergen und tiefblauen Seen. Gäbe es hier noch Fjorde – Telemark wäre Norwegen im Kleinformat. Eine genaue Begrenzung des *fylke* Telemark gibt es auf verwaltungstechnischer Ebene, im allgemeinen Sprachgebrauch sind die Grenzen allerdings nicht so leicht zu ziehen und auch von den Norwegern selbst werden oft Teile benachbarter Provinzen noch dazu gerechnet.

Ein Höhepunkt ist der 105 km lange **Telemarkkanal**, der mit 18 Schleusen einen Höhenunterschied von 72 m überbrückt und so die Schifffahrt zwischen den Ortschaften Skien und Dalen ermöglicht.

Auch in kultureller Hinsicht hat der Landstrich einiges zu bieten. Man kann hier einige der beeindruckendsten Stabkirchen des Landes bestaunen, die **Heddal Stavkirke** gilt gar als die schönste ganz Norwegens. Der wohl berühmteste Sohn Telemarks ist der Dramatiker *Henrik Ibsen*, der 1828 in **Skien** – heute Hauptstadt der Provinz – geboren wurde. Ein entsprechendes Museum befindet sich unweit seiner Geburtsstadt. Und dann war da natürlich der bereits erwähnte *Sondre Norheim*, der Begründer des modernen Skisports, der wie kein anderer den Namen seiner Heimat bekannt gemacht hat.

Bei all dem darf man nicht vergessen, dass Telemark auch während der Industrialisierung Norwegens eine Vorreiterstellung innehatte. Zahlreiche Wasserkraftwerke erzeugten die Energie, die für eine Ansiedlung großer Produktionsstätten von Nöten war. Eindrucksvoll zu sehen z. B. in **Rjukan**, wo die Kraft des mächtigen **Rjukanfossen** im damals größten Wasserkraftwerk der Welt nutzbar gemacht wurde und die Ansiedlung des Kunstdüngerherstellers Norsk Hydro ermöglichte. Weitere wichtige Industriestätten befinden sich in **Porsgrunn** und **Notodden**.

Wer von Olso aus anreist, steuert zuerst das in der Nachbarprovinz Buskerud liegende Kongsberg (→ S. 333) an, von wo die E 134 Richtung Westen durch die Telemark führt. Von dieser Hauptreiseachse aus bieten sich immer wieder Abstecher und Umwege in abgelegenere Regionen der Telemark an.

Notodden

Fabriken, Sägemühlen, Geschäftshäuser – es ist nicht schwer zu erkennen, dass Notodden v. a. als Industriestadt eine wichtige Rolle spielt. Und doch pilgern zahlreiche Urlauber hierher, weil sich vor den Toren der Stadt ein wahres Juwel befindet.

Gemeint ist natürlich die berühmte Heddal Stavkirke, die „Kathedrale unter den Stabkirchen", wie sie oft genannt wird. Sie ist zwar nicht die älteste und nicht die historisch bedeutsamste, wohl aber die prunkvollste der norwegischen Stabkirchen. Für Touristen war es das im Regelfall auch schon, außer man reist am ersten Augustwochenende an, dann findet nämlich mit dem Notodden Blues Fest ein hochkarätig besetztes Musikfestival statt.

Wirtschaftlich gesehen ist die Stadt die Keimzelle des heute noch zweitgrößten Konzerns Norwegens. *Norsk Hydro* baute hier 1907 die erste Salpeterfabrik, die mittlerweile als Museum im Süden der Stadt am **Heddalsvannet** noch zugänglich ist.

Information Das Turistkontor befindet sich im Rathaus. Ganzjährig Mo–Fr 9–16 Uhr, Juni–Aug. bis 18 Uhr sowie Sa 10–15 Uhr. Teatergata 3, ✆ 35015000.

Notodden im Internet: www.notodden.no.

Verbindungen Pkw: Notodden liegt an der Ost-West-Verbindung E 134, 32 km westlich von Kongsberg und rund 120 km von Oslo. Nach Larvik an die Südküste sind es 100 km.

Bus: *TIMEkspressen* (www.timekspressen.no) fährt die Strecke Oslo – Notodden 1-mal/Std. Der *Haukeliekspressen* (Nr. 180; www.haukeliekspressen.no) fährt zwischen Oslo und Bergen, hält in Numedal und zahlreichen anderen Stationen entlang der Strecke. Der *Rjukanekspressen* (Nr. 185; www.rjukanekspressen.no) fährt zwischen Oslo und Rjukan mit Stopp in Skien, Kongsberg und Notodden. Überlandbusse halten im Zentrum am Marktplatz.

Zug: Ein Nahverkehrszug fährt nach Skien oder auch nach Nordagutu (5 km südlich), von wo Züge rund 10-mal/Tag nach Oslo und 5-mal nach Kristiansand oder Stavanger fahren.

Festivitäten Notodden Blues Fest, der Höhepunkt im Veranstaltungskalender. Anfang August findet das gut besetzte Festival statt, bei dem auch bekannte Musiker wie Buddy Guy oder Joe BonaMassa auftreten. www.bluesfest.no.

Internet Notodden bibliotek, Mo–Do 10–18 Uhr, Fr 10–16 Uhr. Storgate 25, ✆ 35015690.

Übernachten/Camping Norlandia Telemark Hotel, das etwas bessere Mittelklassehotel im Zentrum mit 59 feinen Zimmern bietet neben Unterkunft auch Solarium, Sauna und ein gutes Restaurant nebst netter Bar. WLAN im ganzen Haus. DZ ab 1190 NOK. Torget 8, ✆ 35012088, www.telemarkhotell.no.

Brattrein Hotel, schön gelegen, mit viel Grün drum herum. Die 27 Zimmer verfügen alle über Bad, TV und WLAN. EZ 890 NOK, DZ 1190 NOK, schon ab 2 Nächten Rabatt. Brattreinsgate 9, ✆ 35012300, www.brattrein.no.

Notodden Camping, 3 km vom Zentrum und am kleinen Flughafen gelegen. Die Einrichtungen sind noch o. k., ein Einkaufszentrum befindet sich in der Nähe. Zelt ab 180 NOK, WoMo ab 240 NOK, Hütten 450–580 NOK. Reshjemveien 46, ✆ 35013310, www.notoddencamping.com.

Hogstul Hytter, wer auf dem Weg nach Rjukan ist, findet auf der Hälfte der Strecke entlang der RV 37 einen Abzweig nach Tuddal und dort diesen Hüttenpark. Es gibt 12 urige Hütten, in den großen Versionen mit Bad und Kochzeile. Ab ca. 400 NOK. ✆ 35024092, www.hogstul.net.

Essen & Trinken Cafe Felicia, in dem hübschen Café treffen sich tagsüber junge Muttis zum Plausch bei Latte Macchiato und Snacks. Storgate 27, ✆ 95262891.

Eine schöne Alternative ist das **Sliperiet Kulturkafé** in der Telemarksgalleriet (→ S. 340), wo es Mo–Fr ein Lunchbüfett gibt.

Bejing House, klassischer Asia-Laden mit den üblichen Gerichten zu günstigen Preisen. Auch als Take-away. Mo–Fr 13–23 Uhr, Sa 12–23 Uhr, So 12–22 Uhr. Storgate 39, ✆ 35010863.

Kunstvoll geschnitztes Portal

Carbiden Cafebar, ein Café/Pub mit Außenbereich zur Straße hin. Es werden kleine Gerichte serviert, man kann aber auch gut ein Bier trinken. Tägl. bis 24 Uhr. Storgate 32, ✆ 35014830, www.carbiden.no.

Im **Norlandia Hotel** gibt es außerdem ein Restaurant, ein italienisches Bistro und eine Bar.

Supermarkt Rema 1000, Mo–Fr 7–23 Uhr, Sa 7–20 Uhr, Birkelandsgata 3.

Sonstiges Es gibt alles, was man braucht: Post, Banken, Apotheke und Geschäfte liegen im Ort und Tankstellen am Ortsausgang an der Europastraße.

Sehenswertes

Heddal Stabkirche: Die größte, schönste, höchste und berühmteste Stabkirche Norwegens wirkt gegenüber anderen Stabkirchen wie eine Kathedrale. In fünf Absätzen schrauben sich die Schindeldächer 26 m hoch in den Himmel. Der dreischiffige Bau mit eher untypischer Apsis und Laubengang wurde zwischen 1147 und

1242 errichtet und 1954 gänzlich restauriert. Den geschnitzten Portalen und den Rosenmalereien aus dem 17. Jh. hat das nur gut getan und die sind es ja auch, die diese Stabkirche berühmt gemacht haben. Sehr kunstvoll sind außerdem das aus einer ehemaligen Kirchensäule geschnitzte Taufbecken und der Bischofsstuhl, in dessen Rückenlehne Szenen der nordischen Mythologie verewigt sind. Nach einer neuerlichen, sechsjährigen Renovierung ist die Stabkirche seit 2005 wieder uneingeschränkt zu besichtigen. Im Gebäude gegenüber gibt es eine interessante Ausstellung im Keller und eine Cafeteria im EG.

5 km westlich an der E 134. Mitte Mai bis Mitte Juni tägl. 10–17 Uhr; Mitte Juni bis Mitte Aug. 9–18 Uhr; Mitte Aug. bis Mitte Sept. 10–17 Uhr. Eintritt 60–65 NOK, Kinder unter 16 Jahre frei. Heddalsvegen 412, ℡ 35013990, www.heddalstavkirke.no.

Heddal Bygdetun: Wenn man schon vor Ort ist, kann man auch gleich noch das Freilichtmuseum besuchen, das in unmittelbarer Nähe zur Kirche liegt. Auf einem Hügel mit schöner Aussicht auf den kleinen Ort **Heddal** stehen ein Dutzend teils 300 Jahre alte Bauernhäuser, von denen v. a. der Hof *Rambergstugo* seiner farbenfrohen Rosenmalereien wegen sehenswert ist.
15.6.–15.8. tägl. 10–18 Uhr. Kombiticket mit Stabkirche (60–65 NOK). Heddalsvegen 385, ℡ 96625819, www.visitvemork.com.

Telemarksgalleriet: Wem dann der Sinn noch nach weiteren Besichtigungen steht, der kann noch diese Galerie in Notodden besuchen. Im Ausstellungszentrum der Provinz, fünf Minuten vom Zentrum entfernt, werden Konzerte und Werkschauen, Vorträge und Puppenspiele veranstaltet. Ein hübsches Café lädt zu einer Tasse Kaffee oder zum Lunchbüfett (11.30–12.30 Uhr) ein. Außerdem gibt es einen kleinen Shop.
Di–Fr 12–16 Uhr, Sa/So 12–17 Uhr. Eintritt 70 NOK, Kinder unter 15 Jahre gratis. O. H. Holtas gate 27, ℡ 35010080, www.telemarksgalleriet.no.

Weiterfahrt: Von hier bieten sich verschiedene Optionen der Weiterfahrt. Ein lohnender Abstecher führt nach **Rjukan** und **Rauland**. Rund 11 km hinter Heddal, im unscheinbaren Ørvella, zweigt die Landstraße 361 nach Norden ab, um bei Gransherad auf die RV 37 zu stoßen, die im Bogen und als unvergesslicher Panoramaweg durch das Tinndal nach Rjukan führt. Bei Åmot stößt man später wieder auf die E 134. Alternativ kann man auch schon ab Kongsberg Richtung Rjukan fahren. Und natürlich kann man ab Notodden/Heddal die Reise einfach auf der E 134 weiter gen Westen bis z. B. nach **Seljord** (→ S. 345) fortsetzen bzw. Seljord auch über **Bø** ansteuern (→ S. 346).

Rjukan

Das 3 km lange Straßendorf am tief eingeschnittenen Talgrund sieht die Sonne nur während der Sommermonate. Zu Frühlingsbeginn gibt es deshalb auch ein besonderes Sonnenbegrüßungsfest.

In der nördlichen Telemark, im Tal der Tinne, und gleichzeitig am Südrand der Hardangervidda liegt diese Stadt, die für Norwegens jüngste Geschichte von großer Bedeutung ist.

Rjukan wurde schon früh als einer der wichtigsten Industriestandorte der Region bekannt. Nur wenige Kilometer westlich befindet sich das Wasserkraftwerk **Vemork**, das bei Inbetriebnahme Anfang des 20. Jh. das größte der Welt war und die Energie für die *Norsk Hydro* Fabriken lieferte.

Krossobanen

Die 1928 fertiggestellte Drahtseilbahn – die erste ihrer Art in ganz Skandinavien – war ein Geschenk des *Norsk Hydro* Konzerns an die Einwohner von Rjukan. Alle sollten während des Winterhalbjahres aus dem schattigen Tal ganz einfach auf die Anhöhen hinauf ins Sonnenlicht gelangen können. Nach 886 Höhenmetern, auf der Gipfelstation Gvepsborg, hat man auch heute noch eine famose Aussicht (bei miesem Wetter meist oberhalb der Wolken) über Stadt und Tal und darüber hinaus bis in die Hardangervidda. Mehr noch: Nach einer kleinen Stärkung im bescheidenen Aussichtsrestaurant lassen sich von hier aus große und kleinere, stets ausgeschilderte Wanderungen unternehmen. Wer es noch sportlicher mag, nimmt sein Mountainbike mit hinauf und radelt dann entweder die Wanderwege ins Tal hinab oder wagt sich auf einen Trip zur Kalhovdhytta auf der Hardangervidda (30 km eine Fahrt).

Abfahrtzeiten/Preise: Sept.–Juni tägl. 10–16 Uhr, Ende Aug. bis Ende Sept. tägl. 10–18 Uhr, Mitte Juni bis Ende Aug. tägl. 9–20 Uhr. Einzelfahrt 50 NOK, hin und zurück 100 NOK, Kinder 20/40 NOK, Bikemitnahme 50 NOK. ☎ 35090027, www.krossobanen.no.

Aufsehenerregend waren die Sabotageakte während des Zweiten Weltkriegs, als bekannt geworden war, dass die deutschen Besatzer hier mit „schwerem Wasser" experimentierten – damals unverzichtbar für die Entwicklung von Atombomben. Eine erste Aktion 1942 scheiterte, als eines der Flugzeuge, das die Kämpfer nach Rjukan bringen sollte, zerschellte. Eine weitere Operation im Februar 1943 war jedoch erfolgreich. Die Saboteure legten ihre Sprengladungen und die folgende Explosion zerstörte die Produktionsanlagen und die Vorräte an schwerem Wasser. Die Deutschen konnten trotz intensiver Bemühungen die Saboteure nicht stellen, da diese sich schnell in die einsame und unzugängliche Hardangervidda zurückgezogen hatten. Der Weg, den die Widerständler vom Fjell zum Vemork-Werk damals nahmen, ist als **Sabotørmarsjen** heute zum 10 km langen Wanderweg ausgebaut.

Rjukan hat es allerdings auch geschafft, sich als Hochburg für Berg- und Abenteuersport zu etablieren. Eiskletterer aus ganz Europa pilgern hierher um sich im Winter an den gefrorenen Fällen in der Umgebung zu versuchen. Der **Gaustatoppen (Gausta)**, mit 1883 m höchster Telemark-Gipfel, ist gerade mal 12 km entfernt und auf 600 m Höhe erstreckt sich ein Skigebiet, das Langläufer und Abfahrer gleichermaßen begeistert.

Der nur zweistündige, mittelschwere Aufstieg auf den Gausta ist im Sommer v. a. wegen der herrlichen Aussicht über die Telemark-Wälder ein lohnendes Unterfangen. Wer die körperliche Anstrengung scheut, kann auch mit der Gaustabahn (→ S. 342) auf den Berg fahren. Alternativ kann man auch eine Fahrt mit der über 80 Jahre alten Krossobanen (→ Kasten) unternehmen.

Basis-Infos

Information Turistkontor, in dem kleinen Büro am Marktplatz werden Wanderungen auf den Gausta und über den „Saboteurpfad" (s. o.) organisiert und Angelkarten verkauft. 18. Juni bis 19. Aug. Mo–Fr 9–19 Uhr, Sa/So 10–18 Uhr; ansonsten nur Mo–Fr 8–15.30 Uhr. Torget 2, ☎ 35080550, info@visitrjukan.com.

Rjukan im Internet: Aktuelle Infos und Adressen zahlreicher Outdoor-Anbieter unter www.visitrjukan.com.

342　Binnenland

Verbindungen Pkw: Um Rjukan zu erreichen, muss man von der E 134 abfahren und die Straße 37 nehmen. Ab Notodden sind es 80 km, fährt man durch Rjukan weiter, so erreicht man nach 70 km Åmot.

Bus: Der *Rjukanekspressen* (Nr. 185; www.rjukanekspressen.no) fährt zwischen Oslo und Rjukan mit Stopp in Skien, Kongsberg und Notodden. Außerdem verkehren noch Regionalbusse zum Tinnsee (bis zu 5-mal tägl.), nach Rauland und zum Møsvatn (bis zu 4-mal tägl.).

Bahn auf den Gaustatoppen Gaustabanen, bereits 1959 baute das Militär die Bahn, die im Inneren des Gaustatoppen auf 1800 m Höhe führt. Im Jahr 2010 wurde die Bahn für den zivilen Betrieb eingeweiht. Tickets 250 NOK für die Einzelfahrt, 350 NOK mit Rückfahrt, Kinder zahlen die Hälfte. ✆ 45502222, www.gaustabanen.no.

Eisklettern Ein dreitägiger Anfängerkurs für Leute ohne entsprechende Erfahrung, aber mit guter Kondition, kostet rund 3900 NOK, ein 6-tägiges Klettercamp kostet 6000 NOK (Ausrüstung wird jeweils gestellt). Rjukan Adventure, Storgata 23, ✆ 48129168, www.rjukanadventure.no.

Felsklettern Ein zweitägiger Fels-Kletterkurs (Mai–Okt.) kostet 2400 NOK/Pers. Rjukan Adventure (s. o.).

Internet Rjukan bibliotek, Mo–Do 10–18 Uhr, Fr 10–15 Uhr, Sa 10–13 Uhr. Torget 1, ✆ 35082560.

MTB-Touren/Bikeverleih Bei Rjukan Adventure (s. o.) kann man Mountainbikes ausleihen (ab ca. 300 NOK/Tag), es werden verschiedene Touren angeboten (ab ca. 800 NOK). Es lohnt sich auch, in der Touristeninformation nach möglichen Touren zu fragen.

Skifahren Gaustablikk: Rund 80 km markierte Loipen (3 km Flutlicht), 7 Lifte und insgesamt 20 km Abfahrten hat das Skigebiet zu bieten. Der Skipass kostet 355 NOK, Materialmiete Ski/Snowboard ab 320 NOK, Langlauf ab 180 NOK. Außerdem Unterkünfte und Verpflegung am Berg. ✆ 35091422, www.gaustablikk.no.

Rauland: Das Raulandfjell im Südwesten Rjukans (700–1070 m) verfügt über 6 Lifte und 4 Abfahrten (darunter eine schwarze) von insgesamt 9 km Länge. Überdies gibt es 25 km präparierte Loipen. Außerdem Skischule und -verleih. ✆ 35062630, www.rauland.org.

Skitouren (Langlauf) Es werden geführte Touren angeboten, eine 6-stündige Tour durch atemberaubendes Terrain kostet etwa 900 NOK (Materialmiete inkl.). Infos in der Touristeninformation.

Bungeespringen Der Sprung von der 84 m hohen Vermorkbrua kostet 690 NOK. Termine telefonisch erfragen oder im Internet abrufen. ✆ 99513140, www.telemarkopplevelser.no.

Wandern Es gibt zahlreiche Optionen, zu den lohnenswertesten gehört sicherlich die Tour auf den **Gaustatoppen**, den mit 1883 m höchsten Gipfel der Telemark. Die Tour zur auf 1860 m Höhe gelegenen *Gaustatoppen Turisthytte* ab dem Parkplatz Stavsro dauert in eine Richtung etwa 2 Std. Der kurze Aufstieg von der Hütte zum Gipfel erfordert Trittsicherheit. Man sollte in der Touristeninformation nach der Wegbeschaffenheit und dem Wetterbericht fragen, speziell im Frühjahr, wenn oft noch viel Schnee liegt. Man kann die Tour auch mit einer Fahrt mit der *Gaustabanen* (s. o.) kombinieren.

Supermarkt Kiwi, Mo–Fr 7–23 Uhr, Sa 8–21 Uhr, Sam Eydesgt. 264.

Sonstiges Es gibt Einkaufsmöglichkeiten, eine Post und Banken. Außerdem Tankstellen und eine Apotheke.

Übernachten/Camping/Essen & Trinken

Übernachten Gaustablikk Hoyfjellhotel, der mit 91 Zimmern mächtige Hotelkomplex liegt auf 960 m Höhe unvergleichlich schön mit dem Kitåsee direkt vor der Haustür und dem Gausta im Blick. Außerdem gemütliche Zimmer, eine Rezeption mit riesigem Kamin, dazu ein Pool, Restaurant und Bar. DZ 1500–2000 NOK, (inkl. Frühstück). Appartements ab 850 NOK, Hütten ab 1800 NOK. ✆ 35091422, www.gaustablikk.no.

Gaustatoppen Vandrerhjem, auf 940 m Höhe, mit einer atemberaubenden Aussicht auf den Kvitåsee und den Gaustatoppen gelegen. Die Jugendherberge ist ganzjährig geöffnet und bietet Unterkünfte in 16 Zimmern, teils mit eigenem Bad. Gemeinschaftsküche, Aufenthaltsraum, Waschmaschinen und Trockner. Bett im Schlafsaal 225 NOK, DZ ohne Bad 520 NOK, mit Bad 750 NOK. Kvitåvatnvegen 398, ✆ 35092040, www.hihostels.no.

Rjukan 343

Park Hotel Rjukan, das moderne 39-Zimmer-Hotel im Zentrum gewinnt zwar keinen Preis für Baukunst, kann aber mit allen Leistungen der Mittelklasse sowie Bar, Pub und Disco aufwarten. EZ ab 890 NOK, DZ ab 1090 NOK. Sam Eydesgate 67, ✆ 35082188, www.parkhotell-rjukan.no.

Rjukan Hytteby, die 10 richtig schönen Qualitätshütten sind ehemalige Arbeiterhütten, die modern umgebaut wurden mit Du, WC, TV und Kochgelegenheit aufwarten können. Kostenloses WLAN. Preise richten sich nach Belegung. 2 Pers. ab 900 NOK, 5 Pers. ab 1400 NOK. Endreinigung 350 NOK. Brogata 9, ✆ 35090122, www.rjukan-hytteby.no.

Camping Rjukan Hytter- og Caravanpark, der reizvolle Platz verfügt über 45 Stellplätze (1. Mai bis 1. Nov.), Post, Telefon, gute sanitäre Anlagen, einen Spielplatz und 14 gute, unterschiedlich große Hütten. Camping ab 200 NOK (Strom 35 NOK), Hütten 450–1325 NOK. Gaustaveien 78, ✆ 35096353, www.rjukanhytte.com.

Sandviken Camping, der Vier-Sterne-Platz am Tinnsee ist 29 km von Rjukan entfernt und bietet neben herrlicher Lage (Baden, Angeln, Ruderbootverleih), guten Sanitäranlagen und gutem Service (Supermarkt) auch 13 winterfeste Hütten von 2 bis 4 Sternen und Platz für 6 Pers. Camping im Zelt ab 205 NOK, im WoMo ab 260 NOK (je mit Strom). Hütte 500–1200 NOK. ✆ 35098173, www.sandviken-camping.no.

Essen & Trinken Vestfjorddalens Konditori, gute Bäckerei in der Einkaufsmeile im Ort. Kaffee, gutes Gebäck und Sandwiches. Mo–Fr 9–16 Uhr, Sa 9.30–15 Uhr. Storgata 21, ✆ 35090127.

Rjukan Hytteby Kro, hier kommen die Leute wegen der Pizzen, die kleinen Versionen 150–200 NOK, die großen Pizzen 220–300 NOK. Brogata 9, ✆ 35090122, www.rjukan-hytteby.no.

You Hao Kinarestaurant, typische Asiagerichte schon für unter 100 NOK. So–Do 14–22 Uhr, Fr/Sa 14–23.30 Uhr. Skriugaten 26, ✆ 35095188.

Sehenswertes

Norsk Industriarbeidermuseet Vemork: Gründe und Hintergründe der später häufig verfilmten Sabotageaktionen gegen das Vemork-Kraftwerk sind im sehr sehenswerten Industriearbeitermuseum anschaulich dargestellt. Unter anderem wird dazu ein britischer Dokumentarfilm gezeigt.

Vor allem aber wird das von *Sam Eyde* 1907 entwickelte Verfahren, mittels Elektrolyse verdichtetes Wasser herzustellen, das bei der Spaltung von Atomkernen wie ein Bremsmittel wirkt, genau erklärt – eine Technik, die dem kleinen Rjukan in den ersten 40 Jahren des vorigen Jahrhunderts beträchtlichen Reichtum bescherte. Daneben wird viel Interessantes über die norwegische Arbeiterkultur, über die Energiegewinnung in Norwegen und über die Besatzung während des Zweiten Weltkrieges präsentiert. Außerdem gibt es in dem imposanten Gebäude eine kleine Vehrkaufsgalerie und ein nettes Café. Von der Brücke, die zum Museum führt, wird auch Bungee-Jumping (norw. „*strikk-hopping*") angeboten, Infos diesbezüglich in der Touristeninformation.

Okt.–April Di–Fr 12–15 Uhr, Sa/So 11–16 Uhr; 1. Mai bis 30. Sept. tägl. 10–16 Uhr (Mitte Juni bis Mitte Aug. bis 18 Uhr). Feiertage geschlossen. Eintritt (inkl. Film und Guide) 80 NOK, Kinder 50 NOK. Die Busanfahrt durch die Tinnschlucht kostet zusätzlich 30 NOK (hin und zurück). Vemork, ✆ 35099000, www.visitvemork.com.

Tinn Museum: Kleines und ganz nettes Freilichtmuseum an der Haupt- und Durchgangsstraße mit 22 stilvoll restaurierten Telemark-Gebäuden. Zu sehen sind außerdem interessante Werkzeug-, Hausrat- und Trachtensammlungen, die sich allerdings nicht großartig von denen in anderen Museen unterscheiden.
 1. Juni bis 31. Aug. Mo–Fr 12–15 Uhr, 15. Juni bis 14. Aug. tägl. 11–17 Uhr. Eintritt 40 NOK, Kinder 20 NOK. Sam Eydesgt. 305, ✆ 35092233, www.visitvemork.com.

Rauland

Fährt man durch die Ortschaft Rjukan und folgt der RV 37 weiter gen Westen, erreicht man das Raulandfjell, das die Grenze zwischen den waldigen Höhen Telemarks und der baumlosen Hardangervidda markiert. Die Kommune Rauland liegt inmitten dieser malerischen Umgebung und hat sich wohl v. a. deswegen zum beliebten Urlaubsziel gemausert.

Der Name zeugt aber noch von einem ganz anderen Erwerbszweig als dem Tourismus. Die altnordische Version *Rauðaland* lässt eine enge Verwandschaft mit dem Wort *rauði* vermuten, der Bezeichnung für die eisenhaltige, rote Erde in Mooren. Die findet man auch heute noch in der Region, im späten Mittelalter war das Moorerz tatsächlich Einkommensquelle Nummer eins für die Rauländer.

Aus dieser Zeit stammen noch einige der mächtigen, mit Schnitzereien und Schmiedeeisen verzierten Bauernhöfe, die man in Rauland selbst, aber auch schon während der Anreise über die Reichsstraße 37 zu sehen bekommt. Manches dieser Gehöfte besteht aus zehn und mehr Häusern, manche sind 500 und mehr Jahre alt. Das älteste Gebäude der Gegend ist ein Stabbur – also ein Speicherhaus auf Stelzen – von 1325, das auf dem Nigardshof in Raulandsgrend steht.

Allgemeine Information Rauland im Internet: Informationen unter www.visitrauland.com.

Übernachten Rauland Høgfjellhotel, Sauna, Schwimmbad, Skiservice, Solarium und natürlich ein gutes Restaurant gehören zur Anlage. Übernachtet wird in 90 gemütlichen Zimmern oder in Ferienwohnungen mit Platz für bis zu 7 Pers. DZ 1200–1600 NOK inkl. Frühstück, mit Halbpension ab 2000 NOK. ✆ 99359000, www.rauland.no.

Rauland Vandrerhjem, mit üblichem Jugendherbergsstandard, ganzjährig geöffnet. Im Mehrbettzimmer um 400 NOK, DZ mit Bad um 1000 NOK. Neslandsvegen 402, ✆ 35073292, www.hihostels.no.

Rauland Feriesenter, das Unternehmen vermietet tolle Hütten, die kleinen ganz einfach mit Platz für 2–3 Pers., in der exklusivsten Version mit 2 Stockwerken, 200 m² Wohnfläche, 20 Schlafplätzen, mehreren Bädern, Kamin, Küche, und, und, und. Ab 6000 NOK/Woche. ✆ 35063000, www.raulandferiesenter.no.

Kaffibar Kunstforening, Kaffee, Kuchen und kleine Snacks gibt es im Kunstzentrum. Gratis WLAN. Fr 12–18 Uhr, Sa/So 12–17 Uhr. Rjukanvegen 17, ✆ 40061713, www.raulandkunstforening.no.

Sehenswertes in Rauland und Umgebung

Rauland Kunstmuseum: Die beiden Sammlungen des Rauländer Künstlerpaars *Dyre Vaa* und *Knut Skinnarland* werden im Ortszentrum gezeigt. Über 100 Skulpturen, Gemälde, Holzschnitzereien und Zeichnungen des Paares selbst und anderer Künstler aus der Gegend gibt es zu sehen. Jeden Sommer werden zudem wechselnde Sonderausstellungen organisiert.

Ende Juni bis Anfang Aug. tägl. 12–17 Uhr. Eintritt je Sammlung 40 NOK, ein Saisonticket für alle Zweigstellen des West Telemark Museum kostet 200 NOK. ✆ 35069090, www.vesttelemark.museum.no.

Rauland Kirke: Das hübsche, dreischiffige Holzkirchlein ist erst 200 Jahre alt und wurde direkt am Ufer des Totakvatnet gebaut, damit Gläubige entfernter Gehöfte leichter per Schiff zum Gottesdienst kommen konnten. Von der Stabkirche aus dem 13. Jh., auf deren Fundament die Kirche ruht, sind nur zwei Kruzifixe und der schmiedeeiserne Türriegel geblieben.

Für Besucher geöffnet Juni–Sept. Mo–Fr 12–15 Uhr.

Heimatmuseum Øyfjell: Das Dorfmuseum liegt 18 km südöstlich von Rauland und basiert auf der Sammlung des örtlichen Kaufmanns *T. O. Trovatn*, der vor 100 Jahren Volkskunst, Arbeitsgeräte, Jagdwaffen, Rosenmalereien und Silberschmuck zusammentrug und seine Exponate schon damals in einem ungewöhnlichen Natursteinhaus präsentierte. Seitdem haben sich nur die Öffnungszeiten geändert ...
<small>Letzte Juniwoche bis Anfang Aug. tägl. 12–17 Uhr. Eintritt 40 NOK, ein Saisonticket für alle Zweigstellen des West Telemark Museum kostet 200 NOK. ℡ 35069090, www.vest-telemark.museum.no.</small>

Myllarheimen: An der RV 362 von Haukeligrend nach Rauland fällt 8 km westlich von Rauland das überdimensionierte Denkmal eines Fiedlers auf. Es zeigt *Targeir Asgurdson*, genannt „Myllarguten". Der Spielmann war neben *Ole Bull* im vorvorigen Jahrhundert der bekannteste Hardanger-Fiddler, der zu Festen und Feiern die berühmten Hardanger-Tänze spielte. Das Myllarguten-Haus gegenüber wird noch immer von der Familie Asgurdson bewohnt – mit ganz viel Glück treffen Sie den Ur-Ur-(Ur?)-Enkel des Künstlers, wenn er auf einer uralten Fiedel den „Bordstabel" übt.
<small>Letzte Juniwoche bis Anfang Aug. tägl. 12–17 Uhr. Eintritt 40 NOK, ein Saisonticket für alle Zweigstellen des West Telemark Museum kostet 200 NOK. ℡ 35069090, www.vest-telemark.museum.no.</small>

Helleristningar: Das sind Felszeichnungen, die man auf der Landzunge **Sporanes** im Totaksee gefunden hat. Fußstapfen und Tierdarstellungen, vor 2500 Jahren in den Stein geritzt, sollten Wegweiser sein oder Jagdglück symbolisieren, so vermutet man. Die über die ganze Halbinsel verstreuten Gravuren sind allerdings schlecht ausgeschildert und schwierig zu finden.

Seljord

Seljord liegt in traumhafter Umgebung, die sich besonders im Frühsommer, wenn die Schneebretter auf dem Lifjell noch in der Sonne blitzen und sich die frisch ausgeschlagenen Birken im nun endlich eisfreien Seljordsvatnet spiegeln, von ihrer schönsten Seite zeigt.

Sonst gibt es allerdings nicht viel zu sehen, außer Sie bekommen Selma zu Gesicht, jenes Ungeheuer, das im Seljordsee sein Unwesen treiben soll. Erste Berichte von Sichtungen der seeschlangenähnlichen Kreatur gehen bis ins 18. Jh. zurück. Ähnlich wie ihr Vetter im schottischen Loch Ness zeigt sich Selma aber nur äußerst ungern und so sollte man nicht die höchsten Erwartungen hegen.

Ein größeres Ereignisse ist aber doch in Seljords Kalender verzeichnet: Der **Dyrsku'n** – ein großer Viehmarkt mit Festivitäten – wird seit 1866 veranstaltet und zieht jedes Jahr bis zu 60.000 Besucher an.

Information Turistkontoret, im neuen Kunsthaus an der Haupt- und Durchgangsstraße. Von Mitte Juni bis Mitte Aug. Mo–Fr 9–17 Uhr, Sa 12–15 Uhr. Brøløsvegen 28, ℡ 35050400, info@seljordportalen.no.

Seljord im Internet: Infos unter www.seljordportalen.no.

Verbindungen Pkw: Seljord liegt an der E 134, 95 km westlich von Kongsberg bzw. 68 km westlich von Notodden. Anstatt auf der Europastraße kann man alternativ über Bø fahren. Nach Skien sind es 88 km.

Bus: Der *Haukeliekspressen* (Nr. 180) zwischen Oslo (3:30 Std.) und Bergen (8 Std.) hält 2-mal tägl. im Ort. Der *Telemarksekspressen* (Nr. 182) hält neben Seljord auch in Skien, Porstgrunn und Larvik (mit Anschluss nach Oslo). www.nor-way.no

Übernachten/Camping Seljord Hotel, beeindruckendes Holzhaus, das zu den „Historischen Hotels" Norwegens zählt.

Alles verströmt hier das Flair vergangener Tage, ohne veraltet zu wirken. 21 gemütliche Zimmer. DZ ab 1200 NOK. Brøløsvegen 18, ℡ 35064000, www.seljordhotel.no.

Nutheim Gjestgiveri, auf dem Pass von Flatdal (12 km nördlich von Seljord) bietet das hübsche, weiß getünchte Haus 8 recht heimelige Zimmer an, einige davon mit bäuerlich rustikalem Interieur. EZ 980 NOK, DZ 1290 NOK (inkl. Frühstück). Flatdalsvegen 1283, ℡ 35052143, www.nutheim.no.

Seljord Camping, der Vier-Sterne-Platz zwischen See (Badestrand) und RV 36 bietet erstklassige Sanitäranlagen, einen kleinen Spielplatz und gut ausgerüstete Hütten für bis zu 10 Pers. Kanumiete 30 NOK/Std. Zelten ab 170 NOK, WoMo ab 220 NOK, Hütte 500–1400 NOK. Bjørgesanden Badeplass, ℡ 35050471, www.seljordcamping.no.

Garvikstrondi Camping, am Seljordssee, an der Gemeindestraße 156 (8 km vom Zentrum Seljord). Schöne und ordentlich ausgestattete Hütten in verschiedenen Größen. Zelten ab 180 NOK, WoMo ab 220 NOK, Hütten 300–700 NOK, in der Hochsaison 500–1500 NOK. ℡ 35052912, www.garvikstrondi.no.

Festivitäten Dyrsku'n, riesiger Markt mit Viehauktion, Tanz, Speis und Trank im September. Rund 60.000 Besucher kommen dazu jährlich in die kleine Telemarkkommune. www.dyrskun.no.

Supermarkt Rema 1000, Mo–Fr 7–22 Uhr, Sa 8–20 Uhr, Ingrid Slettensvei 6.

Sonstiges Das „Tele-Senteret" mitten im Zentrum beherbergt Lebensmittelläden, eine Bank sowie Sportgeschäfte und Parfümerien. Außerdem gibt es eine Post und eine Tankstelle im Ort.

Sehenswertes

Kunstlåven: In einer originell renovierten Scheune an der Hauptstraße hat der junge Kunstverein von Seljord ein pfiffiges Ausstellungszentrum eröffnet und zeigt in wechselnden Ausstellungen moderne norwegische Kunst. Aber auch Lustiges und Absonderliches wird geboten – so darf eine Hommage an das Seeungeheuer „Selma" nicht fehlen. Da im Nebengebäude das Turistkontoret und ein gemütliches Café untergebracht sind, wird ein Besuch in Kunstlåven immer zu einer informativen, aber auch vergnüglichen Stippvisite.

Juli bis Mitte Aug. tägl. 11–18 Uhr. Eintrittspreise je nach Ausstellung (um 60 NOK). www.seljordkunstforening.no.

Seljord Kirke: Die Stadtkirche im Ortszentrum ist schon deshalb sehenswert, weil es sich um ein romanisches Steinkirchlein aus dem 11. Jh. handelt – und das ist schon rar in Norwegen. Der Entwurf zur ansonsten eher schlichten, von mächtigen Friedhofsbäumen umgebenen Kirche soll von König Olav dem Heiligen stammen.

Bø (i Telemark)

Das knapp 5000 Einwohner zählende Bø i Telemark liegt im Zentrum der Provinz und ist wichtigster Verkehrsknotenpunkt, an dem Straßen, Bus- und Bahnlinien zusammenlaufen. Wer mit dem Pkw von Kongsberg/Notodden nach Seljord fährt, kann anstatt der E 134 die Alternativroute über Bø wählen.

Größte Attraktion vor Ort ist das **Telemark Somarland**, Norwegens größter Wasser- und Freizeitpark, ansonsten ist Bø für Touristen höchstens noch Basis für Ausflüge ins wunderschöne Umland oder günstige Einkaufsmöglichkeit, bevor es wieder in entlegenere Regionen geht.

Allerdings ist Bø i Telemark auch für seine Brauchtumspflege bekannt, jedes Jahr im August findet hier das **Telemark-Festival** mit Umzügen, Ausstellungen, Konzerten und diversen Kulturveranstaltungen statt. Außerdem sind im Ort die wichtigsten Schulen der Provinz angesiedelt.

Bø (i Telemark)

Information Turistkontor, im Bahnhof gibt es freundliche Beratung und Broschüren. Juni–Aug. Mo–Fr 9–15.30 Uhr. Stasjonsvegen 39, ℡ 35060200, turistkontoret@boitelemark.com.

Bø i Telemark im Internet: Aktuelle Infos unter www.midt-telemark.com.

Verbindungen Pkw: Bø i Telemark liegt an der RV 36 zwischen Seljord (35 km) und Skien (56 km).

Bus: Der *Haukeliekspressen* (Nr. 180; www.haukeliekspressen.no) zwischen Oslo (2:30 Std.) und Bergen (8:30 Std.) hält 2-mal tägl. im Ort.

Zug: Bø liegt im Mittelpunkt der Bahnstrecke Oslo – Stavanger; der Zug hält 6-mal in beiden Richtungen (2 Std. 10 Min. nach Oslo, 6 Std. nach Stavanger). www.nsb.no.

Übernachten/Camping Bø Hotell, eine architektonische Meisterleistung ist der 90-Zimmer-Flachbau nicht, aber er bietet First-Class-Service zu annehmbaren Preisen. Restaurant und Bar im Haus. EZ 1080 NOK, DZ 1380 NOK (günstige Sonderpreise im Sommer und an Wochenenden). Gullbringvegen 32, ℡ 35060800, www.bohotell.no.

Lifjell Tunet, schicke, erst 2010 renovierte Hütten in verschiedenen Varianten mit 4–7 Schlafplätzen. Hütten je nach Größe und Kategorie 3500–8500 NOK/Woche, im Sommer (und im Winter bei Verfügbarkeit) auch tageweise zu mieten. Lifjell, ℡ 35953455, www.lifjelltunet.no.

Lifjellstua, die mit 55 Betten recht große Berghütte bietet Norwegenurlaub pur: einsam (am Ende der Stichstraße) gelegen, nordisch nüchtern und doch erlesen im Geschmack, sowohl die Einrichtung als auch das Essen betreffend. 2 Pers. mit HP im DZ um 2300 NOK. Lifjellvegen 934, ℡ 35953380, www.lifjellstua.no.

Bø Camping, ca. 5 km vom Zentrum entfernt (an der RV 36) liegt dieser in jeder Hinsicht empfehlenswerte Vier-Sterne-Platz mit jedem erdenklichen Service und überdies 280 Zelt- sowie 170 Wohnwagenstellplätzen. Einige wunderbare Hütten, darunter richtig kuschelig umgebaute Stabburspeicher (ideal für 2 Pers.). Ganzjährig geöffnet. Camping ab 150 NOK, WoMo 250–350 NOK inkl. Strom. Hütten ab 500 NOK. ℡ 35952012, www.bocamping.com.

Beverøya Camping, gut ausgestattete und recht große Hütten gibt es hier, in einigen finden bis zu 8 Pers. Platz. Bad, Dusche, WC und Kochgelegenheit sind allerdings in den kleineren und dafür sehr günstigen Versionen nicht dabei. Preise variieren stark je nach Saison. Zelten 130–270 NOK, WoMo 180–320 NOK, kleine Hütten 300–500 NOK, große Hütten ab 500–2000 NOK. Gvarvvegen 80, ℡ 35061881, www.beveroya.no.

Essen & Trinken Den gode nabo, ein Pfeffersteak, gegrillten Lachs oder Hühnerbrust mit Ananas bekommt man je für 240 NOK, Burger oder Pasta kosten um die 140 NOK. Mo–Do 11–1.30 Uhr, Fr/Sa 11–2.30 Uhr, So 12–22.30 Uhr. Bøgata 70, ℡ 35951680, www.dengodenabo.net.

Meierismuget, Kaffee, Bier und kleine, günstige Stärkungen, z. B. Baguette mit Hähnchensalat ab 70 NOK. Mo–Sa 10–16 Uhr. Bøgata 27, ℡ 95905983, www.meierismuget.no.

Roxy Kaffebar, die richtige Adresse, um einen guten Kaffee zu trinken. Mo–Fr 9–19 Uhr, Sa 10–16 Uhr. Bøgata 36, ℡ 35951552.

Skifahren auf dem Lifjell 30 km präparierte Loipen und 3 Schlepplifte für 3 Abfahrten mit insgesamt 3,5 km Länge sind nicht gerade viel. Aber wer keine extremen Herausforderungen sucht, wird sich hier trotzdem wohlfühlen. Tagesskipass 320 NOK, Ski- oder Snowboardleihe 300 NOK/Tag, Langlaufausrüstung 180 NOK. www.lifjell.no.

Supermarkt Kiwi, Mo–Sa 7–23 Uhr, Hellandvegen 15.

Sonstiges Banken, Post, Apotheke, Taxis, Tankstelle und Bahnhof.

Sehenswertes

Bø Museum: Das Freilichtmuseum besteht aus zwei gleichermaßen sehenswerten Anlagen, die allerdings 20 km voneinander entfernt liegen. Der Hof in **Østerli** aus dem 19. Jh. stellt Geräte und Möbel dieser Zeit aus, der 100 Jahre alte, in jeder Hinsicht putzige Laden „Bø Landhandel" in **Oterholt** (an der Straße nach Lifjell) ist zu einem Museum mit noch aktiver Bäckerei, Speicher und Büro geworden.

Mitte Juni bis Mitte Aug. tägl. 12–17 Uhr. Eintritt 70 NOK, Kinder 30 NOK. Berechtigt zum Besuch aller Zweigstellen, allerdings nur am Tag des Kaufes. Oterholtvegen 148, ℡ 35544500, www.telemarkmuseum.no.

Telemark Sommarland: Der Freizeitpark in einem dichten Waldgebiet, 15 Fußminuten vom Zentrum, hat sich zum Touristenmagneten in Telemark gemausert. Neben einer fulminanten Wasserlandschaft mit Surfwelle und Riesenrutsche gibt's ein Westerndorf und eine Alm zu bestaunen, werden Reitturniere und Angelwettbewerbe organisiert. Und Bistros laden natürlich auch ein.

Anfang Juni bis Mitte Aug. tägl. 10–19 Uhr, an einzelnen Tagen (→ Webseite) verkürzt. Eintritt NS/HS 299–359 NOK, Kinder unter 140 cm Körpergröße 259–299 NOK, Kinder unter 95 cm frei. Steintjønnvegen 2, ✆ 35061600, www.sommarland.no.

Morgedal

Fährt man ab Seljord auf der E 134 gen Westen, gelangt man nach Morgedal. In dem unscheinbaren 400-Einwohner-Ort wurde die Fackel für die Olympischen Spiele in Oslo (1952), Squaw Valley (1960) und Lillehammer (1994) entzündet. Warum? Weil Morgedal als die Wiege des modernen Skisports gilt.

Hier erfand der Webstuhlbauer *Sondre Norheim* (1825–1897) die Fersenskibindung, hier tüftelte er an neuen Brettvarianten und hier erfand er den legendären Fahrstil, der den Namen seiner Heimatprovinz trägt. Selbstverständlich, dass man dem berühmten Sohn in Morgedal ein Museum gewidmet hat – eine späte Ehrung, die Norheim zu Lebzeiten verwehrt blieb, er starb verarmt in North Dakota, USA.

Wirklich Kapital aus der Historie schlagen – vom eben genannten Museum einmal abgesehen – konnte Morgedal allerdings nicht. Als Skigebiet spielt es in Norwegen kaum eine Rolle und auch in puncto Sommeraktivitäten ist in umliegenden Regionen mehr geboten.

Morgedal im Internet Eine informative Webseite, auf der man auch Unterkünfte buchen kann, ist www.visittelemark.de.

Verbindungen Pkw: Morgedal liegt an der E 134 rund 125 km westlich von Kongsberg.

Bus: Der *Haukeliekspressen* (Nr. 180; www.haukeliekspressen.no) zwischen Oslo (3:30 Std.) und Bergen (8 Std.) hält 2-mal tägl. im Ort.

Übernachten/Camping Morgedal Hotell, vielleicht nicht gerade harmonisch in die Natur integriert, aber dafür Norwegens erstes Hotel, das komplett mit Bio-Energie beheizt wurde. Die 70 Zimmer sind ordentlich eingerichtet und wohnlich, außerdem gibt es im Haus ein Schwimmbad, Sauna und einen Speisesaal. Nicht zuletzt punkten die tolle Lage und das Freizeitangebot. EZ ab 980 NOK, DZ ab 1290 NOK. Haugivegen 4, ✆ 35068900, www.morgedal.no.

Morgedal Camping, der Zwei-Sterne-Platz auf einer großen Uferwiese ist nur von Mai bis Sept. geöffnet und hat neben Stellplätzen auch einige Hütten und ganz gute Sanitäranlagen zu bieten. Camping ab 150 NOK, Strom 40 NOK. Hütten 400–900 NOK. Morgedalsvegen 255, ✆ 35054152, www.morgedalcamping.no.

Sehenswertes

Norsk Skieventyr: Das norwegische Skimuseum ist absolut sehenswert. Schon wegen seiner eigenwilligen Holzkonstruktion ist das weitläufige Erlebnismuseum – vor dem übrigens noch die Olympische Flamme (Spiele 1952 in Oslo, 1960 in Squaw Valley, 1994 in Lillehammer) brennt – beeindruckend, drinnen wird in Filmen und Ausstellungen die Entwicklung des Skisports von den Anfangsjahren bis ins moderne High-Tech Zeitalter beleuchtet. Natürlich ist die Erfindung des Lokalmatadors Sondre Norheim ein nicht wegzudenkender Teil der Präsentationen. Besonders interessant sind die alte Skiwerkstatt und v. a. der 35-Minuten-Film, der alle Skifahrer von den Sitzen reißt. Ein wirklich informatives Museum und fast schon ein Pflichtbesuch für jeden Skifahrer. Außerdem gibt es einen Trainingsraum, eine Cafeteria und einen Museums-Shop.

1. Sept. bis 31. Mai Mo–Fr 10–15.30 Uhr, Sa 11–17 Uhr, So 11–18 Uhr; 1. Juni bis 31. Aug. tägl. 10–17 Uhr; Mitte Juni bis Mitte Aug. tägl. 9–19 Uhr. Eintritt 70 NOK, Kinder 35 NOK, für 200 NOK gibt es ein Saisonticket, das den Eintritt in alle Zweigstellen des Vest-Telemark Museum (Liste auf der Webseite) erlaubt. ✆ 35054250, www.vest-telemark.museum.no.

Dalen

Dalen liegt am Ende des Bandiksees und ist Endstation des Telemarkkanals. Als solche hat das 800-Seelen-Dorf heute touristisch eine nicht unerhebliche Bedeutung.

Der Bandiksee ist der letzte von den vier Seen, die mittels Stichkanälen zum Telemark-Kanal-System ausgebaut wurden. Von Osten nach Westen zunehmend, sind die Seen immer tiefer in das umliegende Hügelland eingegraben und besonders beeindruckend zeigen sich die Höhen um die Ortschaft Dalen. Eine Serpentinenstraße am Ortsausgang fordert mit ihrer 15-prozentigen Steigung den Respekt eines jeden Autofahrers.

Dem Touristen nutzt Dalen vornehmlich als Einkaufsstation und als Einstieg in die Kanal-Paddeltour oder auch als Übernachtungsmöglichkeit. Richtige Sehenswürdigkeiten gibt es im Ort selbst nicht, allerdings lohnen sich kleinere Ausflüge in die Umgebung.

Information Turistinformasjon, im Rathaus. 1. Mai bis 15. Aug. Mo–Fr 9–19 Uhr, Sa/So 10–17 Uhr, ansonsten Mo–Fr 9–15.30 Uhr. ✆ 35073535, info@visitdalen.com.

Dalen im Internet: Aktuelle Infos unter www.visitdalen.com.

Verbindungen Pkw: Dalen ist einen 20 km-Abstecher von der E 134 entfernt, knapp 60 km weiter westlich erreicht man die Straße 9, die durch das Setesdal führt.

Bus: Die Route Dalen – Rjukan (www.telemarkbil.no) verkehrt mehrmals tägl. und hält z. B. in Åmot oder Rauland.

Übernachten Dalen Bed and Breakfast, wunderschönes, gelb gestrichenes Holzhaus mit weißen Balkonen. Es gibt 11 gemütliche Zimmer und äußerst freundliche Gastgeber. Preise mit eigenem Bad: EZ ab ca. 800 NOK, DZ ab 900 NOK; mit Bad auf dem Flur etwas günstiger (Frühstück inkl.). Aasmund Nordgaardsveg 6, ✆ 35077080, www.dalenbb.com.

Dalen Hotel, 1894 und damit zwei Jahre nach dem Telemarkkanal wurde dieses außergewöhnliche Hotel eröffnet. Es ist selbst eine Sehenswürdigkeit, auch für diejenigen, die keine Gäste sind. Das Haus im „Drachenstil" (den Stabkirchen nachempfunden) bietet 36 renovierte Zimmer mit modernen Bädern, in den zwei Suiten gibt es sogar eine Spa-Wanne. EZ ab 1800 NOK, DZ ab 2100 NOK. ✆ 35079000, www.dalenhotel.no.

Camping Buøy Camping Dalen, lauschiger Wiesenplatz mit Kiosk, Aufenthaltsraum und kostenlosem WLAN. Außerdem Hüpfkissen, Spielplätze, Fahrrad- und Kanuvermietung. Preise variieren stark nach Saison. Zelt 155–260 NOK, WoMo 175–260 NOK, Strom 35 NOK, Hütten 500–1200 NOK. ✆ 35077587, www.dalencamping.com.

Bandak Camping Lårdal, der einfache Platz in Lårdal am Bandiksee (7 km östlich von Dalen, RV 45) bietet neben einigen Stellplätzen auch 8 kleine Hütten an. Camping ab 160 NOK, Hütte 400 NOK. ✆ 35076688, www.bandak-camping.no.

Sonstiges Es gibt eine Bank, eine Post, Geschäfte und Supermärkte.

Sehenswertes

Dalen Hotel: Dieses Hotel ist wirklich eine Sehenswürdigkeit. Eingebettet in einen weiten, schlichten Park, prunkt der mächtige Holzbau mit seinen markanten Verzierungen. Der Belle-Époque-Stil der gewaltigen Empfangshalle hat alle Neuerungen schadlos überstanden und der Speisesaal seinen Schick bei aller Betulichkeit bewahrt. In den edlen Zimmern schlummerten nicht nur einmal gekrönte Häupter auf den Kissen. Am besten kann man das besondere Flair des Hauses bei einem Drink vor dem Kamin oder einem Kaffee auf der Terrasse genießen.
Kontaktinfo → „Übernachten".

Eidsborg Stabkirche: Die kleine Kirche liegt 7 km nördlich von Dalen an der RV 45 in Richtung *Ofte*. Das Kirchlein wurde vermutlich Mitte des 13. Jh. gebaut und dem *heiligen Nikolaus von Bari* geweiht, der auf einer Malerei an der linken Kirchenwand erkennbar ist. Außergewöhnlich sind die bis zum Boden gezogenen Schindeln sowie die Innenbemalung aus dem 17. Jh., die man nur durch Zufall bei der Renovierung 1929 entdeckte.

Juni–Sept. tägl. 10–18 Uhr, ansonsten verkürzte Öffnungszeiten. Eintritt 70 NOK, Kinder 35 NOK (gilt auch für das Bygdemuseum). Für 200 NOK gibt es ein Saisonticket, das für alle Zweigstellen des Vest-Telemark Museum gilt (Übersicht auf der Webseite). ✆ 35069090, www.vest-telemark.museum.no.

Eidsborg Bygdemuseum: Gleich nebenan sind im kleinen Freilichtmuseum 28 restaurierte Bauernhäuser zu sehen. In der modernen Ausstellung gibt es viel Interessantes zu der für Telemark typischen Rosenmalerei sowie zur Arbeit im nahen Eidsborg-Steinbruch. Der ist der älteste in ganz Norwegen – von der Wikingerzeit bis zum Zweiten Weltkrieg wurden hier besondere Schleifsteine gebrochen und verarbeitet. Zudem gibt es kleines Café.

Juni–Sept. tägl. 10–18 Uhr, ansonsten verkürzte Öffnungszeiten. Eintritt 70 NOK, Kinder 35 NOK (gilt auch für die Stabkirche). Für 200 NOK gibt es ein Saisonticket, das für alle Zweigstellen des Vest-Telemark Museum gilt (Übersicht auf der Webseite). ✆ 35069090, www.vest-telemark.museum.no.

Grimdalstunet: *Anne Grimdalen* (1899–1961) ist eine in Norwegen ungemein populäre Bildhauerin, von ihr stammen u. a. die Dekorationen am Osloer Rathaus. Auf dem an sich schon sehenswerten Gutshof mit zehn mittelalterlichen Gebäuden wurde sie geboren und hier verbrachte sie auch große Teile ihrer Kindheit. Viele ihrer Skulpturen – manche en miniature – sind in und neben ihrem Geburtshaus dekorativ ausgestellt.

25. Mai bis 19. Aug. tägl. 10–17 Uhr. Eintritt 50 NOK, Kinder 10 NOK. 3 km südlich von Dalen, erreichbar via RV 45. ✆ 35077797, www.grimdalstunet.no.

Telemarkkanal

Der 105 km lange Kanal wurde zwischen 1861 und 1892 erbaut um die Schifffahrt von der Küste ins Binnenland zu ermöglichen. Damals ein wichtiger Verkehrsweg für den Transport von Personen und Handelswaren, wird dieser einzigartige Wasserweg heute nur noch von Hobbykapitänen, Paddlern und Touristendampfern befahren.

Der Telemarkkanal veläuft zwischen Dalen im Norden und Skien (→ S. 356) im Süden. Dabei verbindet er vier Seen miteinander – den *Bandiksee*, den *Kviteseidsee*, den *Flåsee* und den *Nomevatsee* – und in 18 Schleusenkammern werden insgesamt

72 m Höhenunterschied überwunden. Die größte Schleuse mit fünf Kammern befindet sich bei **Vrangfoss**, ihr Hub dauert ein geschlagene Stunde. Das stört hier aber niemanden, denn wirtschaftlich spielt der Kanal schon lange keine Rolle mehr und die Urlauber stellen das nostalgische Erlebnis über das schnelle Vorwärtskommen. Und so werden dann auch alle 18 Schleusenkammern wie eh und je noch immer per Hand geöffnet.

Fahrten auf dem Telemarkkanal

Ausflugsschiff: Von Mai bis Mitte September verkehren Dampfer, von denen zwei fast so alt wie der Kanal selbst sind. Ein absolut erholsamer und empfehlenswerter Ausflug. Man kann den Telemarkkanal in beiden Richtungen befahren, im Folgenden sehen Sie eine Preisliste und einen Fahrplan, auf einigen Teilstrecken verkehren zeitlich abgestimmte Busse, die Sie zum Ausgangsort zurück transportieren (Infos dazu in den Touristenbüros).

Fahrplan von M/S Viktoria (Mitte Mai bis Anfang September)

Ort	Abfahrt	Preis/Person	Ort	Abfahrt	Preis/Person
Skien	**08.10**		**Dalen**	**08.10**	
Løveid	08.40		Lårdal	08.30	
Ulefoss	10.35	250 NOK	Bandksli	08.35	
Eidsfoss	11.10		Kviteseid	10.15	300 NOK
Vrangfoss	12.05		Fjågesund	11.10	
Lunde	12.50	550 NOK	Hogga	12.25	
Kjeldal	13.30		Kjeldal	12.45	
Hogga	14.00		Lunde	13.10	550 NOK
Fjågesund	15.20		Vrangfoss	14.05	
Kviteseid	16.30	750 NOK	Eidsfoss	14.50	
Bandaksli	17.45		Ulefoss	15.20	850 NOK
Lårdal	17.55		Løveid	16.50	
Dalen	**18.30**	**950 NOK**	**Skien**	**17.30**	**950 NOK**

Strecke Skien – Dalen Di, Do und Sa, Strecke Dalen – Skien Mi, Fr und So.
Buchung: Telemarkreiser, ℡ 35900020, alle Fahrpläne auf www.visittelemark.no

Fahrplan von M/S Telemarken (Mitte Juni bis Mitte August)

Ort	Abfahrt	Preis/Person	Ort	Abfahrt	Preis/Person
Akkerhaugen	9.45		Lunde	13.45	
Ulefoss	11.00	200 NOK	Vrangfoss	14.35	
Eidsfoss	11.30		Eidsfoss	15.30	
Vrangfoss	12.25		Ulefoss	16.00	450 NOK
Lunde	13.15	450 NOK	Akkerhaugen	17.00	450 NOK

Fahrrad 150 NOK, Kanu 250 NOK.
Buchung: Telemarkreiser, ℡ 35900020, alle Fahrpläne auf www.visittelemark.no

Mit dem Kanu oder dem eigenen Boot: Paddeltrips auf dem Kanal gehören zum Feinsten, was Kanusportler in Norwegen finden können. Keine adrenalingeschwängerte Abenteuertour, sondern eine fast geruhsame Fahrt durch abwechslungsreiche, noch bewohnte Natur mit bewirtschafteten oder auch freien Zeltplätzen überall am Ufer.

Der Strömung wegen ist es sinnvoll, in Dalen zu starten. Bis nach Ulefoss sind es dann rund 80 km, die in fünf Tagen bequem zu schaffen sind. Auf dem Rückweg nehmen dann die Dampfer das Kanu huckepack, einige Vermieter holen das Material auch ab. Alle Schleusen können umtragen werden. Bei größeren Booten (Motorboote bis 8 m) wird eine Schleusengebühr von 1900 NOK für die Gesamtstrecke hin und zurück fällig – dann sollte man sich auch nach den Schleusenzeiten erkundigen.

Information Telemarkreiser, Leute mit Motorboot erhalten hier Auskünfte zu den Schleusenöffnungszeiten und den Gebühren. Wer auf den Dampfern fahren will, findet hier aktuelle Infos, Fahrpläne und Preise. ✆ 35900020, www.visittelemark.com.

Kanumiete Telemark Kanalcamping, an der Schleuse Lunde gelegen, die Kanus werden aber auch an andere Orte geliefert bzw. abgeholt. Kanu oder Kajak kosten 250 NOK für einen Tag, 750 NOK für 3 Tage, jeder weitere Tag dann 100 NOK. ✆ 91575421, www.kanalcamping.no.

Schiffsschleuse im Telemarkkanal

Mit dem Fahrrad: Von Skien bis Fjågesund ist ein genussvoller Trip auf gut ausgebauten, nicht zu steilen Straßen möglich. Wie bei der Kanufahrt gilt auch hier: Überall findet sich ein Quartier, ein Gasthof oder Supermarkt. Ab Ulefoss folgt man bis Lunde weiter der RV 36, quert bei Strengen den Wasserlauf und setzt bei **Austenå** mit der Fähre nach Fjågesund über. Dann kann man per Schiff zurück nach Skien oder über die RV 38 zur Südküste weiter fahren.

Verbindungen Pkw: Sie erreichen den Telemarkkanal von Süden ab Larvik und von Norden, in dem Sie die E 134 bei Notodden, Seljord, Ofte oder spätestens Åmot verlassen.

Zug: Bis zu 4-mal tägl. mit der Sørlandbahn von Oslo/Kristiansand nach Skien (direkt oder mit Umsteigen in Nordagutu oder Larvik).

Überlandbus: Verbindet 2-mal tägl. mit Norwegens Hauptstadt.

Flugzeug (Airport Geiteryggen zwischen Skien und Porsgrunn): Selbst per Flugzeug gelangt man zum Kanal.

Fahrradverleih Telemark Kanalcamping, an der Schleuse Lunde gelegen, Räder werden aber auch geliefert. Ein MTB kostet 200 NOK am Tag, 500 NOK für 3 Tage und 150 NOK für jeden weiteren Tag. ✆ 91575421, www.kanalcamping.no.

Vrådal

Südwestlich von Dalen liegt die idyllische Landkommune Vrådal, direkt am Schnittpunkt von Vråvatnet und Nissersee. Die zahlreichen Landzungen und Inselchen an beiden Seen, die umliegenden Wälder und Höhen machen die Region zu einem erholsamen Urlaubsgebiet.

Hier kann man wandern und paddeln, angeln und schwimmen, reiten und drachenfliegen und im Winter sogar Ski fahren – Freizeitvergnügen wie aus dem Bilderbuch. Der kleine Ort – hier leben gerade einmal 400 Einwohner – ist nicht umsonst touristisches Zentrum der Region um den Telemarkkanal. Direkt am Kanal liegt die Ortschaft übrigens nicht und somit kann sie auch nicht mit den Ausflugsdampfern ab Dalen bzw. Skien angesteuert werden.

Basis-Infos

Information Vrådal Tourist Information, im Ortszentrum, unterhalb des Vrådalhotels. Mo–Fr 9–17 Uhr, Sa 9–14 Uhr. ✆ 48159137, info@vraadal.com.

Vrådal im Internet: Aktuelle Infos unter www.vraadal.com.

Verbindungen Pkw: Die direkte Verbindung an die Küste nach Kragerø beträgt weniger als 100 km.

Bus: Lokalbusse verkehren 2-mal/Tag nach Arendal, Seljord und Frysedal (www.telemarkbil.no).

Angeln Die umliegenden Gewässer sind ein gutes Revier für Forelle und Saibling. Angelkarten zu 25 NOK (Tag), 50 NOK (Woche) und 160 NOK (Saison) gibt es in der Touristeninformation, Kinder bis 16 Jahre dürfen kostenlos die Angel auswerfen.

Drachenfliegen Im Sommer sieht man viele bunte Drachenflieger und Paraglider am Himmel. Infos in der Touristeninformation.

Golf Einen kleines Neun-Loch Putting Green gibt es im Vrådal Panorama Zentrum. Greenfee 50 NOK, inkl. ein Schläger und Ball. Mai–Okt. Mo–Fr 10–16 Uhr.

Gondelfahrt Im Sommer fährt von Mitte Juli bis Mitte Aug. jeden Mi und Sa eine Gondel auf den Berg. Hin und zurück 105 NOK bzw. 80 NOK für Kinder. Oben kann man gut wandern.

Kanu Im „Sommarland" des Straand Hotel kann man Kanus und Ruderboote mieten, 1 Std. kostet 100 NOK.

Klettern Im Nissedal gibt es ausgewiesene Kletterparks und zahlreiche freie Routen. Entsprechende Informationen gibt es in der Touristeninformation.

MTB Vrådal MTB Park, Trails für alle Könnerstufen, die längste Downhillstrecke ist gut 4 km lang. Die Tageskarte für die Gondel kostet mit Bikemitnahme 220 NOK. www.alpine.no.

Nordic Walking Wer sich für die Trendsportart interessiert, kann einen Anfängerkurs besuchen (ca. 1 Std., 150 NOK). Termine in der Touristeninformation erfragen. Wer sich schon auskennt, findet ein gut beschildertes Wegenetz.

Reitausflüge Straand Hestesenter, im Sommer kann man die Gegend zu Pferd erkunden. In der Gruppe zahlt man pro Pers. 260 NOK/Std., 3 Std. kosten 650 NOK. Eine Stunde Kutschfahrt kostet 750 NOK. Zu buchen über das Straand Hotel, ✆ 41412503, www.straand.no.

Schifffahrten „M/S Fram": eine 2,5-stündige Fahrt auf dem über 100 Jahre alten Schiff kostet je nach Saison 120–150 NOK. Unterwegs wird ein altes Wehr passiert. Abfahrt und Ankunft am Quality Straand Hotel. ✆ 35069000, straand@choice.no.

Wandern In der Region gibt es rund 80 km markierte Wanderwege. In der Touristeninformation kann man sich über verschieden Touren erkundigen. Eine Wanderkarte gibt es für 50 NOK.

Wintersport Vrådal Panorama Ski Senter, das größte Skigebiet in der Telemark, mit 5 Liften und 15 Abfahrten, außerdem ein Snowpark und 40 km Loipen. Ein Schnupperkurs im Schneeschuhwandern (1 Std.) kostet 105 NOK, eine Nachtwanderung mit Fackeln (2 Std.) 245 NOK. Tages-Skipass 350 NOK. Miete: Alpinski 370 NOK, Langlaufski 170 NOK, Schneeschuhe 130 NOK. ℡ 35068350, www.alpin.no.

Sonstiges Es gibt gute Angebote, z. B. eine Post, eine Bank mit Geldautomat, eine Apotheke, Lebensmittelgeschäfte, Supermärkte und Sportläden.

Übernachten/Camping

Quality Straand Hotel & Resort, das älteste Telemark-Hotel bietet Urlaubsgefühl pur: tolle Aussicht auf den Nissersee, 125 charmante Zimmer, 2 Restaurants, 2 Bars und einen Pool. Dazu ein umfangreiches Freizeitangebot von Wellnessangeboten über das eigene Reitzentrum bis hin zum Ausflugsdampfer. Folgende Preise gelten für die Sommersaison, ansonsten können die Preise stark schwanken (auch nach oben). EZ 850–1400 NOK, DZ 1050–1600 NOK. Kvitseidvegen 1698, ℡ 35069000, www.straand.no.

Vrådal Hyttepark og Booking, hier kann man aus zahlreichen Optionen wählen, im Angebot sind Hütten und Ferienwohnungen mit 3–14 Schlafplätzen. Entsprechend große Unterschiede gibt es bei den Preisen, pro Wochenende zahlt man (auch saisonabhängig) etwa 2000–6000 NOK. Detaillierte Preisliste im Internet. Kvitseidvegen 1698, ℡ 35069000, www.vraadalbooking.no.

Vrådal Hyttegrend, 20 solide und gut ausgestattete Hütten (Bad, TV, Sauna, Küche, Geschirrspüler) in verschiedenen Größen – einige mit 100 m² Fläche, 4 Schlafzimmern und Platz für 10 Pers. Etwa 3 km vom Zentrum entfernt (Richtung Drangedal), oberhalb des Sees gelegen. Der deutschsprachige Besitzer ist sehr freundlich und hilfsbereit. WoE ab etwa 2200 NOK, die Woche ab 3600 NOK. Øyvegen 95, ℡ 35056183, info@hyttegrend.no, www.hyttegrend.no.

Nedre Strand Hytteutleige & Camping, am Wald und See gelegener Platz mit 30 lauschigen Stellplätzen und 8 geräumigen Hütten mit Bad. Die Preisgestaltung ist etwas undurchschaubar, mal wird tageweise vermietet, mal nur pro Wochenende oder gar pro Woche. Liste auf der Webseite. Hütten ab ca. 850 NOK/Tag, Camping ab 200 NOK. Vråliosvegen 8A, ℡ 35056185, www.nedrestrand.no.

Fiskebekk Hyttutleige, in der Nähe des Skigebiets bietet das Unternehmen 22 Hütten mit Bad und aufregender Preisgestaltung an. Ab etwa 2000 NOK/Woche. ℡ 35056111, www.fiskebekk.no.

Drangedal

Das Drangedal zieht sich durch das größte zusammenhängende Waldgebiet Telemarks und ist noch ein recht beschauliches Fleckchen in der sonst so viel bereisten Touristenregion.

Drei kleine Täler, neben dem Drangedal noch das **Nisserdal** und das **Fyresdal**, ziehen sich wie Gräben von Nord nach Süd, vom Telemarkkanal zur Südküste. Wer die umtriebigen „Großstädte" **Skien** und **Porsgrunn** im Osten vermeiden will, ist gut beraten, sich eines dieser reizvollen, noch weitgehend unverbauten Täler als Passage zu wählen. Unzählige Flüsse und Seen prägen die Landschaft, die größten davon der **Nissersee** – siebtgrößter See Norwegens und größter der Telemark – sowie der **Tokesee**. Das Ganze malerisch von 900 m hohen Hügeln und dichten Wäldern eingerahmt.

Man erreicht das Tal bequem per Bahn: *Sørlandsbanen* durchquert die Gemeinde und hält im Ort **Drangedal**. Autofahrer können auf der RV 38 das ganze Tal von Norden bis Süden durchqueren.

Information Turistkontor, Juni–Aug. Mo–Fr 9–16 Uhr. Gudbrandsveien 7, ℡ 35997000, servicekontoret_grp@drangedal.kommune.no.

Drangedal im Internet: Infos auf www.visitdrangedal.no und auf der Seite der Gemeinde: www.drangedal.kommune.no.

Verbindungen Pkw: Der Ort Drangedal liegt rund 50 km nordwestlich von Kragerø (RV 38).

Bus: Lokallinien versorgen das Tal (Haltestelle neben dem Bahnhof): tägl. Verbindungen z. B. nach Porsgrunn und Skien, Gautefall und Treungen, Tørdal, Kjosen, Nerbø und Ettestad. www.drangedal-bilruter.no.

Zug: 3- bis 5-mal tägl. hält *Sørlandsbanen* von Oslo (3 Std.) über die Südküste nach Stavanger (5:30 Std.) via Egersund und Kristiansand.

Baden Am oberen (øvre) wie unteren (nedre) Tokesee, aber auch am Bjørvann kann man überall gut baden. Ausgewiesene Badeplätze mit Imbissbude und Toiletten findet man in **Sandvik** am Bjørvann und in **Sandvann** (nahe Straume) am Ende des Øvre Toke.

Skifahren Gautefall Alpinsenter, 6 Lifte bedienen 15 Abfahrten, die längste mit 1200 m. Der Liftpass kostet ab 355 NOK, die komplette Ski- oder Snowboardausrüstung kann man ab 350 NOK mieten, eine Privatstunde gibt's für 380 NOK.

Saison ist Dezember und Januar. www.gautefall.no.

Übernachten/Camping Gautefall Hotel, die 76 Zimmer sind nicht mehr die modernsten, aber trotzdem sauber und ganz wohnlich. Zum Haus gehören Hallenbad, Tennisplatz und Sauna. Außerdem gibt es voll ausgestattete Appartements und 12 Hütten zu mieten. Übernachtung ab etwa 1100 NOK. Gautefallheia, ℡ 35995000, www.gautefallhotell.no.

Voje Camping, 5 km südlich vom Ort Drangedal liegt dieser Zwei-Sterne-Platz an der RV 38. Der trotz seiner Einfachheit ausreichende Platz mit guten Sanitäranlagen, Spielplatz und Bootsverleih bietet 6 unterschiedlich gute und große Hütten an. Camping ab 160 NOK, Hütten ab 450 NOK. ℡ 35956677, www.vojecamping.no.

Essen & Trinken Riviera Café, Kaffee, Gebäck und kleine Snacks. Mo–Fr 10–17 Uhr, Sa 10–16 Uhr. Strandgata 6, ℡ 46420942.

Gautefall Hotell Restaurant, im großen Hotelrestaurant gibt es Frühstück (90 NOK), Mittagessen (100–220 NOK) und Abendessen (295 NOK) zu Fixpreisen. Kinder unter 15 Jahren zahlen nur die Hälfte.

Supermarkt Coop Prix, Mo–Fr 9–20 Uhr, Sa 9–18 Uhr, Strandgata 1.

Sonstiges Man findet das Nötigste, es gibt eine Bank, eine Post und eine Apotheke. Eine Tankstelle ist zumindest in der Nähe.

Reise durch das Drangedal

Auf der RV 38 erreicht man zunächst die **Høydalen Gruver** in Tørdal. 1942 versuchte die deutsche Besatzungsmacht die Minen auszubeuten, seit Kriegsende tummeln sich hier nur noch Amateure, die nach insgesamt 35 Mineralienarten schürfen.

Um nach **Gautefall**, dem Urlaubszentrum des Drangedals zu gelangen, muss man in Bostrak auf die RV 358 abbiegen. Nach 12 km erreicht man auf 500 m Höhe das stattliche *Alpinsenter* mit sieben Abfahrten, fünf Schleppliften, einem Sessellift sowie 104 km gespurten und markierten Loipen, die sich im Sommer als angenehme Spazierwege eignen.

Der Hauptort des Tales – ebenfalls **Drangedal** genannt – liegt am nördlichen Ende des *Øvre Tokesees* und ist mit der alten Eisenbahnbrücke, der *Kjeåsbru*, und der wieder hergestellten Speicherzeile am Seeufer ein idyllisches Fleckchen. Das Einkaufs- und Gemeindezentrum *Prestestranda* gruppiert sich um den Bahnhof Drangedals. An Sehenswertem bietet der Ort das **Drangedal Bygdetun**, ein Freilichtmuseum neben der Hauptstraße und dem Stadion, in dem 18 bis zu 200 Jahre alte Bauernhäuser zu einem Dorf zusammengestellt sind. Lohnend ist hier v. a. die Forstschau.

Skien

Skien ist mit 52.000 Einwohnern größte Stadt und Verwaltungszentrum Telemarks. Berühmt ist das hübsche Städtchen aber aus zwei ganz anderen Gründen: Hier beginnt der Telemarkkanal und hier steht das Geburtshaus von Henrik Ibsen, das 2006, zum 100. Todestag des Dramatikers, im Zentrum landesweiter Feierlichkeiten stand.

Norwegens größter Dichter wurde 1828 in Skien geboren und verbrachte die ersten 15 Lebensjahre nur unweit der Stadt. **Venstøp**, das einfache Sommerhaus der vormals wohlhabenden Familie – der Vater ging 1836 bankrott – wurde zum Ibsen-Gedenkhaus umfunktioniert und kann im Sommer besichtigt werden. In Skien selbst befindet sich außerdem das **Telemark Museum Brekkeparken**, ein wunderbares Freiluftmuseum mit historischen Häusern und einigen interessanten Ausstellungen.

Besuchern präsentiert sich die Stadt ganz entspannt, man kann wunderbar durch die Straßen schlendern, ausgezeichnet essen, nett Kaffee trinken und auch gut übernachten. Durch die günstige Lage, quasi direkt an der Küste, ist Skien ein beliebtes Ziel auch bei Urlaubern, die nicht die Telemark selbst, sondern die Südküste bereisen.

Information Skien Turistkontor, Mo–Fr 8.30–16 Uhr. Nedre Hjellegate 18, ✆ 35905520, info@grenland.no.

Telemark Turistforening, Büro des Wandervereins. Mo–Fr 10–16 Uhr (Do bis 18 Uhr), Sa 10–14 Uhr. Nedre Hjellegate 2, ✆ 35532555, www.telemarkturistforeningen.no.

Skien im Internet: Infos unter www.visitgrenland.no.

Verbindungen Pkw: Gen Norden sind es 60 km nach Notodden, nach einem kurzen Zubringer Richtung Süden erreicht man die Küstenstraße E 18, die z. B. nach Larvik (40 km) oder Kristiansand (200 km) führt.

Bus: Der *Telemarksekspressen* (Nr. 182; www.telemarkekspressen.no) hält in Skien, Seljord, Porstgrunn und Larvik (mit Anschluss nach Oslo). Der *Grenlandsekspressen* (Nr. 194; www.grenlandsekspressen.no) fährt von/nach Oslo und Porsgrunn.

Übernachten Thon Hotels Høyers, zentral gelegen sticht der renovierte Traditionsbau sofort ins Auge. Die 100 Zimmer sind nicht nur schick, sondern auch bestens ausgestattet (kostenloses WLAN, Safe, Kaffeemaschine). Ausgezeichnete Brasserie im Haus. EZ 1395 NOK, DZ 1695 NOK; WoE EZ ab 980 NOK, DZ ab 1150 NOK, jeweils inkl. Frühstück. Kongensgate 6, ✆ 35905800, www.thonhotels.no.

Dag Bondeheim og Kaffistove, das Hotel ist nicht mehr das Neueste, aber es gibt saubere Zimmer (mit und ohne Bad) zu vernünftigen Preisen. EZ 795 NOK, DZ ab 1000 NOK; 650 NOK bzw. 900 NOK ohne eigenes Bad. Prinsessgaten 7, ✆ 35520030, www.dagbondeheim.no.

Essen & Trinken Brasserie Madame Blom, Restaurant im Thon Hotel, ganz edel gehalten mit dunklen Holzmöbeln und Kronleuchtern. Hauptgerichte wie Steak, gegrillter Fisch oder Lamm kosten 250–300 NOK. Gute Weinkarte. Lunch 12–14 Uhr, Abendessen 16–22 Uhr, So geschlossen. Kongensgate 6, ✆ 35905800.

Henrik & Kompani, gutes Restaurant, in dem Klassiker wie Saltimbocca (289 NOK), aber auch norwegische Spezialitäten wie Rentierfilet (310 NOK) oder „Lutefisk" (295 NOK) auf den Teller kommen. Mo–Sa ab 17 Uhr, So ab 15 Uhr. Lundegata 6, ✆ 35531390, www.henrikogkompani.no.

Mamis Café, Mittagsgerichte kosten hier 100–120 NOK, das Abendessen 170 NOK, das Gericht des Tages 139 NOK. Spezielle Kinderkarte. Mo–Fr 10–18 Uhr, Sa 11–16 Uhr, So 12–17 Uhr. Torggata 11, ✆ 35532500, www.mamis.no.

China Twang Restaurant, typisches Asia-Fast-Food mit Gerichten für rund 100 NOK. Mo u. Mi–Sa 15–22.30 Uhr, So 13–22.30 Uhr. Nedre Hjellegate 8, ✆ 35528070.

Supermarkt Rema 1000, Mo–Fr 7–23 Uhr, Sa 8–21 Uhr, Århusveien 37.

Sonstiges In Skien gibt es sämtliche Einrichtungen einer Kleinstadt: Banken, Poststellen, medizinische Versorgung und zahlreiche Einkaufsmöglichkeiten.

Sehenswertes

Henrik Ibsen Museum: Am 20. März 1828 wurde *Henrik Ibsen* als Sohn einer reichen Kaufmannsfamilie in Skien geboren. Nachdem sein Vater bankrott gegangen war, lebte er von seinem 7. bis einschließlich 15. Lebensjahr in den kleinen Farmgebäuden. Das Anwesen – Haupthaus, Stall, Scheune und Brauhaus – wurde zu einer liebevollen Gedenkstätte für Norwegens größten Dichter ausgebaut. Das Leben und Schaffen des Schriftstellers wird hier anschaulich anhand von Originalstücken, aber auch Bildern und Filmpräsentationen dargestellt. Ein Schwätzchen und ein Kaffee im penibel angelegten Garten runden den Ausflug ab.

Juni bis Mitte Aug. tägl. 11–17 Uhr. Eintritt 70 NOK, Kinder 30 NOK. Berechtigt zum Besuch aller Zweigstellen, allerdings nur am Tag des Kaufes. Erreichbar ab Skien Bahnhof über die Malagata und Rektor Oerns Gata, etwa 5 km in nördliche Richtung, dann ausgeschildert. Venstøphøgda 74, ✆ 35544500, www.telemarkmuseum.no.

Brekkeparken: Der 1815 nach englischem Vorbild angelegte Park ist vom Stadtzentrum bequem zu Fuß zu erreichen und mit seinen riesigen Blumenbeeten und dem kleinen Ententeich eigentlich eine Sehenswürdigkeit für sich. Die wirkliche Attraktion der Anlage ist aber das **Telemark Museum Brekkeparken**, das älteste und größte Museum der Provinz. Um ein ehemaliges Gutshaus gruppieren sich mittelalterliche Bauernhäuser, eine Stadtapotheke aus dem 19. Jh., ein ebenso altes Friseurgeschäft sowie ein Buchladen aus der Zeit um die vorletzte Jahrhundertwende.

Thematisch dreht sich alles um die Historie Skiens und der gesamten Telemark, die hier wirklich anschaulich vermittelt wird. Und natürlich hat man auch hier dem berühmtesten Sohn der Stadt, Henrik Ibsen, eine Ausstellung gewidmet.

Öffnungszeiten Museum: Juni bis Mitte Aug. tägl. 11–17 Uhr. Eintritt 70 NOK, Kinder 30 NOK. Berechtigt zum Besuch aller Zweigstellen, allerdings nur am Tag des Kaufes. ✆ 35544500, www.telemarkmuseum.no.

Porsgrunn

Die Industriestadt mit einem Salpeterwerk und der berühmten Porzellanmanufaktur bildet mit den benachbarten Ortschaften Skien und Brevik einen der größten Ballungsräume Norwegens, in dem rund 90.000 Menschen leben.

Das mag auf den ersten Blick nicht unbedingt einladend erscheinen – und sicherlich ist Porsgrunn keine klassische Touristendestination –, aber trotzdem ist die Kleinstadt einen kleinen Aufenthalt wert. Man kann ein wenig durch die Straßen schlendern, anzuschauen gibt es auch ein paar Dinge. Allen voran die ansässige **Porsgrund Porzellanmanufaktur**, die nicht nur im ganzen Land bekannt ist, sondern seit Generationen auch die Königliche Familie beliefert.

Information Porsgrunn Turistkontor, nur Mitte Juni bis Anfang Aug. Mo–Fr 10–17 Uhr, Sa 10–16 Uhr. Jernbanestasjonen, ✆ 35544327, info@grenland.no.

Porsgrunn im Internet: Infos unter www.visitgrenland.no.

Verbindungen Pkw: Gen Norden sind es 70 km nach Notodden, nach einem kurzen Zubringer Richtung Süden erreicht man die Küstenstraße E 18, die z. B. nach Larvik (40 km) oder Kristiansand (200 km) führt.

358 Binnenland

Bus: Der *Telemarksekspressen* (Nr. 182) hält in Skien, Seljord, Porsgrunn und Larvik (mit Anschluss nach Oslo). Der *Grenlandsekspressen* (Nr. 194; www.grenlandsekspressen.no) fährt von/nach Oslo und Porsgrunn.

Übernachten/Camping Hotell VIC, das 107-Zimmer-Hotel (Du/WC, Telefon und TV) ist die beste Bleibe in der nüchternen Industriestadt. EZ 950–1350 NOK, DZ 1350–1700 NOK. Skolegate 1, ✆ 35569800, www.vichotel.no.

Olavsberg Camping og Badeplass, etwa 4 km von Porsgrunn entfernt. Familiärer, freundlicher Campingplatz mit schöner Badegelegenheit und einem kleinen Laden. Zelten ab 160 NOK, WoMo ab 195 NOK, Strom 40 NOK. Hütten 400–950 NOK. Nystrandveien 64, ✆ 35511205, irene@olavsbergetcamping.no.

Essen & Trinken Friisebrygga Mat & Vin, kleine Tapas-Bar (gehört zum Deli nebenan). Klassische Tapas je 50–95 NOK. Gute Lunchgerichte (90–150 NOK), z. B. Bruschetta mit Salami und Pesto. Di–Do 11–24 Uhr, Fr/Sa 11–2.30 Uhr, So 15–22 Uhr. Friisebrygga 5, Porsgrunn, ✆ 35555610, www.friisebrygga.no.

Kafe K, nah am Wasser gelegen. Hier bekommt man für 139 NOK einen leckeren Cajun-Burger, für 165 NOK ein Meeresfrüchte-Pasta und für 285 NOK ein ordentliches Steak. Mo/Di 14.30–24 Uhr, Mi/Do 11.30–1 Uhr, Fr/Sa 12–3 Uhr, So 14–24 Uhr. Storgata 174C, Porsgrunn, ✆ 35559900, www.kafek.no.

Supermarkt Rema 1000, Mo–Fr 6–23 Uhr, Sa 8–21 Uhr, Augestadvegen 1.

Sonstiges In Porsgrunn gibt es sämtliche Einrichtungen einer Kleinstadt: Banken, Poststellen, medizinische Versorgung und zahlreiche Einkaufsmöglichkeiten.

Sehenswertes

Porsgrund Porzellanmanufaktur: Unter dem Markenzeichen „PP" wird „das weiße Gold aus Porsgrunn" in die ganze Welt exportiert. Der 1887 von dem aus Meißen in Deuschland stammenden *Carl Maria Bauer* aufgebaute Betrieb liegt auf der westlichen Flussseite in einem stimmungsvollen Backsteingebäude neben der Stadtbrücke. Die Ausstellungsräume vermitteln einen Eindruck von Design und Produktvielfalt. Da steht Geschirr neben Pokalen, Olympiaplaketten neben Vasen. Die Verkaufsausstellung bietet auch Ware zweiter Wahl zu günstigen Preisen.
Mo–Fr 9–20 Uhr, Sa/So 9–18 Uhr. Café tägl. 11–17 Uhr. An Feiertagen geschlossen. Eintritt frei. Porselensveien 12, ✆ 35562100, www.porsgrund.com.

Bymuseum: Das Stadtmuseum ist im ältesten Pfarrhaus Telemarks, einem 1784 gebauten und wirklich traumhaft schönen Gebäude, eingerichtet. Neben der fast schon unvermeidlichen Porzellansammlung gibt es Einrichtungsgegenstände aus zwei Jahrhunderten zu sehen.
Mitte Juni bis Ende Aug. Di–So 12–17 Uhr. Eintritt 70 NOK, Kinder 30 NOK. Berechtigt zum Besuch aller Zweigstellen, allerdings nur am Tag des Kaufes. Storgate 59, ✆ 35544500, www.telemarkmuseum.no.

Schifffahrtsmuseum: Gegenüber vom Stadtmuseum sind neben Fotos und Gemälden aus der Segelschiffära auch Schiffsmodelle und Segelgerätschaften ausgestellt. Prunkstück des Museums ist die Rekonstruktion eines Reedereibüros aus der Zeit um 1900. Am Kai liegt ein historischer Schlepper, 1918 aus Beton (!) gefertigt – damals eine absolute Sensation.
15.6.–15.8. Di–So 12–16 Uhr. Eintritt 70 NOK, Kinder 30 NOK. Berechtigt zum Besuch aller Zweigstellen, allerdings nur am Tag des Kaufes. Tollbogate 1, ✆ 35544500, www.telemarkmuseum.no.

Hardangervidda und Hardangervidda-Nationalpark

Die Hardangervidda ist das größte Bergplateau Europas und gleichzeitig eine der ursprünglichsten Landschaften Norwegens. Zur Erhaltung dieses außergewöhnlichen Naturraums hat man 1981 mehr als ein Drittel des rund 9000 km² großen Areals als Nationalpark ausgewiesen.

Die durchschnittliche Höhe der Hardangervidda liegt bei etwa 1100 m, also bereits über der Baumgrenze. Nur wenige Gipfel ragen aus der Ebene hervor, der höchste von ihnen der *Hallingskarvet* mit 1933 m. Besonders markant und fast von jedem Punkt der Hochebene zu sehen ist der zentral gelegene und 1690 m hohe Gipfel des *Hårteigen*. Am nördlichen Rand des Plateaus liegt mit dem 1876 m hohen *Hardangerjøkulen* einer der größten Gletscher des Landes.

Die Hardangervidda ist für ihr raues Klima bekannt. Oft fegen Winde über das baumlose Plateau und lassen die eh schon niedrigen Temperaturen noch kälter erscheinen.

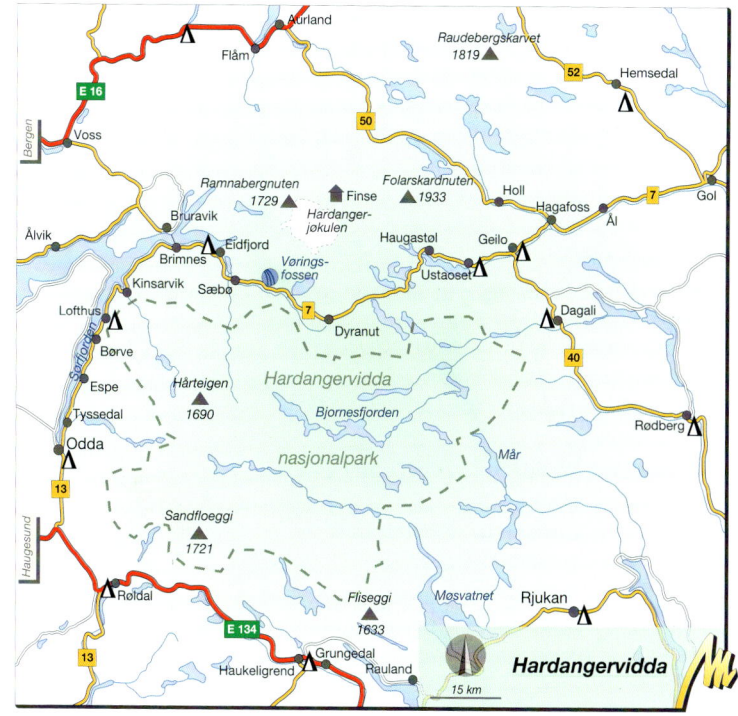

Im Winter kann das Quecksilber in einigen Region bis auf 40 °C unter Null fallen und Schneefälle bis in den Mai hinein sind keine Seltenheit. Es verwundert also gar nicht, dass sich die Polarforscher *Nansen* und *Amundsen* hier auf ihre entbehrungsreichen Expeditionen vorbereitet haben. Und selbst im Sommer erreichen die Temperaturen nur selten die 10 °C-Marke. An den steilen Hängen der westlichen Regionen sammeln sich außerdem die Wolken der atlantischen Tiefausläufer, was die Hardangervidda zu den regenreichsten Gegenden ganz Europas macht.

Trotz widriger Bedingungen gibt es einen erstaunlichen Artenreichtum und das Plateau ist Norwegens südlichstes Gebiet, in dem auch arktische Flora und Fauna gedeihen. Mehr als 500 Pflanzenarten sind hier beheimatet – viele davon endemisch –, ebenso wie 100 Vogelarten und 21 verschiedenartige Säugetiere. Hier gibt es die größten wild lebenden Rentierherden Nordeuropas und auch die Schneeeule oder der Polarfuchs fühlen sich hier pudelwohl. Wenn sich im Sommer die Schneedecke lichtet, kommen die Gräser, Moose und Flechten zum Vorschein, die fast die gesamte Hochebene überziehen. Die Hardangervidda ist außerdem voller Seen und Moore – nicht umsonst wird Wanderern oft wasserdichtes Schuhwerk empfohlen.

Um dieses empfindliche Ökosystem zu schützen wurde 1981 der Nationalpark Hardangervidda begründet. Mit einer Fläche von 3422 km² – nur unwesentlich kleiner als die Ferieninsel Mallorca – ist er der größte Nationalpark Norwegens. Und einer der beliebtesten, v. a. bei Wanderern und Outdoorfreunden. Die mehrtägige Durchquerung dieser einsamen Weiten – zu Fuß oder per Ski – gehört zu den Höhepunkten und größten Abenteuern, die man in Norwegen erleben kann.

Viele der rund 1200 km Wanderwege verlaufen dabei entlang alter Routen *(slepene)*, die Hirten und Händler schon vor hunderten von Jahren nutzten. Anzeichen dafür sind die tiefen Furchen, die gerade auf Moränenuntergrund gut zu erkennen sind, sowie die Steinhaufen am Wegesrand, die *varpen*, Wegweiser noch aus dieser Zeit. Außerdem wurden Überreste von Siedlungen gefunden, die aus der Steinzeit stammen.

Neben all der kargen Schönheit und Besonderheit des Plateaus ist aber sicherlich auch die Lage und die Verkehrsanbindung ausschlaggebend für die hohen Besucherzahlen. Die Hardangervidda liegt günstig und ist von Oslo, Kristiansand oder Bergen gut zu erreichen, auch mit öffentlichen Verkehrsmitteln.

Wandern in der Hardangervidda

Die Hardangervidda ist ein Eldorado für Wanderer. Aufgrund ihrer Größe eignet sie sich perfekt für mehrtägige Touren. Es gibt verschiedene Routen für die Durchquerung der Ebene, die alle in etwa eine Woche beanspruchen. Unterwegs kann man zelten, es stehen aber auch 35 Hütten – davon sind 25 bewirtschaftet – mit über 1000 Betten für Wanderer zur Verfügung. Schlüssel für die verschlossenen Hütten gibt es nur für DNT-Mitglieder (siehe auch Kasten) in benachbarten, bewirtschafteten Hütten. Die Unterkünfte stehen entsprechend auch im Abstand einer Tageswanderung, in einigen kann man sich sogar am Vorratsregal bedienen. Besonders günstig: Nach One-Way-Touren ist die Rückfahrt per Bahn oder Bus gut zu organisieren. Obwohl dieses Buch i. d. R. nur leichte bis mittelschwere, kürzere

Touren empfiehlt, folgt hier eine Übersicht an beliebten, allerdings auch anspruchsvollen Wanderungen, die nur für erfahrene Trekker zu empfehlen sind:

Die Ost-West-Durchquerung: Die klassische Route von Rjukan nach Kinsarvik ist 137 km lang und in acht Tagen zu schaffen

Die Nord-Süd-Durchquerung: Auch für diese Tour von Finse nach Haukeliseter muss man sieben bis acht Tage bei einem Tagesmittel von sechs Stunden für geübte Wanderer veranschlagen. Die Route wird auch als ebenso lange Skiwanderung genutzt.

Die „Britische Route": Für den Weg von Finse nach Aurland brauchen trainierte Wanderer vier bis fünf Tage. Benannt ist die Tour nach einem britischen Lord, der vor 100 Jahren von seiner Hütte bei Finse aus etliche Pfade erkundete.

Die Fillefjell-Route: Für die Tour von Haugastøl (an der E 7) nach Nystova muss man mit sechs Wandertagen rechnen.

Skiwanderungen: Ab Geilo, Ustaoset und Finse sind Tagestouren mit Familienniveau auf markierten Loipen möglich. Als Mehrtagestour empfiehlt sich außer der Nord-Süd-Durchquerung der Weg von Ustaoset nach Haugastøl, den auch Ungeübte in vier Tagen schaffen.

> **Tipps zum Wandern in der Hardangervidda**
>
> Besorgen Sie sich unbedingt gutes Kartenmaterial, bevor Sie aufbrechen. Anlaufstellen hierfür sind die Touristeninformationen der Region, besser noch besorgen Sie diese vorab in Buchläden oder beim norwegischen Bergverein DNT. Hier sollte man nicht auf den Euro schauen, Geld für vernünftiges Kartenmaterial ist immer gut investiert. Wer nicht gerne auf eigene Faust loszieht, kann sich Touren des DNT anschließen. Die Überquerung des Plateaus ist auf 8 Tage angesetzt und kostet um die 7500 NOK/Pers., bei der Wintertour ist ein Schlittenhundegespann als „Begleitfahrzeug" dabei.
>
> Außer den üblichen Wanderratschlägen gibt es für das Wandern in der Hardangervidda ein paar zusätzliche Tipps: Gerade abseits der markierten Wege ist es oft sehr morastig. Hohes, wasserdichtes Schuhwerk – wenn nicht gar Gummistiefel – ist zu empfehlen. Zudem sind auch Regenschauer auf der Hochebene nicht selten. Packen Sie wärmende Kleidung ein. Auch im Sommer steigt die Quecksilbersäule selten über zehn Grad und der Wind auf der baumlosen Ebene kann durchdringend sein. Planen Sie Ihre Proviantrationen sorgfältig, damit Sie nicht zu wenig, aber auch nicht zu viel mitschleppen. Fast alle Hütten, die Sie anlaufen, haben ein Vorratsabteil, aus dem Sie sich bedienen können. Dafür und zur Routenvorbereitung insgesamt (Wegezustand, Hüttenschlüssel usw.) benötigen Sie vorab die DNT Informationen.
>
> **Information**: DNT, Storgata 7, Oslo, 40001868, www.turistforeningen.no.

Südliche Hardangervidda

Wer die südlichen Ausläufer der Hardangervidda ansteuert, macht dies entweder über die Europastraße E 134 oder von Kristiansand durch das Setesdal kommend. Aber egal, ob man vom Fjordland, der Telemark oder aus dem Setesdal anreist, zentraler Knotenpunkt ist Haukeli. In dem kleinen, funktionellen und nicht sonderlich attraktiven Straßendorf laufen die Hauptverkehrsrouten zusammen, hier gibt es Übernachtungs- und Einkaufsmöglichkeiten.

Die karge Landschaft auf dem Haukelifjell

Haukeli und Haukelifjell

In dem strategisch günstig gelegenen Kreuzungspunkt wimmelt es nur so von Souvenirläden und Ferienhütten. Der Eingang zum Haukelifjell und zum Hardangervidda-Wandergebiet liegt praktisch vor der Haustür.

In Haukeligrend liegt die Abfahrt ins Setesdal, und hier beginnt die Landstraße 362 (später RV 37) als Nebenstrecke nach Rjukan. An diesem „Knotenpunkt" finden Sie die letzte Tankstelle vor dem Fjordland und die letzte Einkaufsmöglichkeit vor dem Fjellübergang. Über den wenigen Hausdächern erhebt sich schon der **Berunuten** (1287 m), die häufig noch im Frühsommer schneebedeckte, erste Höhe der Hardangervidda. Und gleich hinter dem letzten Gebäude beginnen die Weiten der großartigen Hardanger-Natur.

Information Haukeli Turist Information, im Haukeli Motell (s. u.). Mitte Juni bis Mitte Aug. tägl entsprechend der Öffnungszeit des Hotels.

Haukeli im Internet: Infos unter www.visit haukeli.og.

Verbindungen Pkw: Haukeli ist Verkehrsknotenpunkt. Hier treffen die Ost-West-Verbindung E 134 und die Route 9 (Setesdal) zusammen. Distanzen: Kristinsand 250 km, Oslo 270 km, Bergen 265 km.

Bus: Der *Setesdalekspressen* (Nr. 221; www.nor-way.no) fährt zwischen Haukeligrend und Kristiansand an der Südküste. Der *Haukeliekspressen* (Nr. 180; www.haukeliekspressen.no) hält auf der Route Oslo – Bergen.

Skifahren Haukelifjell 70 km Loipen.

Übernachten/Camping Haukeli Motell og Kafeteria, das Hotel an der Hauptstraße mit Pub und Restaurant ist idealer Anlaufpunkt für Leute auf der Durchreise. Es gibt 22 ganz einfach möblierte Zimmer sowie ein Pub mit Restaurant. EZ ab 650 NOK, DZ ab 800 NOK. Edland, ✆ 35070214, haukeli.motell@gmail.com.

Haukeliseter Fjellstue, tolle Aussicht! Die in ganz Norwegen berühmte Anlage ist eine vom Wanderverein Stavanger betriebene Hüttensiedlung mit 120 Jahre alten, kunstvoll verzierten Holzhäusern, in denen sich schon Fridtjof Nansen auf seine Expeditionen vorbereitete. Unterkünfte in moderneren Zimmern und urigen Stabbur-Behausungen. Wenn alles voll ist, gibt es noch einen Schlafsaal. Gutes Restaurant. Unterkunft für zwei 570–1300 NOK, mit Vollpension 1800–2300 NOK. Mitglieder des DNT zahlen bis zu 400 NOK weniger. Edland, ✆ 35062777, www.haukeliseter.no.

Vågslid Høgfjellshotel, modern und durch seine Grasdächer erkennbar, besticht das Hotel in Telemarks höchst gelegenem Ort (6 km westlich von Haukeligrend) v. a. durch die Lage. Mit Restaurant. Nicht durchgehend geöffnet, also vorher anrufen. DZ ab 1100 NOK. Vågslid, ✆ 35070585, vaagsli@online.no.

Velemoen Camping, der gepflegte, aber kleine Zwei-Sterne-Platz bietet ausreichenden Service und 14 gute Hütten an. 15.5.–15.9. geöffnet. Camping ab 160 NOK, Hütten ab 420 NOK. Edland, ✆ 35070109, www.velemoen.no.

Seim Camping, Familie Seim bietet im Røldal (s. u.) einen kleinen, feinen Platz mit 20 Stellplätzen und 4 Hütten, Badeplatz, Bootsverleih. Gute Sanitäranlagen. Camping ab 140 NOK, Strom 40 NOK. Hütten ab 400 NOK. Rund 60 km westlich von Haukeligrend entlang der E 134, ✆ 53647371, www.seimcamp.no.

Sonstiges Im Haufendorf liegt alles im Einkaufszentrum beisammen: Post, Polizei, Apotheke, Supermärkte, Sportläden und Tankstelle.

Weiterfahrt: Auf der E134 erreicht man bei der Weiterfahrt gen Westen das romantische **Haukeliseter**. Unweit der 120 Jahre alten Hüttensiedlung bereitete sich Fridtjof Nansen auf seine Polarexpeditionen vor. Tatsächlich liegt hier häufig noch im Sommer Schnee: Die 3 km hinter Haukeliseter abzweigende Höhenstraße Midtfjellsvollen ist häufig noch im Juli gesperrt. Gespanne und Wohnwagen sollten die Straße ohnehin stets meiden.

Über enge Kehren geht es sodann von 1000 m auf 400 m ins **Røldal** hinunter. Im gleichnamigen Dorf am Røldalsee steht eine kleine **Stabkirche** aus dem 13. Jh., deren Kruzifix im Mittelalter Wunder wirkende Heilkräfte nachgesagt wurden. Bis ins 16. Jh. war Røldal das „Lourdes Norwegens", als unzählige sieche Kranke in der Hoffnung auf ein Wunder zu der kleinen Kirche pilgerten.

Nur 4 km hinter Røldal trifft man auf eine Kreuzung bei **Horda**: Nach Süden zweigt zuerst die RV 13 via Sand nach Stavanger ab, kurz dahinter führt die sehr enge Landstraße 520 (für Gespanne gesperrt, für Wohnmobile problematisch) nach Sauda und Haugesund.

Auch bei der Weiterfahrt auf der E 134 über das Røldalsfjell durch diverse Tunnels bleibt Ihnen die Entscheidung nicht erspart: Die E 134 knickt nach Südwesten und **Haugesund** ab, während die RV 13 nach Norden zum Sørfjord, dem Südarm des Hardangerfjords, und über Odda ins schöne Ullensvang und nach Kinsarvik führt.

Ab Haukeli führt die RV 9 durch das **Setesdal** an die Küste (→ S. 375).

Nördliche Hardangervidda

Bei **Finse** – mit 1222 m höchste Station der *Bergensbanen* – wird noch zu Ostern der Schneepflug vorgespannt. Aber die Reise mit Europas längster und höchster Gebirgszugstrecke ist sicherlich die schönste Art um sich der Hardangervidda anzunähern. Und das nicht nur für Eisenbahn-Fans.

Weitere bedeutende Ortschaften, die als idealer Ausgangspunkt für Touren in die nördlichen Regionen der Hardangervidda dienen, sind z. B. Voss, Flåm oder Geilo.

Die Möglichkeiten und Angebote sind hier wesentlich größer als in den südlichen Regionen der Vidda. Hier boomt der Wintersport und hier haben sich auch zahlreiche Outdoor-Veranstalter angesiedelt, die Urlaubern Ausflüge zum Rafting, Klettern, Mountainbiken oder Wandern anbieten. Außerdem gibt es mit der historischen Flåm-Bahn (→ S. 368), die Hochland und Fjord verbindet, einen Höhepunkt, den kein Urlauber auslassen sollte.

Finse

Der Ort am Finsesee ist ein Traumziel für Skiangläufer, Mountainbiker und Wanderer. Von hier aus kann man im Sommer wie im Winter die Hardangervidda erkunden.

Eine Handvoll Hütten, ein kleiner Laden, eine DNT-Unterkunft (✆ 56526732), der Bahnhof und ein kleines Bahnmuseum – das ist Finse. Und nur ein Hotel mit dem einzigen Restaurant im Ort. In Finse steigen Extrem-Wanderer aus, die in sieben Tagen quer durch die Hardangervidda nach Haukeliseter marschieren, aber auch Radfahrer, die hier zu einer der schönsten Radwanderungen, den *Rallarvegen,* starten können. Das Angebot an organisierten Winter- und Sommeraktivitäten ist mittlerweile recht groß, angefangen bei Gletschertouren über Ski-Kiten bis hin zu Fahrten im Hundeschlitten. Zu buchen zentral über Finse 1222 (s. u.).

Übernachten/Aktivitäten Finse 1222, das Hotel verfügt über 43 kommode Zimmer, ein gutes Restaurant und einen Laden. Das Haus ist das ganze 4. Quartal im Jahr geschlossen. DZ ab 1800 NOK. ✆ 56527100, www.finse1222.no.

Wandern Eine 3-tägige Tour führt von Finse nach Geilo. Tagesziele und Übernachtungsstationen sind die *Kraekkja-Turisthytte* und die *Tuva-Turisthytte*. Erkundigen Sie sich vor der Tour in einer Touristeninformation oder beim DNT nach der aktuellen Wegbeschaffenheit und nach dem Wetterbericht, stellen Sie außerdem sicher, dass die Übernachtungshütten geöffnet sind, und besorgen Sie sich den nötigen Schlüssel (www.turistforeningen.no). Die Rückfahrt erfolgt mit dem Zug.

Biketour auf dem Rallarvegen

Von Juli bis September ist der Weg befahrbar, allerdings der Schotterpisten wegen nur mit einem geländegängigen Rad. Von *Haugastøl* an der E 7 bis *Flåm* sind es 91 km, die man um knapp die Hälfte reduziert, wenn man die Tour in *Finse* beginnt. Manchmal knirscht selbst im Frühsommer noch Schnee unter den Reifen, wenn man die Strecke entlangradelt. Es gibt einige steile Teilstücke, die entweder die Kondition oder die Bremsen fordern – je nachdem, in welche Richtung man fährt. Der Rallarvegen ist ursprünglich ein um die Jahrhundertwende als Versorgungsweg für die *Rallare* – die Wanderarbeiter, die an der Bergensban bauten – angelegter Pfad und wurde vom norwegischen Jugendherbergswerk für Radfahrer ausgebaut.

Die Strecke ist gut ausgeschildert und gut mit Bahn- und/oder Fährfahrten kombinierbar. In den Ortschaften entlang der Strecke kann man Fahrräder mieten, außerdem werden organisierte Touren angeboten.

Information: Gute Informationen gibt es in den Touristeninformationen, wo man auch über die aktuellen Straßenverhältnisse (und evtl. Schneehöhen) informiert wird. Einen Überblick gibt es auch im Web auf www.rallarvegen.no.

Myrdal

Viel mehr als den Bahnhof hat Myrdal nicht aufzuweisen. Aber als Endstation der berühmten **Flåmsbana** (siehe auch S. 368) und als Umsteigebahnhof in die Bergensbanen hat das Nest eine gewisse Bedeutung. Wer hier dennoch einen Zwischenstopp einlegen will, findet eine gute Möglichkeit zum Übernachten.

Zugverbindungen Die berühmte Flåmsbana (www.flaamsbana.no) fährt die 55 Min. lange Tour zwischen Myrdal und Flåm mindestens 4-mal tägl. in jede Richtung, in der Sommersaison bis zu 9-mal. Tickets kosten 260 NOK einfach bzw. 360 NOK inkl. Rückfahrt. Die Bergensbanen hält 3- bis 5-mal tägl. auf ihrer Route zwischen Oslo und Bergen. Wer hier ohne langen Aufenthalt von der einen in die andere Bahn umsteigen will, sollte v. a. in der Nebensaison einen Blick in die Fahrpläne werfen, denn meist gibt es nur 1-mal/Tag gut abgestimmte Fahrzeiten.

Übernachten Vatnahalsen Nye Høyfjellshotel, das schmucke Berghotel mit Bistro, Bar und gutem Mittelklasseservice bietet zudem eine Sauna und einen Fahrradverleih. Ganzjährig geöffnet. DZ 1280–1430 NOK (Frühstück inkl.) bzw. 1870–2200 NOK (Halbpension). ✆ 57633722, www.vatnahalsen.com.

Voss

Der geschäftige Touristenort liegt wunderschön an einem See, umrahmt von bewaldeten Höhen, die im Winter zum Skilaufen, im Sommer zum Wandern einladen. In den letzten Jahren hat sich Voss zu einer der Outdoorsport- und Abenteuerhochburgen des Landes gemausert.

Von hier aus geht es zum Rafting, Fallschirmspringen, Kajakfahren, Wasserfall-Abseilen oder Mountainbiking. Im Winter warten Loipen, Abfahrten und Snowparks auf Skifahrer und Brettartisten. Wer es etwas geruhsamer haben will, kann mit einer Seilbahn auf den Gipfel des knapp 700 m hohen Hausbergs, des **Hangurstoppen**, fahren. An der Bergstation gibt es eine Cafeteria mit Terrasse. Auch zum Wandern findet man hier gutes Terrain, allerdings kann es passieren, dass auch Ende Mai noch so viel Schnee liegt, dass einige Wege nicht passierbar sind.

Der Ort ist bestens auf Touristen eingestellt, über 3000 Gästebetten in allen Kategorien warten auf Besucher, verschiedene Touranbieter versprechen einen abwechslungsreichen Aufenthalt, und in zahlreichen Outdoorgeschäften kann man sich gleich noch mit neuester Ausrüstung für das eben gebuchte Abenteuer eindecken. Der Mittelalterkirche und dem *Finnesloftet*, einem 1295 erbauten Gildehaus, sollte man auf jeden Fall einen Besuch abstatten.

Basis-Infos

Information Turistkontor, hier gibt es u. a. Wanderpläne für die Umgebung und Tickets für die Seilbahn. Mo–Fr 8.30–16 Uhr, Juni–Aug. Mo–Fr 8–19 Uhr, Sa 9–12 Uhr, So 12–19 Uhr. Vangsgata 20, ✆ 40617700, info@visitvoss.no.

Voss im Internet: Aktuelles und sehr umfangreiche Infos unter www.visitvoss.no.

Verbindungen Pkw: Von Bergen aus sind es etwas mehr als 100 km (auf der E 16). Wer aus Süden aus der Richtung Hardangervidda/Sørfjord anreist, muss ab Odda knapp 100 km zurücklegen (mit kurzer Fährfahrt).

Bus: Der *Sognebussen* (Nr. 450) hält auf der Route Bergen – Sogndal auch in Voss. Der *Øst-VestXpressen* (Nr. 162) hält auf der Route zwischen Lillehammer und Bergen. www.nor-way.no.

366 Binnenland

Zug: Die *Bergensbanen* (www.nsb.no) hält 3- bis 5-mal tägl. auf ihrer Route zwischen Oslo und Bergen.

Festivitäten Vossa Jazz, cooles Jazzfestival, jedes Jahr Ende März. www.vossajazz.no.

Ekstremsportveko, jedes Jahr im Juni findet hier das größte Extremsport-Festival des Landes statt, bei dem sich Basejumper, Kletterer, BMX-Fahrer und Kiteboarder treffen. www.ekstremsportveko.com.

Internet In der **Voss bibliotek** gibt es kostenlosen Zugang. Mo/Fr 11–16 Uhr, Di–Do 11–19 Uhr, Sa 11–15 Uhr. Evangervegen 6, ✆ 56519470.

Supermarkt Rema 1000, Mo–Fr 9–21 Uhr, Sa 9–20 Uhr, Brynamoen 8.

Sonstiges Es gibt zahlreiche Einrichtungen, z. B. Banken, eine Postfiliale, ein Kino, eine Autovermietung, Sport- und Souvenirgeschäfte, Apotheken und einen ärztlichen Notdienst.

Übernachten/Camping/Essen & Trinken

Übernachten Fleischer's Hotel, zwischen See und Gleisen liegt dieses Holzpalais, 1889 im Schweizer Stil mit zig Türmen, Spitzen, Erkern und Balkonen erbaut. Das zu Norwegens „Historischen Hotels" gehörende Haus wird mittlerweile in vierter Generation von der Familie Fleischer bewirtschaftet. EZ 1295 NOK, DZ 1890 NOK (Frühstück inkl.), Einfachere Motel-DZ ab 1200 NOK. Evangervegen 13, ✆ 56520500, www.fleischers.no.

Hotel Jarl, ein moderner Vier-Etagen-Bau ohne architektonischen Schick, aber mit wohnlichen Zimmern, gutem Service, gutem Restaurant und Schwimmbad. EZ ab 1150 NOK, DZ ab 1600 NOK. ✆ 56519900, www.jarlvoss.no.

Park Hotel Vossevangen, von den 131 Zimmern (Du/WC, TV und Telefon) sollten Sie sich eins mit Balkon zum See geben lassen, nett eingerichtet sind sie alle. Mit Restaurant, Bar, Café und Nachtklub. EZ ab 1175 NOK, DZ 1650 NOK (spezielle Angebote an Sommer-Wochenenden). Uttragata 1–3, ✆ 56531000, www.parkvoss.no.

Voss Vandrerhjem, rechts vom Bahnhof und direkt am See bietet die neue Jugendherberge 40 angenehme Zimmer (je mit eigenem Bad), Gemeinschaftsküche, Aufenthaltsraum und Kanuverleih. Im Schlafsaal kann man nur im Sommer übernachten. Dezember geschlossen. Bett 220 NOK, EZ 580–695 NOK, DZ 790–930 NOK (Frühstück inkl.). Evangerveien 68, ✆ 56512017, www.vosshostel.com.

Camping Voss Camping, der große Platz am See und trotzdem im Ortskern ist perfekt ausgestattet, vermietet kleine Hütten und hat das Freibad gleich nebenan. Zelt 160–220 NOK, WoMo ab 230 NOK; Hütten ab 600 NOK. ✆ 56511597, www.vosscamping.no.

Flatlandsmo Camping, ca. 12 km von Voss entfernt an der Rv 13 liegt der Zwei-Sterne-Platz sehr idyllisch am Mosvatnet. Im ausreichenden Angebot sind auch 12 Hütten. Hütten ab etwa 430 NOK. Flatlandsmoen 6, ✆ 56517808, www.flatlandsmo.no.

Wer einen guten Schlaf hat, kann auch am Tvinde Camping übernachten, hier rauscht ein 150 m hoher Wasserfall direkt neben dem Platz zu Tal. Tvinde, ✆ 56516919, www.tvinde.no.

Essen & Trinken Tre Brør Café, lässiges Lokal mit kleinem Menü auf der Kreidetafel vor der Tür: da stehen etwa Suppen, Eintöpfe oder gegrillter Lachs – alles lecker, alles günstig für nicht mehr als 150 NOK. Super Kaffee. Im Sommer tägl. 8–22 Uhr. Vangsgata 28. ✆ 56529925, www.vosscafe.no.

Ringheim Kafé, ganz gute Karte mit handfesten Gerichten wie Burritos (150 NOK), Elchbouletten (155 NOK) oder Steaks (250 NOK). Mo–Sa 10–22 Uhr, So 11–21 Uhr. Vangsgata 32, ✆ 56511365, www.ringheimkafe.no.

Café Stasjonen, gemütlich-rustikales Lokal im EG des Park Hotel. Man kann gut essen (Gerichte 120–240 NOK), aber auch genüsslich ein Bier trinken. So–Do 9.30–24 Uhr, Fr/Sa 9.30–1 Uhr. Uttrågata 3, ✆ 56531017.

China House, hier gibt es Asiagerichte wie „Huhn süß-sauer" zu günstigen Preisen. Tägl. 12–23 Uhr. Hestavangen 7, ✆ 56518330.

Aktivitäten/Sport

In Voss gibt es ein Riesenangebot, was Freizeitgestaltung, Aktivitäten und Sport betrifft. Vieles kann man in unmittelbarem Umkreis erleben, zahlreiche Touren und Ausflüge führen auch in die weitere Region und werden von Veranstaltern angeboten, die ihren Sitz im Ort haben. Es folgt eine umfangreiche Auswahl, auf der Webseite des Ortes bzw. in der Touristeninformation gibt es noch weitere Alternativen.

Angelkarte In der **Touristeninformation** erhältlich, 50 NOK/Tag, für 3 Tage 100 NOK, die Saisonkarte 300 NOK.

Angeltouren Es gibt verschiedene Optionen, das **Voss Rafting Senter** (s. u.) bietet z. B. eine Halbtagestour ab 600 NOK/Pers. (inkl. Ausrüstung und Angelkarte), Gruppenpreise mit Guide je nach Teilnehmerzahl. ✆ 56510525, www.vossrafting.no.

Bungyspringen Para-Bungy, interessante Abwandlung des klassischen Bungy-Sprungs: man hängt in 200 m Höhe an einem riesigen Gleitschirm, der von einem Boot gezogen wird, und lässt sich auch von dort fallen. 1800 NOK kostet der Spaß. ✆ 56510017, www.nordicventures.com.

Fallschirmspringen Skydive Voss, Wagemutige können sich beim Tandemsprung aus luftigen Höhen stürzen. Termine und genaue Preise auf Anfrage (um die 4000 NOK). ✆ 56511000, www.skydivevoss.no.

Gondelbahn Die Fahrt auf den Hangurstoppen kostet 100 NOK, Kinder zahlen 60 NOK. Oben gibt es ein Ausflugscafé und einen tollen Ausblick. Anfang Juni bis Anfang Sept. ✆ 47004700.

Hochseilgarten/Wasserfall-Abseilen
Der Herausforderung Hochseilparcours kann man sich ab 200 NOK stellen. Das Abseilen am Wasserfall ist etwas ganz Besonderes und für 850 NOK (insgesamt 4 Std.) zu verwirklichen. ✆ 56510525, www.vossrafting.no.

Im Winter Voss Resort, 12 Lifte befördern die Skifahrer auf den Berg, von wo sie auf 40 km Abfahrten wieder herunterwedeln können. Außerdem gibt es einen Snowpark, Kinderhügel und 20 km gespurte Loipen. Natürlich auch Hütten für die Stärkung. Tagespass 365 NOK, Materialleihe 350 NOK, Langlauf 220 NOK. ✆ 47004700, www.vossresort.no.

Kajakfahren Nordic Ventures, eine 4-stündige Paddeltour kostet 750 NOK (inkl. BBQ), die Tagestour mit Rundumversorgung 995 NOK. Es werden auch mehrtägige Fahrten angeboten. ✆ 56510017, www.nordicventures.com.

Voss Ski og Surf, Anfängerkurse ab 600 NOK, Wildwasserkurs (5 Std.) ab 800 NOK/Pers. ✆ 56513043, www.vossskiogsurf.no.

Paragliding Voss HPK, rund 1600–2600 NOK kostet der Tandemflug, je nachdem, von welchem Berg gestartet wird. 9-tägiger Kurs um 11.000 NOK. ✆ 91586011, www.vosshpk.no.

Rafting/Canyoning Voss Rafting Senter, Raftingtouren gibt es ab 600 NOK für „Ersttäter" und ab 1100 NOK für Fortgeschrittene. Dauer etwa 4 Std., davon 2 auf dem Wasser. Ein Canyoning-Abenteuer (etwa 90 Min. im Wasser) kostet 1100 NOK. ✆ 56510525, www.vossrafting.no.

> **„Autowandern"**
>
> Ein preisgekröntes (1999) Tourismuskonzept und eine gute Möglichkeit, um bequem die Region Voss (als nur eine von insgesamt acht Regionen) zu erkunden. Beschrieben werden Touren, die meist aus der Kombination von Rundfahrt im Auto und einzelnen Wanderungen bestehen. Die Karten sind gegen ein kleines Entgelt in der Touristeninfo erhältlich, man kann sie aber auch vorab kostenlos als PDF im Internet herunterladen.
>
> *Im Web: www.carwalks.com*

Sehenswertes

Voss Folkemuseum: Das stilecht erhaltene Gehöft mit seinen 16 Häusern lohnt schon den 2 km langen Anstieg zu Fuß (3,5 km mit dem Auto) auf den Hang über dem Dorf. Erst recht rechtfertigt die Aussicht über Voss und das Tal die Mühe. Im modernen Museumstrakt neben dem Freilichtmuseum werden wechselnde Ausstellungen und im Sommer folkloristische Aufführungen gezeigt. Eine Cafeteria lädt zur Pause ein.

Mitte Mai bis Ende Aug. tägl. 10–17 Uhr; ansonsten Mo–Fr 10–15 Uhr, So 12–15 Uhr. Eintritt 60 NOK, Kinder unter 15 Jahren gratis. Ein Ticket, das auch für alle anderen Abteilungen des *Hardanger og Voss Museum* gilt, kostet 150 NOK. Mølstervegen 143, ✆ 56511511, www.vossfolkemuseum.no.

Finnesloftet: Auch das älteste Profangebäude Norwegens, den zweistöckigen Finnesloft aus dem Jahre 1295, sollte man sich nicht entgehen lassen. Der imposante Bau befindet sich in Hanglage, knapp 2 km westlich von Voss. Man vermutet, dass es als Treffpunkt und Tagungsort der örtlichen Bauernvereinigung diente. Das Gebäude wurde innen und außen schön restauriert.

Von Juni bis Aug. werden in Voss Führungen angeboten, im Zuge derer auch das Finnesloftet angeschaut wird (Info im Turistkontor). Außerdem können auf Anfrage das ganze Jahr über Besichtigungstermine für Gruppen vereinbart werden. Finnevegen, ✆ 56511675.

Norge i et nøtteskall

„Norwegen in einer Nussschale" heißen die Touren, die einige Höhepunkte der Region abdecken und die man pauschal buchen kann. Eine durchaus interessante Angelegenheit, speziell für Leute, die nicht im eigenen Fahrzeug reisen. Kernstück der Touren ist das touristisch und landschaftlich reizvolle Gebiet im Norden der Hardangervidda, es gibt aber verschiedene Anreiseoptionen, die in den Paketpreisen inklusive sind.

Entweder unternimmt man die Tour als Rundreise ab Voss (705 NOK) oder ab Bergen (1045 NOK), besonders beliebt ist aber die einfache Fahrt von Oslo nach Bergen (1430 NOK; mit Rückfahrt nach Oslo 2240 NOK). Stationen sind Myrdal, Flåm, Gudvangen, Stalheim und Voss. Im Preis enthalten sind neben dem Zug- und Bustransport z. B. auch eine Fahrt mit der Flåmbahn und eine Schiffsfahrt auf dem Sognefjord. Man hat bei der Reiseplanung freie Hand und kann diverse Übernachtungen einbauen (2 bis 3 sind ideal), die man allerdings selber organisieren und gesondert bezahlen muss.

Information: Zu buchen im Internet oder in Touristeninformationen. Fahrpläne und aktuelle Infos in deutscher Sprache unter www.norwaynutshell.com.

Flåm und Flåmsbana

Mit der Beschaulichkeit des Ortes ist es leider vorbei, seit Kreuzfahrtschiffe den Nærøy- und Aurlandsfjord entdeckten – zumindest dann, wenn so ein Riese am Kai liegt und die Passagiermassen in das kleine Dorf einfallen.

Die außergewöhnlich hübsche Lage am Fjord besticht natürlich immer noch, aber selbst wenn man den Ort an einem ruhigen Tag erwischt, erkennt man sofort, dass

Flåm und Flåmsbana

es sich hier um eine regelrechte Touristenhochburg handelt. Es gibt diverse Souvenirshops, ein Ausflugscafé in ausrangierten Eisenbahnwagen, große Unterkünfte und noch größere Parkplätze.

Eigentlich ein Ort, an dem man vielleicht sogar vorbeisteuern könnte – wäre da nicht die berühmte **Flåmsbana**. Einst ein wichtiges Transportmittel aus dem abgeschnittenen Tal, gilt die steile Fahrt nach Myrdal heute als eine der schönsten Bahnfahrten ganz Norwegens.

Information Turistkontor, im Bahnhof. Man kann Bahn- und Fährtickets kaufen, Unterkünfte buchen und Fahrräder mieten. Mai–Sept. tägl. 9–17 Uhr. ✆ 91351672 oder 57632106, info@alr.no.

Flåm im Internet: Jede Menge Infos unter www.visitflam.com.

Verbindungen Pkw: Bergen ist 175 km weiter westlich, Voss 70 km. Durch den 24,5 km langen Lærdalstunnelen gelangt man gen Osten ins Lærdal (jeweils E 16).

Bus: Der *Øst-VestXpressen* (Nr. 162; www.nor-way.no) hält auf der Route zwischen Lillehammer und Bergen. Der *Sognebussen* (Nr. 450; www.nor-way.no) hält auf der Tour zwischen Sogndal und Bergen. Lokalbusse fahren außerdem nach Gudvangen, Aurland und Geilo (www.fjord1.no).

Zug: Die berühmte *Flåmsbana* (www.flaamsbana.no) fährt die 55 Min. lange Tour zwischen Myrdal und Flåm mindestens 4-mal tägl. in jede Richtung, in der Sommersaison bis zu 9-mal. Einfache Strecke 280 NOK, hin und zurück 380 NOK. Ab Myrdal Anschlusszüge von/nach Bergen und Oslo.

Fähre: Schnellboote (ohne Pkw) verkehren im Sommer nach Bergen (710 NOK), Zwischenstopps z. B. in Aurland, Sogndal und Balestrand. Außerdem Verbindungen nach Gudvangen und Sogndal. www.fjord1.no.

Internet WLAN in der Touristeninformation. Terminals bei **Saga Souvenir** im gleichen Gebäude.

Übernachten/Camping/Essen

Fretheim Hotel, dieses traditionsreiche Hotel am Fjord hat 121 edle und komfortable Zimmer, ein gutes Restaurant und eine Bar. EZ ab 1000 NOK, DZ ab 1500 NOK, Suite 2200 NOK (mit Frühstück). ✆ 57636300, www.fretheim-hotel.no.

Flåmsbrygga Hotell, der wuchtige Holzbau befindet sich in der Poleposition, mitten am Hafen. Die Zimmer haben alle Balkon, die meisten mit Blick auf den Fjord. WLAN.

Kreuzfahrtschiff am Kai in Flåm

Zum Hotel gehören ein Restaurant, ein Café und ein Pub. DZ ab 1290 NOK. ✆ 57632050, booking@flamsbrygga.no, www.flamsbrygga.no.

Flåm Camping og Vandrarheim, am Hang über dem Fjord und dem Bahnhof liegt dieser eindrucksvolle und äußerst gut ausgerüstete Platz, der auch 14 Hütten (einige mit Bad) vermietet. Außerdem gehört die Jugendherberge dazu. 1. April bis 30. Sept. Camping ab 215 NOK, Strom 45 NOK, Hostelbett ab 210 NOK, DZ ab 500 NOK, Hütten 650–1100 NOK. ✆ 57632121, www.flaam-camping.no.

Ægir Bryggeri, richtig schönes „Wikinger-Pub" mit rustikaler Holzeinrichtung und offener Feuerstelle in der Mitte. Nicht ganz billig, aber mit gutem Bier und Essen. Im Flåmsbrygga Hotell (s. o.).

Togrestauranten, in ausrangierten Eisenbahnwaggons und dazugehörigem Gebäude. Es gibt Kaffee und Kuchen, außerdem kleine Snacks und Lunchgerichte. Im Sommer immer tagsüber für die Ausflügler geöffnet. ✆ 57632155, www.togetcafe.no.

Supermarkt Coop Marked, Mo–Do 9–17 Uhr, Fr 9–18 Uhr, Sa 9–15 Uhr.

Sonstiges Bank mit Geldautomat, Post, Autovermietung, Souvenirshops, kleinere Geschäfte und Cafés.

Sehenswertes

Flåmsbana: Durch 20 Tunnels und mit 5 % Steigung schraubt sich die Bahn in 50 Minuten vom Meeresspiegel auf 868 m hoch. Die Fahrt gilt nicht zu Unrecht als eine der schönsten Bahnstrecken Europas, unterwegs gibt es atemberaubende Natur zu bestaunen und einen kleinen Zwischenstopp, bei dem man tolle Fotos schießen kann.

Die 1935–38 gebaute Flåmsbana war ursprünglich unerlässliches Transportmittel für die abgeschnittene Siedlung, heutzutage dient sie nur noch dem Tourismus. Deshalb gibt es auch gar keinen Grund zur Eile und die Speziallok mit fünf Wagen – jeder mit eigenem Bremssystem – rattert gemütlich durch die Tunnels und Lawinengalerien, verlangsamt den Aufstieg an besonders schönen Aussichtspunkten noch etwas mehr und bleibt am 200 m hohen **Kjosfossen** sogar stehen. Nach einer

Myrdal ist Endstation der Flåmsbana

knappen Stunde erreicht man dann Myrdal. Hier kann man entweder wieder zurück nach Flåm fahren oder zur Weiterreise in die *Bergensbanen* umsteigen.

Wer nicht mit der Bahn hin und zurück fahren will, kann auch von Myrdal herabwandern oder mit dem Radl (Mieträder in der Touristeninformation) herab fahren. Außerdem bieten sich für Leute ohne eigenen Pkw die Touren von „Norway in a nutshell" an, z. B. die Rundreise ab Voss (→ Kasten S. 368).

Die Bahn verkehrt das ganze Jahr über, mindestens 4-mal/Tag in jede Richtung, im Sommer bis zu 9-mal. Einfache Fahrt 280 NOK, Kinder bis 15 Jahre 140 NOK. Hin und zurück bezahlt man 380 bzw. 280 NOK, für die Doppelfahrt gibt es auch ein Familienticket (2 Erw. und 2 Kinder) für 900 NOK. ✆ 57632100, www.flaamsbana.no.

Flåmsbana Museet: Ein informatives Museum, das die Entstehung der Flåmsbana und das Leben in Flåm dokumentiert. Es werden viele interessante Hintergrundinformationen geliefert, und zwar in Form von Bildern, verschiedenen Originalgegenständen und einem kleinen Video.
Mai–Sept. tägl. 9–17 Uhr, ansonsten 13.30–15 Uhr. Eintritt frei. ✆ 57632310, www.flamsbanamuseet.no.

Anfahrt zur nördlichen Hardangervidda über die Märchenstraße

Die Europastraße von Gol zum Eidfjord wurde von findigen Touristikmanagern „Märchenstraße" getauft. Tatsächlich zählt die Route zu den schönsten der typisch norwegischen Straßen und bietet alles, was Norwegen liebenswert macht: Fjorde, Gletscher, Fjelle und Wasserfälle.

Von Gol (→ S. 329) führt die Straße vorbei an der Stabkirche von Torpo und der Ortschaft Ål zum Skiort Geilo am nördlichen Ende des Numedal. Die Wintersporthochburg besticht mit guten Unterkünften und einigen erstklassigen Restaurants. Weiter schlängelt sich die Straße durch die nördlichen Ausläufer der Hardangervidda gen Westen. Dabei durchquert man urtümliche Landstriche, in denen sich die Natur von ihrer schönen Seite zeigt. Noch bevor man die Ortschaft Eidfjord (→ S. 283) und damit die ersten Vorboten des Fjordlands erreicht, passiert man den 183 m hohen Vøringsfossen (→ S. 285), einen der beeindruckendsten Fälle in ganz Norwegen. Ab Eidfjord ist es dann nur noch ein Katzensprung nach Kinsarvik am Sørfjord, von wo aus man per Fähre Richtung Bergen oder entlang des Fjords gen Süden reisen kann.

Geilo

Die Ortschaft steht voll und ganz im Zeichen des Tourismus. Mehrere tausend Hotelbetten und unzählige Ferienhütten bieten Quartier für die Wintersportler, die sich hier auf drei Dutzend Pisten und gigantischen 500 km präparierten Loipen vergnügen.

Geilo (sprich *Jälo*) gehört zu den ganz großen und bekannten Skiorten des Landes. Es gibt schier grenzenlose Tourenmöglichkeiten, man kann auf gut 100 km geräumten Wegen winterwandern, man kann Eis laufen, Eisstock schießen oder Hundeschlittenfahrten unternehmen. Ein derartig gutes Angebot lässt man sich in Geilo allerdings auch gut bezahlen, die Preise schießen während der Wintersaison durch die Decke. Und das ganz besonders in der Osterwoche, wenn ganz Norwegen auf Brettern und jedes freie Bett in Geilo besetzt ist. Aber das sollte für Touristen kein Problem sein, denn bis in den Mai hinein ist Geilo schneesicher.

Im Sommer schaut das 850 m hoch gelegene Dorf etwas verlassen aus. Trotz Bemühungen werden die Kapazitäten dann nicht annähernd ausgelastet. Allerdings gibt es zunehmend auch gute Angebote für die schneefreie Zeit, z. B. Mountainbiketouren, Kanufahrten, Ausritte oder Angelausflüge.

Außer der touristischen Infrastruktur hat Geilo nicht sonderlich viel zu bieten. Zu erwähnen ist lediglich das Holzhaus-Ensemble **Geilojordet** im Zentrum des Ortes, das aus Bauernhäusern und Katen des 17. und 18. Jh. besteht, die aus dem nahe gelegenen Hallingdal stammen.

Basis-Infos

Information Geilo Tourist Centre, im Geschäftszentrum an der Hauptstraße. Mo–Fr 8.30–16 Uhr, Sa 9–15 Uhr; 25. Juni bis 12. Aug. Mo–Fr 8.30–18 Uhr, Sa/So 9–17 Uhr. Vesleslåttvegen 13, ✆ 32095900, turistinfo@geilo.no.

Geilo im Internet: www.geilo.no.

Verbindungen Pkw: Gen Süden fährt man durch das Numedal (Route 40) und erreicht nach rund 170 km Kongsberg. Bergen liegt 260 km weiter westlich, nach Oslo sind es 250 km, via Gol fährt man nach Lillehammer (gut 200 km).

Bus: Von Nov. bis April (Hauptsaison in Geilo) fährt der *Hallingbussen* (Nr. 175; www.nor-way.no) tägl. von/nach Oslo.

Zug: Geilo ist Mittelpunkt der Bergensbanen, liegt auf halber Strecke zwischen Oslo und Bergen (jeweils 3:30 Std. entfernt). Vier Züge in beide Richtungen passieren den Ort täglich.

Angeln Nicht unbedingt das beste Revier in Norwegen, aber Angelsüchtige können ihre Köder im **Ustedalsfjord** auswerfen. Angelkarten im Turistkontor.

Einkaufen Die Firma **Brusletto** stellt seit über 100 Jahren **Norweger-Messer** im schlicht-schönen skandinavischen Design her. Der Bestseller „Hunter" wurde seit seiner Einführung 1961 über 1,2 Mio. Mal verkauft. In der Manufaktur gibt es einen Shop, in dem die Messer zu reduzierten Preisen kaufen kann. Mo–Fr 9–15, Sa 10–14 Uhr. Lienvegen 123, ✆ 32096900, www.brusletto.no.

Festivals Einen musikalischen Genuss der wohl außergewöhnlichsten Art kann man hier Ende Januar erleben. Beim alljährlichen **ice music festival** wird auf aus Eis gefertigten Musikinstrumenten gespielt. www.icefestival.no

Hundeschlitten Geilo Dog Sledding, bietet Fahrten im Hundeschlitten am Ustedalsfjord. Die 5km-Tour kostet 500 NOK, die 10km-Tour entsprechend 1000 NOK (Kinder 350 NOK bzw. 700 NOK). Start ist nur 2 km vom Ortszentrum am Geilo Beach. Rechtzeitig buchen! ✆ 32093236 oder 97630952 (mobil), www.geilodogsledding.com.

Internet Geilo bibliotek, Mo/Fr 10–15 Uhr, Di/Do 10–19 Uhr, Mi 10–17 Uhr. Lienvegen 63, ✆ 32091266.

Kanuleihe Kanus kann man z. B. im Geilolia-Zentrum mieten, etwa 350 NOK/Tag inkl. Schwimmwesten. ✆ 32090000, www.geilolia.no.

Orientierungslauf Sportskanonen können an Querfeldeinrennen nach Karte teilnehmen, die vom örtlichen Sportverein zwischen Juli und Sept. organisiert werden. Die Rundkurse zwischen 2 und 7 km werden wöchentlich neu festgelegt. Karten gibt es im Turistkontor.

Radfahren Es gibt einige richtig schöne Touren und Abfahrten. Mountainbikes und Downhillbikes kann man an der Sommerlift-Station mieten, außerdem verleihen einige Hotels und Sportgeschäfte Fahrräder. Mietpreise fangen etwa bei 275 NOK/Tag an, für eine Downhill-Maschine inkl. Sicherheitsausrüstung sind 750 NOK fällig. Ein Tages-

Geilo

pass für den Sessellift kostet noch mal 200 NOK.

Reiten Das Turistkontor vermittelt geführte Reittouren zweier Anbieter, z. B. Wochentrips über die **Hardangervidda** mit Übernachtungen in DNT-Hütten oder auch Tagestouren um den **Ustevatn**. Preise zwischen 500 und 4500 NOK.

Skifahren Geilo ist einer der bekanntesten Skiorte Skandinaviens und wartet mit zwei Skizentren auf, die per Skibus miteinander verbunden sind. Auf der einen Seite das **Slaatta Skisenter** (www.slaattaskisenter.no), auf der anderen Seite das **Geilolia Skisenter** (www.geilolia.no). Insgesamt gibt es 40 Abfahrten, davon immerhin 5 schwarze, 13 Lifte (Schlepplift, Sessellift, Gondel) und mehrere hundert Kilometer (!!!) Loipen, die z. T. wunderbar in den Höhenlagen verlaufen, wo sonst keine Skifahrer hinkommen.

Natürlich fehlt es da nicht an entsprechenden Einrichtungen wie Skihütten, Materialvermietern und Skischulen. Ein Tagespass kostet um 370 NOK, Leihe von Ski- oder Snowboardausrüstung 350 NOK/Tag (inkl. Boots), Langlaufmaterial kostet um 300 NOK. Detaillierte Loipenpläne gibt es in der Touristeninformation.

Supermarkt Coop Mega, Mo–Fr 8–21 Uhr, Sa 9–19 Uhr, So 12–18 Uhr. Vesleslättvegen 19.

Sonstiges In Geilo gibt es Banken, eine Post, ein Sportgeschäft, eine Tankstelle, einen Telefonladen.

Wandern Überall und in jeder Größenordnung möglich, zu empfehlen sind die Touren- und Wanderkarten, die es in der Touristeninformation und bisweilen auch in Sportshops gibt. Man kann z. B. einen längeren Spaziergang zum **Ustevatn** machen (2 Std.), zur **Tuvaseter** (5 Std.) oder zur **Prestholdseter** (3 bis 4 Std.) marschieren.

Es gibt auch geführte Wanderungen, an denen man im Sommer teilnehmen kann und die meist um die 4 Std. dauern und ca. 350 NOK/Pers. kosten. Besonders beliebt sind auch **Gletscherwanderungen** (ca. 1:30 Std.; 500 NOK/Pers.), die zwischen Juli und Sept. angeboten werden. Informationen und Tickets beim Turistkontor.

Übernachten/Camping/Essen & Trinken

Übernachten Dr. Holms Hotel, ein wirklich außergewöhnliches Hotel. Der riesige weiße Holzbau thront etwas erhöht über dem Ort. Die 126 Zimmer sind hochwertig und edel, das Angebot scheint unerschöpflich und reicht von diversen Restaurants und Bars über einen Weinkeller und ein Wellness-Center bis hin zur eigenen Bowling-Halle. DZ ab 1800 NOK, im Winter etwa 3000 NOK (inkl. Frühstück). ✆ 32095700, www.drholms.com.

Thon Hotel Vestlia, Wellness-Hotel mit großem Fitnessbereich und SPA. Die Zimmer sind in modernem Design gehalten, das Restaurant ist ausgezeichnet, die Bar gemütlich. Was braucht man mehr? DZ ab 1600 NOK. Bakkestølvegen 81, ✆ 32087200, www.vestlia.no.

Ro Hotell & Kro, das zentral gelegene Motel zählt noch zu den preiswerten Unterkünften im teuren Geilo. Die Preisgestaltung ist etwas unübersichtlich, die unten gelisteten Winterpreise gelten pro Tag bei einem Mindestaufenthalt von 3 Tagen. DZ ab 900 NOK (Sommer) bzw. ab 1100 NOK (Winter). Geiloveien 55–57, ✆ 32095090, www.rohotel.no.

Bardøla Høyfjellshotell, aus der Familienpension ist ein edles Berghotel mit allen Extras geworden. Neben wohnlichen Zimmern gibt es Restaurant, Hallenbad, Tennishalle und Disko. DZ ab 1500 NOK. Bardølaveien 33, ✆ 32094100, www.bardola.no.

Thon Hotel Highland, das größte Hotel im Ort (157 Zimmer) bietet kommode Unterkunft und guten Service. Im Haus: 3 Restaurants, Bars, Pool, Sauna und Wellness-Bereich. DZ regulär ab 1400 NOK, im Sommer ab 1000 NOK. Lienvegen 11, ✆ 32096100, www.highland.no.

Geilo Vandrerhjem, die ganzjährig geöffnete Jugendherberge gehört zum Oen Turistsenter (s. u.) und vermietet Doppelzimmer und Einzelbetten. Bett 290 NOK, DZ 685 NOK. Lienvegen 137, ✆ 32087060, www.vandrerhjem.no.

Oen Turistsenter, etwa 200 m vom Bahnhof entfernt gelegen, bietet das Ferienzentrum 29 Ferienhütten von einfach bis edel, darüber hinaus 50 Zeltstellplätze und perfekte Infrastruktur mit Supermarkt, Disko und Schwimmbad. Außerhalb der Saison wird nur wochenweise bzw. übers WoE vermietet. Preise im Sommer: Hütte 500–1300 NOK, Ferienwohnung 700–2350 NOK. ✆ 32087060, www.oenturist.no.

Camping Øen Turistsenter & Geilo Vandrerhjem, der einfache, aber gepflegte Platz mit 200 Zelt- und 45 Wohnwagenstellplätzen verfügt auch über einige teils wirklich gut ausgestattete Hütten. Camping 160–220 NOK, Strom 50 NOK, Hütten 450–850 NOK. ✆ 32087060, www.oenturist.no.

Ferienwohnungen/Appartements Es gibt jede Menge **Ferienappartements** in verschiedensten Größen und Kategorien in der Region zu mieten, je nach Saison für Aufenthalte von zwei Tagen bis einer Woche. Ausführliche Infos dazu unter www.geilo.no, die Touristeninformation ist bei der Buchung behilflich.

Essen & Trinken Halling Stuene, Restaurant des bekannten Fernsehkochs Frode Aga und nicht gerade billig. Hier sollte man unbedingt Wild bestellen, z. B. ein Elchsteak (350 NOK), ein Rentierfilet (350 NOK) oder Moorhuhn (365 NOK). Fischliebhaber bekommen frische Forellengerichte. Di–Fr und So 17–22 Uhr, Sa 17–23 Uhr. Geilovegen 57, ✆ 32091250, www.hallingstuene.no.

Brasserie, im Dr. Holms Hotel. Ausgezeichnete Küche, rustikal, aber mit Pfiff. Als Vorspeise z. B. Bouillabaisse (129 NOK), als Hauptgang geschmorte Lammkeule (289 NOK) und als Dessert ein fantastisches Schoko-Mousse (129 NOK). Do–So 18–23 Uhr. Timrehaugvn. 2, ✆ 32095740, brasseri@drholms.com.

Recepten Pub, im Dr. Holms Hotel. Gemütliche Kneipe und gut für ein abendliches Bier. Do–Sa 21–2 Uhr. Timrehaugvn. 2, ✆ 32095700.

Capri Restaurant, Pizzeria im ersten Stock des Ladenkomplexes. Hier kann man für rund 150 NOK essen, Pizzen kosten 110–250 NOK. Alle Gerichte auch als Take-away. Sommeröffnungszeiten: Mo–Do 11–23 Uhr, Fr/Sa 11–3 Uhr, So 12–3 Uhr. ✆ 32090903.

Umgebung von Geilo

Hol: Das 12 km nördlich von Geilo gelegene Dörfchen hat zwei Besonderheiten zu bieten. Erstens eine 700 Jahre alte Stabkirche, die allerdings wegen verschiedener Umbauten nicht mehr als typisch gelten kann. Dennoch ist sie sehenswert, schon allein wegen ihrer wundervollen Lage am **Holsfjord**. Im Juli gibt es dort jeden Dienstag Konzerte. Zweite Besonderheit ist das Heimatmuseum, das in 17 historischen Holzbauten und einem Ausstellungsgebäude anhand zahlreicher Exponate einen lehrreichen Einblick in 500-jährige Bauernkultur vermittelt.
Hol Bygdemuseum und Hol gamle kyrkje: jeweils 1. Juli bis Mitte Aug. Di–So 11–16 Uhr. Kombiticket 50 NOK, Kinder 20 NOK. Kirchenkonzerte im Juli jeden Di gegen 20 Uhr, Tickets 150 NOK.

Hytter-Siedlung Ustaoset: Um den 10 km langen **Ustevatn** im Südwesten Geilos gruppiert sich Norwegens größte Hytter-Siedlung. Mit seinen zerklüfteten Ufern und mit herrlicher Aussicht auf die zwei Hardanger-Gipfel **Ustetind** (1376 m) im Süden und **Hallingskarvet** (1933 m) im Norden bietet der See ideale Urlaubsbedingungen für die Bewohner der fast 1000 Hütten. Man kann angeln, an einem ausgebauten Strand sogar baden, Ruderboot oder Kanu leihen oder einfach um den See herumwandern.

Weiterfahrt: Von Geilo aus kann man praktisch in alle Himmelsrichtungen weiterfahren. Gen Westen passiert man die nördliche Hardangervidda und erreicht schließlich den Eidfjord, gen Süden erreicht man durch das Numedal Kongsberg, in Richtung Osten gelangt man ins Valdres-Tal und weiter an den Mjøsasee und unweit östlich der Stadt zweigt die Rv 50 in Richtung Norden nach Aurland ab.

Rauschender Gebirgsbach im Setesdal

Setesdal

Das Setesdal ist Norwegen wie aus dem Bilderbuch: man entdeckt tiefe Wälder, spiegelglatte Seen, imposante Bauernhäuser und sogar einen wilden Fluss, der sich durch die ursprüngliche Natur schlängelt. Die Werbetexter der Tourismusbroschüren übertreiben nicht, wenn sie das Tal der Otra zum „Märchental des Südens" machen.

Lange Zeit war das Setesdal schwer erreichbar und konnte sich deshalb viel von seiner Ursprünglichkeit und Schönheit bewahren. Aber natürlich hat auch hier die Moderne Einzug gehalten und Veränderungen mit sich gebracht. Der Fluss Otra wurde für den Kraftwerksbau von Brokke reguliert, viele der historischen Bauernhäuser wurden in die Freilichtmuseen von Oslo und Kristiansand verpflanzt und auf der Durchgangsstraße, dem *Rijksvegen 9*, reisen jährlich über eine halbe Million Touristen zwischen Kristiansand an der Küste und der Hardangervidda im Norden. Das Setesdal ist mittlerweile zum meistbesuchten Tal Norwegens avanciert.

Geografischer wie landschaftlicher Mittel- und Höhepunkt ist der **Byglandsee**. Er besteht aus dem **Åraksfjord** und dem südlichen **Byglandsfjord**, die nur wegen ihrer äußeren Ähnlichkeit mit Meeresarmen den Namen „Fjord" tragen – beide Seen werden von der Otra gespeist. In den nördlichen Regionen des Tals wird die Landschaft immer karger. Die Ortschaft Hovden ist ein stark frequentiertes Skigebiet Südnorwegens.

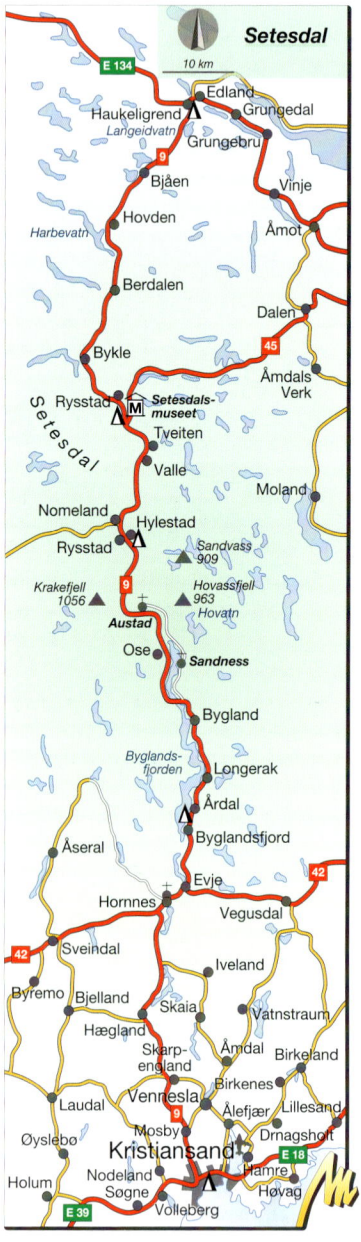

Der Tourismus ist ein wesentlicher Wirtschaftszweig, nur bedingt werden noch Land- und Forstwirtschaft betrieben. Bekannt ist das Tal außerdem für seine lange Tradition in der Silberverarbeitung. Eine durchaus kuriose Sache, denn in der ganzen Gegend gibt es – anders als man in so einem Fall glauben möchte – keine einzige Silbermine. Die ersten Silberladungen seien vermutlich aus den Minen von Kongsberg gestohlen worden, so heißt es. In jedem Fall bewiesen die Setesdaler genügend handwerkliches Geschick um diesen Wirtschaftzweig im Tal zu etablieren.

Im Folgenden wird eine Reise durch das Setesdal von Süd nach Nord beschrieben.

Evje-Hornnes

Die 1500 Einwohner zählende Doppelgemeinde trägt zwei Loren im Wappen: letzte Erinnerung an die reiche Vergangenheit der 1946 stillgelegten Nickelerzgruben.

Die Gruben wurden ab 1844 betrieben und neben Nickel wurden auch Quarz, Feldspat und andere Mineralien gefunden. Mittlerweile sind sie zu einem **Mineralienpark** nebst **Mineralien-Lehrpfad** ausgebaut worden und bieten ein abwechslungsreiches Programm für Urlauber.

Auch Angler zieht es nach Evje, denn nirgends sonst im südlichen Norwegen kann man derart bequem – ganz einfach neben der Straße – und derart erfolgversprechend angeln. Vor allem Lachse, Barsche und Forellen beißen hier besonders gut. Seit einigen Jahren treffen sich auch immer mehr Kanuten und Raftingsportler im Sportzentrum 5 km nördlich der Ortschaft.

Evje-Hornnes

Basis-Infos

Information Evje og Hornnes Turistkontor, im gelben Gebäude mit dem Grasdach. Neben Hinweisen zu Unterkünften und allgemeinem Informationsmaterial gibt es auch Angelkarten. Mo–Fr 10–17 Uhr, Sa 10–14 Uhr. ℡ 37931400, turistinfo@evjeutvikling.no.

Evje im Internet: Aktuelle Infos unter www.visitevje.no und www.setesdal.com.

Verbindungen Pkw: Evje liegt an der Route 9, rund 65 km nördlich von Kristiansand bzw. 180 km südlich von Haukeligrend.

Bus: Der *Setesdalekspressen* (Nr. 221; www.nor-way.no) fährt mehrmals tägl. zwischen Haukeli – von hier Anschluss nach Bergen oder Oslo – und Kristiansand mit Stopps in allen relevanten Ortschaften im Setesdal.

Angeln Am besten bei den Stromschnellen nördlich von Evje, wo die Otra als Abfluss des Bygland-Stausees rauschend in ihr Bett zurückfindet. Das Auto am Parkplatz längs der Straße abgestellt, die Angelrute ausgepackt und schon kann man die Köder auswerfen um eine leckere *bleke* zu fangen, wie der Zwerglachs dieser Gegend genannt wird. Angellizenzen bekommt man beim Odden-Campingplatz und im Turistkontor.

Gokartfahren Mit 70 km/h kann man in Minirennwagen um den 1100-m-Rundkurs brausen (7 km südlich von Evje an der RV 9). Allerdings muss man dafür älter als 12 Jahre sein. Kindern zwischen 8 und 12 steht eine eigene, altersangepasste Bahn zur Verfügung (5 Min. 60 NOK). Erwachsene 100 NOK/5-Min.-Fahrt, 250 NOK für 15 Min. Ständig wechselnde Zeiten, zur Orientierung: Mai–Aug. tägl. 9–18 Uhr. ℡ 90927214, www.gokartevje.no.

Elchsafari Eine Biber- und Elchsafari dauert rund 4 Std. und wird in den Abendstunden veranstaltet. Erwachsene 300 NOK, Kinder 250 NOK. Über **TrollAktiv** (s. u.).

Internet Evje og Hornnes bibliotek, Mo/Di, Do 14–19 Uhr, Mi 10–15 Uhr. In Evje, ℡ 37932346. **Kostenloser Hotspot** im Ort.

Mineralienpark Mineralparken, 1992 wurde die Sehenswürdigkeit eröffnet, die wunderbar informativ Einblick in die Welt der Mineralien gibt. Die Ausstellungen zeigen auch verschiedenes Gerät, das im Bergbau benötigt wird. Mai–Sept. tägl. 10–17 Uhr, Ende Juni bis Mitte Aug. bis 18 Uhr. Eintritt 110 NOK, Kinder 65 NOK. ℡ 37931310, www.mineralparken.no.

Rafting/Kajak/SUP TrollAktiv, die rasanten Fahrten über die Stromschnellen kosten ab etwa 450 NOK (ca. 3 Std.), für eine Kanu- oder Kajaktour zahlt man ab 350 NOK. Man kann hier auch Stand-up-Paddling lernen (350 NOK). An der Durchgangsstraße nördlich von Evje, ℡ 37931177, www.trollaktiv.no.

Fahrradleihe Ebenfalls über **TrollAktiv**, ein MTB kostet 150 NOK/Std.

Wandern Die Gegend um Evje ist bekannt für reiche Mineralvorkommen. Wer sich dafür interessiert, kann einen kleinen **Mineralwanderweg** abmarschieren. Knapp 3 km lang, braucht der geübte Wanderer gut eine Stunde, um all die informativen Tafeln über Tiere, Pflanzen und Ökosystem zu verarbeiten. Geöffnet Mitte Juni bis Mitte Aug. In der Touristeninformation gibt es Anregungen für weitere Wandertouren.

Supermarkt Kiwi, Mo–Fr 8–22 Uhr, Sa 9–21 Uhr, Evje.

Sonstiges Es gibt ein Geschäftszentrum mit kleinen Läden, außerdem eine Post, eine Bank und eine Tankstelle.

Angeln im Setesdal

Übernachten/Camping/Essen & Trinken

Übernachten/Camping Dølen Hotel, klein (15 Zimmer), antik (Baujahr 1920), charmant (ein hübsches Holzhaus) und schön gelegen (hinter Nadelbäumen am Fluss). Einige Zimmer mit Dusche, andere mit Badewanne, gemütlich sind sie alle. Gutes Restaurant. DZ ab 1150 NOK. ✆ 37930200, www.hoteldolen.no.

Evje Vandrerhjem, zusammen mit dem Setesdal Rafting & Aktivitetssenter (→ Aktivitäten) und deshalb perfekt für Leute, die dort ihre Abenteuer gebucht haben. Die von April bis Ende Sept. geöffnete Jugendherberge befindet sich 5 km nördlich von Evje. Im eigenen Zelt 60 NOK/Pers., Bett 200 NOK, DZ ab 430 NOK. Syrtveit, ✆ 37931177, www.vandrerhjem.no.

Odden Camping, schöner, gut ausgerüsteter, allerdings häufig ausgebuchter Campingplatz (drei Sterne). Man kann direkt am Fluss zelten oder in einer der vielen, schönen Hütten unterkommen. Außerdem Supermarkt, Minigolfanlage und Angelkarten. Camping ab 150 NOK, im WoMo ab 180 NOK, Strom 30 NOK, Hütten 400–1200 NOK. ✆ 37930603, www.oddencamping.no.

Evje-Kilefjorden Camping, wo sich die Reichsstraßen 39 und 42 treffen (15 km vor Evje), findet sich dieser große Drei-Sterne-Platz mit hohen Bäumen und mit 14 z. T. gut ausgestatteten Hütten. Zelten ab 100 NOK, im WoMo ab 180 NOK, Hütten 330–950 NOK. Hornnes, ✆ 37933285, www.evje-kilefjorden.no.

Essen & Trinken Cafeteria Pernille, im Zentrum. Kro mit preiswerten Gerichten: Tagessuppe um 60 NOK, Tagesessen für 109 NOK, Schnitzel mit Pommes 140 NOK. Mo–Fr 8–18 Uhr, Sa 8–16.30 Uhr, So 10–18 Uhr. Im 1. Stock über dem ICA-Supermarkt. ✆ 37930069, www.pernillekafe.no.

Møteplassen – Brød og Kaffe, im selben Gebäude wie die Touristeninfo. Es gibt guten Kaffee, frisches Brot und leckere Sandwiches (um 79 NOK). Mo–Fr 10–18 Uhr, Sa 10–15 Uhr, So 13–18 Uhr. ✆ 92418836.

Lauschig gelegene Ferienhütte

Einsame Badebucht am Byglandsfjord

Byglandsfjord und Bygland

Byglandsfjord profitiert v. a. von seiner traumhaften Lage am gleichnamigen See, in dessen glasklarem Wasser sich kleine Inseln und blitzblanke Holzhäuser spiegeln. Größte Attraktion ist das historische Dampfschiff „Bjoren", auf dem man Rundfahrten unternehmen kann.

Schon 1867 tuckerte der auch heute noch mit Holz befeuerte Dampfer über den See, ab 1896 auch um Bauern und Händler zur Endstation der damals neu eröffneten Setesdalsbanen zu bringen. Nach Einstellung der Bahnlinie im Jahr 1960 schienen auch die Tage der „Bjoren" gezählt, doch ein Privatverein nahm sich letztendlich des Schiffes an, ließ es auf einer Werft in Drammen restaurieren, sodass es 1994 in neuer alter Pracht in See stechen konnte.

Fährt man am Ostufer des Byglandsfjords gen Norden, so erreicht man die unscheinbare Ortschaft Bygland. Dort gibt es bis auf ein kleines Freilichtmuseum – das *Setesdalmuseum* in Rystad oder das *Huldreheimen Museum* in Bykle sind aber empfehlenswerter – und eine weiße Holzkirche aus dem Jahr 1838 nichts zu sehen. Allerdings lohnt sich die Umgebung für kleinere Wanderungen und Erkundungstouren, zumal die Gegend um Bygland bis auf den heutigen Tag als Norwegens südlichstes Luchsrevier gilt.

Byglandsfjord im Internet Aktuelle Infos unter www.setesdal.com.

Verbindungen **Pkw:** Byglandsfjord liegt an der Route 9, rund 75 km nördlich von Kristiansand bzw. 170 km südlich von Haukeli.

Bus: Der *Setesdalekspressen* (Nr. 221; www.nor-way.no) fährt mehrmals tägl. zwischen Haukeligrend und Kristiansand mit Stopps an allen relevanten Ortschaften im Setesdal.

Am Byglandsfjord

Schifffahrten D/S Bjoren, im Sommer kann man Rundfahrten auf dem historischen Dampfschiff von 1867 unternehmen. Information zu Fahrzeiten und Preisen gibt es im Revsnes Hotell, ℡ 37934650, www.bjoren.no.

Übernachten Revsnes Hotell, der dreistöckige Komplex auf einer Landzunge hat 53 solide Zimmer mit guter Ausstattung und angemessenen Preisen. EZ ab 900 NOK, DZ ab 1200 NOK. ℡ 37934650, www.revsneshotell.no.

Camping/Hütten ⟫ Mein Tipp: Neset Camping, ein absolut empfehlenswerter Platz, wunderschön am Ufer gelegen und perfekt ausgerüstet mit modernen Sanitäranlagen, Bootsverleih, kleinem Laden und Cafeteria. Außerdem soll hier das Wasser des Sees am wärmsten sein. Gleich gegenüber vom Platz startet eine schöne Wandertour (→ S. 420). Im WoMo ab 240 NOK, Hütten ab 550 NOK. ℡ 37934050, www.neset.no. ⟪

Longerak Hyttesenter og Camping, der Platz mit feinen Bade- und Angelmöglichkeiten liegt am See und an der RV 9 (12 km von Byglandsfjord). Zwar kaum Platz für Zelte und Wohnwagen, aber 15 Hütten. Camping ab 190 NOK, Hütten 390–590 NOK. ℡ 37934930, mobil 96208888, www.longerak.com.

Longerakhyttene, toll in die Landschaft integrierte Hütten mit Küchenzeile und 2 bzw. 3 Schlafzimmern. In der Hochsaison wird am liebsten wochenweise vermietet, auf Anfrage auch kürzer möglich. 2600–3900 NOK/Woche. ℡ 37934950, www.longerakhyttene.no.

Sonstiges Einkaufsmöglichkeiten, Tankstelle.

Sehenswertes in der Umgebung von Bygland

Reiårsfossen: Der gigantische Wasserfall stürzt bei **Ose** – auch Endstation der „Bjoren"-Bootsfahrt – am Nordrand des Sees 300 m tief in die Otra. Über einen privaten Waldpfad (30 NOK Maut) gelangt man nach zehnminütigem Spazierweg zum höchsten Punkt des Wasserfalls. Von dort führen markierte Wanderwege (mit Infotafeln) ins Gebirge.

Weiterfahrt: Geadeaus weiter gen Norden nach Valle (→ S. 383) oder Richtung Sirdal. Kurz vor Nomeland zweigt die RV 45 (ausgeschildert: Fv 337) ins Sirdal ab.

> Wanderung 6: Auf den Årdalsknapen → S. 420
> Nach einem teils recht steilen Aufstieg kann man vom Gipfel den Blick auf den Byglandsfjord genießen.

Abstecher ins Sirdal

Das lang gestreckte Tal zwischen Setesdal und Stavanger ist kaum erschlossen und fast unberührt. Steile Hänge und tiefe Wälder um den 27 km langen Sirdalsee laden zum Jagen, Angeln, Wandern und Skifahren ein.

Noch sind es vornehmlich Norweger aus dem 100 km entfernten Ballungsraum Stavanger/Sandnes, die im abgeschiedenen Tal ihren Urlaub verbringen – meist handelt es sich dabei um Skiurlaub im späten Frühling. Wenn, je nach Schneelage, ab Ende Mai auch die oberen Talstraßen – der *Suleskardvegen* ins Setesdal und *Lysebotnvegen* gen Westen – geöffnet werden, erlebt man Skiwanderer, die in Turnhose oder gar im Bikini dem Sommer entgegenloipen. Hauptattraktion ist der alljährliche Schafabtrieb Anfang September (→ Kasten).

Basis-Infos

Information Sirdal Ferie, ganzjährig Reiseinfos zum Sirdal, außerdem Vermittlung von Hütten (400–1400 NOK). Tjørhom, ✆ 38377800, post@sirdalsferie.com.

Im Sommer gibt es eine Infostelle in Tonstad, ✆ 38370586.

Sirdal im Internet: www.sirdalsferie.com.

Verbindungen Pkw: Von Tonstad sind es 60 km an die Küste nach Flekkefjord, bzw. etwa 100 km ins Setesdal.

Bus: Mehrmals tägl. halten die Sirdal-Busse am Marktplatz in Tonstad, binden die anderen Ortschaften im Tal an und fahren außerdem in Richtung Setesdal und an die Küste nach Flekkefjord. www.177-agder.no.

Ausflug zum Svartevassdamm Oberhalb von Åndernam führt eine ausgeschilderte Erdstraße 12 km weit durch das unberührte Ørnefjell zum riesigen Svartevassdamm. Auf der 7 m breiten Dammkrone der 400 m langen Staumauer kann man umherspazieren und den 1,4 Mrd. m³ großen Stausee bewundern. Das kleine Duge-Kraftwerk am Ende des Damms ist für die Öffentlichkeit dagegen nicht zugänglich.

Hundeschlitten Aktiv Villmark Opplevelse, Fahrten im Hundeschlitten gibt es ab 500 NOK/Pers., eine Mehrtagestour mit 1–3 Übernachtungen ab 3000 NOK. Tonstad, ✆ 38371862, www.kvinen.no.

Skifahren Im Skigebiet Sirdal gibt es 15 Lifte, 45 Pisten, Leihstationen und Skischulen. In der **Sirdal Ski & Brett Skole** kann man alles lernen, was man auf der Piste oder in der Loipe können muss. 2 Pers. zahlen für 80 Min. Unterricht 550 NOK/Nase. Trotz der Größe hält das Gebiet dem Vergleich mit den Abfahrten im Gudbrandsdal oder in Hovden nicht stand. www.sirdalskiskole.no.

Sonstiges Im Tal gibt es Banken, Poststellen, Einkaufsmöglichkeiten und medizinische Versorgung in Tonstad und Sinnes, Spritvorräte gut einteilen.

Spektakel im Sirdal

Im Sirdal fallen riesige Pferche auf – Sammelstellen für Schafe. Die Schafzucht, heute nur noch als Hobby betrieben, bildete über Jahrhunderte den Haupterwerb der Talbauern. Bis heute werden die Schafe am 20. Juni in die Berge geführt, wo sie in der ersten Septemberhälfte mühsam gesammelt und gen Tal in die Gehege getrieben werden, aus denen die Besitzer ihre Tiere dann wieder aussortieren. Der Schafabtrieb im Sirdal lockt alljährlich Tausende von Touristen ins Tal. Für die meisten Schafe jedoch endet der für Touristen äußerst fotogene Abtrieb kurz darauf im Schlachthaus.

Übernachten/Camping/Essen & Trinken

Übernachten/Camping Sirdal Høyfjellshotell, großes Berghotel mit kommoden Zimmern, Restaurant und Pub. Nördlich von Sinnes gelegen. DZ ab 1400 NOK. ✆ 38377400, booking@hotel.as, www.hotel.as.

Tonstadli, Hütten und Camping. Oberhalb von Tonstad (an der Hauptstraße ausgeschildert) vermietet die Kirchengemeinde einfache, aber ausreichende Hütten (klein ohne Bad, groß mit Bad). Camper finden einen guten Sanitärblock. Hütten 450–900 NOK. ✆ 38377480, www.tonstadli.no.

Sirdal Bygg A/S, Hütten mit bis zu 18 Übernachtungsplätzen hat das Unternehmen in und um Tjørhorn (6 km südlich von Sinnes) im Angebot. Nicht immer auf dem neuesten Stand, einzig sind die Blockhäuser in der Einsamkeit. 500–1500 NOK. ✆ 38379880, www.sirdalbygg.no.

Sageneset Feriesenter, fast schon luxuriöse Hütten für 6–8 Pers., die ganzjährig jeden Komfort bieten (tolles Bad, Fußbodenheizung, perfekte Küche). Ab etwa 2500 NOK/Woche. Tjørhom, ✆ 38371300, www.sageneset.no.

Suleskard Camping, direkt an der wenig befahrenen Straße ins Setesdal. 10 hübsche Hütten mit Dusche und WC, mit Platz für bis zu 9 Pers. Ansonsten einfach ausgerüsteter Platz, aber mit guten Sanitäranlagen. Camping ab 160 NOK, Hütte 500–700 NOK. ✆ 38371113, www.suleskard.no.

Haugen Hytteutleie og Camping, ca. 3 km nördlich von Sinnes und 300 m neben der RV 45 sind 20 Komfort-Hütten im Wald versteckt, außerdem 70 Wiesen-Stellplätze, je ab 150 NOK. Hütten ab 450 NOK. ✆ 38371283, h-kio@online.no.

Essen & Trinken Sirdals Tradisjonsmat, im Lokal von Torbjørg Haugen werden traditionelle Gerichte aus lokalen Zutaten kredenzt. Vorbuchungen nötig. Tjørhom, ✆ 38371346, www.sirdaltradisjonsmat.no.

Tonstad Bakeri, frisches Gebäck, Kaffee und kleine Snacks. Mo–Do 7–16.30 Uhr, Fr 7–18 Uhr, Sa 7–15 Uhr. ✆ 38370122.

Reise durch das Sirdal von Nord nach Süd

Sinnes: Der Ort am Svartevatn hat sich mit dem Nachbardorf Tjørhom zum Zentrum für Wintersport im oberen Sirdal entwickelt. Vier Schlepplifte, 150 km gespurte Loipen, zwei Skischulen sowie Fahrten mit Pferde- und Hundeschlitten sind im Programm. Und Jahr für Jahr wachsen neue Anlagen um den See und an der Straße. Skiläufer im Winter und Angler im Sommer sind die Gäste, auf die man zählt. Entsprechend gibt es kein Hotel ohne Skikeller und keine Hütte ohne Küchenecke zum Schuppen der Fische.

Tonstad: Das Haufendorf am Nordende des Sirdalvatnets kann mit einem Rekord aufwarten: Die Einwohner haben die höchste Lebenserwartung im ganzen Land. Das habe mit der reinen Luft zu tun, so wird gerne behauptet. Tatsächlich verpestet hier kein Industriebetrieb die Umwelt, und weil es nur eine wenig befahrene Straße gibt, hält sich auch die Verunreinigung durch Autoabgase in Grenzen. Es lebt sich also gut in Tonstad und das können auch die Touristen nutzen: Am kleinen, modernen Marktplatz findet man zwei Supermärkte, eine Post, Banken und ein gemütliches Bäckerei-Café. Zu sehen gibt es die 700 m tief in den Fels hineingebauten Anlagen des Tonstad-Wasserkraftwerks.

Geführte Touren in der Tonstad Power Station von Juli bis Mitte Aug. immer Mo und Fr. 95 NOK/Pers., Kinder 50 NOK. ✆ 38379330.

Sirdalvatnet: Der 27 km lange See ist schmal wie ein Fjord und seine bewaldeten Ufer lassen immer wieder Platz für klitzekleine Badestellen. Außerdem kann man Kanus leihen, nach Forellen angeln oder auf Bibersafari gehen (Tickets und Verleih im Touristenbüro). Besonders attraktiv ist ein Ausflug zur kleinen Insel, auf der sich der Überlieferung zufolge Wikingerkönigin Astrid mit ihrem Sohn Olav Trygvason, der später ein sagenumwobener König wurde, monatelang vor Feinden versteckt hielt.

Geführte Bootstouren auf dem See von Anfang Juli bis Mitte Aug. immer mittwochs, Treffpunkt 12 Uhr an der Touristeninformation Tonstad. 150 NOK/Pers., Kinder 100 NOK. ✆ 38379330.

Valle und Rysstad

Valle ist Hauptort des Setesdals und wie das benachbarte Rysstad Hochburg der Silberschmiede. Da es aber keine Silbervorkommen in der Region gibt, vermutet man, dass die ersten ihrer Zunft einst gestohlenenes Silber aus Kongsberg verarbeiteten.

Ein paar hundert Jahre ist das allerdings schon her. Und egal wo das Rohmaterial damals herstammte, die Bewohner bewiesen genügend Fingerfertigkeit um das filigrane Handwerk in der Region zu etablieren. Noch heute gibt es einige Betriebe und man kann handgefertigte Stücke in praktisch allen Preisklassen erwerben. Nennenswerteste Sehenswürdigkeit ist das informative Setesdalmuseum in Rysstad. Außerdem gibt es ein Kunsthandwerkszentrum zu besichtigen und im Sommer regelmäßige Führungen im Brokke-Kraftwerk. Gräberfunde in **Flateland** nördlich des Siedlungskerns belegen übrigens, dass hier bereits im 10. Jh. Wikinger siedelten.

Lysefjordveien – in 27 Kehren 800 m tief hinab

Es beginnt ganz beschaulich, denn die im Norden des Tals nach Westen abknickende Landstraße schlängelt sich zunächst gemächlich durch bewaldete Höhen und an kleinen Gebirgsseen der Sirdals-Heide vorbei bis zum 900 m hohen **Andersvatnet**. Dann aber beginnt die vielleicht aufregendste Abfahrt Norwegens. Über 27 Kehren fällt die nur 3 m breite Straße 800 m tief zum Lysefjord ab. Dort wartet das originelle Restaurant „Adlernest" direkt über dem Fjord, ebenso die Lysefjord-Fähre. Von dort ist auch eine Wanderung zum **Kjerag-Stein** möglich – die 3:30 Wanderstunden zu dem spektakulären Zwillingsfelsen, zwischen dessen Säulen sich ein Felsbrocken wie ein Korken geschoben hat, werden mit einer großartigen Aussicht über den Fjord belohnt (siehe auch S. 263).
Hinweis: Für Wohnwagengespanne ist diese Fahrt nicht geeignet.

Basis-Infos

Information Valle Turistkontor, im Zentrum. Zur Besichtigung des Kraftwerks muss man sich anmelden. Mo–Fr 7.30–15 Uhr; Anfang Juni bis Ende Aug. Mo–Fr 10–17 Uhr, Sa 10–14 Uhr. ✆ 37937529, valle@setesdal.com.

Valle im Internet: www.setesdal.com.

Verbindungen Pkw: Valle liegt an der Route 9, rund 150 km nördlich von Kristiansand bzw. 95 km südlich von Haukeligrend.

Bus: Der *Setesdalekspressen* (Nr. 221; www.nor-way.no) fährt mehrmals tägl. zwischen Haukeligrend und Kristiansand mit Stopps an allen relevanten Ortschaften im Setesdal.

Baden Marhyl heißt der Badeplatz gegenüber des Kraftwerks von Brokke (keine Angst, das Werk arbeitet mit Wasserkraft) und 3 km nördlich von Rysstad. Glatt geschliffene Steine sowie ein kleiner Strand laden ein zum Bad im klaren, häufig jedoch kühlen Flusswasser.

Elchsafari Für ihren Elchbestand ist die Gemeinde berühmt. 150 Tiere werden Jahr für Jahr zum Abschuss in der Jagdsaison (Sept./Okt.) freigegeben. Früher im Jahr geht's 3-mal wöchentlich unter fachkundiger Führung auf Elchpirsch – geschossen wird dann nur mit dem Fotoapparat. Termine und Preise (richten sich nach Teilnehmerzahl) in der Touristeninformation.

Internet Kostenloser Internetzugang in der Touristeninformation.

Wandern Zwischen Valle und Bykle findet man Gelegenheit zum Spaziergang: **Byklestigen**, 1770 angelegt und bis zur Jahrhundertwende noch in regelmäßigem Gebrauch, war ehedem die einzige und obendrein gefährliche Verbindung zwischen beiden Orten. Heute ist der Pfad durch Geländer gesichert, mit auch deutschsprachigen Schildern gespickt und gefahrlos in 45 Min. zu bewältigen (direkt an Straße und Fluss, ca. 5 km vor Bykle, unmittelbar nach Verlassen eines Tunnels).

Sonstiges Post, Bank, Tankstelle, Supermarkt.

Übernachten/Camping/Essen & Trinken

Übernachten/Camping Solvgarden Hotel & Feriesenter, hier gibt es günstige Motelzimmer, edle und etwas teurere Hotelzimmer, kleine Campinghütten und komfortable Lodges für bis zu 8 Pers. Dazu Camping-Stellplätze, ein gutes Restaurant und sogar eine Silberschmiede mit Verkauf. Motel-DZ ab 1200 NOK, Hütten ab 400–1450 NOK, Camping ab 160 NOK. Rysstad, ℡ 37936130, www.solvgarden.no.

Valle Motell & Camping, große Anlage mit grasgedeckten Dächern. Neben Motelzimmern, Hütten und Stellplätzen gibt es auch eine Cafeteria und ein Pub. EZ ab 650 NOK, DZ ab 790 NOK, Hütten 400–900 NOK. ℡ 37937700, www.valle-motell.no.

Flateland Camping, der hübsche Platz am Fluss mit 18 grasgedeckten Hütten ist rundum zu empfehlen. Zelten ab 140 NOK, im WoMo ab 160 NOK, Hütten 350–500 NOK. ℡ 95005500, www.flatelandcamping.no.

Tveiten Camping, der große Drei-Sterne-Campingplatz liegt 3 km südlich von Valle und bietet Hütten für 2 bis 4 Pers. Camping ab 160 NOK, Hütten 300–550 NOK. ℡ 37937478.

Essen & Trinken Solvgarden Restaurant, in oben genanntem Hotel. Hauptgerichte kosten 200–280 NOK, Pizzen 160–250 NOK. Restaurant: So–Do 11–21.30 Uhr, Fr/Sa bis 22 Uhr, Bar bis 1 Uhr.

Sehenswertes in der Umgebung

Setesdalsmuseet: In **Rysstad** findet sich auch die Zentrale des Setesdal-Freilichtmuseums. Hier werden auf anschauliche Weise das Leben, die Kultur und die Geschichte des Tales dokumentiert. Es gibt Ausstellungen zu uraltem Brauchtum, aber auch zu aktuelleren Themen wie dem Kraftwerksbau. Die nachgebauten *Tunets* (Bauernhöfe) der Region sind liebevoll aufbereitet – achten Sie besonders auf den für das Setesdal typischen *Stabbur*, ein Vorratshaus auf Stelzen. Weitere Außenstellen befinden sich in **Tveiten** und **Rygnestad** und sind jeweils an der Straße ausgeschildert.

Rysstad: Mo–Fr 12–15 Uhr; Mitte Juni bis Mitte Aug. tägl. 11–17 Uhr, in der Übergangszeit Mo–Fr 10–15 Uhr. **Tveitetunet**: 2012 wegen Restaurierungsarbeiten nicht zu besuchen, neue Öffnungszeiten ab 2013 im Internet. **Rygnestadtunet**: Juli bis Mitte Aug. tägl. 11–17 Uhr. Eintritt 50 NOK, Kinder 25 NOK. ℡ 37936303, www.setesdalmuseet.no.

Typisches Speicherhaus

Bykle

Auf dem 600 m hohen Kamm warten eine Kapelle, stilvolle Gehöfte und eine gewaltige Aussicht über das 1400 m hohe Fjell auf den Reisenden. Grund genug um hier einen kurzen Stopp einzulegen.

Die **Bykle Kyrkje**, so der Name der kleinen Kapelle, stammt aus dem Jahre 1619 und zählt zu den kleinsten Norwegens. Bekannt ist sie v. a. für ihre einmaligen Rosenmalereien. Schaut man sich die Grabsteine des Friedhofs an, so erkennt man, dass Ende des 19. Jh. kaum eine Frau älter als 30 Jahre wurde und kein Mann älter als 60. Heute liegt das Sterbedatum im Durchschnitt bei 75 Jahren – das Leben wurde auch im Setesdal leichter.

Links neben der Kapelle stehen sechs uralte Setesdal-Häuser des **Huldeheimen-Freilichtmuseums**, das älteste, ein Heuschober aus Valle, stammt aus dem 12. Jh. Selbst außerhalb der Öffnungszeiten lohnt der Weg hangaufwärts, denn auch von außen sind die Häuser inmitten wilder Blumenpracht eine Augenweide.

Verbindungen Pkw: Bykle liegt an der Route 9, rund 190 km nördlich von Kristiansand bzw. 45 km südlich von Haukeligrend.

Bus: Der *Setesdalekspressen* (Nr. 221, www.nor-way.no) fährt mehrmals tägl. zwischen Haukeligrend und Kristiansand mit Stopps an allen relevanten Ortschaften im Setesdal.

Übernachten/Camping/Essen Bykle Hotel, die Zimmer sind schlicht, aber wirklich angenehm und wohnlich. Außerdem gibt es ein Restaurant mit guten Hauptgerichten (200–240 NOK). EZ 900 NOK, DZ ab 1200 NOK (inkl. Frühstück). ☎ 37938999, www.byklehotell.no.

Byklestøylane Camping, ein einfacher Grasplatz mit einfachen Hütten und noch annehmbaren Anlagen. Hütten ab 350 NOK. ☎ 37939124.

Sanden Såre Bubilpark, ungefähr in der Mitte zwischen Valle und Bykle befindet sich dieser SB-Park wunderschön an der Otra gelegen und in die Natur integriert. Es gibt Sanitäranlagen, Strom und Wasser. Keine Rezeption, das Geld (160–220 NOK) wirft man einfach in eine Kasse. ☎ 91176213.

Hovden

Um den Urlaubsort gruppieren sich Unmengen an Herbergen, Hotels und Hütten. Woher das Bauholz stammt, sieht man an den Pistenschneisen im ohnehin spärlichen Wald – Hovden zahlt seinen hohen Preis für den Titel „Skicenter im Setesdal".

Dieser etwas befremdende Anblick eröffnet sich freilich nur im Sommer und das kennt man ja auch aus anderen Skigebieten. Im Winter präsentiert sich der Ort dann wieder in schneeweißer Pracht und Tausende von Skifahrern und Loipenwanderern wuseln durch die schneesicheren Reviere um den 1250 m hohen Hausberg **Nos**. Die durchschnittliche Schneehöhe zwischen November und Mai liegt bei über 1,20 m.

Aber von dem etwas unschönen Anblick der schneefreien Skipisten einmal abgesehen hat Hovden auch für Sommerurlauber Etliches im Angebot. Man kann im **Hartevatn-Fluss** angeln, im modernen Badeland plantschen und natürlich auch die Region erwandern. Im **Hovden Jernvinnemuseum** – einem Bergwerksmuseum – wird man in Zeiten zurück versetzt, als Wikinger hier ihr Eisen schmiedeten, das sie aus den Mooren der Umgebung gewannen. Besonderer Clou: Informationen (auch auf Deutsch) werden akustisch, visuell und selbst olfaktorisch – z. B. als Kohle- oder Rauchgerüche – übermittelt.

Binnenland

Basis-Infos

Information Hovden Ferie, ganzjährig geöffnet. Mo–Fr 9–16 Uhr; Jan.–April und Mitte Aug. bis Ende Dez. auch Sa 10–15 Uhr; Mitte Juni bis Mitte Aug. auch So 10–15 Uhr. Am Marktplatz, ℡ 37939370, post@hovden.com.

Hovden im Internet: www.hovden.com.

Verbindungen Pkw: Hovden liegt an der Route 9, rund 210 km nördlich von Kristiansand bzw. 35 km südlich von Haukeligrend.

Bus: Der *Setesdalekspressen* (Nr. 221; www.nor-way.no) fährt mehrmals tägl. zwischen Haukeligrend und Kristiansand mit Stopps an allen relevanten Ortschaften im Setesdal.

Angeln/Bootfahren Angelscheine gibt es in der Touristeninformation und die lohnen sich hier. In den Gebirgsseen oder der Otra beißen die Fische gut. Am Hartevatnes kann man sich außerdem Boote leihen (z. B. in der *Hegni Friluftsområde*: Kanu 100 NOK/Std., ℡ 37939370).

Baden Es gibt zahlreiche Badeplätze entlang der Otra, einige davon richtig lauschig und abgelegen. Für Schlechtwettertage bietet sich das **Hovden-Badeland** an, eine künstlich angelegte, überaus pfiffige Badelandschaft mit Wasserfällen, Rutschen und Whirlpools – tropisches Badevergnügen in Nordland. 135–150 NOK/Tag, Kinder 110–120 NOK. Öffnungszeiten variieren stark, meist 12–17 Uhr, am Wochenende 11–19 Uhr. ℡ 37939393, www.badeland.com.

Fahrradverleih Verleih von Mountainbikes in der Touristeninformation.

Golf Hovden Golfklubb, Greenfee auf dem 18-Loch-Par-68-Kurs ab 250 NOK. ℡ 92605026, www.hovdengolf.no.

Museum Hovden Jernvinnemuseum, eine rekonstruierte Eisenhütte aus der Wikingerzeit. Juli bis Mitte Aug. tägl. 11–17 Uhr. Eintritt frei. Außerhalb der Sommer-Öffnungszeiten darf man sich den Museumsschlüssel im Touristenbüro holen. ℡ 37936303, www.setesdalmuseet.no.

Skifahren Hovden Ski Senter, Skifahrer können sich über 27 km präparierte Abfahrten, 2 Expresssessellifte, mehrere Schlepplifte, etliche unpräparierte Abfahrten und einen Snowpark freuen. Außerdem 160 km gespurte Loipen, teils wunderbar auf über 1250 m gelegen. Skipass 365 NOK/Tag, Materialmiete 350 NOK, Langlaufausrüstung 200 NOK. Außerdem ein umfangreiches Angebot an Skikursen. www.hovdenalpinsenter.no

Wandern Es gibt zahlreiche Möglichkeiten, in der Touristeninfo wird man gut beraten. Beispielsweise kann man mit dem Sessellift auf den Ber Nos fahren und von dort zu Touren aufbrechen. Lift: 90 NOK, Kinder 60 NOK; Ende Juni bis Anfang Aug. tägl. 11–14 Uhr, Anfang Aug. bis Mitte Okt. nur Mi, Sa/So 11–14 Uhr.

Supermarkt Kiwi, Mo–Fr 8–22 Uhr, Sa 9–20 Uhr, Hovden.

Sonstiges Das Touristenmekka bietet alles, was man braucht: Post, Banken, Tankstelle, medizinische Versorgung und Apotheken.

Übernachten/Camping/Essen & Trinken

Übernachten/Camping Hovden Høyfjellshotell, seit der Rundum-Erneuerung ist das 69-Zimmer-Hotel mit nächster Lage zu den Liften wieder top – zumindest im Inneren: Sauna, Schwimmbad, Restaurant und Bar. EZ 900–1400 NOK, DZ 1200–2000 NOK. ℡ 37938800, www.hovdenresort.com.

Hovdestøylen Hotell & Hyttetun, schöne Anlage, links am Ortseingang gelegen. 41 Hotelzimmer, 13 geschmackvolle Hütten für bis zu 5 Pers. und 7 Lofts für bis zu 8 Pers. werden angeboten; zudem Schwimmbad, Saunen, verschiedene Restaurants, Bar und Billardzimmer. DZ um 1500 NOK. ℡ 37938800, www.hovdenresort.com.

Hovden Høyfjellsenter, wie ein kleines Gebirgsdorf wirkt die Anlage mit 33 schicken Hütten (bis 80 m² für bis zu 12 Pers.), 11 kleinen Appartements (Du/WC, Miniküche) und einem Hostel mit 24 einfachen, aber geschmackvollen Zweibettzimmern. Hütten ab 900 NOK, Appartements ab 890 NOK, DZ ab 600 NOK. ℡ 37939501, www.hovdenhoyfjellsenter.no.

Hovden Vandrerhjem, gehört zur Hovden Fjellstoge. Im Bereich der Jugendherberge gibt es eine Gemeinschaftsküche, einen

Aufenthaltsraum und Waschmaschinen. Bett 300 NOK, DZ 650 NOK, mit eigenem Bad 990 NOK, Familienzimmer 750 NOK. Lundane, ✆ 37939543, www.hovdenfjellstoge.no.

Hovden Fjellstoge, auch Wintercamping. 50 Wohnwagenstellplätze, gute Sanitäranlagen und einige richtig edle, große und gut ausgestattete Hütten für bis zu 10 Pers. Camping 290 NOK, einfache Campinghütten ab 750 NOK/Tag, große Hütten bis 13.000 NOK/Woche. ✆ 37939543, www.hovdenfjellstoge.no.

Essen & Trinken Trond's Mat & Vinhus, kleine Snacks gibt es schon für rund 80 NOK, das wechselnde Tagesgericht für etwa 120 NOK und reguläre Hauptgerichte, z. B. Hächnchenbrust mit Pastasalat, kosten ab 160 NOK. Tägl. 11–17 Uhr, Fr bis 19 Uhr, Sa bis 21 Uhr. Fjellgardstun, ✆ 37938333.

Kaffeebar, hier gibt es neben etlichem Dekokram auch Wolle, guten Kaffee und kleine Snacks. Sehr gemütlich. Mo–Sa 10–17 Uhr. Gegenüber der Touristeninformation.

Um den Mjøsasee

Norwegens mächtigster See ist über 100 km lang und mit 368 km² Fläche rund viereinhalbmal so groß wie der Chiemsee. Das verhältnismäßig milde Klima macht die Ufer des Mjøsa nicht nur zum größten Gemüseanbaugebiet des Landes, sondern auch zu einer beliebten Urlaubsregion.

Bedeutsam war der See, der ganz im Osten des südnorwegischen Binnenlandes liegt, schon früh als Transportweg für Waren aus dem Gudbrandsdal nach Oslo und für den Reiseverkehr zwischen Oslo und Trondheim. Die Seefahrt verkürzte auf geruhsame, gleichwohl flotte Weise den mühseligen Ritt oder Fußmarsch. In den 80er-Jahren des 19. Jh. befuhren 40 Dampfschiffe den See. Von dieser Tradition ist heute lediglich eine Touristenattraktion besonderer Art geblieben: ein Törn mit „Skibladner", dem ältesten, fahrplanmäßig verkehrenden Raddampfer der Welt.

Die wichtigsten Ortschaften um den Mjøsa sind **Lillehammer** im Norden – die Stadt markiert den nördlichsten Punkt, der in diesem Reiseführer beschrieben wird –, **Gjøvik** im Westen und **Hamar** im Osten. Von Oslo aus ist der See schnell zu erreichen: entweder über die E 6 (Ostseite) oder die RV 4 (Westseite). Wer aus Richtung Hardangervidda anreist, muss etwas mehr Zeit einplanen, da hier die Fahrt größtenteils über kleine Gebirgsstraßen führt.

Die Austragung der Olympischen Winterspiele 1994 brachte wirtschaftlichen Aufschwung und letztendlich auch zunehmend Touristen in die Region. Lange galt allerdings die Wasserqualität des riesigen, von bewaldeten Höhen umrahmten Sees als nicht die beste, doch mittlerweile wird wieder sorglos gebadet. Am günstigsten geht das am feinsandigen Strand des Ostufers, das dicht besiedelte Westufer ist mit Ausnahme weniger Badeanstalten fest in privater Hand.

Der historische Dampfer „Skibladner"

Mit dem „Skibladner" über den Mjøsasee

Das 1856 gebaute Schiff war als Transportschiff für Waren und Menschen konzipiert und sollte im Anschluss an die erste, 1854 fertiggestellte Eisenbahnlinie von Oslo nach Eidsvoll das Gudbrandsdal versorgen. Die Fahrt über den See verkürzte die Reisezeit erheblich, außerdem war das Schiff mit seinem Dampfantrieb sehr zuverlässig. Kein Wunder, dass man das Schiff auf den Namen „Skibladner" taufte – in Anlehnung an das sagenhafte Boot des Wikingergottes *Frøy* (auch *Freyr*), das ohne Unterlass fahren konnte, weil sich seine Segel unablässig blähten.

Heute transportiert die „D. S. Skibladner" nur noch Touristen, das aber mit gleicher Zuverlässigkeit und Eleganz wie eh und je. In zwölf Stunden geht es bei maximaler Geschwindigkeit von 14 Knoten – etwa 26 km/h – um den See. Man muss natürlich nicht die ganze Tour mitfahren, sondern kann auch nur für einzelne Etappen an Bord gehen. Im Sommer gibt es außerdem besondere Ausflugfahrten, z. B. Jazz-Session auf See.

Weiterfahrt: Wer von Süden (aus Oslo oder Eidsvoll) kommend am Mjøsasee entlangfährt und sich die Überfahrt über den See spart, sollte sich ab **Espa** die Chance zu einem kleinen, aber schönen Umweg über die Rv 222 nicht entgehen lassen.

Skibladner Fahrplan (Mitte Juni – Mitte August)

Nordroute Abfahrt (Di, Do, Sa) ab:	Südroute Abfahrt (Mi, Fr, So) ab:
Gjøvik 9.30 Uhr	Gjøvik 9.30 Uhr
Hamar 11.15 Uhr	
Gjøvik 12.40 Uhr	Kapp 10.20 Uhr
Moelv 13.30 Uhr	Hamar 11.15 (So 11.30) Uhr
Lillehammer 15.00 Uhr	Eidsvoll 14.20 (So 15.00) Uhr
Moelv 16.30 Uhr	Hamar 17.15 (So 18.15) Uhr
Gjøvik 17.30 Uhr	Kapp 18.00 (So 19.15) Uhr
an: Hamar 18.40 Uhr	an: Gjøvik 18.45 (So 20.00) Uhr

Verbindung	Preis einfache Fahrt	Preis Hin- u. Rückfahrt
Gjøvik – Eidsvoll	220 NOK	320 NOK
Hamar – Eidsvoll	180 NOK	280 NOK
Hamar – Lillehammer	220 NOK	320 NOK

Achtung: Das Museumsschiff ist regelmäßig ausgebucht, rechtzeitige Reservierungen sind zu empfehlen. Information und Buchungen ✆ 61144080, www.skibladner.no (auch auf Deutsch).

Lillehammer

Am südlichen Ende des Gudbrandsdals, an der Mündung des Lågen in den Mjøsasee, schmiegt sich Lillehammer wie ein großes Straßendorf an das Seeufer. Für gerade vier Hauptstraßen in Nord-Süd-Richtung und nur einige Quergassen reicht der Platz zwischen Kanthaugen-Höhenzug und See.

Stadtstruktur

Lillehammer ist wie fast alle Städte Norwegens eine Stadt für Fußgänger. Der südliche Teil der Storgata bildet eine malerische Fußgängerzone und ist Zentrum für Hotels, Kneipen und Restaurants. Die touristische Topattraktion, das **Freilichtmuseum Maihaugen**, kann man bequem bei einem kleinen Spaziergang erreichen. Höchstens der Anstieg zu den Olympiastätten über der Stadt verlangt ein wenig Kondition, aber hier kann man zur Not auch mit dem Auto hinfahren.

Stadtgeschichte

Vor den Olympischen Spielen besaß das Städtchen vier Tankstellen, zwei Pensionen und eine Käsehobelfabrik. Heute gibt es eine Fußbodenheizung in der Fußgängerzone, ein prächtiges Kulturhaus, eine moderne Gemäldesammlung und etliche tausend Einwohner mehr, die nicht nur wegen der verbesserten Verkehrsanbindung nicht mehr wegziehen wollen.

Der strukturarme Osten Norwegens – ohne den Ölreichtum des Westens und im Schatten der Hauptstadt – hat mit dem rund 26.000 Einwohner zählenden Lillehammer jetzt ein zukunftsweisendes Zentrum. Das hätten sich wohl die kühnsten Träumer nicht vorstellen können, denn noch vor weniger als 200 Jahren war *Litli Hamar*, so der Name damals, nur ein kleiner Marktflecken und Zweigstelle des älteren und mächtigeren Hamar. Einzige Bedeutung war, den Bauern des nördlich gelegenen Gudbrandsdales Vermarktungschancen für ihre Produkte zu bieten.

Auch mit Erlangung der Stadtrechte im Jahr 1842 und der Erfindung des Käsehobels zu Anfang des 20. Jh. durch *Thor Bjørklund* – die bis auf den heutigen Tag dem Ort eine bescheidene Industrie beschert – änderte sich nicht viel am Dornröschen-Dasein des Dorfes. Wohl aber der Einzug der Maler, die ebenfalls um die Jahrhundertwende das „Licht Lillehammers" entdeckten. Ihnen folgten Schriftsteller und Dichter und der Ort entwickelte sich zur Künstlerkolonie. *Bjørnstjerne Martinius Bjørnson* (1832–1910) – ihm wurde 1903 der Nobelpreis für Literatur verliehen – lebte bis zu seinem Tod im nur 8 km entfernt gelegenen Aulestad. *Sigrid Undset* (1882–1949), Gewinnerin des Literatur-Nobelpreises 1928, schrieb hier ihre Trilogie „Kristin Lavransdatter" und arbeitete insgesamt 38 Jahre lang bis zu ihrem Tod in Lillehammer. Ihr Haus in der nach ihr benannten Straße wird noch von der Familie bewohnt, ist aber nicht zu besichtigen.

Auch der Tourismus entwickelte sich um diese Zeit. Die Urlauber entdeckten flugs den Skilauf für sich und Lillehammer ist heute die einzige Stadt Norwegens mit einem Skiläufer im Wappen. Die Schneesicherheit begünstigte eine rasche Entwicklung zum Wintersportmekka, die 1994 mit den Olympischen Winterspielen seine Krönung erlebte. Und man hat sich durchaus geschickt angestellt in Lillehammer, sodass man einen Teil der olympischen Euphorie auch noch in der Zeit nach den Spielen profitabel nutzen kann.

Die Birkebeiner

Die uralte Sage um die Birkebeiner erzählt von spannenden Ereignissen im Jahr 1206. Während Erbfolgestreitigkeiten geriet Thronfolger *Håkon Håkonson*, ein Knabe im Säuglingsalter, in Lebensgefahr. Zwei Gefolgsleute des Königs retteten den Säugling und brachten ihn im winterlichen Gewaltmarsch von Lillehammer ins Østerdalen – auf Schneeschuhen aus Birkenholz. Eine leicht abgeänderte und historisch wohl korrekte Version besagt, dass *Birkebeiner* arme Bauern waren, die für Beinkleider zu arm waren und sich deshalb Birkenrinde um die Beine banden – „Birkebeiner" eben.

Letztendlich ist es aber auch gar nicht so wichtig, woher der Begriff genau kommt, in jedem Fall hat die Birkebeiner-Sage auch in moderne Zeiten Einzug gehalten. Alljährlich wird ein Skirennen entlang der 55 km langen Strecke, die einst die Kindesretter nahmen, veranstaltet. Tausende Teilnehmer gehen jedes Jahr an den Start und nehmen einen – den Säugling symbolisierenden – dreieinhalb Kilo schweren Rucksack mit auf die Strecke. Mittlerweile wird mit dem „Birkebeinerrittet" auch ein entsprechendes Radrennen veranstaltet, das 2009 mit über 15.000 Teilnehmern einen neuen Rekord aufstellte.

Basis-Infos

Information Lillehammer Turist, hier wird nicht nur informiert, sondern auch verkauft: Sämtliche Karten zum Besuch der Olympiastätten sind hier zu bekommen, z. B. auch eine organisierte Sightseeing-Rundtour zu allen Stadien in und um Lillehammer. Mo–Fr 8–16 Uhr, Sa 10–14 Uhr. Jernbantorget 2, ✆ 61289800, info@lillehammer.com.

Lillehammer im Internet: Viele Infos und Termine unter www.lillehammer.com.

Verbindungen Pkw: Lillehammer liegt rund 190 km nördlich von Oslo und ist perfekt über die E 6 zu erreichen. Fährt man gut 155 km gen Westen, so erreicht man die Ortschaft Gol im Hallingdal, von wo man auf der „Märchenstraße" zur Hardangervidda fahren kann.

Lillehammer

Bus: Perfekte Anbindung. Hier startet der *Øst-VestXpressen* (Nr. 162) Richtung Bergen mit Stopps auch in Voss oder Flåm. Außerdem halten hier der *Nordfjordekspressen* (Nr. 147) von Oslo nach Måløy, der *Gudbrandsdalekspressen* (Nr. 148) zwischen Oslo und Bismo/Dønfoss sowie der *Møre-ekspressen* (Nr. 145) von Oslo nach Hareid. Fahrpläne unter www.nor-way.no.

Zusätzlich gibt es jede Menge kleiner Regionallinien in die Ortschaften im Umkreis. Die Busstation liegt gleich neben dem Bahnhof.

Zug: Vom Bahnhof an der Jernbangate zwischen See und Storgata verkehren mehrmals tägl. Fernzüge von/nach Oslo (2:30 Std.) bzw. von/nach Trondheim (4:30 Std.).

Schiff: Lillehammer wird vom historischen Dampfer „Skibladner" angesteuert. Information und Fahrplan → S. 388.

Einkaufen Strandtorget, 53 Geschäfte unter einem Dach, von der Apotheke bis zum Sportshop. Außerdem ein Café und ein Kiosk. Im Zentrum am Kreisel, der den Verkehr der E 6 in die Stadt schleust. Mo–Fr 9–20 Uhr, Sa bis 18 Uhr. Sliperiveien 2, www.strandtorget.no.

Festivitäten Dola Jazz Festival, Mitte Oktober. Einige Konzerte sind gratis, andere kosten zwischen 50 und 300 NOK. www.dolajazz.no.

Weihnachtsmarkt, Lillehammer ist bekannt für seinen Weihnachtsmarkt im Maihaugen-Museum, und auch die Fußgängerzone erstrahlt in weihnachtlichem Glanz.

Birkebeinerrittet, Ende August. Die Stadt platzt an allen Nähten und Autokolonnen kriechen in Richtung Olympiaanlagen, wenn alljährlich das knapp 100 km lange Radrennen stattfindet. Historischer Hintergrund → Kasten. Rekordverdächtige 15.000 (!) Fahrer nahmen 2009 an dem Rennen teil.

Internet Lillehammer bibliotek, Mo–Do

Birkebeiner-Monument in der Innenstadt Lillehammers

11–18 Uhr, Fr/Sa 11–15 Uhr. Wieses gate 2, ✆ 61247140.

Supermarkt Rema 1000, Mo–Fr 7–22 Uhr, Sa 8–21 Uhr, nur 1,5 km vom Lillehammer Camping entfernt, Hagevegen 8.

Sonstiges Lillehammer hat sämtliche Einrichtungen einer Stadt. Banken, Post und Geschäfte konzentrieren sich um die Fußgängerzone (Storgata) und die Kirkegata.

Übernachten/Camping

→ Karte S. 392/393

Hotels/Motels/Hostels Rica Victoria Hotel **10**, der große Komplex in der Fußgängerzone – ein altes Holzhaus mit modernen Anbauten – hat elegant eingerichtete Zimmer zu bieten, ein eben solches Restaurant und alles, was ein Klassehotel sonst noch ausmacht. Standard-EZ 995 NOK, DZ ab 1295 NOK. Frühbucherrabatte. Storgata 84 b, ✆ 61271700, www.rica.no.

Molla Hotel **8**, 58 Zimmer in der Atmosphäre eines alten Getreidespeichers. Schlicht eingerichtete, nicht besonders große, aber eher gemütliche Zimmer. Mit Restaurant und Bar im Haus. DZ ab 1250 NOK. Elvegata 12, ✆ 61057080, post@mollahotell.no, www.mollahotell.no.

Birkebeineren Hotel & Apartments [4], das große, eigens zu den Olympischen Spielen errichtete Hotel oberhalb der Stadt bietet schmucke Zimmer, geräumige Appartements und den Service eines gediegenen Mittelklassehotels. EZ ab 790 NOK, DZ ab 1100 NOK (jeweils mit Frühstück). Appartement für 2 Pers. ab 1200 NOK, für 4 Pers. ab 1450 NOK. Birkebeinerveien 24, ☎ 61050080, www.birkebeineren.no.

Clarion Collection Hotel Hammer [5], nur einen Steinwurf von der Fußgängerzone entferntes Hotel mit wohnlichen Zimmern, Lounge mit Kamin, Restaurant und Bar. Kostenloses WLAN. DZ 1300–2000 NOK. Storgata 108 b, ☎ 61267373, www.clarionhotel.com.

Bjørns Krog og Motell [18], jenseits des Sees, direkt an der E 6 und dennoch nur 1 km von der Innenstadt entfernt, eignet sich das große (Gast-)Haus mit 30 Zimmern und eigener Bäckerei, v. a. für Durchreisende. EZ ab 780 NOK, DZ ab 1000 NOK (inkl. Frühstück). Vingnesgate 24, ☎ 61053800, www.bjornskro.com.

Lillehammer Stasjonen Hostel [14], die freundliche Herberge nahe des Busbahnhofs bietet 80 Betten. TV und Internet-Anschluss in jedem Zimmer. Bett 340 NOK, EZ mit Bad 695 NOK, DZ mit Bad 890 NOK (Frühstück inkl.). Jernbanetorget 2, ☎ 61260024, www.hihostels.no.

Camping **Lillehammer Turistsenter** [1], gepflegter Platz im Norden der Stadt. Es gibt schöne Stellplätze, die Hütten sind etwas erhöht aufgestellt und die Sanitäranlagen sind blitz-blank. Kleiner Laden und WLAN-Empfang in der Rezeption. Zelten ab 180 NOK, WoMo ab 220 NOK, Strom 40 NOK, Hütte 600–1200 NOK (+ Endreinigung 150–300 NOK). Sandheimsbakken 20, ☎ 61259710, www.lillehammerturistsenter.no.

Lillehammer Camping [20], Stadtcamping im Süden Lillehammers, direkt am See. Mit eigenem Badeplatz. 200 Stellplätze, moderne Hütten, Kiosk und sanitäre Anlagen vom Feinsten. Zelten 130–170 NOK, WoMo 240–260 NOK (inkl. Strom), Hütte 500–1200 NOK. Dampsagveien 47, ☎ 61253333, www.lillehammer-camping.no.

Roterud Nedre Gård [19], auch der kleine, aber hübsch gelegene Platz (6 km vom Stadtzentrum; Rv 216 Richtung Sjusjøen) ist verhältnismäßig neu und vermietet Hütten für 3–4 Pers. Hütten ab 540 NOK. Geitrudvegen 5, ☎ 61269860, www.norutleie.no.

Übernachten
1. Lillehammer Turistsenter
4. Birkebeineren Hotel & Apartments
5. Clarion Collection Hotel Hammer
8. Molla Hotel
10. Rica Victoria Hotel
14. Lillehammer Stasjonen Hostel
18. Bjørns Krog og Motell
19. Roterud Nedre Gård
20. Lillehammer Camping

Essen & Trinken
2. Lundegården Indian Brasserie
6. Blåmann
7. Brenneriet Churrascaria
11. Bryggerikjelleren Restaurant
13. Toscana

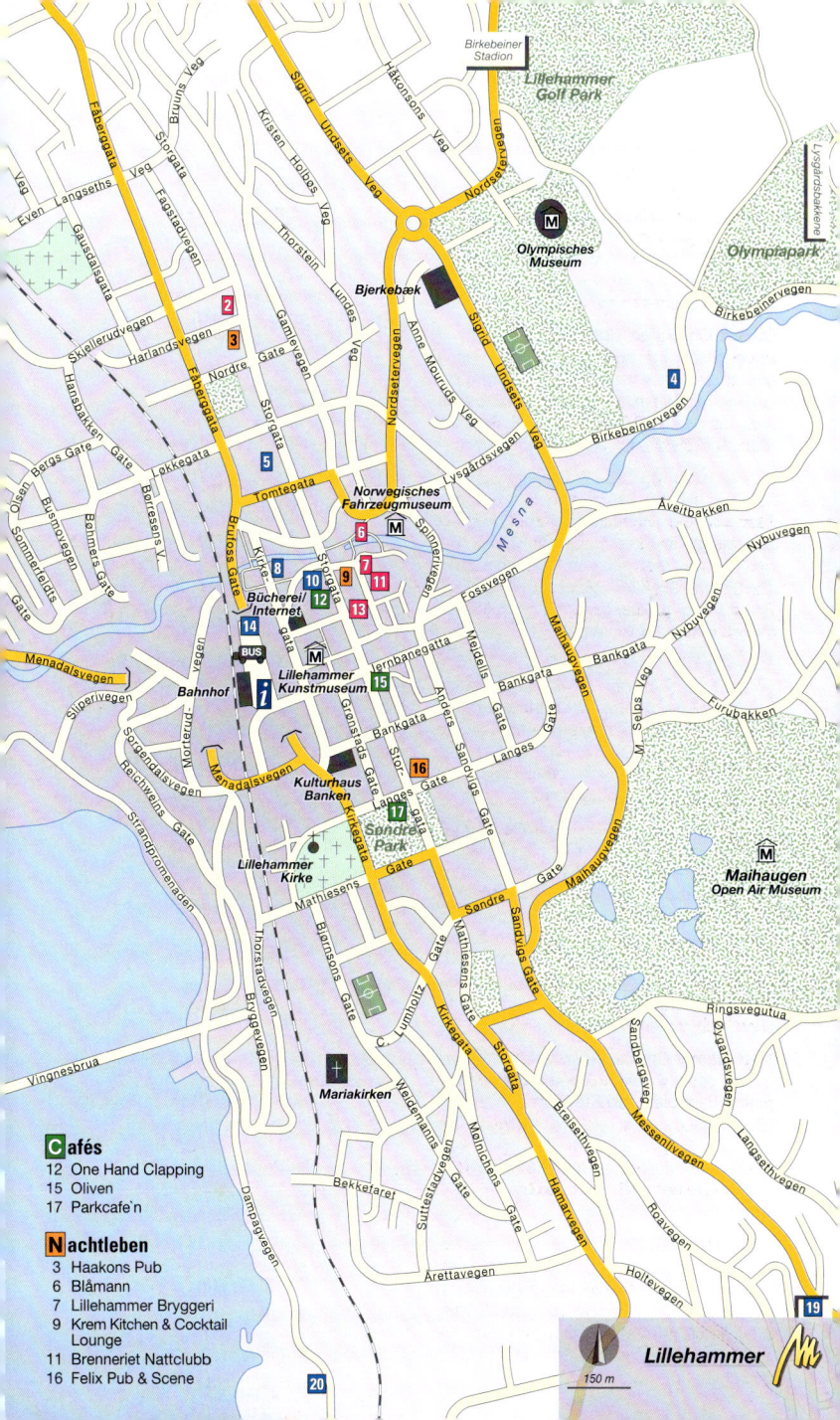

Essen & Trinken → Karte S. 392/393

Restaurants Lundegården Indian Brasserie ❷, Inder mit ausgezeichneter Küche, aber auch entsprechend hohen Preisen. Auf der Karte stehen Lamm-Korma (239 NOK), Fisch-Curry (229 NOK) oder Hähnchen-Tikka (235 NOK). Mo–Sa 16–23 Uhr, So 15–22 Uhr. Storgaten 108a, ✆ 61057830, www.lundegarden.no.

Brenneriet Churrascaria ❼, jede Menge Fleisch, wie in Brasilien ganz klassisch auf große Spieße gesteckt und gegrillt. Für 420 NOK bekommt man so viel man will und kann sich auch am Salatbüfett bedienen. Do–Sa 18–23 Uhr. Elvegata 19, ✆ 61270660, www.bblillehammer.no.

Bryggerikjelleren Restaurant ⓫, edel-rustikales Lokal in einem alten Braukeller. Die Steaks sind hier nicht ganz billig, aber dafür die besten der Stadt (Rinderfilet 150–400g/ 260–480 NOK). Sehr gute Weine aus allen Ecken der Erde (Flasche 400–2000 NOK). Mo–Sa 18–23 Uhr, So 15–23 Uhr. Elvegata 19, ✆ 61270660, www.bblillehammer.no.

Blåmann ❻, umfangreiche Karte mit guten Gerichten von Burger und Nachos (je um 169 NOK) bis hin zu Hirschmedaillons (330 NOK) und Entenbrust (259 NOK). Tagsüber auch kleine Lunchgerichte, abends Barbetrieb. Küche Mo–Sa 12–23 Uhr, So 13–22 Uhr. Lilletorvet 1, ✆ 61262203, www.blaamann.com.

Toscana ⓭, Pizzeria und italienisches Ristorante im Herzen der Fußgängerzone. Antipasti gibt es für 100 NOK, kleine Pizzen kosten um 150 NOK, die großen Versionen bis 300 NOK. Tägl. ab Mittag geöffnet. Storgata 93, ✆ 61251200.

Cafés Oliven ⓯, Mischung aus Café, Deli und Lebensmittelladen, mit netter Atmosphäre, gutem Kaffee und einigen kleinen Gerichten auf der Karte. Tische im Freien in der Fußgängerzone. Mo–Fr 9.30–17 Uhr (Do bis 19 Uhr), Sa 10–16 Uhr. Storgata 57, ✆ 98427932.

One Hand Clapping ⓬, winzige, aber hippe Espressobar in der Fußgängerzone. Mo–Fr 9–16 Uhr, Sa 11–15.30 Uhr. Storgata 80, ✆ 61251222.

Parkcafe'n ⓱, nettes Café im Stadtpark Søndre Park. Kaffee, Kuchen und kleine Snacks, im Sommer auf der Terrasse. ✆ 61250885, www.parkcafen.no.

Pubs/Bars/Clubs Einige der oben genannten Lokale haben am Wochenende länger auf und man kann dort gut einige Drinks nehmen. Trotzdem noch ein paar spezielle Adressen für Nachtschwärmer:

Lillehammer Bryggeri ❼, sehr schönes Brau-Lokal, in dem man neben flüssiger auch feste Nahrung bekommt (Bratwurst mit Sauerkraut 145 NOK). Elevegata 19, ✆ 61252890, www.lillehammerbryggeri.no.

Krem Kitchen & Cocktail Lounge ❾, hier kann man gut essen (kreolisches Huhn für 240 NOK) und bis spät in die Nacht Cocktails schlürfen. Mo/Di 11–18 Uhr, Mi bis 1 Uhr, Fr bis 2 Uhr, Sa bis 3 Uhr. Elvegata 17, ✆ 61990500, www.kremlillehammer.no

Felix Pub & Scene ⓰, gute (etwas wildere) Kneipe, in der regelmäßig Livemusik gespielt wird (Alternative, Rock). Mo–Sa 18–3 Uhr, So 18–23 Uhr. Storgata 31, ✆ 61250102, www.felixpub.no.

Haakons Pub ❸, jeden Tag wird hier 16 Std. lang die durstige Kundschaft versorgt. Schummrig und duster. Tägl. 11–3 Uhr. Storgata 95, ✆ 61263550.

Brenneriet Nattclubb ⓫, jeden Mi, Fr und Sa wird hier wild getanzt, gefeiert und geflirtet. Eintritt bei Eventpartys um 70 NOK. Im Gebäude der Lillehammer Bryggeri. Mi und Fr/Sa 23–3 Uhr. Elvegata 19, ✆ 61270666, www.bryggerikjellerenrestaurant.no.

Sehenswertes

Maihaugen: Auch wenn Sie eigentlich gar kein Freilichtmuseum in Norwegen besuchen wollen, in dieses sollten Sie auf jeden Fall gehen. Rechtzeitig zu den Olympischen Spielen wurde das Museum noch einmal tüchtig aufgebessert und heute ist es wohl das attraktivste Freilichtmuseum in ganz Norwegen. Die Ausstellung „Wie das Land unser wurde" ist geradezu ein Musterbeispiel an gelungener Museumspädagogik.

Lillehammer

Historische Holzhäuser im Maihaugen Museum von Lillehammer

Das von dem Zahnarzt *Anders Sandvig* 1887 gegründete Museum umfasst derzeit fast 200 vollständig renovierte Gebäude des Gudbrandsdales in drei verschiedenen Abteilungen: Im Dorf *(bygda)* sind Siedlungen des 18. und 19. Jh. aufgebaut, die Stadt *(byen)* zeigt Lillehammer zu Beginn des 20. Jh. und in der Wohnsiedlung *(boligfeltet)* findet man Häuser aus fast allen Jahrzehnten des 20. Jh. Die beeindruckendsten Gebäude der kompletten Anlage sind aber sicherlich die **Stabkirche** aus dem 13. Jh. und das älteste Wohnhaus Norwegens aus dem Jahr 1459.

Das alles eingebettet in einer wunderschönen Parklandschaft, wo zumindest in den Sommermonaten ein richtiger Almbetrieb herrscht: Da wird in einer Käseküche Käse produziert, es werden Waffeln am Kamin gebacken – auf der **Valbjøralm** wird all das zum Verzehr angeboten –, da wird mit altertümlichen Geräten und in traditionellen Trachten gehobelt und gedrechselt. Und überall findet man freundliche Leute in historischen Trachten, die Fragen beantworten und genauere Hintergründe zu den jeweiligen Gebäuden erklären.

Im modernen Teil des Museums wurden alte Handwerksbetriebe in ihrem Originalzustand eingerichtet. Sie finden hier Glasbläser, Büchsenmacher und Pfeifenhersteller, eine Schmiede, eine Tischlerwerkstatt und vieles mehr. Natürlich gibt es hier auch ein entsprechendes Museumscafé und einen Souvenirshop.

Juni–Aug. tägl. 10–17 Uhr, ansonsten Di–So 11–16 Uhr (Aulestad und Postmuseum in dieser Zeit geschlossen). Eintritt Juni–Aug. 150 NOK, Kinder 75 NOK, Familien 375 NOK; ansonsten 110 bzw. 55 bzw. 275 NOK. Fragen Sie beim Kauf nach Kombi-Tickets, z. B. mit Bjerkebæk und/oder dem Olympischen Museum. Maihaugvegen 1, ✆ 61288900, www.maihaugen.no.

Bjerkebæk: Das Heim der Literaturnobelpreisträgerin *Sigrid Undsted* (1882–1949) ist zu besichtigen. Das Wohnhaus wurde liebevoll hergerichtet und mit Andenken an die in Norwegen äußerst beliebte Autorin ausgestattet. Unsted lebte und arbeitete hier von 1919 bis zu ihrem Tod im Jahre 1949.

21. Mai bis 31. Aug. tägl. 10–17 Uhr, Sept. Di–So 11–16 Uhr, für den Rest des Jahres geschlossen. Eintritt 110 NOK. Fragen Sie nach Kombi-Tickets, wer schon Maihaugen besucht hat, erhält 25 % Nachlass. Gamle Nordseterveg 1 (Eingang Sigrid Undsets veg), ✆ 61288900 oder 61259400 (Sommer), www.maihaugen.no.

Lillehammer Olympiapark: Wenn man sich schon im Austragungsort der Olympischen Spiele 1994 aufhält, sollte man sich auch die verschiedenen Sportstätten anschauen. Zum Olympiapark gehören fünf Einrichtungen: die *Håkons Hall*, die *Lysgårdsbakkene Skisprungarena*, das *Birkebeineren Skistadion*, die *Kanthaugen Freestyle Arena* und die olympische *Bobbahn*.

Besonders interessant ist die Skisprungschanze, von deren Turm man einen ausgezeichneten Blick über die Stadt hat. Hinauf geht es mit dem Sessellift, Sportliche können das Geld sparen und die 954 Stufen emporsteigen. Schanze und Landehügel sind in der schneefreien Zeit mit speziellen Kunststoffmatten ausgelegt und können somit das ganze Jahr genutzt werden. Wenn Wettbewerbe stattfinden, kann es bezüglich der unten genannten Öffnungszeiten zu Änderungen kommen. Ein ganz spezielles Erlebnis gibt es außerdem auf der Bobbahn. Hier kann man mit bis zu 100 km/h den Kanal hinunter düsen – im Sommer sogar mit einem speziell umgebauten Räderbob.

Öffnungszeiten Sprungturm: Anfang Juni bis Mitte Aug. tägl. 9–19 Uhr. Öffnungszeiten für Frühling und Spätsommer erfragen. Eintritt 25 NOK, Sessellift 55 NOK. **Bobbahn:** Bobrafting (Sommer) 230 NOK, im echten Bob 975 NOK/Pers., Termine erfragen bzw. im Internet abrufbar. Lillehammer Olympiapark AS, ✆ 61054200, www.olympiaparken.no.

Norges Olympiske Museum: Eine weitere Attraktion der Stadt ist das Olympia-Museum in der Håkon-Halle des Olympiaparks. Nicht nur die Lillehammer-Spiele, sondern die gesamte Geschichte der Sommer- und Winterspiele von der Antike bis heute kann man dort nachvollziehen. Die mit modernster Technik präsentierten Sportereignisse werden zudem in ihrem gesellschaftlichen Umfeld gezeigt – Boykotts und Propaganda, Kriege und Querelen werden dabei nicht ausgespart. Und die erläuternden Texte gibt es auch in deutscher Sprache.

1. Juni bis 31. Aug. tägl. 10–17 Uhr, ansonsten Di–So 11–16 Uhr. Eintritt 110 NOK, Kinder 55 NOK, Familien 275 NOK. Fragen Sie nach Kombi-Tickets, wer schon Maihaugen besucht hat, erhält 25% Nachlass. Håkons Hall, ✆ 6105750, www.ol.museum.no.

Lillehammer Kunstmuseum: Auch Norwegens drittgrößte Gemäldesammlung wurde für die Olympischen Spiele eigens erweitert. So wurde aus der *Lillehammer Bys Malerisamling* am 1. April 1994 ganz offiziell das *Lillehammer Kunstmuseum*. Und das Zusatzgebäude mit Werken vornehmlich norwegischer Maler wie *Munch*, *Krogh* und *Dahl* wurde gleichzeitig kultureller Blickfang in der Stadt. Das Museumscafé ist beliebter Treff und serviert täglich ofenfrisches Backwerk.
Juli/Aug. tägl. 11–17 Uhr, ansonsten Di–So 11–16 Uhr. Eintritt 100 NOK, unter 18 Jahre gratis. Stortorget 2, ✆ 61054460, www.lillehammerartmuseum.com.

Kulturhaus Banken: Hundert Jahre lang Sitz der *Sparebank*, beherbergt das umfassend modernisierte Kulturhaus in der Kirkegate heute die Musikhochschule und den lokalen Radiosender. Zudem verfügt es über schmucke Repräsentationssäle. Alles das kann besichtigt werden, außerdem lädt das gemütliche *Café Banken* zum Verweilen ein.
Kirkegata 41, ✆ 61050800, www.kulturhusetbanken.no.

Norwegisches Fahrzeugmuseum: Das Privatmuseum im Mesna-Senter zeigt außer Autos auch Motor- und Fahrräder, Spezialkonstruktionen und Schlitten aus Norwegen. Zu sehen sind zudem anschaulich präsentierte Oldtimer, die nicht nur Fans faszinieren.
Mitte Mai bis Ende Aug. tägl. 10–18 Uhr, ansonsten Mo–Fr 11–15 Uhr, Sa/So 11–16 Uhr. Eintritt 40 NOK. Lilletorget 1, ✆ 61256165.

Gjøvik

An der Westseite des Mjøsa liegt das 18.000-Einwohner-Städtchen Gjøvik. Bekannt ist der Ort v. a. wegen seiner Fjellhallen und – zumindest unter Norwegern – für das bis 1843 hier gefertigte, kunstvolle Gjøvik-Glas.

Von der einstmals beeindruckenden Seefront weißer Holzhäuser steht nicht mehr viel. Die einst „weiße Stadt am See" wäre wohl nur eine unbedeutende Zwischenstation auf dem Weg ins Gudbrandsdal, hätte man hier nicht 1992 eine kleine Bausensation geschaffen. Zwei Jahre vor Beginn der Olympischen Spiele stellte man hier die **Fjellhallen** fertig, eine für 130 Mio. Kronen (heute ca. 15,5 Mio. Euro) in den Fels des **Hovdetoppen** gesprengte, 10.000 m² große Eissporthalle. Sie gilt als größte Felsenhalle der Welt und als das Bergwerkskunststück der Neuzeit.

45 km von Lillehammer entfernt und über die Europastraße 6 in einer halben Autostunde zu erreichen, bildete Gjøvik dank der Felsenhalle die westliche Ecke des „Olympia-Dreiecks" mit den drei Hauptveranstaltungsorten Hamar, Lillehammer und Gjøvik.

Basis-Infos

Information Gjøvikregionen Turistkontoret, freundliche Beratung. Mo–Fr 8.30–16 Uhr, im Sommer Mo–Fr 8.30–18 Uhr, Sa 10–15 Uhr. Jernbanegata 2, ✆ 61146710, ✉ 61146701, info@turistinnlandet.no.

Gjøvik im Internet: www.turistinnlandet.no.

Verbindungen Pkw: Von Lillehammer sind es rund 50 km nach Gjøvik, nach Oslo 135 km und nach Eidsvoll knapp 80 km.

Bus: Mehrmals tägl. Expressverbindungen von/nach Oslo (www.timekspressen.no), Regionalbus in die Region und ebenfalls nach Oslo (www.nettbuss.no).

Zug: Gjøvik ist Endstation einer eigenen Verbindung mit Oslo: Mehrmals täglich pendelt der Zug und braucht ca. 2 Std.

Schiff: Auch Gjøvik liegt auf der „Skibladner"-Route, Information → Kasten S. 388.

Badeplätze Rund um Gjøvik gibt es einige kleine Strandanlagen, nennenswert sind **Kremmerodden** (mit WC), Biri, Tallodden (südlich vom Kap) und **Glomstadbukta** (FKK).

Supermarkt Rema 1000, Mo–Fr 7–22 Uhr, Sa 8–21 Uhr, Nedre Torggate 1A.

Sonstiges Gjøvik ist eine Kleinstadt mit sämtlichen Einrichtungen. Es gibt Poststellen, Banken, Taxis, Werkstätten und Tankstellen. Einkaufen kann man im **Spareland** in Biri (21 Läden an der E 6) und im **CC Mart'n** in Gjøvik.

Übernachten/Camping/Essen & Trinken

Übernachten Quality Hotel Strand, größtes Haus mit Platz für 450 Gäste. Schön eingerichtete und gemütliche Zimmer, außerdem freundlicher und umfangreicher Service. EZ ab 1295 NOK, DZ ab 1595 NOK. Strandgata 15, ✆ 61132000, g.strand@choice.no, www.nordicchoicehotels.no.

Kløverhotellet Gjøvik, die Zimmer sind einfach eingerichtet, sauber und funktionell. Gutes Preis-Leistungs-Verhältnis. EZ 740 NOK, DZ 990 NOK, im Sommer Rabatte. WLAN und kostenlose Parkplätze. Kyrre Greppsgate 23, ✆ 61108250, www.kloverhotellet.no.

398 Binnenland

Gjøvik Vandrerhjem, die über Weihnachten und Ostern geschlossene Jugendherberge direkt am See zählt zu den größeren im Land. Das zeigt sich auch im Preis. Bett 330 NOK, EZ ab 595 NOK, DZ ab 700 NOK, mit eigenem Bad etwas mehr (Frühstück inkl.). Parkveien 8, Hovdetun, ✆ 61171011, www.vandrerhjem.no.

Camping Sveastranda Camping, großer, freundlicher Platz, rund 12 km nördlich gelegen. Direkt am Wasser mit Spiel- und Beachvolleyballplatz, Kiosk, kostenlosem WLAN und modernem Sanitärblock. Zelten 160–200 NOK, Radler ab 100 NOK, WoMo 200–250 NOK, Strom 30 NOK, Hütte 450–1050 NOK. Stokkevegen 147, ✆ 61181529, www.sveastranda.no.

Essen & Trinken Chaplin Café, Eckcafé mit kleinem Pavillon und schönem Freiluftbereich auf dem Platz schräg gegenüber. Es gibt z. B. Steaksandwiches, Salate oder auch Pizza, alles unter 170 NOK, Steaks ab 249 NOK. Mo–Mi 11–22 Uhr, Fr/Sa 11–2 Uhr, So 16–21 Uhr. Jernbanegate 5, ✆ 61178006, www.chaplincafe.no.

Big Horn Steakhouse, Steaks und Preise sind gleichermaßen saftig: 200g-Entrecote 220 NOK, 400g-Rinderfilet 550 NOK. Mo–Fr 18–22.30 Uhr, Sa 16–22.30 Uhr, So 16–2 Uhr. Strandgata 15, ✆ 61130840.

Café Pi, schöne Café-Bar im Hotel Strand (s. o.). Neben gutem Kaffee bekommt man hier auch Fish & Chips (100 NOK), Hähnchen-Quesadillas (120 NOK) oder Cannelloni (155 NOK). Tägl. tagsüber geöffnet. Strandgata 15, ✆ 61130842.

Sehenswertes

Mjøspromenade: Die Uferpromenade, die ausgehend vom Skibladnerkai in nördlicher wie südlicher Richtung insgesamt 6 km am See entlangführt, ist schon etwas Besonderes. Gepflastert ist der Weg mit Steinen, die beim Bau der Felsensporthalle aus dem Berg gesprengt wurden. Diverse Bade- und Picknickplätze laden oft zu Unterbrechungen des Ausflugs ein, am Kai gibt es einen Kiosk und ein kleines Lokal.

Olympiske Fjellhallen: Die Fjellhallen sind ein echtes Meisterwerk der Baukunst. Fast 6000 Zuschauer finden in der 120 m tief in den Berg getriebenen Felsensporthalle Platz und hier stritten während der Spiele von 1994 die olympischen Eishockey-Teams um Medaillen. Heute finden hier vorwiegend kulturelle Veranstaltungen wie Konzerte und Ausstellungen statt. Ein Besuch lohnt aber auch des originellen Cafés und dreier Ausstellungen wegen, wobei die Ausstellung mit Felszeichnungen aus 36 norwegischen Gemeinden besonders sehenswert ist.
Mo/Di und Do 16–21 Uhr, Mi/Fr 11–21 Uhr, Sa/So 10–16 Uhr. Eintritt 20 NOK. Heimdalsgate 2, ✆ 61138200, www.fjellhallen.no.

Gjøvik Gård: Im *Rathaus* können die 150 Jahre alten Überbleibsel der Gjøviker Glashüttenzeit in einer Dauerausstellung bewundert werden. Zumindest Nachbildungen des Originalglases sind im *Gjøvik Gårds Kultursen-*

trum zu erstehen, das im ehemaligen Wohnsitz der Familie *Kauffeldt,* der die Glashütten einst gehörten, untergebracht ist. Im Sommerhalbjahr gibt es Führungen und im kleinen Café kann man eine Stärkung zu sich nehmen. Allein schon das Gehöft ist sehenswert.

Im Sommer Di–So 12–16 Uhr. Eintritt 60 NOK. Niels Ødegaardsgate 3–9, ✆ 91170500, www.mjosmuseet.no.

Eiktunet: Das Freilichtmuseum Eiktunet liegt 3 km vom Zentrum entfernt am Øyerbyveien. Zu sehen sind 35 bäuerliche Gebäude, ein historisches Archiv und kleinere Ausstellungen. Natürlich kann das Museum mit dem grandiosen *Maihaugen* in Lillehammer nicht mithalten, dennoch kann man einen kleinen Spaziergang mit dem Besuch des netten Museums verbinden.

Juni–Aug. Di–So 11–16 Uhr. Eintritt 60 NOK. Øverbyvegen 108, ✆ 91170500, www.mjosmuseet.no.

Hamar

Die alte Bischofsstadt Hamar war über Jahrhunderte einzige nennenswerte Inlandsstadt Norwegens und als eines der ältesten Bistümer bzw. als Warenumschlagplatz entsprechend bekannt. Richtig berühmt wurde die 29.000-Einwohner-Stadt aber erst während der olympischen Spiele.

Die Rolle als Handelszentrum verlor Hamar schon im 18. Jh. an das günstiger gelegene „kleine Hamar", heute besser bekannt als Lillehammer. Der Dom wurde zwar bei einem Schweden-Überfall 1567 in Trümmer gelegt, aber 1954 wieder aufgebaut.

Das Eisstadion im Hamar hat die Form eines umgedrehten Wikingerschiffs

400 Binnenland

Und auch die Bischofswürde ist der Stadt geblieben: Mit *Rosemarie Køhn* residiert die erste Bischöfin des Landes in Hamar.

Es ist allerdings ein modernes Bauwerk, das die Touristen in die Stadt lockt. Das Vikingskipet, eine originelle Schlittschuhhalle am Seeufer, diente nicht nur den Olympioniken von 1994, sie ist auch Heimstadion der *Storhamars*, eines der besten Eishockeyteams des ganzen Landes.

Gestärkt wurde Hamars Bedeutung auch durch seine Funktion als Verkehrsknotenpunkt: Die E 6 führt ins Gudbrandsdal, die Rv 25/26 nach Schweden und die E 3 über Elverum ins Østerdalen, in die Femundsmarka und schließlich nach Røros. Auch für die Staatsbahn ist Hamar wichtiger Knotenpunkt: Dovre- und Rørosbahn finden hier zueinander.

Basis-Infos

Information Hamarreginen Turistkontor, Mo–Fr 8–16 Uhr, im Sommer erweiterte Öffnungszeiten. Grønnegata 52, ✆ 40032032, post@hamarregionen.no.

Hamar im Internet: Gute Infos unter www.hamarregionen.no.

Verbindungen Pkw: Rund 65 km sind es ins nördlich gelegene Lillehammer, Oslo liegt knapp 140 km weiter südlich.

Bus: Der *Gudbrandsdalekspressen* (Nr. 148) fährt zwischen Oslo und Bismo/Dønfoss und hält u. a. in Hamar und in Lillehammer.

Zug: Mehrmals tägl. Direktverbindungen nach Oslo, durch das Gudbrandsdal nach Trondheim und z. B. auch nach Røros.

Schiff: Zeiten und Preise für den „Skibladner" → Kasten S. 389.

Internet Hamar bibliotek, Mo–Do 10–18 Uhr, Fr 10–16 Uhr, Sa 10–14 Uhr. Torggata 1-83, ✆ 6256800.

Supermarkt Rema 1000, Mo–Fr 7–23 Uhr, Sa 8–21 Uhr, Aslak Boltgate 40a.

Sonstiges In Hamar gibt es sämtliche Einrichtungen einer Kleinstadt, so auch Poststellen, Banken, Lebensmittelläden, Geschäfte und Tankstellen.

Übernachten/Camping/Essen & Trinken

Übernachten Rica Hotel Hamar, das neueste ist auch das größte und teuerste Hotel. 176 Zimmer gibt es, darunter auch spezielle für Allergiker wie auch behindertengerechte Zimmer. Mit Restaurant, Bar, Pool und Parkplätzen. EZ ab 995 NOK, DZ ab 1250 NOK. Kårtorpvegen 1, ✆ 62350100, www.rica.no.

Seiersted Pensjonat, freundliches Gästehaus, einfach und klein, aber sauber und durchaus preiswert. Platz zum Parken gibt es auch und das Frühstück ist inklusive. EZ ab 590 NOK, DZ ab 800 NOK (mit eigenem Bad 100 NOK mehr). Holsegate 64, ✆ 62521244, www.seiersted.no.

First Hotel Victoria, großes, edles und zentral gelegenes Hotel. Die Zimmer sind gemütlich, einige mit Wanne im Bad, andere besonders allergikerfreundlich. Das Restaurant ist vielleicht das Beste im Ort. EZ ab 900 NOK, DZ ab 1100 NOK. Strandgata 21, ✆ 62025500, www.firsthotels.no.

Hamar Vandrerhjem, nur einen Steinwurf vom markanten Eisstadion entfernt. 46 Zimmer, darunter zwei behindertengerechte, Getränke aus dem Automaten, Waschmaschine und Trockner. Für ein Hostel saftige Preise! Bett 410 NOK, DZ 880 NOK, Apartments ab 1290 NOK (Frühstück inkl.). Åkersvikaveien 24, ✆ 62526060, www.vandrerhjem.no.

Camping Hedmarktoppen Camping, großer NAF-Platz mit ausgezeichneten 5-Sterne-Hütten, etwa 3 km vom Ort entfernt.

Zelten ab 160 NOK, WoMo 200–230 NOK, Strom 60 NOK, Hütten 890–1500 NOK. Limhusveien 15, ✆ 62519370, www.hamar-hytteutleie.no.

Essen & Trinken **Hot & Spicy**, richtig gutes Asia-Lokal, das allerdings auch preislich leicht über dem Durchschnitt solcher Restaurants liegt (Gerichte 140–200 NOK). Die Schärfestufe des Essens kann man selbst wählen. Mo und Mi–Sa 15–23 Uhr (Di geschlossen), So 1–22 Uhr. Torggata 21, ✆ 62520260.

Valuta, Restaurant mit netter Atmosphäre. Serviert werden Hoysin-Schweinespieß mit Woknudeln oder gegrilltes Fischfilet – 130–190 NOK muss man für ein Gericht ausgeben. Di–Fr 11–16 Uhr, Sa 12–17 Uhr. Parkgata 21, ✆ 93232393, www.restaurantvaluta.no.

Café Gravdahl, hier trifft man sich tagsüber zu Latte Macchiato, einem Gläschen Prosecco oder auch zum Lunch (Focaccia rund 70 NOK). Netter Außenbereich. Mo–Fr 7.30–17 Uhr (Do bis 19 Uhr), Sa 9–16 Uhr. Torggata 32, ✆ 62555320, www.gravdahl.no.

Café Uno, gute und entspannte Café-Bar mit gutem Kaffee und kleinen Snacks. Di/Do 15–22 Uhr, Sa 17–24 Uhr, an den übrigen Tagen geschlossen. Enggata 34, ✆ 45873658.

Ein Bier trinken kann man im **Dirty Nelly** oder im **The Irishman** (Fr/Sa bis 1.30 Uhr, sonst bis Mitternacht).

Sehenswertes

Vikingskipet: Die wunderbare Lage am See begeistert fast genauso wie die kühne Architektur. Die bis zu 20.000 Zuschauer fassende Sporthalle wurde der Form eines kieloben gedrehten Wikingerschiffs nachempfunden. Natürlich waren auch hier die Olympischen Spiele von 1994 für den Bau ausschlaggebend und noch heute flimmern Besuchern auf Videoschirmen die Erfolge norwegischer Eisschnellläufer entgegen.

Heute wird die Halle für eine Vielzahl von Events – z. B. für Konzerte, Tanzveranstaltungen oder Ausstellungen – genutzt. Außerdem ist sie nach wie vor Norwegens bevorzugte Austragungsstätte für Eislaufveranstaltungen.

Die Anlage ist zu besichtigen, aber auch schon von der Cafeteria mit einer eindrucksvollen Fotogalerie norwegischer Olympiasieger aus vergangenen Tagen hat man einen guten Überblick. Und ganz nebenbei: es gibt noch eine zweite Olympiahalle, die ganz aus Holz gebaute **Nordlyshallen,** die ist aber bei Weitem nicht so sehenswert.
Mo–Fr 8–20 Uhr, Sa 8–17 Uhr, So 8–19.30 Uhr. Eintritt 40 NOK. Åkersvikveien 1, ✆ 625117500, www.hoa.no.

Norsk Jernbanemuseet: Mitten im Wald liegt der älteste Bahnhof Norwegens. Hier kann man die *Dovegrubbe,* die größte Dampflok Norwegens bewundern. Das 22 m lange Schmuckstück war mit seinen 2200 PS einst die zugkräftigste Maschine des ganzen Landes und brachte es immerhin auf 70 km/h. Das Eisenbahnmuseum ist das größte und älteste in ganz Skandinavien und bietet neben zahlreichen Ausstellungsstücken im Sommer auch Fahrten mit dem Museumszug *Tertitten.* Die Erläuterungen sind auch in deutscher Sprache verfasst und für die kleine Stärkung gibt es eine außergewöhnliche Cafeteria in einem ehemaligen Speisewagen. Ein wahrlich lohnenswerter Museumsbesuch, nicht nur für Eisenbahnliebhaber.
Juli bis Mitte Aug. tägl. 10–17 Uhr, ansonsten Di–So 11–15 Uhr (So bis 16 Uhr). Eintritt 75 NOK, Rentner 60 NOK, Kinder 40 NOK. Strandvn. 163, ✆ 62513160, www.norskjernbanemuseum.no.

Gleise aus Holz

Ein ganz besonderes Lausbubenstück der Norweger wird ebenfalls im Eisenbahnmuseum ausgestellt: Die hölzernen Gleise, die 1905 von den Norwegern eingesetzt wurden. Ganz offensichtlich, dass es damit eine ganz spezielle Bewandtnis hat. Norwegen hatte sich zu dieser Zeit gerade von Schweden losgesagt und fürchtete nun einen plötzlichen nächtlichen Einmarsch des Nachbarn. Deshalb baute man jeden Abend – immer wenn der letzte Zug durchgefahren war – die Gleise an der von Schweden kommenden Bahnstrecke aus und setzte die hölzernen Attrappen ein. So wurde ein schnelles Vorstoßen der schwedischen Truppen per Bahn unmöglich.

Hedmarksmuseet: Das Besondere an diesem Freilichtmuseum sind die Ruinen des ehemaligen Doms der Stadt. Der wurde im 12. Jh. errichtet – schon zu dieser Zeit war Hamar Bischofsstadt. Bei einem schwedischen Angriff im 16. Jh. wurden Stadt und Dom jedoch völlig zerstört und die Bewohner Hamars benutzten die Domruinen beim Aufbau ihrer Häuser als Steinbruch. Die Überreste können heute neben 50 anderen mittelalterlichen Gebäuden bewundert werden. Jeden Sommer werden mittelalterliche Märkte veranstaltet, der landesweit gerühmte Kräutergarten ist das ganze Jahr über zu sehen.

Mai bis Mitte Juni u. Mitte Aug. bis Ende Aug. Di–So 10–16 Uhr, Mitte Juni bis Mitte Aug. tägl. 10–17 Uhr, ansonsten auf Anfrage. Eintritt 100 NOK, Kinder 70 NOK. Strandvn. 100 (neben dem Eisenbahnmuseum), ✆ 62542700, www.domkirkeodden.no.

Die fruchtbare Landwirtschaftsregion um den Mjøsasee

Hamardom: Der weiße Steinbau mit dem imposanten Glockenturm wurde zwar schon 1866, zwei Jahre nach der Wiedereinsetzung als Bistum, gebaut – zum Bischofssitz wurde die Kirche aber erst nach ihrem Aus- und Umbau 1954. Da entstand auch das berühmte Altarbild von *Henrik Sørensen*, das einen nordisch-blonden Christus zeigt, der seine Ketten abwirft. Seit 1993 ist der im Zentrum der Stadt gelegene Hamardom Sitz der ersten Bischöfin des Landes.

Emigrantmuseum: Das Privatmuseum in Åkershagan, 10 km östlich des Zentrums, ist in den letzten Jahren zu einem stattlichen Freilichtmuseum geworden. Zusammengetragen wurden Erinnerungsstücke norwegischer USA-Auswanderer, hauptsächlich aus der Zeit um Ende des 19. Jh. Eigentliche Schmuckstücke sind jedoch die originalgetreu nachgebauten Norweger-Katen aus dem Mittleren Westen der USA.

Sommer Di–Sa 10–16 Uhr, So 12–16 Uhr, ansonsten Di–Fr 9–15.30 Uhr. Eintritt 50 NOK. Åkershagan, Ottestad, ✆ 62574850, www.emigrantmuseum.no.

Stange

Das Zentrum der fruchtbarsten Landkommune Norwegens hat sein dörfliches Gesicht bewahrt und ist gerade deshalb einen Zwischenstopp wert.

Altertümliches Landleben und regionales Kunsthandwerk sind die Hauptattraktionen in Stange. Die *Gallerie AG* bietet Kunstgewerbliches an und in *BygdePluss* wurde aus einem Stabbur – einem jener mittelalterlichen Vorratshäuser – eine neuzeitliche Bodega, in der Wein probiert und Kunsthandwerk erstanden werden kann. Ansonsten lohnt Stanges Umgebung zumindest einen Spaziergang, speziell das Naturschutzgebiet **Rotlia** am Westhang des Mjøsasees. Der 80 ha große Park gilt als besonders tierreich.

Anreise Pkw: Stange liegt knapp 15 km südlich von Hamar. 40 km weiter östlich liegt Elverum.

Sonstiges Post, Bank, Imbissbuden, Apotheke im Zentrum, Gästehafen und 9 öffentliche Badeplätze am Mjøsasee.

Übernachten/Camping/Essen **Bryhni Sondre**, in dem rustikalen Anwesen gibt es 6 einfache, aber absolut gemütliche Fremdenzimmer. Im Restaurant kann man ausgezeichnet essen. Übernachtung ab 700 NOK/Pers. Brynivegen 53, ✆ 62571811, www.bryhni-sondre.no.

Tangenodden Camping, durchaus empfehlenswerter Drei-Sterne-Platz mit nicht nur jeglichem Service (Kiosk, Cafeteria, Spielplatz, Bootsverleih), sondern auch 12 hübschen Drei-Sterne-Hütten. Zelten 150–230 NOK, WoMo ab 220–250 NOK, Strom 20 NOK, Hütten 650–1300 NOK. Tangenveien 54, Tangen, ✆ 90198917, www.tangenodden.no.

Sehenswertes

Ringnes und Stange Kirke: Nahe Stange findet man nicht nur eine alte Kirche aus dem Jahr 1250, sondern auch eine Reihe alter, typischer Gehöfte dieser traditionellen Bauerngegend. Der berühmteste ist der **Ringnes**, ein Großhof aus dem 11. Jh., der bereits in der Sage *Olavs des Heiligen* genannt wird. Das Hauptgebäude allerdings, von mehreren historischen Stabburbauten umringt, bringt es gerade auf 350 Jahre.

15.6.–15.8. Mo–Fr 9–15 Uhr. Vestbygdvegen 450, ✆ 62578047, www.ringnesgaard.no.

Atlungstad Brenneri: Der berühmte Kartoffelschnaps, aus dem der noch berühmtere Linie-Aquavit entsteht, stammt aus dieser Gegend. Die *Løiten Braenderi* nord-

Gegen Ende der Sommersaison sind die Badeplattformen verwaist

östlich von Hamar gilt als Wiege des weltberühmten Schnapses. In der Stange-Brennerei hat man 260 Ausstellungsstücke liebevoll hergerichtet, die Besichtigung allerdings ist ein wenig mühevoll, da die Brennerei noch in Betrieb ist.

Weiterfahrt: Mit einem Umweg über die Rv 222 oder ohne Umweg über die E 6 gelangt man nach Hamar, in das Verwaltungszentrum von Hedmark.

Eidsvoll

Jedes Schulkind in Norwegen kennt Eidsvollsbygningen. Der Gutshof von Christian Anker war 1814 Schauplatz der Nationalversammlung, die nach nur fünfwöchiger Beratung am 17. Mai die norwegische Verfassung und die Unabhängigkeit des Landes verkündete.

Der malerische Ort Eidsvoll liegt nur 2 km vom Nationalmonument entfernt am Fluss Vorma und am Ausgang des Mjøsasees. Der 2500 Einwohner große Ort ist Station der „Skibladner"-Tour und hält für Touristen noch eine weitere Attraktion bereit: Ganz in der Nähe findet sich ein **Goldbergwerk**, in dem bis auf den heutigen Tag auch von Touristen geschürft werden darf – Reichtümer allerdings sollte niemand erhoffen.

Information Eidsvoll Informasjonssenter, ganzjährig werktags 8–15.30 Uhr geöffnet. 66107000, post@eidsvoll.kommune.no.

Eidsvoll im Internet: Webseite der Kommune www.eidsvoll.kommune.no.

Verbindungen Pkw: Rund 80 km sind es nach Gjøvik, 70 km nach Hamar, 130 km nach Lillehammer. Oslo liegt nur 70 km südlich von Eidsvoll.

Eidsvoll 405

Zug: Mehrmals tägl. Verbindungen nach Oslo, Hamar, Lillehammer und Trondheim via das Gudbrandsdal. www.nsb.no.

Schiff: Eidsvoll ist Station der „Skibladner"-Tour, → Kasten S. 389.

Supermarkt Kiwi, Mo–Fr 7–23 Uhr, Sa 7–21 Uhr, Vormaveien 25.

Sonstiges Im Zentrum gibt es eine Bank, eine Post, eine Apotheke und Geschäfte.

Übernachten/Essen & Trinken

Solli Pensjonat, die altertümliche Pension im Zentrum – ein schmuckes, weißes Haus im sattgrünen Park mit toller Aussicht auf die Vorma, bietet nur 10 Zimmer an. Hohen Standard kann man nicht erwarten, aber das Haus hat Charme und die Preise sind okay. EZ 500 NOK, DZ 800 NOK, jeweils mit Frühstück. Torvet 6, ✆ 63964509.

Sundgaarden Spiseri, hier gibt es das typische „Biffsnadder", aber auch Asia-Gerichte wie etwa Peking-Ente. Hauptgericht 130–190 NOK. Mo–Fr 9–20 Uhr, Sa 9–18 Uhr. Sundgata 3, ✆ 63952425.

Sehenswertes

Eidsvollbygningen: Das prächtige Reichsgebäude, ehedem Hauptverwaltung des Eisenwerks und feudales Wohnhaus des aufgeklärten Junkers *Christian Anker*, ist ebenso penibel gepflegt wie der Park, in dem es steht. Zahlreiche Erinnerungsstücke, auch die in Öl verewigte Galerie der Verfassungsväter, sind hier ausgestellt und vor dem Gebäude wehen stehts norwegische Flaggen. Die enorme historische Bedeutung wird Besuchern in mehrsprachigen Führungen und Videos erklärt, außerdem kann man mittlerweile auch Souvenirs erstehen. Sehr hübsches Café.

Mai–Aug. tägl. 10–17 Uhr, für den Rest des Jahres verkürzte Öffnungszeiten. Eintritt 75 NOK, Kinder 45 NOK. Sie finden Eidsvollsbygningen in **Eidsvollsverk** (das Werk war die Eisenhütte von Christian Anker), ab der E 6 gut ausgeschildert. Carsten Ankers vei, ✆ 63922210, www.eidsvoll1814.no.

Die Geburt der norwegischen Verfassung

Im Gutshof Eidsvollbygningen kamen im Jahr 1814 die 112 von ihren Gemeinden gewählten Eidsvollmänner der *Riksforsammling* zusammen. Vom 10. April bis zum 17. Mai wurde auf notdürftig zusammengezimmerten Bänken beraten und diskutiert, gegessen wurde im Hinterzimmer des Gutshauses, übernachtet bei Bauern in der Umgebung. Am 17. Mai war es dann endlich so weit: Die norwegische Verfassung wurde verkündet. Damit war Norwegen zwar noch nicht autonom – zu jener Zeit gehörte es noch zu Dänemark –, doch wurde mit der verkündeten Verfassung ein gewisses Maß an innenpolitischer Selbstständigkeit erlangt. Seitdem wird der 17. Mai als Nationalfeiertag begangen.

Malerische Hänge am Sørfjord

Wanderung 1 Kyststi Stavern → S. 410

Wanderung 2 Zum Preikestolen → S. 412

Wanderung 3 Über die Mönchstreppe auf die Hardangervidda → S. 413

Kleiner Wanderführer

Wanderung 4	Bergens Hausberge – vom Fløyen zum Ulriken	→ S. 415
Wanderung 5	Zur Knutehytta	→ S. 418
Wanderung 6	Auf den Årdalsknapen	→ S. 420

Kleiner Wanderführer

Südnorwegen ist ein wahres Paradies für Wanderer und bietet dabei Abwechslung wie kaum eine andere Region des Landes. Es gibt Touren für jeden Fitnessgrad, angefangen vom leichten Küstenspaziergang ohne nennenswerte Höhenunterschiede bis hin zur mehrtägigen Trekkingtour mit schweißtreibenden Gipfeletappen.

So kann man entspannt an der zerklüfteten Schärenküste (Wanderung 1) entlangwandern, durch dichte Wälder streifen, über karge Fjells zu schroffen Gipfeln aufsteigen und natürlich auch Touren gehen, die verschiedenste Landschaftsformen vereinen (Wanderung 6). Zu den beliebtesten Unternehmungen gehören die Touren im Westen des Landesteils. Dort geht es die steilen Fjordwände hinauf (Wan-

Übersicht der Wanderungen

derungen 2 und 3), und von oben erlebt man jene atemberaubenden Ausblicke, die oft die Titelseiten von Tourismusbroschüren zieren.

Viele Wanderungen führen durch recht einsame Gegenden. Man muss aber nicht immer weit aus den Städten hinaus, um Norwegens Natur genießen zu können. In Bergen etwa (Wanderung 4) kann man direkt im Zentrum zu einer Tour über die baumlosen Fjells des Hinterlandes starten. Beliebte Ziele (oder zumindest Etappenziele) von Wanderungen sind auch verlassene Bauernhöfe oder Bergbauanlagen (Wanderung 5), die sich bisweilen ganz malerisch in die Szenerie einfügen. Damit sich niemand in den Weiten des Landes verläuft, hat der Norwegische Wanderverein DNT (Den Norske Turistforeningen) rund 20.000 km Wege markiert. Außerdem betreibt der Verein fast 500 Hütten mit rund 8000 Betten, bietet Kurse und geführte Touren an und ist auch eine gute Anlaufstelle bei einschlägigen Fragen. Den Stellenwert des Wanderns bei den Nor-

Praktischer Informationskompass

wegern erkennt man übrigens auch an den Mitgliedszahlen: Der DNT hat rund 250.000 Mitglieder bei einer Landesbevölkerung von rund 5 Mio. Menschen. Der Deutsche Alpenverein, die größte Bergsteigervereinigung der Welt, bringt es auf etwa 940.000 Mitglieder bei einer Bevölkerung von knapp 82 Mio. Menschen.

Wandersaison ist prinzipiell von Frühling bis Herbst, wobei es sehr stark davon abhängt, welche Tour man in welcher Region gehen will. In den höheren Bergregionen beginnt die Saison nicht selten erst im Frühsommer. Es kann durchaus passieren, dass bis in den Juni Schnee liegt und die Wege deswegen unpassierbar oder die auf Felsen gemalten Markierungen verdeckt sind. Sollten Sie also einige der bekannten Gipfeltouren hier vermissen, so liegt das mitunter auch daran, dass diese Wanderungen – zumindest für ortsunkundige und wenig erfahrene Bergsteiger – nur ein paar Monate im Jahr zu gehen sind. Insgesamt haben wir für den folgenden kleinen Wanderführer leichte bis mittelschwere Touren ausgewählt, die für Jung und Alt geeignet sind und keine besondere alpine Erfahrung voraussetzen.

Topografische Karten (Maßstab 1:25.000 bis 1:100.000) kann man im gut sortierten Buchhandel bekommen oder auch im Internet bestellen, z. B. bei www.mapfox.de.

Karten im Internet findet man online unter www.norgeskart.no. Allerdings handelt es sich derzeit noch um eine BETA-Version, dennoch ist das Material gut und detailliert.

Geführte Touren: Mit unserem kleinen Wanderführer können Sie problemlos ohne Guide auf Tour gehen. Einen professionellen Führer zu engagieren, bietet sich z. B. für Tierbeobachtungs-Exkursionen an – sowohl aus Erfolgs- als auch aus Sicherheits-

gründen. Gletscherwanderungen sollte man ausschließlich im Zuge einer geführten Tour und mit einem ortskundigen Guide unternehmen. Ansprechpartner ist auch hier der DNT, außerdem finden Sie in diesem Buch entsprechende Informationen in den jeweiligen Regionskapiteln.

Norwegischer Wanderverein DNT: Ansprechpartner bei Fragen und Veranstalter von Touren und Kursen. Wer in einer der Unterkünfte/Wanderhütten nächtigen will, muss Mitglied werden, und kann dann einen Schlüssel beantragen. ✆ 0047/40001868, info@turistforeningen.no, www.turistforeningen.no.

Wanderung 1: Kyststi Stavern

Charakteristik: Langer, aber trotzdem wenig anstrengender Spaziergang entlang der wunderbaren Schärenküste vor Stavern, sehr beliebt bei Familien mit Kindern und problemlos auch mit bequemen Turn- oder Freizeitschuhen zu bewältigen. Gleichwohl ist die Tour recht abwechslungsreich, man marschiert über blanke Felsen und saftige Wiesen und kommt an Bootsanlegern, kleinen Marinas und schneeweiß getünchten Ferienhäusern vorbei; zwischendurch bieten sich wunderbare Möglichkeiten zu baden. **Länge/Dauer**: 20 km, 4:45 Std. **Einkehrmöglichkeiten**: Im Ort Stavern gibt es Restaurants, in der Werftanlage ein Café. Versorgen kann man sich außerdem an den kleinen Kiosken der Campingplätze und in einem Café am Ende der Tour im Brunvall Gård. **Ausgangspunkt/Anfahrt**: Parken am Wanderparkplatz bei Brunvall, zu erreichen ab Stavern via Helgeroveien und Hummerbakkveien. Bei Brunvall Gård links abbiegen und der Schotterstraße bis zum Parkplatz folgen.

Wegbeschreibung: Vom Wanderparkplatz 10 marschieren wir erst einmal zurück zur Asphaltstraße, wo sich gleich eine Bushaltestelle befindet. Man sollte hierfür mindestens 20 Min. einplanen. Mit dem Bus (Fahrpläne in der Touristeninformation Stavern) fahren wir dann nach Stavern, steigen dort an der Haltestelle 1 vor den historischen Werftanlagen aus. Wir spazieren schnurgerade zwischen den Gebäuden hindurch (hier gibt es auch ein hübsches Café zum Einkehren), bis wir an einen kleinen Sandstrand kommen. Wir halten uns rechts und steuern die bereits sichtbare Steinpyramide, die Sjømennes Minnehall 2, an, die im Sommer täglich von 11 bis 18 Uhr geöffnet ist. Ein kurzes Stück geht es noch auf Asphalt weiter, dann bewegt man sich auf Wald- und Wiesenwegen und kommt stellenweise durch kleinere Ansiedlungen hindurch. Man ist hier immer in Küstennähe, den direkten Blick aufs Wasser hat man in diesem Abschnitt allerdings meist nicht.

Das ändert sich nach etwa 50 Min. Gehzeit, wenn wir einen Aussichtspunkt erreichen, an dem auch eine Informationstafel 3 angebracht ist. Man kann den Blick

Sjømennes Minnehall

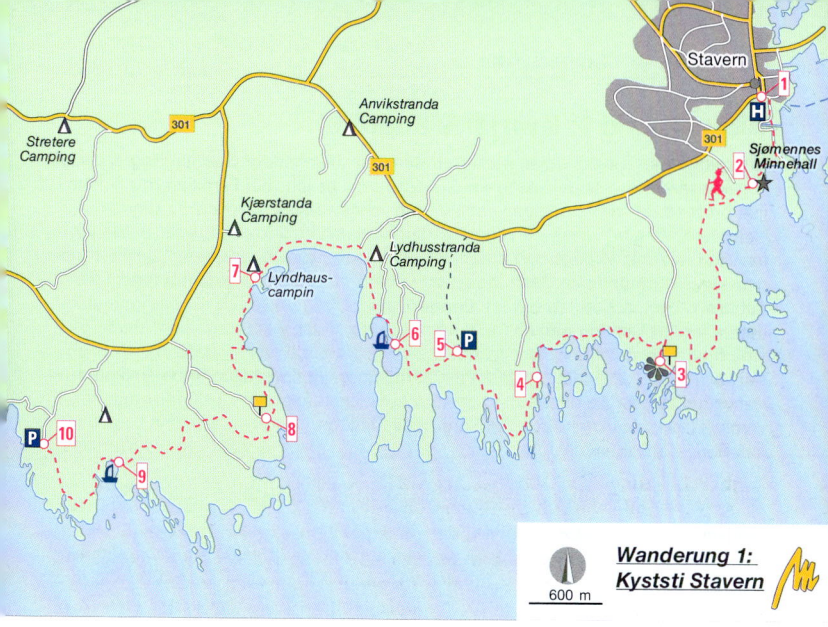

**Wanderung 1:
Kyststi Stavern**

aufs Meer und die Küste schweifen lassen und an der Tafel Ortsnamen und Richtungen ablesen. Wir spazieren weiter durch die schöne Küstenlandschaft, kleine Pfade führen über blanke Felsen, Feuchtwiesen und bisweilen direkt am Wasser entlang. Ab und an muss man über kleine Holzstege gehen. Unterwegs gibt es kleinere Wegweiser, an denen der Kyststi angeschrieben ist, oft allerdings recht versteckt in wildem Pflanzenwuchs. Wir passieren einen Bootsanlegesteg **4**, wandern um eine kleine Halbinsel herum und erreichen schließlich einen etwas größeren Wanderparkplatz **5**. Hier biegen wir nach dem Haus links ab, spazieren zwischen Wald und Feld weiter und gehen an der Gabelung geradeaus weiter. Bald ist ein kleiner Bootshafen erreicht, und auf der gegenüberliegenden Seite der Bucht sind große Campinganlagen zu sehen. Wir lassen einen weiteren Bootshafen **6** hinter uns und gelangen so zu einem schönen Sandstrand. Hier kann man einen kleinen Badestopp einlegen. Wir umrunden die Bucht immer in Wassernähe, wandern stellenweise durch die Campingplätze und können uns dort an den Kiosken, z. B. am Lyndhauscamping **7**, mit Kaffee, Eis und weiteren Kleinigkeiten zur Stärkungen versorgen.

Am Südwesten der Bucht verlässt der Weg wieder die Küste und führt durch lauschige Ferienhaussiedlungen, in denen man neben malerischen Norwegerhütten auch regelrechte Ferienpaläste bestaunen kann. Vor lauter Staunen sollte man aber nicht vergessen, auf den Weg zu achten – es gibt einige Abzweigungen, die nicht auf den ersten Blick zu sehen sind. Wer den kleinen Wegweiser **8** links am Wegesrand übersieht und entsprechend nicht links abbiegt, läuft einen großen Umweg. Wirklich problematisch wäre das zwar nicht – man gelangt hier immer leicht zur Küstenstraße (Hummerbakkeveien) und somit zurück zum Brunvall Gård –, aber man würde die durchaus reizvolle letzte Etappe der Tour verpassen. Wir folgen also dem Wegweiser, gehen auch am folgenden Waldparkplatz nach links und orientieren uns nach Westen. Im folgenden Verlauf ist die Beschilderung wieder besser. An einem neu angelegten Bootshafen **9** erreichen wir für ein kurzes Stück wieder die Küste und stehen rund 15 Min. später wieder auf unserem Wanderparkplatz **10**.

Wanderung 2: Zum Preikestolen

Charakteristik: Ein absoluter Klassiker, den an schönen Tagen ganze Heerscharen von Wanderern in Angriff nehmen. Die Wanderung gilt den Norwegern als Familientour und ist mit normaler Kondition gut zu bewältigen. Trotzdem übernehmen sich viele Urlauber, was zu regelrechten Warteschlangen an einigen Engstellen führen kann. Man sollte sich auch nicht täuschen lassen, wenn ganze Busladungen Touristen in Freizeitschuhen und T-Shirt auf die Wege strömen: Festes Schuhwerk ist auf den felsigen Passagen von Vorteil, und auch im Sommer sollte man warme Kleidung dabeihaben, denn auf der Felskanzel hoch über dem Fjord wehen oft recht kalte Winde. Und es versteht sich von selbst, dass man sich nur bei absoluter Schwindelfreiheit an die komplett ungesicherte (!) Abbruchkante heranwagt: Immerhin geht's hier gute 600 m schnurstracks in den Abgrund …
Länge/Dauer: 9,4 km, 4 Std. **Einkehrmöglichkeiten**: Unterwegs keine, am Ende der Tour im Restaurant an der Fjellstue am Parkplatz. **Ausgangspunkt/Anfahrt**: Mit dem Auto ab Fährhafen Oanes über den Preikestolvegen zum kostenpflichtigen Großparkplatz. Auch Anreise mit dem Bus möglich (→ Stavanger S. 244).

Wegbeschreibung: Die Wanderung ist bestens markiert und beschildert, und so wird man schon am Parkplatz ❶ perfekt auf den richtigen Weg gebracht: Gegenüber der Zufahrtsschranke führt ein kleiner Pfad zu einer Unterführung und dann bergauf durch den Wald. Nach gut 10 Min. ist schon ein erstes Plateau ❷ erreicht, von dem man noch einmal einen Blick auf den Parkplatz, die Berghütte und den See werfen kann. Wir überqueren das steinerne Plateau und folgen dem Weg auf schmalen Holzstegen ❸, die über einige recht sumpfige Streckenabschnitte führen. Am Ende der Stege geht es sofort recht steil bergauf, stellenweise in einer steinigen Rinne, in der man auch über größere Brocken steigen muss. Hier ist Trittsicherheit gefragt, und an besonders betriebsamen Sommertagen kann es hier zu kleinen Staus kommen. Nach insgesamt rund 75 Min. Gehzeit erblicken wir einen kleinen See ❹, der auch bald erreicht ist – ein wunderbarer Platz für eine kleine Rast und ein Stärkung vor dem finalen Aufstieg.

Bestens markierte Wege

Über eine große Felsplatte geht es erst mäßig, dann noch einmal recht steil bergauf. Hier sind etliche Steinmännchen aufgeschichtet, und auch Markierungen mit rotem „T" weisen den Weg zum Ziel unserer Tour. Nach einer letzten Anstrengung kommen wir zu einer Felskante, von der man schon zum Lysefjord hinabschauen kann. Von hier muss man nur noch wenige Minuten nach rechts gehen, und man erreicht die abenteuerliche Felskanzel, den Preikestolen ❺.

Prinzipiell ist es hier oben nicht gefährlich, die Wege sind gut, und man muss nicht klettern. Es gibt aber auch keinerlei Absperrungen oder Sicherheitsvorrichtungen, und man sollte sich genau überlegen, ob man ganz nah an den Abgrund herangehen will. Auf kleine Kinder muss man natürlich besonders aufpassen. Einige Eltern lösen das Problem, indem sie ihren Nachwuchs mit einem Seil „anleinen". Wer noch Energie hat, kann ab hier noch ein Stück weiter aufsteigen und sich den Preikestolen von oben anschauen. Hier ist der Weg nicht immer offensichtlich, dafür aber mit dem bereits bekannten roten „T" gekennzeichnet. Der Abstieg erfolgt auf demselben Weg wie der Aufstieg.

Wanderung 3:
Über die Mönchstreppe auf die Hardangervidda

Charakteristik: Eine wirklich sehr anstrengende Tour, bei der es über 1000 Höhenmeter Aufstieg zu bewältigen gilt. Dabei gibt es im mittleren Teilstück der Wanderung zwei Optionen: Die reizvollere Route führt über die sog. Mönchstreppe, die etwas leichter zu gehende Variante über eine gut befestigte Schotterstraße. Aber spätestens am Ziel sind alle Mühen vergessen, der Ausblick auf den Fjord ist unvergleichlich. Wer nicht schwindelfrei ist, sollte sich auf dem kleinen, ungesicherten Aussichtsfelsen Nosi (auf Schildern manchmal auch Nose) etwas zurückhalten. Auf dem Plateau gibt es außerdem einen Wasserfall zu bestaunen. **Länge/ Dauer**: 15 km, 6 Std. **Einkehrmöglichkeiten**: Keine. **Ausgangspunkt/Anfahrt**: Eine gute Parkmöglichkeit ist vor dem Bunnpris-Supermarkt in Ullensvang, man kann die Tour aber auch direkt vom Campingplatz Lofthus in Angriff nehmen, ab der Schule 2 ist der Weg derselbe.

Wegbeschreibung: Vom Parkplatz in Ullensvang 1 geht es direkt an der Touristeninformation vorbei, dann nach rechts von der Hauptstraße ab und weiter bergauf in Richtung Schule 2. Dort sehen wir an einem strahlend weiß gestrichenen Haus einen Wegweiser zur Nosi. Wir gehen entsprechend nach rechts und folgen der steilen Asphaltstraße, die hier zwischen Obstbäumen bergauf führt. Nach insgesamt rund 20 Min. erreichen wir eine Weggabelung, an der uns ein weiteres Schild **3** mit der Aufschrift „Nosi" nach rechts dirigiert. Ab hier geht es über eine breite Schotterstraße weiter, größtenteils wandern wir jetzt durch schattigen Wald, nur ab und an ist ein freier Blick ins Tal möglich. Nach etwas mehr als 4 km und rund 500 Höhenmetern erreichen wir eine kleine Lichtung **4** mit großer Wander-Infotafel, die sich hervorragend für eine Rast anbietet. Für den Weiterweg bieten sich zwei Optionen: die längere, aber leichte Strecke über die Forststraße oder die direkte, aber beschwerlichere Aufstieg via Mönchstreppe. Wir wählen Letzteren und gehen gleich neben der Infotafel in den Wald hinein. Da sich die beiden Wege unterwegs einige Male treffen, ist man letztlich aber nicht auf eine Option festgelegt. In beiden Fällen passiert man noch einmal einen Wegweiser **5** zur Nosi.

Die Mönchstreppe besteht aus recht steilen Steinstufen, die am Tryglastein **6** enden. Nur ein paar Meter weiter endet auch die erwähnte Forststraße, und ab hier gibt es nur noch einen Weg für den Weitermarsch. Wir halten uns rechts und erreichen nach etwa 15 Min. einen Felsen mit der Aufschrift „Nosi" **7**. Es handelt sich hierbei nicht um den Aussichtspunkt; um die eigentliche Felsnase **8** zu erreichen, muss man für einen kleinen Abstecher rechts vom Weg abzweigen. Leider gibt es keinen gut ausgetretenen Pfad dorthin, und auch das entsprechende Schild muss man etwas suchen. Außerdem sollte man besonders aufpassen, denn stellenweise geht es an den Felsen steil in die Tiefe, und Sicherungsvorkehrungen gibt es nicht. Dafür hat man von dem Vorsprung einen tollen Blick ins Tal, den man mit etwas Glück auch noch ganz allein genießen kann.

Zurück auf dem Weg, machen wir uns auf in Richtung Hochebene. Erst erreichen wir einen weiteren Aussichtspunkt **9**, von dem wir auch den ersten Wasserfall sehen können. Dann überschreiten wir die 1000-Höhenmeter-Marke und gelangen schließlich auf die Hochebene **10**. Man kann ganz nahe an den zweiten Wasserfall herangehen. Speziell im Frühjahr, wenn hier oben oft noch Schnee liegt, sollte man dabei besonders aufpassen.

Die Mönchstreppe

Wanderung 3:
Über die Mönchstreppe auf die Hardangervidda

Für den Abstieg nehmen wir zunächst den gleichen Weg zurück zum Tryglastein 6, wählen dann allerdings nicht die Mönchstreppe, sondern die rechts gelegene Schotterstraße. Etwas mehr als eineinhalb Stunden später stehen wir wieder am Ausgangspunkt 1 unserer Wanderung.

Wanderung 4:
Bergens Hausberge – vom Fløyen zum Ulriken

Charakteristik: Lange, abwechslungsreiche Tour, bei der man immer wieder einen tollen Blick auf die Stadt Bergen genießen kann. Es gibt einige steilere Anstiege, der größte Teil der Tour ist aber recht leicht zu bewältigen. Unterwegs geht es erst durch dichten Wald und vorbei an zahlreichen Speicherseen, später über karge Fjelllandschaft. Auf dem Bergrücken pfeifen oft kalte Winde, man sollte entsprechende Kleidung dabeihaben – auch wenn es in der Stadt selbst recht warm ist. Die Wanderung ist mit einigen Kosten verbunden: Das Tages-Parkticket an der Ulrikenbahn kostet 150 NOK, für Bustransfer und Bergbahnen zahlt man

416 Kleiner Wanderführer

Blick ins grüne Tal hinab

insgesamt 180 NOK pro Person. **Länge/Dauer**: 15,5 km, 6 Std. **Einkehrmöglichkeiten**: Restaurant und Kiosk an der Bergstation des Fløyen, Kiosk Brushytten, Berghaus Turnerhytten, Bistro in der Ulriken-Bergstation. **Ausgangspunkt/Anfahrt**: Start ist mitten in der Innenstadt an der Talstation der Fløibanen, den Endpunkt bildet die Talstation der Ulrikenbahn. Wer mit dem PKW unterwegs ist, sollte an der Ulrikenbahn parken (in der Innenstadt kaum Möglichkeiten) und mit dem Bus zum Startpunkt der Tour fahren. Besser noch, man lässt das Fahrzeug an der Unterkunft und nutzt ausschließlich öffentliche Verkehrsmittel.

Wegbeschreibung: Wir starten die Tour an der Talstation der Ulrikenbahn **1**, parken dort das Auto und fahren mit dem Doppeldecker-Sightseeingbus zum Fischmarkt **2**. Von dort geht es in nur 5 Min. zur Talstation der Fløibanen, wo die einzige böse Überraschung dieser Wanderung warten kann: Hier gibt es bisweilen recht lange Wartezeiten, speziell dann, wenn gleich mehrere Ausflugsbusse gleichzeitig ihre menschliche Fracht abladen. Auf dem Fløyen **3** angekommen, kann man erst einmal von der eigens angelegten Panoramaplattform die grandiose Aussicht auf Bergen genießen – mit ein Grund, dass es hier vor Touristen oft nur so wimmelt. Aber keine Sorge, die meisten fahren mit der Bahn wieder zu Tal, und so geht es auf den Wanderwegen viel geruhsamer zu.

Wir gehen am Restaurant vorbei und orientieren uns am Wegweiser nach links Richtung Rundemanen und/oder Brushytten. Alternativ kann man auch geradeaus zum Skomarkerdiket marschieren, dem einzigen See, in dem man hier baden darf. Wer von dort dem Weg am Westufer des Sees folgt, der gelangt wieder auf die hier beschriebene Route. Wir aber nehmen den direkten Weg und marschieren auf einer gut befestigten Schotterstraße bergauf. Erste Zwischenstation ist die Brushytten **4**, die nach etwa 40 Min. Gehzeit erreicht ist. Die kleine Imbisshütte ist im Sommer meist an Sonntagen geöffnet, es gibt Kaffee und andere Getränke. Links an der Hütte vorbei geht es nun weiter sehr steil bergan in Richtung Rundemanen. Der Weg ist hier ein Stück weit asphaltiert. Am See Store Tindevatnet

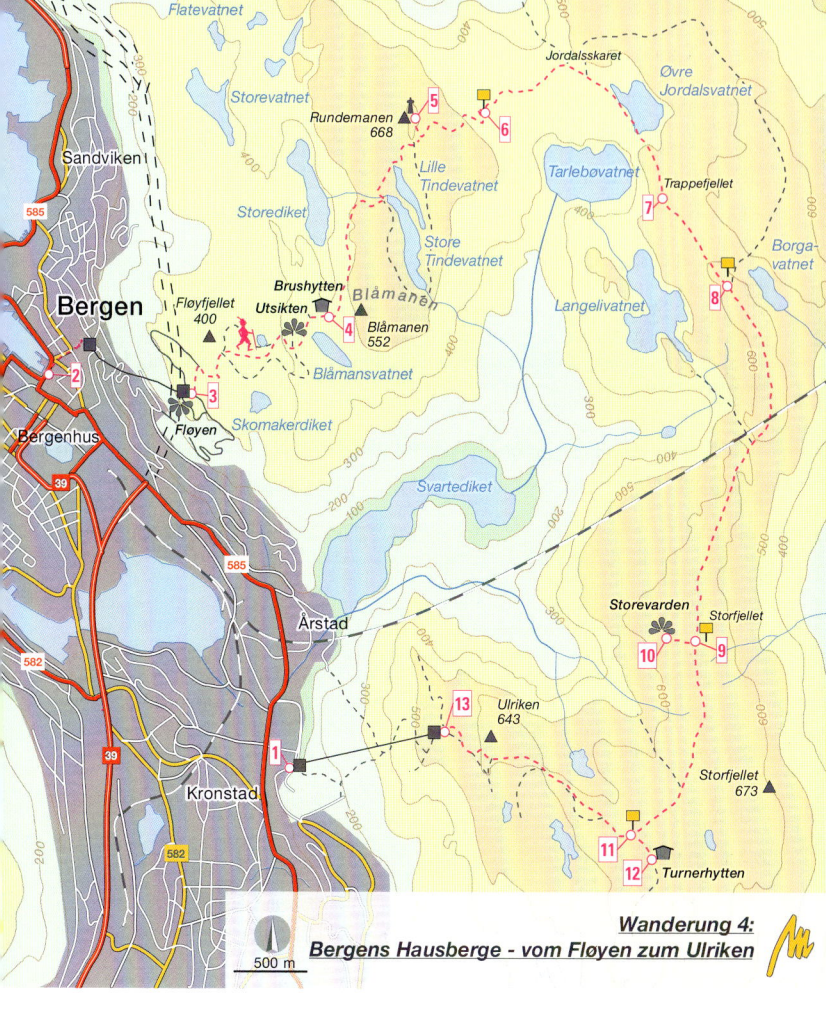

**Wanderung 4:
Bergens Hausberge - vom Fløyen zum Ulriken**

gehen wir links, und am nächsten Wegweiser ist das Ziel unserer Wanderung, der Ulriken, schon angeschrieben. Wir biegen hier entsprechend rechts ab und marschieren weiter bergauf. Kurze Zeit später können wir einen kleinen Abstecher zum Funkturm **5** auf dem Rundemanen unternehmen, danach führt der Weg erst einmal wieder bergab.

Wir erreichen einen Wegweiser **6**, an dem wir uns links halten Richtung Jordalen bzw. Vidden. Der Weg führt erst unterhalb des Øvre Jordalsvatnet vorbei und geht dann richtig steil bergauf. Dann wird er immer mehr zum Pfad, der an einigen Stellen arg ausgewaschen ist und uns schließlich auf den Höhenrücken **7** bringt. Blickt man hier nach Südosten, so sieht man eine ganze Reihe hoher Steinhaufen, die unseren Weg fast bis zum Horizont markieren. Am Wegweiser **8** zur Vikinghytten gehen wir vorbei und bleiben auf dem offensichtlichen Weg geradeaus. Nur einmal müssen wir in eine kleine Schneise hinab- und wieder heraussteigen, danach geht es fast schnurgerade Richtung Süden. Nach etwa 3 Std. reiner Gehzeit erreichen wir einen Steinhaufen mit dem Wegweiser 9 zum Storevarden 10, einem der höchsten Punkte dieser Tour. Der kleine Abstecher dauert insgesamt keine 20 Min., und man wird mit einem tollen Ausblick belohnt.

Vom Storevarden zurück, geht es den gut markierten Weg weiter, und schon bald sehen wir ein großes Berghaus in der Ferne. In nicht einmal 10 Min. ist man von der beschilderten Abzweigung 11 zur Turnerhytten 12 marschiert, im Sommer ist hier an den Wochenenden von 11 bis 15 Uhr (Juli bis 16 Uhr) zur Einkehr geöffnet. Um die Tour zu beenden, gehen wir zunächst zum Abzweig zurück und marschieren dann – teils über einige Holzstege – zur Bergstation der Ulrikenbahn 13. Hier kann man noch einmal einkehren oder gleich mit der Bahn ins Tal abfahren (letzte Abfahrt unter www.ulriken643.no).

Wanderung 5: Zur Knutehytta

Charakteristik: Gut beschilderte Tour, bei der man neben abwechslungsreicher Telemarklandschaft auch noch die Gebäude einer verlassenen Silbermine zu sehen bekommt. Der Weg führt durch dichte Wälder, aber auch durch steinige Fjellvegetation und vorbei an zahlreichen kleinen Seen. Die Wanderung fordert nur mäßige Kondition, festes Schuhwerk ist zu empfehlen. Der Rückweg zum Parkplatz erfolgt zum größten Teil auf gut befestigten Forststraßen. **Länge/Dauer**: 12 km, 4 Std. **Einkehrmöglichkeiten**: Knutehytta (meist Di–So 10–17 Uhr, genaue Öffnungszeiten unter www.knutehytta.com). **Ausgangspunkt/Anfahrt**: Man kann ganz bequem am Kongsberg Skisenter nur rund 3,5 km südwestlich von Kongsberg parken. Dafür erst die Stadt auf der E134 Richtung Süden verlassen und dann nach rechts in den Kruttmølleveien einbiegen. Der Wanderweg beginnt direkt am nördlichen Ende des Parkplatzes.

Typische Landschaft der Telemark

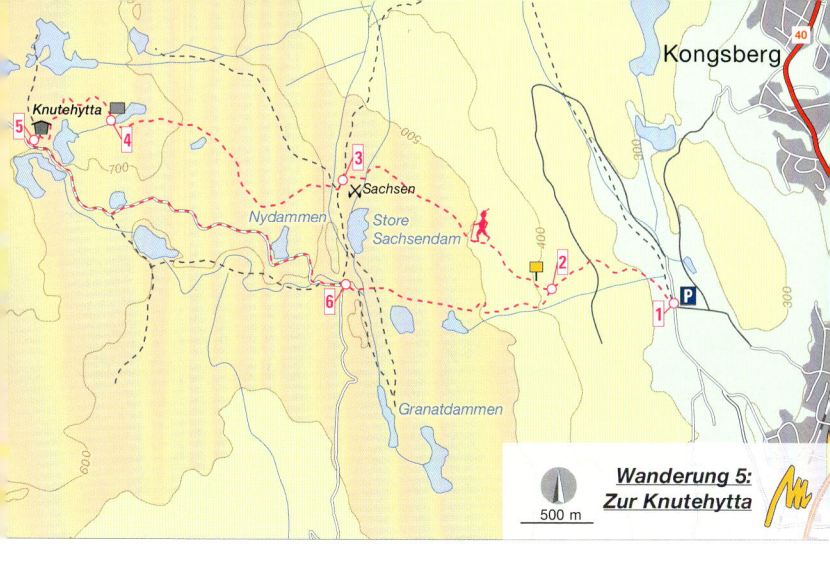

**Wanderung 5:
Zur Knutehytta**

Wegbeschreibung: Direkt am oberen Ende des Parkplatzes ❶ führt ein ausgetretener Pfad in den Wald hinein, unsere beiden Ziele, Sachsen bzw. Knutehytta, sind bereits hier auf einem Wegweiser angeschrieben. Zur weiteren Orientierung dient auch das blaue „T", das immer wieder an Bäumen oder Felsen zu sehen ist. Der Weg führt zunächst leicht bergauf, der Untergrund ist hier recht steinig. An der ersten Gabelung halten wir uns rechts und folgen dem schmalen Pfad, nur wenige hundert Meter weiter weist uns ein Schild mit der Aufschrift „Sachsen og Knutehytta via Ollebakkene" die Richtung. An der nächsten größeren Weggabelung ❷ gehen wir nach rechts, auf dem Rückweg kommen wir hier von der linke Seite. Nach insgesamt knapp 3 km Strecke überqueren wir auf einem Steg ein kleines Bächlein und marschieren dann steil ein Geröllfeld hinauf. Oben angekommen, sind dann auch schon die Gebäude der stillgelegten Mine Sachsen ❸ zu sehen.

Hinter den Gebäuden auf der rechten Seite des Weges führen zwei Pfade in den Wald, wir nehmen den linken davon. Es folgt ein etwas steilerer Aufstieg auf einem schmalen Waldweg, der bisweilen auch steinig wird. Stellenweise überqueren wir größere Felsplatten, außerdem geht es öfter an kleineren Seen vorbei. Am Ufer eines dieser Seen entdecken wir dann auch eine kleine Minihütte ❹, an der es genauer auf die Wegführung zu achten gilt: Es geht nicht, wie man meinen könnte, geradeaus weiter, die Tour biegt hier etwas unscheinbar nach rechts ab. Ab hier marschieren wir durch etwas offenere Fjellvegetation, schmale Pfade schlängeln sich durch die Landschaft, das Wasser kann nach langen Regenfällen schlecht ablaufen, sodass es mitunter extrem matschig wird. Nach rund 2 Std. reiner Gehzeit erreichen wir die Knutehytta ❺, in der man auch einkehren kann.

Zurück nehmen wir die breite, gut befestigte Schotterstraße, die von der Hütte zu Tal führt. Stetig und nicht zu steil geht es nun bergab bis zu einer Wegkreuzung ❻, an der wir geradeaus weitermarschieren. An der nächsten Gabelung halten wir uns links, folgen dann dem Schild mit der Aufschrift „Ollebakkene" und erreichen schließlich an der Gabelung ❷ den Weg, den wir bereits beim Aufstieg genommen haben. Knapp 20 Min. später sind wir wieder am Parkplatz ❶.

Kleiner Wanderführer

Wanderung 6: Auf den Årdalsknapen

Charakteristik: Eine klassische Gipfeltour, bei der es stetig und bisweilen recht steil bergauf geht. Dabei marschiert man abwechselnd auf felsigem Untergrund und weichen Waldwegen. Speziell nach Regenfällen können einige Bereiche recht sumpfig, die glatten Felsen an einigen Stellen etwas rutschig werden. Festes Schuhwerk ist also dringend anzuraten, auch Teleskopstöcke tun sicherlich guten Dienst. Ganz wichtig: Mückenschutz! Unterwegs gibt es einige schöne Aussichtspunkte, vom Gipfel hat man einen guten Blick auf den Byglandsfjord und die umliegenden Ortschaften. **Länge/Dauer**: 8,5 km, 3:30 Std. **Einkehrmöglichkeiten**: Keine. **Ausgangspunkt/Anfahrt**: Wer im Neset Camping übernachtet, kann direkt vom Platz starten, alternativ stellt man das Auto in einer Parkbucht an der RV9 nur 300 m südlich davon ab.

Wegbeschreibung: Der Weg vom Campingplatz und der von der Parkbucht **1** treffen bereits nach 10 Min. aufeinander. Etwa eine halbe Stunde geht es steil bergauf, dann ist ein erster kleiner Aussichtspunkt **2** erreicht. Von dort schlängelt sich ein schmaler, oft mit Wurzeln überwachsener und immer noch recht steiler Pfad mit vielen Kehren den Berg hinauf. Insgesamt eine Stunde dauert es, bis eine blanke Felsplatte **3** mit einigen aufgeschichteten Steinmännchen erreicht ist. Weiter geht es durch den Wald, vereinzelt tun sich kleine Lichtungen auf, auf denen es speziell nach längeren Regenfällen sehr sumpfig sein kann. Da fühlen sich dann auch Stechmücken recht wohl, sodass lange Hosen und/oder Mückenspray wirklich zu empfehlen sind. Nach insgesamt knapp 3,5 km ist dann ein kleiner Zwischengipfel **4** mit einem kleinen Bäumchen erreicht. Es ist zwar nicht mehr weit bis zum

Auf dem Gipfel des Årdalsknapen

Ziel unserer Tour, aber man kann hier trotzdem ein kleines Päuschen einlegen und den Ausblick genießen. Nur etwa 20 Min. später steht man auch schon auf dem 762 m hohen Gipfel des Årdalsknapen **5** und kann sich ins Gipfelbuch eintragen. Richtung Westen schaut man hinunter zum Byglandsfjord, in alle anderen Himmelsrichtungen erstreckt sich die Bergwelt der Provinz Aust-Agder. Vom Gipfel aus geht es auf dem gleichen Weg zurück zum Ausgangspunkt der Wanderung **1**. Wem die Tour zu kurz ist, der kann auch noch weitermarschieren; man sollte sich aber dann entsprechende Informationen in einer Touristeninformation (z. B. im Setesdal) holen.

Etwas Norwegisch

In Norwegen werden mindestens vier Sprachen gesprochen: außer bokmål und nynorsk (vgl. "Sprache", S. 116) auch Samisch und vornehmlich in Finnmark auch Finnisch. Aber auch ohne diese Unterscheidung wimmelt es in der norwegischen Schriftsprache von für unsereins ganz ungewöhnlichen Zeichen: "Ø" zum Beispiel, das wie ein hartes "Ö" (in "Øl" = Bier beispielsweise) ausgesprochen wird, oder "Å", das wie unser offenes "O" (in "Ort" beispielsweise) gesprochen wird und in Eigennamen noch als "AA" auftaucht. Überhaupt wird manches Wort höchst variabel geschrieben – in Schweden gedruckte Karten etwa verwenden "ö" und "ä" statt "ø" und "å".

Dennoch müssen Sie für diesen Urlaub nicht Norwegisch lernen; fast alle Norweger sprechen Englisch, viele auch ein charmantes Deutsch. Sie werden beim Einkauf im Supermarkt ebenso wenig Probleme haben wie beim Mieten einer Hütte oder eines Autos. Doch für Hinweisschilder längs der Straße oder auch bei Speisekarten ist ein Mini-Wortschatz hilfreich – und wenn Sie dann auch noch ein paar Sätze radebrechen, werden Ihre hilfreichen norwegischen Gesprächspartner hell entzückt sein...

Elementares

Grüße

Guten Morgen	*god morgen*
Guten Tag	*god dag*
Guten Abend	*god aften*
Hallo	*hei*
Gute Reise	*god tur*
Auf Wiedersehen	*på gjensyn*
Tschüs	*farvel, adjø*

Small Talk

Sprechen Sie Deutsch?	*snakker du tysk?*
... Englisch?	*engelsk?*
... Französisch?	*fransk?*
Ich komme aus...	*jeg kommer fra...*
... Deutschland	*...tyksland*
... der Schweiz	*...sveits*
... Österreich	*...østerike*
Wie geht es Ihnen?	*hvordan går det til?*
Danke, gut	*bra, takk*
Wie heißen Sie?	*hva heter du?*
Ich heiße...	*mitt navn er...*
Ich verstehe nicht	*jeg forstår ikke*
Wie alt bist Du?	*hvor gammel er du?*
Ich gehe zur Schule	*jeg går på skolen*
Ich studiere	*jeg studerer*
Was sind Sie von Beruf?	*hvilket yrke har De?*
Ich bin Angestellter	*jeg er ansatte*
... Hausfrau	*..... husmor*
... Lehrer	*.... laerer*
Wiederholen Sie bitte	*vaer så snill å gjenta*
Das gefällt mir	*det liker jeg*
In Ordnung/okay	*i orden*

Minimalwortschatz

ja	*ja*
nein	*nei*
bitte (sehr)	*vaer så (god)*
danke	*takk*
Vielen Dank	*mange takk*
Verzeihung	*unnskyld*
groß/klein	*stor/liten*
gut/schlecht	*god/dårlig*
viel/wenig	*mye/lite*
alt/neu	*gammel/ny*
oben/unten	*oppe/nede*
heute/gestern	*i dag/i går*
ich	*jeg*
du	*du*
Sie	*de*

Etwas Norwegisch

ich möchte ...	*jeg vil ...*	Mädchen	*pike*
verboten	*forbudt*	Junge	*gutt*
geschlossen	*stengt*	Jugend	*ungdom*
geöffnet	*åpen*	Kind	*barn*
Herr	*herre*	Erwachsener	*vokse*
Frau	*fru*		

Fragen und Antworten

Ist das die Straße nach ...?	*er dette veien til...?*	Nehmen Sie mich mit bis ...?	*kan de kjøre meg til ...?*
Ist es noch weit bis ...?	*er det langt til...?*	Lassen Sie mich aussteigen	*sett meg av, takk*
Wo befindet sich...?	*hvor er...?*	Ich will (kann) nicht	*jeg vil (kan) ikke*
Wie spät ist es?	*hva er klokka?*	Es ist sehr schön hier	*det er veldig pent her*
Wann ist...geöffnet?	*når er...åpen?*	Wir machen hier Urlaub	*vi er her på ferie*
Was kostet das?	*hva koster det?*		
Wie heißt ...?	*hva heter ...?*	Ich fahre weiter nach...	*jeg reiser videre til ...*
Wo gibt es ...?	*hvor finnes det ...?*		
Wo kann ich ... mieten?	*hvor kan jeg leie ...?*		

Orientierung

nach links/rechts	*til venstre/ høyre*	Stadtrundfahrt	*byrundtur*
geradeaus	*rett fram*	Hafen	*havn*
hier	*her*	Flughafen	*flyplass, lufthavn*
dort	*der*	Bahnhof	*stasjon*
Adresse	*adresse*	Busbahnhof	*busstasjon*
Stadtplan	*bykart*	Haltestelle	*stoppested*

Zeit

vormittags	*om formiddagen*	Monat	*måned*
mittags	*midt på dagen*	Jahr	*år*
nachmittags	*om ettermiddagen*		
abends	*om kvelden*		
heute Abend	*i kveld*		
heute	*i dag*		
morgen	*i morgen*		
Tag	*dag*		
Nacht (nachts)	*natt (om natten)*		
Stunde (stündlich)	*time (hver time)*		
Woche	*uke*		

Wochentage

Montag	*mandag*
Dienstag	*tirsdag*
Mittwoch	*onsdag*
Donnerstag	*torsdag*
Freitag	*fredag*
Samstag	*lørdag*
Sonntag	*søndag*

Feiertage

Nationalfeiertag (17.5.)	nasjonaldag
Neujahr	nyttar
Ostern	påske
Pfingsten	pinse
Weihnachten	jul

Jahreszeiten

Frühling	vår
Sommer	sommer
Herbst	høst
Winter	vinter

Unterwegs

Bus	buss	Reisebüro	reisebyrå
Zug	tog	Information	informasjon
Eisenbahn	jernbane	Bauernhof	gårdtun
Bahnsteig	perrong	Dorfmuseum	bygdemuseet
Schiff	båt	Umleitung	omkjøring
Anlegeplatz	skipsekspedisjon	Baustelle	veiarbeidsområde
Fähre	ferge, ferry	Maut	bompenger
Flugzeug	fly	Schranke	bom
Abfahrt	avgang	Sportpark	idrettsparken
Abflug	flyavgang	Anlage	anlegg
Ankunft	ankomst	Denkmal	minnestein
einfache Fahrt	enveisbillet	Parkplatz	parkeringplass
Rückfahrkarte	returbillet	Schießstand	skytebane
Platzkarte	plassbestilling	Sackgasse	blindvei
Liegewagen	vogn med liggeseter	Einnbahnstraße	enveiskjøring
Schlafwagen	sovevogn	Kreuzung	krysset

Auto/Zweirad

Wo ist die nächste Tankstelle?	hvor er nermeste bensinstasjon ?	Dichtung	pakning
Wo ist die nächste Werkstatt?	hvor ernermeste bilverksted ?	Ersatzteil	reservedel
		Fahrrad	sykkel
Ich habe eine Panne	jeg har et teknisk uhell	Getriebe	drev
		Keilriemen	kilerem
30 Liter Benzin bitte	gi meg trevde liter bensin, takk	Kolben	stempel
		Kühler	kjøler
bleifrei	blyfri	Motorrad	motorsykkel
gebührenpflichtiger Parkplatz	avgiftsparkering	Rad	hjul
		Reifen	dekk
abschleppen	ta på slepp	Scheinwerfer	lyskaster
Achse	aksel	Stoßdämpfer	støtdemper
Anlasser	selvstarter	Vergaser	forgasser
Auspuff(rohr)	eksos(rør)	Zündkerze	tennplugg
Batterie	batteri	Zündung	tenning
Bremse	bremsene		

Etwas Norwegisch

Bank/Post/Telefon

Wo ist das nächste Postamt?	hvor er naemeste postkontor?	Karte?	kortet?
Wie viel bekomme ich für...?	hvor mye får jeg for...?	Bitte eine Briefmarke für ...	Kan jeg få et frimerke til ...
Ich möchte Euro in Kronen umwechseln	jeg vil gjerne veksle Euro i norske kroner	Postlagernde Sendung	Poste restante
Ich suche einen Briefkasten	jeg ser etter en postkasse	Wo ist die nächste Telefonzelle?	hvor er naermeste telefonkiosk?
Wechselkurs	kursen	Kann man nach ... durchwählen?	kan man ringe fjernvalg til ... ?
Geldschein	seddel	Vorwahlnummer	retningsnummeret
Münze	mynt	Ferngespräch	samtale
Ansichtskarte	prospektkort	Telefonbuch	telefonkatalog
		besetzt	opptatt
Was kostet diese	hva koster dette	falsch verbunden	det må vaere feil

Übernachten

Übernachtung	overnatting	Wie viel kostet eine Übernachtung in der Hütte?	hvor mye koster der å overnatte i hytte?
Einzelzimmer/ Doppelzimmer	enkeltrom/ dobbeltrom	Wie hoch ist die Gebühr für den Wohnwagen?	hvor mye koster det for en campingvogn?
mit Toilette	med toalett		
mit Bad/Dusche	med bad/dusj	Gibt es Stromanschluss?	er det strømtilkobling?
mit Seeblick	med sjøen		
für eine Nacht	for en natt	Kann man das Wasser trinken?	kan dette vannet drikkes?
Haben Sie etwas frei?	har De noe ledig?		
Kann ich das Zimmer ansehen?	kan jeg få se rom?	Abfall	avfall
		Gaskocher	gassapparat
Das nehme ich	jeg tar det	Rucksack	ryggsekk
Wie viel kostet...	hvor mye koster...	Schlafsack	sovepose
Können wir hier zelten?	kan vi slå opp telt her?	Duschmünze	polett
Hütten zu mieten ("frei")	ledige hytter	Vorbestellung	forhåndbestilling

Im Restaurant

Ist dieser Tisch frei?	er dette bordet ledig?	Vorspeise	forret
		Nachtisch	dessert
Ich möchte...	jeg vil gjerne ha...	Bringen Sie uns bitte...	kan vi få
Ich möchte zahlen	jeg vil gjerne betale	eine Tasse (Glas)	en kopp (et glass)
Speisekarte	spisekartet	Tagesgericht	dagens rett
Menü	menyen	Brot	brød
vegetarische Kost	vegetarkost	Aufschnitt	pålegg
Diätkost	diettkost	Frühstücksbüfett	frokostbord
Kinderteller	barnetallerken		

426 Etwas Norwegisch

Käse	ost
Wurst/Würstchen	pølse/ pølser
Kuchen	kake
Milch	melk
Wasser (warm/kalt)	vann (varmt/kald)
Salat	salat
grüner Salat	grønn salat
gemischter Salat	blandet salat
Essig und Öl	eddik og olje
Fischsalat	fiskesalat
Heringssalat	sildesalat
Geflügelsalat	kyllingssalat
Fischsuppe	fiskesuppe
Fleischbrühe	kjøttsuppe
Krebssuppe	krepsesuppe
Gemüse	grønnsaker
Salzkartoffeln	kokte poteter
Gurke	agurk
Bohnen	bønner
Erbsen	erter
Pilze	sopp
Kohl	kål
Fischklößchen	fiskeboller
Barsch	abbor
Forelle (Seeforelle)	ørret (sjøørret)
Hecht	gjedde
Heilbutt	hellefisk
Lachs (gebeizter Lachs, Seelachs)	laks (gravlaks, sei)
Dorsch	torsk
Kabeljau	skei
gelaugter Stockfisch	lutefisk
Rentierbraten	dyrestek
Elch	elg
Elchsteak mit Preiselbeeren	elgstek med tyttebaer
Huhn	høne
Lamm	lamme
Rumpsteak	lårstek
Grütze aus saurem Rahm	rømmegrøt
Wein (rot, weiß)	vin (rød, hvit)
Bier	øl
Fruchtsaft	fruktsaft
Orangensaft	appelsinsaft
Apfelsaft	eplesaft
Eis	is
Schlagsahne	fløtekrem
Lokal für Familienfeiern	selpskapselrestaurant

Einkaufen

Wie viel kostet das?	hvor mye koster det?
Haben Sie …?	har de .. ?
Geschäft	forretning
Supermarkt	Supermarked
Laden	buttik
Kaufhaus	varehus
Geben Sie mir bitte …	vaer så snill å gi meg …
… eine Dose	en boks
… 100 Gramm	en hekto
… ein Pfund	en halv kilo
… ein Stück	et stykke
… eine Tüte	en pose
Selbstbedienung	selvbetjening
Bäckerei	bakeri
Buchhandlung	bokhandel
Drogerie	fargehandel
Juwelier	gullsmed
Kunsthandwerk	brukskunst
Lebensmittel	dagligvarer
Metzgerei	slakter
Schlussverkauf	utsalg
Sonderangebot	tilbud
Butter	smør
Ei	egg
Buttermilch	kultur melk
Erdbeere	jordbaer
Moltebeere	multer
Blaubeere	blåbaer
Birne	paere
Apfel	eple
Marmelade	syltetøy
Klopapier	toalettpapir
Kondom	preservativer
Mückenschutzmittel	insektmiddel
Pfeffer	pepper

"Pille"	*p-piller*	Streichhölzer	*fyrstikker*
Salz	*salt*	Tampons	*tampomger*
Seife	*såpe*	Zahnbürste	*tannbørste*
Shampoo	*sjampo*	Zeitschrift	*tidsskrift*
Sonnencreme	*solkrem*	Zeitung	*avis*

Hilfe und Krankheit

Wo ist eine Apotheke?	*hvor er det et apotek?*	Zahnschmerzen	*tannverk*
... ein Krankenhaus?	*... sykehus?*	Abszess	*byll*
Geben Sie mir etwas gegen ...	*kunne De gi meg noe for ...*	Allergie	*allergi*
		Ausschlag	*utslett*
Ich bin im ... Monat schwanger	*jeg er gravid i ... måned*	Fieber	*feber*
		Insektenstich	*insektstikk*
Kopfschmerzen	*hodepine*	Verstopfung	*forstoppeise*
Durchfall	*diaré*	Salbe	*salve*
Halsschmerzen	*halsmerter*	Tablette	*tablett*
Magenschmerzen	*magesmerter*	Ich bin Diabetiker	*jeg er diabetiker*

Geographie

Berg	*fjell*	See	*vatn, sjø*
Spitze, Gipfel	*tind*	Talmulde	*botn*
Wasserfall	*foss*	Tal	*dal*
Bach	*bekk*	Stadt	*by*
Fluss	*elv*	Dorf	*bygd*
Bucht	*vik*	Alm	*seter*

Zahlen

0	*null*	14	*fjorten*	100	*hundre*
1	*en*	15	*femten*	200	*to hundre*
2	*to*	16	*seksten*	1.000	*tusen*
3	*tre*	17	*sytten*	2.000	*to tusen*
4	*fire*	18	*åtten*	1.	*første*
5	*fem*	19	*nitten*	2.	*andre*
6	*seks*	20	*tjue (tyve)*	3.	*tredje*
7	*sju (syv)*	30	*tretti (tredve)*	4.	*fjerde*
8	*åtte*	40	*førti*	5.	*femte*
9	*ni*	50	*femti*	6.	*sjette*
10	*ti*	60	*seksti*	7.	*sjuende*
11	*elleve*	70	*sytti*	8.	*åttende*
12	*tolv*	80	*åtti*	9.	*niende*
13	*tretten*	90	*nitti*	10.	*tiende*

Abruzzen • Ägypten • Algarve • Allgäu • Allgäuer Alpen • Altmühltal & Fränk. Seenland • Amsterdam • Andalusien • Andalusien • Apulien • Athen & Attika • Australien – der Osten • Azoren • Bali & Lombok • Baltische Länder • Bamberg • Barcelona • Bayerischer Wald • Bayerischer Wald • Berlin • Berlin & Umgebung • Bodensee • Bretagne • Brüssel • Budapest • Bulgarien – Schwarzmeerküste • Chalkidiki • Cilento • Cornwall & Devon • Dresden • Dublin • Comer See • Costa Brava • Costa de la Luz • Côte d'Azur • Cuba • Dolomiten – Südtirol Ost • Dominikanische Republik • Ecuador • Eifel • Elba • Elsass • Elsass • England • Fehmarn • Franken • Fränkische Schweiz • Fränkische Schweiz • Friaul-Julisch Venetien • Gardasee • Gardasee • Genferseeregion • Golf von Neapel • Gomera • Gomera • Gran Canaria • Graubünden • Griechenland • Griechische Inseln • Hamburg • Harz • Haute-Provence • Havanna • Ibiza • Irland • Island • Istanbul • Istrien • Italien • Italienische Adriaküste • Kalabrien & Basilikata • Kanada – Atlantische Provinzen • Kanada – der Westen • Karpathos • Kärnten • Katalonien • Kefalonia & Ithaka • Köln • Kopenhagen • Korfu • Korsika • Korsika Fernwanderwege • Korsika • Kos • Krakau • Kreta • Kreta • Kroatische Inseln & Küstenstädte • Kykladen • Lago Maggiore • La Palma • La Palma • Languedoc-Roussillon • Lanzarote • Lesbos • Ligurien – Italienische Riviera, Genua, Cinque Terre • Ligurien & Cinque Terre • Liparische Inseln • Lissabon & Umgebung • Lissabon • London • Lübeck • Madeira • Madeira • Madrid • Mainfranken • Mallorca • Mallorca • Malta, Gozo, Comino • Marken • Mecklenburgische Seenplatte • Mecklenburg-Vorpommern • Menorca • Mittel- und Süddalmatien • Mittelitalien • Montenegro • Moskau • München • Münchner Ausflugsberge • Naxos • Neuseeland • New York • Niederlande • Niltal • Norddalmatien • Norderney • Nord- u. Mittelgriechenland • Nordkroatien – Zagreb & Kvarner Bucht • Nördliche Sporaden – Skiathos, Skopelos, Alonnisos, Skyros • Nordportugal • Nordspanien • Normandie • Norwegen • Nürnberg, Fürth, Erlangen • Oberbayerische Seen • Oberitalien • Oberitalienische Seen • Odenwald • Ostfriesland & Ostfriesische Inseln • Ostseeküste – Mecklenburg-Vorpommern • Ostseeküste – von Lübeck bis Kiel • Östliche Allgäuer Alpen • Paris • Peloponnes • Pfalz • Pfalz • Piemont & Aostatal • Piemont • Polnische Ostseeküste • Portugal • Prag • Provence & Côte d'Azur • Provence • Rhodos • Rom & Latium • Rom • Rügen, Stralsund, Hiddensee • Rumänien • Rund um Meran • Sächsische Schweiz • Salzburg & Salzkammergut • Samos • Santorini • Sardinien • Sardinien • Schleswig-Holstein – Nordseeküste • Schottland • Schwarzwald Mitte/Nord • Schwäbische Alb • Shanghai • Sinai & Rotes Meer • Sizilien • Sizilien • Slowakei • Slowenien • Spanien • Span. Jakobsweg • St. Petersburg • Südböhmen • Südengland • Südfrankreich • Südmarokko • Südnorwegen • Südschwarzwald • Südschwarzwald • Südschweden • Südtirol • Südtoscana • Südwestfrankreich • Sylt • Teneriffa • Teneriffa • Thassos & Samothraki • Toscana • Toscana • Tschechien • Tunesien • Türkei • Türkei – Lykische Küste • Türkei – Mittelmeerküste • Türkei – Südägäis • Türkische Riviera – Kappadokien • Umbrien • Usedom • Venedig • Venetien • Wachau, Wald- u. Weinviertel • Westböhmen & Bäderdreieck • Wales • Warschau • Westliche Allgäuer Alpen und Kleinwalsertal • Westungarn, Budapest, Pécs, Plattensee • Wien • Zakynthos • Zentrale Allgäuer Alpen • Zypern

Reisehandbuch   MM-City   MM-Wandern

Register

Die (in Klammern gesetzten) Koordinaten verweisen
auf die beigefügte Südnorwegen-Karte.

a-ha 62
Akerselva 138
Akershus 183
Åkrehamn (A5) 294
Ål (F2) 331
Alexander-Kielland-
 Insel 245
Alkohol 113
Ambjørnsen, Ingvar 60
Amundsen, Roald 42, 59, 169, 177
Angeln 103
Anreise 72
 Bahn 80
 Bus 79
 Fähre 75
 Flugzeug 81
Apotheken 113
Aquakultur 54
Arbeiten 113
Architektur 64
Årdalsknapen 420
Arendal (E7) 213
Ärztliche Versorgung 112
Åsgårdstrand (G5) 188
Asmaløy 177
Asphaug, Martin 63
Ausrüstung 114
Auswandern 113
Avaldsnes (B5) 294

Baden 115
Bahn 90, 92
Behinderung 115
Bergbau 239
Bergen (B2) 299
Bergen Card 305
Bergsteigen 104
Bergwandern 104
Bevölkerung 67
Bildhauerei 60
Bildungssystem 51
Binnenland 322
Birkebeiner 390
Bjørneboe, Jens 59
Bjørnson,
 Bjørnstjerne 58, 126, 390
Bø (F5) 295
Bø (i Telemark) 346

Bodenschätze 25
Boine, Mari 63
Boknafjord (B5) 260
Borgen, Johan 59
Borrevatnet 187
Brekkestø 221
Brevik (G6) 206
Brundtland, Gro Harlem 47
Buen Garnås, Agnes 63
Buen, Knut 63
Bull, Ole 62, 320
Bus 90
Bygdøy 138, 168
Bygland (D6) 379
Byglandsee 375
Byglandsfjord (D7) 379
Bykle 385

Camping 96
Caprino, Ivo 63
Carlmar, Edith 63
Christensen, Jon 62
Christian IV. 139
Collett, Camilla 57

Dagali 336
Dahl, Johan 61
Dalen (E5) 349
Darkthrone 63
Dimmu Borgir 63
Diplomatische
 Vertretungen 116
Drammen (G4) 184
Drangedal (Ort) (F6) 355
Drangedal (Tal) (F6) 354
Drøbak (H4) 182
Drogen 116

Egersund (B7) 241
Eidfjord (D2) 282
Eidfjord (Ort) (D2) 283
Eidsborg-Stabkirche 350
Eidsvoll (H3) 183, 404
Einkaufen 117
Einreise 73
Enslaved 63
Entfernungen 84
Erdgas 25, 53
Erdöl 25, 53
Erfjord 268

Erik der Rote 39
Eriksson, Leif 39, 46
Ermäßigungen 117
Essen und Trinken 98
Evje-Hornnes (D7) 376

Fähren 75, 88
Farsund (C8) 236
Fauna 29
Feda (C7) 238
Feiertage 118
Ferien 118
Ferienhäuser 94
Festivals 118
Fevik 216
Film 63, 119
Finnøy 266
Finse (D2) 364
Fischfang 54
Fisterfjord 266
Fjellhallen 66
Fjells 23
Fjorde 24
Fjordpass 94
Fjotland 239
FKK 119
Flåm (D1) 368
Flåmsbana 365, 370
Flekkefjord (C7) 240
Flekkerøy (D8) 229
Flesberg (G2) 336
Fliegen 105
Flora 27
Flørli 263
Fløyen 314, 415
Flüsse 23
Flugzeug 81, 92
Folgefonna-Nationalpark 32
Folgefonn-
 Gletscher (C3) 274, 275
Folklore 70
Forsand (B6) 261
Fosse, Jon 59
Foto 119
Fredrikstad (H6) 174
Friedensnobelpreis 136

Gaarder, Jostein 59
Galdhøppigen (B10) 23
Garbarek, Jan 62

430 Register

Gardermoen (H3) 183
Gasflaschen 120
Gästehäuser 97
Gaup, Nils 63
Gausta (Gaustatoppen) (E4) 341
Gaustatoppen (Gausta) (E4) 341
Gautefall 355
Geilo (E2) 336, 371
Geldwechsel 120
Geografie 22
Geologie 22
Gerhardsen, Einar 44
Germanen 36
Geschichte 36
Geschwindigkeitsbegrenzung 83
Gesundheitswesen 51
Gewerkschaften 50
Gewichte 124
Gjøvik (H2) 397
Gletscher 24
Gletscherwandern 106
Glomma (H5) 177
Gol (F2) 329
Golf 106
Gormley, Antony 259
GPS 123
Granvin (C2) 288
Granvinfjord 288
Grieg, Edvard 42, 61, 279, 320
Grimdalen, Anne 350
Grimstad (E7) 217
Grunnane-Naturschutzgebiet 185
Grytten, Frode 60
Gude, Hans 61, 235
Gulbransson, Olav 61
Gundersholmen 208

Håkon VII. 42
Håkon, Kronprinz 49
Halden (H6) 179
Hallingdal (F2/F3) 323
Hallingskarvet-Nationalpark 33
Hamar (H2) 399
Hamsun, Knut 59
Hankø 177
Hanse (C8) 40, 301
Hansen, Eric Fosnes 59
Harald V., König 49
Hardangerfiedel 63
Hardangerfjord (C2) 273
Hardangervidda (D/E3) 413

Hardangervidda-Nationalpark (D/E3) 32, 359
Hardråde, Harald 39, 139
Haugesund (B4) 292, 296
Haugfossen 327
Haukeli (D4) 362
Haukelifjell 362
Haukeliseter 363
Haustiere 121
Heddal-Stabkirche 339
Hendschei, Gottfried 266
Herand 288
Heyerdahl, Thor 64, 169
Hidra 241
Hjelmelandsvågen 266
Hoem, Edvard 59
Hol (E2) 374
Holberg, Ludvig 57
Holmenkollen (H4) 173
Holt, Anne 60
Homosexuelle 121
Hønefoss (G3) 324
Horten (G5) 186
Hostelling International 94
Hostels 95
Hotels 93
Hovden (D4) 385
Hütten 94
Hundeschlittenfahren 106
Hurtigruten 89
Hurum 186
Hustveit 273
Hvaler 177
Hytter 67, 94

Ibsen, Henrik 42, 58, 163, 219, 357
Ibsen, Tancre 63
Internet 121
Inter-Rail 91

Jæren 243
Jagen 107
Jagland, Thorbjörn 47
Jedermannsrecht 122
Jeløy 180
Jelsa (B5) 271
Jomfruland 208
Jondal 288
Jugendherbergen 95
Justøy 219

Kaizers Orchestra 63
Kajakfahren 107
Kanufahren 107
Karmøy (A5) 291

Karmsund 292
Kartenmaterial 123
Kaupang 201
Kielland, Alexander 58, 258
Kinder 124
Kinsarvik (B2) 280
Kirkøy 177
Kiteboarden 111
Kittelsen, Theodor 208
Kjærstad, Jan 59
Kleidung 114
Klettern 104
Klima 26
Knaben (C6) 239
Kolbeinsvik 271
Køltzow, Liv 59
Kongsberg (G4) 333
Königshaus 49
Kopervik (B5) 294
Krågeland (C7) 239
Kragerø (F6) 207
Krankenversicherung 112
Kriminalität 124
Kristiansand (D8) 222
Krog, Karin 62
Krogh, Christian 61, 182
Krogh, Oda 182
Krossobanen 341
Kultur 57
Kunst 57
Kvednafossen 273
Kvina 237
Kvinesdal (C7) 237
Kvitsøy 266
Kyststi Stavern 410
Kyststien 204

Lachs 30, 99
Lachsafari 269
Lærdal-Tunnel 66
Landa 263
Landschaftsformen 23
Landwirtschaft 54
Langesund (F6) 206
Langesundfjord 206
Larsen, Marit 62
Larvik (G6) 201
Låtefossen (C3) 276
Lie, Jonas 42, 58
Lie, Trygve 44
Lien, Annbjørg 63
Liknes 238
Lillehammer (H1) 389
Lillehammer-Stabkirche 395
Lillesand (E8) 219
Linie-Aquavit 185

Register

Lista 235
Literatur 57
Lofthus (C2) 279
Lokale 102
Loshavn 236
Løveid, Cecilie 59
Lovravatnet 269
Lyngdal (C8) 235
Lyngør 212
Lysebotn 263
Lysefjord (C5/C6) 261
Lysefjordveien 383
Lysøen 320

Madrugada 62
Malerei 60
Mandal (D8) 232
Mandalselv 232
Maßeinheiten 124
Maut 85
Medien 124
Medikamente 113
Mette-Marit,
  Kronprinzessin 49
Michelet, Jon 59
Mietwagen 86
Mineralien 106
Mjøsasee 387
Moland, Hans Petter 63
Moltebeeren 101
Molvaer, Nils Petter 62
Morgedal (E5) 348
Moss (H5) 180
Mosterøy 266
Møvik 229
Mückenschutz 125
Munch, Edvard 42, 60, 167
Museen 125
Musik 61
Myrdal 365

Nachtleben 126
Næss, Petter 63
Nansen,
  Fridtjof 42, 59, 169
Nationalfeiertag 118
Nationalflagge 126
Nationalhymne 126
Nationalparks 32
Nesbyen (F2) 328
Neshaim, Berit 63
Nissersee 354
Nobel Roedes,
  Halfdan 63
Nobel, Alfred 136
Nordatlantikstrom 26
Nordheim, Arne 62

Nordraak,
  Rikard 62, 126
Nordstoga, Odd 63
Nore 336
Nore-Stabkirche 336
Norheim, Søndre 348
Norheimsund (C2) 288
Nosi 413
Notodden (F5) 338
Notruf 127, 130
Numedal (F3/F4) 331

Oanes 261
Odda (C3) 275
Öffnungszeiten 127
Oggevatn 219
Oksefjord 212
Olav II. 39
Oldtidsveien 179
Onstad,
  Nils 173
Orientierungssport 108
Orrestranden 243
Osa 287
Osafjord 287
Ose 380
Oslo (H4) 135
Oslo Pass 144
Oslofjord (G/H4-6) 134, 174, 184
Øvre-Eidfjord 283

Pannenhilfe 127
Parken 84
Parteien 49
Pensionen 97
Petterson, Per 60
Politik 49
Porsgrunn (F6) 357
Post 127
Preikestolen (B6) 412, 263, 412

Quisling, Vidkun 43

Radfahren 86
Rafting 109
Rallarvegen 364
Rauchen 128
Rauland (E4) 344
Refsvatnet 264
Reiårsfossen 380
Reisedokumente 73
Reisezeit 26
Reiten 109
Religion 69
Rennesøy 266
Risør (F7) 209

Rjukan (E4) 340
Rødberg (F3) 336
Røldal (C4) 363
Røldal-Stabkirche 363
Røldal-Straße 273
Rollag 336
Rollag-Stabkirche 336
Rømmegrøt 100
Rorbuer 66, 95
Rosendal (C3) 289
Röyksopp 62
Ryfylke 265
Ryfylke-Inseln 266
Rypdal, Terje 62
Rysstad (D5) 383

Samen 37, 68
Samnangerfjord 321
Sand (G5) 268
Sandefjord (G6) 196
Sandnes (B6) 259
Sandsfjord 269
Sarpsborg (H5) 177
Sarpsfos 177
Satyricon 63
Sauda (C4) 271
Saudafjord 271
Saudasjøen 273
Schären 23
Schönhaar,
  Harald 39, 46
Schwimmen 115
Segeln 109
Seljord (E5) 345
Setesdal (D6) 363, 375
Sinnes 382
Sirdal (C6) 381
Sirdalsvatnet 382
Sjøsanden 233
Skien (F5) 206, 356
Skilaufen 110
Skouen, Arne 63
Skram, Amalie 58
Skudeneshavn (A5) 293
Sletaune, Pål 63
Sola (B6) 259
Solstad, Dag 59
Sommerzeit 128
Sondre Norheim 337
Sonja, Königin 49
Sørensen, Henrik 403
Sørfjord 274
Sørland 195
Sozialwesen 51
Spärøy 177
Sport 103
Sprache 69

Staalesen, Gunnar 59
Stabbure 66
Stabkirchen 64
Stærnes 336
Stange (H2) 403
Stavanger (B6) 244
Stavern (G6) 204
Steinsdalsfoss 288
Stockfisch 99
Stoltenberg,
 Jens 47, 49
Straßensperrungen 85
Strom 128
Stuckenbrock, Franz 335
Südkap (C8) 232
Südküste 194
Suldal 271
Suldalslågen 269
Surfen 111
Svelvik (G5) 186
Svendsen, Johan 62

Tanken 84
Tauchen 111
Taxis 128
Telefonieren 129
Telemark 337
Telemarkkanal (E5/F5) 206, 350
Terboven, Josef 43
Thoresen, Magdalene 58
Tidemand, Adolph 61, 235
Tjøme (G6) 192
Tokesee 354

Tønsberg (G5) 189
Tonstad (C6) 382
Torpo (F2) 331
Torpo-Stabkirche 331
Tourismus 56
Touristeninformationen 130
Tøyen 167
Trachten 70
Trampen 130
Trinkgeld 131
Troldhaugen 320
Trolle 131
Trolltunga 276
Tryggvason, Olav 39
Tryvannshøgda-
 Voksenkollen 138
Tundra 28
Turbonegro 63
Tvedestrand (F7) 212
Tysdalvatnet 266
Tysefjord 269

Übernachten 93
Ula 200
Ullmann, Liv 57
Ulriken 415, 319, 415
Ulvik (D2) 286
Ulvikfjord 286
Umweltschutz 33
Undset, Sigrid 59, 390, 395
UNESCO-Welterbe 64
Ustaoset (E2) 374
Utne (C2) 278

Uvdal 336
Uvdal-Stabkirche 336

Valen, Fartein 62
Valle (D5) 383
Vandrerhjem 95
Vanse (C8) 236
Veggli (F3) 336
Veranstaltungen 118
Verkehrsvorschriften 83
Vesterøy 177
Vigeland, Gustav 61, 171
Visnes 296
Vögel 31
Vold, Jan Erik 59
Vøringfossen 285
Vorwahlnummern 130
Voss (C2) 365
Vrådal (E5) 353

Währung 120
Walfang 55
Wanderhütten 96
Wasserfälle 24
Wassmo, Herbjørg 59
Wechselkurs 120
Wergeland, Henrik 57
Wikinger 38
Wirtschaft 53
Wohlfahrtsstaat 44
Wohnwagen 86

Zoll 73

Die in diesem Reisebuch enthaltenen Informationen wurden vom Autor nach bestem Wissen erstellt und von ihm und dem Verlag mit größtmöglicher Sorgfalt überprüft. Dennoch sind, wie wir im Sinne des Produkthaftungsrechts betonen müssen, inhaltliche Fehler nicht mit letzter Gewissheit auszuschließen. Daher erfolgen die Angaben ohne jegliche Verpflichtung oder Garantie des Autors bzw. des Verlags. Autor und Verlag übernehmen keinerlei Verantwortung bzw. Haftung für mögliche Unstimmigkeiten. Wir bitten um Verständnis und sind jederzeit für Anregungen und Verbesserungsvorschläge dankbar.

ISBN 978-3-89953-788-8

© Copyright Michael Müller Verlag GmbH, Erlangen 2010, 2013. Alle Rechte vorbehalten. Alle Angaben ohne Gewähr. Druck: Stürtz GmbH, Würzburg.

Aktuelle Infos zu unseren Titeln, Hintergrundgeschichten zu unseren Reisezielen sowie brandneue Tipps erhalten Sie in unserem regelmäßig erscheinenden Newsletter, den Sie im Internet unter www.michael-mueller-verlag.de kostenlos abonnieren können.